北京會館基础信息研究

◎白继增 白杰 著

中国商业出版社

图书在版编目（CIP）数据

北京会馆基础信息研究 / 白继增，白杰著．—北京：中国商业出版社，2014.10

ISBN 978-7-5044-8762-9

Ⅰ. ①北…　Ⅱ. ①白…　②白…　Ⅲ. ①会馆公所—研究—北京市
Ⅳ. ① K928.71

中国版本图书馆 CIP 数据核字（2014）第 241309 号

责任编辑：刘毕林

中国商业出版社出版发行
010-63180647　www.c-cbook.com
（100053 北京广安门内报国寺 1 号）
新华书店总店北京发行所经销
北京明月印务有限责任公司印刷
*
710×1000 毫米　16 开　40.5 印张　728 千字
2014年12月第1版　2014年12月第1次印刷
定价：120.00 元
* * * *
（如有印装质量问题可更换）

北京学研究基地课题成果
北京学研究基地资助出版

《北京会馆基础信息研究》课题组

顾问：张妙弟（北京联合大学北京学研究基地首席专家）

组长：白　杰（北京联合大学北京学研究基地特邀研究员）

成员：白继增（北京市历史地理民俗学会理事）

马　威（北京市西城区文化委副科长）

唐宁翔（北京市文资办副主任科员）

牛　钟（北京市文资办主任科员）

郭　炜（首都图书馆馆员）

朱永杰（北京联合大学北京学研究所副研究员）

马慧娟（首都师范大学人文地理学专业硕士研究生）

目录

序

会馆，是历史上同籍贯或同行业的人在京城及各地城镇所设立的机构，是同乡人在异乡、同业者在异乡或本地自发、自愿组织起来的一种有专门馆所依托的民间组织，所建馆所，供同乡同行集会、寄寓之用。创建会馆的目的，是方便同乡人、同业者之间进行交往、交流和互帮、互助，使同乡人、同业者能够同心协力，和衷共济，共同应对困难，共同享受利益，共同发展和进步。

明、清至民国时期，北京长期作为全国的首都，前后历时500余年，留下了丰富的都城历史文化遗产，会馆即是其中重要的组成部分。历史上，北京拥有的会馆数量是各大城市中最多的，各省均在北京建有会馆，除了省级会馆，很多府、县也在京城建有会馆，各地在京建立的会馆数量是该地经济实力、政治势力的体现。北京的会馆还曾是许多政治改革、革命运动的发祥地，近现代史上的许多革命志士，都曾在北京的会馆留下了足迹。

会馆，是北京历史文化的重要载体之一，是京城几百年来历史变迁的见证者，具有重要的历史文化价值。但是，随着时代的变迁，历史上的会馆建筑大多没能很好地保存下来，北京现存会馆建筑只是历史上的十分之一，只有湖广会馆、安徽会馆、正乙祠、颜料会馆等少数几所会馆，还能依稀再现昔日京城会馆的人文景观。当前，梳理会馆历史、调查会馆建筑、挖掘会馆文化、存留会馆信息，是一项基础性强、工作量大、意义深远的历史文化遗产研究和保护工作，对于首都北京保存历史文化记忆、保护历史文化名城具有重要意义。

白继增、白杰两位先生，父子薪火相传，作为生于斯长于斯的北京知识分子，出于自觉的、高度的历史文化责任感，一直满怀热情地进行着北京会馆和宣南文化的调查研究，并已取得多项研究成果，如出版了专著《北京宣南会馆拾遗》（白继增著，中国档案出版社，2011年）、《宣南文脉——一个街道主任眼中的城市性格》（白杰著，中国商业出版社，2005年）等。2012年，在上述研究成果和其他专家已有相关研究成果的基础上，作为基地特邀研究员的白杰博士，在北京市哲学社会科学研究基地——北京学研究基地立项进行“北京会馆研究”。两年来，白博士在父亲的全力支持和配合下，与几位课题组成员一起，坚持利用业余时间，深入进行文献梳理，扎实开展实地调研，取得了显著的研究成果。如今，《北京会馆基础信息研究》一书即将正式出版，真是可喜可贺。

《北京会馆基础信息研究》饱含白继增、白杰父子的心血，是课题组坚持辛勤耕耘取得的一项硕果，主要是对北京会馆基础信息进行了较为全面的收集、比对、调查和考证，力图还原会馆在今北京地域范围内的出现、发展演变历程，并说明在京会馆现存基本情况。课题组一方面查阅了大量的古今文献，明确作为参考及引用书目列于书尾的资料志书、历史文献、论著文章就多达300多种，不仅全面检索、利用了已公诸于世的文献资料，还首次选用了原北京市宣武区房地局档案馆未曾公开发表的新中国建立初期、北京市接收各地会馆作为市属公产时的原始档案，足见文献梳理、信息查找工作量之巨大；另一方面在原有调研基础上再次进行了广泛深入、扎实有效的实地调查，足迹遍布北京市域各有关区县，查实九百余处会馆是否留有遗迹、现存建筑状况、主产及附产分布、门牌变化等各方面情况，文献搜集与实地调研相结合，通过深入细致地相互比对、一一印证，抢救性地发现、厘清和比较全面地记录了北京会馆的基础信息，收录会馆数量是已有相关研究成果中数量最多、信息最全的。作者对个别会馆存疑信息也进行了标注，表现出了严谨求实的工作作风。

该书包括三部分内容。第一部分，是由白杰博士执笔撰写的《北京会馆研究论纲》，长达2万多字，梳理了我国会馆的起源、性质、功能、组织、类型分化、特点、作用等，分析了会馆在北京出现的历史背景与社会环境、会馆分布特点的城市格局基础与管理体制，从社会组织、社会制度、民族文化、时代产物等多个角度解读了北京的会馆与会馆文化，并对会馆的历史地位及其对后世的文化影响进行了较为客观和深入的评析。“论纲”集中反映了作者对北京会馆研究的基本观点，提出了一套会馆研究的理论体系，有着相当的思考深度，闪烁着创新性的思想光芒，是迄今为止较为深入的会馆理论研究成果。

第二部分，是历史上各地方、各行业在今北京地区曾经设置的会馆场所和曾经存废的会馆组织信息。以当今全国各省、自治区、直辖市行政区域范畴为单元，分省区或地理位置相邻、地域单元一体的几省合并为一个单元进行记述，介绍各行政单元在京会馆情况。对于每个在京曾建会馆的省区单元及会馆所在府、县，都简介区域概况、沿革和历史上会馆建置情况、特点等，然后先按照省、府、县三级会馆和商业行业会馆顺序，再按建立时间先后，一一全面、详细记录每个会馆的名称、建立年代、所在地点和存续状况等信息。最后，列出了该省区在京会馆一览表，表中尽可能详尽载明会馆类别、馆名、别名、建立年代、现地址、旧地址、地亩数、房间数、掌馆人、现状等信息。在很多会馆基本信息之后，还附有会馆的相关碑记、碑刻、匾额、诗文信息和相关人物、故事链接等有用的、可读性较强的扩展性知识。

第三部分，是6个附表，包括各省（自治区、直辖市）在京会馆及其附产统计表、在京会馆建立时间统计表、在京会馆区域分布统计表，北京市各城区会馆数量统计表、会馆街巷分布表，清末民国北京地方商会、同业公会和公益水会一览表。这些表格以横到边、竖到底的风格，将全国各地在京的908处会馆、323处附产，共计1231处馆产信息，进行了横向与纵向、时间与空间、类别与区域等各个方向的统计，从来源区域、建筑规模、空间分布、建立时期、类型等方面进行了充分的全面的信息汇集和展示。

总之，《北京会馆基础信息研究》一书，全面提供了全国各地在京设置会馆的基本情况和北京市、区、街三级行政区会馆分布基础信息，也为后续相关研究提供了详实的信息，奠定了坚实的基础，是北京学研究基地立项课题中一项非常难得的、扎实的、具有基础性和长远意义的研究成果。

北京学研究基地，是北京市哲学社会科学规划办公室与北京市教委于2004年联合设立的首批北京市哲学社会科学研究基地，是以成立于1998年的北京联合大学北京学研究所为核心，以“立足北京、研究北京、服务北京”为宗旨，以北京地域综合体为研究对象、多学科交叉互动的综合性研究平台。依托北京学研究基地平台，广泛调动校内外专家学者、社会工作者、历史文化爱好者等各方面研究力量和资源，对北京历史文化进行多方位、多要素、多专题的发掘与研究，为首都北京发挥全国文化中心示范作用做贡献，是我们的责任和努力方向。

我们期待更多关心北京、热爱北京、对北京和北京学研究感兴趣的机构和有识之士，参与到北京学研究基地平台的建设中来，并依托研究基地，共享研究平台资源，开展北京历史文化和文化遗产保护、传承、利用等相关领域的研究工作，共同为首都北京的历史文脉传承、人文北京战略实施做出积极的贡献。也非常期待白杰博士和白继增先生，按照既定计划，继续深入开展北京会馆与会馆文化的系统性研究，取得更加丰硕的系列研究成果，进一步充实北京学研究成果，提升北京学研究水平。

北京学研究基地主任　张宝秀

2014年2月28日

前言

为北京会馆私人订制

一、问题的提出与研究的路径

对于北京的历史进程来说，会馆与会馆文化早已深深嵌入北京和北京的地方文化，这是一个客观存在的事实。对于当下北京来说，城市空间巨大而迅捷的变迁以及城市文化的多元化，使我们必须正视会馆建筑群落迅速消亡的现况和会馆文化的历史价值与现实影响。这给当下的会馆研究者提出了更加紧迫的命题。如何破题？我们的路径选择是在北京学的研究框架下，一是从北京会馆的文献研究做起，一是从城市街区的田野调查起步，抢救性地、尽可能多地记录并厘清会馆基础信息，为深入研究和后世研究夯实基础。

本研究着力于有关北京会馆基础信息的收集、比对、调查和考证，力求还原会馆在北京城市空间中的出现、存续、发展和消亡历程，即从明前期到中华人民共和国建立初年的五百余年的时间跨度。

开展本研究的基础，是我们业已完成的《宣南文脉》（中国商业出版社2005年版）和《北京宣南会馆拾遗》（中国档案出版社2011年版）两个先期成果。前者以北京市西城区广安门内街道为研究空间，以街区历史文化为研究内容，街区内的会馆、会馆现象、会馆文化是研究内容之一。这种从街区文化研究起步的研究路径，让我们开始认识到会馆对于北京街区文化以至城市文化的深度嵌入和对街区空间以至城市空间变迁的深度影响。后者则是顺着这一思路，将会馆问题单独提出，将空间范围扩大到西城区南片地域（即原宣武区境），会馆无论从建筑还是从文化都是该区域空间中无法回避的内容，会馆文化作为这里独具特色的宣南文化的重要源流与要素，愈发凸显出来。会馆在原宣武区境内密集分布，历史上被称为“宣南”的这片地域成为了北京会馆最为集中分布的城市空间。

正是在这两项已有研究成果的基础上，我们开始了将北京市境作为整体空间、将北京会馆作为研究客体的基础性研究工作，形成了一些我们对于北京会馆实证研究和对会馆研究整体把握的初步框架，并期待着在此基础上的深入研究与理论建构。

二、方法的运用与自身的缺陷

一是史料考据法。我们以北京市档案馆编纂的《北京会馆档案史料》（北京出版社 1997 年版）为基础资料和基本线索，力求穷尽北京历史文献资料中有关会馆的内容。本研究关于会馆建筑群落规模的有关描述，首次启用了北京市原宣武区房地局档案馆未公开发表的新中国建立初期、北京市接收各地会馆作为市属公产时的原始档案。该档案还对接收时尚在运营的会馆掌馆人姓名进行了登记，可以说明会馆在民国晚期至新中国建立初年的存续状况。本研究并未直接调取会馆所属地方的当地方志史料，只是在一些重要会馆的考据时转引了当地方志的有关表述作为佐证。没能对会馆所属地方方志史料进行全面的和第一手的研究，是本研究的主要缺憾。

二是田野调查法。这是本研究的亮点，也是本成果在研究方法运用上最为扎实的方面。由于对会馆问题的关注，我们对会馆资料的收集与田野调查工作先后开展了二十余年。田野调查至少进行了三个整轮的工作，一是在第一个十年间，二是在第二个十年间，三是在 2011 至 2013 年本研究开展过程中。第三次田野调查最为完整，做到了书中所录会馆的全覆盖；而对比三次田野调查，最深的感触就是会馆建筑群落在城市变迁中的迅速和大量消亡。由于一些地方的无法进入，个别会馆的田野调查存在着不完整性；我们受摄影水平所限，未能完整记录下一些会馆消亡前的最后影像；对建筑学知识的匮乏和缺少专业团队支撑，未能为消亡的会馆建筑群落保留下相关的重要物理数据。这成为我们在田野调查方面的疏漏与遗憾。

三是综合分析法。本研究的艰苦性在于对众多史料的厘清以及与田野调查结果的综合比对。每一个数据、每一处表述都是通过史料比对，特别要经过田野的印证，这虽是本成果的亮点，但由于篇幅原因，也限制了我们对这一研究历程的描述和诠释，未能在本书中一一列举比对的过程与出处，而是统一将参考及引用书目列于正文之后。在形成本成果的过程中，我们也深感会馆研究需要多学科的支撑，我们的知识不足与学养缺失同样为该成果留下了缺憾，也让我们更期待更多新成果的涌现。

四是分省（自治区、直辖市）表述法。书中正文以当下各省（自治区、直辖市）为地方单元，记述该省（自治区、直辖市）在京会馆。其中，对于历史上相对是一个历史地理单元的地区，如东三省、甘青宁，则将三省并列，在同一章中一并记述，以兼照历史与现况；历史上曾归某省、现归邻省的，如婺源，计入现省表述；历史上曾独立设省，现版图分列多省的，如热河，计入原版图核心区域现在所在省份表述；两省以上合属建馆的，如湖广，在其中一省记述；当下行政区划中西藏自治区、香港特别行政区、澳门特别行政区未有在京建馆记录，正文中故未设章，在此一并说明。

在分别记述各省（自治区、直辖市）在京会馆时，以历史上的地方行政建制分级，按省（省级建制）、府（府、直隶州建制）、县（散州、县建制）的三级行政建制归类会馆，以地方为单元按时间顺序记述所建会馆；各地的商业行业会馆单独按时间顺序记述。在各省（自治区、直辖市）在京会馆的正文表述中，以文字描述的方法记述各地会馆及其附产情况，在文首呈现该省（自治区、直辖市）在京会馆一览表。

根据综合研究，在本书附录部分呈现《各省（自治区、直辖市）在京会馆及其附产统计表》、《各省（自治区、直辖市）在京会馆建立时间统计表》、《各省（自治区、直辖市）在京会馆区域分布统计表》、《北京市各城区会馆数量统计表》、《北京市各城区会馆街巷分布表》和《清末民国北京地方商会、同业公会和公益水会一览表》。这些表格可以从规模、分布、建立时期、地方在京影响力等方面对会馆加以说明，既有利于研究者深入学理研究，也有助于当下治理者开展治理实践；既服务于各地方人士了解本地方在京会馆，更服务于北京市、区、街三级行政对所在区域会馆基础信息、文化价值的掌握与现实调用。

三、信息的确认与存疑的明示

一是核心信息的认定。核心信息是对会馆名称、建立年代、所在地点和存续状况的研究，是对该会馆是否存在以及是此会馆而非彼会馆的基础信息认定。这一认定过程最为重要。本研究以《北京会馆档案史料》为基础，努力穷尽北京地方文献中关于会馆的记述线索，在史料比对的基础上，再与田野调查相互印证，确认会馆是否存在、名称（包括俗称、别称、往称）、存在过程和现实状况。每一会馆以左右相邻、前后相通者为一馆产，不以门牌单独计算。分别按新老地址、新旧门牌对照述明，尽力介绍其自创建到目前的存续变化过程，以便认定原址和当下标识。旧门牌指1965年整顿街巷地名前的门牌，以汉字简体书写；新门牌则指整顿后，以阿拉伯数字书写。若数字前加“新”或“临”字，为经拆迁改造后的新门牌或暂门牌。本着有馆必录的原则，对在清代及其以前就已荒废或终止的会馆，以经过考证的史料作为核心信息记入本书，如江西怀忠会馆等。

二是扩展信息的收录。将研究过程中发现、经史料考据及田野调查证实的有关会馆建筑群落规模、风格、存续变迁历程和与会馆相关的碑刻、匾额、诗文等信息收录，以利信息保存和深入研究。

三是链接信息的补充。为了考据史料和正确把握经研究确认并加以收录的会馆基础信息，我们在研究过程中查阅了大量与会馆相关的各种资料，收集了大量与会馆相关的知识、人物、故事等，这些既是会馆信息的组成，也是会馆研究的内容构成，在书中以链接的形式呈现。虽然我们没能调用会馆的当地方志等文献，绝大多数地方也未有机缘亲自去当地体验独具韵味的地方文化，但在会馆研究中我们也深刻认识到当地地理历史信息的极端重要性，所以在各省（自治区、直辖市）在京会馆正文记述之前和记述每一会馆之前都对各地方的历史地理信息进行了采集和描述，这同样是理解会馆不可或缺的基础信息。

四是存疑信息的明示。由于部分史料的缺失以及受自身学养和研究能力所限，一些信息特别是对会馆当下确切位置的研究上存在空白导致“无法确定”，我们都在正文中进行了明示；一些会馆的具体门牌号等信息经田野与史料的比对可以基本确认的，为了严谨起见，我们用了“左近”、“应为”等表述加以明示。

需要特别指出的是两处史料有载、但无法判定籍属的会馆：一是《宸垣识略》一书第 214 页有载：外城“西城会馆之著者：……；顺城门大街（即：宣武门外大街）曰关中、才盛、翼城……。”此处“才盛”，经查找资料始终未得其解，不知是指何省何地或其他称谓。二是白鹤群先生在《北京的会馆》一书第 30 页中已经存疑的“达智桥：安徽歙县会馆……，此外还有三义大门会馆。”此处“三义大门”究竟何指，我们尚未破译。此二处作为存疑待考，未在正文中归类记述，只在会馆统计上加以计数。

北京会馆研究论纲

会馆是具有鲜明“地点”功能指向的城市民间社会组织。这里的“地点”包括两层涵义，一是这一组织都在城市中建有赋予“地点”以特殊身份的馆舍，将其命名为某某会馆；二是这一组织都有其源发的“地点”指向，即该组织成员共同来自的某一地域。会馆的建筑群落成为了其在城市空间分布中的外在标识，而会馆的内在核心则是那些嵌入于城市社会之中的一个个地方性民间组织。

本研究是在北京学视野下的实证研究，致力于发现和记录北京城市中曾经出现的会馆建筑和曾经存废的会馆组织，按会馆的功能指向和组织的主体成员，将北京会馆划分为士人会馆和商业行业会馆两大类。士人会馆主要服务于赴京参加乡试、会试科考的本籍考生和来京述职、引见、候升、候补的本籍官员，服务科举职能更为突出的也有直呼为试馆者。这类会馆具有浓重的封建时代士大夫色彩和浓重的地方乡土色彩，并按地方行政建制，既有省级会馆，还有更小行政单元的府级（府、直隶州建制）会馆和县级（散州、县）会馆。与这类会馆相对应的商业行业会馆，则具有封建时代行会组织和商业文化的浓重色彩，行业会馆是封建行会组织在明清时代的组织创新产物，商业会馆则打破和超越行业，形成更大范围基于商人群体利益并直接服务于商业贸易活动的组织。由于其都以经济活动为导向且组织群体都以工商业从业者为主，我们在本研究中统归为商业行业会馆。而由于士人会馆和商业行业会馆共同具有会馆的源发地指向，都可以纳入省级地域背景加以考察，故将北京会馆研究按源发省份归类梳理，按士人会馆（省馆、府馆、县馆）和商业行业会馆分别记述。两类会馆中都有少量会馆专作仪馆（义馆），用于服务组织成员和关联群体的在京殡仪奠祭事宜。

会馆日益引起当下的关注，一方面源于会馆组织的消亡与会馆文化的存续，另一方面源于城市的发展与会馆建筑群落的快速消亡。20 世纪 90 年代以来，白鹤群、胡春焕夫妇以及汤锦程先生分别出版了同名专著《北京的会馆》，对北京会馆进行考据和定性研究。两书与彭泽民先生的《北京会馆还留下些什么》一文，共同唤起了各界对会馆、会馆现象与会馆文化的关注。当时的北京市宣武区委、区政府和以建筑历史学家王世仁先生为核心的学术团队曾对宣武区境内包括会馆在内的历史文化遗存进行了建筑勘测记录，形成了《宣南鸿雪图志》一书；根据王灿炽先生的研究成果《北京湖广会馆志稿》，对湖广会馆进行修缮保护和恢复利用；后又支持以著名历史地理学家侯仁之院士为核心的学术团队完成了《北京宣南历史地图集》一书。这些都为当下北京会馆研究留下了宝贵的建筑学资料、史志资料、历史地理考据和保护利用实践经验。

全汉升先生的《中国行会制度史》和日本学者加藤繁的《中国经济史考证》等都有专章对会馆、特别是商业行业会馆进行理论探究。王日根先生从明清会馆与社会变迁入手的会馆研究专著《乡土之恋》是整体性对会馆进行理论研究的代表性成果。其以出现在我国南方城市特别是福建的会馆为研究重点，以对方志史料的重视和独到的理论建构在会馆研究上具有里程碑意义。由于清代北京会馆在宣南地区的高度聚集，一些学者将宣南会馆研究作为北京会馆研究的重点和突破口。黄宗汉先生不仅长期倡导北京会馆的研究和保护利用，还与岳升阳、魏泉共同完成了《宣南清代京师士大夫聚居区研究》课题，书中有专章从理论上论述北京的会馆现象与会馆文化。

对于北京会馆的史料记载散见于大量明清北京地方历史文献和明清全国各地方方志之中。北京市档案馆依据档案史料编纂的《北京会馆档案史料》和李华先生编纂的《明清以来北京工商会馆碑刻选编》对北京会馆研究产生了深远影响，成为研究北京会馆的基石。我们愿从基础工作入手，把文献梳理与田野调查紧密结合，尽最大可能厘清北京会馆的发展轨迹。本研究前，白杰的《宣南文脉》一书有专章对广安门内街道地域内的会馆进行研究；白继增以原宣武区境为空间，就会馆及其附产的历史变迁和现状情况进行了二十余年的跟踪调查，完成了《北京宣南会馆拾遗》一书。本研究是在上述两个成果的基础上，以明清北京地方历史文献为核心，首次以北京市境为研究空间，对北京会馆的发生、成长、成熟、消亡进行整体性文献比对和田野调查，作为北京会馆基础信息研究课题的初步成果呈现出来。当然，也正是在这一过程中，形成了我们对北京会馆研究的一些基本观点和体系建构，可以作为今后对会馆开展深入研究的理论框架。

一、作为会馆发生地的封建城市

会馆诞生于封建城市，研究会馆需从中国的封建城市进行破题。

1. 我国封建城市的形成与发展动因

根据胡如雷先生的研究成果[①]，在我国封建城市形成的过程中，起决定性作用的因素是统治阶级的政治、军事需要，而不是社会分工的发展和商品经济的繁荣。他发现，“秦汉以后，直至明清，封建城市仍在陆续增加，其中大部分新增的城市，仍旧是由于政治、军事原因而形成的。”“明代是商品经济空前发展的时期，工商业城市尚且不占支配地位，明以前其他各代，郡县治所就更是封建城市形成的主要原因了。”当然，不容否认的另一重要事实是，封建“城市一旦形成之后，内部就必然要出现手工业生产和商业活动”。“在我国，却是城市的产生为城市商品经济的活跃提供了条件。”

在中国封建城市中，集中着大量消费人口，而城市中的工商业者只占少数。封建时代城市的主人是“贵族、官僚、大地主和兼营工商业的地主”，一般地主的治家原则仍是“尽量乡居，避免城居”，有着士人离土易忘俗、商人进城易败家的传统思维，而这种思维的背后正是将人束缚于土地之上的封建思想。即便是已经产生了资本主义萌芽的明清之际，社会的管理者和社会成员依然在封建文化与制度安排下，努力地将人与乡土紧密连结起来。然而现实却是，“城市居民以消费人口为主”，“城市商业在手工业作坊不够发达的条件下，只能以转运远地的奢侈品为主要业务，所以商业的活跃远远超过了商品生产的水平”，“这种商业的发展主要取决于城市是否处于交通孔道、城市的政治地位高低、城内的消费能力大小。”[②]而通过我们的观察，这正与会馆在中国封建城市的分布有着趋于吻合的同比例关系。

胡如雷进而将中国封建城市的一般面貌描绘为，“政治、军事意义大于经济意义，消费意义大于生产意义，商业的繁荣远远超过了商品生产的水平。”[③]封建时代的北京城正是这一论点的最好诠释。

2. 北京的城市发展历程

北京是一个历史悠久的古城，至 2014 年已有 3059 年的建城史和 861 年的建都史。从城市史的角度研究北京，在其演进的历程中有几个尤为值得关注的历史时点：

北京城的建城始于公元前 1045 年，属于胡如雷先生所记的那种典型的“由于政治、军事原因而形成的”城市。这一年，周武王“克殷反商，未及下车而封黄帝之后于蓟”[④]，在北京市西城区广安门一带建起一座“长九里宽七

① 胡如雷：《中国封建社会形态研究》，三联书店 1979 年 7 月版，第 246—249 页。
② 同上书，第 251—252 页。
③ 同上书，第 251—252 页。
④ 见《礼记·乐记》。

里”的城池——蓟城，这成为北京城市的起源。由于蓟城的优越地理位置[①]，秦朝统一六国后，这里成为统一封建制国家东北方的重镇，并一直延续到唐朝末年，经历大约一千年时间。和平时期，这里是中原王朝与北方少数民族的货物交流中心；战乱时期，这里是中原王朝经略北方的前哨基地。晚唐以来，由于蓟城是幽州的治所，所以又叫幽州城。五代时，契丹族占领幽州城，建为陪都，改称南京，形成辽与北宋的对峙局面。位于今西二环路西侧的天宁寺塔就是当时城中的最高建筑。

随着金贞元元年（1153 年）金王朝迁都北京，定名中都，北京开始了其作为封建王朝首都的历史。北京也迎来了一次大规模城市改建。不仅有建于以今广安门为核心的二环路沿线上的恢弘宫殿群，还在内城北面建起了“陆海百货，聚于其中”的最大市场。然后仅仅过去了不到一百年，1215 年，蒙古骑兵突破南口天险，火烧中都城。史载，火势断断续续，时燃时熄，前后蔓延了一个多月，中都遂成废墟。

元至元四年（1267 年），忽必烈下令在中都东北郊外金代离宫大宁宫一带另建新城，并将其作为元王朝的首都，七年后即至元十一年（1274 年）大都正式落成。这座新城的中心点已从原来的广安门向东北方向迁移，为现在的北京城奠定了基础。1368 年明王朝建立，元顺帝逃离大都，明将徐达改大都为北平府，出于军事防御和政治打击的需要，迅速将大都城的北墙南移，并铲平了元朝大内宫殿。

明永乐元年（1403 年），朱棣在称帝后定都北平，并将这座城市正式定名为北京。紧接着，新北京的规划营造自永乐四年（1406 年）开始，到永乐十八年（1420 年）北京内城全部落成，永乐十九年（1421 年）明王朝正式下令从南京迁都北京。会馆伴随着新都营造和明朝迁都开始在北京出现。到明朝中叶，由于蒙古骑兵的多次南下侵扰，甚至迫近北京城郊，出于政治考量与首都安全需要，明王朝开始加建外城墙，但由于经费等原因，只建起了包围南郊并连接内城的外城墙，至嘉靖三十二年（1553 年）完工，形成了外城墙与南部内城墙包围起来的外罗城，也就是人们通常所说的北京外城。至此，北京城以“凸”字轮廓呈现，城市格局最终确定。

清顺治元年（1644 年），清王朝定鼎北京。在沿用继承明代北京城的同时，对城市区位功能进行了调整，根据已有的内、外城格局，将内城定位为政治、军事功能区，强化了封建城市，特别是封建王朝首都的城市功能定位；将外城定位为居住消费区，原有内城居民和消费娱乐功能“尽徙南城”，已有的内城会馆也被迁往外城。此时由于明末以来的战乱，北京城中的会馆多已

① 详见侯仁之：《北京城的生命印记》，三联书店 2009 年 3 月版，第 3—4 页。

荒废，新一轮会馆建设逐渐于外城展开。

当然，对于北京十分重要的时点还有1912年和1949年，一个是封建时代的终结，一个是人民首都的开端，其间还有一段在日寇铁蹄下的煎熬。这些时点都对这座城市有着重大影响，也影响着会馆在京城的日落挽歌。

3. 清代北京的城市格局与城市管理

北京会馆跨明、清、民国，但以清代为主，数量丰且文献详。一方面这是由于清代距今较近，对有关会馆的文献梳理和田野调查工作有利；更由于清代不仅是会馆的鼎盛时期，而且考察北京会馆史，明代北京会馆在经历明末社会动荡、京师防卫吃紧、李闯王短暂居京以及清军驱李进京等短时间内的激烈震荡后多已荒废，现在追述各个会馆的历史，多是清以后建立的，一些会馆虽可溯源于明，但也是经历明末断裂后于清代复建，且这种复建除了称谓的继承外，与前朝会馆没有更多的关联。大量清代会馆碑记在追溯本馆历史时，有时会提到本地于前明曾建馆，已废或地址不详或仅知地址，清代的新馆多是另起炉灶，个别能够证明历史承继关系的，也经历了明末的“变卖”、“废弃”而于清代择址新建，与原馆的承继关系多只是名义上的。当然，清代以后的京城会馆分布体现出的不同于明代北京会馆分布之处，直接源于清初确定的北京城市格局与城市管理模式，而这种格局与模式直接引导和促成了当下呈现在我们面前的北京会馆景观以及相关的会馆现象与会馆文化特征。

首先是城市功能南北分区。清代统治者全盘继承了北京城，既没有必要续上明朝因财力不足而未修成的外城北、东、西三面城墙，康熙皇帝还在诗文中流露出对前朝花费那么多财力修长城的讥讽和蔑视。清代统治者和京师管理者惟一对京城格局的调整是内外城的功能分区。内城的皇宫、衙署完全接收于明代，只在皇城两侧的内城东、西部分别建立王府。由于满洲人的“崇西”之俗，内城西部王府数量多于内城东部。八旗按既有序列分左、右翼布于内城东、西，左翼四旗镶黄、正白、镶白、正蓝由北向南依次驻防内城东部，右翼四旗正黄、正红、镶红、镶蓝由北向南驻防内城西部，旗与旗之间无缝衔接，形成拱卫皇城、护卫王府的军事布防体系，这便确立了京师内城的政治、军事功能定位，也开创了清代八旗在全国重要地方建立驻防城的基本格局。与之相对应，所有政治、军事以外的城市功能“尽徙南城”。用一个不很恰当的比喻，内城是作为国家首都的北京，而外城是作为地方城市的北京。外城承载了这座城市真正属于城市居民的居住功能，而其提供给京师的消费功能则不仅满足外城的城市居民需要，还要满足内城人口的市场消费部分，还有一部分则是城市中的外来人口。由于内、外城的功能严格划分，不仅清代中央和北京地方官员未经允许不得在内城居住，外地人来京就只能于外城找落脚之地。清代，由于位于京师外城西部的广安门连接着通往南方的大道，成为多数南方人进京的入口，进入广安门即是进了北京城，所以清代以后的北京会馆分布也呈现出沿广安门内大街（清时称广安门大街）自西向东、并在外城范围内向南北扩散的分布格局，外城西部（也就是史上常说的“宣南”之地）成为了清代北京会馆最为集中的地区。

其次是京师行政东西分治。北京之称始于永乐元年（1403 年），明清沿用城市东西分治的原则。清代的顺天府为京师地方建制，其作为“首善”品级高于一般府制。京城内、外城以中轴线为界，东部隶大兴县，西部隶宛平县，所以北京城区呈现东西划县分治的地方治理格局。两县县域除城区部分外，各领城外郊区。维护京城内部的社会稳定和征税是顺天府特别是大兴、宛平两县的重要地方工作，这与会馆有着紧密的关联性。

其三是京城治安五城分管。北京由于是首都，安全防务至关重要。清代的步军统领衙门是这一职责的重要承担者，将城市分为十个分区，即内城分东、西、南、北、中五城和外城分东、西、南、北、中五城，分别划定责任，分官置守，建立起严格的军事化城防监管体系。这是清代对首都地方治安监管的特殊体制，也体现了中央对首都治安的高度重视与严密管控。会馆在清代无疑既是地方行政和五城监管体系的重要监控对象，也是这一体制的重要依附者和支持者。

足见，明、清两代的京城格局与管理体制，直接影响着北京会馆的发生、成长、没落、消亡的全过程，并在嵌入北京城市格局且与之互动的过程中产生着会馆现象，成就着会馆文化，进而影响着这座城市。

二、北京会馆的诞生是城市管理的内在需要

1. 资本主义萌芽给中国封建城市带来新挑战

正如胡如雷先生所指出的，“在我国封建城市形成的过程中，社会分工的发展和商品经济的繁荣并没有起决定性作用，真正起关键作用的是剥削阶级的政治、军事需要。”[①] 这一点我们从北京的城市演进史中已得到证实。当然，纵观我国封建时代的城市发展史，一个不可否认的事实是，“城市一旦形成之后，内部就必然要出现手工业生产和商业活动。”[②] 所以，在每一座城市中，必然有满足本城市居住者消费需求的手工业生产和商业活动。“在我国，却是城市的产生为城市商品经济的活跃提供了条件。”[③] 只不过，在中国漫长的封建时代中，

① 胡如雷：《中国封建社会形态研究》，三联书店 1979 年 7 月版，第 246 页。
② 同上书，第 248 页。
③ 同上书，第 249 页。

手工业生产和商业活动的从业者主体上是该城市居民成员。他们既要在城市中生活，在城市中消费，更直接供给和满足着城市消费需求。这种情形的打破开始于明代资本主义的萌芽和在封建城市中的蔓延。由于城市手工业生产规模的扩大，剩余产品的流出，以及来自本城市以外的手工业产品作为商品的流入，异地贸易、甚至跨国贸易开始兴盛起来，城市生活的奢华对不同商品特别是奢侈品的刚性需求，更直接导致了贸易的兴盛与发达。与此同时，在乡野生活的剩余劳动力，在利益的驱使下愈来愈多地从事商品贸易，那些土地与劳动力比例严重失衡的地区，大量人口挤入贸易大军，形成了晋商、徽商等经济活动现象。这种现象在乡野中体现在大量人口的离开而游离于传统乡土社会之外，而于城市之中，则是大量郊区人、异乡人进入城市，游走贸易，在城市中居无定所。这种现象越突出，封建城市的秩序越受到干扰，城市的管理者无力应对这种情形给城市管理带来的压力，[①] 而城市的秩序又关乎封建秩序，作为明清两代首都的北京城市秩序，更关乎于皇权和整个国家的秩序。资本主义萌芽的连锁反应，为封建城市的管理者以至于封建皇权的守护者出了一道难题。

2.“会馆”释义和最早的北京会馆

“会馆”一词，如果我们将其二字拆开，分别查阅《现代汉语词典》，“会”对于会馆最贴切的解释是：“有一定目的的集会。”“馆”可以解释为：“进行文体活动的场所”和“招待宾客居住的房屋”。[②] 这似乎描绘出了会馆的基本功用和组织形态，即它应该是可以作为集会、娱乐和满足居住的具体场所和设施，进行有组织有目的的活动、具有一定权力和权力运作模式的组织，以实现发展壮大组织和满足组织成员会议、娱乐、居住等方面的基本需要。而实现了这些基本需要，具有了这些基本功能的社会意义在哪里呢？我们似乎可以从字面上看到其与前面那道难题的某种对应。

会馆组织形态与建筑群落的出现，学界多指始于明代和起于北京。始于明代，我们对北京会馆的基础信息研究可以加以证明；起于北京，由于当前我们仅对北京会馆进行了研究，还不敢妄下此结论。但北京于明清的首都地位，会馆文化对北京文化的深度影响，无疑使北京会馆最具典型性，也使以北京为地方案例开展会馆研究更具有理论价值与实践意义。

目前从有关史料看，北京最早出现会馆是在明永乐年间，有据可查的会馆有四座。其中县馆三座：安徽芜湖会馆、江西浮梁会馆和江西南昌会馆；省馆一座：粤东老馆。由于年代久远，史料对其建馆过程、创建人信

---

① 对明清地方政府组织体系的研究同样会得出这一结论。可参考瞿同祖：《清代地方政府》，法律出版社 2003 年 6 月版。

② 《现代汉语词典》，商务印书馆 2005 年第 5 版，第 610 页和第 504 页。

息等多语焉不详。从后续资料看，三座县馆存续状态良好，从永乐建馆到民国末年，会馆组织一直存在相承，会馆建筑现址仍可指认。粤东老馆存续约两百年后改为义园，但改义园前就已早荒。这四座会馆是北京最早一批会馆，都建于明永乐年间。我们无法确认这四座会馆究竟谁为首个，以及它们是建于1421年前新都修建过程中，还是建于1421年后的正式作为首都的北京时代？从推理分析和对芜湖会馆创建人俞谟的个人履历考量，笔者倾向于1421年后。四座会馆以外，在明前期建馆的还有江西余干会馆，其与南昌会馆都位于前门地区的长巷四条胡同。这些既指明了北京最早会馆的相对集中地——前门及其以东地区，也指出了最早来京建馆的省份——江西、安徽和广东，且江西有其三。当然，如果可以论证会馆起于北京的话，那么会馆史的起点便可追溯到明朝永乐年间。

3. 会馆成为北京社会治安管理与封建乡土社会管理嫁接的制度模式

在文献梳理中，我们也发现了有关史料记载称“会馆始创于明代嘉靖隆庆年间”。这一观点可以参见明人刘侗所著《帝京景物略》卷四“嵇山会馆唐大士像”条。全文录下：

> “尝考会馆之设于都中，古未有也，始嘉隆间。盖都中，流寓十土著，游间屣士绅，爰隶城坊而五之，台五差，卫五缉，兵马五司，所听治详焉。惟是四方日至，不可以户编而数凡之也，用建会馆，士绅是主。凡入出都门者，籍有稽，游有业，困有归也，不至作奸；作奸未形，责让先及，不至抵罪；抵于罪，则藉得之耳，无迟于捕。会馆且遍，古法寝失，半据于胥史游闲，三奸萃焉。继自今，内城馆者，绅是主；外城馆者，公车岁贡士是寓。其各申饬乡籍，以密五城之治。斯亦古者友宗主薮，两击邦国意欤。”①

尽管这一文献的记载与永乐年间已有会馆的结论有出入，但却是描述北京会馆形态的重要史料，从中也可以让我们发掘会馆产生的原始动因。因此，应该重视该文献记载的史料价值。

应该看到，会馆的诞生源于城市社会的内在需要，是封建城市中对无以编户的非本籍人口的一种组织建构，是封建城市的地方行政和治安管理机构通过会馆的组织权力对非本籍人口实施管控的重要路径。这一点，对于明清时代的首都北京更为突出，各地来京人员无论官绅须有“事由”和“投靠之所”，缺一不可，否则“尽行驱逐回籍”。这样才能使“凡入出都门者，籍有稽，游有

① （明）刘侗：《帝京景物略》卷四，第二十三页。于奕正修，金陵崇德堂重刊本，乾隆三十一年（1766年）。

业，困有归也，不至作奸”，并在管控的同时通过会馆组织对“乡籍”之人实施教化，成为封建乡土社会管理模式在城市社会中的再造。会馆组织的负责人正是既为封建政权认可、又为籍属流人所尊崇的本籍“士绅”。足见，会馆是非城市本籍（但在城市社会和同籍人士中具有影响力）的贤达才俊倡导组建的具有城市社会控制功用的民间社会组织。地方行政和治安管理机构对这一组织的最初创建者，是否有某种程度和某种方式的支持我们不得而知，至少是这些智慧的城市管理者调用了、支持了、促成了那些首倡者的义举，使他们的道义良知和道德的、乡土的社会责任感与当时统治者的城市管理预期完美结合。这样我们也更易理解“会馆”一词的本义：基于乡土之情而相聚相会于异乡城市，居无定所者可以于此落脚，组织大家一道娱乐，感受乡情及社会的温暖。所以，会馆在封建城市中，虽为民间运作，却在现实中符合社会管理需要，具有合法性。这是会馆在明清时代的封建城市中迅速发展的根本原因。

会馆的设立，使统治者收到了预期的城市管理功效，士绅等会馆倡建者的社会责任感得到伸张，其美誉度被本地政府、本地社会以及家乡政府和乡土社会双重认可。会馆本身也在完成了组织化之后，迅速地经历了功能化的历程。首先是作为同乡公益社会组织，使出于各种目的来京之人感受到组织的温暖和制度的约束，降低其成为京城不稳定因素的概率。其次是乡情的内聚力和社会分层的客观现实，使明代居于内城的会馆逐步成为同乡官绅群体的燕乐之所，外城的会馆成为同乡赴京考学之士得到扶助和礼遇的寄居之所，会馆的功能指向出现分野。第三是商人注资会馆，介入会馆组织，包括会馆资产的经营运作，商建士馆、士商同馆现象促成了会馆的组织稳定和可持续发展。第四是行会组织、商人群体从立足城市经营发展的角度，筹建独立的经营性、互济性、规范行业性的城市社会组织，附会会馆之名，仿效会馆的运作模式和功能设置，出现了同乡同业以至于打破乡界的商业行业会馆。从中我们更可以看到，由于会馆得到社会认可和具有社会美誉度，社会合法性特征凸显，所以当时的城市社会组织喜用其名，效法其规制，并扮演其组织所承担的城市社会角色。

会馆在完成其功能化的同时，不仅在城市社会中普及开来，而且成为了城市社会普遍认同的制度模式。城市政府将其视为城市社会重要分子，写入城市管理的重要事项，对会馆建筑的外观以至“门前三包”都有明文规定，[1]会馆与客店、庙宇一道成为京城行政和治安管理机构监管外来人口的重要组

① 参见《钦定大清会典事例》卷932，雍正五年。“京城铺户及会馆，令其遵例各按门面宅址自行修理。贫户门首，令看守栅栏兵丁，随时埽除。如有穿墙出秽物于道旁，及堆积作践者，立即惩治。”《清会典事例：卷八百六十二至卷九百九十七．第十册．工部盛京工部理藩院》，中华书局1991年影印本，第707页。

织渠道。[①]至道光二十八年（1848年），根据御史程德麟的奏请，会馆在继客店、庙宇之后，被要求“仍宜遵照旧定保甲章程”，纳入城市保甲体系。会馆组织被城市管理者要求，“自应照客店庙宇之例，一体编次，添设门牌。所有各省投寓士子，以及候补候选官员，与夫仆从人等，均责令该看馆人询明来历添注循环簿，每月一次送官查验。倘有无籍之徒，冒充职官生监，匿名混迹，该看馆人应查不查，应报不报，一经发觉，从重治罪。至看馆之人，亦责令各省掌馆官绅，慎择老成，不得以无业游民滥充斯役。倘有聚赌贩烟等弊，即将该馆主事人治以失察之罪。仍严饬五城司坊、大宛两县，无分畛域，逐馆稽查，以杜混淆而免遗漏。”[②]会馆在封建城市中造就的这一制度模式，从始至终成为城市社会不可或缺的成分，直到民国后的1915年，《京师警察厅颁布管理会馆规则》依然强调“维护公安，保护公产”。[③]所以，我们越发认识到，会馆是明清城市社会制度的重要组成，研究中国封建城市不可不研究会馆这一中国封建时代晚期的社会组织与社会制度。

三、士人会馆的普及是城市功能的重要体现

1. 士人会馆的雏形起于宋金时代

科举制度是士人会馆产生的制度根源。读书人沿着科举制度所设计的道路，离开乡土社会，到州县城、府城、省城直至京城参加逐级的科举考试，到达金字塔尖者参加殿试，有幸成为“天子门生”。他们在离开乡土的同时，首先要考虑的就是在陌生的州县、省府以至都城找到立足之地，以备考参考。首都城市中既有自身的本府乡试，更是全国性会试和殿试的举办地，这使得士人会馆的建立成为首都城市功能的内在需要，这种满足科举人员食宿需要的形式——或曰士人会馆的雏形——可以追随到宋金时代。史载南宋都城临安“解闱”“三年一次。八月十五日，放贡举应试……其诸处贡院前赁待试房舍，虽一榻之屋，赁金不下数十楮”。[④]这种赁与待试者的“一榻之屋”，我们在今天位于南横街与菜市口大街交汇处东南角的中山会馆内依然可以看到。

---

① 参见《钦定大清会典事例》卷835，《刑部附律条例一》道光十九年。“京城地方……其客店庙宇会馆，如有知情窝藏留住，或得贿纵容者，查明按律惩戒治”。《清会典事例：卷七百二十三至卷八百六十一.第九册.刑部 盛京刑部》，中华书局1991年影印本，第1090页。

②《钦定大清会典事例》卷1033，《都察院》道光二十八年。《清会典事例：卷九百九十八至卷一千一百五.第十一册.都察院 诸卿 翰林院 起居注 詹事府 顺天府 奉天府》，中华书局1991年影印本，第374页。

③ 参见《北京会馆档案史料》，北京出版社1997年版，第1页。

④ 吴自牧：《梦梁录》。中国商业出版社1982年版，《东京梦华录》等五种合订本之《梦梁录》第24—25页。

同一时期的北京——也就是金代的都城中都——虽未有资料显示（至少笔者未找到）有出赁房舍供应试举子食宿的情况，但从词人辛弃疾的经历中，有赴中都应试居于悯忠寺（即今之法源寺，始建于唐）备考的情况。这说明城市——特别是首都城市中确有此功能需要。当时的中都，是寺院部分或全部地承担起了作为应试举子提供食宿处所的使命。而至少在元大都时代，北京城里已经存在了专门接待举子的客店，并且他们打出“状元店”的招牌以招揽客源①，使一些旅店——至少在一年中的特定时段内——具有了服务特定群体的功能指向。对于那些原地补习、来年再考的举子来说，这些地方是他至少一年的居京之所。联想到明清以后北京城中出现的房租昂贵的“状元吉寓”，曾经出过状元成了一些旅舍的商业卖点。但能用钱来沾“状元吉寓”的福气、并能一住一年者，应只是少数。城市功能有此需求，当城市管理者和实际需要者都做不到全额埋单实现此功能时，由第三方势力参与介入构建的新事物已然呼之欲出。这一进程正与封建城市在中国的发展进程和北京的不断发展变迁、功能拓展的进程相一致，并直接促成了士人会馆在明清封建城市中的普及，成为明清中国城市发展史中不可或缺的内容。②

2. 清代强化科举的政治需要与士人政治抱负的良性互动

清初，统治者面对着以小民族统驭各民族、以地方治理经验实施国家治理的双重困境，面对着从弥合战争创伤到改善国计民生，从确保国家统一到促进民族融合的双重使命，顺、康、雍、乾四朝解决这一困境、完成这一使命的核心切入点是将尊重文化传统与尊重既有制度相统一并审时度势地加以创新、强化，以至于率先垂范、过度尊崇，以求得天下认同与自身合法性确立。这其中，延续科举，赋予既有制度安排以新的时代内涵，是那一时代统治者们的创举。

清初在统一战争尚未结束之时，即于顺治二年（1645年）恢复科举乡试，并于次年三月在京“会试”天下举人，四月即举行了“殿试”。以此宣示了新王朝的立国之本，更为士人阶层打开了在新王朝实现政治抱负的通道。顺、康、雍、乾四朝一个半世纪多的时间，除常规每三年一次的乡试、会试、殿试外，还有遇皇帝或皇太后万寿等的恩科，以上乡试共62次，会试、殿试各61次，③ 另有开博学鸿词特科2次。仅就常科进士而言，这四朝共取文进士

---

① 参见元杂剧《金凤钗》中“闭了选场，在状元店中修习一年”的情节。

② 有研究者将会馆的历程追溯到汉邸，我们还是倾向于追溯到宋。但宋也好，汉也罢，都说明了一个道理，即任何事物的发生、发展都有其背景和溯源，中国社会又是最尊重传统的，有从历史中找依据的文化偏好。但从社会学角度判断，我们更看重的是内生的需要与功能的满足。

③ 据法式善等《清秘述闻三种》统计，整个清朝是乡试113次，会试、殿试112次。中华书局1982年版。

14036人，进入国家官僚体制，其中不乏李光地、张伯行、方苞、张廷玉、郑板桥、陈宏谋、王杰、赵翼、王昶、王鸣盛、袁枚、纪晓岚、刘墉、钱大昕、章学诚、阮元等影响清代政坛、学坛的著名历史人物。

科举制在清初的强化和创造性应用，不仅极大地调动了广大士人阶层的政治参与热情，使其对清朝统治者实现了价值观认同和合法性认同；人口流动趋向更促进了读书人和隐居者向城市聚集，而且这种聚集的最终指向性十分清晰——北京。这种认同与互动的背后是城市对这一群体吸纳与服务功能的提升及其制度化历程。

3. 士人会馆使需要者、城市管理者和会馆建立者三方受益

士人对城市特别是首都的服务需求和自身远离家乡的情感需求，塑造了会馆，并使会馆满足了城市的功能需要——服务来京士人。正如乾隆十年（1745年）《休宁会馆碑义》中的一段记述：

> “京师为万方辐辏之地，风雨和会，车书翕至，飘缨纡组之士于焉云集景从，遇乡会试期，则鼓箧桥门，计偕南省，恒数千计，而投牒选部需次待除者，月乘岁积，于是寄庑僦舍，迁徙靡常，炊珠薪桂之叹，盖伊昔已然矣。时则有寘室宇，以招徕其乡人者，大或合省，小或郡邑，区之曰会馆。”①

这段碑文最为明了地道出了会馆对城市功能的补充及对士人情感核心诉求的满足。会馆使士人们来到陌生的城市，找到熟悉的乡音，在乡情的抚慰下安心于发愤苦读，考取功名；得益于结交乡党，建构政治网络。于是，会馆以其自身功能解决了离乡赶考、等待选任的士人落脚居住问题，满足了他们的情感需要和共同娱乐的需要。他们可以在此用乡音探讨学问、议论国事，更可在这种氛围中发泄不满，释放心结；使他们在陌生的城市里有一片，哪怕是“一榻之屋”的私密空间和“一院之中”的乡土人情。

这种满足感不仅给了士人，也让城市管理者得到了满足。大量外地人涌进京城，有了立足之地，意味着减轻社会面控制的压力。会馆作为同乡人的聚点，主导思想与目标一致，士人们的学习、娱乐多在会馆范畴，而同乡之间的发泄减压，减的不仅是自己，也包括了城市管理者。所以坐落于城市中的会馆既帮了远道而来的士人，也帮了担当首都重任的地方管理者和中央决策者，使会馆的功能成为首都城市功能的有机组成部分。

对于会馆的建立者、倡建者来说，他们通过在重要城市尤其是在首都倡

① 北京市档案馆:《北京会馆档案史料》，北京出版社1997年版，第1327页。

导立馆、捐资建馆、舍宅为馆的具体行为，表达对家乡的感恩和尊崇，表达对家乡后学的鼓励和支持，并利用会馆的平台倡导国家认可的政治思想、文化追求，既得到了国家的认同，更成就了其自身的道义实现和价值追求。这些人得到家乡的尊崇，刻名于会馆碑记；得到国家的认同，被明里暗里树立为士人的楷模；受到地方管理者以至最高统治者的礼遇，成为影响同乡士人、参与城市管理的重要依靠力量。而负责会馆运营的“掌馆人”也同样是会馆倡建者的影子和思想实践者。

所以说，会馆在中国封建社会晚期的城市中，扮演着重要的城市功能角色，其最具代表性的士人会馆的普及是社会政治发展和城市时代发展的折射，是城市功能的重要体现，这在作为“京师首善”的北京更得到了强化与放大。

四、行业会馆的分离是中国行会与会馆形制的时代组合

1. 行会在中国的发展历程和明清的特殊阶段

行会的出现源于封建城市满足不同消费需求的业态分化。据全汉升先生考证，“行”的名称最初见诸记载是在隋代。[①]“隋大业元年（605 年），丰都城内有 120 行，3000 余家铺商。”而“行”的发展速度十分惊人，唐会昌三年（843 年）的一次市场失火，就涉及到 12 行的共 4000 余家铺商。

“行”的发达，使“行”成为封建地方政府管理城市经济的重要对象，而行会的产生或许最初是与政府对立的产物，“是封建社会城市商人和手工业者集团所建立起来的一种封建组织”[②]，其通过形成组织，选出“行头”或“行首”，代表本行处理与政府的交涉事宜。“这种人是要负很重大的责任的。”[③]

从封建地方行政的内容设置来看，征税是地方政府的重要使命。行会的出现使同一行业与地方政府之间的关系成为了组织间的互动关系。“北京的行会，早在唐朝已经有了记载。现在仍保存下来的，房山县西部山区里一些石佛经的碑阴，就有天宝、大历、建中、贞元等年代，署名米行、肉行、油行、果子行、炭行、染行、布行、绢行、杂行等捐款的记录。”[④]前文说过，明清时期，资本主义萌芽带来了整个社会的变化，但国家的根本政治制度还是封建制的。城市消费数量的增加和奢侈化倾向、手工业生产的规模化与分工化、商业活动特别是远途贩运的宽领域化，都使“行”的分化更加多极化与专业

① 全汉升：《中国行会制度史》，百花文艺出版社 2007 年 8 月版，第 26 页。
② 李华：《明清以来北京工商业会馆碑刻选编》，文物出版社 1980 年版，第 27 页。
③ 全汉升：《中国行会制度史》，百花文艺出版社 2007 年 8 月版，第 35 页。
④ 李华：《明清以来北京工商业会馆碑刻选编》，文物出版社 1980 年版，第 29 页。

化，商业活动的环节，特别是需要互动的几率出现倍增趋势，行会的组织化程度和功能指向性愈发突出。

2. 明清行会的会馆化是组织创新的具体体现

中国行会制度在走到明清时代后，面临着与社会脱节的巨大组织压力，大量资料显示，商品贩运到城市，沿途需要安全的保护，到达城市有货物存储的需求，市场定价有地方保护压力甚至牙行的从中抽利，即便是牙行也有自身行业的生存压力。明清时期的行会，在面临这些挑战的时候，普遍地有两种行为倾向：一是向政府屈服，寻求当地政府的庇护；一是联络乡情，以乡情为纽带，强化自身的组织实力和整合到更多可以抗拒压力的组织资源。从组织社会学角度看，行会有了组织形制创新的内在需要，有了拓展组织功能的自身需求，有了强化组织凝聚力的强烈愿望。于是，明清时代的行会组织开始模仿社会普遍认可的组织形制——会馆的组织形式与管理模式；开始拓展自身功能——强化场所地点的作用，增加服务业内人士物质、精神需要的功能设施；开始强化组织的精神层面建设——对行业神明崇拜的仪式化。这样改造后的行会已然成为了一种特殊的会馆组织，当他们将组织名称也冠以某某会馆时，也就真正完成了一次组织创新，成为明清时代会馆的重要一分子，也成为我们研究会馆、会馆现象和会馆文化时不可或缺的重要对象。

3. 清末民国时期的商会是行会组织、商业行业会馆组织在新时代的又一次转型

清末民初特别是民国以后，北京出现了大量商业性的组织，其名称多为某某商会、某某同业公会。考察这些组织，我们发现了这样一个现象，与明清时代的商业行业会馆相比，这些组织多是存“会”去“馆”，虽有“会”的“地点”，但只是组织的“会场”和所设立“事务所”的办公场所。以1931年成立的北平米面业同业公会为例，其源于清乾隆年间的马王会——未成为会馆的清代行会组织（此例让我们也看到了行会组织在明清时代的分化）。到清末民初，该行会组织“既乏确定会场，更无固定职务，不过岁时报飨，演剧酬神，循例开会，作集众合群，联络感情之举已耳。”组织趋于离散。民国后正式改称“米面商会”，先是“设事务所于东珠市口路南”，继而“会场亦迁移于西湖营路西”；后来在“北平称市”、“新商会法”颁布实施的历史背景下，更名为“同业公会”，购得“煤市街小马神庙门牌十号房屋一所，计十六间半”，作为新的“会场告成”。从上述1931年《北平米面业同业公会成立暨公廨告成始末记》中，公会的地点功能仅是“会场”，没有会馆所特有的娱乐、居住功能，甚至一些同业公会的祭祀活动地点也非常设固定了。这些“商会”、“同业公会”只以经济利益为纽带规划组织，更多地沿袭了行会中作为整体对外互动的组织代言功能，脱离了会馆中的地点意义和应用功能，并

被赋予了其他新的时代内涵。所以说，商会的“会”、会所的“所”突出了组织的联盟会议性质，而会馆的“馆”则描述了地点的娱乐教化和可居住功能。

因之，“会馆”一词既是对组织的固定场所的功能化描述，又突出了组织的目的性价值取向。可以据此认为，会馆与封建社会晚期相伴生，是资本主义萌芽后社会流动加剧下的封建时代的社会产物和功能化社会组织，近代地方商会、同业公会以及公益水会等不应纳入会馆的研究范畴。应该把会馆看作是中国封建社会进程中一定历史阶段下的社会组织形态和组织的建筑群落空间。

五、作为社会组织的会馆

社会学告诉我们，任何组织的存在都有其客观的存在价值，任何组织都有其自身的权力，组织通过自身的权力与其他组织在互动中交换权力，实现自身的存续与发展。从外观看，会馆是立于城市中的建筑群落，而从内涵上看，会馆是以组织形态而存在，并支撑着作为建筑群落的外壳的存在，组织一旦瓦解了，外壳也将不存在了，我们眼前的会馆也就不再是会馆或者不再是此会馆了。

1. 会馆组织的功能

会馆从自身组织定位上有三大功能：联谊互助、教化管理和自身发展。

联谊互助是组织的功能架构和价值取向；教化管理是组织自身承担社会功能的体现，是将社会功能内化为组织功能，这一点更凸显了会馆组织的社会价值所在；自身发展是组织存续、发展的基础和保障。

会馆从组织成员和成员诉求来看，集中于三大群体，一是官员群体，即异地为官者，他们的核心诉求在于乡情亲谊和联盟助力；二是应试求学群体（也可视为潜在的官员群体），即离乡赴考者，他们的核心诉求在于乡情亲谊和解决实困；三是商人群体，即离乡谋利者，他们的核心诉求在于乡情亲谊和经营支撑。从这三大群体的核心诉求看，乡情亲谊是会馆组织的内在原生动力，也给会馆组织印上了不同于其他组织的鲜明特征。这一鲜明特征在当下的存续就是海外华人在居住地和驻在国建立的中华会馆或以某地域名称冠名的会馆。这也成了会馆在国境内消亡后的一种组织生命延续。

2. 会馆组织的组建

组织的产生是群体内生动力的体现，会馆组织的组建不仅要有动力，还要有实力——置办馆舍作为标志组织存在的“地点”。

首先是倡建组织与建设、置买馆舍阶段的组织。这一阶段，一般由同籍、同业中的知名人士、领军人物发起创建，与积极响应者共同制定组织规章和集资建设或置买馆舍作为组织的地点所在。其次是会馆组织及会馆内部管理的组织。其三是会馆自身经营活动的组织。其四是组织萎缩与会馆运营的终止或组织壮大与馆舍、馆产的扩张。

3. 会馆之于会馆组织的“地点”功能

会馆组织在社会组织中最为突出的特征便是其充分发挥了会馆本身的“地点”功能，来强化自身的组织功能和实现组织目标。

首先，会馆让会馆组织成员实现身份认同。也就是说，他们让大家在会馆中，在乡音乡情的氛围里，强烈地感知到“我们是谁”——是来自同一故土的人和远道而来到一个共同地方的人。这一身份认同，使组织成员间迅速形成了共鸣。

其次，会馆使会馆组织成员在具有鲜明家乡特色或具有明显家乡文化指向的建筑群落中，在被围墙与城市中的其他聚落分割开后，在馆舍的围墙里找到了群体的同质化因素，强烈地感知到“我们是集体”，我们的这个集体虽然异质于这座城市，但在这个馆舍内我们的文化源相同相通，人与人之间相亲相近。

第三，会馆使会馆组织成员在会馆作为“地点”的场域中找到了时间感，彼此熟知或完全可以想见对方之所来和往昔经历，知道当下我们在这座城市中的家就是这里，并且可以预见到，在这个“家”的支撑下，成员中的每个人可以期待未来，更期待自己的未来能为这个“家”有所贡献。

第四，会馆使会馆组织成员在这座陌生的城市中有了安全感，即便是“一榻之舍”，也能听到乡音，品到乡味，这种舒适感是安心苦读、安心从业的基本保障和有力后援。

4. 会馆的组织纽带及其组织成员的行为规范

在强化会馆的地点功能同时，会馆组织将“地点”中的特定“地点”与特定时间相结合，形成了组织成员在特定地点、特定时间举行的特定仪式。除了通常的年节聚会、具有庆典性的娱乐活动（如福州会馆每年正月十五的烟花燃放等）外，多数会馆都有其自身的祭拜孔子、乡贤和行业神的活动。这些活动的仪式感更为强烈，全体成员在会馆的戏楼或享庙中举办仪式，聆听乡长、行业领军人物或是政治人物的训话。这种仪式受到当时国家正统思想的支配，又突出了本乡或本行的特色内容。通过仪式的“表演”，在每位成员心中完成“转换”，形成思想认同，也就是组织的价值取向；养成思维方式，亦即组织的行为取向；最终是形成统一思想，亦即当时社会倡导的价值观。这从一个侧面，再次说明了会馆的社会组织性质以及这一社会组织与时代的关系、与城市社会的关系。

六、作为社会制度的会馆

会馆作为封建时代晚期的社会组织，既是这一时代制度的产物，也同时参与塑造着社会制度本身。

1. 既有制度对会馆产生、延续的影响

从宏观上说，是处于晚期的封建制度造就了会馆，也使我们在解构和研究会馆时，处处可以看到这种宏观制度文化的影子。而梳理明清特别是清代对会馆有着直接影响的具体制度，我们认为主要是以下三个方面：一是官僚任职籍贯回避制度；[①] 二是科举制度；三是清前期实施的一系列有利于国计民生、国家安定和体现政治包容的制度。康乾盛世集中表象为生产力的提高和人口的激增，这样既使相当的人口从土地上解放出来，又使一些农业人口面临不得不离开土地以谋生计的境遇。这种客观形势正好配合了明代资本主义萌芽以来所造就的社会活力，在手工业发展的同时，贸易成为了一个庞大的系统产业，不仅国内贸易，还有国际贸易，“宁波帮”的兴盛就是一个例证。这些具体制度影响的核心指向是人口流动。大量人口由乡野涌进城市、城镇。在这一历程中，人们的预期目标是作为首都城市的北京。这与当下中国社会的人口流向惊人地相似。会馆组织的应运而生成为那一时代的重要景观。对于北京的地方行政和治安管理机构而言，会馆对流动人口的吸纳极大地缓解了社会控制压力。

清代北京的内、外城功能划分，将会馆的城市存在空间限定于外城。当然，官员宅邸也集中外城，这源于官员未经特许不得于内城居住的国家制度。外城西部较外城东部更为集中，这是因为外城西部无论进内城往皇宫衙署，还是去西郊圆明园等处，都十分便捷。清代皇帝一年中的大部时间在圆明园办公，清代的官员很辛苦，每天要清晨四点到岗，五点就上朝。会馆从来希望接近有权的、有钱的，加之作为外城西门的广安门连接着通往南方各地的大道，使会馆在外城西部同样集中，往往是接近甚至比邻同籍权贵的宅邸。当然，许多会馆的前身也是权贵宅邸。权贵离职返乡时，将其京城私宅捐作会馆服务乡人，这既是封建士大夫乡土意识、道德追求的一种体现，更与明清官员退休必须离京返乡、不得留居京师的制度安排有着直接的关联。

需要说明的是，当我们站在制度层面研究会馆时，我们对会馆作为制度

---

① 参见魏秀梅：《清代之回避制度》，尤其是第一章“清代任官之籍贯回避制度”。台北中研院近代史研究所专刊（66），中研院近代史研究所 1992 年版。

化组织有了更深的理解，对如何界定哪些是会馆组织，哪些来源于会馆组织却已不是会馆组织，有了更深切的体会。应该指出，会馆组织的终结是与封建制度的终结相统一的。所以，我们并未将清末民国时期的北京地方商会、同业公会以及公益水会等组织纳入会馆研究范畴，而只是作为本研究的附属成果列于文后附表中。

2. 地方政府对会馆产生、延续的影响

由于官员任职要回避籍贯，在同省、同府、同州县任职官员中，同科（同一次应试中考取功名）和同乡是最让人感到天然亲近的情缘。显然，同乡的情感更亲也更真切。所以官员们不仅倡建会馆，自身对会馆也有精神上、物质上以至政治抱负上的实际需求。京城作为地方“首善”，其特殊之处是中央所在地，所以也是全国各地的人才最集中的集聚地，以不同范围界定出的同乡之谊，成了官员们之间可以相互支持的重要力量。中央政府和各级地方政府主官所要控制的，是使之不要达到结党营私的地步。在这个问题上，清王朝比其前朝处理得要好。

从省、府、州县的地方政府组成看，各级地方政府都有主管教育的专门长官，省里是学政，府里是教授，州里是学正，县里是教谕，有的府州县还设有训导。这些官吏，负责地方的人才选拔与管理，包括童生试即选取生员，而其中的优秀者有资格参加更高一级考试即乡试。以上官员，以及由中央派到地方主持乡试的正副主考，由于传统文化造就了他们与这些学子之间的师生联系，所以他们也每每直接推荐这些门下学子到省城直至京城去投考、备考，得到当地成功人士的提点关照，学子们被推荐前往投靠的最为集中的地方是会馆。所以，在上一级城市，特别是京城中的地方会馆都得到地方政府中教育专责官员的关注与支持。而所有地方官僚体系中的官员也同样存在到达上述城市时的自身实际需求，会馆同样也成为他们的重要落脚点。当然，他们还把会馆作为其结友交往、建构社会关系网的重要场所。

与此同时，教育官——特别是省、府的教育官员，同样关注建在本治所的会馆，因为他们每次组织考试的对象群体主要居住于此，他们将从中选才，甚至培植自己的政治羽翼。而省、府、州县中主管刑名治安的官员按察史、通判对本治所会馆的关注，则存在于城市治安管理和社会控制上对地方政府的支持力。

所以，各级地方政府、各级地方官员都在努力维系着会馆的存续，给予其必要的支持，并通过会馆影响着会馆的组织成员。

3. 会馆组织成员对会馆的依附

会馆由于满足其组织成员的需求，也造成了其成员对会馆组织的依附。投考、备考的学子，因会馆而得以立足；异地为官的官员，在会馆中的娱乐是精神生活的重头以至全部；商人因有馆而创设行业规范，特别是更好地服务同业者并使全体同业者从中获益，无馆则缺少在本地得到认可的立业、兴业组织形态和更为强大的组织支撑力。而对于那些在异乡的失意者、失败者以及丧失能力者来说，会馆则以社会组织的身份弥补了地方政府的缺位和其他组织的无力补位，成为了异乡人在所处城市中社会保障的底线。仪馆和会馆义地、义园、义冢，让同乡中的“三失”群体有了与乡人同葬的最终归属，并为其家人、乡人对亡者的祭奠追思提供公益服务。这些都成就了建馆者和全体会馆组织成员的道义追求，让他们为自己的付出感到尽了一份对家乡与乡人的责任。

4. 会馆现象的出现及其制度化历程

会馆成为了封建时代晚期的一种社会现象，既是那一时代制度的产物，也是那一时代制度的组成。从表面看会馆，其以联谊为形式，实以互助为本质；以乡情、业缘为纽带，但以组织成员的价值实现为目的；以服务为功能，却直接弥补了政府缺位的领域，扮演着社会保障底线的重要角色，并且通过角色传承，在封建制度框架内，不断激励后学、后进、后辈去实现自身价值追求和组织价值追求，也造就了会馆组织自身的发展后劲。

从北京的实例看，居京士大夫是北京会馆建设的倡导者，也是会馆组织的真正撑腰人。许多士大夫舍宅为馆，体现了他们的道德追求，被传为佳话。他们的示范作用，特别是对道德精神的身体力行，使会馆成为封建时代主流思想的传播地，并使会馆不论从软件建设（仪式、活动等）还是从硬件建设（建筑风格、功能配备）都体现着主流思想，并不断以主流思想为准绳加以修正。至此，会馆在完成其自身制度化历程的同时，也完成了其成为封建制度文化有机成分的历程，并直接参与着改造封建制度的历程，成为近代思想聚焦和维新改革的重要策源地。

七、作为民族文化的会馆

1. 会馆对地方文化的传播与反哺

会馆是京城中地方文化的缩影，小到县大到省，以至于相邻的两省、两地、多地，在会馆的围墙内人人浸泡在本土文化的氛围中。所以从北京城市空间的角度看会馆文化，是同构于京城之中又异质于北京当地的文化空间与聚落分布，可以类比于新中国成立后北京城中的军队大院文化。由于京城会馆众多，在京城的整体文化版图中，深深嵌入于北京的街巷胡同之中：关上门，从外观看其多与京城的其他地方毫无异样（有些会馆从外观上彰显本地方、本行业的建筑风格，但多数会馆，特别是清以后的会馆，更多体现着与京城的同质化和融入性特征）；但打开门，走进其中，里面则是一种浓浓的那乡、那语、那味、那情。

作为京城一分子的会馆，在努力融入北京的同时，自觉地、更多的是不自觉地传播着本地的文化，让京城人和来到京城的其他地方人，通过走进会馆，及与会馆中人在会馆中、更多的是在会馆外的日常交往，了解了会馆所代表的地方的人情世故，使北京人和其他地方人了解以至理解了一种不同于其本土的地方文化，与那个素昧平生的地方有了一种神交，这种神交或多或少地影响着北京人和其他地方人。当福州会馆的社火在京城上空绽放时，观看者、欢呼者，不仅是福州人、福建人，更有北京人和其他地方人。人们共同从中感受福州文化、福建文化，使会馆成为地方文化的京城传播点。

戴逸先生在阐释北京宣南文化的成因时，强调了北京作为“首都的特殊地位，是首都文化与地方文化的结合部。中国是个大国，疆域辽阔、人口众多，各种文化都要到北京来”。他认为，“一个学者不到北京不能成为大学者，一种文化、一种学术不到北京也不能成为显学，这一点非常重要。地方文化如果没有一个吸收、融合的过程，就不能发育得更加丰满。”[①]会馆所代表的地方文化嵌入于京城之中，与北京文化和其他会馆所代表和传播的地方文化长期交融碰撞，这种碰撞的历程是长期的和无时不在的。当浸泡于其中的会馆中人再度走回本土，则是带着审视的目光和帝都的气息开始影响和重塑本地方文化，会馆成为了反哺和滋养本地方文化的传播站，甚至成为本地方文化影响全国的辐射基地。用戴逸先生的话说，“地方文化不到北京，不能辐射全国、影响全国。”

2. 会馆对中华文化的光大与凝炼

北京的城市空间给会馆、特别是会馆与京城以及会馆之间搭建了长期互动的平台。这里所说的“长期”至少包含了封建社会晚期、资本主义萌芽后的这一段时期，从断代上讲是明朝前期到新中国成立这五百余年的时光。在这段时光中，会馆在北京的城市空间中，将地方文化与北京文化长期互动，将不同的地方文化长期互动，将各种文化共振、交融，在保有各自特质的同时，都在受到影响并输出影响。或许历史上记录下来的是一个个振臂高呼的人物，但他们的背后都是一方水土造就的文化基因和作为其在京城的立脚点或支撑点的会馆。

戴逸先生在指导我研究北京宣南文化时，让我关注清代不同时期的三个群体：[②]

第一，是清朝初年吴梅村、龚鼎孳、王士禛、朱彝尊、陈维崧、陈廷敬

---

① 见戴逸先生为《宣南文脉》一书所作序言，中国商业出版社 2005 年版。
② 同上。

这批诗人群体，以至康熙年间的诗人、词人，他们都在宣南活动。王渔洋经常在报国寺活动，他主持诗坛五十年，是诗坛盟主，开创了神韵派的诗风，影响全国。

第二，清朝中叶乾嘉时代的汉学家群体。戴震、周永年、钱大昕、纪晓岚、翁方纲、朱筠、王昶、王鸣盛，这批人都在北京活动，多数居住于宣南。这个学者群体是当时学术界领袖，影响了几代人，甚至影响到今天。

第三，晚清。康有为、谭嗣同、梁启超，他们都住在宣南各会馆内，在菜市口一带。“公车上书”发生在宣武门外的松筠庵。后来，戊戌六君子也在菜市口刑场被杀。这是一个改革家的群体。

这些群体，对中国来讲是开风气之先的群体。这样三个群体，清前期、清中期、清晚期，他们无一不曾在会馆立足，甚至终生生活于北京的会馆之中。这也可以看出会馆的重要性，这里积蓄着影响全国的力量，使这些特定的历史人物、文化群体在北京的城市空间中光大并凝炼着中华文化，并由京城辐射全国甚至传播海外。

3. 会馆对北京文化的丰富与升华

会馆兴盛的时代，恰是北京作为中国封建王朝首都的鼎盛时代，北京区别于其他地方的根本在于其“首善”的地位，这客观上为北京造就了能够博采众长、吸纳各方的得天独厚的条件。

其一，会馆、会馆现象、会馆文化已成为北京文化的重要内涵和有机组成。如果从空中看北京，会馆犹如一个个棋子布局在北京的城市之中，而且这些棋子不仅如海绵般吸吮着北京这片沃土上的营养，也向这片土壤滴灌着营养。会馆在首都城市的集聚化、功能化，会馆的对内管理、对外影响形成的种种现象以及集聚所带来的放大效应，会馆独具一格的文化以及在满足城市功能的同时所带来的不可或缺性，都使之早已融入北京文化、影响着北京文化，并把这种影响渗透在于无声处和这座城市市民的行为之中。

其二，北京因会馆而聚士人、汇商气，会馆作为北京地方文化与各地方文化的联结点，成为北京城市文化发展的动力因素，其特殊功能直接造就了新文化要素，生成了北京文化新的源流，从而也决定了北京城市独有的文化个性。文化在交融中生成，也在文化空间的滋养中成为人们的行为。这在我们研究北京文化的过程中可以不经意地列举出来：会馆引进了各地方神灵，这使北京的坛庙文化有了众神汇聚的特征；会馆使各地方美食从馆中走向坊间，这使北京的饮食文化丰富多彩；会馆自成一体的教育功能，成为北京民间教育的发端之所；会馆戏楼之兴，将地方戏剧带来北京，又由这里走出去面对北京观众和各地观众，不仅丰富完善了自身，更造就了北京的独特艺术门类和北京人的艺术特质、文化取向和行为方式。

其三，会馆在首都平台上，促成本地文化和北京文化有机融合，使北京文化在升华中更具有了首都意义和中华文化的代表性意义。在某种意义上，会馆内的文化氛围异质于北京文化，在会馆内封闭为当地文化，但这所封闭的院落深深地嵌入于北京的城市格局、文化氛围之中，会馆中的人每每出入这个院门，将院内的文化带出，也将院外的文化带入，这种以人为媒介的文化交融历程，是人适应环境不断校正自身行为的潜移默化的过程。当会馆中的人们陶醉地欣赏家乡戏剧时，音符已飘出院外，当会馆外的人们走进会馆或将这些音符请到公共戏楼、其他会馆去演出时，当这种交流交融一次次反复时，特别是徽班进京、入住会馆、梨园行独立设馆，以至会馆戏楼开放，成为北京城重要公共文化消费场所时，地方戏剧真正在首都的大舞台上竞相展现，地方戏也已走出会馆，真正走进这座城市，在满足首都观众及与其他艺术门类的交融升华中，直接造就了作为北京文化重要组成的戏剧文化门类及其打上北京烙印的剧种——京剧，这一剧种的生成历程及其在全体国民中的受关注度、受欢迎度，使之成为了当之无愧的国剧，成为北京文化以至中华文化的重要标志。

八、作为时代产物的会馆

1. 时间、地点的特定性

会馆的产生、会馆现象的出现具有鲜明的特定性，即资本主义萌芽后的中国封建社会晚期，这一时期封建制度使人们在土地的束缚开始松动，农村人口向城镇流动的指向比以往更加强劲起来，这是会馆在城市、城镇出现的直接诱因。明、清作为中国最后的封建王朝，统治者加强城镇社会控制的客观需要与强化自身执政基础的主观诉求，通过社会管控与强化科举等制度安排，间接地催生和助长了会馆成为从具有重要经济、交通意义的市镇到州县、府、省城的普及，而在国家首都建馆更是这些指向的终极目标。士人会馆在这些地方的会馆中占有绝对优势，商业行业会馆是经济活动和行会发展在这一历史时期的组织、制度创新产物，仪馆作为特殊功能指向的会馆，凸显了会馆的公益价值追求。

当然，会馆与特定时间、特定地点的结合，也见证了中国封建城市走向近代化的全过程。伴随着20世纪初以1904年科举制度在中国社会废止为标志的中国社会大变迁，会馆组织形式和功能发生转变，并逐步退出了中国城市社会的历史舞台。无需否认的是，会馆、会馆现象在中国封建制度终结后又存续了近半个世纪，这也符合制度变迁的基本原理，而会馆文化则嵌入于城市社会生活，影响流传至今。

2. 时间、地点的局限性与影响性

会馆是时代的产物，具有很深的时代烙印，这些烙印正是会馆在特定时间、地点回应当时社会关切、进行组织建构与制度安排的具体行为，必然带有那个时代的局限性。其随着资本主义萌芽后的中国封建社会晚期而兴，随着明、清两代强化科举制度而盛，并伴随着封建时代的终结而最终走向解体。

会馆以乡缘和业缘界定成员边界并建构组织，在组织成员中构筑情感社区。会馆以组织成员的关切与需求为导向，建立馆舍，在强化这一“地点”的情感归宿的同时，在“地点”中设置功能，满足成员的实际需要。所以在研究会馆时，我们发现会馆的特定性、局限性，在于会馆史料中出现频率最高的五个关键词：“居住”、“燕乐”、“会议”、“酬神”、“教化”。五大关键词之间也存在着依次递进的内在逻辑：“居住”是最基本的物质需求，既是外乡人来到陌生城市的首要需求，也是城市管理者最为关注的社会控制问题，更是会馆称之为“馆”之核心内涵，成为会馆不同于公所、公会的最本质区别；在满足物质需求的前提下，会馆通过“燕乐”、“酬神”满足群体的精神需求；通过“教化”满足群体的延续需求并担当起社会责任；而“会议”则是会馆的组织和制度保障。应该说，这五个关键词是明清时代会馆组织给封建城市交出的一份答卷，具有鲜明的时代特征和历史局限性，也同时对那个时代和会馆所生长的城市具有独特的影响力。值得关注的倒是会馆对组织成员的影响、对会馆所在城市的影响、对那个时代的影响，以及对后世文化的影响都是在潜移默化和润物无声之中实现的，即便是清末变法维新的轰轰烈烈，也是被这种润物无声启迪了思想之后、超越会馆组织之外的新生组织行为。

3. 客观评价会馆的历史地位及后世影响

总体来说，会馆、会馆组织、会馆现象已是历史，可以盖棺定论。应该说，会馆在资本主义萌芽后的封建社会晚期的出现，满足了时代需求，维护了地方稳定，促进了城镇繁荣，激发了近代思想，推动了社会进步。虽然其组织形态已在国境范围内消亡，但其影响尚在并将长期存在：

首先，会馆的组织建构影响后世。会馆以乡缘、业缘为纽带建构组织、界定成员边界，满足群体需求、回应时代关切。民国后，会馆的组织建构模式逐渐被同乡会、同业公会、地方商会所部分吸收，也可算作会馆在新形势下、特别是在变化了的整体制度环境下的组织创新形态。而同乡、同业者组织起来的会馆组织核心追求得到延续，这既是社会进步的推动力，也是群体利益组织化、扩大化而对抗国家利益的制度温床，其影响在任何时候都是双刃剑。客观地讲，会馆对于当时社会和当下社会的积极意义大于消极意义。

其次，会馆的功能设置影响后世。这也是常常让我们感到会馆已然终结，但似乎依然离我们很近的缘故。后人看重会馆的历史功绩，深知会馆文化在当下的现实影响力，所以现实中人们仍有以会馆为自身组织命名的社会心理偏好。如一些地方特色的经营性旅店，被命名为某某会馆，是取了会馆的“居住”功能，而淹没了会馆的公益性质；一些特色饭庄或会员制聚会场所，被称为某某会馆或某某会所，是取了会馆的“燕乐”、“会议”、“酬神”功能，而舍弃了会馆的最基本功能“居住”，以及其对组织全体成员的开放性等等。而探究大家喜好“会馆”称谓之由，还是源于会馆一词的影响力尚在，不仅没有式微，反而依然强劲。会馆的功能设置为后人所推崇，会馆现象依然为后人所追捧，会馆文化依然是当下社会、特别是城市中的影子文化，形成着现实影响并对这一影响产生着新的预期。

第三，会馆文化已成为北京文化的重要组成。这又回到了我在本文起始时所表述的问题，城镇、城市是会馆的发生地。这是我们研究会馆、会馆现象和会馆文化时须臾不能忘记的背景和无法脱离的场域。在北京的城市发展史中，会馆见证了从明永乐年间直至新中国成立的五百余年历程，而这五百余年历程恰是铸就北京文化的最重要时期。当下北京，不仅城市建设、城市改造中，“会馆”被频繁提及，我们在对会馆进行田野调查时，北京市民对会馆充满了追忆、怀念与骄傲。如今会馆的“影子”依然在城市之中大量存在，作为国家首都、世界城市的北京，城市文化之中早已深深植入了会馆文化因子。这一文化因子不仅至今影响着人们的行为，而且一旦与时代和城市需求相结合，便可孕育出新的组织形态、制度安排和城市文化。这将不仅是北京当下城市建构和城市治理的创新源泉，还必然是北京人寻求创意创新发展的思想源泉。从这个意义上讲，治北京史者不可不研究会馆及会馆现象，本研究为此做了一些最基础、最原始的工作；而当下的北京城市治理者更不该忽视会馆、会馆文化给予我们的启迪与感悟，这项工作我们才刚刚开始。

北京市在京会馆

北京，位于华北平原北部，地势西北高、东南低，西部是属于太行山余脉的西山，北部是属于燕山山脉的军都山，东南部则是缓向渤海倾斜的冲积平原。早在七十万年前，周口店地区就出现了原始人的群落“北京人”。

北京建城于公元前 1045 年，初名蓟城；春秋、战国时为燕都蓟城；唐时又称幽州城。辽代建为陪都，称南京，又名燕京；金代于 1153 年建为国都，称中都；元称大都；明、清称京师，通称北京。北京之名始于明永乐元年（1403 年），同年定北京建制为顺天府。明代隶北直隶省，清代隶直隶省。顺天府衙设于京城内，为全国首善之府。清初一度由部院大臣兼管其事，号兼尹。顺天府府尹品秩正三品，而非各府知府的从四品。

顺天府辖境，明代辖五州二十二县，即大兴县、宛平县、良乡县、固安县、永清县、东安县、香河县，通州及其所领三河县、武清县、宝坻县、漷县，霸州及其所领文安县、大城县、保定县，涿州及其所领房山县，昌平州及其所领怀柔县、密云县、顺义县，蓟州及其所领玉田县、丰润县、遵化县、平谷县。清前期时顺天府辖境有所调整，雍正年间改原为州属之县均直隶于顺天府，至乾隆八年（1743 年）形成辖境二十四州县格局，即大兴、宛平、良乡、固安、永清、东安、香河、通州、三河、武清、宝坻、宁河、霸州、文安、大城、保定、昌平州、顺义、怀柔、密云、涿州、房山、蓟州、平谷。

国民三年（1914 年）改顺天府为京兆地方，直隶于中央政府，下辖二十县，即大兴、宛平、良乡、固安、安次、永清、香河、通县、三河、宝坻、武清、昌平、顺义、怀柔、密云、蓟县、平谷、涿县、房山、霸县。1928 年设北平特别市，此为北京置市之始，原所辖二十县改隶河北省。1930 年降为北平市，隶河北省。抗战胜利后恢复北平市。新中国成立后建为首都，仍称北京。1958 年 3 月，国务院决定将河北省所属通州、顺义、大兴、良乡、房山五地连片划归北京市，10 月再将怀柔、密云、平谷、延庆四县划入。作为新中国首都的北京，全市面积 1.68 万平方千米，经过多轮区划调整，至

2010 年 7 月共辖十六区县，分别为：东城区、西城区、朝阳区、海淀区、丰台区、石景山区、门头沟区、房山区、通州区、顺义区、昌平区、大兴区、平谷区、怀柔区、密云县和延庆县。

北京市在京会馆共计 20 座，共置设附产 7 处。本地士人会馆仅 1 座，即清道光年间大兴、宛平两县联合建立的大宛试馆；通县会馆建立时，通县为河北省地。其余会馆皆为行业会馆。弓箭会馆成为北京本地以“会馆”作为组织名称的鼻祖，时间可以追溯于明代，但由于史料有限且遗迹全无，我们对这一组织的状况只能是雾里看花。清代以后北京陆续出现的行业会馆带有很深的行会组织印迹，更多是将行会与会馆形制嫁接，有些嫁接还很牵强附会。由于其称会馆，笔者据史料收录，但考察其组织规章、会馆规模，特别是馆之“地点”功能多“为同业酬神、祭祀、议事之所”，与同期北京的“行会”、“公会”、“公所”差异并不明详。一些会馆组织成员尽管最初非北京本地人，但在立业的过程中实现了本土化，最典型的例子就是梨园会馆。这些都成为北京商业行业会馆的基本特征。随着清末民初社会制度变迁与政治经济环境改观，上述行业会馆多与行会和其他经济组织一道转化成为地方商会和同业公会等组织形态。

目前北京市在京会馆尚有会馆建筑遗存 4 座，其中梨园新馆为区级文物保护单位。

北京市在京会馆一览表

产别		馆名	别名	建立年代	现地址	老地址	地亩	房间	掌馆人	现状
县馆	大兴 宛平	大宛试馆		清道光年间	前门西河沿街22号	西河沿路南二三八号			朱开第	已拆
县馆	通县	通县会馆		民国二十三年（1934年）	东花市南里富贵园5号楼	卧佛寺后身七号	12	124	李万福	已拆
商业行业馆		弓箭会馆		明代	冰窖口胡同	德胜门外冰窖口路南				已拆
商业行业馆		西金行会馆	金箔会馆	清朝初年	草厂头条17号	庆云巷大院六号				民居
商业行业馆	梨园行会馆	梨园老馆		清雍正年间	陶然亭公园内西南侧	陶然亭西				已拆
商业行业馆	梨园行会馆	梨园会馆		清乾隆年间	珠市口西大街83号	西柳树井				已拆
商业行业馆	梨园行会馆	梨园会馆	精忠庙	清同治年间	珠市口东大街18号	精忠庙街路西五十四号	7.2	154.5		已拆
商业行业馆	梨园行会馆	梨园新馆		民国十三年（1924年）	樱桃斜街65号	同左路北三十四号	0.5	21	杨小楼 叶盛章	区级文保
商业行业馆		绦行会馆		清乾隆三年（1738年）	陶然亭公园内东南侧	黑龙潭	6.6	10	王绍周	已拆
商业行业馆		玉行长春会馆		清乾隆五十四年（1789年）	南新华街48号	小沙土园路西六号	4.99	160	张永祺	已拆
商业行业馆		当行会馆	公合堂	清嘉庆八年（1803年）	珠市口西大街84号	西柳树井路南五十九号	2.19	77	杜善斋	大部已拆
商业行业馆		药行会馆		清嘉庆二十二年（1817年）	西兴隆街3号	兴隆街路北十一号				已拆

产别	馆名	别名	建立年代	现地址	老地址	地亩	房间	掌馆人	现状
商业行业馆	猪行会馆		清道光三十九年（1849 年）	西四北大街 99 号	同左路西四十六号				已拆
	骆驼行会馆		清代	石景山五环西路	衙门口村西				已拆
	骆驼行会馆		清代	牛街西里二区	甄家胡同				已拆
	靴鞋行会馆	靴鞋行财神会	清咸丰年间	甘井胡同 4 号	同左路南二十八号		14	张子纯	已拆
	皮行会馆		清晚期	大保吉巷 29 号	宝鸡巷十三号				民居
	粮栈行馆		清光绪年间	云居胡同 25 号	云居寺路北十三号			田阔亭	民居
	棚行会馆	棚匠会馆	清朝末年	黑窑厂西里	黑窑厂路西二十三号			李德友	已拆
	棚行会馆	三圣祠	清宣统三年（1911 年）	南长街 79 号院	同左路西二十六号	0.4	10		已拆

县级馆产

大兴、宛平

大兴，本为辽析津县，金贞元二年（1154 年）更名大兴县，后相沿不废，与宛平县同附中都。元属大都路，明初属北平府。永乐元年（1403 年）改属顺天府，县署位于教忠坊（今交道口南大街路东大兴胡同内）。明京师城墙整体建成后，中轴线以东属大兴。1928 年改隶河北省后迁治于大红门，1958 年 3 月复划入北京市。

宛平，辽开泰元年（1012 年）改幽都县名为宛平，与析津县同附南京，后相沿不废，与金代大兴县同附中都，元属大都路，明初属北平府。永乐元年（1403 年）改属顺天府，县署位于积庆坊（今平安大街，原平安里段路北）。明京师城墙整体建成后，中轴线以西属宛平。1913 年移治卢沟桥拱极城，1928 年改隶河北省，1952 年 7 月，宛平县复划入北京市。

大宛试馆 该馆为大兴、宛平两县合建馆。建于清道光年间（1821—1850 年），位于西城区前门西河沿街 22 号（旧为西河沿路南二三八号）。

光绪三十二年（1906 年），该馆内开设公立首善两等小学堂。据《宣武区普通教育志》载，当时有学生 22 名，教职员工 15 人。现已被拆，其址西即“老劝业场”。

通县

通县，位于北京市东部，大运河过境，邻接天津市和河北省。西汉置路县，东汉改潞县。金天德三年（1151 年）升潞州，并辖三河。明改通州，隶顺天府，辖三河、漷县、武清、宝坻四县，清不辖县。1913 年改县，玄隶京兆地方，1928 年隶河北省。1958 年由河北省划入北京市，初称通州区，1960 年改通县，1997 年撤县复立通州区。古迹有燃灯塔等。该馆建立时，通县属河北省。

通县会馆 建于民国二十三年（1934 年），位于东城区东花市大街中段路南、东花市南里富贵园 5 号楼址域内。当时共占地 12 亩、有房 124 间。《北京会馆档案史料》载：“由旅平同乡梁丹林、隋少傅等发起成立，以联络乡谊共谋同乡福利为宗旨，不久在崇外卧佛寺后身七号（后为南角湾胡同 12 号）建立馆址，并设义园以供贫苦同乡埋葬。”

商业行业馆产

弓箭会馆 白鹤群撰《北京的会馆》称，“该馆建于明代，位于西城区德胜门外冰窖口路南（今为冰窖口胡同），主殿奉黄帝为祖师，配殿设有历代神箭名人牌位。会馆每年都要在护城河边举行射箭比赛。”现冰窖口胡同两侧大楼如林，会馆位置无法确定，旧痕难觅。

西金行会馆（金箔会馆） 建于清朝初年，李华先生考证“最早碑刻为清康熙三十六年（1697 年）”，位于东城区青云胡同南段（旧为前门外庆云巷大院六号）。该行馆一直延续至民国后改建为同业公会，开门在草厂头条 17 号（旧为路西十六号）。现为民居。

西金行清时为专门从事金、银箔制作的行业。当时的工艺规定，一两黄金要锤制出 3 寸见方的金箔 2500 张、4 寸见方的金箔 2000 张，并且要求平、匀、薄如蝉翼。实地调查时，生于该院、一辈子从事古建油画彩绘的许老爷子，给笔者讲述了有关金银箔行业的有关知识，并给我们指看了尚存于院中的仅存的锤箔用石。

梨园行会馆

“梨园”，即唐玄宗时期教练宫廷歌舞艺人的地方。后人引称戏班为梨园，戏曲演员为梨园子弟。梨园行也因此奉唐玄宗为鼻祖，每年农历三月十八唐玄宗（一般尊称唐明皇）生辰时举行义演等纪念活动。

梨园老馆　建于清雍正年间（1723—1735 年），位于西城区龙爪槐胡同路南 16 号陶然亭公园内西南侧，“占地有几亩，房屋十几间，附有义地”。

附：

梨园老馆碑记
（1732年）

义冢[①]，朋友以义合者也。居处相依、缓急相恃、忧乐与共，盖甚重乎其义也，而况于生死之际乎？鲁论记孔子交朋友之义，朋友死无所归，曰，我殡。孔子立万古人伦之极，后世敦伦，常笃[②]气谊，不欲以伦薄自处者，皆取法焉。间欲有为人所不能为之事，盖亦贤豪者流也。然而往往难之。今夫人有高下，品有雅俗，术有贵贱，亦不同之极致。而揆[③]之方以类聚、物以群分之意，各有俦侣[④]，各有相爱相恤之道，其不同者类也，无不同者情也。义缘情而起，欲立欲达者，秉彝[⑤]同好也，安在流俗中，必无古处自期，而敦伦仗义不复见于里巷间乎？众等梨园馆中侪[⑥]伍也。夫梨园为小枝，梨园之子非大人之侣，非君子之俦，而持其患虽死生必无有异情焉者。又况背井去家，寄迹数千里外，亲族党所不能顾，向而一坯之土未营，七尺之躯安托？众等恻焉，念之义冢之设，义诚笃于义者也。于是辟草披荆，计亩若干，东至、南至、西至、北至，置之门内，以备同侪无以厝其骸骨者。斯举也，勒之于石，以垂不朽。梨园之子，生死有业，死而有拖已也，夫死生贵贱乃见交情。衣

① 义冢：这里指行业公益性的墓地，也称义地或义园。冢：坟墓。
② 笃（dǔ）：忠实，专一，不断加深。
③ 揆（kuí）：揣测，揆度。
④ 俦（chóu）侣：伴侣。
⑤ 秉彝：秉承。
⑥ 侪（chái）：同辈。

冠之物中，观光帝畿者，不少当共握手缔交，文章酬酢，酒食言欢，指金石而矢同心，自命为君子之朋，一日可足千古。一旦蝇头微末，得失所分，心如冰炭，掉臂不顾，而歧路彷徨，莫一援手者，尽然也，又况于死生之际乎！此亦梨园之子所深耻而不为，而斯久愿为之。呜乎！其亦人杰也哉！其诚笃于义者哉！

右安门内，大清雍正十年岁次壬子中秋前三日，吴门闵源栋撰。

此碑原存于慈悲庵庭院内，后被磨平重刻“陶然亭”三字立于慈悲庵一进院中西南角。1996年6月7日的《北京晚报》上，曾登载周继烈先生以“谈北京”为题的一篇文章——旧京“梨园新馆”。文中述：“戏剧界旧称梨园行。清雍正时期始有会馆，初设馆址在陶然亭西南半里许，同治中迁往前门外……。”此后，这里正式建为义冢，故称梨园义冢，百姓俗称“戏子坟”。

梨园会馆 建于清乾隆年间（1736—1795年），为购置明代惠济祠改建而成。位于西城区珠市口西大街路北83号（旧称西柳树井），即今煤市街南口西侧丰泽园饭店处。

初建时期多为各地进京演出班社的下榻地。如：乾隆四十五年（1780年），名旦魏长生等秦腔演员进京为乾隆七十岁贺寿演毕留京，即暂住于此；著名三庆班艺人高郎亭率班入京，为乾隆八十岁贺寿演毕留京也暂住于此。

后来这里改建为梨园界的一处演出场馆。其后沿革依次为：四明戏院、华北戏院、丰泽园饭庄。

1912年6月，由河北梆子演员田际云出面组织艺人公会——“正乐育化会”成立于此，会长谭鑫培，该会宗旨为救济梨园界穷苦同行以及兴办梨园小学，其义演收入还经常作为赈济灾区之用。1928年京剧界成立“梨园公益会”后，“正乐育化会”解散。

人物链接

魏长生（1744—1802），字婉卿，四川金堂人。西秦腔演员，工花旦。乾隆四十四年（1779年）到北京献艺，以表演细腻著称，对当时戏曲演员颇有影响。但因多色情成分，后被逐离京师。嘉庆六年（1801年）重回北京，未几死。

高郎亭（1774—1827），安徽安庆人，原籍江苏宝应，花旦演员。乾隆皇帝八十大寿专来京师献艺贺寿，后继任班主。还曾任在京由梨园界组织的“精忠庙”会首。

田际云（1864—1925），河北梆子花旦演员。戏剧活动家，艺名响九霄，祖籍河北高阳。12岁习花旦兼小生，15岁崭露头角，后应邀赴沪。回京后搭瑞盛和班，首倡京、梆两下锅，曾任“精忠庙”会首，并被选入升平署。其借进宫承差之机，为康有为、梁启超与光绪皇帝间传递信息。戊戌变法失败后，一度逃亡上海。1912年促成“正乐育化会”建立，却自任副会长；1916年组建第一个女科班“崇雅社”，培养出57名女演员。其秉性直爽，刚正不阿，深受同仁敬佩。

相关链接

丰泽园饭店　专营鲁味菜肴的著名老字号饭店。1951年由时任市军管会主任叶剑英指示扶持而发展，并成为当时为党和国家领导人宴请外宾和知名人士的重要场所。1994建成新楼，由饭庄改为饭店，占地4400多平方米、建筑面积1.48万平方米，共分7层。一、二层设有9个风格不同的餐厅，同时可接纳700多人就餐。三至五层有标准间、单人间和套间共99套，各种服务设施一应俱全。饭店的高级厨师、服务师、特级技师过百名，技术总监、特级厨师王义均为“全国十大名厨”之一、北京市“五一”劳动奖章获得者。

梨园会馆（精忠庙）　梨园会馆于清同治年间（1862—1874年）迁至精忠庙内。

精忠庙，建于明代，位于东城区珠市口东大街18号金霖酒店、原华北光学仪器厂大院内（旧为精忠庙街路西五十四号），占地7.2亩、共有房154.5间。除自用外余房出租，梨园会馆就是承租的大户，会馆迁至后在北跨院自建戏楼一座。该庙主奉岳武穆，另有其他站像14尊。岳飞一直受世人敬慕，《藤荫杂记》书中有诗曰：

谁于火树现雄豪，腰腹皤然尚沃膏。
脚色似曾夸进士，头衔尤未换功曹。
虚中大可营三窟，注焰无烦驾六熬。
一片热肠人海坐，年年灯影照霸袍。

又：

茶昆了义本三乘，火里莲花拨宅升。
袍笏宰官虽说法，纠名书判最难凭。
焦头上客宜蒙赏，烧尾豪筵独许登。
一点当场招鲍老，且来附热看春灯。

梨园界另尊喜神，每岁定期到朝阳门外东岳庙喜神殿祭祀酬神。并于清同治七年（1868年），由陈德材、朱文英主持重修了喜神殿，且树碑以记之。

附：

梨园会馆碑
（1887年）

古者伶官，代异其制，然音律则无不同。自十字谱行，而院本于作，于是聚昆山之剧、弋阳之歌，竞奏于通都大邑间。大要借因果为劝惩，即咏歌为讽谕，而感人之道寓焉矣。胜国时设教坊，司殿中韶乐，其词出于俳优，多乖雅道。十二月乐歌，按月律以奏；及进膳、迎膳等曲，皆用杂剧为娱戏，流俗喧譊，淫哇不逞。正德时，臧贤以伶人进，与诸佞幸角宠，窃权教坊，取隶益猥，杂筋斗、百戏之类，日盛于禁廷。而豪族富民，效尤于下，选色品声，靡靡之音充于京师。御史汪珊有屏绝玩好之请，然未能尽革其风也。国朝乾隆初，命张文敏制院本进呈，各依节令奏演，如屈子竞渡、子安题阁之属，谓之月令，承应其于内廷诸庆事；奏演祥征瑞应者谓之法宫雅奏；其于万寿令节奏演群仙、诸佛，添筹锡禧，以及黄童、白叟含脯鼓腹者，谓之九九大庆；又演目莲救母事，析为十本，谓之劝善金科，于岁暮奏之，以代古人傩祓之意；演唐玄奘西域事，谓之升平宝筏，上元前后数日奏之。嘉庆癸酉军兴，特命罢诸连台，上元日惟以月令承应代之，放除声色之意，远超于胜国。故梨园供奉内廷者，率法惟谨，亦无敢以新声巧伎进。又恐无以束修其俦侣也，特立庙于崇文门外西偏，有事则聚议之，岁时伏腊，以相休息。举年资深者一人统司之，隶于内务府。典至钜，意至善也。今将复新其庙貌，思得文言以永于石。因述缘起，并系以铭：

大雅之音，式和且平。萃处既协，咏歌以兴。聿修丹雘，胥调管笙。吉日令辰，明祀攸行。神具醉止，喜气充庭。既匡既敕，福禄来成。于万斯年，鸣此和声。

赐进士出身诰授奉直大夫兵部主事北平孙汝梅撰文

赐进士及第诰授光禄大夫协办大学士刑部尚书军机大臣南皮张之万书丹

大清光绪十三年岁次丁亥季秋穀旦

梨园新馆 建于民国十三年（1924年），由梨园同仁义演筹资，买下王慧芳旧宅所立。位于西城区樱桃斜街65号（旧为路北三十四号），占地0.5亩，两进四合院落，共有房21间。前院为议事厅，遍布当时行内名人匾及名角照片；后院设“九皇堂”，供有梨园祖师唐明皇、音乐祖师李龟年以及武戏行当、衣箱、梳头等祖师牌位，馆规要求此院“严禁女人进入”。如今这所民居院的门楣上额仍有“梨园永固”四字。为梨园界书法家时慧宝所书。现为区级文物保护单位。

馆内八幅楹联专请清末民初书法家樊增祥所撰，现录于下：

渭城一歌，看处处青田杨柳；
斜街小筑，记年年红了樱桃。

一艺成名，黄米饭曾入欧史；
此中人语，红梨花发即秦桃。

大厦初成，瓴甓水面，从平地筑起；
众仙同咏，衣裳霓羽，自开天得来。

副末打参军，一样坐堂皇，理民事；
元音通政术，不外舞韶乐，放郑声。

举世祀老神郎，佥曰似张道陵，似张元杲；
其徒受帝王教，不知是唐明皇，是唐庄宗。

梨园新馆现状　樱桃斜街65号

人各有能有不能，以能问不能，美术之研求靡尽；
性本有善有不善，劝善惩不善，前贤之用意如斯。

同业尽同胞，中养不中，才养不才，生涯彼此关休戚；
选声如选色，美者自美，丑者自丑，外论何尝无是非。

衣冠托讽，优孟如闻，问玄宗庄宗，当年可拜传奇祖？
弟子流芳，少陵有赠，萃南调北调，异日谁为配享人？

人物链接

王慧芳（1891—1954），山东琅邪（今胶南）人。民国旦角演员。

时慧宝（1881—1943），字炳文，号智侬，生于北京，原籍江苏。幼年聪慧过人，9 岁登台，26 岁挂头牌，清末民初有孙派（孙菊仙）传人之誉。

唐明皇（685—762），即唐玄宗李隆基。景云元年（710 年）与太平公主合谋发动政变，712 年登基，在位 44 年，初期整顿武周后期以来的弊政，社会经济有所发展，史称“开元之治”。后期政治腐败，又爱声色，奢侈荒淫，结果爆发了“安史之乱”，逃至四川，回长安后即亡。

李龟年，唐代宫廷乐师，善歌善奏，玄宗时在梨园供职。“安史之乱”后流落江南。杜甫曾有《江南逢李龟年》诗。

樊增祥（1846—1931），字嘉父，号云门，湖北恩施人。清光绪三年（1877 年）进士，初任陕西渭南知县，累官至江宁布政使，欢娱能工，尤善诗赋。

杨小楼（1877—1937），名嘉训，安徽石埭（今石台）人，生于北京，著名武生演员杨月楼之子。幼小开始学艺，后拜武生俞菊笙为师。长期在北京演出，曾为朝中“内廷供奉”。1913 年与人合股建成北京第一舞台。以“武戏文唱”为著，世称“杨派”。

尚小云（1900—1976），著名京剧旦角演员，与梅兰芳、程砚秋、荀慧生并称京剧“四大名旦”。原名德泉，字绮霞，河北南宫人。8 岁入科学戏，因其相貌酷似名旦孙怡云，遂改名小云。1914 年在北京童伶竞选大会上获“第一童伶”称号，此时还与演青衣戏为主的荀慧生、赵桐珊并称“正乐三杰”。其唱腔满宫满调，善用颤音，拖长板眼，以刚劲著称。念法是似断实连很富于感情。做功身段寓刚健于婀娜，长于以形体动作表现人物心理，尤擅刀马旦戏，世称“尚派”。1937 年办科班“荣春社”，招收培养两期学员共 570 余人。1949 年自组尚小云剧团，历任中国戏剧家协会理事、中国戏曲学院顾问等职。

叶盛章（1912—1966），字跃如，祖籍安徽太湖，生于北京。著名京师武丑演员。幼入“福清社”，其嗓音脆亮，念白干净，武打动作迅急惊险，灵巧而骠悍。曾组建“金升社”，成为当时公认的头牌武丑。

附产　春台[1]义园（梨园义地） 置于清道光十五年（1835 年）八月，占地 16 亩，并立《春台班义园碑记》以示。位于幸福北里路西地片内（旧称南极庙街）。

附产　梨园义冢 置于清同治年间（1862—1874 年），位于陶然亭公园内西南侧。为梨园老馆迁出后，将原址改建为梨园义冢，百姓俗称“戏子坟”。

附产　梨园义园 也称潜山义园，因当时京剧演员多来自安徽，故亦以潜山[2]代称。

置于清咸丰七年（1857 年），位于白纸坊东街 25 号院（旧为盆儿胡同南口路西十二号）。1958 年 1 月被征用，建为无线通信局宿舍区。

附产　梨园义地 也称安（徽）、（江）苏、湖（北）义园，简称安苏义园。

置于清晚期，位于陶然亭路 14 号，现为北方昆曲剧院所在地。

关于该梨园义地的建立及发展变化过程，《燕都》杂志于 1990 年以三期连载进行了细致阐述。笔者归纳如下：

此地先有庙宇一座，称松柏庵，原是清朝一位王爷的家庙，因这里有松柏林一片故名。梨园子弟很是喜好于此地练功调嗓，围观者众，别有情趣。王爷病殁，侧福晋终老庵中，垂危之际，念王爷乏嗣，又曾广交梨园界，故将松柏庵赠给了梨园馆。

同治十年（1871 年），著名艺术家程长庚等出面买下庙左的荒地一片，立碑庵外，正面刻“安苏义园碑”。随后召来恒实和尚，看守松柏庵，一面经营菜园，一面照看义地。庵内的佛事却与梨园界的信仰和习俗有关。因庙产已属梨园，个别无家可归的独身艺人，索性就住进庙里。此后，安苏湖艺人不断集资扩展，达 60 多亩，作为辞世艺人的公共墓地。

---

① 春台：暗指“到美好的游观之处”。《老子二十章》：“众人熙熙，如享太牢，如登春台。”

② “潜山”，也称“皖山”、“皖公山”，位于安徽省潜山县西。潜山以北称皖北、潜山之南称皖南。故此，潜山（皖山）具有安徽省的代称之意。

相关链接

“安苏义园”葬伶人[①]

当初梨园界人士，大多来自南方，很多人穷困潦倒，死无葬身之地。即使当时很有声望的名角，也逃不了同样的命运。后来，由同乡集资“多则两百，少则几十吊钱”，经著名京剧演员程长庚和朱连卿出面，在同治十年（1871 年）买下了京都外城西南松柏庵一带 60 多亩荒地辟为义地，起名“安苏义园”。程长庚说：“我们这些南方的艺人，一旦客死都下，连掩埋七尺身躯的一抔黄土也难得。从皇上到那些权贵大人，只知台上取乐，不知台下寒苦。多亏我们乡里同舟共济，置办下这块茔地，从此艺人们得有长眠之处了。”

提起安苏义地，实则是荒冢遍布，荆棘杂陈。在义地安葬的，有一些是颇有成就的艺术前辈或名家眷属，如著名老旦文亮臣，武丑王长林，花脸金少山，武生泰斗杨小楼（原系寄葬），以及尚小云的母亲，于连泉（筱翠花）的父母及其夫人，姚玉芙的父亲等等，而更多的则是默默无闻的底层演员和乐手。其中冻饿而死者有之，早年谢世者有之，绝望愤懑而去者有之，断绝生路而自裁者也有之。他们的悲惨境遇，真是不堪言状。即使是稍有些名气的中台演员，要完全靠“赶包”演戏也是难求一家温饱，他们往往要在演出之余，奔波于大街小巷，或沿街卖报，或经营些小玩意儿，赖以维持全家食用。更有甚者，则是晚上登台演戏，白天却去充当红白喜事的“执事”。所以许多人慨叹自己“台上金银（指道具）流水过，台下全无一粒粮”的凄凉处境。

就算是那些享名艺坛的艺术大师们，虽然收入可观，生活宽裕，也常常由于奢侈浪费，或受各种勒索盘剥，到头来依样落魄衰败。大家熟知的号称“金霸王”的名净金少山，可谓功夫卓绝、声名显赫了，一场戏可以拿到数百银元；但到临终之时却落得连副棺木钱也付不出，还是靠同行资助才在这清冷的安苏义园无声无息地长眠了。他的一生就像一面镜子，反映当时艺人的凄惨命运。

1924 年，梨园新馆建成后，将松柏庵还俗，改称“梨园先贤祠堂”。从此，松柏庵便成了梨园界集会活动的场所，直至北平解放。1951 年春夏，梨园界空前大规模连续义演，集资成立“私立艺培戏曲学校”，公推梅兰芳为董事长、郝寿臣任校长。在彭真市长亲自关怀下，1953 年改“艺培”为

① 引自周简段：《神州轶闻录》，华文出版社 1992 年版。

北京市戏曲学校。到60年代初，戏校已发展成为拥有京、评、话、音等8个专业系、500多学生的综合性专科学校，其为首都戏曲艺术培养了后继人才。“文革”十年后，北京实验京剧团在此复建；北京市戏曲学校在此复课。1986年，戏校迁址丰台区，北京京剧院迁入，后由北方昆曲剧院作为院址。

相关链接

昆曲 也称昆腔，为一个戏曲声腔，又是一个剧种。原为江苏昆山一带流行的民间戏曲腔调，至今有600年历史。1949年后，对其进行艺术改革，逐步赋予了新的生命。2001年，昆曲被联合国科教文组织授予首批“人类口头与非物质文化遗产代表作”。

北方昆曲剧院 为市属昆曲艺术专业表演团体，1957年建立，“文化大革命”中被撤销，1979年恢复。建院之初集中了一大批昆曲艺术家和编、研人员，并培养了一批演员和演奏员。创作、改编、移植了一批历史和现代题材的剧目。1979年以后，创作、改编并编演了一批古典、现代剧目，及优秀传统折子戏。1980年起，剧院在北京市戏剧调演中，有15个剧目获得创作演出奖，20余人次获得优秀表演奖和特别奖，50余人次获表演奖。在1993年北京市戏曲青年演员“凤仪杯”评奖调演和1994年首届全国昆剧青年演员交流演出中，剧院参演剧目和演员全部获奖。北方昆曲剧院建院以来，有多名艺术家先后获全国戏剧“梅花奖”。

人物链接

程长庚（1812—1882），名椿，字玉珊（玉山），安徽潜山人，清代著名京剧演员。咸丰、同治年间，在北京主持“四大徽班”的三庆班，并连续担任“精忠庙”会首达三十年。其演出严肃认真，艺术上融徽调、汉调、昆腔于一炉，对京剧老生唱腔和表演艺术的形成贡献尤大，擅长剧目多，尤以《文昭关》、《群英会》、《战长沙》等最为著名。与余三胜、张二奎并称“老生三杰”。

郝寿臣（1886—1961），其初习铜锤，后改架子花，宗法金秀山，以演曹操戏最为擅长。

绦行会馆 “绦”即用丝或线编织的带子或绳子。绦行，即专事丝绦加工和销售的行业。以中国神话小说《封神榜》中的哪吒为行业神，以其宝物

“混天绫”为丝绦的典型标识物。

据《北平庙宇通检》记载，建于清乾隆三年（1738 年），设有哪吒庙。哪吒庙虽只有一层殿，但庙产当时共占地 6.6 亩，有房 10 余间，庙内石碑 5 座。位于西城区陶然亭公园东南侧的海棠山亭景区位置。1949 年前此地称黑龙潭。

附：

绦行恭逢圣会碑记
（1775年）

盖闻：结丝分茧，月令载染彩之文；博带垂绅，儒者为束躬之具。故上天之化育万物，斯民藉此养根；祖师之灵佑四方，众生感而得福。是以有条不紊，即经纬之旋分；积絮而成，复元黄之是辨。密如细雨，溯缫茧[1]于三盆；真似朱绳，勤辟纑[2]于五夜。书称厥篚[3]，粉米耀于明庭；诗著其不纰，服饰彰于清庙。以是知薄艺微长，莫非妙用；结花构采，悉属化工。锦成五色，奚足比其鲜华；冕费三升，讵能拟其绵密。兹者，忝在绦行，恭逢圣会。抒忱悃[4]于愚衷，用呈不腆；泐[5]俚词于碑石，昭示来兹。庶几代远年湮，后之君子，振兴鼓舞，不忘一时之盛举云。

山阴徐榆九撰并书

大清乾隆四十年岁次乙未四月榖旦敬立

附产　绦行义园　置于嘉庆二十三年（1818 年），在东向邻近的黑龙潭庙前，置地 4 亩有余作为义园。今址被包容在陶然花园酒店院内。

玉行长春会馆　简称玉行会馆，“长春”是根据邱处机做金丝嵌玉道冠的传说并以其号而定的别名。故奉邱为本行祖师，并祀保商业兴旺，财源日隆。“玉”是温润而有光泽的美石。“玉行”是把玉石加工成饰品并从事销售的行业。此行当中有很多回族从业者，但其在民国成立后另设公会。

建于清乾隆五十四年（1789 年），据《玉行规约》，“为同业酬神、祭祀、议事之所。”位于西城区南新华街 48 号（旧为小沙土园路西六号）。“祖师宝殿”内供奉着邱处机、鲁班和赵公明。

光绪二十六年（1900 年）馆址为八国联军破坏，正殿所有龛器全部被掠走。民国初，开设和平门、铺建南新华街路面时，会馆部分房产受到影响。

---

① 缫茧：把蚕茧浸在热水中，抽出蚕丝。
② 辟纑（lú）：预作好线胚子。
③ 篚（fěi）：圆形的竹筐。
④ 忱悃（kǔn）：真心诚意。
⑤ 泐（lè）：通“勒”，铭刻。

此后会馆经改扩建，形成“大小平房瓦房统共一百六十间”的规模。正门改向坐东朝西，匾额由吴佩孚所题。

1949 年后，会馆逐渐改为民居。1982 年街道安排史善朋竹琴社迁入。1990 年后会馆老房开始拆除，笔者经过时，门楼顶端已拆下，将卸汉白玉石匾额，即于次日拍照，留为历史资料。后原址盖起新楼，为青岛市人民政府驻北京办事处所在地，现址为南新华街 48 号。

玉行长春会馆　南新华街48号　二十多年前抢拍于“石额”即拆之时

附：

玉行长春会馆碑记[①]
（1935年）

盖闻：“创业难，守业尤难。”诚哉斯言矣。故都外城海王村琉璃厂迤南小沙土园玉行长春会馆，始于清季中叶，崇祀邱祖诸神，春秋致祭，典极隆重。溯源报本，相沿迄今，迭逢困难，未曾中辍。历经先贤几度修建，扩充房间，招商税居，收入租金，储备修葺专款。镌格言于殿右，文曰：“玉行建设悠久，接替择公正贤能摄事，勿假愚人之手，戒之慎之。”遗铭训，用昭后人，法至良也。互相递传，于兹百有余年，宏伟馆貌，巍峨依旧。同志等自愧菲材，忝膺重任，诚惶诚恐。惟有矢慎矢勤，遇事和衷共济，所幸尚未陨越，可告无罪于前人耶！当此时局变迁、人心伪诈之秋，波折丛生，势成危局。仰赖神灵默佑，天地厌乱；我辈艰险不避，同心奋斗，终使魔障暗消，安胜度过，何敢侥幸，从此安逸。是以继续先贤遗志，兢兢业业，励

① 此碑现存北京石刻艺术博物馆。

精图治，以报天庥[①]，而树后人之模型，志愿如斯。兹日开辟和平门，建筑马路于南新华街，影响本馆西面临街铺房。原有地基低洼，每届夏令大雨滂沱，室内尽成泽国。若不即日改建，水浸日久，不无倾颓之虞。今为未雨绸缪，积极筹划，召集董事大会，公同议决：拟定翻盖西面临街铺房，勾连搭共计五十间，大门一间，小门二座，平房共五间，灰棚厨房共十间，南面大墙接连影壁一座，东南角正门一座，东面大墙一段，小门一座，院内门房一间，大殿前两院垫高，满漫砖地，修通各院地沟。工程费由会董五家担任筹款，公推帮办会董为临时监修。鸠工采料，纠査综核，后职克日翻修，房式依旧，而基础增高，巩固异常，焕然一新，使租者安居乐业，馆产延年。此次工程浩大，需款颇钜，统计工料，需用国币壹万陆千陆百壹拾伍元整。自是年四月一日开始筹备，五月一日兴工，九月终竣事。是役也，耗经半载光阴。在职人员，栉风沐雨[②]，夙夜辛劳，始终无倦容，得获此佳果。若非向善之诚，热心义举，曷克臻此[③]。工程落成，谨撰斯文，勒石纪实，永矢弗谖；不独以副先辈继述之望，实启后进保护古迹之心焉。在工人员衔名，详刊碑阴，惟希垂察。

北平邹梓受谨撰

潞河秀峰李德嵩书丹并篆额

中华民国二十四年拾月吉日立

人物链接

邱处机（1148—1227），字通密，号长春，山东登州（今蓬莱）人。金、元时道士，全真教派北七真之一，龙门派创始人，世称“长春真人”，遗骸葬于北京白云观处顺堂。每年正月十九辰日和七月二十八仙日举行祭祀神礼。

鲁班，姓公输，名般，般与班同音，故名也称“班”，因其为春秋时鲁国人，以国为姓称鲁班。我国历史上著名的建筑工匠，曾创造攻城的云梯和磨粉的硙（wèi），又相传为木工工具的发明人，故主要被旧时建筑工匠尊为祖师。

赵公明，秦时得道钟南山，道教尊为“正一玄坛元帅”，俗称赵公元帅。其也是道教所奉之“财神”。其像黑面浓须头戴铁冠，手持铁鞭，身跨黑虎，故又称“黑虎玄坛”。此为旧时家家年年都要有迎有送的神。

---

① 天庥（xiū）：荫庇。

② 栉风沐雨：风梳头，雨洗澡。形容在外奔波，不避风雨，历尽艰辛。

③ 曷（hé）克臻此：怎么能够达到这种境地呢？曷，怎么。

吴佩孚（1874—1939），字子玉，山东蓬莱人，北洋军阀直系首领。1917 年充当“讨逆军”先锋讨伐张勋复辟入京，1920 年直皖战争中打败皖系控制了北京政府，后成为北洋军阀的首要人物。1924 年为冯玉祥所败逃至湖北。“七七”事变后，日军多次以出任北平维持会长相诱逼，均遭其严词拒绝，并以个人名义通电声讨伪“满洲国”溥仪卖国行径。1939 年牙疾发作，经日本医生诊治后暴卒，实为刀刺喉管而亡。“出丧时街巷为之塞途”。国民党政府追授上将军衔。其生前自挽值得一品：

得意时不纳妾不积金钱，饮酒赋诗犹是书生本色；

失败后不出洋不入租界，灌园抱瓮真个解甲归田。

相关链接

史善朋竹琴社

史善朋（1909—1961），北京通州人。12 岁拜马良正学习制琴技术，21 岁去天津久盛斋，23 岁又回北京在李铁拐斜街（今铁树斜街）自立新店开业，1939 年搬至琉璃厂。其刻苦钻研制琴美学，在传统基础上发展，创新琴轴雕成玉簪花形便是史先生所创；他还悟出据嗓音配琴音的技艺，曾制作过六把国宝级京胡，其中“四大名琴”系按艺术大师量身定做。故此名角及琴师多登门求琴。

“京胡”在北京已有二百多年的历史了，原名“胡琴”，俗称“二鼓子”。为了与其他胡琴（如二胡、四胡、坠胡等）区别开来，20 世纪 50 年代改称“京胡”。京胡由琴杆、琴筒、琴轴三大部件组成。附件有琴弓、千斤钩、弦、马子等。史家制琴后继有人，之子史志贤，之婿谭显德等。之孙史优生现已 50 多岁，一脉相承，琴声、名声、社声还是那么响亮。

当行会馆 “当业”即抵押业，旧属金融行业，早先称“质肆”或“解库”，与钱、粮、金共称四大行。

金朝定都北京后，于大定十三年（1173 年）以中都流泉务为名置质典库。元代寺院质典活跃。明代典当业基本都是商人资本民间经营。清朝初年，废止当业。雍正六年（1728 年）方允各省开设典当，按年纳税。乾隆九年（1744 年），“查京城内外，官民大小当铺共六七百座”。

该馆建于清嘉庆八年（1803 年），也称公合堂，位于西城区珠市口西大街 84 号（旧为西柳树井路南五十九号），占地 2.19 亩，有房 77 间。馆内设有社堂，奉祀火神[①]、财神和关帝。设有戏楼，每年三月十五为祀财神之日，六月二十三为祀火神、关帝之期，届时演戏酬神。1937年，曾开办“日语传习所”，学员58人。此馆20世纪50年代改为民居。目前大部被拆。

这个行业大都由山西人经营。光绪二十六年（1900年）前曾有过统计，京城尚有210余家，“庚子事变”[②]发生后，仅存不过百家。1931年，组建当业同业公会。

药行会馆 建于清嘉庆二十二年（1817年），位于东城区西兴隆街3号左近（旧为兴隆街路北十一号）。为建此馆当时全城各药房共捐47120多银钱，仅同仁堂一家就捐5000多，占全部捐款的10.6%。光绪二十九年（1903年），改称药行商会。

附：

重建药行会馆碑记
（1817年）

盖闻：生人有疾，宜遵补救之方；百草是尝，首重神农之氏。知神灵之不爽，贵香火之克供。各纳捐资，用成公馆。我同行向在南药皇庙，同修祀礼，奉荐神明。命彼伶人，听笙歌之毕奏；昭我诚敬，戒礼度之无愆。既建地以酬神，亦行规而可议。近因荒祠久废，古壁成尘，我同行公同合议，于海岱门外北官园之南口，相彼基趾，是用创修。兴土木之工，有基勿坏；绍前人之意，后世无忘。同期集腋成裘，此日各输资斧，欣者福缘善庆，维神永降升平。是为记。

时大清嘉庆二十有二年岁在丁丑季秋月穀旦

相关链接

同仁堂 开业于清康熙八年（1669年），由浙江宁波人乐梧岗（凤鸣）所创。其祖上于明永乐年间（1403—1424）来京落户，初以摇铃串巷行医为业。清朝初年乐遵育进了清宫太医院并当了个吏目，这为其子开设同仁堂药店提供了条件。雍正元年（1723年）同仁堂又拿到了为清宫御药房的内廷

① 《山海经·海外南经》载：“南方祝融兽身人面，乘两龙，火神也”。祝融，上古颛顼孙，名重黎。共工氏作乱，帝命其为火正（司火官）与弟吴回诛之，遂平共工氏，后世祀为火神。

② 1900年八国联军攻陷北京，史称“庚子事变”。

供奉，有了这个靠山做上了“皇商”，它不仅在社会上提高了声誉，而且也获得了一定的经济实力，几百年来其在制药上面始终坚持着即如下二联：

（一）炮制虽繁，必不敢省人工；品味虽贵，必不敢减物力。

（二）修合无人见，存心有天知。

因其自律意识，故而得到了如下的赞誉：

都门药铺数同仁，
丸散人人道逼真，
纵有岐黄难别味，
笑他若简述通神。

同仁堂不仅誉满中华，而且名扬海外。在改革开放政策感召下，其以药为主业又增加了医院，不仅为中国人服务，也在尽力为世界人服务，已经发展壮大为“中国北京同仁堂（集团）有限责任公司”了，其被国家有关单位推荐为“最具冲击世界名牌”的 16 家企业之一。

猪行会馆 参证《明清以来北京工商会馆碑刻选编》，建于清道光三十九年（1849 年），位于西城区西四北大街 99 号的老真武庙内（旧为路西四十六号）。1925 年春迁至东城。

骆驼行会馆 骆驼行以骆驼运输为业，分为京城内骑乘、骆轿等短途运输，以及长途贩运业务。长途贩运又有专跑口外和专走易州的碳帮、专走京西的煤帮、灰帮等。

建于清代，位于石景山区五环西路东便道（旧为衙门口村西）。

民国后，该址开始办学，称衙门口小学。其校史述：“该校为百年老校，著名教育家孙敬修先生年轻时曾为该校教员。”1949 年后改称向阳小学至今。原址在开发五环路过程中被拆占，向阳小学迁至大横街南口里路东。

骆驼行会馆 建于清代，位于西城区牛街西里二区域内（旧为甄家胡同）。

靴鞋行会馆 靴鞋行从事靴（高至踝骨以上的筒鞋）、鞋制作和营销，是我国历史上的大行业。

也称靴鞋行财神会。建于清咸丰年间（1851—1861 年），位十西城区甘井胡同 4 号（旧为路南二十八号），院内有房 14 间，现已拆除。虽还称为“财神会”，其实主奉黄帝[①] 为本行鼻祖。

---

① 黄帝，传说为中原各族的共同祖先，姬姓，号轩辕氏。打败炎帝、击杀蚩尤后被拥戴为部落联盟领袖。传说他有很多发明创造，包括靴鞋，即“履”。

“记碑”中述：“考自前清咸丰年间，由高瑛等行内人设立，为行业中会议公事之所”。“光绪三十二年（1906年），禀请商部郎中，俱有商部凭单为据，于十一月初十即入商务总会”，称靴行商会。

附产 置于清晚期，位于煤市街77号（旧为北段路西十六号），为铺面房一所，有房14间。1954年由市工商联接管，1965年改办“畅源客店”，扩建房屋至42.5间，门楣上刻有“畅源”两个大字，两框的藏头楹联是：

畅聚四方宾客至，

源通九府货泉来。

目前这里是“煤市街第二旅馆”，门楣上的字和框边的联依然尚存。

附产 置于清晚期，位于南横西街路南（圣安寺对面），为义地一块。1949年后被征用建起益民巷小区。

附：

靴鞋行财神会碑文
（1914年）

盖闻：勒铭叙事，所以昭久远之规；镌石留芳，所以著始终之迹。考我行自前清咸丰年间，当十大钱流通市面，银价日昂，因之，缝、绱、切、圈、排五行工人，每年借此增价，则各号受其累者固已久矣。后经高君瑛约会同行人等，设立靴鞋行财神会，为行中会议公事之所。当时在会者二十余家，不在会者约有百家。然缝、绱者每增价时，必先要求在会者，如不允则罢工；其不在会者，做活如故。至在会者，恐生意之停滞，不得不俯允其增；而不在会者，随亦一律增之。缝、绱者既如此，而切、圈、排三行之工价，亦遂因此而增焉。所以后开之新号，皆不欲入会也。至光绪八年，缝、绱工人又有齐行罢工之举。本行绅商傅君养园，见此情形，不忍坐视，以为屡受工人之挟制，不能不设法维持。因与会中各号商议，分为四路，外东、外西、内东、内西，即分往不在会之各号，婉言劝导，以明利害相关之故。且言：愿入会者，请于二十八日，在天福堂面商一切。至日，各号毕集，幸皆踊跃从公；其不在会者，由是而尽入会矣。前后共计一百二十家之数。至于议论增价之事，公司商酌，务筹以对待之方。遂议定由四月初一日，新入会者概不发活。且公推外东隆庆郝君恭谨、外西大安鲁君国兴、内东天兴韩君清麟、内西三顺王君清泉等四人，联名在中城司控告合美会。夫合美会者，即缝、绱工人所立之会也。旋蒙批准，差传到案。两造各执一词，一求增价，一求减价。奉城宪当堂公断：不增不减，俱照原价开工做活，如合美会人不遵本司官□派，准各号另觅工人做活。且又出示晓谕，各号另觅工人，不许合美会人拦阻。乃合美会人不服堂断，又在提督衙门及顺天府大、宛两县等衙门控告，犹冀推翻前案，以遂其贪利之心。而各署均不受理，俱将案卷送交中城察院归案讯办，则合美会首事之人，至此方无可如何矣。此案自三月起，至九月底止，半年之久。如郝君恭谨等，热心公益，仗义兴词，道路奔驰，不辞老瘁，公堂之辩论，不避嫌疑，迨至案结之后，固已甘苦备尝矣。若长福傅君养园、万吉耿君安斋、祥茂李君晓峰、天有郭君明斋、全盛王君致和、万升李君荩臣、三顺刘君耀堂、万安李君仪斋、恒聚王君萱侯、大顺刘君远亭等，设谋画策，昼夜磋商，虑财用之足，百计操持；惧人事之无常，多方筹备。不以日久而稍懈，不以事繁而惮劳。其尽力而为，实有不能自已者，诚不负同人之义也。自息讼而后，二十二年之久，未起争端，皆赖前此维持之义也。至光绪三十一年，会中公议，禀请前清商部郎中，分派行中，择出正副董事八家。议定：外东正董事傅养园、刘福源；外西正董事李廷元，副董事王荫亭；内东正董事尹霭堂，副董事张玉泉；内西副董事杨心泉、刘筱山，俱有商部凭单为据。随于十一月初十日，即入商务总会矣。今日者平安已久，商务日兴。本会同人等，念往事之维艰，恐前功之渐泯，爰勒诸石，昭示来兹。尤望后之承办者，知创造之非易，思保守之宜坚；勿遇事而畏难，必和衷以共济，俾会务日增月盛，则本会同人之幸也。且以会中余款，所置房产三处若干间，神前供器等物若干，具志碑阴，庶几并垂不朽焉。

中华民国三年五月日　公立

皮行会馆　“皮行”是从事动物皮张剥离后的熟制，即经过物理及化学处理，促其转变为不易腐烂、具有柔韧和透气等性质的“裘”（毛皮）或“革”（板皮），再进行深加工并兼有销售的行业。过去皮行专业分三种：一种是专营高档细毛皮货行，也称“直毛”或“小毛”行；另一种是经营粗毛皮货行，或称“大毛”行；三是板皮。

建于清晚期，位于西城区大保吉巷29号（旧为宝鸡巷十三号），现为民居。

粮栈行馆　“粮栈”本是以粮为主、兼有储运的行业。

建于清光绪年间（1875—1908年），位于西城区云居胡同25号（旧为云居寺路北十三号），现为民居。

棚行会馆　棚行，是随着社会的进步和发展已经完全消失的行业。其是从前专事以杉篙为主，搭建喜棚、白棚、凉棚、罩棚等的工种，俗称架子工。他们用杉篙作柱、梁平地而起，用绳系紧，既简单又结实。以芦席或苫布为棚顶，还可加设玻璃窗。

1949年后，多次大型施工作业，棚行都发挥了独到的作用。如：天安门前的两柱华表要向前并向左、右移到现今的位置上，就是棚工先搭架子再施移动的。

该馆也称棚匠会馆，建于清朝末年，位于西城区黑窑厂西里（旧为黑窑厂路西二十三号）。

棚行会馆（三圣祠） 建于清宣统三年（1911年），位于西城区南长街79号院内（旧为路西二十六号），占地0.4亩，有房10间，主殿供奉鲁班、财神和火神。原有石碑一统。

天津市在京会馆

天津市位于海河平原东北部、海河五大支流汇流处，东临渤海。金称直沽，元设海津镇，明初取“天子津渡”之意始称天津，永乐年间置“卫”。清为直隶州、天津府，隶直隶省。咸丰十年（1860 年），英、法等帝国主义国家强迫清政府将天津辟为商埠，从此至 1903 年，先后又开辟有英、法、德、美、日等九国租界。1928 年设天津特别市，1930 年降为天津市。1949 年后设为中央直辖市，1958 年改隶河北省，1967 年恢复为直辖市。现辖 13 个区及 3 个县，全市面积 1.1 万多平方千米。

天津市共在京建立会馆 5 座，其中府馆 3 座，县馆 2 座。3 座府馆为清代天津府在京设立，最早会馆为清中前期建立的天津老馆；2 座县馆为清代与大兴、宛平等县同隶顺天府的蓟州所设。目前上述 5 馆均已无存。

天津市在京会馆一览表

产别		馆名	别名	建立年代	现地址	老地址	地亩	房间	掌馆人	现状
府馆	天津	天津老馆		清中前期	粉房琉璃街 89 号	同左路西四十号		10		已拆
		天津会馆		清中晚期	珠市口东大街 10 号	鞭子巷头条路南				已拆
		天津试馆		清中晚期	珠市口东大街 17 号	东珠市口路北五十七号		50	陈竹湘	已拆
县馆	蓟州	蓟州会馆		清代	莲花胡同 11 号	莲花寺湾				已拆
		蓟州试馆		清中晚期	北羊市口路西国瑞城	花市上二条路北四号				已拆

府级馆产

天津老馆 建于清中前期，位于西城区粉房琉璃街89号（旧为路西四十号），有房10多间，现已拆除。

天津会馆 建于清中晚期，位于东城区珠市口东大街中段路南10号“东城区检察院”大楼域内偏东（旧为鞭子巷头条路南）。

天津试馆 建于清中晚期，位于东城区珠市口东大街西段17号“中国集邮总公司大楼”西半段位置域内（旧为东珠市口路北五十七号），四进四合院落，有房50多间，20世纪末拓建广安大街工程中拆除。

王永斌先生《杂谈老北京》一文中讲：“1938年日本侵略军宪兵队强占了天津试馆，并成为南城司令部，也为囚禁、残害抗日军民的魔窟。日本投降后，又被国民党北平卫戍区南城缉察处所用。北京解放后即为公安交通队的队部。”

县级馆产

蓟州

蓟州，现称蓟县，位于天津市北部、蓟运河上游。秦置无终县，隋改渔阳，唐开元十八年（730年）置蓟州。元隶大都饹；明隶顺天府，辖玉田、丰润、遵化、平谷四县；清不辖县。1913年废州改县，玄隶京兆地方，1928年隶河北省，1973年由河北省划归天津市。

蓟州会馆 建于清代。《北京宣南历史地图集》中会馆分布图（一）标于“莲花寺湾”，即西城区莲花胡同11号左近。该址原为北京市医疗设备四厂，现厂已关闭，待拆建为法源寺后街延长线。

蓟州试馆 建于清中晚期，位于东城区北羊市口街路西国瑞城中区的北半部分（旧为花市上二条路北四号）。

河北省在京会馆

河北省地处华北平原北部、渤海之滨。因位于黄河下游以北而得名，简称“冀”。1952 和 1956 年，先后又有察哈尔省南部和热河省西南部划入。其北部和西部分别有燕山和太行山山脉环绕，东南部为黄河、海河和滦河冲积平原。分别与山东、辽宁、山西、河南、北京、天津、内蒙古等省市自治区为邻。

春秋、战国时为燕、赵之地，汉、晋时始划冀、幽二州，唐属河北道，元属中书省。明时称直隶京师，为一级行政区，通称北直隶，辖包括顺天府在内的 8 府、2 直隶州及 17 州、116 县。清时称直隶省，治保定，辖包括顺天府在内的 12 府、7 直隶州、3 直隶厅及 9 州、1 厅、104 县。1928 年改省名为“河北”并沿用至今。现河北省下辖 11 个地级市、22 个县级市、107 个县、6 个自治县及 37 个市辖区，全省面积 19 万多平方千米。省会石家庄市。

河北省在京建立的最早会馆，是明代建立的府馆——正定会馆；最早建立的省馆是清前期建立的直隶老馆。该省共在京建立会馆 34 座，其中省馆 16 座，府馆 4 座，县馆 12 座，商业行业馆 2 座，上述会馆置设附产共计 6 处。目前尚有会馆建筑遗存 11 座，其中 2 处市级文物保护单位。

河北省在京会馆以省馆和县馆为主，其会馆文化中同乡互济色彩浓郁，颇有燕赵遗风。特别值得一提的是南宫县郑同、枣强县侯忠两位手艺人出资创建的南枣义馆和陆续置设的 50 余亩义地，为京城会馆史上的奇闻壮举。该馆为仪馆性质，专门服务于两县在京穷困同乡的公葬停灵事宜。这从一个侧面说明至清乾隆时代已有相当数量河北乡人在京城谋生，建馆互助需求强烈，义馆为旅京乡人提供帮助，无疑也对京城社会稳定给予了支撑，昭显了会馆对京城社会的重要价值和特殊意义。

河北省在京会馆一览表

产别	馆名	别名	建立年代	现地址	老地址	地亩	房间	掌馆人	现状
省馆	直隶老馆		清前期	宣武门外大街137号	宣武门大街路西六十四号	2.93	91	孟锡珏	已拆
	直隶会馆		清代	贾家胡同43号	同左路西二十四、二十五号		42		已拆
	直隶会馆	畿辅先哲祠	清光绪四年（1878年）	下斜街40号	同左路东八十号	14.07	159	李焜瀛	已拆
	同乡会馆	严嵩私园	清光绪年间	达智桥胡同43—45号	达智桥路北十三至十八号	1.75	43		民居
	同乡会馆	杨继盛祠	清光绪末年	达智桥胡同12号	达智桥路南四十号	4.23	125		市级文保
	同乡会馆		清晚期	烂缦胡同66号	同左路东七十八号	1.76	31.5		民居
	河北会馆	直隶会馆	清代	金鱼池中街2号院11号楼	马家井路北五号	0.68	27		已拆
	河北会馆	直隶会馆	清代	珠市口西大街237号	虎坊桥路北四十三号	0.89	20.5		已拆
	河北会馆	直隶会馆	清代	中信城	兵马司中横街路西一号	1.84	41		已拆
	河北会馆	直隶会馆	清代	潘家胡同1号	潘家河沿路西一号	0.46	24		已拆
	河北会馆		民国初期	西黄城根北街2号	后库路西四、五号	19.16	72	康中丞	已拆
	河北会馆		民国时期	二龙路33号	二龙路路西八号	3.66	22		已拆
	河北会馆		民国时期	太平桥大街218号	西京畿道路北甲十号	23	69		已拆
	河北会馆		民国时期	小口袋胡同17号	口袋胡同路北九号	1.4	20		民居
	河北会馆	抱冰别墅	民国时期	龙爪槐胡同16号旁门	龙爪槐路东八号	27.46	45		已拆

产别		馆名	别名	建立年代	现地址	老地址	地亩	房间	掌馆人	现状
省馆		热河省旅平同乡会馆		民国三十五年（1946年）	东棉花胡同15号	棉花胡同路北九号				市级文保
府馆	正定	正定会馆	正定老馆	明代	山西街6号院	敫家坑	1.97	48	李炳芝	已拆
府馆	正定	正定会馆		清前期	珠市口东大街8号楼	铁香炉				已拆
府馆	河间	河间会馆	冯国璋公馆	清乾隆二十四年（1759年）	中信城	驴驹胡同路北六号	3.26	110	刘春霖	已拆
府馆	深州	深州会馆		清晚期	广安门内大街“报国晨钟”花园	报国寺前街路南				已拆
县馆	遵化、玉田、丰润	遵化试馆		清康熙年间	羊市口路西国瑞城	花市上头条路南七十号	0.8	14	史　三	已拆
县馆	南皮	南皮会馆		清前期	珠市口西大街129号	西柳树井路北二十九号		47		已拆
县馆	南宫、枣强	南枣义馆	南枣义园	清乾隆四十二年（1777年）	广安门内大街石虎巷南口	广安门大街路北一二五号	0.8	39		已拆
县馆	唐县	唐县会馆		清中期	冰窖斜街24号	冰窖胡同路南四十号			刘东堂	民居
县馆	唐县	唐县会馆		清晚期	下斜街53号	同左路西二十七、二十八号	2.98	14	刘东堂	部分民居部分单位使用
县馆	津南七县	津南试馆		清道光年间	珠市口西大街41号	西珠市口路北二十九号	3.83	89	张　权 李嗣璁	已拆
县馆	邢州	邢州会馆		清代	樱桃斜街14号	同左东段路南				民居

产别		馆名	别名	建立年代	现地址	老地址	地亩	房间	掌馆人	现状
县馆	盐山	盐山会馆		清代	珠市口西大街131号	西柳树井路北三十号				已拆
	高阳	高阳会馆	高郡会馆	清末	贾家胡同13号	同左路西七号				已拆
	深县	深县会馆		民国初年	西砖胡同15号	同左路西五号	1.1	34	封永修 郭存金	民居
	雄县	雄县会馆		民国时期	小绒线胡同西段	同左路南二十五号			高召封	民居
	滦密二十二县	滦密二十二县旅平同乡会馆		民国二十五年（1936年）	秦老胡同1号	同左路北二号				民居
商业行业馆		北直文昌会馆	书业文昌会馆	清同治三年（1864年）	南新华街48号	小沙土园路西四号	1.2	30	李福卿	已拆
		北直刻字行会馆	京都刻字行会馆	清光绪二十三年（1897年）	樱桃斜街19号	皈子庙路南十五号	1.35	16.5		已拆

省级馆产

直隶老馆　建于清前期，成书于清乾隆五十三年（1788年）的《宸垣识略》已辑有此馆。位于西城区宣武门外大街137号（旧为宣武门大街路西六十四号），占地2.93亩，有房91间。

光绪三十二年（1906年），由名绅刘春霖等人捐助、李士珍主持在该馆内设立畿辅[1]学堂，1912年后改称燕冀中学校。

1928年，燕冀中学校迁往畿辅先哲祠后，这里继续办小学。1954年，此地改建为北京市第五十一中学，系初中校，1958年迁出。原址改为宣武门外大街小学，20世纪末，学校撤并，教学楼现已改办为“速8酒店”。

① “畿辅”一词，原指古代王都所处在的地域，后多指“京师”所管辖的地域。“京师”一词，即指首都。

人物链接

刘春霖（1872—1944），字润琴，号石箕，河北肃宁人。清光绪三十年（1904 年）状元，也即中国科举制度的最后一名状元。曾任翰林院修撰。其书法出类拔萃，师法欧、米，结体秀美，点画闲雅，以圆润平正为特征，曾为慈禧太后抄录经书，辞官后以卖字为生计。关于中国末科状元刘春霖的轶闻趣事，周简段先生在其《神州轶闻录》书中有如下辑录：

1904 年 7 月，清廷照例又举行了一次殿试，主考大臣经过认真挑选，把入选的试卷按名次排列，呈慈禧太后“钦定”。

当时内外交困，忧心忡忡的慈禧太后正准备做七十大寿，想从科举之中得到一点吉兆。她首先翻开主考官列为头名的试卷，字迹流利清秀，文词畅顺华丽，内心颇喜。但目光一投向落款时，一股阴云陡然升起。夺魁的举子是广东人朱汝珍，一见“珍”字便想起了珍妃，因为珍妃支持光绪皇帝改良，使慈禧太后十分不悦，后来将珍妃推入井中溺死，所以一见“珍”字便肝火上升；又加上朱汝珍是广东人，更使慈禧火上浇油。想起太平天国洪秀全，维新派康有为、梁启超，高举反清大旗的孙中山……这些大清朝的“首逆”都出自广东，在慈禧看来广东人是她的克星，是无法容忍的，于是将朱汝珍的试卷扔到一旁。

当慈禧翻开第二份试卷时，心头又不禁高兴起来。因第二份试卷是直隶（今河北省）肃宁人刘春霖的，“春霖”字含春风化雨、甘霖普降之意，这一年又逢大旱，急盼一场春雨。加之直隶地处京畿，“肃宁”又象征肃静安宁的太平景象，这对烽烟四起、摇摇欲坠的清王朝，自然是“吉祥”之兆。于是，大笔圈定，名列榜首，发榜时刘春霖由原来的第二名而成了头名状元，经过主考官的保奏，为照顾社会舆论，朱汝珍的名字虽然没有抹去，也只得屈居刘春霖之后了。

但是历史是无情的，刘春霖中状元后的第二年就废除了科举考试，1911 年辛亥革命爆发，清朝灭亡，科举制度被彻底取消，刘春霖便成了中国历史上最后一名状元。他中了状元后为翰林院学士，其间曾到云南办过一次公差，此后再没有做过什么实际工作，随着清王朝的灭亡便销声匿迹了。

“九·一八”事变后，伪“满洲国”总理郑孝胥派人以溥仪邀请他担任教育部长，刘春霖表示：“君非昔日之君，臣非昔日之臣”，断然予以拒绝。日寇侵占北平后，汉奸组织华北政务委员会委员长王揖唐，以同科进士身份拉拢他担任北平市长，也被刘春霖当面痛斥。

直隶会馆 建于清代，位于西城区贾家胡同43号（旧为路西二十四、二十五号），两进院落，有房42间。

宣统年间（1909—1911年），该馆与广西南馆交换，迁至校场三条路东四十九号院，进而作为杨继盛祠的一部分。

直隶会馆（畿辅先哲祠） 建于清光绪四年（1878年），亦称畿辅先哲[①]祠，位于西城区下斜街40号（旧为路东八十号），占地14.07亩，有房159间。

此地原有清末洋务运动创始人之一张之洞旧宅。光绪四年（1878年），其将宅院改扩为集祠堂、廷院、园林于一体的建筑群，建为供本省公用的直隶会馆，并集中供奉河北籍历代先贤，称畿辅先哲祠。

会馆大门坐西朝东，院内由东、西两个区域组成。东区是园林，中间有荷花塘，塘岸环以假山，院内遍植名贵花木，每到秋天菊花遍地，清香盈袖。西区以先哲祠为主体，祠堂位于院中央，殿式[②]建筑，东西面阔[③]七间，南北进深[④]五间。南部由四座庭院[⑤]组成，院落之间由曲廊连接。北部有遥集楼，楼为三层，砖木结构，楼内有旋转木梯。楼东侧院还有一六角凉亭。

初建祠堂时，由居京在朝为官的张之洞及丰润张幼樵、安肃袁际云、定兴鹿侨生、宛平桑叔雅、高阳李文正等人征文考献，博稽群书，搜讨靡遗，列出京畿直隶的历代先哲。

畿辅先哲祠旧照　下斜街40号

① 先哲：旧时对已经去世有才德之人的敬称，也称“先贤”。
② 殿式：指老式平房建筑的高大房屋。特指供奉神佛或为帝王受理事务的房屋。
③ 面阔：指老式平房建筑正面的房室数，一般每两柱间为一室（间）。
④ 进深：指老式平房建筑房室的纵向尺寸，通常以室（间）为单位。
⑤ 庭院：正房前的院子。

人物链接

张之洞（1837—1909），字孝达，号香涛，晚号抱冰老人，直隶（今河北）南皮人。四岁就读，十三岁成秀才，咸丰二年（1852年）应顺天府试，中第一名举人，时方十五，名噪京师。同治二年（1863年）会试，取中一甲探花，赐进士及第，授翰林院编修。六年（1867年）外放，先后任至四川学政。光绪三年（1877年）回京，在以后的四年中，先后转十岗任至内阁学士，拔擢之快令人瞩目。七年（1881年）补授山西巡抚，是为封疆之始，同时也由清流党演变为洋务派之头面人物。十年（1884年）授两广总督，十五年（1889年）任湖广总督达十余年。首举湖北新政：一曰办厂，二曰练兵，三曰兴学。三十三年（1907年）回京任体仁阁大学士，入值军机。宣统元年（1909年）八月亡故，谥号文襄，晋赠太保。部分遗著收入《张文襄公全集》。

祠堂中被供奉者主要有“历代圣贤”——伯夷、叔齐、韩愈、董仲舒；“历代忠义”——杨继盛、史可法；“历代名臣”——乐毅、李牧、廉颇、蔺相如；“历代独行”——扁鹊、毛遂等。厘定牌位后，每年仲春、仲秋两祭。该馆作为祭祀先哲的场所先后共28年。平时常有官绅到此相聚游览赋诗餐饮等。

人物链接

伯夷、叔齐　为商末孤竹君的长、次子，墨胎氏。初孤竹君以次子叔齐为继承人。孤竹君死后，叔齐让位，兄不受。后二人同投到周。在周，他们反对周武王讨伐商王朝。武王灭商后，他们就逃避到首阳山，不食周粟而死。

韩愈（768—824）　唐代文学家、哲学家，字退之，河南河阳（今孟县）人。早孤，由嫂抚养长大。因其郡望昌黎，自称“昌黎韩愈”，故后人称为“韩昌黎”。贞元进士，任监察御史时，以事贬为阳山令。赦后任国子博士、刑部侍郎等职。又因谏阻宪宗奉迎佛骨，贬为潮州刺史。后官至吏部侍郎，卒谥文，世称韩文公。与柳宗元同为古文运动的倡导者，被尊为“唐宋八大家”之首。其诗力求新奇，对宋诗影响颇大。有《昌黎先生集》。

董仲舒（前179—前104）　西汉哲学家，广川（今河北枣强）人。曾任博士等职，他以贤良对策建议为武帝采纳，开此后两千余年封建社会以儒学为正统先声。把神权、君权、父权、夫权贯串在一起，形成封建神学体系，还提出“三纲五常”的封建伦理等。著有《春秋繁露》及《董子文集》等。

杨继盛　后有专述。

史可法（1601—1645） 字宪之，号道邻，河南祥符（今开封）人。明崇祯元年（1628年）进士，累官至南京兵部尚书。清顺治元年（1644年），李自成灭明朝，他在南京拥立福王（弘光帝），加大学士。多尔衮致书诱降，其坚守孤城，扬州破城后，自杀未死，为清军所执后不屈被杀。有《史忠正公集》。

乐毅 战国时燕将，中山国灵寿（今河北平山）人。燕昭王时任亚卿。二十八年（前284年），率军击破齐国，先后攻下70多城，因功封为昌国君。燕惠王即位，中齐反间计，改用骑劫为将。乐毅出奔赵国并死于赵国。

李牧（？—前228） 战国末赵将。长期防守赵国的北边，深得军心。赵王迁三年（前233年），率军向秦反攻打败秦军，因功封武安君，后因赵王中反间计被杀害。

廉颇 战国时赵名将，赵惠文王时任上卿，屡次战胜齐、魏等国。长平之战坚壁固守三年，后因赵孝成王中秦反间计改用赵括为将，致遭大败。十五年（前251年）他又战胜燕军，任相国并封信平君。赵悼襄王时不得志，奔魏后死于楚。

蔺相如 战国时赵大臣，赵惠文王时，秦向赵强索"和氏璧"，他奉命带璧入秦，当廷力争，使原璧归赵。二十年（前279年），随赵王到渑池与秦王相会，使赵王没有受到屈辱，因功任上卿。其对同朝大臣廉颇能容忍谦让，使颇愧悟，成为了团结御侮的知交。

扁鹊 战国时名医。姓秦，名越人，渤海郡鄚（今河北任丘）人。学医于长桑君。医疗实践经验丰富，反对巫术治病。遍游各地行医，擅长各科，医名甚著。后因诊治秦武王病，被秦太医妒忌杀害。

毛遂 战国时赵国人，平原君门下客。赵孝成王九年（前257年），秦围邯郸，平原君要到楚求救，他自荐同往。谈判中他直说利害，令楚王信服，同意赵楚合纵。

《北京会馆档案史料》及《北京名胜楹联》等书中，共辑畿辅先哲祠内楹联有七：

1. 享殿

三辅黄图[①]，先民有作；

千秋金鉴，何代无贤。

（作者：沈桂芬[②]）

---

① 《三辅黄图》：古地理书名，一卷，载《隋书·经籍志》。

② 沈桂芬（1818—1881），字经笙，江苏吴江人，寄籍顺天宛平（今北京）。清道光二十七年（1847年）进士，官至兵部尚书、军机大臣。

2.

学焉各得性之所近，

贤者亦将有感于斯。

（作者：桑春荣[①]）

3.

周[②]召[③]王化所基，考献徵文，不独纂成耆旧[④]传；

燕[⑤]赵[⑥]古称多士，希风采韵，相期同翊[⑦]圣明时。

（作者：李鸿藻[⑧]）

4.

轩辕台[⑨]，伯夷庙[⑩]，吉甫[⑪]墓碑，观圣贤风教所遗，请稽经典；

碣石馆，日华宫，首善书院，数幽冀人才之盛，直到皇朝。

（作者：张之洞）

5.

其山恒[⑫]，其水滹[⑬]，其浸[⑭]涞[⑮]，其薮（sǒu）昭馀祁，会大一统车书，渊岳锺灵皇建极；

鄙夫宽，薄夫敦，顽夫廉，懦夫有立志，萃三千年人物，庙堂观礼士希贤。

（作者：张之洞）

6. 后殿

远比华阳编士女[⑯]，

---

① 桑春荣（？—1882），字柏侪，顺天宛平（今北京）人。清道光十二年（1832年）进士，官至刑部尚书。

② 周：周朝。

③ 召：古邑名。

④ 耆（qí）旧：指年高而有声望之人。

⑤ 燕：古燕国，建都蓟（今北京）。

⑥ 赵：古赵国，初建都晋阳（今山西太原），后迁邯郸。

⑦ 翊（yì）：辅助。

⑧ 李鸿藻（1820—1897），字兰孙，直隶（今河北）高阳人。清咸丰二年（1852年）进士，官至兵部、礼部尚书、军机大臣。

⑨ 轩辕台：位于河南新郑西北。轩辕即黄帝，传说为中原各族的共同祖先。

⑩ 伯夷庙：位于山西永济首阳山。

⑪ 吉甫：即尹吉甫，名兮伯吉父（尹为官名），周宣王大臣。

⑫ 恒：指恒山，位于山西东北部，古称玄岳，明始称北岳。

⑬ 滹：即滹沱河，源于山西五台，穿太行入华北平原。

⑭ 浸：指大河。

⑮ 涞：指涞水，即拒马河。

⑯ 上联句：指汉班昭续修《汉书》事。“华阳”指陕南、云贵川等地。

岂无刘向[①]传贤明。

（作者：张之洞）

7.

薰膏馨烈光惇史[②]，
巴舞骚音奏国殇[③]。

（作者：张之洞）

1928年，燕冀中学由宣武门外大街迁至该馆（祠）内继续办校，规模也在不断扩大。1951年由北京市教育局接收，更名为北京市第十四中学。该校在以后的建设过程中，老会馆的原有建筑已全部被拆除，其中的祠堂于20世纪80年代迁至平谷金海湖畔复建。2013年初，西城区教委决定在该地恢复历史风貌，拟建畿辅中学，打造成高水平市级重点中学。

相关链接

北京市第十四中学 属普通完全中学，区级重点中学，地址在下斜街40号。其前身是由直隶旅京士绅刘春霖等人集资、名绅李士珍于清光绪二十四年（1898年），主持创办的畿辅学堂，当时位于宣武门大街路西六十四号。1931年，实行“三．三”学制，增设高中部。1951年11月，由北京市教育局接管，改为市立中学。1978年，定为区级重点中学。校本部占地面积1.8万平方米，建筑面积1.68万平方米。目前，该校在广安门外的新校址已投入使用，占地面积达3.67万平方米。

知识链接

清流党 “清流”二字，旧时常用来称负有时望、而又不肯与权贵同流合污的士大夫。“清流党”为清光绪年间的政治集团。前身是以进士、翰林为主体的聚会清谈群体。文友逐渐增多后有了学术之争，便分为了南北两派，北派宣告成立了清流党。

洋务派 19世纪60年代后，清政府中一部分带有买办性的当权人物，有奕䜣、曾国藩、李鸿章、左宗棠等，他们采用资本主义生产技术，以保持封

① 刘向（约前77—前6），西汉经学家、目录学家、文学家，著有《烈女传》。
② 惇史：记载惇厚之德的历史。
③ 国殇：旧指为国家利益战死之人。此处可作为“祭祀歌”解。

建统治的自救；以“自强”和“求富”为标榜，发展近代军事工业；采取官督商办方式，开办电话、电报、矿务、水运、铁路、机器制造等工矿企业，他们并购买军舰成立北洋海军。因为所办企业和原料等方面均依赖外国，更加助长了帝国主义对中国政治、军事和经济的控制。又因企业的封建性和垄断性，更阻碍了本国民族资本主义的发展。总之，清朝末年洋务派兴起的洋务运动，加速了中国社会半殖民地化进程，它的失败宣告了洋务派标榜的“自强”与“求富”完全破产。

同乡会馆 建于清光绪年间（1875—1908 年），位于西城区达智桥胡同 43—45 号（旧为路北十三至十八号），占地 1.75 亩，有房 43 间，现为民居。

这一地域中，早有明朝严嵩未入阁前的住所，其升宰相并搬至绳匠胡同（后曾改称丞相胡同、菜市口胡同、菜市口大街）后，这里被改造成为私园，严嵩晚年被降罪后，此园也随之破败。清康熙四十四年（1705 年），废墟中一隅建起潮庆禅林尼庵，此庙仅一层殿，供奉有三世佛、弥勒佛和关帝。1951 年，河北省政府指定专人在此馆设立“在京财产管理委员会”，负责管理京城中冀籍所有的会馆和附产。

人物链接

严嵩（1480—1569） 字惟中，江西分宜人，明朝权臣。弘治十八年（1505 年）进士，嘉靖二十一年（1542 年）任武英殿大学士，入值文渊阁，官至太子太师，专国政二十年，侍宠揽权，父子济恶，贪污贿赂，战备松弛，致北方俺答汗掠京畿。此人诗书颇著，有《钤山堂集》。

知识链接

三世佛 指药师佛、释迦牟尼佛、阿弥陀佛，并称横三世佛。

弥勒佛 即将继承释迦佛位为未来佛的菩萨。中国所塑笑口常开胖佛像即所谓弥勒化身。

关帝 即关羽（？—219），字云长，河东解县（今山西临猗）人，三国蜀汉大将。东汉末从刘备起兵，被曹操所败。被俘后，极受优礼，仍忠归刘备。建安二十四年（219 年），围攻曹部将曹仁于樊城，又大破于禁所领七军，因后备空虚，被孙权袭而失败被杀。他的忠义礼勇信精神被历代封建统治阶级所渲染，并加以神化，尊为“关帝”。关帝为中国甚至包括很多国家的佛、道、释、儒各家及官民最为广泛供奉之神。

同乡会馆（杨继盛祠） 建于清光绪末年，位于西城区达智桥胡同 12 号（旧为路南四十号），根据 1951 年 8 月河北会馆财产管理委员会上报给北京市的《房地产登记表》中的记载，该馆“占地面积 4.23 亩，有带廊瓦房 40 间、瓦房 39.5 间、灰房 20 间、平台房 13.5 间、带廊平台 7 间，平台廊——游廊 19 间、亭子 1 间、灰棚 3 间、共计有房 125 间。”现为民居，市级文物保护单位。

明嘉靖三十年（1551 年），杨继盛入京安家于此地。三十四年（1555 年）十月初一杨继盛被害后，其故宅改为松筠庵，虽称“庵”，但住的不是尼而是僧。庵内“不祀佛，塑杨继盛幞头神像”，长椿寺起香火后，便属于长椿寺管理。百姓敬其刚直不阿，奉其为神明——“城隍”[①]，愿其护佑百姓，惩恶扬善，喻其庵为“城隍庙”。清光绪末年由直隶省接管改为会馆。

同乡会馆现状 达智桥胡同12号

人物链接

杨继盛（1516—1555） 字仲芳，号椒山，追赠谥号忠愍。直隶（今河北）容城人。明嘉靖二十六年（1547 年）进士，官拜南京吏部主事。三十年（1551 年），改授兵部车驾司员外郎，全家迁居北京诈子桥（今达智桥胡同 12 号）。杨为官清廉，刚直不阿。咸宁侯仇鸾昏聩无能，仇视杨并挟嫌诬陷，将杨投入狱中。不久出狱，遭贬任陕西狄道县（今甘肃临洮）典史。北方民族瓦剌俺答汗二次入侵明朝边界时，嘉靖皇帝想起了曾为此事主战并上

① 城隍：即中国道教所奉祀的“守护城池的神”。

过书的杨继盛，下令提升杨为诸城县知事。逾月，再升南京户部主事，继又迁刑部员外郎，后又改任兵部武选司员外郎。“一岁四迁”，可谓异常器重。三十一年，杨抵京赴任，仍住诈子桥。此时，正值权臣严嵩独揽大权。他排除异己，残害忠良，弹劾严嵩者，无不遭害。三十二年（1553 年）初，杨继盛毅然上《请诛贼臣疏》，弹劾严嵩“十罪、五奸”。两天后，杨即被投入“诏狱”①，监禁三年。此间，受尽了严刑拷打。严嵩并罗织罪名，决定秋审立斩。杨继盛铁骨铮铮，临刑赋诗：

浩气还太虚，丹心照千古；
生平为报国，留作忠魂补。

三十四年（1555 年）十月初一，杨继盛被害，年仅 40 岁。同日，杨夫人自缢殉夫。杨继盛孤忠斗奸，满门忠烈，博得“天下相与涕泣传颂之”。

杨继盛被杀 12 年后，穆宗隆庆帝继位，杨的沉冤得到昭雪，追赠中顺大夫、太常寺少卿，赐谥忠愍。在故乡容城、保定等地先后建“旌忠祠”。明灭清兴，人们依然敬仰杨继盛忠贞刚烈的品格。乾隆五十一年（1786 年），给谏杨寿楠和都谏李融视察城畿时，访知松筠庵乃杨继盛故居，便“会诸僚友、醵金立祠”。总体布局大体分为北部祠堂和西南部谏草堂两组。祠堂主体偏东，坐南朝北，临街开券门②、券窗③，门上有匾，刻“杨椒山先生故宅”。山门④一般到祭祀时才开，平时出入走东北角门⑤，门上嵌“松筠庵”石额。进山门，穿小院便是杨继盛居住过的正屋⑥三间，已辟为祠，为表达敬仰之情，祠堂正门上悬一“景贤堂”木匾。后堂三间，原是眷属的住房，改为了祭祀杨夫人张氏的处所，供其牌位，墙上嵌有她“请代夫诛”的奏稿。西面有一花园，园中有书房和杨继盛亲植的古槐一株（现已无存）。北面是和尚的住房和客房。历经嘉庆、道光、光绪、宣统各朝，祠堂都有所修整和扩建。

景贤堂内置杨继盛古衣冠彩色塑像一尊，大小与真人相仿，替代原来画像。两旁的对联是：

不与炎黄同一辈，
独留清白永千年。

横额：正气除奸。

① 诏狱：皇帝命令关押钦犯的监狱。
② 券门：上端为弧形的门。
③ 券窗：上端为弧形的窗。
④ 山门：一般指寺院的大门。山门，也指佛教。
⑤ 角门：指整体建筑靠近角落的门；泛指小的院门，也作脚门。
⑥ 正屋（房）：一般指座北朝南的房；四合院的主北房也称上房。

堂外立胡季堂撰文、刘墉书写的“杨忠愍公塑像记事碑”一座；又立曹学敏撰、陈希祖书“杨忠愍公故宅记”碑一座等。道光二十七年（1847年），住持僧心泉募款扩建了杨继盛当年书写弹劾严嵩奏疏的书房，将三间房扩大为五间地面，进深又横加到两间宽度，内部打通，成为能容纳几百人的大厅，由何绍基篆写“谏草堂”的匾额。其后，环谏草堂的四周又筑起回廊[①]，重修了堂前堂后的花园、假山。转年，又在谏草堂西南新建一座八角攒尖顶[②]的“谏草亭”。经过这次整修，奠定了杨继盛祠堂的整体格局，景色焕然一新。是年，刻立了“祀典记”碑，使祭奠[③]祀典[④]活动更为隆重、正规。规定每年对杨继盛公祭两次：农历五月十七和八月十六；责成住持僧办理日常事务，修理焚扫、预备祭品；祠内房屋只准租给官员、士子，不准租给医卜、商贾、手艺人等，优伶[⑤]不许入门。这些条例规定了这座建筑既是庙又是祠，庙、祠管理合一，杜绝了闲杂人等出入，保持清静高雅，虽未建馆，但已承担起会馆职能。清静高雅的杨继盛祠（松筠庵），越来越成为了士大夫们喜爱的地方，他们常到这里聚会，议论时政，游宴吟赋。杨继盛忠贞刚烈的品格，一直影响着后世的仁人志士。

知识链接

石碑　在规制石料上刻着文字、文章或图画，并严肃竖立于基底上的纪念物称石碑。单位称“统”或“座”。

石壁　在平板石材上刻着“记文”或附有图画，正规镶嵌于墙壁上的纪念物称石壁。单位称“片”或“面”。

石额　根据需要尺寸选料，多以镌刻“称谓”，并镶嵌于门楣之上为标识物的称石额或门额。单位称“幅”或“件”。

人物链接

胡季堂（1729—1800），字升夫，号云坡，河南光山人。清乾隆朝由荫生补顺天通判，嘉庆间官至直隶总督，首劾和珅二十罪，直声大震。卒谥庄敏。

曹学敏（1719—1787），字孝如，号慕堂，山西汾阳人。清乾隆十九年

---

① 回廊：房屋四周都有突出在柱外的廊檐。
② 攒尖顶：把瓦垄向上攒聚成尖状的亭顶。
③ 祭奠：为死去之人举行仪式表示追念。
④ 祀典：对神佛或祖先举行祭祀仪式。
⑤ 优伶：对戏曲演员的旧称。

（1754年）进士，官至内阁侍读学士，为官清廉谨慎。有《紫云山房诗集》。

陈希祖（1767—1820），字敦一，江西新城（今黎川）人。清乾隆五十五年（1790年）进士，官至浙江道监察御史，卒于任上。有《云在轩稿》。

何绍基（1799—1873），字子贞，号东洲，湖南道州（今道县）人。清道光十六年（1836年）进士，官编修，任至四川学政，后主讲于山东、湖南书院。工书法自成一体，有《东洲草堂诗钞》等。

杨继盛祠堂建好后，继续录引了明人桂萼[①]一联：

燕市宅[②]依然，两疏共传公有胆[③]；
铃山堂[④]尚在，十年不出彼何心。

又录江春霖[⑤]一联：

两疏[⑥]流传，枷锁[⑦]当年称义士；
一官归去[⑧]，锦衣[⑨]此日愧先生。

相关链接

拜杨椒山先生祠（二首）

乔莱[⑩]

狄道风烟接塞长，咸宁败后更为郎。
一封早定捐躯志，九死难消嫉恶肠。
欲把片言酬圣主，何云令旨假亲王。
大廷拜杖心如石，蛇胆香醪不肯尝。

---

① 桂萼（？—1531），字子实，号古山，江西安仁（今余江）人。明正德六年（1511年）进士，嘉靖初迁刑部主事，官至礼部尚书兼武英殿大学士。

② 燕市宅：指松筠庵。

③ 公有胆：严嵩纵狱卒毒打杨，随后又送来“蛇胆”治疗，杨不受，言“椒山自有胆”。

④ 铃山堂：是严嵩自署的堂名。

⑤ 江春霖（1855—1918），字仲默，号杏郎，福建莆田人。清光绪十二年（1886年）进士，官至新疆、四川诸道，以屡劾亲贵闻名。辛亥革命后返乡，晚年对地方公益颇为尽力。

⑥ 两疏：指杨继盛一次上疏劾仇鸾误国反被贬；二次上疏又劾严嵩“十罪五奸”。

⑦ 枷锁：指严嵩计陷杨下狱。

⑧ 一官归去：作者自指或泛指。

⑨ 锦衣：华美彩色的服饰，也指显贵。

⑩ 乔莱（1642—1694），字子静，号石林，江苏宝应人。清康熙六年（1667年）进士，官至侍读。有《直庐集》、《使粤集》、《归田集》等。

读史真教涕泪零，年年清醮罢行刑。
椒园方士斋供盛，棘寺忠臣血肉腥。
锻炼已知同沈鍊，姓名谁料附张经。
五奸十恶今无用，留得先生比日星。

谒杨椒山祠

尤侗①

谏草留遗石，年年化碧痕。
悲风吹古木，大鸟叫祠门。
青史平生事，丹楹故国恩。
永陵北望在，流涕向黄昏。

感发松筠庵

阮葵生②

桥头庙貌俨崔嵬，每一经行感慨随。
竹院无僧闲啜茗，松窗命侣坐敲棋。
两朝事往留遗宅，一篑功成待纪碑。
当日曾经丞相步，至今传诵秀才诗。

松筠庵拜杨忠愍公遗像

陶澍③

一官传舍寄城阴，吊古行人泪不禁。
此事先生真有胆，当时阁老是何心？
壮怀枉请朱云剑，浩气如闻信国吟。
想得灵旗来往夜，西风黄叶满阶深。

清朝末年戊戌维新的领袖康有为、梁启超，就是在此召集千余入京会试举子，发动了著名的“公车上书”事件④。这里成为中国近代史上的第一次知

① 尤侗（1618—1704），字同人，号悔庵，江苏吴县（今苏州市）人。清康熙十八年（1679年）试博学鸿词科，授翰林院检讨，官至侍讲。著有《西堂全集》等。

② 阮葵生（1727—1789），字宝诚，号吾山，江苏山阳人，清乾隆朝进士，累官至刑部右侍郎。著有《七禄斋集》。

③ 陶澍（1778—1839），字子霖，号云汀，湖南安化人。清嘉庆七年（1802年）进士，官至太子少保、兵部尚书兼都察院右都御史、两江总督。著有《印心石屋文钞》。

④ 所谓“公车”，因从汉代开始，即以公家车马送应举之人赴京，后世遂以“公车”为举人赴京应试的代称，故史称此举为“公车上书”。

识分子爱国救亡活动的策源地（关于康、梁二人的简介后文中有述）。

这一事件源于光绪二十一年（1895 年），清政府在中日甲午战争中失败后，议和全权大臣李鸿章与日本首相伊藤博文签订屈辱的《马关条约》，激起了全国人民的无比愤慨。进京会试的各省举人齐集松筠庵，公推康有为起草万言书，联名上书皇帝，痛斥当权派的投降主张，力主“拒签中日和约、迁都抗战和变法图强”的三项主张。这次上书还冲破了清政府“士人干政”的禁令，提出了资产阶级维新派变革的政治纲领。当时举人没有直接上书的权利，“万言书”只能递交到都察院呈请代奏。举子们便列队由杨继盛祠出发，进宣武门往都察院呈送。上书虽被拒绝，但在北京和全国广泛刊印流传，激励着人们的爱国热情，成为了资产阶级改革思潮发展为政治运动的先声。

改建为同乡会馆后，革命先驱李大钊先生到京多来此馆开展革命活动。他最欣赏杨继盛的名联：“铁肩担道义；辣手著文章”。并将其中的“辣”字改为“妙”，以此作为自己的座右铭。李大钊亲书此座右铭的真迹现保存于首都博物馆（有关李大钊个人简介后文中有述）。

附产　置于清晚期，位于西城区校场五条 6 号（旧为路东四十六号），占地 0.36 亩，有房 5.5 间，现为民居。

同乡会馆　建于清晚期，位于西城区烂缦胡同 66 号（旧为路东七十八号），占地 1.76 亩，有房 31.5 间，现为民居。

河北会馆　由“直隶”改为“河北”的称谓应晚于 1928 年，故该馆原名应是直隶会馆。

建于清代，位于东城区金鱼池中街路东二号院 11 号楼地域内（旧为马家井路北五号），占地 0.68 亩、有房 27 间。现已拆除。

附产　置于清代，位于金鱼池中街路东金鱼池东区北半部分（旧为主产背面，称龙须沟），只有土地 3.9 亩。1949 年由九区中心小学改造为学生操场。1969 年“操场”被一七八中学校舍所替代。20 世纪末金鱼池东区连片改造过程中，学校被撤并，此地形成为居民楼群一片。

河北会馆　建于清代，位于西城区珠市口西大街 237 号（旧为虎坊桥路北四十三号），占地 0.89 亩，有房 20.5 间。现已拆除。

河北会馆　建于清代，位于西城区“中信城”域内（旧为兵马司中横街路西一号），占地 1.84 亩，有房 41 间。现已拆除。

河北会馆 建于清代，位于西城区潘家胡同 1 号（旧为潘家河沿路西一号），占地 0.46 亩，有房 24 间。现已拆除。

河北会馆 建于民国初期，位于西城区西黄城根北街 2 号“全国人大会议中心”大院域内（旧为后库路西四、五号），曾一度作为燕冀中学女校，占地 19.16 亩，有房 72 间，另有一座礼堂。《北京会馆档案史料》内存 1951 年 8 月“河北省会馆财产管理委员会房地产”表中，注明“已与华北局交换”。

附产 置于民国时期，位于地安门西大街 38 号（旧为后库路西一号），占地 42.68 亩，有房 8 间。1949 年后被华北局征用，经再次改造后现为“金台饭店”。

河北会馆 建于民国时期，位于西城区二龙路 33 号“新龙大厦”楼群域内（旧为路西八号），占地 3.66 亩，有房 22 间。现已拆除。

河北会馆 建于民国时期，位于西城区太平桥大街 218 号（旧为西京畿道路北甲十号），即今北京市第三十五中学校址。占地 23 亩，共有房舍 69 间（包括一小楼房）。当时设有新生中学校，1949 年后由市教育局接管，改称北京市第三十五中学。

相关链接

北京市第三十五中学 该校是同于 1923 年创立的新生中学、志成中学合并后的沿革校。1949 年市教育局正式接管了以上私立二校，1952 年被合编为三十五中学，主校区原在志成中学旧址小口袋胡同，1978 年被设定为区重点中学并迁入今址。改造扩大后的新校区，占地 30 多亩，建筑面积近万平方米。

河北会馆 建于民国时期，位于西城区小口袋胡同 17 号（旧为口袋胡同路北九号），占地 1.4 亩，有房 20 间，现为民居。

河北会馆（抱冰别墅） 建于民国时期，是在张之洞亡故后，以其故居“抱冰别墅”为公产改建为馆，位于西城区龙爪槐路东八号（现地均包容在陶然亭公园内，后所开之门称龙爪槐胡同 16 号旁门）。

《陶然亭公园志》载：“清光绪三十三年（1907 年）春，张之洞调任军机大臣并主持学部，在龙树寺蒹葭簃（旁有芦苇的小书斋）南筑抱冰堂等。”总占地27.46亩，建房45间。其“抱冰”之意即：“矢抱冰握火之志，持匡危扶颠之心，冀挽虞渊之落日。”

“1954年4月20日，公园致函房管局，请求帮助动员园内居民户等腾空龙爪槐八号（抱冰堂院）房地。”“1956年3月，公园西部建成可容纳1500名观众的露天剧场一座。”“1974年6月，改建抱冰堂。”“1978年10月，开始改建露天剧场。投资157万、建筑面积为1570平方米，设计座位1215个。1980年8月建成后，为一座中型影剧院，各种设施俱全。”

目前原会馆地域分东西两部分，西为“陶然江亭观赏鱼花卉市场”，东部的北半部为由陶然亭影剧院改造成的“少年儿童活动中心”。南部为1974年改建的“抱冰堂”新式大厅一座。

相关链接

陶然亭公园 该园位于太平街19号，是新中国建立后北京市修建的首座现代公园，到目前也是园亭最多的公园。明永乐年间（1403—1424年），此地建起砖瓦窑厂一片；清代监理窑厂的工部郎中江藻，在慈悲庵西又筑起“陶然亭”。公园即以这所清代古轩而得名。公园内既有历史古迹，也有革命遗迹，其已成为爱国主义教育基地。

目前全园总面积近60万平方米，其中水面积17万多，占近三分之一。全园布景中除有桥、台、楼、阁、堂、榭外，再加上38座新建或仿建不同年代、不同地域、不同风格的名亭，使该园已经成为了一个独擅亭景文化之胜的多亭公园。

热河省旅平同乡会馆 热河省，旧省名，辖今河北省东北部、辽宁省西南部、内蒙古自治区东南部。1914年民国政府初设热河特别区，1928年改升省级行政建制，1956年被撤销，辖境分别划入河北、辽宁两省及内蒙古自治区。

建于1946年1月，“由乡人李效朋发起组织省旅平同乡集资购房，7月1日始告正式成立”。位于东城区东棉花胡同15号（旧为棉花胡同路北九号）。该四合院原为清末将军凤山宅第，因其拱门砖雕极为精致，被定为市级文物保护单位。砖雕拱门高4米、宽2米多，金刚墙以上均为砖雕。上刻有花卉、走兽，顶部有朝天栏杆，栏板面上雕有松、竹、梅岁寒三友，拱门外两侧雕有多宝阁，阁内雕有暗八仙等图案。20世纪50年代作为中国科学院宿舍至今。

热河省旅平同乡会馆现状　东棉花胡同15号

人物链接

凤山（　？—1911）汉军镶白旗人，刘姓，字禹门，号茗昌。初任骁骑营翼长、总办北京东安巡捕分局，清光绪二十六年（1900 年）升副都统，三十三年任西安将军。宣统三年（1911 年）任广州将军，10 月在南门外为革命党人李沛基炸毙。

府级馆产

正定

正定，位于河北省西部、滹沱河流域。秦置东垣县，汉改真定，后升为府置。清雍正元年（1723 年），因帝名胤禛避讳改为正定。1913 年废府改县。今为石家庄市下辖县。名胜古迹有隆兴寺、广惠寺华塔等。

《正定会馆章程》中述明“本馆属正定、晋州、新乐、获鹿、井陉、平山、灵寿、行唐、元氏、赞皇、无极、栾城、藁城、阜平十四地所共有。”

其他“十三地”分别为：

晋州，位于河北省中部偏西、滹沱河流域。汉置下曲县，隋改鼓城，明升改晋州，1913 年废州改晋县。解放后复称晋州，今为石家庄市下辖县级市。

新乐，位于河北省西部、大沙河过境。隋置县，今为石家庄市下辖县级市。

获鹿，位于河北省西部。秦置石邑县，隋分置鹿泉县，唐改获鹿，今为石家庄市下辖县级市。

井陉，位于河北省西部，邻接山西省。秦置县，今为石家庄市下辖县。

平山，位于河北省西部太行山区、滹沱河流贯，邻接山西省。汉为蒲吾县地，隋析置房山县，唐改平山，今为石家庄市下辖县。境内西柏坡村 1948 年 5 月至 1949 年 3 月，曾为中共中央所在地。古迹有中山国古城遗址。

灵寿，位于河北省西部、滹沱河流域。汉置县，今为石家庄市下辖县。

行唐，位于河北省西部、潴龙河上游。汉置南唐县，北魏改行唐，今为石家庄市下辖县。

元氏，位于河北省西南部、太行山东麓。汉置县，今为石家庄市下辖县。

赞皇，位于河北省西南部、太行山东麓，邻接山西省。隋置县，今为石家庄市下辖县。

无极，位于河北省中部偏西，在滹沱、潴龙两河间。汉置毋极县，唐改无极，今为石家庄市下辖县。

栾城，位于河北省中部偏西。西汉置关县，东汉改栾城，今为石家庄市下辖县。

藁城，位于河北省中部偏西、滹沱河流域。汉置县，今为石家庄市下辖县。

阜平，位于河北省西部、大沙河上游，邻接山西省。金置县，今为保定市下辖县。

正定会馆（正定老馆） 建于明代，初为商馆。位于西城区山西街 6 号院小区域内，原为教佳胡同（旧称敫家坑）北口路西，后门开在西草厂街路南，老门牌九十八号。占地 1.97 亩，有房 48 间。

据白鹤群先生调查，其原址“正门前有卧地上马石狮一对，大门外两侧后山墙中部嵌有栓马柱环 4 个；门楣上挂有‘正定会馆’横匾一块，字体清秀，为馆阁体，由李恭[①]所书。会馆院内由两套四合院组成，并设有乡贤祠”。

正定会馆 建于清前期，位于东城区珠市口东大街路南 8 号楼、金鱼池电话局位置或前后地域内，早废。

《京师坊巷志稿》第 213 页，“铁香炉”条：旧有山右、宣城、海昌、正

① 李恭，字刚主，河北蠡县人。清康熙二十九年（1690 年）举人。

定、嘉应诸会馆，今多废。《北京历史地图集》第 78 页标图称“西铁香炉”。20 世纪 60 年代更改地名时，将其并入鲁班胡同。

河间

河间，位于河北省中部偏南，冀中运河流贯。汉高帝置郡，文帝改国，其后为郡再为国。隋开皇初废改县置，大业时又升为河间郡，北宋大观二年（1108 年）再升为瀛州府置。元至元二年（1265 年）改为路，明初复改河间府，辖境缩小，直至 1913 年废府改县，今为沧州市下辖县级市。

河间会馆（冯国璋公馆） 该馆也称古瀛郡馆。因宋元时河间曾称瀛州，故以之为别称。

建于清乾隆二十四年（1759 年），由舒成龙捐建。位于西城区中信城北片，原为果子巷 69 号（旧为驴驹胡同路北六号），占地 3.26 亩，有房 110 间。民国初期，此馆址曾一度作为河间籍北洋直系军阀首领冯国璋的公馆。

人物链接

冯国璋（1857—1919），字华甫，直隶（今河北）河间人，北洋武备学堂毕业。清朝末年协助袁世凯创办北洋军。辛亥革命爆发后，被清政府任命为第一军总统，率领北洋军至湖北镇压革命。1913 年国民党发动讨袁战争时，奉袁命攻下了南京城，并任江苏都督。袁死后北洋军阀分裂，冯为直系首领。1916 年当选副总统，1917 年代理总统，1918 年被段祺瑞胁迫下台，1919 年在北京病故。此后会馆内为其专建一纪念祠堂。

1949 年后，该馆址一直由政府有关部门使用，后长期作为宣武区房地产管理局办公场所，改造为楼房。2002 年，房、地分离，国土局迁出。该址作为宣武区房产管理协会使用。2010 年动迁，作为“中信城”开发项目，现已拆除。

附：

河间会馆碑记
（1759年）

任邱舒君名成龙（字遇天，号荆南），倡建河间会馆于都城之宣南坊。既成，属余为记。京师会馆之设，自全省以逮一郡一邑，所在衢巷相望。直隶以近京故，独缺。顺治间，直人公职一区，久之圮废。舒君之祖完白先生，康熙丙辰进士，尝寓居旧馆，叹其即于废也，志修之，未逮。舒君之勤勤于此，盖承其先人之志也。且曰：谊笃[①]自近。故馆止河间，士大夫官内外众矣，桑梓之义，人情所同，顾或志之，力不能能矣，自营有不暇及，夫事至糜财[②]，求苦心力惠而不嫌于费，劳而无怨，士君子往往难之。舒君之初谋此举也，首输千金，号众簉[③]其成，既以输金未遽集，手券贷金三千，市故宅新之，徐收其输以偿焉。于是为堂三楹、房七十有二、亭一、杂舍三十五，凡百一十椽。割其四之一，税为质库[④]，取所得直，以为修葺资，一切厨灶器用，咸备具无阙，粉垩丹雘[⑤]斩斩然。君身督工作，心营手画，日夜不稍倦。方是时，君以衡州守服[⑥]阙待补，投牒铨部可立得[⑦]，以是故，故需其期。已而奉命往甘，迫于行，犹鳃鳃条[⑧]计未竣事，属之人，已乃就道，嗟乎！夫人重义难矣，倡而不必应，应而不必给，有倦而悔[⑨]耳，故始而终之尤难。余观舒君为此，何其心力俱瘁而不知其难也！非有忠信诚确坚果之力，乌能有终若是。以是而当国家之事，履艰承钜必无有一切，退避隐忍之心可知也。则余之所以多君者，岂独此敦笃乡谊一节之盛举欤[⑩]？乡之人鼓舞乐输，以观厥成，均足与舒君分美。然余以为乐其成，不可不思其所由始也，故特书之，以告来者。至于立规条以垂久远，则出之边君佩文、纪君晓岚、李君子燮；嗣蒇[⑪]事之成，为高君咸一、李君汀州、舒君弟成天及家弟未轩也。其差次义输，别有目，铭之碑阴。乾隆二十有四年已卯夏四月郡人戈涛[⑫]撰并书。

另存：《增修河间会馆内外房屋创建河间客寓碑记》（1770年），略。

附产（河间公寓） 置于清中期，位于会馆对面果子巷80号（旧为驴驹胡同路南），有房11间，以营业收入补会馆开销。现已拆除。

---

① 谊笃（dǔ）：友谊真实。
② 糜（mí）财：浪费资财。
③ 簉（zào）：此处意指“促”其成。
④ 质库：抵押。
⑤ 粉垩（cè）丹雘：涂饰颜色。
⑥ 守服：也称守制。封建时代，儿子在父母逝后，要在家守孝，谢绝应酬，做官的此期间必须离职。
⑦ 投牒铨部可立得：若将其人事资料报送给有关部门，会立即得到任用。牒，文书或证件；铨，旧时政府审查官员资历来确定其级别和职务。
⑧ 犹鳃鳃条：犹如很多条。
⑨ 有倦而悔：为有厌倦情绪而悔悟。
⑩ 欤（yú）：古汉语中助词，与“乎”大致相同。
⑪ 嗣（sì）蒇（chǎn）：继续，接续完成。
⑫ 戈涛，河北献县人。清乾隆十六年（1751年）进士，官至刑部给事中。

附产　置于清代，位于琉璃厂东街东段（旧为琉璃厂路南二四八号），有铺面房一所，由武学书馆经营。

深州

深州，位于河北省中部偏南。汉置下博县，隋开皇十九年（596 年）改州置，其后屡经废置。宋改静安县，明初改深州，清雍正初升为直隶州。1913 年废州改县，今为衡水市下辖县级市。

深州会馆　建于清晚期，位于西城区报国寺前街路南。2006 年实施“城中村”改造时为一个大杂院，现为“报国晨钟”花园广场的一部分。

县级馆产

遵化、玉田、丰润

明代遵化、玉田、丰润皆为县，隶顺天府蓟州。清代因遵化为清室陵寝所在，升为州、直隶州，并以丰润、玉田相属。

遵化，位于河北省东部、北靠长城，邻接天津市。五代后唐置遵化县，清康熙十五年（1676 年）升州，乾隆八年（1743 年）升直隶州，领玉田、丰润。1913 年废州还县，现为唐山市下辖县级市。马兰峪清东陵和温泉为名胜古迹。

玉田，位于河北省东部、蓟运河流域，邻接天津市。汉属无终县地，唐万岁通天二年（697 年）改名玉田。现为唐山市下辖县。

丰润，位于河北省东部，邻接天津市。金置丰闰县，明改丰润。现为唐山市下辖区。

遵化试馆　建于清康熙年间（1662—1722 年），由丰润人曹子玉所创，后为“遵化、玉田、丰润三属士子应试及谒选人员驻休之所”。位于东城区北羊市口路西国瑞城中区的北半部分偏东（旧为花市上头条路南七十号），占地 0.8 亩，有房 14 间。

南皮

南皮，位于河北省东南部、南运河东岸，邻接山东省。秦置县，今为沧州市下辖县。

南皮会馆 建于清前期，白鹤群著《北京的会馆》一书言："南皮会馆早在清朝乾隆年间就已有载，张之万[①]等人曾对会馆进行扩修"。位于西城区珠市口西大街 129 号安城商务酒店处（旧为西柳树井路北二十九号），有房 47 间。

南宫、枣强

均位于河北省南部，两地相邻，南宫在西、枣强在东，同为汉置县。南宫今为邢台市下辖县级市；枣强今为衡水市下辖县。

南枣义馆 为南枣两地合建义馆，亦称为"南枣义园"。义园或义地，是旧时当局或团体以及私人等，设置或购置土地，专为埋葬穷人或无主尸骨以及专为埋葬一般同乡、团体成员和家属的集体墓地。

初创于清乾隆四十二年（1777 年），为南宫郑同、枣强侯忠两位在京城专门从事编箩圈[②]手艺人的义举，"其念两县贫穷无力之乡人，死后无公共仃灵及葬埋之地，有诸多不便"，乃节衣缩食购置义地，修建义馆，成立义会。其后陆续增加义地达 50 多亩。这是我们以前闻所未闻的奇闻——创穷人自己建义馆、义地之先河，并可以说是空前绝后。

位于西城区广安门内大街石虎巷南口左近（旧为广安门大街路北一二五号），占地仅 0.8 亩，共有房 39 间，以备停灵及亡者亲友等之用。设专人负责看护、管理着宣南地片的大小零散义地。每年阴历九月二十六日还要举行公祭一次。馆址在民国后期被警用派出所征用。1949 年后，南枣义馆保管会向政府上报材料中，义地的数目已减至不足 40 亩。

附产 南枣义园

置于清中晚期，由 13 片组成，1949 年后陆续被征用。各片地址及占地情况如下：

	现地址	老地址	地亩
（1）	西便门内大街	西便门南大道路西	1.81
（2）	西便门内大街	西南角楼南河沿路东	1.36
（3）	长椿街 45 号	土地庙南墙外	2.84

① 张之万（1811-1897），字子青，河北南皮人。清道光二十七年（1847 年）状元，官至军机大臣、体仁阁大学士。张颇精于绘画，时有"南戴北张"之称。

② "箩圈"，即以竹或木簿片板材为原料，并加工成为圆桶型，以进一步制作成为蒸笼或网罗等器物。

	现地址	老地址	地亩
（4）	槐柏树街北里	西便门内大栅栏	7.59
（5）	槐柏树街 3 号	关帝庙旁	0.71
（6）	槐柏树街 15 号	西长营一号旁	0.19
（7）	新安北里	南樱桃园十九号旁	0.19
（8）	益民巷	南横街西口外路南	1.18
（9）	白广路路西	老君地二十二号旁（2 块）	11.26
（10）	牛街西里一区	糖房胡同	1.21
（11）	牛街南里二区南沿	牛街南口外路北（3 块）	6.11
（12）	南横西街西段	南横街西口外路北	0.54
（13）	白广路头条 1 号	南王子坟	1.18

唐县

唐县，位于河北省中部偏西、唐河流域。汉置县，今为保定市下辖县。

唐县会馆 建于清中期，位于东城区冰窖斜街 24 号、珠市口东大街 19 号大楼的背后（旧为冰窖胡同路南四十号）。现为民居，为该街路南仅存的三个门牌之一。

唐县会馆现状　下斜街53号

唐县会馆 建于清晚期，位于西城区下斜街 53 号（旧为路西二十七、二十八号两重院落内），占地 2.98 亩，有房 14 间。1956 年 11 月，西半部分被市面粉三厂征用，东半部分现为民居。

津南七县

“津南”为天津府以南地区，包括：

沧州，位于河北省东南部。汉为浮阳县，北周分置长芦县，隋改称清池，唐升改沧州，清雍正后不辖县。1958 年设市，今为河北省地级市。著名的“长芦盐”即产于此。古迹有开元寺的铁狮子等。

新海，今称黄骅，位于河北省东南部、东临渤海，邻接天津市。1937 年由沧州分置新海设治局，1943 年改黄骅县，今为沧州市下辖县级市。

青县，位于河北省东南部、南运河纵贯，邻接天津市。五代周置永安县，宋改乾宁，金改会川，明升改为清州，后又改为青县，今为沧州市下辖县。青县所产的地毯和刺绣品名誉古今。

南皮，已在“南皮会馆”条中作了介绍。

盐山，位于河北省东南部、宣惠河流贯，邻接山东省。汉置高成县，隋改盐山，今为沧州市下辖县。

静海，位于天津市西南部、南运河纵贯，邻接河北省。金置靖海县，明改为“静”海，1973 年由河北省划归天津市为下辖县。

庆云，位于山东省西北部、马颊河下游，邻接河北省。汉属阳信县地，隋分置无棣县，元再分置南无棣县，明改称庆云，1965 年由河北省划归山东省，今为德州市下辖县。

津南试馆 《北京会馆档案史料》第 839 页述：“津南试馆创始于清道光年间（1821—1850），由沧州、新海、青县、南皮、盐山、静海、庆云共七地士绅募捐所建，专备乡、会试士子住寓之所”。位于西城区珠市口西大街 41 号（原为西珠市口路北二十九号），占地 3.83 亩，有房 89 间，现已拆平待建。

邢州

邢州，现称邢台，位于河北省西南部、太行山东侧，邻接山西省。秦置信都县，汉为襄国。隋改龙冈，开皇十六年（596 年）升改为邢州。北宋宣和初再升改为信德府，金复改为邢州。1953 年设市改称邢台，今为河北省地级市。唐、宋时邢台地区就已广有瓷窑，烧造的瓷器号称“邢窑”[1]，尤以白瓷为佳品，陆羽的《茶经》中就有“比之银雪”之句。

邢州会馆 建于清代，位于西城区樱桃斜街 14 号左近。

盐山

盐山会馆 建于清代，位于西城区珠市口西大街 131 号“爱义行”处（旧为西柳树井路北三十号）。

---

① 邢窑，唐代著名瓷窑之一。其成品瓷器质细洁，釉色白润，但至今窑址尚未发现。

高阳

高阳，位于河北省中部、白洋淀西南，潴龙河流贯。汉置县，东汉桓帝置郡，晋泰始初置高阳国。北魏复改为郡，隋开皇初还县。今为保定市下辖县。

高阳会馆 也称高郡会馆，建于清朝末年，位于西城区贾家胡同 13 号（旧为路西七号）。现已拆除。

深县

深县，即 1913 年由深州改称。

深县会馆 建于民国初年，位于西城区西砖胡同 15 号（旧为路西五号），占地 1.1 亩，有房 34 间。现为民居，目前已拆近半。

雄县

雄县，位于河北省中部、大清河中游，白洋淀以北。秦置易县，唐改归义，五代周升改雄州治，明降为雄县，今为保定市下辖县。

雄县会馆 建于民国时期，位于西城区小绒线胡同西段（旧为路南二十五号）。现此一片地域仍为老式平房。

滦密二十二县

滦县，位于河北省东部。936 年契丹分平州地置义丰县，五代辽置滦州，并辖滦南、乐亭等地，清不辖县，1913 年废州改滦县，现为唐山市下辖县。

密云，位于北京市东北部、潮白河上游，邻接河北省。北魏置密云县，元入檀州。明复设密云县，隶顺天府昌平州，清隶顺天府。民国初隶京兆地方，1928 年隶河北省，1958 年由河北省划入北京市。

通县，已在“通县会馆”条中作了介绍。

平谷，位于北京市东北部、蓟运河上游、燕山南麓，邻接天津市和河北省。汉置县，北魏废，金复置。明时隶顺天府蓟州，清隶顺天府。民国初隶京兆地方，1928 年隶河北省，1958 年由河北省划入北京市，2001 年撤县设立平谷区。

怀柔，位于北京市北部，邻接河北省。唐置怀柔县，金改温阳，元废，明复置怀柔县，隶顺天府昌平州，清隶顺天府。民国初隶京兆地方，1928 年隶河北省，1958 年由河北省划入北京市，2001 年撤县设立怀柔区。

昌平，位于北京市西北部、温榆河上游、长城以南，邻接河北省。汉置昌平、军都二县，北魏废昌平并入军都，东魏改昌平。明正德元年（1506 年）置州，隶顺天府，辖怀柔、密云、顺义，清不辖县。1913 年废州改县，玄隶京兆地方，1928 年隶河北省。1956 年由河北省划入北京市为昌平区，1960 年改县，1999 年撤县复立昌平区。名胜古迹有居庸关、十三陵；1958 年建有十三陵水库。

顺义，位于北京市东北部、潮白河纵贯，邻接河北省。汉置安乐、狐奴二县，北魏均废。唐置顺州，明改顺义县，隶顺天府昌平州，清隶顺天府。民国初隶京兆地方，1928 年隶河北省，1958 年由河北省划入北京市，1998 年撤县设立顺义区。

宝坻，位于天津市北部，潮白新河、蓟运河流经境内，邻接河北省。金置县，元隶大都路，明隶顺天府通州，清隶顺天府。民国初隶京兆地方，1928 年隶河北省，1973 年由河北省划入天津市，现为宝坻区。

宁河，位于天津市东北部，蓟运河、永定新河和潮白新河经过境内。清雍正九年（1731 年）置县，隶顺天府。民国后隶河北省，1973 年由河北省划入天津市。

蓟县，已在“天津市在京会馆”部分介绍。

玉田，已在“遵化试馆”条中作了介绍。

丰润，已在“遵化试馆”条中作了介绍。

乐亭，位于河北省东部、滦河下游，南临渤海。金置县。现为唐山市下辖县。

迁安，位于河北省东部、滦河流域。汉置令支县，辽改安喜，金改迁安。现为唐山市下辖县级市。

遵化，已在“遵化试馆”条中作了介绍。

卢龙，位于河北省东部、滦河流域。北魏置新昌县，隋改卢龙，北宋末曾一度改为卢城，不久即复。现为秦皇岛市下辖县。

抚宁，位于河北省东部、南临渤海，邻接辽宁省。隋属卢龙县，唐析置抚宁，现为秦皇岛市下辖县。

昌黎，位于河北省东部、北依碣石山，滨临渤海。五代辽置广宁县，金改昌黎，现为秦皇岛市下辖县。

临榆，位于河北省东部。汉置县，1954 年被撤销，分别划入秦皇岛市和抚宁县。

三河，位于河北省中部、蓟运河上游，邻接京、津两市。汉初置路县，东汉改潞县，唐改临河，后改三河。明隶顺天府通州，清隶顺天府。民国初隶京兆地方，1928年划入河北省，现为廊坊市下辖县级市。

香河，位于河北省中部、潮白新河流贯，邻接京、津两市。辽置县，明、清时隶顺天府，民国初隶京兆地方，1928年划入河北省，现为廊坊市下辖县。

兴隆，位于河北省东北部、长城外侧，邻接京、津两市。1931年由遵化县析置，现为承德市下辖县。

滦密二十二县旅平同乡会馆 建于民国二十五年（1936年）2月，位于东城区秦老胡同1号（旧为路北二号）。现为民居，仍存四合院格局。

《北京会馆档案史料》中记述其组建“滦密二十二县旅平同乡会”的理由为：“滦密二十二县统划战区，地方公益极待设施，奈二十二县士绅各处一方，遇事既难商榷，集合又无定所，因是同人等拟组设之。”

商业行业馆产

北直文昌会馆 也称书业文昌会馆。此“文昌”又名“文星”、“文曲星”，乃中国神话中主宰功名、禄位的神，旧时为读书人所崇祀。元仁宗延祐三年（1316年），将梓潼帝君加封为“辅文开化文昌司禄宏仁帝君”，简称“文昌帝君”。

建于清同治三年（1864年），以火神庙为址，位于西城区南新华街48号大楼北端（旧为小沙土园胡同路西四号），占地1.2亩，有房30余间。“于每年二月初三文昌诞日，献戏酬神。并将同业亡故者，编制谱牒，每届是日，修谱一次，追怀前徽，意至善也”。该址于20世纪90年代被拆除建起了青岛市人民政府驻京办事处大楼。

附：

北直文昌会馆碑
（1908年）

盖闻：为善必须有继，图始尤贵成终。北京旧有书行，向分南北之域，南人极多，北人甚少。每逢会议，诸多不睦。于是北人之徐志洒、刘清淮、魏显泰者，始创其端，广为筹化。特恐大厦之成，非一木所能支，遂纠集各铺伙友人等，合剧凑钱，于同治三年，置买沙土园路西火神庙一座，添修文昌会馆，名为北人公会之地。然庙内住持，不敢显然将庙卖于外人。而徐志洒者，锐意从公，甘改其姓，仅名志洒，为僧多年，竟终其身。事莫难于创始，虽继起有人，尤赖前贤，如徐君者，急公好义，勇于从事，令人钦佩不忘。嗣经孙广盛、魏占云、王光前诸人添购房屋，屡次修葺。至今庙貌巍巍，庶免陋室遗讥；殿阁重重，并蒙神人默佑。但所虑者，地基辽阔，年湮代远，不免亡羊之失。兹集同人公众商酌，拟建一碑。谨将殿宇若干楹、地址若干丈，划清界限，垂诸永久。供奉文昌帝君、火德真君，朔望拜跪，以肃观瞻。前六家值年，轮流经理，每岁二月初三日文昌圣诞，演剧团拜，共襄盛举。庶人力尽而神以妥灵，神道彰而人必获福矣。

西房火神殿三间，南北耳房各二间，北正房三间，南房三间，东房六间，临街大门一间，文昌殿三间，东西平房各一间。西北小院西正房三间，北房一间，南房一间。

花翎同知衔丁酉科拔贡故邑翟拳善书

光绪三十四年岁在戊申七月上浣榖旦立

北直刻字行会馆　也称京都刻字行会馆。“刻”即雕刻；“刻字”其不能不与印章文化联系在一起。汉字字体中有一秦朝整理规定的写法——篆书，而刻印章字体则多有采用，并称“篆刻”。

建于清光绪二十三年（1897 年），位于西城区樱桃斜街 19 号（旧为皈子庙路南十五号），占地 1.35 亩，有房 16.5 间。当时依托“文昌祠”，以庙建馆。

据《北京寺庙历史资料》中存、1928 年北平特别市政府寺庙登记表载：皈子庙十五号有文昌祠——刻字行会馆。有佛像 8 尊，铜、铁磬各 1 口，泥五供 1 份，铁烛山子 1 座，供桌 2 张。院内有树 1 棵，石碑 1 座。

民国期间，馆内曾一度设立“京师私立普育小学校。”

附：

重建文昌祠碑记
（1898年）

今天下自国都至于郡县，得通祀者，惟社稷之神，与学之先圣先师，而文昌帝君居其一焉。凡以尊崇正学，维斯文之统，典至钜也。京师刻字行，向分南北二派，春秋致祭，皆兢兢洁牲，量币修祀，事于帝君，若以不得与祭为憾。尝窃疑之。粤自鸿荒初辟，载籍无征，飞龙造书，莫可殚记，其稍足摅者，惟黄帝史仓颉最著。迹其仰观俯察，通于神明，依类象形谓之文，形声相益谓之字，著于竹帛谓之书。以字学源流论，仓圣鼻祖也。周官备载六书，尔雅作于中古，元圣二祧列也。下逮李斯、程邈、蔡邕、萧子云之流，领异标新，各极撰述。而许慎说文，尤有裨经学，功不在禹下。又尝考宣和书谱云：羲、献以字画之妙出东晋，旷然为千古翰墨之祖。据此则俎豆馨香[1]，均于义近。抑知作者谓圣，述者谓明，而毓秀钟灵[2]，实惟神是赖，人文主宰，即吾道干城。譬彼江河，沧海实其归宿，何独于神而疑之？至神迹原委，成都志、蜀輶日记所载，言人人殊，要以六匡丽曜，累代垂灵，天人合一，无愧聪明正直者近是。若夫道家者流，穿凿傅会[3]，蔓衍支离[4]，窃听不取。今北直刻字行等，恐春秋祀典历久而忘也，爰于光绪廿三年十一月四日，用金陆百两，购得正阳门外樱桃斜街皈子庙故址，共殿宇十三楹。稍加修葺，择后殿设位祀焉，礼也。前殿旧祀七圣，今仍之。每岁十二人司事，行中轮值祀事，所资则有乡会年之捐例在先。是同治七年闰四月二日，曾于广安门外白石桥东路南，购置义园二十亩，备行中无力归葬者权厝[5]之所。盖至是而恭桑敬梓[6]之心，与报本返始之意，两告无憾矣。惟冀神灵默佑，协圣世昌明之景运，重通儒文字之科名，则行中食德孔长，是所深幸也夫。

赐进士出身翰林院编修会典馆协修加三级纪录三次杨士骧薰沐敬撰
赐进士出身翰林院编修会典馆协修加三级纪录三次冯恩昆薰沐敬书
诰授奉政大夫内阁中书方略馆校对加三级纪录三次崔师范薰沐篆额
大清光绪二十四年太岁在戊戌孟冬之月吉日
京都刻字行等敬立

附产　义园　置于清同治七年（1868 年），位于广安门外大街路南、马连道东街北口的甘石桥（碑文中称“白石桥”）左近，占地 20 亩。

---

① 俎豆馨香：使其发散的香气漂得更远。
② 毓秀钟灵：旧时指美好的自然环境，产生（养育）出优秀的人物。
③ 穿凿傅会：非常牵强的解释。把没有关系的事物说成有关，把没有意义的事物说成有某种意义。
④ 蔓衍支离：像蔓草一样不断向周围扩展，形容事物零散破碎，不成整体。
⑤ 权厝：对于死后无力归籍者暂埋或久埋于此。厝，把棺木停放待葬
⑥ 恭桑敬梓：对家乡、乡亲的恭敬。“桑梓”二字连在一起，喻为故乡之意。

山西省在京会馆

山西省因位于太行山之西而得名，简称“晋”。地处黄土高原东部、华北平原西部，全省由山地和盆地组成。分别与河北、河南、陕西省及内蒙古自治区为邻。该省春秋时属晋，战国时属赵，兼属韩、魏，汉属并州，唐属河东道，宋属河东路及西京道，元属中书省，明设山西布政使司，清称山西省。现辖 11 个地级市、11 个县级市、85 个县及 23 个市辖区，全省面积 15 万多平方千米。省会太原市。

山西省在京建立的最早会馆，是明中期建立的商业行业馆——颜料会馆；最早建立的省馆是清朝初年建立的山右会馆。该省共在京建立会馆 70 座，其中省馆 12 座，府馆 13 座，县馆 24 座，商业行业馆 21 座，上述会馆置设附产共计 12 处。目前尚有会馆建筑遗存 15 座，其中 1 处市级文物保护单位、2 处区级文物保护单位。

山西以晋商闻名天下，最早的山西在京会馆也是明中期晋籍商人所建。其最初馆名“平遥”，更强调县域，应是平遥籍商人所建，而其在清代，则以晋籍颜料商人组织出名，所以馆名也直呼“颜料”，足见该组织群体的扩大和影响力的提升，其会馆建筑也经历了五次大规模修建。从明代至今，该馆得到较完整保护，成为研究北京商业行业会馆和清代山西在京经济组织的活化石。

山西在京会馆中商业行业会馆比重大，同籍商人联合体性质突出，既有以县域为核心的会馆，如平定商馆；又有以行业为主干的会馆，如颜料会馆。以县域为核心的会馆中，既有一地多馆的，如襄陵共建 3 馆，并设义园、义地；也有二地或多地联合建一馆以至多馆的，如临汾、襄陵籍商人就联合建有 3 馆。以行业为主的会馆，既有全省性专门行业会馆，如河东烟行会馆、晋冀布行会馆、山西纸业会馆，这类会馆带有籍属行会性质；又有以籍属为基础，吸纳一定范围行业商人群体所组建，如由晋籍纸张业、颜料业、干果业、烟业为核心建立的临汾东馆，从其馆名上也可看出，该会馆组织的地域发起性和临汾籍商人在组织中的影响力。

山西在京士人会馆受商业行业会馆影响很大，存在着你中有我、我中有你的现象，商人建试馆、商馆转试馆、商馆兼试馆、商人管试馆比比皆是。这成为了山西在京会馆的又一特色，而且商业行业会馆与士人会馆之间相互开放，足见山西地方文化中的商业文化色彩和晋地士人与商人两大阶层群体的相互渗透与融会。潞安府的两座会馆都强调了“以居留应试学子及商贩所用”。清代山西人父辈经商、子辈科考，共同居京者不在少数，也是封建思维在晋人思想行动上的一种体现。而士人会馆中又多强调“士宦科甲”、“贫困同乡”一体服务理念，如汾阳会馆，体现了晋人兼济天下、同乡互助的道德追求。

山西在京会馆中多配建祠庙，强化对关帝、财神和地方先贤勇士等神灵的尊崇，会馆的仪式、教化功能突出。有的会馆因祠设馆，如山右会馆，体现了祠之于馆及其组织的核心地位；有的会馆因馆设祠，如三晋西馆，将馆神圣化为“晋乡祀神议会公所”，“其京外文武各官、引见当差及文武乡、会试公本概不准住居”。这一做法是将会馆的人居功能敬举为神灵住所，是对会馆教化功能和组织认同功能的极致化处理，在他省会馆中并不多见。这也足见山西会馆的组织化程度和其背后的经济实力支撑。

山西在京会馆多数建筑规模较大，作为府级会馆的太原会馆已有相当规模，占据的还是当时的京城贵处；而且多数山西会馆中建有文化娱乐设施，如平阳、潞安、汾阳、洪洞、平介、河东、颜料、纸业、浮山等馆，均设有戏楼戏台。这既满足了组织成员身处异地的文化认同需求和文化娱乐需要，更繁荣、传播和吸纳、丰富了山西地方文化，使晋文化站在京城的大舞台上向更高层面升华和更大范围影响。

山西省在京会馆一览表

产别	馆名	别名	建立年代	现地址	老地址	地亩	房间	掌馆人	现状
省馆	山右会馆	山右三忠祠	清朝初年	上斜街 37 号	同左路北十七号	2.15	38	陈国平	已拆
	三晋会馆		清康熙七年（1668 年）	骡马市大街新 9 号	同左路北七十四号	1.2	34	张启明 梁上栋	已拆
	三晋会馆		清前期	同乐胡同 4 号	贾家花园路南十号	9.02	150	汪琳	已拆
	三晋西馆	云山别墅	清嘉庆年间	下斜街 1 号	同左路西一号	4.5	60	薛笃弼	已拆

产别	馆名	别名	建立年代	现地址	老地址	地亩	房间	掌馆人	现状
省馆	三晋东馆		清道光九年（1829年）	五老胡同路西兴隆都市馨园北半部	北五老胡同路西二十二号	4	110	王文安	已拆
省馆	三晋会馆		清代	施家胡同7号	同左东口里路北			张启明 梁上栋	已拆
省馆	山西会馆		清代	香炉营头条西口里	赶驴市路南			薛笃弼	已拆
省馆	山西会馆		清代	白广路二条1号院	南线阁街路东老君地	0.59	24	薛笃弼	已拆
省馆	山右会馆		清晚期	珠市口东大街路南8号楼	铁香炉				早废
省馆	山西会馆		清晚期	东晓市街	东晓市或估衣市				早废
省馆	山西会馆		清晚期	金鱼池中街路东2号院小区11号楼	鞭子巷四条				已拆
省馆	河东会馆		清晚期	小江胡同	小蒋家胡同				早废
潞安	潞安会馆		明代	珠市口西大街45号	西珠市口路北三十一号	1.76	55.5	郑宝善	已拆
潞安	潞安东馆		清乾隆初年	幸福大街北段路东幸福家园小区	土地庙四号	6.78	53	程雨苍	已拆
平阳	平阳会馆	阳平会馆	明朝末年	小江胡同36号	小蒋家胡同路东十五号		108		市级文保
太原	太原会馆	闫若璩旧居	清顺治年间	储库营胡同15号	储库营路北四号	5.56	117	刘炳文	民居
太原	西晋会馆		清朝初年	广安门内大街308号	广安门大街路南三五二号	1.85	84	高玉富	已拆
绛州	绛山会馆		清乾隆年间	椿树园	椿树下三条路北六号、七号	2.08	46	李正奋 赵莲舫	已拆
解州	解梁会馆		清乾隆五十五年（1790年）	粉房琉璃街109号	同左路西五十号	1.32	35	邵修文 郭承业	已拆
	泽州外馆		清道光十七年（1837年）	西花市大街国瑞城东区3号楼	中四条路北二十五号		56.5	宋允恭	已拆

产别		馆名	别名	建立年代	现地址	老地址	地亩	房间	掌馆人	现状
府馆	泽州	泽州试馆	泽州内馆	清道光年间	晨光街 10 号院红霞公寓	康家胡同路南六号		28	宋允恭	已拆
		晋城会馆		清代	石头胡同	同左				民居
	代州	代郡会馆	关帝庙代郡会馆	清道光二十八年（1848 年）	香炉营东巷 2 号院	后铁厂路西九号	2.61	40	张联魁 杨艾堤	已拆
	蒲州	蒲州会馆		清代	骡马市大街 140 号	同左路南一九四号	0.92	23	薛映离	已拆
	忻州	忻定试馆		清代	苏州胡同 53 号	同左路北二十六号		24.5	侯封晋	已拆
县馆	汾阳	汾阳会馆		明代	棕树斜街 26 号	王寡妇斜街路南七十一号	2.49	82.5	王杰臣 任钟序	已拆
	灵石	灵石会馆		清朝初年	宣武门外大街 99 号和 101 号	宣武门大街路西五十号	2.35	52	毛昌遂	大部已拆
	曲沃	曲沃会馆		清康熙初年	珠市口西大街 265 号	虎坊桥路北五十七号	1.36	32	黄田龙 史浚	已拆
		曲沃会馆		清前期	同乐胡同 4 号	贾家花园路南十号			史浚	已拆
	襄汾	财神庙会馆		清朝初年	陶然亭路 53 号	晋太高庙路东十号			房国柱	已拆
		太平会馆		清前期	草场三条 9 号	同左路西三十号				民居
		汾城会馆	晋太高庙会馆	清乾隆四年（1739 年）	红土店南里 6 号楼	南横街小珠营	0.5	30.5	李丰年	已拆
		晋太平馆		清乾隆十四年（1749 年）	百顺胡同	同左西段路南				民居
		太平会馆		清代	顺德馆夹道 15 号	同左路西八号			李丰年	已拆
		太平试馆		清代	菜市口大街北段	丞相胡同路东五十号	0.91	23.5	房国柱	已拆
		汾水会馆		清代	粉房琉璃街 21 号	同左路西六号			房国柱	已拆

产别		馆名	别名	建立年代	现地址	老地址	地亩	房间	掌馆人	现状
县馆	翼城	翼城老馆		清雍正十年（1732 年）	珠市口西大街 162 号	虎坊桥路南一〇三号		44		已拆
		翼城会馆		清乾隆年间	宣武门外大街 125 号	宣武门大街路西五十九号			李廷拭	已拆
	永济	永济会馆		清乾隆年间或更早	前青厂胡同新马路	宣武门大街路东				已拆
	洪洞	洪洞会馆		清乾隆二十二年（1757 年）	广安门内大街 6 号	广安门大街路南四六八号	2.56	96	杨星三 张子平	已拆
	赵城	赵城会馆		清乾隆年间	刷子市胡同 27 号	刷子市路南三十一号		38.5	魏国光	民居
	介休、平遥	平介会馆		清乾隆年间	鹞儿胡同 30 号	同左路南三十号	4.02	140	王景阳	已拆
		介休会馆		清晚期	北官园胡同 15 号	北官园路西二十一号		64.5	王家贤	已拆
	闻喜	闻喜会馆	杨深秀旧居	清中期	香炉营头条西段	赶驴市路南二十二号	2.29	30	张殿栋 卫权临	已拆
	盂县	盂县试馆		清嘉庆二年（1797 年）	椿树园	椿树上二条路南十七号	1.11	99.5	张堪绪	已拆
		盂县试馆		清代	珠市口西大街 167 号	虎坊桥路北五号				已拆
	榆次	榆次会馆		清代	琉璃巷 2 号	八宝琉璃井路南十号				民居
	襄陵	襄陵会馆		清代	铁树斜街 96 号	李铁拐斜街路南				民居
		襄陵会馆		清代	潘家胡同 9 号	潘家河沿路西五号				已拆
商业行业馆		颜料会馆	仙翁庙	明中期	北芦草园胡同 85 号	北芦草园路北四号			李星五	修缮保护
		临汾东馆	临汾乡祠	明代	西打磨厂街 105 号	打磨厂路北一二〇号	2	42	李文谟	民居
		临汾会馆	临襄西馆	明朝末年	大栅栏街 13 号	大栅栏路北十八号	1.6	70.5	张锦臣 张夺标	已拆
		临襄会馆	山右会馆	明朝末年	清华街 37 号	明因寺街路北三十二号		43	李文谟	民居

产别	馆名	别名	建立年代	现地址	老地址	地亩	房间	掌馆人	现状
商业行业馆	临襄会馆	临襄东馆	清康熙五十三年（1714年）	东晓市街90号	东晓市路南一三八号		53.5	李丕显	已拆
	河东会馆	河东烟行会馆	清雍正五年（1727年）	广安门内大街100号	广安门大街路南四四九号	3.12	62.5	史士良	已拆
	浮山会馆		清雍正七年（1729年）	鹞儿胡同14号、16号	同左路南三十七号	1.13	38.5	张乾义	14号民居、16号单位使用
	晋翼布行会馆		清雍正十一年（1733年）	小江胡同30号	小蒋家胡同路东十一、十二号		39	何新一	修缮保护
		染坊公所	清乾隆四年（1739年）	通州北大街如意园	教子胡同路北七、八号			何新一	已拆
	山西纸业会馆		清乾隆七年（1742年）	白纸坊西街19号	白纸坊街路北二十九号	4	15	陶彬如	已拆
	襄陵会馆	襄陵南馆	清乾隆十六年（1751年）	五道街38号	五道庙路东二十四号	1.51	45.5	贾成伯 吴荫轩	民居
		襄陵北馆	清道光年间	佘家胡同11号	同左路北四号	0.78	24	吴芹园 吴荫轩	民居
		襄陵商馆	清代	珠市口西大街251号	虎坊桥路北四十九号			吴芹园 吴荫轩	已拆
	平定商馆		清乾隆年间或更早	珠市口西大街106号	西柳树井路南五十二号	0.76	15	王 峪	已拆
	山西商馆		清乾隆年间	门头沟三家店中街8号	三家店村	5.4			区级文保
	盂县商馆	盂县老馆	嘉庆二年（1797年）	小椿树胡同16号	同左路南十七号	1.2	10		已拆改
	靛行会馆	染坊会馆	清道光十四年（1834年）	西半壁街17号	同左路南四十九号		21	迟润生	已拆
	山西会馆	关帝庙	清代	通州张家湾镇	同左				已拆
	山西会馆		清代	通州马驹桥镇马三街	马驹桥村				已拆

产别	馆名	别名	建立年代	现地址	老地址	地亩	房间	掌馆人	现状
商业行业馆	山西商馆		清朝末年	门头沟滑石道大街124号	同左中段路东	4.2			大部已拆
	山西商馆	老爷庙	民国初年	丰台长辛店大街128号	同左中段路东		50		区级文保

省级馆产

山右会馆　原名山右三忠祠。“山右”因山西省处在太行山之右，故而有此代称，并与“山左”对应。

位于西城区上斜街37号（旧为路北十七号），当时占地2.15亩，有房38间，现址为上斜街小学。

山右三忠祠奉旨敕建①于明天启四年（1624年），主殿三楹，奉祀沁水张铨、襄陵高邦佐、大同何廷櫆。此三人均为万历年间进士，并同在辽阳战场战死。左右殿从祀者牛天畀、张大经、张凌霞等共84牌位，清乾隆三十九年（1774年）重修，存有内阁中书朱筠②所书《重修山右三忠祠详记》。嘉庆十九年（1814年）再修。

清朝初年，大批晋籍举子进京赶考，祠始为馆。后随着其他本籍会馆的一建再建，山右会馆逐渐萧条。宣统元年（1909年），改建为“公立山西中学堂”。1942年，又改“三忠小学”，现为上斜街小学。

相关链接

上斜街小学　位于上斜街37号，前身为建于1942年的三忠小学。1949年改为北平宣外上斜街小学，被区教育局接管后，改称上斜街第二小学，1979年上斜街第一小学并入后，改称上斜街小学。

---

① 敕建，即根据皇帝的诏令所建。

② 朱筠（1729—1781），字竹君，号笥河，京师大兴（今北京市）人。清乾隆朝著名学者，好金石、书法、尤长叙事，对当时学风颇有影响。乾隆十九年（1754年）进士，官至方略馆总裁。

三晋[1]会馆 建于清康熙七年（1668 年），位于西城区骡马市大街新 9 号（旧为路北七十四号），占地 1.2 亩，有房 34 间。曾为“宣武区文物暂保单位”，现址建起中国网通（集团）有限公司北京市分公司办公大楼。

该馆分别于雍正十三年（1735 年）、乾隆二十四年（1759 年）和三十九年（1774 年）、光绪三十二年（1906 年）经历次重修。1949 年前，曾为“中华少林武术社”。其“创立碑”和 1774 年重修碑，现收藏于北京石刻艺术博物馆内。会馆原由三进院落所组成，临街为面阔三间进深七檩[2]带前廊的倒座[3]房，东侧出一门道[4]。一进院正房座北朝南，三间五檩，东侧出一门道，东厢房[5]两间五檩。二进院正房三间，进深七檩带前、后廊，东侧出一门道。三进院正房五檩加前廊，共四间，两厢三间五檩。会馆建筑布局规整，经侧面门道连通各院。

三晋会馆 建于清前期，位于东城区同乐胡同 4 号（旧为贾家花园路南十号）。《京师坊巷志稿》载“尚书贾公（贾汉复）治第崇文门外，曰乔山书院，其割宅南为三晋会馆”。

录该馆楹联一副：

未闻安石弃东山，公能不有斯园，贤于古人远矣；
漫说少陵开广厦，彼仅空存此愿，较之今日何如？

人物链接

贾汉复（生卒不详），字膠侯，号静庵，山西曲沃人。明末为淮安副将，清初隶正蓝旗汉军，累官至右副都御史、兵部尚书、陕西巡抚。

三晋西馆 也称云山[6]别墅。

建于清嘉庆年间（1796—1820 年），由山西商人集资所建。位于西城区下斜街 1 号（旧为路西一号），占地 4.5 亩，有房 60 余间。前有四合大院，后有高楼峭坡直上，楼为舫形，凭四孔虚窗可见西北群山。

---

① “三晋”，一般也作为山西省的代称，山西大体分为晋北、晋中和晋南。
② 檩（lǐn）：架在屋架上用来支持椽子或屋面板的长条构件，也叫檩条。
③ 倒座：四合院中与正房相对的屋。
④ 门道：大门间形成的通道，或称门洞儿。
⑤ 厢房：正房前左右两侧的房屋。
⑥ 对“云山”一词的理解，我们认为：一是在高楼之上，凭四孔虚窗可以看到北京西向云雾缭绕的西山（太行山的余脉）；二则进而联想到家乡山西省的高山、大川……此因本籍人王维的诗句中有：“峡里谁知有人事，世中遥望空云山。”

光绪十八年（1892年），经加修后改为“吾乡祀神议会公所”，其“云山别墅规条”的第一款规定：“其京外文武各官、引见当差及文武乡、会试公车概不准住居。”刻有规定的石碑现保存于北京石刻艺术博物馆内。

1912年，馆外曾设过刑场。1923年后，高君宇、贺昌、彭真等革命者，经常在这里从事革命活动。此后，一直是山西籍共产党人和革命志士在京接头、聚会和开展革命活动的落脚之地。

1949年后，这里改为山西省驻京办事处，总占地面积5600平方米。从1983年开始，先后翻建成为六至七层的接待楼、综合服务楼、宿舍楼和家属楼，总建筑面积达1.3万平方米。1992年更名为三晋宾馆，仍隶属于山西省政府驻京办事处。

人物链接

高君宇（1896—1925），原名高尚德，山西静乐人。1919年五四运动时为北京大学学生会负责人。1920年与邓中夏等组织马克思学说研究会，宣传马克思主义。1921年加入中国共产党。次年初至莫斯科出席远东各国共产党和民族革命团体第一次代表大会。1922年任中共中央机关报《向导周报》和中共北方区机关刊物《政治生活》编辑。中国共产党第三次全国代表大会上当选为中央委员。1924年赴广州参加国民党第一次全国代表大会，并参加了平定商团的斗争。1925年初出席了孙中山先生在北京召开的国民会议促成会全国代表大会。同年3月在北京病逝。

贺昌（1906—1935），名其颖，山西离石人。1922年加入中国社会主义青年团，1924年加入中国共产党，后在北京等地领导工人运动。1927年任中国共产主义青年团湖北省委书记，并参加了八一南昌起义。中国共产党第五、六次全国代表大会上均当选中央委员。1930年任中共中央北方局书记，后到中央革命根据地任中国工农红军总政治部副主任。1934年中央红军主力长征后，留在江西会昌坚持游击战争。1935年1月，在赣南与国民党军作战中牺牲。

彭真（1902—1997），原名傅懋功，后又称傅懋恭、傅茂公、傅彭真，再后就直呼彭真了，山西曲沃人。1923年加入中国共产党，长期从事华北地区党的地下工作，先后领导唐山、天津、北方局工作。抗日战争至解放战争任至中共中央组织部长。新中国成立后，任北京市市长、市委第一书记，中共中央书记处书记。1976年粉碎“四人邦”后，任中共中央政治局委员，第六届全国人民代表大会常务委员会委员长。

三晋东馆 《北京会馆档案史料》述该馆“于清道光九年（1829年）创建，光绪三十二年（1906年）重修，占地4亩有余，大小房屋共计110间”。位于东城区五老胡同路西兴隆都市馨园北半部域内（旧为北五老胡同路西二十二号，后门开在阎王庙前街）。

三晋会馆 建于清代，位于西城区施家胡同7号（旧为东口里路北），1961年改办施家胡同小学，80年代改为校办工厂，现为金三星旅馆。

山西会馆 建于清代，位于西城区香炉营头条西口里（旧为赶驴市路南），在同省闻喜会馆之东。现已拆平待建。

山西会馆 建于清代，位于西城区白广路二条1号院（中国水利学会）的西半部分（旧为南线阁街路东的老君地），占地0.59亩，有房24间。

山右会馆 《京师坊巷志稿》第213页“铁香炉”条：“旧有山右……诸会馆，今多废。”此“铁香炉”即西铁香炉，20世纪60年代被并入鲁班胡同。建于清晚期，位于东城区珠市口东大街路南8号楼、金鱼池电话局位置或相邻地域内。

山西会馆 建于清晚期，据《京师坊巷志稿》记，位于东城区东晓市街（旧称东晓市或估衣市），具体方向、位置无考。

山西会馆 建于清晚期，据《京师坊巷志稿》记，位于东城区金鱼池中街路东2号院小区11号楼址域内（旧为鞭子巷四条）。

河东会馆 建于清晚期，据《京师坊巷志稿》记，位于东城区小江胡同（旧为小蒋家胡同），早废。

附产 山西义园 置于清代，位于下斜街中段路东，今址应在萤光胡同口以北。

附产 山西义地 置于清中期，《北京寺庙历史资料》中记，西直门外大街137号北京动物园内、原三贝子花园六号的吉庆寺附属管理着山西会馆义地83.2亩。

府级馆产

潞安

潞安，即今之长治市，位于山西省东南部、浊漳河流域。汉为潞县，隋改潞城，明嘉靖中升为府始称潞安。1912 年废府改为长治县，1962 年置市，今为山西省地级市。明时潞安已成为丝织业中心，以产“潞绸”著称。

潞安会馆　建于明代，《北京会馆档案史料》第 847 页载，“以居留应试学子及商贩”为主，是由潞安府及下辖的长、长、平、屯、壶、黎、襄七县合建。位于西城区珠市口西大街 45 号（旧为西珠市口路北三十一号），占地 1.76 亩，有房 55.5 间，包括戏台 1 座。曾为宣武区文物暂保单位，现已拆待建。

以上提及的七县，今均为长治市下辖县：

长子，位于山西省东南部、潞安盆地西南部、浊漳河上游。秦置县。该县铜制乐器享誉盛名。

长治，位于浊漳河上游。秦属壶关县地，隋置上党县，明改长治。1954 年与潞城县合并后改称潞安，1958 年被撤销，长治划入长治市。1962 年长治又被划出恢复县置。

平顺，位于太行山西麓、浊漳河流贯，邻接河南省。明置县。

屯留，位于浊漳河流域。汉置县。

壶关，位于太行山西麓，邻接河南省。北魏置县。

黎城，位于浊漳河流域，邻接河北省。北魏置刈陵县，清改黎城。

襄垣，位于潞安盆地北部、浊漳河中游。汉置县。

会馆座北朝南，平面呈矩形，格局规整，是城南保存较好的四合院之一。其大门在东南角，面阔一间，正面作砖拱式。第一进院正房面阔三间，七檩硬山顶，前后廊，合瓦屋面，清水脊。东西两配房面阔各三间，进深五檩，形制与正房相同。倒座房五间，五檩硬山顶，后（南）面接建勾连搭四檩卷棚房，实际是临街的廊房；北面正对正房突出一间戏台，六檩悬山顶，倒座房即成为扮戏房。拆前是北京仅存的一座无罩棚小戏台，尚保存山西当地的祠庙会馆形制。第二进正房面阔五间，两梢间为半间，七檩进深前后廊。东西配房各三间，与五间倒座房连成一体。进深均为五檩，成三面围合的转角房。倒座房正中开有过道门，两端出翼角，上置“雕花正脊”[①]，廊墙上开有什锦窗。第三进院，正房五间，由北面车辇胡同开门。

潞安东馆　建于清乾隆初年，四十九年（1784 年）重修，同治四年（1865 年）复修。“以居留应试学子及商贩所用”。位于东城区幸福大街北段路东幸福家园小区东半片域内（旧为土地庙四号）。其包括义园共占地 6.78 亩、有房 53 间。《京师坊巷志稿》述，炉神庵旁即潞安会馆，庵为山西冶工所建，明刹也。有孙嘉淦、戴章甫二碑。碑中记：“此庵为山西铜、铁、锡、碳业商人祭祀太上老君之所。”

白鹤群《北京的会馆》一书有这样的记述：“民国五年（1916 年），馆役将房舍租给了朱兰田占用，竟禁阻乡人使用而引起公愤。上书于警察厅后，被责令退还。”

附：

重修炉神庵老君殿碑记
（1746年）

都城崇文门外，有炉神庵，仅存前明张姓碑版，初不详其创建所由。询庵所得名，则以供奉李老君像，故炉神之。老君之为炉神，于史传无所考。予尝揆以意，或世传道家丹灶，可铅汞致黄白故云尔，抑亦别有据耶？吾山右之贾于京者，多业铜、铁、锡、炭诸货。以其有资于炉也，相沿尸祝炉神。其伏魔殿、佛殿前后，修举于潞商，而老君一殿，独颓然支架飘风晦雨中。诸贾不宁于心，敛金鸠工，并配庑、山门，悉更新之，完整逾前二殿。予思先王神道设教，使百姓由而不知。后世求福情胜，不核祀典，往往创为臆说，曰某事某神司主，某业某神主之。支离附会，其可笑如老君之为炉神，何可殚述。然苟其不列于淫祀，类足以收摄人心，生起敬畏，而移其敬畏神明之念；货力不私，以急公上，勤孝养时，乡里匮乏，固其所优为，则吾乡人之共成此举，其可嘉止自有在。考老氏之学，清净无为，归本谷神不死，为天地根意，其心超万物，绝无所丝毫芥蒂于名利者。丹灶之说，固不足信，即有其求，当夫青牛仙去，方将□名养拙于无何有之乡、广漠之野。而犹寓意尘世，博后来崇奉，栖神红炉赤焰间哉。此其老掌故，学有本原，必无大谬于圣人之道，又可知也。吾并揭而出之示乡人，俾知老君自有可世祀，而祀老君者，不必其在炉神也。至经始落成岁月，及赀费工料之数，首事者能胪列如左，不复赘述云。

---

① 雕花脊，即配以全部或两头有雕花饰物的房脊。

都察院左副都御史合河孙嘉淦撰
乾隆拾壹年岁次丙寅八月榖旦众善等立

平阳

平阳，现称临汾，位于山西省南部、汾河下游。汉置县，北齐入太平县，隋开皇中改平阳，大业初年升为郡。唐以后复降为县改临汾，北宋政和六年（1116 年）再升府治，元初改为路，明初改称平阳府，1912 年废府改临汾县，1971 年置市，今为山西省地级市。市内的铁佛寺及尧庙是著名古迹。

平阳会馆　该馆民间俗称“阳平会馆”，或因口误相传，或源于会馆门联“阳春承帝泽，平晋萃人文”的上下联首字。但查《中国古今地名大辞典》、《辞海》等，凡“阳平”条均非山西地名。

建于明朝末年，位于东城区小江胡同 36 号（旧为小蒋家胡同路东十五号），原有房屋 108 间。清顺治年间改建戏楼，是北京现存规模较大、建筑考究且保存较完整的清代风格民间戏楼佳作，1984 年被公布为北京市文物保护单位。未油漆彩绘之前由北京市百货公司南城批发部使用。

太原

太原，位于山西省中部、太原盆地北端，滨临汾河。战国秦庄襄王四年（公元前 246 年）置郡，汉文帝改为国。北魏复为郡，隋大业改并州，唐开元十一年（723 年）升并州改称太原府置。元初改为路，明复改为府，1912 年废，1927 年设太原市。今为山西省省会，是全省的政治、经济、文化和交通中心。

太原会馆现状　储库营胡同15号

太原会馆（闫若璩旧居）　建于清顺治年间（1644—1661 年），位于西城区储库营胡同 15 号（旧为路北四号），占地 5.56 亩，院内原有房 117 间，为四进四合院落，部分为两层小楼。布局分为东、西两大部分，东路格局紧凑，供旅京乡友居住；西路较为宽敞，有乡贤祠及闫若璩故居。光绪年间，太原后人将闫的故居改建为敬贤堂，内祀闫的画像，并列雍正皇帝御制挽诗、祭文和名人诗碣，太原会馆也因此著名于京师。1949 年后逐步被改造辟为民居，现为区级文物暂保单位。

会馆座北朝南，倒座房六间，西跨耳房①二间，均五檩硬山顶②；东侧原为广亮大门。进门后为会馆的东路，共四进院落。前院只显正房一排五间，进深五檩，即是第一进院之倒座房，东面一间辟为门道；后院有一些零散的附属房屋，中间二院是主体部分。第一进院由正房、倒座房及东西配房组成，正房五间，五檩加前廊，东西配房各三间，进深五檩，门窗装修仍保留有原步步紧形式。第二进院与前院建筑形制相同。此二进院布局严谨，建筑之间以围墙环绕，虽经三百余年，依旧保持原有形式。此院之西，隔一条巷道为会馆的西路，即祠堂部分。祠堂分南北两院，南院庭院广阔，原为乡贤祠，现为一些五檩小房，已不是原状。北院原为一规整四合院，正房五间，七檩前出廊；倒座房三间，五檩加前廊；东西厢房各三间，后照房③五间，均进深五檩。此院先为闫若璩的住所，后改为祠堂，这部分建筑拆改较多，但基本格局仍存。

闫若璩旧居内原有其自题楹联一副：

一物不知，以为深耻；

遭人而问，少有宁日。

再录闫若璩存诗一首：

八月十五日夜月

独有中秋月，能同万里天。
光如桂斫④尽，轮比镜正圆。
但益关山迥⑤，宁知照临偏。
故人得解者，还寝梦婵娟。

人物链接

闫若璩（1636—1704），字百诗，号潜邱，山西太原人。15 岁开始研究经史，博览群书，对地理尤为精审，山川形势、州郡沿革了如指掌。他考据《孙安国尚书传》为伪作，撰《古文尚书疏证》八卷，列出错误、疑点 128 处，纠正了《古文尚书》的不实之处。自清康熙元年（1662 年）其游学

① 耳房：于正房两侧、并相对矮小的房。
② 硬山顶：为我国传统建筑双坡屋顶形式之一，特点为两侧山墙同屋面齐平或略高出屋面。
③ 后照房：最后一排房舍。
④ 斫（zhuó）：砍、削。
⑤ 迥（jiǒng）：远。

京师，至二十九年（1690 年），闫若璩除外出基本都住在这所会馆的西院内。南游苏杭十多年后，即四十二年（1703 年）十一月，接到皇四子雍亲王胤禛手谕聘请还京。次年二月入王邸，六月即辞世。主要著作还有《四书译地》、《潜邱札记》等。

西晋会馆 《宣武区地名志》言其从属于太原会馆。建于清朝初年，位于西城区广安门内大街 308 号普明大厦位置（旧为广安门大街路南三五二号），占地 1.85 亩，有房 84 间。主位有关帝庙一座，两层殿，奉祀包括观世音和十八罗汉。1958 年，被宣武机械修造厂征用，后在拓宽道路及连片危改中被拆。

附产 观音禅林 《北京寺庙历史资料》第 336 页载："观音禅林，坐落外四区南王子坟十三号（今为广安门内大街甲 306 号楼址），建于清乾隆年间（1736—1795 年），同乡公建，占地面积 3.8 亩，房屋 14 间。管理及使用状况为西晋会馆馆长管理并办公。庙内法物有木像三尊、泥像三尊、铁香炉两个、铁磬一个、铁钟一个，另有槐树六棵、枣树一棵、椿树一棵、榆树一棵。"1949 年后，曾作为宣武区委党校。原有建筑 20 世纪 90 年代已被拆除，此后建起大楼。

附产 晋太义园 置于清代，位于范家胡同左近（旧称闷葫芦罐）。今胡同以北为市府大楼、以南为长椿里小区。

附产 西晋仪馆 置于清代，位于今槐柏树街路北 15 号，此地旧称"西长营"。当时为三进院落，有房 20 余间。既为看护附近的晋太义园而设，也为上坟和送葬者留宿之用。

绛州

绛州，即今之新绛县，位于山西省西南部、汾河下游。汉置临汾县，隋改正平，明入绛州，清设直隶州置。1912 年废州改称新绛，今为运城市下辖县。该县手工业早已发达，尤以红毡、雕漆最为著名。

稷山，位于新绛之西，两地水土相连。北魏置高凉县，隋改稷山，今为运城市下辖县。

绛山会馆 《北京会馆档案史料》第 845 页载，此馆名由绛州和稷山两县各取一字而得，为合建馆。

建于清乾隆年间（1736—1795 年），位于西城区椿树园小区域内（旧为椿树下三条路北六、七号），占地 2.08 亩，共有房 46 间。

附产 置于清乾隆年间，位于椿树园小区域内（旧为椿树下二条路北七号），有房 17 间。

解州

解州，今称运城，位于山西省西南部。春秋晋解梁地，汉置解县，五代后汉乾祐元年（948 年）升解州，清雍正初年升为直隶州。1939 年废州改为解县；1954 年解县、虞乡县合并为解虞县；1958 年安邑、解虞等县并入改为运城，今为山西省地级市。境内有盐池，长 30 千米、宽 3 至 5 千米，面积 130 多平方千米，被誉为“中国死海”。所产盐称“解盐”、“河东盐”。

解梁[①]会馆 建于清乾隆五十五年（1790 年），由当时的解州和邻近的安邑、平陆、芮城、夏县五地联合建立。位于西城区粉房琉璃街 109 号（旧为路西五十号），占地 1.32 亩，院内有房 35 间，现已拆除。

安邑，今称运城。相传夏禹建都于此，春秋时魏绛自霍县迁此，战国初为魏国都。公元前 286 年秦攻魏，“魏献安邑”，即为此地。秦置县，北魏太和十一年（487 年）分置北安邑和南安邑，隋以南安邑重置安邑县，后为郡治。1915 年移治运城，1918 年移回旧治，1955 年又移治运城，1958 年并入运城。境内有盐池，为我国著名产盐区。

平陆，位于黄河北岸，运城东南，邻接河南省。汉置大阳县，北周改河北，唐改平陆。现为运城市下辖县。

芮城，位于黄河北岸，运城西南，中条山矗立境北，邻接河南、陕西两省地。汉置河北县，北周改芮城。古迹有西侯度文化遗址，县西永乐镇有元代所建的著名建筑永乐宫，后移建到县北龙泉村五龙庙附近。

夏县，位于运城东北，中条山中段，邻接河南省。秦属安邑县地，北魏分安邑东境置夏县。

泽州

泽州，即今晋城市，位于山西省东南部、太行山南端、丹河流域，邻接河南省。汉置高都县，隋开皇初改建州为泽州，唐贞观初年改高都为晋城，明入泽州，清雍正时升为府置。1912 年废府还晋城县，现为山西省地级市。

泽州外馆 建于清道光十七年（1837 年），位于东城区西花市大街国瑞城东区 3 号楼（旧为中四条路北二十五号），有房 56.5 间。1960 年后，这里是袜厂的花边车间。

泽州试馆 又称泽州内馆，建于清道光年间（1821—1850 年），位于东

① 解梁，以历史地名作为馆名。

城区晨光街路东10号院红霞公寓的北半部域内（旧为康家胡同路南六号），有房28间。

晋城会馆 建于清代，位于西城区石头胡同，具体门牌无考。目前该巷大部分仍为民居。

代州

代县，位于山西省北部、内长城内侧，滹沱河上游。汉置广武县，隋开皇五年（585年）改州置，清雍正后为直隶州。1912年废州改县，今为忻州市下辖县。县北雁门关自古为长城要隘。

代郡会馆 建于清道光二十八年（1848年），由代、五、繁、崞四州县共建。位于西城区香炉营东巷2号院内（旧为后铁厂路西九号），因馆中有关帝庙，故俗称关帝庙代郡会馆，占地2.61亩，共有房40间。此地段今已在东延的香炉营头条拓宽马路时进行了改造。

以上所提三县分别为：

“五”即五台，位于山西省北部、五台山南麓，滹沱河上游，邻接河北省。汉置虑虎县，北魏改驴夷，隋改五台，今为忻州市下辖县。境内有著名的唐代南禅寺大殿和佛光寺等多座著名寺庙。

“繁”即繁峙，位于山西省北部、恒山和五台山之间，滹沱河上游，邻接河北省。汉置俊人县，晋改繁畤，明再改繁峙，今为忻州市下辖县。县东北平型关为晋北交通要冲。

“崞”即今之原平，位于山西省中部偏北、滹沱河上游。汉置原平县，隋改崞县，1958年复改原平，今为忻州市下辖县级市。

蒲州

蒲州今称蒲县，位于山西省西南部、吕梁山南段，黄河支流昕水上游。北魏置石城县，隋改蒲县，唐初称河东州，开元后改蒲州，乾元三年（760年）又升为河中府。明初复为蒲州，清雍正时再升为府。1912年废府改蒲县，今为临汾市下辖县。

蒲州会馆 建于清代，位于西城区骡马市大街140号（旧为路南一九四号），占地0.92亩，院内有房23间。此地正在动迁，房屋多已被拆。笔者实地走访时未能找到会馆原址的老住户。

该馆由本府和下辖六县共同组建，六县分别是：万泉、永济、荣河、临晋、猗氏、虞乡。

万泉，今称万荣，位于山西省西南部。汉属汾阴县地，唐置万泉县，1954年与荣河县合并后改称万荣。今为运城市下辖县。

荣河，今称万荣，战国魏属汾阴地，汉为汾阴县，唐改宝鼎，宋改荥河，清改荣河，1954年与万泉县合并后改称万荣。

临晋，今称临猗，位于山西省西南部。春秋为解梁邑，汉为解县，后魏改北解县，北周废。隋置桑泉县，唐改为临晋，1954年与猗氏县合并后改称临猗，今为运城市下辖县。

猗氏，今称临猗。西汉置县，晋魏间移于猗氏，西魏改桑泉，北周复旧称，1954年与临晋县合并后改称临猗。

永济，位于山西省西南部、黄河东岸，邻接陕西省。秦置蒲反县，东汉改蒲坂，隋析置河东县，明入蒲州，清改永济。今为运城市下辖县级市。名胜古迹有普教寺、王官峪等。

虞乡，今称永济。汉为解县地，后魏置南解县，北周废，别置绥化，继而又改称虞乡，元废，清复置。1954年与解县合并置解虞县。1958年解虞再与安邑县合并后改称运城。1961年虞乡县地划出并入永济。

忻州

忻州，位于山西中部偏北、滹沱河上游。北魏置秀容县，隋开皇十八年（598年）升改忻州。清雍正时改直隶州，1912年废州改县，今为山西省地级市。

定襄，位于山西省中部偏北、滹沱河流贯，其与忻州东、西相邻。西汉置阳曲县，东汉改定襄，历史上一直为忻州下辖县。

忻定试馆　建于清代，位于东城区苏州胡同53号北京市地下铁道建设公司楼座域内（旧为路北二十六号），有房24.5间。

县级馆产

汾阳

汾阳，位于山西省中部、太原盆地西南缘，汾河支流文峪河流贯。秦置兹氏县，晋改湿城，唐改西河，明再改汾阳，今为吕梁市下辖县级市。特产以“杏花村”汾酒著名。

汾阳会馆 建于明代，位于西城区棕树斜街26号（旧为王寡妇斜街路南七十一号）。《北京会馆档案史料》载：“为汾阳共有公产，专供本县籍在京士宦科甲人员及旅平贫苦同乡住居，内更建有关帝大殿、戏楼等。”占地2.49亩，除戏楼、大殿，尚有房82.5间。

1955年会馆被改造成为小学校，称棕树斜街小学。2008年该址改建为大栅栏街道工委、办事处办公场所。

灵石

灵石，位于山西省中部偏南、汾河中游。隋置县，今为晋中市下辖县。

灵石会馆 建于清朝初年，位于西城区宣武门外大街99号和101号（旧为宣武门大街路西五十号），后门通至校场头条，占地2.35亩，有房52间。宣外大街展宽时，前半部被拆除；后半部分尚存，现为民居。

我国现代著名法学家、曾任北京市常务副市长张友渔同志即灵石人。大革命时期，为我党主办《国民晚报》，曾在此馆居住。

人物链接

张友渔（1898—1992），原名张象鼎，字有仪。两岁丧母，5岁入私塾读书。12岁替父当了私塾先生，不久被县政承认小学语文教师资格。其自少年接受了康有为、梁启超的改良主义思想。

1918年，考入山西省第一师范学校，1919年“五四运动”后，他从信仰改良主义转变为信仰三民主义。1923年以第一名成绩考入北京国立法政大学，并在校参加了国民党。在他直接参加“三一八”学生爱国运动后，毅然脱离了国民党。

他在接受了共产主义思想后，以《国民晚报》形式办起了共产党的报纸，并于1927年6月加入中国共产党。11月底其被捕，报馆被查封。次年3月被保释出狱，6月他重新接上了组织关系，在中共北方局军委领导下，作上层人士的统战工作、掩护救助中共党员工作、推动抗日救国工作等。其间他两次东渡日本避难，1936年5月又奉命回到北平。

1949年5月，中央安排张友渔任北平市常务副市长和市委副书记。其在北京工作期间，同时参加了全国的法制工作建设，1958年后从事全国法学研究领导工作，为中国的法制建设作出了重要贡献。

曲沃

曲沃，位于山西省西南部，汾河支流浍河下游。北魏置县，今为临汾市下辖县。特产以“曲沃烟”最为著名。

曲沃会馆 建于清康熙初年，位于西城区珠市口西大街265号（旧为虎坊桥路北五十七号），门楣上原悬有“曲沃会馆”之匾，占地1.36亩，两进院落共有房舍32间。一直作为地方士人考职寓所，民国以后改为地方学生宿舍以及同乡难民住所。现已拆除。

曲沃会馆 建于清前期，位于东城区同乐胡同4号（旧为贾家花园路南十号）。省级馆产中曾提到三晋会馆及贾公宅地、乔山书院等，本馆即贾公离京后捐予本县作为会馆。继乔山书院之后，该馆于1912年开办京师私立普励国民学校，当时设两个班，有学生70名，校长金庚绪。抗战胜利后改称私立普励小学，这时已10个班，学生280名，教职员16人，工役4人，校长鲁彬儒。1949年后改称贾家花园小学，“文化大革命”后改称同乐小学。21世纪初学校撤并，校址被拆，调查中，未知下步用途。

襄汾

位于山西省西南部、汾河下游。后魏置泰平县，北周改为太平，明始为平阳府治所在地。1914年改称汾城，以县东汾水之“汾”、县南临汾城之“城”，各取一字为新县名。1954年经与襄陵合并后改称襄汾，今为临汾市下辖县。

财神庙会馆 建于清朝初年，其址早已被包容在位于西城区陶然亭路53号的北京市工会干部学院院内（旧为晋太高庙路东十号）。此地原有财神小庙一座，周围有大小不等4片太平会馆的义地。小庙由山西人经营，称财神庙会馆，其实是一处义园公所。1949年后，此片地域被市总工会征用。

相关链接

北京市工会干部学院 又称北京市总工会干部学校。地址为陶然亭路53号。建于1949年5月，该院目前占地1.4万平方米，建筑面积2.2万平方米。设有普通教室、专用教室、阶梯教室、模拟教室、语音教室和电子、电工、物理、计算机等实验室，还设有图书馆、礼堂、餐厅和学生宿舍等。不仅有学历教育，还有素质教育及职业教育，该校为全国工会系统示范校和北京市成人高等教育示范校。

太平会馆 建于清前期，位于东城区草场三条 9 号（旧为路西三十号），现为民居。

汾城会馆 由士商公立于清乾隆四年（1739 年），“购于南横街小珠营，旧有高庙一所，仅建殿宇三间，中奉关帝君，增福财神居左，黑虎玄坛居右”。占地 0.5 亩，后来增建房舍至 30.5 间，于五十七年（1792 年）改称为晋太高庙会馆（简称晋太高庙）。馆址位于西城区红土店南里 6 号楼址。会馆正对的西南向小路到清晚期即以“晋太高庙”为路名了。晋太高庙胡同即以会馆为头斜向西南至与今龙爪槐胡同相对口。20 世纪 50 年代，北京市工会干部学院与红土店小区先后相继建设，会馆及晋太高庙胡同皆被占用，如今工会干部学院西门里的南北甬道即原晋太高庙胡同南端的一段。1965 年整顿街巷地名时，将南堂子胡同南口以东的太高庙小巷，改称晋太胡同，算是保留“晋太”二字以作标识。

由于本地会馆数量的增加，加之附近增置了义地，此馆后来主要为义馆。

晋太平馆 建于清乾隆十四年（1749 年），位于西城区百顺胡同（旧为西段路南），今此巷大部为民居。

附：

山西平阳府太平县合邑士商创建并增修会馆碑记（1765年）

京师帝王建都之地，士宦商贾辐辏之区。其间客馆旅寓，鳞次栉比，非暑□村僻，已半亩一椽，有秋隘[①]暴露之虞也。第南城以内，东西辽旷，赁房而散处者，恒苦于聚晤之不易。则所以汇乡井于一堂，永朝永夕而敦桑梓之好者，端有赖于会馆之设焉。太邑于南横街小猪营，旧置有高庙一所，仅建殿宇三间。中奉关帝君，增福财神居左，黑虎玄坛居右。西南阜另建财神一祠，后购义塚一方，下购苇田数亩。每每设祭享，笃乡谊，止恃有此地方。我国家承平日久，生齿浩繁。太平固夙推大邑，不惟赴试闱应铨选[②]者，踵趾相错；即挟赀财[③]通贸易，逐什一之利者，更猬集纷纭。乾隆四年间，关君德俊等，念高庙之地据极南，规模已定，拟数盈之。另备联同里之星散，议众二十余人，思欲别置一馆，以栖止同里之人。谋之十年，始克购地于百顺胡同。庀材鸠工，筑垣建舍，门庭轮奂，堂宇宏深。至者如归，观者爽目。建额而题之，曰晋太平馆。历年既久，经理乏人，渐有欹缺，来往过斯者，徙

---

① 秋隘：很快就显露出狭窄。

② 闱（wéi）应铨选：按时参与科举应选。

③ 挟赀（zī）财：携带钱财。赀，此处通“资”。

兴茂草之嗟，念创立之难，而废败之易也。岁甲申，张君富禄等慨然以兴复独任。旋聚邑人捐资而营之，完葺宇舍，复克有成。事既竣，惧诸公之姓名不彰，斯馆之盛衰难必也，爰勒碑以记之。夫天下事，创者与守者同其难。都会之邦人所共适，往者来者相望于道，而不能绝。苟居此者，溟然[1]以传舍视之，日复一日，又焉知不坐屋见天，而倾廊积地也？所贵后之人，念首事之用心良苦，鉴继修之用力维艰，相□而饰之，踵事而增之，则斯馆之利赖，又宁有穷期乎！若夫诸君之爵位姓氏，则详开而镌于他石，兹不琐述。是为记。

岁贡生太平卫福昇荣玉甫撰书

大清乾隆三十年岁次乙酉仲春榖旦立

太平会馆 建于清代，位于西城区顺德馆夹道15号（旧为路西八号），此一片地域现称“庄胜城”。目前动迁的百姓尚还有几户未走，20余间房大部被拆，大门已无，仅余一个残破的门墩。

太平试馆 建于清代，位于西城区菜市口大街北段（旧为丞相胡同路东五十号）。1965年整顿街巷地名时，为菜市口胡同46号，占地0.91亩，院内有房23.5间。拓建菜市口大街时已拆。该馆光绪十四年（1888年）石雕“太平试馆”门额，现展于首都博物馆。

汾水会馆 建于清代，位于西城区粉房琉璃街21号（旧为路西六号），现已被拆。

翼城

翼城，位于山西省南部，汾河支流浍河上游。北魏置北绛县，隋改翼城，今为临汾市下辖县。

翼城老馆 建于清雍正十年（1732年），位于西城区珠市口西大街162号（旧为虎坊桥路南一〇三号），院内原有房44间。现此地为小楼一座，办有吉泰宾馆。

1921年，本籍人为赎回位于今东城区境的晋翼布商会馆，将该馆出售。《两馆并一馆碑记》中述：“吾邑自民国以来，官商之在京者，又日益萧条，修之无力，听之不能……。于是共同议决，将虎坊桥之翼城会馆售出，即以其价银赎回此馆（指：晋翼布商会馆）。”

---

① 溟然：模糊。

翼城会馆　建于清乾隆年间（1736—1795 年），位于西城区宣武门外大街 125 号（旧为宣武门大街路西五十九号）。目前仅余几间民房。

永济

有关永济的历史地理概况已在“蒲州会馆”条中作了介绍。

永济会馆　建于清乾隆年间（1736—1795 年）或更早，位于西城区新开辟出向西延长的前青厂胡同新马路左近（旧为宣武门大街路东）。

洪洞

洪洞，位于山西省南部、临汾盆地北端，汾河纵贯。汉置杨县，隋改洪洞。1954 年与赵城合并后改称洪赵县，1958 年洪赵县与霍汾县合并成立洪洞县，今为临汾市下辖县。名胜古迹有广胜寺、广济寺等。

洪洞会馆　该馆是以本乡前辈留京官、商捐银 200 两，置得广安门内大街（旧为广安门大街路南四六八号）杨应魁房院一所，于清乾隆二十二年（1757 年）创建。计地 2.56 亩，经几次修建、增盖戏楼后，房屋达 96 间。北京市石刻艺术博物馆内现存有嘉庆年间《洪洞馆置地契文碑》。清朝末年，宝盛班常演于此馆。1931 年戏楼塌坏，建成为住房 5 间。1949 年后为民居，在广安大街拓建过程中被拆。现址为西城区广安门内大街 6 号枫桦豪景大楼西半部及楼前。

附产　洪洞义园　置于清嘉庆十八年（1813 年），位于珠朝街 27 号（旧为珠巢街西口路北十四号）。占地 3.98 亩，有房 3 间，“以作为本邑死后无归者停埋之所”。21 世纪初，拓建菜市口大街时，该片原有“煤场”被拆，目前待建。

赵城

赵城现称洪洞，位于山西省南部、临汾盆地北端，汾河纵贯。隋朝末年置赵城县，北宋政和三年（1113 年）升庆祚军，金复旧。1954 年与洪洞合并后改称洪赵县，1958 年后通称洪洞，今为临汾市下辖县。

赵城会馆　建于清乾隆年间（1736—1795 年），位于东城区刷子市胡同 27 号（旧为刷子市路南三十一号），共有房屋 38.5 间，现为民居。

赵城会馆现状　刷子市胡同27号

介休、平遥

平遥、介休两县相邻，平遥在北，介休在南。

平遥，位于山西省中部、太原盆地西南，汾河中游。汉置京陵县，北魏移治平陶，即改为平遥，今为晋中市下辖县。该县古城基本保存，历史上手工业发达。

介休，秦置休县，晋改介休，今为晋中市下辖县级市。名胜古迹有绵山、洪山鸑鷟[①]泉。

平介会馆 《北京会馆档案史料》第1120页载，该馆是由“平遥、介休两地旅京商人等，于清乾隆年间（1736—1795年）集资筹建，当时建馆的目的是为了便于同乡聚会及年节祭祀。凡进京应试之同乡举子，均可寄居于此，并免纳租金”。位于西城区鹞儿胡同30号（旧为路南三十号），占地4.02亩，有房140余间。

---

① 鸑鷟（yuè zhuó）：古书中说的一种水鸟。

1993年《北京晚报》“谈北京”专栏一篇文章中述及此馆：“清朝晚期，太平和班与三晋戏院已常驻演于此，馆中的66间房舍专供戏班使用。”民国以后，因房屋破漏不堪，不得已才向房客薄收租金，作为杂支及修缮等用。1949年后曾办汽车配件厂、部分作为民居。20世纪末，配件厂外迁。继而以厂房改造为二层旅店小楼，客房60间，名为益明旅馆，目前改称“鑫来宾馆”。

介休会馆 建于清晚期，位于东城区北官园胡同15号（旧为北官园路西二十一号），有房64.5间。从20世纪50年代开始被街道制线厂所用，后改办旅馆，现在此院落为杂居的外乡人，其周围院落已拆。

闻喜

闻喜，位于山西省西南部、黄河支流涑水河上游。秦置左邑县，汉改闻喜，今为运城市下辖县。

闻喜会馆（杨深秀旧居） 建于清中期，由本县在朝官员募款购置。位于西城区香炉营头条西段（旧为赶驴市路南二十二号）。该馆曾于道光十九年（1839年）重修，重修碑现藏于首都博物馆内。占地2.29亩，院内有房30间，主位有庙堂，统称闻喜庵。现址应在庄胜广场北侧地下停车场门前的大槐树左近，街巷名现称为香炉营头条。

戊戌变法期间，“六君子”之一的杨深秀就住在这所会馆里。他提出多项新政建议，甚至欲冒死向西太后质问光绪皇帝被废的理由。光绪二十四年八月初九（1898年9月24日），其在该馆南跨院的虚声堂被捕。他在狱中作诗十数篇，其中著名的一首：

久拚生死一毛轻，臣罪偏由积毁成。
自晓龙逢非俊物，何常虎会敢徒行。
圣人岂有胸中气，下士空思身后名。
缧绁[①]到头真不怨，未知谁复请长缨？

八月十三日（9月28日），杨深秀、谭嗣同、康广仁、刘光第、杨锐、林旭六君子一起，在菜市口被杀。此六人当中，杨深秀年龄最长、资历最深，时年50岁。

人物链接

杨深秀（1849—1898），本名毓秀，字漪村，山西闻喜人。自幼家境贫

① 缧绁（léi xiè）：捆绑犯人的绳索。

寒，8岁前父母即双亡，由外祖母及大伯父抚养成人。21岁中举人，不久入职刑部员外郎，此后数年学问大长。光绪十五年（1889年）中进士，授刑部主事，累迁郎中，后又授山东道监察御史。其为政清廉，刚正不阿。生活虽十分贫苦，却仍然“以气节自励”，深为“士林所敬服”。二十三年十二月初七（1897年12月30日），他利用身居台谏之便，将康有为荐之于朝。后又多次为康有为等人代递变法奏章。“在变法过程中，赞助新政者惟杨之功为最多。”次年初，杨深秀与宋伯鲁等共同组织了“关学会”。三月份，他又积极参加了康有为组织的保国会。四月十三日（6月1日），一日之间杨递上新政条陈达五篇之多。

“百日维新”期间，杨深秀变法心切，疾恶如仇，对顽固派进行斗争尤为坚决。六月份，新旧两党矛盾尖锐，北京气氛格外紧张，杨深秀非但毫无惧色，更积极地参与了维新派筹划开设懋勤殿的活动。八月初六（9月21日），慈禧颁布训政诏书，并开始搜捕维新志士，独杨深秀不惧艰险，初九日被捕，十三日就义。遗著有《雪虚声堂诗钞》、《杨漪村侍御奏稿》和《闻喜县新志》等。

知识链接

“百日维新” 又称“戊戌维新”或“戊戌变法”。清光绪二十四年（1898年，农历戊戌年），由康有为发起并得到光绪皇帝支持的资产阶级变法维新政治运动。光绪二十一年（1895年），清政府在中日甲午战争中失败，民族危机日益加深，康有为在北京发动各省应试举子一千多人，联名向光绪皇帝上书，反对“签约”，主张“拒和、迁都、变法”，号召“变法图强”，掀起维新变法运动。二十三年（1897年），德国人强占胶州湾后，帝国主义瓜分中国阴谋日亟，康有为重到北京，以“保国、保种、保教”为宗旨，倡建保国会。二十四年（1898年）6月11日，光绪帝接受维新派变法主张，下“明定国是”诏书，推行新政。但以慈禧太后为首的顽固派和洋务派大官僚，坚决反对变法维新，9月21日发动政变，变法运动失败。从6月11日至9月21日，变法历时103天，故史称此次维新运动为“百日维新”。

盂县

盂县，位于山西省东部、太行山西麓，邻接河北省。隋置原仇县，后改盂县，今为阳泉市下辖县。

盂县试馆 建于清嘉庆二年（1797年），位于西城区椿树园小区域内（旧为椿树上二条路南十七号），占地1.11亩，共有房99.5间。院内原有一记述盂县商馆的碑，碑文附于商馆条。

盂县试馆 建于清代，位于西城区珠市口西大街167号（旧为虎坊桥路北五号），拓宽马路时被拆。

榆次

榆次，现称晋中，位于山西省中部，汾河支流潇河流贯。秦置县，1953年设市，1963年撤销，1971年复设市并改称晋中，今为山西省地级市。

榆次会馆 建于清代，位于西城区琉璃巷2号（旧为八宝琉璃井十号，即东口路南第一个院）。现为民居。

襄陵

襄陵，现称襄汾，位于山西省南部、汾河下游。襄陵以春秋时宋襄公葬于此而得名。1954年与汾城县合并后改称襄汾，今为临汾市下辖县。

襄陵会馆 建于清代，位于西城区铁树斜街96号（旧为李铁拐斜街路南）。现为民居。

襄陵会馆 建于清代，位于西城区潘家胡同9号（旧为潘家河沿路西五号）。现已拆除。

商业行业馆产

颜料会馆（仙翁庙） 建于明中期，由山西颜料、桐油商人创建，也是京城创立最早的商业行业会馆之一。位于东城区北芦草园胡同85号（旧为北芦草园路北四号）。

原名平遥会馆，又名集瀛会馆，后直呼颜料会馆。祭祀真武大帝、玄坛祖师和梅、葛二仙，故又名仙翁庙。

清康熙十七年（1678年）和康熙四十九年（1710年）两次修缮，乾隆六年（1741年）建造戏台罩棚，其后于嘉庆二十四年（1819年）、道光十八年（1838年）等进行重修。前不久又经大修和彩绘，得到很好保护。

附：

建修戏台罩棚碑记
（1741年）

夫事创始者难，继其志者亦复不易。我行先辈，立业都门，崇祀梅、葛二仙翁，香火攸长，自明代以至国朝，百有余年矣。从前于康熙十七年，重修大厅两庑后阁及东西正房，悬额书名，以昭不朽。又于四十九年，复行重修找补。每岁九月，恭遇仙翁诞辰，献戏设供，敬备金钱云马香楮等仪，瞻礼庆贺。今于乾隆六年岁次辛酉，凡我同侪，乐输己资，共成胜事，于大厅前，建造戏台罩棚一所。但从前建修，并未建碑勒石，恐年深日久，难免无稽之叹。今将庙地坐落基地，备录其概：是庙坐落中城北芦草园地方，坐北向南。西至大沟，东至本城坊衙门，南至官街，北至金行会馆南截，中至火神庙殿。总计戏台罩棚一座，大厅三间，东西厢房各三间，西厢房后正房二间，后阁上下二间，东正房三间，阁西空地一块，前后共房贰拾叁间。补前之□，遗后之鉴，惟望吾行将来后进者，乐输乐成，以昭永远之不朽，共祈默佑于无疆。

整新修理王致远梁文谟薛万田侯维山刘兴荣张俊杰

大清乾隆六年岁次辛酉菊月榖旦立

颜料会馆现状　北芦草园胡同85号

临汾东馆（临汾乡祠） 建于明代，位于东城区西打磨厂街105号（旧为打磨厂路北一二〇号），占地2亩，有房42间，现为民居。

《重修临汾东馆记》载："临汾为山右平阳首邑，其立东馆于京师也，自前明始。”《京师正阳门外打磨厂临汾乡祠公会碑记》载：“凡晋省商人，在京开设纸张、颜料、干果、烟行各号等，夙敦乡谊，共守成规，……”

临汾会馆（临襄西馆） 由临汾、襄陵籍商人联合而建，称临汾会馆，亦称临襄西馆。

建于明朝末年，位于西城区大栅栏街 13 号（旧为路北十八号），后门开在廊房三条，占地 1.6 亩，院内有房 70.5 间。1949 年后，此馆改为山西省驻京办事处招待所，现称晋阳商务酒店。

临汾会馆现状　大栅栏街13号

附产　平水义园 “平水”，即平阳府的别称，以其城西南汾河支流平水而得名。置于清乾隆五十七年（1792 年），位于广安门外大街东段路北（旧称关厢），今址相当于广安门外大街 87 号、中国太平洋财产保险股份有限公司部分楼区及其前部。

义园东院设有殿堂，为祭悼集会之所；西院设有灵堂；北院则为义地。1992 年，园门匾额尚存，次年在拓建广安大街过程中被拆。

附：

重修临汾会馆碑记
（1892年）

国朝龙兴伊始，我邑之官于京师者为最盛；即巨商大贾，我邑之牟利于京师者，亦视各属为最多。一时冠盖纵横，山川明媚，平阳之富甲于三晋，而临汾为附郭首邑，尤得其菁华焉。于是有开必先，或捐俸营休沐之地，或醵金构乐游之区，别业灵廛①，后之人犹历历可数也。未几风微人往，以渐改观，而好事者又复自矜开辟，不作仍旧之思，遂使香火凄凉，无人过问，上下数十年，而辗转易主，废为击球场者，岂堪枚举哉！如我大栅栏临汾邑馆，其殷鉴②也。馆之设，创于有明，迄我朝嘉庆年间，其中忽兴忽替，具载旧石，兹不复赘。同治初，馆住持邵姓，夤夜潜毁，邑人发其奸于官，适张虎文孝廉以公车来京，具呈投案，始将邵姓驱逐。丁时零砖断瓦，凋敝已甚，乃募金为营缮计，规模粗具。首推徐充之水部董其成，迂数年，啧有烦言，水部告退，而贾金福又居中用事矣，揽公租入私囊，如是者十越月。余与同年曹菊农农部，会以丙子通籍留京师，目睹其专且鄙，而无容贷也。遣丁呈有司，并上条规数事，案既定，给资遣去，而全局方归于正，时则戊寅秋七月也。自是官总其成，商司其册，计岁入神飨③之，余尚有赢，可充缮修小费。历年建西南隅西房三间，修西北隅偏院一所，装饰列圣尊容，布置大厅格式，暨穿渗坑、发旅榇费已千金有奇，皆整顿后积蓄以有此也。窃幸绅商相得，和衷共济，踵而行之，可望持久。惟曹农部经营力多，撰记当更详尽。前以奉祀还乡，委序于予，予则无可诿也。爰举其概，而质言之，后有继者，其守成规，以垂禩④世，是则斯馆之深幸也夫。

赐进士出身诰授奉政大夫武英殿协修国史馆纂修翰林院编修教习庶吉士加四级陈履亨撰并书

大清光绪十八年岁次壬辰孟冬之月榖旦

临襄会馆（山右会馆） 由临汾、襄陵籍商人联合而建，为与临襄东、西馆相区别，后又自称“山右会馆”。

建于明朝末年，位于东城区清华街37号（旧为明因寺街路北三十二号），原有房43间。目前的一进院落是重新翻建的，后两进为珠市口东大街2号楼及后院所占。

临襄会馆（临襄东馆） 由临汾、襄陵籍商人联合而建，因与明末已有的临汾会馆（临襄西馆）相区别，故称临襄东馆。

建于清康熙五十三年（1714年），位于东城区东晓市街90号左近（旧为

① 廛（chán）：古代指平民百姓的住房。
② 殷鉴：以前人的失败来作为后人的教训。
③ 飨（xiǎng）：文中意共同享受。
④ 禩（sì）：同“祀”。

东晓市路南一三八号），共有房屋 53.5 间。东晓市街 90 号现为“街道住房制度改革办公室”办公场所。

据《北京会馆档案史料》载：“为山西临襄在平经商各号集金所置，作异乡相聚会晤之所。后因日久失修，又经光绪庚子之变，各房大受损伤，复又发起集金，至民国十八年（1929 年）春始行重修，得以保全。”根据有关碑刻可判，该馆初为临襄油商所建，继而两地来京的粮行、盐行商人加入，使之成为两地油、盐、粮三行共同经营的联合会馆。

清朝末年，酱油醋业同业公会成立时，亦将会址设于临襄会馆内。

附产　财神庵（三晋庙） 根据临襄东馆的《临襄馆山右馆财神庵三公地重修建筑落成记》碑文，将其与《北京寺庙历史资料》相互佐引考据，可以推断：财神庵位于广安门外大街 251 号（旧为广安门关厢路北八十三号），“私建于乾隆三十年”，“于乾隆五十七年改建”，位于平水义园之西。有“不动产土地 6.43 亩，房屋 58 间，自行管理余房出租，主奉释迦佛，还有关帝、城隍、福神、财神等，另有石碑 5 统，井 2 眼，树 20 棵”。此地现为北京市第十四中学新校址。

河东会馆（河东烟行会馆） 关于“河东”这一地理名词，综合相关史料，可以做如下梳理：①秦置安邑郡（今夏县），即今之沁水以西、霍山以南之地域称“河东”。②汉朝以前“河东”是指今山西全境，以山西位于黄河之东而有此称谓。③隋大业时曾改蒲州为“河东”郡，唐贞观时再改“河东”道。④隋朝时还曾从蒲坂郡中析置“河东”县，即今之永济。⑤唐开元十八年（730 年）改太原府以北诸军州节度使为“河东”节度使，宋至道时再改为“河东”路。

综上，曾称“河东”的地名在山西省最多，既有省、府，也有郡、县。《重修河东会馆碑记》中虽未明申所指，但据文中“吾河东僻埌，地连北直”之句，应可认定，此“河东”即指山西全境，行文中两省并列，山西正与“北直”（河北省）所“地连”。而上述的府、州、郡、县既不应与河北并称，也均不与河北省“地连”。

该馆也称河东烟行会馆，由山西烟行商人共同集资。建于清雍正五年（1727 年），位于西城区广安门内大街 100 号（旧为广安门大街路南四四九号），占地 3.12 亩，经过数次修建，四进院落共有房 62.5 间，院中还设有戏台。

清朝末期，福寿班常演于此。馆庙主位有三圣大殿，主祀关帝，左右配祀火神和财神。设有住持僧人。另据《北京会馆档案史料》记载：民国初年，馆内曾设外右三区地方公立国民学校。有一个班、40 人。校长为张执中。

1993 年，拓展广安门内大街时大部分被拆除。目前所存后院已无原有建筑。住在该后院的一位老人说：要算是本院旧物的只有人行便道上的那棵“老槐”了。这可作为河东会馆的标识物。

附产 义地 6 亩，置于清代，位于会馆附近。

附：

重修河东会馆碑记
（1760年）

京师为名胜之区，亦四方聚会之所也。河东会馆建自雍正五年，于彰仪门大街路南，置□姓旧址而立者。其时略加修葺，日久半就倾圮，屡次拓其故而未果。今上御极之廿有四年，重熙累洽，近悦远来，漪欤[1]盛矣。吾河东僻壤，地连北直，近日月之末光，霑雨露之洪泽，服贾于都会者，实繁有人。于是集议以志重修河东会馆，引遍共同移□。念前功之匪易，奚堪遽废[2]？一时咸发欢喜之心，共图鼎新之举。以得乐助银之千两也，于旧所而新造焉。前为头门，以次为堂者，前后四层，过道一方，楹列屋翼其旁，共计肆拾陆间。凡深长三十五杆零五寸，北阔十三杆零三寸，南阔十二杆零七寸。良材坚甃[3]，绪□椽土，四周以垣。向之颓然就圮者，今则焕然改观矣。兹于乾隆二十五年二月二十七日动工，六月十五日告成，共费金若干两。堂中奉祀火德真君、关圣帝君，公举住持，朝夕香火，庶有无化。居明福明财神，荷懋[4]迁之上意；而商贾安业，幽赖默佑于神灵。今而后，列肆而居者，会集有方；交易而退者，各得其所。当圣神寿诞，讽祝于斯；岁时伏腊，欢聚于斯；且沐皇恩、迓神庥[5]、联梓谊者，举于斯矣。习而安业，不见异物而迁焉，吾侪勉[6]乎哉。是用永勒贞珉，后之观者，宜思前功，无替于后，以葺其敝。是岁夏五勒石。

大清乾隆二十五年六月初六日立石

附：

重修河东会馆碑记
（1802年）

河东古唐虞畿甸，在昭代为股肱[7]郡。表里河山，土满是患，服贾用养，

---

① 漪欤：在此指人员来往像水的波纹，一拨接续一拨。
② 奚堪遽废：怎么能突然废弃呢？
③ 良材坚甃（zhòu）：好料好砖石。
④ 荷懋（mào）：意欲衣兜充盈，尚须勤勉。
⑤ 迓（yà）接神庥：迎接神灵的庇荫（保护）。
⑥ 侪（chái）勉：同勉。
⑦ 股肱：比喻身边辅助得力的人。股，大腿；肱：胳膊。上文为喻地方之间的关系。

以是徧[①]于天下，而辇下尤最，会馆所由昉[②]也。馆始于雍正五年，屡经修葺，前人之述俱备。嘉庆辛酉夏秋之交，霪霏连月，官私庐廨多圮，河东会馆亦无复前此完美矣。首事总理公直等，谋诸同乡，敛金近千，庀材鸠工，不数日而顿还旧观。于戏，勤哉！余惟俗勤而俭，人恬以愉，河东之美，古也有志矣。忆自丁未始来京师，见士大夫多以风流相尚，而朴诚之气，吾乡未之或改。俗子或以西人陋之。至圣天子示敦朴为天下倡，而吾乡人若向风独先，霑化[③]独厚者，岂非土厚水深，禀诸山川既异；而陶唐氏忧深思远，有虞氏薰解时阜，又司马子长所谓风教固殊者哉！余困公车屡矣，日往来长安陌上，谓卖成都之卜，饮新丰之酒，必真有其人，而仓卒未之见也。旅居多暇，每乐于吾乡人游处，盖风北枝南，人情尤甚。且将用养之义来告，不愿其依日月而忘望云也。幸吾乡人亦乐余之拙谬[④]，以下望[⑤]之相待者，余何敢！余行矣，诸君勉旃。数典不忘祖，守瓶不假器。是馆也修，有兴无废，有守无失，第一义也。至岁时聚会，以讲枌榆之谊，而溯蟋蟀之风者，在将勤俭恬愉，无愧昭代股肱之郡矣。抑余闻修馆之后，即以赢金置义田六亩整，是尤仁人君子之用心也，并足征吾乡风俗之厚云。

赐进士出身阶文林郎吏部铨选知县丙午科举人曲沃冰畠李发英撰文

赐进士出身翰林院庶吉士加一级辛酉科拔贡生联捷举人曲沃健园盖运长书丹

嘉庆七年岁次壬戌吉日

浮山会馆

浮山，位于山西省南部，太岳山西麓、临汾盆地东缘。唐置县，今为临汾市下辖县。

建于清雍正七年（1729 年），位于西城区鹞儿胡同 14 号、16 号（旧为路南三十七号）。占地 1.13 亩，三重院落共有房 38.5 间，西侧院正房专设五圣殿，以求“神德灵佑，护我商人”，其南建演乐厅（戏台），“依永和声，仰答神庥”。

该馆由本籍商人集资而建，为商人议事、聚会、祀神、联谊之所。会馆管理由商人们轮流值年，相互承续，一直延续到 1949 年。自清乾隆二十五年（1760 年）第一次重修起，多以碑刻形式记其始末。故与其他会馆相比，现存

① 徧（biàn）：普遍。
② 昉（fǎng）：起始。
③ 霑（zhān）化：因接触而受到影响。
④ 拙谬：此处为自谦的表示。
⑤ 下望：急躁对待。

碑记为多，北京石刻艺术博物馆存有 5 统；现在馆址内存有 2 统，一为“万古流芳”，二为“名传千秋”，均为 1.5 米左右高度（因有景德镇艺术瓷器服务部的库存商品阻挡无法准确丈量和阅读）。

附：

重修浮山会馆碑
（1914年）

建祠立馆，固由前人之缔造；而兴废补缺，尤赖后人之经营，天下事大抵然也。京师为人文荟萃之地，商贾辐辏之区。不设公所，则观光贸易者，行旅甫至，不免有宿栈假馆之繁。即仕宦坐商，欲会同而联乡谊，亦未免参商卯酉矣，此会馆之设所由来也。前门外珠市口南鹞儿胡同浮山会馆，建自前清雍正年间，迄今二百余载。馆内大小三院，前后两院原有房二十余间，西院正面有：五圣神殿一间，左右耳房各一间，西楼罩棚共十二间。相沿已久，均有碑碣志其巅末。每逢朔望[1]，凡我同乡，共集于此，以祀诸神，而叙桑梓。即士子赴都者，亦以寓馆为乐。体哉，何其盛与！自光绪庚子，拳匪扰乱之后，百凡俱废。且历年久远，房屋倾塌甚多，即或存其一二，亦皆墙败而顶漏。名曰会馆，亦只虚设而已。幸有旅京诸公，目睹心伤，大加整顿，不遗余力，集会捐助，共成义举。前后两院，新建修补，共房二十二间，并重建西院殿前罩棚三间。自民国元年开工，至今春而庆落成焉。将见美轮美奂，不惟足以庆华丽而壮观瞻，亦足以妥神灵而洽人心。地灵人杰，岂虚语哉！工竣立石，适余寓此，首事诸公，嘱余爰其重修之始末，并善举之芳名而详列焉。俾嗣事者有所考证，以志永垂不朽云尔。是为序。

山西警务学校毕业邑人贾文卿撰并书

晋翼布行会馆 建于清雍正十一年（1733 年），位于东城区小江胡同 30 号（旧为小蒋家胡同路东十一、十二号），共有房屋等 39 间。创建碑文中有所描述：“龛座辉煌，烛几焕彩，享献有殿，奏格有台，门则廊弘，堂则高敞，院则深邃，路则迂回。供张之需，宴馔之具，周全而毕备。”现已经修缮保护。

附：

重修晋翼会馆碑记
（1882年）

晋翼布行会馆，盖自雍正癸丑建，至今百有余年。其馆内旧有神殿三间，中间关夫子像，左间火神金龙大王，右间玄坛财神。是殿初建于中院偏北近

---

① 朔望：即农历每月初一和十五日。

于墙垣，殿前有卷棚、大厅、罩棚、戏台，无不细备焉。乃年深久远，风雨飘摇，□木摧折，神殿渗漏不堪。且地势低洼，水无出路，因而柱角腐朽，墙垣□□，房屋坍塌倒坏，碑匾损伤不全。凡我同人，每逢节期朔望，焚香瞻拜者，无不目睹心惊。念前人创建之功，实不忍其朽坏为废。于是泰和成、人和盛两家议修葺之事，若仿照旧修理，实属力有不逮。谨遵前人所言，维持调停之意。乃变置公办，诹吉兴工。于地基五尺有余，谨将神殿三间，移盖于后院中间。殿前盖卷棚一座，花墙月台一座。左傍盖平房四间，厢房三间，□□房一间。右傍盖大房五间，厢房三间，又平房一间。前院盖房屋两所，每所计十间。临街砖墙门楼一座，墙内盖门□□后门一座，砖墙一道。共计神殿三间，卷棚三间，又大小房屋三十九间。虽不如初建之辉煌，亦可以承前人之□□。所有旧匾堪修者，悬而挂之；不堪修者，另设一总匾，将其衔名登列于上，用显前辈嘉行。于戊寅小阳兴工，壬午□□竣。自此后，贤君子亦必及时而兴修焉。谨将勒石，以垂于不朽云耳。是为记。

特授文林郎大挑一等分发四川试用知县邑人张□瑞谨撰

乙亥恩科举人吏部拣选知县候选教谕邑人王□谨书

大清光绪八年岁次壬午仲夏穀旦立

晋翼布行会馆（染坊公所） 建于清乾隆四年（1739 年），位于通州区北大街路西如意园小区南片域内（旧为教子胡同路北七、八号）。1949 年后馆产由通县商委使用，在 20 世纪末的连片改造过程中被拆除，经改造后的小区，仍在小区东南角建小院一所，为今通州区商委使用。

该馆于道光十七年（1837 年）修缮扩建，在馆舍东侧余地新建同行议事场所。馆中设有神殿，供奉火德真君、关圣大帝、增福财神三尊位。

附：

重建晋翼会馆碑序
（1837年）

通州，古潞河也，密迩神京，地当孔道，凡舟车往来，商贾辐辏，贸易立业斯土者，几遍天下，洵京师东路一大都会也。而晋翼之设立会馆，则自乾隆四年吾乡诚翁薛君，与同业诸公等。□其设立之意，以及择地创建，鸠工庀材，告成之事，前人之记详矣。兹于道光十七年春，高君璒自通州贸易旋里，见余而告曰："晋翼会馆，建自乾隆四年，迄今将近百年，墙垣倾圮，栋梁摧崩，及今不修，恐风雨飘摇，而变为瓦砾之场。将神祀废□，而前人创建之美意，亦澌灭尽矣。是则大可虑也。吾与同事常君景命、戴君师彦公为谋议，将会馆神堂，并两偏之廊房、丹墀、舞楼等事，统易旧换新。则木枯新□，墙壁坚实，庶神庙可期巩固，而祀事不虑废坠。又于会馆东偏余地

□一块，建为布行议事之所。凡议行规，则不渎神斤而祀事孔肃矣。子其为我序之。”余惟天下事，莫为之前，虽美弗彰；莫为之后，虽盛弗传。斯举也，非薛公诸君输财尚义之创于始，则后起何以藉手；非高翁诸君，尽心劳力之继于今，则前美转恐渐湮。是后人因前人之创建而修举有资也，前人赖后人之修而厥功可永也。兹工即落成，问其费银所出，则皆历年神庙中祭享余资，而诸君营运以积者也。后之贸易斯土者，尚其入庙思敬，如诸君之洁己奉公，思患预防，则此会馆也，旧而新，新而旧，旧而复新，继继绳绳，永远勿替，岂非余之所深望于后起者哉！是为序。

敕授征仕郎直隶大名府原任开州分州前署容城东安宝坻南宫等县事加五级纪录五次又记大功二次晋桐封弟子社人阜斋李祖尧薰沐撰

国子监肄业太学生翼邑弟子社人福堂常景命薰沐校

阶登仕郎吏部候选小尹李□德书

龙飞大清道光十七年岁次丁酉六月吉日

山西纸业会馆 建于清乾隆七年（1742年），位于西城区白纸坊西街19号（旧为白纸坊街路北二十九号），占地4亩，有房15间，并建有戏台一座。

此地原为明代祖师庙，主祭蔡伦等三尊泥像，旧称古林院。每逢蔡伦诞辰之日，都要举行集会，其中著名的一档就是太狮表演，一直传承至今，并已被列入为北京市非物质文化遗产和第二批国家级非物质文化遗产名录。早年庙门开在造纸胡同口里路东。20世纪60年代，此地建起白纸坊百货商场，现为“洪海商务会馆”。

人物链接

蔡伦（？—121），字敬仲，东汉桂阳（今湖南郴州）人。和帝时为中常令，安帝元初元年（114年）封龙亭侯。他总结西汉以来用树皮、麻头、破布、旧渔网等为原料造纸的经验，又经改造工艺后，于永宁元年（120年）奏报朝廷新纸试验成功，时有“蔡侯纸”之称。后世传其为我国造纸术的发明人。

襄陵南馆 建于清乾隆十六年（1751年），位于西城区五道街38号（旧为五道庙路东二十四号）。占地1.51亩，四重院内有房45.5间，现为民居。目前该院已完成原拆原建修缮，大门未拆时，笔者曾拍照。

附产 襄陵义园公所 置于清乾隆、嘉庆年间，位于南横东街东段南华里小区域内（旧为南下洼三官庙南侧），有地3.4亩。

襄陵北馆 建于清道光年间（1821—1850 年），位于西城区佘家胡同 11 号（旧为路北四号）。占地 0.78 亩，院内有房 24 间，现为民居。

襄陵商馆 建于清代，位于西城区珠市口西大街 251 号（旧称虎坊桥路北四十九号）。1949 年后，首先由地质部接收使用，之后交由北京市河北梆子剧团，再后改为民居。此门牌目前已无，现址位于大栅栏文体广场域内。

附产 襄陵义地 置于清代，位于菜市口大街南段路西，目前门牌暂标“自新路 24 号后门”（旧为自新路路东二十九号），占地 2.25 亩，仅有房 1 间。1966 年 5 月，先由静电设备厂征用其南半部分，工厂外迁后，厂房被改造为区民政局等部门的办公用房，现今由西城公安分局刑侦支队使用；其北半部先由煤炭公司建一煤厂，煤厂撤销盖起的大楼现为“西藏证券”使用。

平定商馆 由平定籍从事钱庄、染坊、雨衣等业商人出资合建。

建于清乾隆年间（1736—1795 年）或更早，位于西城区珠市口西大街 106 号（旧为西柳树井路南五十二号），占地 0.76 亩，小院内有房 15 间，2000 年被拆除。

山西商馆 建于清乾隆年间（1736—1795 年），由主理琉璃烧造的皇商赵邦庆所创，位于门头沟区三家店中街 8 号三家店小学院内（旧为三家店村）。初称山西会议局或山西会馆，占地 5.4 亩，北向正殿六间勾连搭式，前为黄琉璃瓦填中、绿瓦圈边棚顶，后为立脊吻兽式，西厢绿瓦配殿三间，十

山西商馆现状　三家店中街8号

分精巧别致，院内其他清式建筑均已无存。现为区级文物保护单位。

该馆前临的大道，正是过去京西内外道路的必经之地，又是闻名四方“妙峰山香会”的南道，尤其是每年的四月初一至十五，香客日夜盈途。管理这条道路公益事业的机构就设在会馆内，馆内还开办旅店以供过路行人住宿，故而每年都有香客捐资给会馆，以维修路、桥、寺三用。为此，会馆于光绪三十二年（1906 年）用“颂洽闾关”刻碑以记之。2012 年春天，笔者实地考察时见此碑平铺于三家店小学传达室窗下，上面堆满了各种花卉，请求他们把花盆搬开才得见。经了解，学校创设于 1945 年。

盂县商馆 也称盂县老馆。建于清嘉庆二年（1797 年），位于西城区小椿树胡同 16 号（旧为路南十七号）。

清乾隆五十四年（1789 年），同县六家（大顺、大成、义成、义和、义兴、永兴）氆氇商人议定，每卖一匹集资一钱纹银。“氆氇”为藏语的音译，此为藏族人民手工生产的一种羊毛织品，品种繁多，一般作为衣服和座垫等的材料。至嘉庆二年（1797 年），购置煤市街小椿树胡同民房一所，占地 1.2 亩，有房 10 多间。虽为商馆，也可接待公车北上的故乡举子。

1949 年后不久，这里办起街道托儿所；大办集体经济形势下，托儿所改为晨光眼镜公司的车间；在改革的大潮中，工厂办起旅店称京顺宾馆。

附：

新置盂县氆氇行六字号公局碑记
（1798年）

京师为四方士民辐辏[①]之地，凡公车北上与谒选者，类皆建会馆以资憩息；而商贾之业同术设公局以会酌事谊者，亦所在多有。乾隆己酉，有六字号张成纶、常邦、李文林、戴仪礼、白廷寿等，谋仿此意，而公费无措，未遑卒事。乃集同人共议：每售氆氇一匹，恭除香资银壹钱。迄今凡九阅春秋，日集月累，合计得贰千叁百余金。遂于煤市街小椿树胡同路南，购民房一所。东院厅事三楹，内设关圣帝君神座，以展享祀而妥神灵。北屋三楹，暂资栖止。庙旁通道折而南，毗连小院，新建庖厨。西院房屋，仿佛称是。各有门，临通衢，其外复缭以板垣[②]，木石金漆，修葺一新。地基计壹亩贰分，共縻白金贰千叁百两有奇，凡阅三月而蒇。乃详其颠末，镌刻贞珉，以俟后之嗣而葺之、恢而廓之者。

---

① 辐辏：形容人和物的聚集，像车辐集中于车毂一样。

② 缭以板垣：用板墙围起来。缭：围绕。

靛行会馆 靛行从业者多以山西平定、翼城人为众。

该馆也称染坊会馆。建于清道光十四年（1834年），位于东城区西半壁街17号（旧为路南四十九号），有房21间。1949年后被北京剧装厂所用。

相关链接

北京剧装厂 该厂前身为一些20世纪30年代就已营业的绣局和小作坊，1956年由18家小作坊合并后改为国营企业，初名北京刺绣剧装厂，1957年改现名，1972年盔头剧装社加入。主要生产戏装、靴鞋、把子、道具等千余种，不仅内销，还有外销，至今生意火爆。

山西会馆 《北京会馆资料集成》有载：该馆又称关帝庙，建于清代，为驻地山西商人集会、议事、酬神之所。位于通州区张家湾镇，“文化大革命”期间拆除。

山西会馆 建于清代，位于通州区马驹桥镇马三街（旧称马驹桥村），为山西商人集会、议事之所。

经实地调查，该馆位置为镇中心南北正街北段路西（全街均无门牌），其特征是院内的两大棵梧桐树，几十米以外就能看到。1949年后会馆被改造为面粉厂，20世纪70年代又改为加工厂，改革开放后大院被多地外乡人所租用，形成为多个塑料、广告等加工作坊。

山西商馆现状　滑石道大街124号

山西商馆　建于清朝末年，位于门头沟区滑石道大街 124 号（旧为大街中段路东），占地 4.2 亩。目前该院仅余坐东朝西殿房一座，其他均为现代建筑，门口外挂的牌子是“东辛房街道社区服务中心”。

山西商馆　建于民国初年，位于丰台区长辛店大街 128 号（旧为长辛店大街中段路东）。经实地考察，原整体建筑为绿琉璃顶寺庙式，因主殿奉祀关羽，亦称“老爷庙”。现为区级文物保护单位，由街道社区服务中心使用，原为两层院落 50 余间房，目前尚存不足 30 间，保有戏台。

山西商馆现状　长辛店大街128号

内蒙古自治区在京会馆

内蒙古自治区位于我国北部边疆，是建立最早的一个民族自治区，简称“内蒙古”，首府呼和浩特市。其西部、北部与蒙古国、俄罗斯交界，南、东、北三方向分别与甘肃、宁夏、陕西、山西、河北、辽宁、吉林、黑龙江等省、自治区接壤。自治区全境以高原为主，通称内蒙古高原，西部戈壁沙漠面积较大，东部草原广阔。

古为匈奴、东胡等民族地，秦汉属匈奴、鲜卑及五原、朔方、右北平等郡，唐置丰、胜、甘等州，元属上都、集宁等路，清属内蒙古及察哈尔等。1928 年分置热河、绥远、察哈尔等省。1947 年成立自治区，现辖 9 个地级市、3 个盟、11 个县级市、17 个县、49 个旗、3 个自治旗及 22 个市辖区。全自治区面积约 118 万平方千米。

内蒙古在京建立的最早会馆，是清嘉庆年间建立的呼伦贝尔固山会馆，是专门服务当地驻防旗人来京科考的会馆；最早建立的省馆是民国三年（1914 年）建立的绥远会馆。该区共在京建立会馆 3 座，其中省馆 2 座，府馆 1 座。目前尚有会馆建筑遗存 2 座，其中 1 处市级文物保护单位。

内蒙古自治区在京会馆一览表

产别		馆名	别名	建立年代	现地址	老地址	地亩	房间	掌馆人	现状
省馆		绥远会馆	第二蒙疆会馆	民国三年（1914 年）	椿树园	椿树上二条路北五号		13	张维立	已拆
省馆		绥远会馆	绥远旅平同乡会	民国十七年（1928 年）	西四北六条 23 号	南魏胡同路北十九号		60	侯少光	市级文保
府馆	呼伦贝尔	呼伦贝尔固山会馆		清嘉庆年间	雨儿胡同 29 号	同左路北十一号				民居

省级馆产

绥远会馆 “绥远”是民国初所置的绥远特别区，1928 年改为省置，当时辖今伊克昭盟、巴彦淖尔盟、乌兰察布盟及包头市和首府呼和浩特市。1954 年撤销并入内蒙古自治区。

也称第二蒙疆会馆。建于民国三年（1914 年），位于西城区椿树园小区域内 (旧为椿树上二条路北五号)，原有房 13 间。

绥远会馆 建于民国十七年（1928 年），也称绥远旅平同乡会，位于西城区西四北六条 23 号（旧为南魏胡同路北十九号），现为市级文物保护单位。

该院为清朝末年所建的典型四进四合院，建筑面积 2500 平方米。大门对面有照壁，两侧有上马石、八字影壁。倒坐房东 2 间、西 3 间；垂花门里为二进院，游廊正房 5 间，东西耳房各 2 间、东西厢房各 3 间；三进有正房和厢房，四进为后罩房，共有房 60 间。墙壁均雕有“卐”——万字不到头图案，取其“家财万贯不到头”之意，凡北房明间裙板上，均雕有精美图案。民国初年归某官僚所有，1928 年后转建绥远会馆。1949 年后被征用，1993 年后转由西城区婴幼儿保教实验院使用。

绥远会馆现状　西四北六条23号

府级馆产

呼伦贝尔

呼伦贝尔，位于内蒙古自治区东北部、大部分地域属呼伦贝尔高原，邻接黑龙江、吉林两省。1947 年内蒙古自治区建立后，成立呼纳、兴安两盟，1954 年称呼伦贝尔盟，现为地级市。

呼伦贝尔固山会馆 “固山”即满语“旗”的意思。每旗的最高长官称“固山额真”，后称都统。清廷在蒙古地区推行盟旗制度，在漠南、漠北、漠西蒙古相继设立将军、都统、大臣等，代表皇帝对所辖盟旗实行监督与控制。后来称这种统治制度为军府制度。清朝在漠南蒙古的军府建置，主要有绥远城驻防将军、呼伦贝尔副都统、察哈尔都统（亦称张家口都统）、热河都统。

建于清嘉庆年间（1796—1820 年），据《北京会馆档案史料》载：“以集资构建，因满族人来京应试科举住所不便，故置，当时称为黑龙江呼伦贝尔固山会馆。”位于东城区雨儿胡同 29 号（旧为路北十一号）。该院本为“值年旗衙门”，后被分用，会馆仅占一部分。现为民居。

呼伦贝尔固山会馆现状　雨儿胡同29号

辽宁省、吉林省、黑龙江省在京会馆

辽宁省

辽宁曾称“奉天”。位于我国东北地区南部，辽宁半岛伸入渤海与黄海之间。东南隔鸭绿江与朝鲜为邻，东西北分别与吉林、河北、内蒙古等省、自治区接壤。简称“辽”，省会沈阳市。该省山地、丘陵分处东西，中部平原约占全省面积三分之一。

战国时属燕国地，秦设辽东、辽西等郡，汉为幽州，清初置盛京，末年改为奉天省，1929 年改为辽宁省。现辖 14 个地级市、17 个县级市、19 个县、8 个自治县及 56 个市辖区。全省面积 15 万多平方千米。

吉林省

吉林省位于我国东北地区中部、东北平原腹地，简称“吉”，省会长春市。全省地势东南高西北低，依次为山地、丘陵、平原，平原面积占 35% 左右。其东南部与朝鲜、俄罗斯两国交界，南、北、西分别与辽宁、黑龙江、内蒙古等省、自治区接壤。历史上长期是满、蒙、朝鲜等少数民族活动和聚居之地。

西周为肃慎地，汉属夫余，唐建渤海国，宋建金国，元属辽阳行中书省，明为女真地，清朝末年始改吉林省。现辖 8 个地级市、1 个自治州、21 个县级市、16 个县、3 个自治县及 20 个市辖区。全省面积 18 万多平方千米。

黑龙江省

黑龙江省位于我国东北隅边疆，是最北、最东的一个省，简称“黑”，省会哈尔滨市。东部、北部与俄罗斯交界，西南与内蒙古自治区和吉林省接壤。

该省山地、平原交叉分布，地势大体西北高，东南略低，西南、东北低平。

古为肃慎地，汉为挹娄及夫余地，辽属东京、上京二道，元属岭北和辽阳行中书省，明为女真及鞑靼地，清初为黑龙江将军辖区，清末改置黑龙江省。现辖 12 个地级市、1 个地区、18 个县级市、45 个县、1 个自治县及 64 个市辖区。全省面积 46 万多平方千米。

东三省为清代龙兴圣地，地方管理有别于其他省份。其会馆建立特别是早期，皆按一个地理单元建构，称东三省会馆，最早的东三省会馆建于清乾隆年间（1736—1795 年）；分省立馆已是清代晚期之事，光绪十年（1884 年）退休官员喜昌捐宅始建吉林试馆；清末，位于广安门大街的东三省会馆改称奉天会馆。民国时期，又新建吉林省馆 2 座、奉天省馆 1 座。东三省共在京建立会馆 7 座，其中合属馆 3 座、吉林省馆 3 座、辽宁省馆 1 座，上述会馆置设附产共计 5 处，其中 4 处为中、小学校。目前仅有会馆建筑遗存 1 座。

需要单独提及的是，黑龙江省未有单独设馆记录，史料中仅有记载的是，作为今哈尔滨市下辖县级市的双城（旧称滨江），曾于民国时期在京建有滨江义园，为当时滨江旅京人士筹资购置，专为安葬在京亡故的本籍乡人。经实地考察，其址位于东城区广渠门内大街 35 号富贵园（国美一家乐福）大楼地片内偏西段位置（旧为南小市南口里路东）。1949 年后该址曾为阀门三厂厂房。先办义园、义地再建会馆，这在北京会馆史中并非个案，福建省就是先有全省义地后有全省会馆，所以滨江义园应属馆产性质，只不过是滨江以后黑龙江未及建馆，会馆已作为一种组织形态逐渐退出中国社会舞台。

辽宁省、吉林省、黑龙江省在京会馆一览表

产别	馆名	别名	建立年代	现地址	老地址	地亩	房间	掌馆人	现状
合属馆	东三省会馆		清乾隆年间	珠市口西大街 66 号	西柳树井路南六十九号		53	袁金凯	已拆
	东三省会馆		清代	珠市口西大街 10 号	西珠市口近东口路南六十号	2.75	70		已拆
	东三省试馆	奉天会馆	清同治年间	广安门内大街 2 号	广安门大街东口路南四七二号	1.19	50	王化	已拆

产别		馆名	别名	建立年代	现地址	老地址	地亩	房间	掌馆人	现状
省馆	吉林	吉林试馆		清光绪十年（1884 年）	干面胡同 53 号	干面胡同路北三十四、三十五号		56	富占魁	已拆
		吉林新馆		民国八年（1919 年）	西四北五条 15 号	石老娘胡同路北八号	5.85	90.5	富占魁	民居
		吉林会馆	额勒登保家庙	民国十年（1921 年）	西黄城根北街 3 号	西黄城根路西十七号		20		已拆
	辽宁	奉天会馆	增祺故宅	民国十四年（1925 年）	复兴门内大街 1 号	旧刑部街路北十二号		238	陈兴亚	已拆

合属馆产

东三省会馆　建于清乾隆年间（1736—1795 年），位于西城区珠市口西大街 66 号左近（旧为西柳树井路南六十九号），院内有房 53 间，现已拆平，建成街边花园绿化带。

东三省会馆　建于清代，位于西城区珠市口西大街 10 号（旧为西珠市口东口路南六十号、为老开明戏园东邻），占地 2.75 亩，院内有房 70 间。1949 年前曾办玉台旅馆，1949 年后为电信系统宿舍，现已拆除待建。

东三省试馆　清朝末年以后改称奉天会馆。

建于清同治年间（1862—1874 年），位于西城区广安门内大街 2 号枫桦豪景 A 座域内（旧为广安门大街东口路南四七二号），占地 1.19 亩，有房 50 多间。

省级馆产

吉林试馆 建于清光绪十年（1884 年），位于东城区干面胡同 53 号、中国红十字会基金会办公地址。《北京会馆档案史料》载，“喜昌鉴于本乡来京试子，居住困难，将自己房产东城干面胡同路北之三十四、三十五号两院落，捐给同乡，建立吉林试馆。当时共有房屋 56 间，北平沦陷后日本人进行了改造，加盖了楼房，兴办高级旅馆，日本投降后被收回。”

人物链接

喜昌（？—1891），葛济勒氏，满洲镶白旗人。因广东剿捻军功，清咸丰九年（1859 年）补吉林镶红旗协领，加副都统衔。同治六年（1867 年）随左宗棠入陕，“人廉正，约其语，宗棠心契之。”光绪九年（1883 年）因病去职，次年创办吉林试馆，光绪十七年（1891 年）卒于易州。

吉林新馆

据《北京会馆档案史料》载：“于 1919 年由宋小濂及吉林籍在京参政两院议员等多人捐资购建，并组织成立旅京同乡会管理之。”位于西城区西四北五条 15 号（旧为石老娘胡同路北八号），占地 5.85 庙，大小共 7 个院落，90.5 间房屋。现为民居，共住有 50 多户人家。

附产 置于民国时期，位于西四北五条 42 号（旧为石老娘胡同路南二十二号），占地 0.41 庙，有房 9 间，现为民居。

人物链接

宋小濂（1863—1926），字铁梅，吉林永吉人，清监生。历黑龙江将军文案、候补知府、呼伦贝尔副都统。宣统三年（1911 年）任黑龙江布政使、署理巡抚。1912 年后任黑龙江都督、中东路督办等职，1922 年辞职。

吉林会馆 据《北京会馆档案史料》载：“西黄城根路西十七号（今西城区西黄城根北街 3 号）大院，原有房屋 20 间，旧乃吉林先贤额勒登保的家庙。”1921 年改建为吉林会馆，由吉林同乡会管理。

馆侧原有创于 1906 年的广东公立学堂，1949 年后改称为黄城根小学。该校在扩建改造过程中，将吉林会馆址征用并入。1978 年该校被定为市级重点小学。

人物链接

额勒登保（1748—1805 年），瓜尔佳氏，字珠轩，满洲正黄旗人，行伍出身。清乾隆年间（1736—1795 年）随福康安作战，升至都统，六十年（1795 年）赴贵州镇压苗民起义，封威勇侯。嘉庆二年（1797 年）至湖北镇压白莲教起义，次年转战陕鄂川，后为经略大臣，六年（1801 年）起专办陕西军事，回京后封为三等公。

奉天会馆 《北京会馆档案史料》记载该馆于 1925 年前后“由张作霖以 6 万银元购置旧刑部街路北十二号房院一所捐作奉天会馆”。该址原为奉天将军增祺旧宅，今被包容在西城区复兴门内大街 1 号、中国银行总行大厦及南侧部分地域内。奉天会馆建立后不久，将相邻的白庙胡同路南二十一号纳入，两院共有房 238 间。

1931 年 9 月 21 日，“东北留平学生抗日救国会”在奉天会馆举行成立大会。大会提出“抵抗日人侵略，共谋收复失地，保护主权”等口号。此后，该会与“东北民众抗日救国会”互相配合，组织宣传队揭露日军在东北的暴行；组织募捐团支援马占山抗日；组织请愿团到南京请愿等。继而很多东北籍青年人返回家乡，参加东北抗日义勇军。

1929 年弃官经商的郝锦川出资租赁奉天会馆的华美戏台，改建为占地 400 多平方米、砖木结构的哈尔飞戏院，并开始全部使用电灯照明。1930 年 9 月 14 日戏院开张，梅兰芳先生揭幕并致词。各剧种多名著名演员都曾在这里演出。北平沦陷后，业务每况愈下，1938 年 9 月改称瑞园茶社，并不再上演戏曲，1940 年冬茶社宣告停业。1941 年重新改造为大光明电影院，观众座椅设 1000 个，首映的电影是美国影片《比翼双飞》。1944 年冬又改为大戏楼，1953 年再改为国营西单剧场，1958 年后兼映电影，1966 年“文化大革命”中更名长征影剧院，1977 年复原名。1994 年初翻建，增设北京香港合资的天影镭射电影院，5 月 8 日开业，11 月 23 日因西单地区建设征地拆迁停业。

人物链接

张作霖（1875—1928），字雨亭，辽宁海城人。土匪出身，后至北洋政府奉系军阀首领。1916年起任奉天督军、东三省巡阅使等职，长期盘踞东三省。1924年打败直系军阀后，控制北洋政府。1926年称安国军总司令，次年4月杀害共产党人李大钊等，6月称中华民国军政府大元帅。1928年6月，同蒋介石作战失败，退回东北，乘火车经过皇姑屯车站时，被日本关东军预埋炸弹炸死。

增祺（1851—1919），伊拉里氏，字瑞堂，满洲镶白旗人。曾任齐齐哈尔副都统，清光绪二十年（1894年）任黑龙江将军，二十四年攫福州将军、并充船政大臣兼署闽浙总督。次年再调盛京将军，二十六年俄军占领沈阳，他逃至新民，后在俄军胁迫下，派人至旅顺谈判，签署《奉天交地暂且章程》，事发被革职留任。三十三年授宁夏将军、正白旗蒙古都统。宣统元年（1909年）迁广州将军、兼署两广总督，三年调回北京，仍授都统并兼弼德院顾问大臣，旋去职。

附产　成城中学　1931年8月由沈阳迁至翊教寺胡同路北二十九号（今为育教胡同33号西城区教委办公处），1933年迁往粉子胡同路北二号（今为3号）。学生的衣食住行均由奉天会馆包管。1935年“何梅协定”签订后，该所中学又被迁往河南等地。

附产　东北中学　1931年接收自励中学校产建立，位于皮库胡同路北二十九号（今为二龙路14号北师大附属实验中学校址域内）。

附产　四维小学　1935年于白庙胡同路南二十一号内创办，当时设6个教学班，在校学生306人，教职员工共14人，校长李香涛。1952年被区教育局接收，改称白庙小学，20世纪70年代撤并，1994年被拆除。

附产　东北小学　1938年建立，位于四根柏路北十六号（今为赵登禹路58号），后改称四根柏小学。

《北京西城往事》第三部载有李玉纯口述经整理的文章“重访父亲在西城办学旧址”，述其父李象庚受张学良委托利用会馆产办学的经历，先后任成城中学校长和东北小学校董。

相关链接

北京师范大学附属实验中学　现址二龙路14号。初名北京女子师范学校附属中学，建于1917年3月，位于东铁匠营（今为东铁匠胡同）。1918年6月迁往辟才胡同，1919年7月更名北京高等女子师范学校附属中学，1924年8月改为北京女子师范大学附属中学，1927年9月称京师大学女子学院中学部，1928年11月改为国立北平大学附属女子中学，1930年又改为国立北平大学女子师范学院附属中学，1931年称国立北平师范大学附属女子中学。

1949年与来自解放区的育才女子中学合并后改称北京师范大学附属女子中学，即而接管私立文华女中，并迁往今址，当时校门开在皮库胡同，为路北二十号。60年代统编为一五〇中学，80年代后定名为北京师范大学附属实验中学。其在扩建过程中将校门改开在二龙路。

上海市在京会馆

上海市位于我国东部海岸中段，长江入海口处，东临东海，与江苏省、浙江省为邻。相传吴淞江近海的一段古称“扈渎”，又改“扈”为“沪”，故简称“沪”；又因西部为战国时楚春申君领地，亦简称“申”。

上海古为东海之滨渔村，春秋时为吴国地，战国时为楚国春申君封邑，唐属华亭县，宋始设上海镇，元至元二十九年（1292 年）设上海县。1927 年设特别市，1930 年设市。现为中央直辖市，有 16 个市辖区及 1 个县，全市面积 6340 多平方千米。

上海市会馆历史上应归属江苏省，皆为府馆和县馆。最早建立的会馆为清前期的府馆——云间会馆。该市共在京建立会馆 11 座，其中府馆 5 座，县馆 6 座，上述会馆置设附产共计 5 处。目前尚有会馆建筑遗存 2 座。

上海市在京会馆一览表

产别		馆名	别名	建立年代	现地址	老地址	地亩	房间	掌馆人	现状
府馆	松江	云间会馆		清前期	前门东街南段路面和路西一片地域	大蒋家胡同路南一二六号	1.68	52	阮介藩	已拆
		云间惜字馆	惜字馆义学	清乾隆三十九年（1774 年）	梁家园北胡同 7 号	梁家园后身四至七号	1.07	54	蒯晋德	已拆
		云间会馆	松江会馆	清代	延寿街 7 号	延寿寺街				早废
		松江会馆	云间会馆	清代	菜市口大街中段	官菜园上街路西十二号	2.1	21.5		已拆
		松江会馆	云间会馆	清代	大外廊营胡同 18 号	大外廊营路东二十五号				民居

<table>
<tr><th colspan="2">产别</th><th>馆名</th><th>别名</th><th>建立年代</th><th>现地址</th><th>老地址</th><th>地亩</th><th>房间</th><th>掌馆人</th><th>现状</th></tr>
<tr><td rowspan="6">县馆</td><td rowspan="6">太仓、崇明、嘉定、宝山</td><td>太仓会馆</td><td>太崇嘉宝会馆</td><td>清道光三年（1823 年）</td><td>宣武门外大街新 6 号</td><td>宣武门大街路东二一九、二二〇号</td><td>3.06</td><td>64</td><td>夏清贻
陆家鼐</td><td>已拆</td></tr>
<tr><td>太仓会馆</td><td></td><td>清晚期</td><td>菜市口大街 1 号</td><td>北半截胡同路东三十七号</td><td>1.16</td><td>34.5</td><td>夏清贻
陆家鼐</td><td>已拆</td></tr>
<tr><td>太仓会馆</td><td></td><td>清晚期</td><td>珠朝街 13 号</td><td>珠巢街路西六号</td><td>1.17</td><td>26</td><td>夏清贻
陆家鼐</td><td>已拆</td></tr>
<tr><td>太仓会馆</td><td>娄海山庄</td><td>清晚期</td><td>枣林前街东段</td><td>同左路南五十六号</td><td>7.72</td><td>31</td><td>夏清贻
陆家鼐</td><td>已拆</td></tr>
<tr><td>苏太义馆</td><td></td><td>清晚期</td><td>前门西河沿街 216 号</td><td>西河沿路南一九一号</td><td>1.28</td><td>35</td><td>夏清贻
陆家鼐</td><td>民居</td></tr>
<tr><td>苏太义馆</td><td></td><td>清晚期</td><td>南新华街临 11 号</td><td>同左路西三十二号</td><td>0.62</td><td>24</td><td>夏清贻
陆家鼐</td><td>已拆</td></tr>
</table>

府级馆产

松江

松江，位于上海市西南部、黄浦江中上游，邻接浙江省。秦为海盐娄县地，唐置华亭县，元至元十五年（1278 年）改华亭府置，后改松江，1914 年废府改县，1958 年由江苏省划归上海市，今为市辖区。境内名胜古迹有唐代经幢、宋代方塔、明代古松和砖雕照壁、清代园林醉白池等。云间是当时松江府的别称。

云间会馆　建于清前期，位于东城区前门东街南段路面和路西一片地域内（旧为大蒋家胡同路南一二六号，拆拓道路前为大江胡同 112 号），与台湾会馆（旧为大蒋家胡同一二七号）相邻。占地 1.68 亩，有房 52 间，后门开在罗家井胡同。

云间惜字馆（惜字馆义学）　建于清乾隆三十九年（1774 年），位于西城区梁家园北胡同 7 号（旧为梁家园后身四至七号），占地 1.07 亩，有房 54 间。

此馆义学①是“江苏武进人施䝞仿照家乡惜字之会而创立的”。《宣武区普通教育志》载：“施䝞等人在梁家园创立的惜字馆义学，是宣武区境内有义学

① “义学”，即是旧时由私人出资或集资，或用地方公益资金所办的免费学校。

之始”。

惜字馆义学于1916年改初等小学堂，1920年由外二区警察局成立平民学校，当时设8个班，学生426人，教员10人。1936年由社会局将其改为市立第四区梁家园后身简易小学，1945年改名梁家园后身小学，共设21个班，学生增至1326人，教员29人。1946年改名北平九区第十、十一、十二保国民小学，成为了四二制完全小学。1949年改为梁家园小学三部，1959年复名梁家园后身小学，1968年改名曙光小学。1972年校址改名梁家园一小，1978年改名梁家园小学，21世纪初小学撤并，学校改成为北京市审计干部学校，现在大门边仍然挂着这块牌子。该址成为原宣武区办学时间最长的场所，至2010年撤销宣武区行政区划时已达236年。

附产　建于清中晚期，位于东富藏胡同3号（旧为路西二号），占地0.5亩，有房7间。

云间会馆（松江会馆）　建于清代，位于西城区延寿街7号，《宣南鸿雪图志》史迹分布图中标于延寿寺街北段路西、刘家胡同与佘家胡同两东口间。

《京师坊巷志稿》第244页延寿寺条中载有“蒲褐山房诗话：徐艿坡，字蓍林，青浦（今上海市）人，贡生，中岁入京，寓延寿寺街之云间会馆”。

松江会馆（云间会馆）　建于清代，位于西城区菜市口大街中段（旧为官菜园上街路西十二号），占地2.1亩，有房21.5间，并附义园一片。

附产　松江义园　置于清代，位于西草市东街南端99—101号地片内（旧为兴隆街路南）。《京师坊巷志稿》第206页兴隆街条有载，现为民居。

松江会馆（云间会馆）　建于清代，位于西城区大外廊营胡同18号（旧为大外廊营路东二十五号），现为民居。

附产　云间义地　置于清代，位于幸福大街路东幸福家园东片4—6号楼地域内（旧为元宝市井南），占地2.45亩。未连片危改前称元宝巷。

县级馆产

太仓、崇明、嘉定、宝山

太仓，位于江苏省东南部、东北滨长江，邻接上海市。明置镇洋县，清为太仓州，1912 年改县，今为苏州市下辖县级市。

崇明，位于上海市北部、长江口崇明岛上。五代吴置崇明镇，元升为崇明州，明改县，1958 年由江苏省划归上海市。

嘉定，位于上海市西北部，邻接江苏省。南宋嘉定十年（1217 年）置县，故名。1958 年由江苏省划归上海市，今为市辖区。名胜古迹有南翔古猗园。

宝山，位于上海市北部、长江口南岸，邻接江苏省。明设宝山千户所，清置宝山县，1958 年由江苏省划归上海市，今为市辖区。境内兴建有大型钢城。

以下六馆皆为一州领三县共建馆。因太、崇、嘉、宝四地现多属今上海市，故在上海会馆之列统计。

太仓会馆（太崇嘉宝会馆） 建于清道光三年（1823 年），“民国二十四年（1935 年）四月改称太崇嘉宝会馆。”位于西城区宣武门外大街 6 号“庄胜广场”北段域内（旧为宣武门大街路东二一九、二二〇号），占地 3.06 亩，有房 64 间。

太仓会馆 建于清晚期，位于西城区菜市口大街 1 号北京开元名都大酒店域内（旧为北半截胡同路东三十七号），占地 1.16 亩，有房 34.5 间。

太仓会馆 建于清晚期，位于西城区珠朝街 13 号（旧为珠巢街路西六号），占地 1.17 亩，有房 26 间，现已拆在建。

太仓会馆（娄海山庄） 建于清晚期，位于西城区枣林前街东段、今枣林前街停车场中西部（旧为路南五十六号），占地 7.72 亩，有房 31 间。

据在牛街礼拜寺值班的白玉庆师傅介绍：“娄海山庄在今酱菜园子斜对门，它的门楼为一个月亮门，南至今回民医院的北墙。1949 年后，大院里又添加了很多平房，全是民居。现在经拆迁整治后，部分变成了停车场。”

相关链接

“娄海山庄”别称由来 笔者通过查阅《中国古今地名大辞典》知：江苏省东南有娄江，为太湖支流，今称刘河，北流经吴县（今苏州市）城东娄门湖，再经太仓城娄家口入长江，元时海运船只即从此地入海口，故称这里为“娄海之间”。由此可见，该馆以当地“娄海之间”作为馆之别名。

苏太义馆 建于清晚期，位于西城区前门西河沿街216号（旧为西河沿路南一九一号），占地1.28亩，有房35间，现为民居。

苏太义馆 建于清晚期，位于西城区南新华街临11号（旧为路西三十二号），占地0.62亩，有房24间。今址为楚畹园烤肉城。

附产 置于清晚期，位于五道街46号左近（旧为五道庙路东二十号），占地0.5亩，有房14间。现为民居。

附产 苏太义地 也称苏太谊园。置于清晚期，位于沙子口路路东金丰苑小区（旧为石榴庄村南），占地35.36亩，有房11间。

江苏省在京会馆

江苏省位于我国华东地区，地跨长江、淮河南北，东临黄海，简称“苏”，省会南京。江苏跨江滨海，平原辽阔，水网密布，湖泊众多，长江横穿东西，京杭大运河纵贯南北，全国五大淡水湖江苏得其二，平原、水域面积分别占 69% 和 17%，比例居全国首位。与山东、安徽、浙江、上海等省市为邻。

春秋时属吴、楚、宋等国地，秦属东海、会稽等郡，汉属徐、扬二州，三国时苏南属吴越、苏北为魏地，唐分三道，元归河南、江浙两行中书省，明直隶南京。清初设江南省，即今江苏、安徽两省版图。江苏正式建省始于清康熙六年（1667 年），取江宁、苏州两府的首字而得名。1949 年后，设苏南、苏北两个行政公署区，南京为中央人民政府直辖市。1953 年合并，成立江苏省，南京为省会，现辖 13 个地级市、23 个县级市、22 个县及 55 个市辖区。全省面积 10 万多平方千米。

江苏省是在京会馆较多的省份，建立的最早会馆为明万历或更早时期建立的府馆——常州会馆；最早建立的省馆是清初置有江南省时的江南会馆，单独的省馆——江苏会馆建于清光绪十三年（1887 年）。该省共在京建立会馆 58 座，其中省馆 8 座（含 1 座合属馆），府馆 22 座，县馆 23 座，商业行业馆 5 座，上述会馆置设附产共计 29 处。目前尚有会馆建筑遗存 14 座。

江苏为文化大省，在京会馆以士人会馆为主，商业行业会馆为数不多且指向单一——绸商与漕运。士人会馆最初是以江南省名义建立的江南会馆。江苏、安徽虽于康熙初即分治，但两省独立建省馆都迟至同、光时期，江南会馆改名江安会馆后，仍充当着两省总馆的角色。顺、康、雍三朝，是江苏建府馆的高峰期，除徐州以外的府馆都在此期建立，多是以府领县、府县联办的形式建馆。乾隆以后，随着江苏来京士人增加及其需求的多样化，县域建馆特别是县际联合建馆多起来，并且从乾隆初一直延续到同治末。同治年间，随着安徽在淮军的政治经济支持下独立建起名噪京城的省馆——安徽会馆，江苏独立建省馆的呼声开始高涨，迎来了一轮建立省馆高潮，陆续在光绪后建起7座省馆（其一为仪馆）。安徽、江苏的分别独立建省馆，也直接导致了江安会馆的荒废。

江苏省在京会馆一览表

产别		馆名	别名	建立年代	现地址	老地址	地亩	房间	掌馆人	现状
合属馆		江南会馆	江安会馆	清顺治三年至康熙六年间（即1646-1667年间）	潘家胡同	潘家河沿				早废
省馆		江苏会馆		清光绪十三年（1887年）	菜市口大街北段	北半截胡同路西八号	5.18	110.5	夏颂来 夏仁虎	已拆
		江苏会馆		清光绪年间	东四北大街368号	东四北大街路东九十三至九十五号及其五条西口里路北的部分房产	3.35	45.5	杨卫玉	已拆
		江苏会馆		清朝末年	广安门内大街2号	北半截胡同路西六号	0.3	15.5	夏颂来 夏仁虎	已拆
		江苏会馆		清朝末年	天景胡同9号	大井胡同路北五号	1.9	52	夏颂来 夏仁虎	民居
		江苏会馆		清朝末年	粉房琉璃街	同左				早废
		江苏会馆		清朝末年	菜市口大街北段	丞相胡同路东五十一号	1.05	30.5	夏颂来 夏仁虎	已拆
		江苏义馆		清朝末年	核桃园东街1号	皈依寺路北三、四号	33.95	31	夏颂来 夏仁虎	已拆
府馆	常州	常州会馆		明万历年间或更早	小石虎胡同33号	石虎胡同				早废
	淮安	淮安老馆		清前期或更早	珠市口东大街中段	三里河				早废
		淮安老馆		清中前期	四平园小区7号楼	南横东街路南四十八号	0.29	9		已拆
		淮安郡馆		清道光二十八年（1848年）	红线胡同51号	麻线胡同路西二十三号	2.13	57	朱邦献 王子和	民居

产别		馆名	别名	建立年代	现地址	老地址	地亩	房间	掌馆人	现状
府馆	镇江	京江会馆		清前期或更早	南芦草园胡同	南芦草园				早废
		京江会馆		清代	建功南里	南菜园路西				已拆
		镇江郡馆		清中晚期	菜市口大街中段	官菜园上街路东二十五号	1.63	31	吴兆元	已拆
		镇江会馆		清中晚期	教佳胡同2号	敷家坑路东十一号	1.76	44	吴兆元	已拆
		镇江会馆		清中晚期	大保吉巷32号	宝鸡巷路南十四号	0.73	18	吴兆元	民居
	江宁	南京试馆		清前期	珠市口西大街32号	西珠市口路南五十三号				已拆
		江宁郡馆	上江两邑会馆、西元宁会馆	清嘉庆四年（1799年）	南半截胡同41号	同左路西十七号	3.16	59	华文选 夏仁虎	民居
					烂缦胡同106号	同左路东六十四号		24		
		江宁惜字会馆		清代	骡马市大街9号	棉花上四条路北七号		9	曹汝贤	已拆
		宁邑会馆		清代	銮庆胡同	同左				早废
		江宁郡馆	东元宁会馆	清晚期	大羊宜宾胡同31号院2号楼	同左路北一号、宝珠子胡同路西七号	1.36	18.5		已拆
	扬州	扬州老馆	王式丹旧居	清康熙年间	广安门内大街51号，并包括以北的53号院	广安门大街路北二十一号	8.97	74	黄景琪	动迁中
		扬州会馆	江甘仪会馆	清中前期	广安门内大街夹道居胡同南口	广安门大街二十五号		44	黄景琪	已拆
		扬州新馆		清嘉庆二十二年（1817年）	儒福里6号	珠巢街路南十四、十五号	3.78	54	吴心瑴 沈均闻	已拆
		扬州中馆		清中晚期	耀武胡同	羊肉胡同				早废
		扬州会馆		清中晚期	中信城	丞相胡同路东三十一号			黄景琪	已拆
		扬州会馆		清中晚期	中信城	驴驹胡同路南十八、十九号	2.32	39	黄景琪	动迁中

产别		馆名	别名	建立年代	现地址	老地址	地亩	房间	掌馆人	现状
府馆	南通	南通会馆		清雍正二年（1724年）	宣武门外大街28号富卓商厦大楼中心通道之南	宣武门大街一九五号	1.76	32	顾光宾	已拆
	徐州	徐州会馆		清光绪十五年（1889年）	米市胡同62号	同左路东八十、八十一号	1.89	52.5	陈同亮 许金生	已拆
县馆	句容	句容老馆		清朝初年	崇文门西沿河街	正阳门东河沿				早废
		句容南馆		清咸丰年间	中信城	米市胡同路东九十一号			陈同亮 许金生	已拆
	武进、阳湖	武阳会馆		清雍正年间	庄胜城	顺德馆夹道路西七号				已拆
		武进会馆	武阳会馆	清中前期	后青厂胡同40号	前青厂路北十三、十四号	3.78	84	赵春年	动迁中
		武进会馆		清嘉庆年间	中信城	北堂子胡同路南十四号	0.89	27.5	徐钧 陈传湖	已拆
	吴江、震泽	江震会馆	吴江会馆	清乾隆初年	贾家胡同14号	同左路东六十二号	1.36	32.5	徐钧 陈传湖	动迁中
		江震会馆		清朝中晚期	贾家胡同11号	同左路西六号	1.13	33.5	徐钧 陈传湖	已拆
		江震会馆		清道光年间	南柳巷路东	南柳巷				早废
	吴县、长洲、元和	吴县会馆	吴长元会馆	清乾隆年间	延寿街33号	延寿寺街路西十五号	3.3	94.5	汪蓬春	民居
		吴长元会馆		清嘉庆五年（1800年）	延寿街41号	延寿寺街路西十九号			汪蓬春	民居
	常熟、昭文	常熟会馆	常昭会馆	清乾隆五十三年（1788年）	烂缦胡同131号	同左路西五十号	3.77	37	胡文藻 沈起雄	已拆
	宜兴、荆溪	宜兴会馆	宜荆会馆	清中前期	校场头条15号	同左路西六号	0.56	13.5	周銮澄	民居
		宜兴会馆		清中晚期	校场头条3号	同左路西二号		10	周銮澄	民居

产别		馆名	别名	建立年代	现地址	老地址	地亩	房间	掌馆人	现状
县馆		宜兴会馆		清中晚期	佘家胡同1号	同左路西一号				已拆
		宜兴会馆		清晚期	先晓胡同8号楼	贤孝牌胡同十六号、二十二号、二十六号	4.04	58.5	周衡	动迁中
		宜兴新馆	周家楣旧居	清朝末年	校尉营胡同11号	校尉营路南二十四号	1.55	31	周衡	民居
	泰州、如皋	如泰老馆		清中期	前门西河沿街西口里路南	前门西河沿				早废
		如泰会馆	张謇旧居	清光绪二年（1876年）	后孙公园胡同12号	后孙公园路南八号	1.12	28	朱子班 茅济川	民居
	昆山	昆山会馆	莀新会馆	清同治初年	小沙土园胡同10号	小沙土园路东十九号	0.95	33	李锐 李承延	民居
	无锡、金匮	锡金会馆		清同治年间	前孙公园胡同11号	前孙公园路北七、八号	2.27	43.5	顾澄	民居
	江阴	江阴会馆		清同治年间	米市胡同98号	同左路东六十四号	1.5	46	徐雄飞	动迁中
		江阴会馆		清朝末年	广安门内大街6号	烂缦胡同路东八十一至八十三号	3.22	84	徐雄飞	已拆
	淮安、山阳	淮安邑馆	淮山邑馆	清代	潘家胡同19号	潘家河沿路西十一号	0.57	18		动迁中
商业行业馆		元宁东馆		清前期	长巷三条24号	同左路东十一号			李保亮	已拆
		元宁会馆		清代	长巷三条9号	同左路西三十九号		20	李保亮	民居
		长吴会馆		清乾隆年间	长巷三条16号	同左路东五号		57	彭心如	民居
		江苏漕运会馆	漕运总局	清乾隆三十年（1765年）	通州北大街中段路东	贡院胡同路南	9.3			已拆
		江苏漕运分馆		清同治十三年（1874年）	通州北大街北口路西	北关小口				已拆

合属馆产

江南会馆（江安会馆）《京师坊巷志稿》第263页“潘家河沿”条中载：“旧有江南会馆，今废。”清顺治二年（1645年）改明南直隶为江南省，治所在江宁府（今南京市）。康熙六年（1667年），分建江苏、安徽两行省。但此后习惯上仍合称这两省为江南。

建于清顺治三年至康熙六年间（1646—1667年），位于西城区潘家胡同（旧称潘家河沿）。初为江南省馆，康熙六年（1667年）后改称江安会馆，为江苏、安徽两省合属馆。至光绪年间（1875—1908年）已废。

《北京会馆档案史料》和《北京名胜楹联》等书录有江苏人王凯泰[①]“江安会馆”楹联一副：

联艺集群贤，却看五色云中，恩迎日下；
停骖[②]逢盛会，犹忆百花洲上[③]，春到江南。

省级馆产

江苏会馆 建于清光绪十三年（1887年），位于西城区菜市口大街北段（旧为北半截胡同路西八号），占地5.18亩，有房110.5间。今址相当于北京开元名都大酒店域内的北半部分。

光绪三十二年（1906年），这里创立了一所学校。《北京市志稿·文教志》中记载：“私立江苏小学成立于前清末时，系由江苏旅京同乡会募捐创办，初名江苏学堂，专以造就该省同乡子弟为目的，当时中学一班、小学

---

① 王凯泰（1823—1875），字幼轩，号补帆，江苏宝应人。清道光三十年（1850年）进士，官至浙江按察使、福建巡抚。

② 骖：古代指驾在车两旁的马。

③ 百花洲上：意指百花争艳的水乡故里。有些资料以“百花洲”为南昌名胜地名，误指江安会馆为江西、安徽合属馆。笔者比对史料，应为江苏、安徽合属馆，且联中应是以“五色”对“百花”，以“云中”对“洲上”，且特意在上、下联尾分别以“日下”喻北京，以“江南”明馆属，表明是在北京的江南之馆。

二班。1911 年改为京师私立江苏高等小学堂，1916 年后称为私立江苏小学校。”1949 年后，由区教育局接收，改名北半截小学，1973 年改为北京市第 203 中学，20 世纪 80 年代被转并到其他学校。此后这里被改造为宣武区人大、宣武区政协机关办公地。20 世纪末，在拓建菜市口大街过程中被拆除。

江苏会馆　建于清光绪年间（1875—1908 年），位于东城区东四北大街 368 号（旧为东四北大街路东九十三至九十五号及其五条西口里路北的部分房产），共占地 3.35 亩，有房 45.5 间。今址相当于盛锡福帽店及其周边地片。

江苏会馆　建于清朝末年，位于西城区广安门内大街 2 号北京移动通讯枢纽大楼域内偏于南半部分（旧为北半截胡同路西六号），占地 0.3 亩，有房 15.5 间。1949 年前这里曾作为江苏同乡会办公地点。

江苏会馆　建于清朝末年，位于西城区天景胡同 9 号（旧为大井胡同路北五号），占地 1.9 亩，有房 52 间，现为民居。

江苏会馆　建于清朝末年，位于西城区粉房琉璃街。该馆仅在《宣武区地名志》上有载。

江苏会馆　建于清朝末年，位于西城区菜市口大街北段（旧为丞相胡同路东五十一号），占地 1.05 亩，有房 30.5 间，拓建菜市口大街过程中被拆，现为“中信城”域内。

江苏义馆　建于清朝末年，位于西城区核桃园东街 1 号（旧为皈依寺路北三、四号），占地 33.95 亩，有房 31 间。1953 年建起北京市公共汽车公司第三保养场。

附产　置于清朝末年，位于校场四条 5 号（旧为路西三号），连同铺面房共 9 间；位于校场五条 8 号（旧为路东四十五号），有房 11.5 间。两处共占地 0.63 亩，现均为民居。

附产　置于清朝末年，位于琉璃厂西街 71、73 号（旧为厂西门一一五至一一七号），占地 0.37 亩，有房 20.5 间，目前前部尚为小铺面房，后部住房已拆。

附产　置于清朝末年，位于西草厂五十四号（老地址），有地 0.23 亩，有房 7.5 间。20 世纪末危改过程中，此片地域盖起的大楼编为永光东街九号院 1 号楼，原五十四号位置应在 1 号楼西南角左近。

附产　置于清朝末年，位于南横西街 95 号（旧为路北四十八、四十九号），共有房10间，其在建“唐悯忠寺故址”花园广场过程中被拆。

附产 置于清朝末年，位于儒福里6号健宫医院域内（旧为珠营一号），占地1.62亩，有房11间。1953年建设北京市建筑工人医院时被拆。

附产 置于清朝末年，位于天桥北里小区6号院域内（旧为福长街二条路南四十八、四十九号），占地1.36亩，有房22间。21世纪初危改过程中被拆。

附产 江苏义园 置于清朝末年，位于广安门外手帕口南街朗琴园小区域内（旧称大红庙）。该地片20世纪50年代建起北京第二机床厂，改革开放后工厂外迁，开发为住宅小区。

附产 江苏义园 置于清朝末年，位于枣林前街路北牛街西里二区域内（旧为老君地南沿），相当于今北京广安中学一片地域内。1972年，在原老君地小学基础上扩建为北京市第一八一中学。20世纪末被撤并后，广安中学迁入，专门作为外地来京务工子女初中校。

附产 江苏义地 置于清朝末年，位于陶然亭路14号北方昆曲剧院域内东侧（旧称珠营），占地7.69亩。

附产 江苏第一公墓 置于清朝末年，位于石景山区模式口街（旧为模式口村），占地50亩，有房9间。根据本街一位80多岁老妇人讲：“本街左右大片的义地有好几处，解放不久，大部分被部队占用，江苏第一公墓具体位置说不准。”

附产 江苏第二公墓 置于清末民初，位于海淀区玉渊潭南路中华世纪坛左近（旧为蔡公庄），占地15亩。

附产 江苏谊园 置于民国时期，位于丰台区马家堡北街路东花椒树小区（旧为花椒树村），占地12.72亩，有房53间。此地片已于20世纪80年代形成楼群小区。

府级馆产

常州

常州，位于江苏省南部、大运河贯通。汉置毗陵县，晋升为晋陵郡，隋开皇九年（589年）改为常州，唐分置武进县，同为州治。元至元中改为路，

常州会馆故地　小石虎胡同33号

明初改为府，为避光宗朱常洛讳改为尝州，清复常州。1912 年废府改武进县，1949 年析县城再置常州市。

常州会馆　建于明万历年间（1573—1620 年）或更早，废于天启年间（1621—1627 年）。位于西城区小石虎胡同 33 号（旧为石虎胡同西口里路北）。《京师坊巷志稿》第 86 页载："前明大学士周延儒居第，其初本为常州会馆也。"

据《北京市西城区志》和《北京西城往事》载，该处宅院清初成为吴三桂之子吴应熊的额驸府，雍正三年（1725 年）改为右翼宗学，曹雪芹曾在这里担任过十年教习，并在这里认识了他后来的两位好朋友敦敏、敦诚兄弟。乾隆年间（1736—1795 年）曾为皇孙绵德府第。1916 年 11 月，北京蒙藏学校迁至该院。1924 年 3 月蒙古族第一个中国社会主义青年团支部在这里建立；下半年，蒙古族第一个中国共产党支部在这里诞生，并开展活动。1951 年改为中央民族学院附属中学，其是向全国少数民族地区招生的中等学校，1987 年改名中央民族大学附属中学并迁至海淀区。80 年代后期该院已被全部打通，只余房架和房盖，变成为一个整体通透的百货大卖场，称"民族大世界"。院中的"古枣树"树龄已有六百多年，被誉为"京师古枣第一株"。李大钊曾在古枣树下向进步青年讲解革命道理。本应加以认真保护的这棵名木，因房产主为扩大营业面积却把大枝杈全部锯光，苍老的树干就好像一尊老寿星头上长出几根稀疏的"毛发"，让人一阵酸楚。因社会广泛呼吁，经有关部门工作后于 2013 年 5 月前已腾退完毕，现正在进行全面修复。

人物链接

周延儒（1593—1644），字玉绳，号挹斋，江苏宜兴人。明万历四十一年（1613 年）进士，崇祯二年（1629 年）特旨擢礼部尚书兼东阁大学士，次年成内阁首辅。“庸儒且贪，清兵略山东，其自请视师。清兵去后，论功加太师。旋廷臣及中官尽发所刺军情，且劾其十大罪，帝乃大怒，削职赐死。”

曹雪芹（1713—1763），名霑，字梦阮、芹圃，号雪芹、芹溪居士，满洲正白旗人。幼年居南京，生活富贵，清雍正六年（1728 年）因家产被抄，随家迁居北京。乾隆间曾为右翼宗学笔帖式。工诗善画，性情豪放，善谈论。晚年居于香山，穷愁潦倒，痛感世态炎凉，愤而著书，以十年时间著出不朽名作《红楼梦》。

知识链接

右翼宗学 清顺治十年（1653 年）始设，清代教授宗室子弟的学堂，隶宗人府主管。雍正三年（1725 年）分左、右翼之制，各设满、汉学各一。王公、将军及宗室子弟十八岁以下者，入学要习满、汉文兼骑射等。经考试可赐进士或进士及第，用于宗人府、翰林院等衙门。光绪三十四年（1908 年）裁左、右翼宗学，改设八旗高等学堂和左、右翼高等小学、初等小学。

淮安

淮安，位于江苏省中部偏北。汉置射阳县，东晋改山阳，南宋绍定元年（1228 年）改置淮安军，端平元年（1234 年）改为淮安州。元至元十二年（1275 年）升为路，明改府，1914 年废府，今为江苏省地级市。城中有周恩来同志旧居。名胜古迹有文通塔、镇淮楼及青莲岗新石器时代遗址、汉古墓群等。

淮安老馆 建于清前期或更早，位于东城区珠市口东大街中段（旧称三里河），应在清晚期已废。

淮安老馆 建于清中前期，位于西城区南横东街，相当于今四平园小区 7 号楼址（旧为路南四十八号）。

该馆为淮安与淮阴、涟水、盐城、阜宁四县和泗州直隶州的合建馆。

淮阴，为淮安正北近邻。秦置淮阴县，今为淮安市下辖区。境内有韩信故里和韩信城。

涟水，位于江苏省北部、新淮河北岸，运盐河纵贯。汉置淮浦县，隋改涟水，元入安东州，明改安东县，1914 年复名涟水，今为淮安市下辖县。

盐城，位于江苏省东部、新洋港上游，串场河及运河纵贯。汉置盐渎县，东晋改盐城，今为江苏省地级市。

阜宁，位于江苏省北部、射阳河斜贯。清置县，现为盐城市下辖县。

泗阳，位于江苏省北部、洪泽湖北岸，大运河斜贯。汉置泗阳县，北周末改安州，元改桃园县，明再改洮源，清雍正初升为直隶州称泗州，1912 年废州改县，1914 年复名泗阳，今为宿迁市下辖县。

淮安郡馆现状　红线胡同51号　院内的一位长者说到“大革命时周恩来曾到过该院”时感到十分自豪

淮安郡馆　建于清道光二十八年（1848 年），《北京会馆档案史料》载：“由同乡捐款购置。同治六年（1867 年）续购毗连房屋。”位于西城区红线胡同 51 号（旧为麻线胡同路西二十三号），占地 2.13 亩，有房 57 间。现为民居。

附产　置于清晚期，位于宣武门外大街 6 号庄胜广场域内（旧为西茶食胡同路北八号），占地 0.26 亩，有房 8 间。

附产　淮安义园　置于清晚期，位于丰台区开阳里一街 2 号（旧为右外二条东口里路北），占地 18 亩，有房 5 间。实地考察得知：1956 年义园被征用建右安门一中，大门改开在右外一条路南。改革开放后，一中被改为洋桥职业学校分校，现为首都医科大学附属中学。

镇江

镇江，位于江苏省西南部、长江南岸，大运河流经。古称朱方、京口，隋唐为润州，北宋政和三年（1113 年）升润州府，元至元十三年（1276 年）改为路，明为镇江府，1912 年废府改县。1949 年置市，今为江苏省地级市。名胜有金山、焦山和北固山等。

京江会馆　“京江”，即长江流经镇江市北的一段，因镇江古名为“京口”而得名。唐杜牧《杜秋娘诗》中有“京江水清滑，生女白如脂”句。故以“京江”为镇江代称得馆名。

建于清前期或更早，位于东城区南芦草园胡同，具体方向、位置无考。

京江会馆　建于清代，位于西城区建功南里小区左近。据《中国会馆志》第 77 页载：“江苏在京的会馆有……京江会馆，建于清代，宣武区南菜园路西。”

镇江郡馆　建于清中晚期，位于西城区菜市口大街中段（旧为官菜园上街路东二十五号），占地 1.63 亩，有房 31 间。已拆待建。

《北京会馆档案史料》书中辑“镇江郡馆章程”第一条述明：“本馆由镇江及丹阳、太平、金坛、溧阳四县及原京口旗籍之旅平同乡共同组织，以联络乡谊，合谋公益为宗旨。”

京口，故城址在镇江市中。东汉末、三国吴时称为京城。东晋、南朝时期，因此城凭山临江通称京口城，为长江下游军事重镇和首都建康（今南京市）的北方门户。

丹阳，位于江苏省西南部、东北滨长江，大运河斜贯。秦置曲阿县，唐改丹阳，今为镇江市下辖县级市。古迹有六朝陵墓。拥有三千年历史的丹阳“吴国城址”，包括葛城遗址和珥城遗址两处，是目前国内发现的最古老的春秋吴国城池。

太平，今称扬中，位于江苏省南部、长江中。原为丹阳、丹徒、泰兴三县地，由雷公咀、太平洲、轮船沙、中心沙组成，其中太平洲最大。明时露出水面，清末置太平厅，1912 年改太平县，1914 年改扬中，今为镇江市下辖县级市。

金坛，位于江苏省西南部，茅山东麓，南有洮、中有丹金溧漕河纵贯。隋置金山县，唐改金坛，今为常州市下辖县级市。

溧阳，位于江苏省西南部，邻接安徽省。秦置县，今为常州市下辖县级市。

镇江会馆　建于清中晚期，位于西城区教佳胡同 2 号（旧为敫家坑路东十一号），占地 1.76 亩，有房 44 间。目前已拆。

镇江会馆 建于清中晚期，位于西城区大保吉巷32号（旧为宝鸡巷路南十四号），占地0.73亩，有房18间。现为民居。

附产 置于清中晚期，位于照阳胡同3号（旧为照阴阳胡同路西二号），占地0.3亩，有房10间，现为简易楼民居。

附产 镇江义地

置于清中晚期，位于龙潭路2号万柳阁饭店地片（旧为潘家窑三号），占地23.5亩。

附产 镇江第二公墓 置于清晚期，位于马家堡路北段路东共进里小区域内（旧为二郎庙村），占地15亩。

附产 镇江东园 置于民国时期，位于左安门内大街南端路东向新东里地片域内（旧地名为镇江东园）。

江宁

今称南京，位于江苏省西南部，滨临长江。为江苏省省会城市，全省政治、经济、文教中心，国民经济和社会发展计划单列市。也是我国七大古都之一，国家历史文化名城。简称“宁”，别称石头城、金陵。

战国楚置金陵邑，秦称秣陵，三国吴改建业，晋称建康，明为南京，清为江宁府。1927年设南京特别市，1930年改南京市。先后有东吴、东晋、南朝宋齐梁陈、南唐、明初、太平天国、中华民国等17个朝代在此建都，史称“十朝古都”。

南京是我国重要旅游城市，有钟山国家重点风景名胜区、石头城、明故宫、明孝陵、灵谷寺、总统府旧址等古迹，以及众多的名胜景点。

南京试馆 建于清前期，位于西城区珠市口西大街32号（旧为西珠市口路南五十三号），现已拆平，建为路边花园。

江宁郡馆（上江两邑会馆） 建于清嘉庆四年（1799年），位于西城区南半截胡同41号（旧为路西十七号），有房59间；随即于邻近的烂缦胡同增置馆舍，位于烂缦胡同106号（旧为路东六十四号），有房24间。两处共占土地3.16亩。现均为民居。

清光绪三年（1877年）前称上江两邑会馆，是取上元之“上”、江宁之“江”，得“上江”馆名。同时以上元之“元”、江宁之“宁”，为“元宁”馆名，该馆俗称“西元宁会馆”，东城区境的郡馆俗称“东元宁会馆”。“上江”、“元宁”名虽有别，但均指“江宁”，即今之南京市。

尚存南半截胡同41号的《改上江两邑会馆为江宁郡馆记》中述："江宁府领七县，上元、江宁为附郭首，而句容、溧水、高淳、江浦、六合五县隶焉。康熙初年，乡先达官京师者仿各省例创建会馆。"值得说明的是：该"馆记"目前还在此院一进的正房前廊内，但居民为了扩大面积，已把廊沿加窗变为居室。

以上提及的相关地方历史地理概况为：

江宁郡馆现状　南半截胡同41号　已经"原拆原建"改造

上元，唐肃宗上元二年（761年）改江宁县置，五代吴又分上元地析置江宁县，自此后上元、江宁两县一直同城而治，历为金陵府、升州、江宁府、建康府、集庆路、应天府治所。1912年再合并统称江宁县。

江宁，位于南京市城南。秦为秣陵县地，晋置临江县，后改江宁。五代南唐升元元年（937年），改金陵府置并建都于此。宋初改为升州，天禧二年（1018年）复为江宁府，南宋初改建宁，元改为路，明为应天府，清初再改江宁，历为江南省、江苏省治所，今为南京市下辖区。名胜古迹有汤山温泉，牛首山，六朝石刻及古代墓葬碑，湖熟镇为"湖熟文化"首次发现地。

六合，位于南京市城北、长江北岸，邻接安徽省。汉置堂邑县，晋改尉氏，隋改六合，今为南京市下辖区。名胜古迹有灵岩山、金牛山、瓜埠山、龙池、龙津桥等。

江浦，今称浦口，位于南京市城西、长江北岸，邻接安徽省。明初由六合县析置，今为南京市下辖区。名胜古迹有狮子岭的兜率寺。

高淳，位于江苏省西南部，邻接安徽省。明置县，今为南京市下辖县。名胜古迹有赤乌宝塔、楚王城遗址；固城湖盛产鱼虾。

溧水，位于江苏省西南部，邻接安徽省。隋置县，今为南京市下辖县。石臼湖盛产鱼类。

句容，位于江苏省南部、北临长江。汉置县，今为镇江市下辖县级市。名胜有宝华山和茅山。

江宁惜字会馆　建于清代，位于西城区骡马市大街9号域内（旧为棉花上四条路北七号）。《北京会馆档案史料》载，"江宁惜字会馆，仅有一小四合院，房屋 9 间”，可算是北京最小的会馆之一。

宁邑会馆 建于清代，位于东城区銮庆胡同，早废。因南京简称为“宁”，宁邑即指南京。

江宁郡馆（东元宁会馆） 建于清晚期，位于东城区大羊宜宾胡同 31 号院 2 号楼地片内（旧为大羊宜宾胡同路北一号、宝珠子胡同路西七号），共占地 1.36 亩，房屋分别是 15.5 间和 3 间，合计为 18.5 间。此两条小巷为 90° 直角内临近，连片危改过程中变为一幢楼。

扬州

扬州，位于江苏省中部、长江北岸，古九州之一。汉武帝所置十三刺史部之一。三国吴置扬州，后改吴州，隋开皇九年（589 年）再改扬州。元升为路，明改为府，明清时为两淮盐运中心。1949 年置市，今为江苏省地级市。市郊有瘦西湖、平山堂等名胜。

始建于春秋时代的京杭大运河是世界上开凿最早、里程最长的人工大运河，全长超过 1800 公里，途经全国 8 省 35 个省辖市。我国将力争在 2014 年使大运河被列入《世界遗产名录》。扬州是全国大运河联合申遗牵头城市。

扬州老馆（王式丹旧居） 建于清康熙年间（1662—1722 年），位于西城区广安门内大街 51 号，并包括以北的 53 号院（旧为广安门大街路北二十一号），院内有房 74 间。现因“广安片”动迁，正在拆除。

该馆曾为王式丹旧居，并有诗证：

慈仁寺之东旧有扬州会馆，余于五月二十二日移居其中。刘大山同年赋诗三章，依韵奉酬：

大地邻虚总一尘，冷官随处可安身。
栽花树栅闲中事，爱酒怜诗我辈人。
桑下岂惟三宿恋，槐荫也作两家春。
却思旧雨东西路，千万别应更买邻。

馆中的两副楹联分别为：

得地九衢中，到此应知故乡事；
成荫十年后，可能还忆种花人。

（作者：陈彝[①]）

---

① 陈彝，字六舟，号听轩，江苏扬州人。清同治元年（1862 年）进士，累官至安徽巡抚、礼部侍郎，为人“负气敢言，弹劾无所避”。

二千里远行江淮，凡甲乙科，同在中朝，皆敦乡谊；
尺五天近临韦杜，当己未岁，重新上馆，更启人文。

（作者：阮元[①]）

人物链接

王式丹（1645—1718），字方若，号楼村，江苏宝应人。康熙四十二年（1703年）状元，此乃是有清一代114名状元中，年纪最大的一位，中得状元时为59岁，授翰林院修撰。工诗，有《楼村集》。

相关链接

《神州轶闻录》中有这样一段感人的有关发生在扬州老馆的轶闻——“梅巧玲焚据”：

清朝晚期，江苏仪征籍京官谢梦渔病逝于京，在扬州会馆设奠。梅兰芳大师之祖父梅巧玲亲往吊祭，其间拿出一把借据给大家看。家人不胜惶恐，歉意说：“我们都知道此事，但目前实在无力……”。梅说：“我不是来要账的，本人和令尊是至交，非常痛心，今是特来了结此事的，”即将一把借据于白蜡烛上焚化。接着又顺手拿出200两的一张银票交与家人，作当奠仪。

家人与亲友无不动情，此事马上传遍了北京城。作为一个京剧艺人，慷慨好义，雪中送炭，实在令人肃然起敬。

扬州会馆（江甘仪会馆） 建于清中前期，为江都、甘泉、仪征联合建馆。位于西城区广安门内大街夹道居胡同南口左近（旧为广安门大街二十五号），有房44间。其与扬州老馆同一张地契，共8.97亩。现已拆除。

江都，秦置广陵县，汉改江都，隋为扬州，五代吴定都于此，升为江都府。周显德中复为扬州，治所一直与扬州并存。1949年析江都县城区为扬州市，江都县治所向东北移出，今为扬州市下辖县级市。

甘泉，清雍正九年（1731年），由江都县分置，因县西北有甘泉山而得名，1912年复并江都。

仪征，唐置扬子县，明改仪真，清改仪征，今为扬州市下辖县级市。

---

① 阮元（1764—1849），字伯元，号云台，江苏仪征人。清乾隆五十四年（1789年）进士，充国史馆武英殿纂修，并住扬州会馆内，后官至封疆大吏两湖、两广、云贵总督，加太子少保、体仁阁大学士。其为官清正，为安抚一方百姓、安定国家边陲作出了贡献。

扬州新馆 建于清嘉庆二十二年（1817 年），位于西城区儒福里 6 号健宫医院域内（旧为珠巢街路南十四、十五号），共占地 3.78 亩，有房 54 间。20 世纪 50 年代，连同区域内的其他房地连片改造，建起北京市建筑工人医院。

该馆是由建馆时的扬州府领高邮州、泰州、宝应县、兴化县、东台县联合组建之会馆，称扬州新馆。

高邮，位于江苏省中部、西滨高邮湖，大运河纵贯，邻接安徽省。汉置高邮县，明升州置，1912 年还县，今为扬州市下辖县级市。

泰州，位于江苏省中部、通扬运河横贯。汉置海陵县，南齐改泰县，明为泰州，1912 年改泰县，1949 年置市，今为江苏省地级市。

宝应，位于江苏省中部、宝应湖之东，大运河纵贯。汉置平安县，唐改宝应，今为扬州市下辖县。该县历来被称为“渔米之乡”。

兴化，位于江苏省中部。五代吴置县，今为泰州市下辖县级市。

东台，位于江苏省东部、串场河及通榆运河纵贯，滨临黄海。清置县，今为盐城市下辖县级市。

附产 扬州义地 置于清中晚期，位于儒福里 40 号院（旧为珠营四号），该址 1957 年被征用，现为北京市供销合作总社办公地。

附产 扬州义地 置于清中晚期，位于珠营四号以北，共 8.85 亩，分为两片（分别为 7.69 亩和 1.16 亩）。1953 年建北京市建筑工人医院，现称健宫医院。

附产 扬州义地 置于清中晚期，位于珠营南片。1952 年建北京市第十五中学。

相关链接

珠营南片 后称育新街 2 号。《宣武区地名志》“育新街”条中有“北段街之东侧（原扬州义地）于 1952 年建起北京市重点中学——北京市第十五中学”。该校当时仅设初中，是北京市人民政府新建的第一批市立中学之一。从 1956 年起成为完全中学。1955 至 1960 年，先后接收了百名华侨子女及外交部干部子女入学，1960 年被列为北京市对外开放单位，1978 年被定为北京市重点中学。1988 年入选中国著名校。

扬州中馆 建于清中晚期，位于西城区耀武胡同（旧称羊肉胡同）。早废。

扬州会馆 建于清中晚期，位于西城区菜市口大街北段（旧为丞相胡同路东三十一号），现为“中信城”域内。

扬州会馆 建于清中晚期，位于西城区“中信城”地片内，原为果子巷70、72号（旧为驴驹胡同路南十八、十九号），占地2.32亩，有房39间。

南通

南通，位于江苏省东南部、长江北岸，东滨黄海。汉属海陵县地，东晋为蒲涛县地，南唐置静海镇，周升静海军，后筑城名“通州”。明为通州，清升为直隶州，为有别于京东通州故称南通州，1912年改南通县，1949年置市，现为江苏省地级市。因该境盛产棉花，故纺织业早已甚胜，旧有“南通布”之名。其他实业、教育、交通等均很发达，早有“模范之地”的说法。

南通会馆 建于清雍正二年（1724年），位于西城区宣武门外大街28号富卓商厦中心通道之南（旧为宣武门大街一九五号），占地1.76亩，三进院落，有房32间。

《北京会馆档案史科》及《北京名胜楹联》中尚存南通会馆两联，作者分别为沈岐和顾殊古。

庐旅乃构于京，喜戴斗①瞻天，舄奕②簪缨③朝北阙；

文章莫大乎是，快腾蛟起风，联翩科第冠南州。

另联可称得上是会馆楹联字数之最，共104字。联文如下：

惟淮海偏州，径隶行省④，与附庸旧县，别开邸舍于兹，眷⑤彼征人，命俦啸侣，入息縢蹻⑥、出鸣佩珂⑦，去奥渫⑧卑辱而升本朝，千里因依欣聚首；

繄⑨乡邦后进，来游上京，即布衣诸生，皆具风云之气，誉斯髦士⑩，应科历官，内跻⑪台司⑫、外秉疆寄，自俶⑬落权舆以迄吾世，百年赓续话从头。

---

① 戴斗：在北斗之下。
② 舄（xì）奕：蝉联不绝。
③ 簪缨：贵人冠饰。
④ 径隶行省：意指南通州在清代为直隶州。
⑤ 眷：安顿休息。
⑥ 縢蹻：縢，此当“缠腿”意；蹻，此为“鞋”意。
⑦ 佩珂：玉质饰物。
⑧ 奥渫（xiè）：污浊。
⑨ 繄：此当“犹”或“是”意。
⑩ 髦士：年轻英俊之士。
⑪ 跻（jī）：升。
⑫ 台司：台、司为官职名。
⑬ 俶（chù）：开始。

徐州

徐州，位于江苏省西北部。古九州之一，秦末为西楚国都，汉武帝所置十三刺史部之一。三国魏为徐州治，元至正时升为徐州路，不久降为武安州，明洪武初复改徐州，清雍正时升为府，1912年废，1938年设市，今为江苏省地级市。此地向为军事要地，解放战争中淮海战役即以此为中心，市内建有淮海战役烈士纪念塔和纪念馆。名胜古迹有云龙山、云龙湖等。

徐州会馆 该馆全称为“邳（县）沛（县）丰（县）铜（山）睢（宁）宿（迁）萧（县）砀（山）八县暨徐州会馆”。

建于清光绪十五年（1889年），“由萧县段叔云、宿迁黄伯雨诸公捐廉并募集经费购得”。位于西城区米市胡同62号（旧为路东八十、八十一号），“共占地1.89亩，有房52.5间”。现已拆除。1918年刻《徐州会馆创建记》现存于北京市石刻艺术博物馆。

邳县，今称邳州，位于江苏省西北部，邻接山东省。秦置下邳县，北周升邳州，隋大业初废。唐武德间复置，贞观初又废。金贞佑间再置，清时不辖县，1912年废州改邳县，今为徐州市下辖县级市。

沛县，位于江苏省西北部、徐沛运河过境，东邻山东省。秦置县，秦二世元年（公元前209年），陈涉起兵于此，杀沛令，迎刘邦立为沛公。汉高帝元年（公元前206年）改汤沐邑，汉初沛郡，后汉改为沛国。北齐时废，陈时再置沛郡，北周改县，今为徐州市下辖县。

丰县，位于江苏省西北部，邻接山东、安徽两省。汉置县，今为徐州市下辖县。

铜山，位于江苏省西北部，邻接山东、安徽两省。秦置彭城县，清改铜山，今为徐州市下辖县。

睢宁，位于江苏省西北部，邻接安徽省。汉置睢陵、取虑二县，金分宿迁置睢宁县，今为徐州市下辖县。

宿迁，位于江苏省北部、大运河及废黄河贯穿境内。秦置下相县，东晋改宿预，唐改宿迁，20世纪80年代置市，今为江苏省地级市。

萧县，位于安徽省北端，东邻江苏省，西接河南省。秦置县，1955年由江苏省划归安徽省，今为安徽省宿州市下辖县。境内皇藏峪为著名风景区。

砀山，位于安徽省北端，邻接江苏、河南、山东三省。秦为下邑、砀县地，隋置砀山县，1955年由江苏省划归安徽省，今为安徽省宿州市下辖县。

县级馆产

句容

有关句容的历史地理概况已在“江宁会馆”条中作了介绍。

句容老馆 建于清朝初年，由邑人笪重光所创，位于东城区崇文门西沿河街（旧为正阳门东河沿）中段路南，早废。

人物链接

笪重光（1623—1692），字在辛，号江上外史，江苏句容人。清顺治朝进士，官至御史，有直声，因劾明珠而去职。工书善画，诗如其人。

句容南馆 建于清咸丰年间（1851—1861 年），位于西城区“中信城”北片内，原为米市胡同 50 号（旧为路东九十一号）。

武进、阳湖

武进，位于江苏省南部，长江、太湖和滆湖之间。汉置毗陵县，晋改晋陵，唐分置武进，今为常州市下辖区。境内有淹城遗址。

阳湖，今称常州。清雍正二年（1724 年）由武进分置，因县东有阳湖而得名，1912 年又并回武进。1949 年析武进城区设常州市，今为江苏省地级市。名胜古迹有天宁寺、文笔塔、红梅阁等。

武阳会馆 由武进和阳湖两县联合建立，取两地名前一字而得馆名。

建于清雍正年间（1723—1735 年），位于西城区“庄胜城”域内（旧为顺德馆夹道路西七号），为三重院落。现已拆待建。

多位清代名人曾住此馆，洪亮吉是其中最著名者。

人物链接

洪亮吉（1746—1809），字君直，号北江，江苏武进（今常州）人。清乾隆四十四年（1779 年）中举人，五十五年（1790 年）考取一甲二名进士（榜眼），授翰林院编修。嘉庆朝初当上皇子、皇孙的老师，四年（1799 年）因上陈时政之弊触怒皇帝，被戍发伊犁。次年，皇帝传谕将其放回家乡。其在路上特别游览了江苏、浙江山水名胜，最后主讲于安徽旌德洋川书院。十四年（1809 年）病逝于家中。

洪亮吉是一位文学家、经学家、哲学家、地理学家、方志学家，还是人口学家。其于乾隆五十八年（1793 年）成书的政论著作《意言》，阐述人口论的思想，要比英国人马尔萨斯的《人口论》还早五年。

武进会馆 原称武阳会馆。建于清中前期，位于西城区前青厂路北十三、十四号，占地 3.78 亩，有房 84 间。大门后改开于后青厂胡同 40 号。曾为宣武区文物暂保单位，现处拆除中。

会馆由前后两部分组成，前部临前青厂胡同。两组四合院中，西院较大，临街为三间九檩前后廊门殿式大门，两山连倒座房八间，进深五檩，这种形制在北京各会馆中尚不多见。一进院正房五间，进深五檩加前廊，原为过厅；二进院正房五间，两厢房各二间，均五檩进深。东院一进院正房面阔三间，进深五檩加前廊，倒座三间五檩；二进院正房也是面阔三间，进深五檩加前廊，两厢各二间。后半部及西部为排房，每座三间进深五檩。武进会馆各院布局不太规整，会馆的实用功能突出。

该馆曾是清中前期名人孙星衍的旧居。馆西侧折弯小巷，原以馆名而得胡同名，故称“武进馆夹道”，1965 年整顿街巷地名时，将其部分并入顺德馆夹道、部分并入后青厂胡同。

附产 位于前青厂中段（旧为路南三十号），有地 0.33 亩，有房 3 间。

人物链接

孙星衍（1753—1818），字渊如，号季逑，江苏阳湖（今常州）人，少时即与同里洪亮吉、杨芳灿、黄景仁文学齐名。袁牧品其诗称为“天下奇才”。清乾隆五十二年（1787 年）进士，授翰林院编修。“和珅早知其名，欲一见，遭拒”。嘉庆朝历官至山东督粮道，引疾归。辞官后勤于著述并主讲于扬州安定书院、绍兴蕺山书院等。著有《尚书今古文注疏》等。“星衍性诚正，立身行事，无伪言”。其卒，“海内学者毕悼慕”。

武进会馆 建于清嘉庆年间（1796—1820 年），位于西城区“中信城”北片，原为北堂子胡同 14 号（旧为路南十四号），占地 0.89 亩，有房

27.5 间。现已拆除。

附产　武进义园　置于清晚期，位于丰台区分钟寺路（旧为分钟寺村），占地 6 亩，有房 10 间。目前，此地片为交易市场。

吴江、震泽

吴江，位于江苏省南端、西滨太湖，邻接上海市和浙江省。五代吴越置县，今为苏州市下辖区。名胜有垂虹桥等。

震泽，今已并入苏州。原为吴县地，清初析置震泽，1912 年并回吴县，1953 年再次析出，1960 年又复并回吴县，后随吴县并入苏州市。

江震会馆（吴江会馆）　建于清乾隆初年，清代称江震会馆，民国后称吴江会馆。位于西城区贾家胡同 14 号（旧为路东六十二号），占地 1.36 亩，有房 32.5 间。正在拆除。

曾于光绪三十二年（1906 年）设立江苏公学堂，宣统二年（1910 年）改称公立江苏中学堂，1913 年后停办。馆中原有陆耀[①]所作楹联一副：

来看上苑[②]莺花，今日幸同良会；

记省松陵文献[③]，他年得似何人。

江震会馆　建于清朝中晚期，位于西城区贾家胡同 11 号（旧为路西六号）。占地 1.13 亩，有房 33.5 间。1949 年后，改为中国人民银行宿舍，现已拆除。

江震会馆　建于清道光年间（1821—1850 年），位于西城区南柳巷路东，早废。

吴县、长洲、元和

吴县，今称吴中。位于江苏省东南苏州市内。秦置吴县，唐分置长洲县，清再分置元和县及太湖、靖湖两厅，1912 年皆又都并入吴县。改革开放后，吴县并入苏州市，分为吴中区、相城区，其境内河湖众多，号称水乡。名胜有宝带桥、东洞庭、西洞庭和灵岩、邓尉、天平等山及保圣寺、东山紫金

---

① 陆耀，字朗夫，江苏吴江人，清乾隆年间举顺天乡试，授中书，官至湖南巡抚。“清勤自励，所至有绩”，其学无所不通，人称“多面才子”。

② 上苑：指京城。

③ 松陵文献：指《松陵集》，唐诗人陆龟蒙等人合作，陆为江苏吴江人。

庵等。

长洲，唐武则天万岁通天元年（696年）分吴县置，取长洲苑为名，1912年并回吴县。

元和，清雍正二年（1724年）分长洲县置，1912年同长洲一并复还吴县。

吴县会馆 原称吴长元会馆，为吴县、长洲、元和三地联合建馆，1912年长洲、元和并入吴县后，称吴县会馆。

建于清乾隆年间（1736—1795年），位于西城区延寿街33号（旧为延寿寺街路西十五号），现为民居。

吴长元会馆 建于清嘉庆五年（1800年），位于西城区延寿街41号（旧为延寿寺街路西十九号），现为民居。该馆与吴县会馆共占地3.3亩，合计房数94.5间。

附产 置于清中晚期，位于“庄胜城”域内（旧为海北寺街路北十四号），占地0.59亩，有房13间，现已拆待建。

常熟、昭文

常熟，位于江苏省南部，北临长江。晋置海虞县，南朝梁改常熟，1951年设市，今为苏州市下辖县级市。虞山为境内名胜。

昭文，曾和常熟两县同城而治。清雍正二年（1724年）分常熟置，辖城东。相传是南朝梁昭明太子读书选文处，故名。1912年复并常熟。

常熟会馆（常昭会馆） 由常熟和昭文两县合建，通称常熟会馆，也称常昭会馆。

建于清乾隆五十三年（1788年），位于西城区烂缦胡同131号（旧为路西五十号）。“由旅京同乡醵金购地3.77亩，启建瓦房35间，灰棚2间，另留园地1.8亩。专供来京应试及候差之同乡住宿。民国以后旅平就读之本籍学生亦可寄住本馆”。20世纪50年代，会馆被改造为北京玩具一厂，工厂外迁后，厂房即改成客房，现称馨园快捷酒店。

值得一提的是，曾任清同治、光绪皇帝之师的翁同龢，结婚时的大礼就是在常熟会馆中举行的。现录该馆楹联三副：

年岁常熟；
黼黻昭文。

（作者不详）

欲常常而上；
斯昭昭之多。

（作者：蒋文庆[①]）

常见题诗兴福寺；
昭明遗迹读书台。

（作者：庞絅堂）

人物链接

翁同龢（1830—1904），字声甫，号叔平，江苏常熟人。清咸丰六年（1856年）状元，授翰林院修撰，同治四年（1865年）充同治帝师，深得嘉评。十年（1871年）擢内阁学士兼礼部侍郎。光绪元年（1875年）秉命为光绪皇帝授读并署刑部右侍郎，此间为“杨乃武与小白菜”案的平反发挥了作用。四年（1878年）晋都察院左都御史，转年迁刑部尚书，不久又调工部，八年（1882年）入值军机处。时逢西南边疆危机，翁反对承认所谓法越《顺化条约》，支持鼓励黑旗军抗法。十年（1884年）遭劾革职留任。十一年（1885年）任户部尚书，中日战争爆发后，其坚持对日作战，结果清军连连失败，最后《马关条约》还是签订了。翁“抑郁瘀伤成疾”。二十一年（1895年）任总理衙门大臣，二十三年（1897年）受命负责对德交涉胶州湾侵占事，结果被迫签订《中德胶澳租借条约》，交涉中其感言“终日在犬羊虎豹丛中，可为恶劫”。

中日战争失败后，全国上下要求变法维新，翁颇受影响，倍加赞赏，渐渐产生了“不变法无以图存的思想”，并以行动支持变法维新活动。进言光绪皇帝，推荐维新人物等。遭到顽固派攻击，信心动摇，开始明哲保身。光绪帝颁行新政诏书的第四天（五月一日），翁同龢被慈禧下令开缺回籍。

翁同龢能书擅绘，自成一格，为世所宗。

宜兴、荆溪

宜兴，位于江苏省南部，东滨太湖，北临滆湖，邻接浙江、安徽两省。秦置阳羡县，隋改义兴，宋再改宜兴，今为无锡市下辖县级市。境内有东氿、

① 蒋文庆（1793—1853年），字蔚亭，清嘉庆朝进士，官至安徽巡抚，咸丰三年（1853年）孤守安庆时，在与太平军激战中兵败自杀。

西氿等湖泊，名胜有善卷洞、灵谷洞、张（庚桑）公洞等。

荆溪，清雍正二年（1724 年）分宜兴县置，以境内荆溪河得名，治所与宜兴同城，1912 年复并回宜兴。

宜兴会馆（宜荆会馆） 建于清中前期，位于西城区校场头条 15 号（旧为路西六号），占地 0.56 亩，有房 13.5 间，现为民居。

宜兴会馆 建于清中晚期，位于西城区校场头条 3 号（旧为路西二号），有房 10 间，现为民居。

附产 置于清中晚期，位于广安北巷 23 号（旧为广惠寺夹道路西十一号），占地 0.11 亩，有房 5 间，现已拆除。

宜兴会馆 建于清中晚期，位于西城区佘家胡同 1 号（旧为路西一号），1949 年后被改造为北京制笔厂毛笔车间，大门改开在延寿寺街路西。工厂倒闭后，现由浙江人办起旅馆称“良马宾馆”。

附产 置于清中晚期，位于南新华街 94 号（旧为路东五十八号），占地 0.15 亩，有房 6.5 间。现为临街铺面房。

宜兴会馆 建于清晚期，位于东城区先晓胡同路东 8 号楼、建国门工商所位置（旧为贤孝牌胡同，有一后门开在牛角湾胡同）。其十六、二十二、二十六号三个院落共占地 4.04 亩、有房 58.5 间。目前周围已动迁，以后将以“建国门北大街西侧路”的地名取代现今的“艺华胡同”、“先晓胡同”两地名。

宜兴新馆（周家楣旧居） 建于清朝末年，位于西城区校尉营胡同 44 号（旧为校尉营路南二十四号），面积 1.55 亩，共有房舍 31 间。现为民居。

会馆坐南朝北，临校尉营胡同为三间大门，进深五檩。一进院正房面阔三间，进深七檩带前后廊；两厢各三间，西厢房进深五檩，东厢房后加一步。二进院正房五间，七檩前出廊；两厢房各三间五檩。会馆建筑布局规整，房间高大，原房屋基本保留。区级文物暂保单位，占地范围以现存院墙为界，南北 52 米，东西 20 米。

清朝末年顺天府尹周家楣曾住居该馆。

人物链接

周家楣（1835—1887），字小棠，江苏宜兴人。清咸丰九年

（1859年）进士，光绪二年（1876年）起任顺天府尹，并主持编纂《光绪顺天府志》。官至通政使、署吏部左侍郎。士民敬其“慷慨好施，实心任事”。

泰州、如皋

泰州，已在“扬州新馆”条中作了介绍。

如皋，位于江苏省东部、长江北岸。东晋置县，今为南通市下辖县级市。古迹有水绘园遗址等。

如泰老馆　由如皋、泰州，一东一西，一县一州相邻而合建，取地名各前一字为馆名。建于清中期，位于西城区前门西河沿街西口里路南，早废。

如泰会馆（张謇旧居）　建于清光绪二年（1876年），位于西城区后孙公园胡同12号（旧为后孙公园路南八号），占地1.12亩，有房28间，现为民居。

清朝末年，张謇进京应考曾住于该馆，并在该馆得中状元。

人物链接

张謇（1853—1926），字季直，号啬庵，江苏南通人。其自幼聪明好学，16岁考取秀才，但后来进京连考数次均未得中。光绪二十年（1894年），恰逢慈禧六十寿诞之年，清廷为此特开恩科。已因连连失意无心再考的他，在父亲的劝说下仓促来京赶考，即住在如泰会馆内。翁同龢阅卷后赞批：“文气甚古，字亦雅，非常手也。”在向光绪帝推荐时介绍说：“张謇，江南名士，且孝子也。”以一甲一名引见，终于高中状元。这一年他已42岁。不久他弃官返回家乡南通从商，创建了大生纱厂等一系列民族资本企业，对我国近代工业发展作出了卓越贡献。毛泽东曾说：“讲轻工业不能忘记张謇，他不愧是一位杰出的爱国实业家，是我国近代化发展勇敢的开拓者。”

昆山

昆山，位于江苏省东南部，东邻上海市。秦置娄县，南朝梁改为昆山，今为苏州市下辖县级市。境内阳澄湖中特产“大闸蟹”早已享名于世。名胜旅游地有马鞍山等。

昆山会馆　该馆原称崑新会馆。“崑”即昆山，“崑”是“昆”的异形字。“新”指新阳，清雍正二年（1724年）分昆山置，当时与昆山同城而治，

1912 年复并昆山。

建于清同治初年，位于西城区小沙土园胡同 10 号（旧为小沙土园路东十九号）。占地 0.95 亩，前后三院，大小房屋共 33 间。1956 年政府接管小沙土园小学[①]后，在扩建校舍过程中，占用部分馆舍，其他房舍现为民居。

知识链接

“昆山腔” 即“昆曲”，或称“昆剧”。源于流行昆山一带的民间戏曲腔调。元末明初已有了“昆山腔”之名，到明中晚期，因又吸纳了海盐腔、弋阳腔和当地的民间曲调，使其更加丰富，曲调更加舒徐宛转。昆曲剧以演唱传奇剧本为主，伴奏乐器有笙、笛、箫、琵琶以及鼓、板、锣等。其在表演上特别注重动作优美，舞蹈性强，形成了特有风格，明朝末年逐渐流传各地，并对许多地方戏曲产生了深远的影响，清中叶后渐为衰落。新中国成立后，经过进行艺术改革，整理改编出如《十五贯》等一批传统剧目，并编演了一批新戏，使其获得了新的生命。

昆曲发展至今已有六百多年历史，被誉为世界戏剧的三大源头之一、中国戏曲的“百戏之祖”，入选国家和世界非物质文化遗产名录。

无锡、金匮

无锡，位于江苏省南部、太湖北岸，大运河及锡澄运河交汇于此。汉初置无锡县，新莽时改称有锡，东汉仍复无锡，1949 年设市，今为江苏省地级市。湖滨一带为著名风景区，主要有惠山、锡山、梅园、蠡园、鼋头渚等。著名特产是“惠山泥人”。

金匮，清雍正二年（1724 年）分无锡县置，因金匮山得名，与无锡同城而治，辖城东，1912 年复并无锡。

锡金会馆 由无锡、金匮二县合建，取“锡金”二字为馆名。

建于清同治年间（1862—1874 年），位于西城区前孙公园胡同 11 号（旧为前孙公园路北七、八号），占地 2.27 亩，有房 43.5 间。现为民居。

附产 置于清晚期，位于后孙公园胡同 4 号（旧为后孙公园路南十五号），占地 0.33 亩，有房 11 间。现为民居。

---

① 小沙土园小学已于 21 世纪初被撤并，区教委房管所搬至此地。

相关链接

白鹤群先生曾在《北京近代教育记事》书中查到，锡金会馆曾办“东文学社”：

清光绪二十七年（1901年），日本人中岛裁之与户部朗中廉泉在锡金会馆设立东文学社。廉泉任总理，中岛任总教习。学社预定招生30名，开学时则有60人申请入学，第二天增至90人，第三天增至120人，一星期后增至180人。所授科目与中国留学生在日本就读学校的内容几乎完全一样。这是日本人在北京最早设立的一所正规学校，该校后迁至上斜街路南五十五号院的番禺会馆内。

江阴

江阴，位于江苏省南部、北滨长江。南朝梁置县，末置郡，隋废。五代南唐李昇置军，元至元中升为路，不久又降为州，明再降为县，今为无锡市下辖县级市。水产以河豚鱼最为著名。明地理学家徐霞客为本地人，古迹有徐墓和纪念堂。

江阴会馆　建于清同治年间（1862—1874年），位于西城区米市胡同98号（旧为路东六十四号），占地1.5亩，有房46间。现为“中信城”域内，原为区级文物保护单位。

江阴会馆　建于清朝末年，位于西城区广安门内大街6号枫桦豪景小区D座楼位置（旧为烂缦胡同路东八十一至八十三号），占地3.22亩，有房84间。未改造前曾由牛街皮件厂占用。

附产　真武庙　建于清光绪十六年（1890年），位于前门西河沿街133号（旧为西河沿路北八十六至八十八号，后门开在后河沿路南二十五号），共占地1.07亩，有房31间，现为民居。

《北京寺庙历史资料》第328页存有“1928年北平特别市寺庙登记”中载：“真武庙由会馆董事经营。庙内法物有大小佛像26尊，铁香炉1个，磁香炉3个；铁磬1个；木鱼1个；木供盘5个，铁供盘4个；蜡扦3对；木牌位16个；供桌5张，另有石碑1座。”

淮安邑馆现状　潘家胡同19号　即将拆除

淮安、山阳

明清时，淮安、山阳两县同城而治。淮安县为晋义熙中分山阳县一半所置，1914 年废淮安府后，淮安、山阳两县复并，称淮安县。1987 年，撤县设县级市淮安市，隶属于地级市淮阴市。2001 年淮阴市改淮安市，原淮安市改楚州区。2012 年 2 月楚州区复名淮安区。

淮安邑馆　也称淮山邑馆。

建于清代，位于西城区潘家胡同 19 号（旧为潘家河沿路西十一号），占地 0.57 亩，有房 18 间，现正在拆除中。

商业行业馆产

元宁东馆　建于清前期，位于东城区长巷三条 24 号（旧为路东十一号），为江南绸商所建。1949 年后因房体老化被改造为前门文化用品商店仓库，现仓库标识尚存。

元宁会馆　建于清代，位于东城区长巷三条 9 号（旧为路西三十九号），此馆只用于住宿，有小房间 20 余间，每间只能容纳 2 至 3 人居住。现为民居。

长吴会馆　建于清乾隆年间（1736—1795 年），位于东城区长巷三条 16 号（旧为路东五号），为长洲、吴县两县绸缎商人捐资购置，有房 57 间。其街门左侧，立镶一块刻石（78 × 36 厘米），上刻“长吴会馆”。现为民居。

附产　置于清代，位于新革路 16 号（旧为路东八号），有房 9 间，现此一片已拆待建。

江苏漕运会馆（漕运总局） 建于清乾隆三十年（1765 年），位于通州区北大街中段路东（旧为贡院胡同路南），占地 9.3 亩。民国时期，该馆被利用设立小学校，直至前不久被撤并拆除。

江苏漕运分馆 建于清同治十三年（1874 年），位于通州区北大街北口路西（旧称北关小口）。1956 年被征用改造，目前正在进行整体开发建设。

安徽省在京会馆

安徽省位于我国华东地区西北部，地处长江、淮河中下游，长江三角洲腹地，省名取清康熙时安庆、徽州两府首字合成，因境内有皖山、春秋时期有古皖国而简称“皖”，省会合肥市。

春秋时属吴、楚等国地，战国为楚地，秦属九江、衡山、泗水等郡，汉属扬、徐、豫州，唐分属江南、淮南和河南等道，宋分属江南东路、淮南东、西二路及京西北路，元属河南和江浙行中书省，明直隶南京，清初为江南省地，后分置安徽省。

境内长江、淮河横贯，淮北为平原、淮南多山地丘陵，西有大别山、霍山，长江沿岸及巢湖流域构成皖中平原，南部有黄山和九华山等，气候南北差异显著。分别与江苏、浙江、江西、湖北、河南、山东等省为邻，现辖16个地级市、6个县级市、56个县和43个市辖区。全省面积13万多平方千米。

安徽省是在京会馆较多的省份，尤其是县馆众多，体现了该省会馆的发达程度和会馆组织的普遍程度。该省共在京建立会馆70座，其中省馆2座，府馆25座，县馆43座，上述会馆置设附产共计48处。目前尚有会馆建筑遗存20座，其中国家级文物保护单位1处。需要说明的是，婺源县原属安徽，因其1934年划归江西省，该县会馆现归统于江西省。

安徽在京会馆创了北京会馆的两个“之最”。一是明永乐年间建立的县馆——芜湖会馆是北京最早出现的会馆之一。其创建人俞谟，以自家住房开办了一处以服务芜湖人为主的公益性旅舍，进而演变成一种风靡时代的组织形制和文化现象。从这个意义上说，俞谟应是目前有据可考的最早会馆创建人。一是清同治十年（1871年）安徽首次独立创建的省馆——安徽会馆，其规模之巨，堪称当时京师各省省馆之冠，也是当前北京会馆建筑遗存中惟一入选国家级文物保护单位的会馆。

安徽在京会馆还有两个值得称道的细节创新。一是会馆组织的创新。以庐州、凤阳两地为例，两地皆在京分别建馆并置设附产，但在义园上则是两个会馆组织联合置设，共有四处作为共同附产的庐凤义园（义地）。一是会馆建筑创新。以安庆会馆为例，建于清嘉庆年间的该馆，在清末原址改扩建过程中，建起仿欧式三层木质小楼，不仅扩大了馆舍面积，还追求了当时的建筑时尚。孙中山先生曾在此与北京报业人士聚谈。

安徽无商业行业馆，这与明清时代徽商的发达形成反差，与晋商在北京广建会馆形成对比。其背后深层次原因还需进一步研究。但安徽人重会馆碑记、重会馆文化传承，确实为当下研究者提供了帮助，笔者切身就有两例。一是 1912 年的《京城铁门宣城会馆碑记》，不仅在清与民国的时代变迁之际，详述了该馆的建立发展历程，而且清晰记录了会馆的当时现况，这其中不仅有对会馆自身行制规模的记录，还对两处附产的位置、规制、用途甚至看坟人姓名等都详细记碑刻石。这些珍贵的第一手资料为当下研究者提供了重要线索，笔者结合其他史料和实地调查比对，即可迅速准确确认这两处附产，有助于馆产研究的完整性。一是 1819 年的《泾县新馆记》，同样详细记载了当时的主馆与附产情况，使我们在对照其他史料比对研究时，很清晰地认定了另一座位于兵马司后街的泾县会馆是初为附产后转建为会馆的变迁历程，使我们对会馆发展轨迹的把握更为准确和清晰。

安徽省在京会馆一览表

产别		馆名	别名	建立年代	现地址	老地址	地亩	房间	掌馆人	现状
省馆		安徽会馆		清同治十年（1871 年）	后孙公园胡同 3 号、25 号和 27 号	后孙公园路北二、三、四、五号	18	356	戚甫亮 吴铸人	国家级文保单位，部分民居
		安徽会馆		清同治十一年（1872 年）	后孙公园胡同 8 号	后孙公园路南十二号、十三号	5.12	37.5	戚甫亮 吴铸人	民居
府馆	池州	贵池老馆	池州老馆	明代	长巷四条 67 号	同左路南二十一号	0.99	22	高友梅	民居
		贵池会馆		清代	长巷四条 21 号	同左路南三十八、三十九号			高友梅	已拆
		池州会馆		清代	崇文门外大街 19 号楼	同左路西一六四号	0.66	22	刘芝田 刘芝林	已拆
		池州试馆		清光绪八年（1882 年）	建国门内大街 18 号楼	西裱褙胡同路北五、六号	2.9	43.5	刘芝田 刘芝林	已拆
	广德	广德会馆		明朝末年	施家胡同 2 号	同左路南三十号	0.45	15	甘雨町	民居

产别		馆名	别名	建立年代	现地址	老地址	地亩	房间	掌馆人	现状
府馆	和州	和含会馆		明朝末年	杨梅竹斜街16号	同左路南一三四号	0.67	20	管成彩	民居
	宣城	宣城会馆	施闰章故宅	清康熙三十年（1691年）前后	铁门胡同11号	同左路西八号	0.76	13.5	刘志民	已拆
		宣城会馆		清代	珠市口东大街8号楼	铁香炉				早废
	庐州、凤阳	庐州会馆		清中前期	珠市口西大街128号	西柳树井路南四十一、四十二号	2.32	67	贾幹卿	已拆
		庐州会馆		清代	珠市口西大街中段	西柳树井路南七十一号			贾幹卿	早废
		凤阳会馆		清嘉庆六年（1801年）	排子胡同44号	同左路南十九、二十号	2.37	74	张子衡	民居
		凤阳会馆		清光绪元年（1875年）	大宏巷22号	大宏庙路东十三、十四号	1.64	52.5	张子衡	已拆
		庐州试馆		清光绪初年	建国门内大街	东观音寺路南三十七号	3.06	58	夏环如	已拆
	安庆	安庆会馆		清嘉庆年间	铁门胡同35号	同左路西十七号	2.14	29	石秉铸	已拆
	六安	六英霍会馆		清代	中信城	米市胡同路东七十二号	2.03	39	陈牧田	已拆
		六英霍会馆		清代	南横西街17号	同左路北二十九号	1.02	27.5	陈牧田	大部已拆
		六安会馆		清代	米市胡同	同左				早废
		六安会馆		清代	骡马市大街西段路北	铁门胡同南口路东三十五号				已拆
		徽州邑馆		清代	鹞儿胡同20号	同左路南三十五号	2.63	41		单位使用

产别		馆名	别名	建立年代	现地址	老地址	地亩	房间	掌馆人	现状
府馆	徽州	徽州会馆		清代	珠市口东大街中段	三里河				早废
		徽州郡馆		清光绪年间	宣武门外大街 109 号	宣武门大街路西五十三号	1.59	20	谢霖苍	已拆
	泗州	泗州会馆		清代	干面胡同	同左路北				早废
		泗州试馆		清代	后赵家楼胡同 11 号	同左路北六号	1	22	杨印川	民居
	颍州	颍州会馆		清代	庄胜城	海北寺街西段路北				早废
		颍州会馆		清光绪十六年（1890 年）	山西街 6 号院	裘家街路西三号	1.15	15	李步桥	已拆
县馆	芜湖	芜湖会馆		明永乐年间	长巷五条 7 号	高庙路西十七号	0.88	17	洪镕	民居
	歙县	歙县会馆		明嘉靖年间	宣武门外大街 103 至 107 号	宣武门大街路西五十一、五十二号	3.9	93	吴恩寿	部分被拆，部分民居
		歙县会馆		清代	老墙根街 67 号院	老墙根路北三十号	1.09	25	吴恩寿	民居
		歙县会馆		清代	南半截胡同 3 号	同左路西二号				民居
		歙县会馆		清代	东兴隆街路北新世界新怡家园东片 2-3 号楼间	巾帽胡同路北十二号	0.8	23.5		已拆
		歙县会馆		清晚期	雍和宫大街 65 号	同左路西一五一号、一五二号	0.41	26		前商后居临街平房
	绩溪	绩溪会馆		明万历二十三年（1595 年）	椿树园	椿树上头条路北一至五号，与相背的北椿树胡同路南十四号为一整体	4.26	104	胡适之	已拆
	石埭	石埭会馆		明代	大席胡同 20 号	大蓆胡同路东十一、十二号	1.56	44.5	张楚	民居

产别		馆名	别名	建立年代	现地址	老地址	地亩	房间	掌馆人	现状
县馆	五河	五河会馆		清前期	好景胡同	高井胡同				早废
	旌德	旌德老馆		清前期	小江胡同	小蒋家胡同		11		已拆
		旌德东馆		清前期	大江胡同19号	大蒋家胡同路北七十八号	0.92	26.5		已拆将复建
		旌德西馆		清咸丰年间	中信城	羊肉胡同路南二十五号	1.66	47.5	江朝宗	已拆
	南陵	南陵会馆		清前期	草厂三条9号	同左路西三十五号	0.47	12.5		已拆
	泾县	泾县旧馆		清前期	长巷三条27号	同左路西三十号			王锡藩	已拆
		泾县会馆	包世臣旧居	清乾隆年间	中信城	米市胡同路东七十九号	1.63	34.5	王介侯	已拆
		泾县新馆		清嘉庆十七年（1812年）	迎新街87号	南横东街路北三十号	4.5	106	王介侯	已拆
		泾县会馆		清嘉庆年间	中信城	兵马司后街路南十七号	1.63	15	王介侯	已拆
		泾县会馆		清嘉庆年间	潘家胡同38号	潘家河沿路东六十五号	1.21	38.5	王介侯	已拆
		泾县会馆		清晚期	长巷头条60号	同左路东三十号			王锡藩	民居
	休宁	休宁东馆		清前期	长巷四条15号	同左路西四十二号		15		已拆
		休宁会馆		清乾隆十七年（1752年）	菜市口大街北段	丞相胡同路西十三号	5.36	99.5	潘孝先	已拆
		休宁西馆	徐乾学故宅	清乾隆年间	菜市口大街北段	丞相胡同路西十五号	2.15	43	潘孝先	已拆
		休宁会馆		清中晚期	菜市口大街北段	丞相胡同路东三十三号	2.87	86	潘孝先	已拆
		休宁会馆		清晚期	中信城	米市胡同路西五十六号	0.59	20.5	潘孝先	已拆
		休宁义馆		清代	广渠门内大街路南安化北里西片	土地庙三号	7.5	19		已拆

产别		馆名	别名	建立年代	现地址	老地址	地亩	房间	掌馆人	现状
县馆	青阳	青阳会馆		清康熙年间	施家胡同6号	同左路南二十八号	0.97	33	张逢源	民居
		青阳会馆		清代	骡马市大街119号	四川营路东八号	2.91	17	张逢源	已拆
		青阳会馆		清代	前门大街东片	西湖营路东八号	0.57	18		动迁中
	黟县	黟县会馆		清乾隆年间	山西街6号院	西草厂中段路南				早废
		黟县会馆		清乾隆年间	烂缦胡同94号	同左路东七十号	1.1	19	金邦直	民居
		黟县会馆		清乾隆五十八年（1793年）	南半截胡同21号	同左路西十号	2.49	40.5	金邦直	民居
	潜山	潜山会馆	张恨水旧居	清代	山西街7号	同左路西四号	0.52	21.5		民居
	当涂	当涂会馆		清代	东北园胡同路南	东北园				早废
		当涂会馆		清代	桐梓胡同	同左路东				早废
	太平	太平会馆		清代	草厂三条19号	同左路西二十九至三十一号	2.55	67	苏伯涛	民居
	怀宁	怀宁会馆		清代	潘家胡同	潘家河沿				早废
		怀宁会馆		清代	粉房琉璃街106号	同左路东九十一号			潘公权	动迁中
		怀宁会馆		清代	迎新街62号	延旺庙街路东四十七号	4.03	92	潘公权	动迁中
		怀宁会馆		清代	五老胡同北段路西“兴隆都市馨园”西北片	阎王庙街路东				已拆
	望江	望江会馆		清代	石头胡同60号	同左路东七十五号			宋廷馥	民居
		望江会馆		清代	中信城	兵马司中街路北九号	0.72	22	宋廷馥	已拆

产别		馆名	别名	建立年代	现地址	老地址	地亩	房间	掌馆人	现状
县馆		望江邑馆		清朝末年	宣武门内大街 8 号	油房胡同十七、十八号	2.05	49.5	宋廷馥	已拆
县馆	桐城	桐城试馆		清朝末年	前门西大街人民大会堂南楼	西顺城街路北十四号、十五号	4.05	88.5	张庆瑞	已拆

省级馆产

安徽会馆　建于清同治十年（1871 年），位于西城区后孙公园胡同 3 号、25 号和 27 号（旧为后孙公园路北二、三、四、五号）。由李鸿章兄弟首倡捐资修建，光绪十五年（1889 年）失火后重修，重修后共占地 18 亩，有房 356 间。馆址为明末清初著名学者孙承泽的“孙公园”旧址之一部分。

会馆的东、中、西三路，每路均为四进，最北部是一座大型园林。东路为乡贤祠，包括思敬堂、奎光阁及箭亭；中路主要是戏楼和文聚堂；西路为接待用房。

王灿炽先生在《北京安徽会馆志稿》中述，该馆“是一所颇为著名的会馆，规模之大堪称京城各省省馆之冠。该馆既不是为解决应试举子在京食宿困难而建的试馆，也不是某种地方性同行业组织兴建的商馆，而是专供安徽籍淮军将领、达官贵人在京城活动的场所。在北京的会馆史上颇具特色。”

会馆落成后由李鸿章署名树立一统碑记。

附：

新建安徽会馆记
（1872年）

京邑四方之极，英俊鳞萃，绂冕[1]所兴。士之试京兆礼部者，各郡县类有行馆，为之栖止，而中朝士大夫，休沐盍簪，又必择爽垲建馆宇，相与燕飨

① 绂（fú）冕：意为加冕时礼帽、印章上所系的饰物。

为乐，若直隶、关中、湖广、江右、全浙之属，难以偻数，而吾皖顾阙然[①]，未有兴作。鸿章少侍京邸，侧闻长老绪论，谋成之而不果。今上御极之七年，西捻荡平，畿甸无事。鸿章述职入觐，暇与乡人士吏部侍郎胡公、工部侍郎鲍公等咨诹及之，佥谓兹举，不可久阙。会淮军凯撤，其将领大半皖产，愿醵万金为倡。不足，四川捻督吴公洎鸿章兄弟，各解赀相助，又邮书告皖人之官于四方者，咸踊跃趋事。乃属内阁侍读江君等董其成，于是度地正阳、宣武之间，地名后孙公园，退谷别业旧址在焉。地势衍旷，水木明瑟，池馆为宜。以价得李氏故宅，廓而新之，批刜蠲疏[②]，夷涂设切，宋磨柱础、土石瓴甋之类，铢积充牣；筮日鸠工，捄陾筑登，斵虔垩墁，规制一新。中正室，奉祠闵、朱二子，岁时展祀。前则杰阁飞甍，嶕峣耸擢，为征哥张宴之所。又前曰文聚堂，闳伟壮丽。东偏若思敬堂，藤间吟屋，宽闲深靓，可以觞宾。其后曰龙光燕誉，则以待外吏之朝觐税驾者也。迤北有园，广数亩，叠石为山，捎沟为池，花竹扶疏，嘉树延荫，亭馆廊榭，位置帖妥。凡馆之中，屋数百楹，庖湢悉备，经始于八年二月，落成于十年八月，共糜白金二万八千有奇。夫粤捻之祸烈矣，十余年中，兵燹所经，公私埽地赤立。赖天子神圣，拨乱反之正，被兵各省，善后更新，自圣贤祠庙、官司廨署，以至私家舍宇、山林游观之地，百废具兴。土木之功，日滋月盛，小民乐事劝功，若忘其劳且费，盖否极而泰，百物皆储精吐英，以焕成中兴之景象。即吾馆，旷二百数十年，未有作者，亦乘时会，以观厥成，非偶然也。皖一州虽蕞尔[③]，其民风往往尚气谊，重然诺。故能以乡兵越境剿贼，万众一心，效命恐后，鸿章得用之以就尺寸之功。兹者散军归里，犹能并力助成善举，非笃念乡谊，而能然欤？彼身在行间，慕义且如此，况吾党之系名朝籍，相勖勉以道德者乎！诸君子敬恭桑梓，复亲炙圣世维新之化，必将泝[④]闵、朱之遗风，砥节砺行，以润色鸿业，策名无穷，固不独侈游宴之盛观，悦亲戚之情话而已。工既竣，适鸿章承乏畿辅，咸来告曰：愿有记。乃述其缘起，刻石志之，俾来者有考焉。

龙飞同治十一年孟春月吉旦

合肥李鸿章撰

① 阙然：缺少。

② 批刜（fú）：飘动；蠲（juān）疏：免除。

③ 蕞（zuì）尔：形容小。

④ 泝：同“溯”，寻求历史根源。

人物链接

孙承泽（1593—1676），字耳北，号退谷，京师大兴（今北京）人。明崇祯进士，官至刑科给事中。大顺军入京曾被委以四川防御使。清朝初年，历太常寺卿、大理寺卿、吏部左侍郎等职。顺治十年（1653年）因病去职。闲居家中，博采群书，专心著述，有《天府广记》、《春明梦余录》等传世。

李鸿章（1823—1901），字少荃，号仪叟，安徽合肥人。清道光二十七年（1847年）进士，授编修。因得曾国藩赏识，于咸丰三年（1853年）回籍办团练，十一年统领淮军。同治元年（1862年）升江苏巡抚，四年（1865年）署理两江总督，六年（1867年）调任湖广总督，九年（1870年）继曾国藩任直隶总督兼北洋通商大臣，参与清廷内外决策，推行"外须和戎，内须变法"为总纲领的洋务运动，并引进西方军事装备、机器设备和科学技术等。维新运动兴起后，表面观望持重，暗中多有同情，曾被康有为誉为"维新之同志"。光绪二十一年（1895年）八月"强学会"成立时，其曾捐银两千两入会，但被拒绝。二十六年（1900年）八国联军侵占北京后，授为全权大臣参与签订《辛丑条约》。次年病逝于北京，谥文忠。在西总布胡同设专祠，有清一代汉大臣仅此一例。

《北京会馆档案史料》中辑有安徽会馆楹联五副：

1. 会馆

依然平地楼台，往事无忘宣榭警[①]；
犹值来朝车马，清时喜赋柏梁篇[②]。

（作者不详）

2. 戏台

堂室生辉，恩光天赐；
山川拱秀，士气云兴。

（作者不详）

3.

安得广厦千万间，庇天下寒士；
愿与我党二三子，称乡里善人。

（作者不详）

---

① 宣榭警：周宣王庙曾遭大火。
② 柏梁篇：指七言诗的一种体，每句用韵，一句一意。

4.

冠盖萃江淮，尽东南宾主之欢，棼社筵开，古谊犹存乡饮酒；
楼台演歌舞，极丝竹管弦之盛，梨园美具，世情且看戏登场。

（作者不详）

5.

安庐凤颖徽宁池太[①]，滁和广六泗，八府五州[②]，良士[③]于于[④]来日下[⑤]；
金石丝竹匏土革木[⑥]，宫商角徵羽，五音[⑦]六律，新声袅袅[⑧]入云中。

（作者不详）

康有为、梁启超等人发动“公车上书”后，于清光绪二十一年六月二十七日（1895 年 8 月 17 日）在安徽会馆内，以“唤起国民之议论，振刷国民之精神，使厚蓄其力，以待他日之用”为宗旨，自筹资金创办《万国公报》，为隔日刊，每刊印行 2000 份，这是中国近代史上第一张维新报纸。其在发行 45 期之后于 12 月 16 日更名为《中外纪闻》。

康有为、梁启超在创办《万国公报》的同时，建立变法维新运动政治团体——强学会，又名强学书局、强学局或译书局。会员数十人，每十日集会一次。转年，慈禧太后以“私立会党，将开处士横议之风”为由，整禁了强学会等组织。

光绪二十六年（1900 年）八月，八国联军攻入北京城。八月初八（9 月 1 日），安徽会馆被德国侵略军占据。1937 年，安徽会馆落入日本侵略军之手，东路被占为制作海洛因的厂房，后因失火主要建筑全部被毁。抗日战争胜利后，这里开办了龙门酱油厂。1951 年，经过改造开始开办学校，称后孙公园小学。

会馆中路的戏楼和后楼，1958 年由椿树公社办起了“万人食堂”，1960 年改为椿树食品厂，后又拨给椿树五金厂，最后作为椿树整流器厂库房。20 世纪 90 年代初，当该厂正准备改库房建托儿所时，市政协委员王灿炽先生得知此讯后，即写提案请予保护文物。

---

① 安庐凤颖徽宁池太：指安徽旧置的八府，即安庆、庐州（合肥）、凤阳、颍州（阜阳）、徽州、宁国、池州（贵池）、太平（马鞍山）。
② 五州：即滁州（滁县）、和州（和县）、广安（广德）、六安、泗州（泗县）。
③ 良士：贤士。
④ 于于：行动舒缓自得。
⑤ 日下：京都。
⑥ 金石丝竹匏土革木：指八种古乐器，即金钟、石磬、琴瑟、箫管、笙竽、土埙、革鼓、柷圉。
⑦ 五音：即宫、商、角、徵、羽，相当于简谱中的“1、2、3、5、6”。
⑧ 袅袅：声音宛转悠扬。

会馆西路于民国初年办起京师私立安徽中学校，当时共 3 个班，学生 50 多人，校长胡硕彦。20 世纪 20 年代学校停办后，美术教育家徐悲鸿在此办起美术专科学校，但时间较短。

经过各级人大代表、政协委员及相关专家学者们的共同努力，安徽会馆于 1984 年被相继列为市级文物保护单位和国家级文物保护单位，这一“京城第一大会馆”的腾退、保护、修缮、开发、利用等一系列工作被提上日程。

安徽会馆　建于清同治十一年（1872 年），位于西城区后孙公园胡同 8 号（旧为后孙公园路南十二、十三号），占地 5.12 亩，有房 37.5 间，现为民居。

附产（车厂）　置于清同治十年（1871 年），位于兴胜胡同 5 号（旧为兴胜寺路西三号），占地 0.98 亩，有房 10.5 间，现为民居。

附产　置于清朝末年，位于裘家街 25 号（旧为路西十三号），后废。

附产　置于清朝末年，位于“中信城”北片，原为南大吉巷 2 号（旧为羊肉胡同路南三十二号），占地 0.7 亩，有房 19 间，目前已拆。

附产　置于清朝末年，位于永庆胡同 47 号（旧为七圣庙路西八号），占地 0.85 亩，有房 13.5 间，已在连片危改过程中被拆。

府级馆产

池州

池州，位于安徽省南部、秋浦河下游，北邻长江。汉置石承县，隋改秋浦，唐武德四年（621 年）置池州，贞观初废改贵池县，永泰初复池州，元升为路，明改为府，1912 年废府改贵池县，20 世纪末复改池州，今为安徽省地级市。

贵池老馆　即池州老馆，以历史地名贵池为馆名。

建于明代，位于东城区长巷四条 67 号（旧为路南二十一号），占地 0.99 亩，有房 22 间。现为民居。

贵池会馆　建于清代，位于东城区长巷四条 21 号（旧为路南三十八、三十九号），现已拆待建。

附产　置于清代，位于长巷四条61号（旧为路南二十六号），占地0.33亩、有房13.5间，现为民居。

附产　置于清代，位于鲜鱼口街中段（旧为小桥路南三十九号），占地0.04亩，有铺面房8间。

附产　置于清代，位于西兴隆街（旧为崇贞观路南四十三号），占地0.3亩，有房9.5间。

池州会馆　建于清代，位于东城区崇文门外大街19号楼“新成文化大厦”地片域内及楼前部分（旧为路西一六四号），占地0.66亩，有房22间。

附产　置于民国时期，位于国家大剧院南花园、广场域内（旧为西交民巷路北羊毛胡同路东十二号），占地0.28亩，有房11间。

附产　贵池义地　置于清代，位于幸福大街59号“天坛公寓”大院内（旧为玉清观路北一号），占地1.03亩。1949年后盖起民居房，街巷名玉清胡同。

附产　贵池义地　置于清代，位于光明路15号楼“汉庭连锁酒店”大楼地片内（旧为高氏义园一号），占地3.01亩，有房6间。此一片地域1966年建起北京呢绒服装厂，1970年改为半导体器件厂，1972年改为北京显像管厂，20世纪末转为服务行业。

池州试馆　建于清光绪八年（1882年），由刘芝田、刘芝林兄弟购建。位于东城区建国门内大街18号楼北京市邮政公司楼群域内并偏东一些（旧为西裱褙胡同路北五、六号），占地2.9亩，有房43.5间。

广德

广德，位于安徽省东南部，邻接江苏、浙江两省。东汉置广德县，北宋太平兴国四年（979年）置军，元升为路，明初改广兴府，洪武四年（1371年）改为广德直隶州，1912年废州改县，今为宣城市下辖县。

广德会馆　建于明朝末年，位于西城区施家胡同2号（旧为路南三十号），占地0.45亩，有房15间。现为民居。

和州

和州，今称和县，位于安徽省东部、长江北岸，邻接江苏省。秦置历阳县，北齐置和州，明清时为直隶州，1912 年废州改和县，今为马鞍山市下辖县。古迹有楚霸王庙、迎江塔、香泉等。

和含会馆 该馆为一州一县合建馆。州即和州，县即含山。

含山，位于安徽省中部偏东、紧邻和县之西。汉属历阳县地，唐析置含山县，今为马鞍山市下辖县。县城北有昭关古迹。

建于明朝末年，“专备和、含两地人士来京居住之用”。位于西城区杨梅竹斜街 16 号（旧为路南一三四号），占地 0.67 亩，有房 20 间。存有清乾隆三十九年（1774 年）石碑一统。现为民居。

附产　和含义地 置于清代，位于永定门外大街左近，占地 5 亩有余，具体位置无法确定。

宣城

宣城，位于安徽省东南部、水阳江中游，北邻江苏省。汉置宛陵县，后改宣城。西晋太康二年（281 年）置郡，隋开皇九年（589 年）废，唐天宝时复置宣州，至德时复改宣城郡，宋改置宁国军，元为路，明初改府，民国初废府还宣城县。20 世纪末置市，为安徽省地级市。

宣城会馆（施闰章故宅） 原为施闰章故宅，在其逝后归于故乡作为会馆，建馆时间应为清康熙三十年（1691 年）前后。位于西城区铁门胡同 11 号（旧为路西八号），占地 0.76 亩，有房 13.5 间。曾以“施闰章故宅”公布为宣武区文物保护单位。现已拆除。

附：

京城铁门宣城馆碑记
（1912年）

吾宣施愚山先生，为清初名宿一时诗人，有南施北宋之称，而公尤以理学著，其故宅在宣武门外铁门北头广信馆之北，即今之宣城馆也。光绪壬辰春，元因会试入都侨居是馆，春闱后以主事分刑部湖广司，后阅先生年谱，知先生当日亦系刑部湖广司，缅怀先哲不胜室迩人遐之感。因读王渔洋过铁门宣城馆有感，诗云：“暮天黄叶落，一过西州门。无复高人迹，空余鸟雀喧。新阡思挂剑，旧馆忆开樽。南望澄江水，谁招屈宋魂。”此诗并载于戴菔塘藤阴杂记之第十卷中，可证此馆之历史也。馆中旧存之屋，只正厅三大间，两厢屋四间，前进门房客厅共三间，后院有横墙一道，与四邻舍隔截，元复于后院隙地增盖平房三间，南向蹴居其中而容膝焉。既又添厦屋一间，以作厨所。溯自壬辰，以至壬子，前后计二十年，南北奔驰，沧桑多变，今将归老陵阳山下，爰为之志其缘起，惟期后起者之维持于勿懈也。此外有本馆附属之两处，附记于下：

樱桃斜街皈子庙路之西，有宣城别业一所，计房七间，赁居杂姓，月收租值以供看管岁修之用，并义园春秋祭埽之需。常苦支绌，后起者能加意而扩充之，则吾邑之幸也。

又，崇文门外南小市口之南有宣城义园一所，其南有梅谷成碑记一通，备载义园地段丈尺概略，盖梅时为顺天府尹也。现看坟人为文永福，本李姓，即前看坟人李明之子，特附记之，以谂来者。

中华民国元年阳历四月　邑人吕志元谨识

人物链接

施闰章（1619—1683），字尚白，号愚山，安徽宣城人。其父母早逝，在祖母的精心抚养和叔父的严格要求下成长起来。7岁受业，清顺治六年（1649年）中进士，授刑部主事，十三年（1656年）被任命为山东提学，十八年（1661年）调任江西湖西道，他大兴文化事业，很有影响，在将晋升巡抚之际因有人作梗而返回家乡。康熙十八年（1679年）被召回试博学鸿词科，授翰林院侍讲，纂修《明史》，四年后病逝。

王士禛（1634—1711），又名士祯，字子真，号阮亭，别号渔洋山人，山东桓台人。7岁入乡塾受业，8岁兄士禄授以诗法，久之能为五七字韵，15岁已有诗一卷。清顺治十五年（1658年）中进士，为官扬州五年，内迁礼部主事。康熙十四年（1675年）转户部郎中，不久以翰林用，授侍讲学士，二十九年（1690年）改都察院左副都御史，三十八年（1699年）升为刑部尚书，四十三年（1704年）回归里第"闭门不出日事著述"。逝后谥文简。

他一生著述甚多，后人"尊其为诗坛圭臬"、一代文宗。因与朱彝尊齐名，时称"南朱北王"。

附产　置于清代，位于樱桃胡同23号（旧为皈子庙路西十一、十二号），占地0.29亩，有房11间。现为"天陶广大市场"位置。

附产　宣城义园　置于清代，位于广渠门内大街路南安化北里西片地域内（旧为土地庙一号），占地2.05亩，有房4间。

宣城会馆 建于清代，位于东城区珠市口东大街路南8号楼偏西位置域内（旧为西铁香炉，即鲁班胡同北半段）。《京师坊巷志稿》第213页“铁香炉”条载：“旧有山右、宣城、嘉应诸会馆，今废。”

庐州、凤阳

庐州，即今之合肥，其以多支淝水出山在此地合流故称之“合肥”。位于安徽省中部，为全省政治、经济、文化和交通中心。汉置合肥县，东晋改汝阴，隋开皇初年升改为合州置，元至元中改为庐州路、府治，1912年废，1949年置市。名胜古迹有逍遥津公园、包河公园、包拯墓、教弩台等，素有“三国故地、包拯故乡”之称。

凤阳，位于安徽省东北部、淮河南岸。秦置钟离县，明洪武七年（1374年）改中立府并析置凤阳县，1912年废府复凤阳县，今为滁州市下辖县。

庐州会馆 建于清中前期，位于西城区珠市口西大街128号（旧为西柳树井路南四十一、四十二号），占地2.32亩，有房67间。扩宽珠市口西大街时被拆；余房21世纪初被拆除，建为“百姓健身器械广场”。

《北京会馆档案史料》中称庐州会馆属合肥、巢县、无为、庐江、舒城五地所共有。

巢县，今称巢湖，位于安徽省中部、巢湖东岸。秦属居巢县地，东晋置蕲县，隋改襄安，唐改巢县。现为安徽省直辖县级市（合肥市代管）。

无为，位于安徽省中部、长江北岸。汉为襄安县地，宋置无为县，明置无为州，1912年废州还县，今为芜湖市下辖县。

庐江，位于安徽省中部偏南、巢湖西南岸。汉置舒县，隋改庐江，今为合肥市下辖县。名胜有马糟山下汤池温泉、冶父山、周瑜墓等。

舒城，位于安徽省中部偏南、杭埠河流域。汉为舒县地，唐置舒城县，今为六安市下辖县。

庐州会馆 建于清代，位于西城区珠市口西大街中段（旧为西柳树井路南七十一号），早废。

附产 置于清代，位于珠市口西大街153号（旧为西柳树井路北三十四至三十六号），占地0.37亩，有房27间。1949年前一直出租给正明斋糕点铺和天育堂中药铺。扩宽珠市口西大街时被拆。

附产 置于清代，位于“中信城”域内（旧为扁担胡同路北五号），占地0.6亩，有房16.5间。

凤阳会馆 建于清嘉庆六年（1801年），位于西城区排子胡同44号（旧为路南十九、二十号），占地2.37亩，有房74间。现为民居。

凤阳会馆 建于清光绪元年（1875年），位于西城区大宏巷22号（旧为大宏庙路东十三、十四号），占地1.64亩，有房52.5间。1949年后部分土地被改造为煤铺，后又为街道工厂，再后是旅馆，目前为大宏浴池。

附产 置于清朝末年，位于留学路1号（旧为路西一、二号），占地0.18亩，有房17间，已在扩宽珠市口西大街时被拆。

庐州试馆 建于清光绪初年，位于东城区建国门内大街路面及路南、东18号（旧为东观音寺路南三十七号，后门开在牛角湾路北五号），占地3.06亩，有房58间。今址相当于恒基中心大厦前广场。

附产 庐凤义园 置于清代，位于白广路东里（旧为陈家胡同东段），占地38.13亩，有房3间。1949年后被征用，建起邮电部宿舍等。

附产 庐凤义园 置于清代，位于牛街西里小区（旧称老君地），占地17.61亩。

附产 庐凤义园 置于清代，位于南华里小区（旧称南下洼子）。

附产 庐凤义地 置于清代，位于丰台区柳村路路东铁路北（旧为柳村），占地10亩，有房3间。实地考察中，笔者在位于铁路南的纪家庙村问路时得老人介绍："柳村全村已拆平三年了，还没开建，柳村没人了。因为柳村已不存在，今后的路名可能要改为万泉寺路。"路旁电线杆上的标识也证明了此点。

安庆

安庆，位于安徽省西南部、长江北岸。春秋时为群舒县地，汉属皖县地，晋置怀宁县，隋升置同安郡，唐改舒州，南宋庆元元年（1195年）再升改为安庆府，治所在怀宁。元改为路，明初改怀宁府，洪武六年（1373年）复安庆，清为安徽省治，1912年废还怀宁县。1949年析怀宁县城区及近郊区置安庆市，今为安徽省地级市，别称"宜城"。名胜古迹有迎江寺振风塔。

安庆会馆 建于清嘉庆年间（1796—1820年），位于西城区铁门胡同35号（旧为路西十七号），占地2.14亩。清朝末年改建仿欧式三层木质小楼一座，共有房29间。

1912年9月2日下午，孙中山先生应北京报界的邀请，来安庆会馆赴约欢迎会并发表讲话："革命事业多赖报纸鼓吹始克成功，现邦基虽定，而应行建设事业方多……。故鄙人决议投身实业，以建筑全国铁路引为一己之责。"当时有报载：孙先生所以能到安庆会馆与报界人士聚会，皆因报界中的名人陈独秀所安排。陈即为安庆人氏，并常寓此馆。

1949年后安庆会馆一度被北京塑料玩具三厂拆改，原来的欧式小楼及平房被五层高的厂房取代。20世纪80年代工厂外迁，该地由北京市工商银行干部培训中心改造利用，20世纪末培训中心外迁，校舍转办旅馆，名为"河东宾馆"，不久前更名"富润"，营业至今。

人物链接

陈独秀（1879—1942），字仲甫，安徽安庆人。中国共产党主要创始人和早期领导人之一。1915年主编《新青年》杂志，鼓吹新文化，提出"民主与科学"口号，后为五四运动领导人之一。曾任北京大学教授，与李大钊创办《每周评论》，宣传社会主义，批判反动思想。五四运动后，由急进民主主义者转变为马克思主义者。自1921年7月中国共产党成立至1927年"八七"会议止，连任中共中央总书记。后因其思想、路线上的错误，特别是放弃了对武装力量的领导权，使国内革命战争失败。1929年11月被开除党籍，1942年逝于四川。

附产　置于清代，位于北岗子街36号左近（旧为北岗子路东十八、十九号），占地0.8亩，有房4间，现为民居。

附产　置于清代，位于驹章胡同50号左近（旧为路东二十二号），占地0.14亩，有房4间，现为民居。

附产　**安庆义地**　置于清代，位于永生巷中段路南（旧称放生池），现此一带多为民居。

附产　**安庆义园**　置于清代，位于幸福巷北段路东（旧称八圣高庙），占地4.54亩，有房9间，现此地片为民居。

六安

六安，位于安徽省西部，大别山东北麓、淠河中游。秦置六县，西汉元狩二年（前121年）升为衡山郡，东汉建武十三年（37年）并入庐江郡。唐废郡改为盛唐县，北宋政和八年（1118年）置军，元改六安州，清雍正初升为直隶州，1912 年废州改县，今为安徽省地级市。

六英霍会馆 建于清代，位于西城区“中信城”域内（旧为米市胡同路东七十二号），占地 2.03 亩，有房 39 间。

该馆为一州领二县合建馆，二县分别为：

英山，位于湖北省东部、浠水上游，大别山南侧，邻接安徽省。宋置县，1932 年由安徽省划归湖北省，今为黄冈市下辖县。

霍山，位于安徽省西部大别山区，邻接湖北省。汉置潜县，南朝梁分置岳安县，并置霍州，隋改霍山县，今为六安市下辖县。

六英霍会馆 建于清代，位于西城区南横西街 17 号（旧为路北二十九号），占地 1.02 亩，有房 27.5 间。在扩宽马路时拆去了前院一部分，余房现为民居。

六安会馆 建于清代，位于西城区米市胡同，早废。

六安会馆 建于清代，位于西城区骡马市大街西段路北（旧为铁门胡同南口路东三十五号）。在扩宽道路时被拆。

徽州

徽州，即今之歙县，位于安徽省东南部、新安江上游，邻接浙江省。秦置歙县，隋开皇九年（589 年）置歙州，北宋宣和三年（1121 年）改徽州，元升为路，明再升为府，1912 年废府还歙县，今为黄山市下辖县。该地以产徽墨和歙砚最为著名。

徽州邑馆 建于清代，根据《北京宣南历史地图集》中“会馆分布图（二）”所标位置，应位于西城区鹞儿胡同 20 号（旧为路南三十五号）。实地调查得知：1949 年至今由武警部队使用，部分房舍作为干部家属宿舍，部分房舍作战士家属来京探亲临时寓所。

徽州会馆 建于清代，位于东城区珠市口东大街中段（旧称三里河），具体位置无法确定。

徽州郡馆 建于清光绪年间（1875—1908 年），位于西城区宣武门外大街 109 号（旧为宣武门大街路西五十三号），占地 1.59 亩，有房 20 间。现已拆除。

该馆由徽州府及所领歙县、黟县、祁门、休宁、绩溪、婺源六县共建。

黟县，位于安徽省南部、新安江上游。秦置县，今为黄山市下辖县。

祁门，位于安徽省南部山区、昌江上游，邻接江西省。唐置县，今为黄山市下辖县。

休宁，位于安徽省南部山区、新安江上游，邻接江西、浙江两省地。东汉置休阳县，三国吴改海阳，晋改海宁，隋改休宁，今为黄山市下辖县。县西有白岳、齐云两山，风景秀丽，为旅游胜地。

绩溪，位于安徽省东南部，东邻浙江省。唐置县，今为宣城市下辖县。

有关婺源的历史地理概况将在江西省在京会馆部分记述。

《宣武区普通教育志》载：该馆于1921年3月租予高全瑞创办私立“全瑞幼稚园”，当时共招收25名儿童，分2个教学班，有3个教工负责。校舍有6间、教学设备共有130多件，运动场较大，设有摇船、滑梯、沙坑等。

泗州

泗州现称泗县，位于安徽省东北部、濉河下游，邻接江苏省。汉置夏邱县，唐改虹县，清入泗州，雍正初年升为直隶州，1912年废州还县，今为宿州市下辖县。

泗州会馆 建于清代，位于东城区干面胡同路北，具体位置无法确定。

泗州试馆 建于清代，位于东城区后赵家楼胡同11号（旧为路北六号），占地1亩，有房22间，现为民居。

颍州

颍州，今称阜阳，位于安徽省西北部、颖河沿岸。秦置汝阴县，北魏孝昌四年（528年）置州，北齐废。唐初复置，北宋政和中升改顺昌府，金改颍州，清再升为府置，1912年废。

颍州会馆 建于清代，位于西城区“庄胜城”域内（旧为海北寺街西段路北）。早废。

颍州会馆 建于清光绪十六年（1890年），位于西城区山西街六号院，原为裘家街7号（旧为路西三号），占地1.15亩，有房15间，现已拆除。该馆于1939年曾被盗卖，经报官后得以追回。

《北京会馆档案史料》载：“本馆自清光绪十六年（1890年）设立，专供同乡仕宦居住。”由颍州领六县共同管理，六县分别为：

阜阳，清以颍州府治置阜阳县，1975年设市，今为安徽省地级市。

颍上，位于安徽省西北部、颍河下游，淮河北岸。秦置慎县，隋改颍上，今为阜阳市下辖县。

太和，位于安徽省西北部、颍河斜贯，秦属新阳县，隋析置颍县，宋改泰和，元改太和，今为阜阳市下辖县。

阜南，位于安徽省西北部、淮河北岸，邻接河南省。清末由阜阳县地析置，今为阜阳市下辖县。

临泉，位于安徽省西北部、颍河支流泉河流贯，邻接河南省。秦置寝县，唐改沈丘，明废。1935年重由阜阳县析置改称临泉，今为阜阳市下辖县。

界首，位于安徽省西北部、颍河横贯，邻接河南省。原为界首、刘兴、皂庙三镇，1948年设界首市，1953年撤市改县，1989年重置市，现为阜阳市下辖县级市。

县级馆产

芜湖

芜湖，位于安徽省东南部、青弋江同长江汇合处。春秋吴为鸠兹邑，汉置芜湖县，1949年置市，今为安徽省地级市。

芜湖会馆 建于明永乐年间（1403—1424年），位于东城区长巷五条7号（旧为高庙路西十七号），占地0.88亩，有房17间，现为民居。

《北京会馆档案史料》记述“由邑人俞谟舍宅为馆。清咸丰年间（1851—1861年）为京民所侵占，至光绪十一年（1885年）经官归还，然房屋摧毁，基地亦失过半，翌年重建”。

人物链接

俞谟（生卒年不详），字克端，明永乐元年（1403年）选贡，任南京户部主事，后转北京工部主事。其在前门外买自路姓基地一块置旅舍数椽，归里时付同邑京官为芜湖会馆。

歙县

有关歙县的历史地理概况已在“徽州”条中作了介绍。

歙县会馆 建于明嘉靖年间（1522—1566年），时由徽州茶、漆商人出资兴建。清乾隆五年（1740年）重建，改为举人入京参加会试居住的试馆。位于西城区宣武门外大街103至107号（旧为宣武门大街路西五十一、五十二号），在重建、扩修中，又于校场头条加开后门，占地达3.9亩，房屋

93 间。现会馆沿宣武门外大街一排房屋已被拆改。

会馆原有格局分两路：北路一进院正房坐西朝东，面阔三间，进深七檩带前廊；两厢房各面阔三间，进深五檩加前廊一步，倒座已被拆改。二进院正房面阔五间，进深七檩带前廊；两厢房各三间，进深五檩无前廊。北路之南布置三排坐西朝东的房屋，均面阔三间，主房进深五檩加前廊一步；次房五檩无廊；另有北房四间，应为加盖建筑。均为合瓦硬山顶，部分改为仰瓦灰梗。此两组东西向院子之南，为四组形式一样的坐北朝南的四合院。每组正房面阔三间，进深五檩加前廊一步；倒座面阔三间五檩，两厢各两间五檩。每两组四合院的厢房后墙相连为勾连搭形式。四组四合院均为硬山合瓦。

《北京会馆档案史料》中存有该馆楹联两副：

清樽夜话黄山树，
彩笔朝题紫陌花。

（作者不详）

九万里中，三千道上，借此馆粲场苗，用萃东西之美；
卅六峰下，廿四溪边，移米缓花带草，咸依日月之光。

（作者不详）

该馆不仅历史悠久，又因清代曾有曹振镛、王茂荫两位著名人物居此，而名声更加显赫。

1949 年后，该馆被当时北京市公安局五处作为“清河农场”驻京办事处使用。20 世纪末，宣武门外大街扩宽时，拆去了前院的大部分房屋，“驻京办”外迁，余房由房屋部门接收，作为民居。

人物链接

曹振镛（1755—1835），字俪笙，一字怿嘉，安徽歙县人。清乾隆四十六年（1781 年）进士，授编修，累迁至侍读学士。嘉庆间官至吏部尚书、体仁阁大学士，道光朝为军机大臣。“历事三朝，极受倚重，小心谨慎，一守成法”；“侃侃以老成自居，同朝皆畏之”。卒谥文正。

王茂荫（1798—1865），字椿年，一字子怀，安徽歙县人。清道光十二年（1832 年）进士，授户部主事，二十七年（1847 年）升员外郎，咸丰元年（1851 年）授陕西道监察御史。

鉴于当时严重财政危机，为筹集军费计，王茂荫上《条议钞法折》，建议用控制纸币发行辅助流通，来防止通货膨胀和纸币贬值，以便“无累于民而有益于国”。咸丰三年（1853 年）升户部右侍郎监管钱粮法堂事，主管财政、货币事务。上《论行大钱折》，对通货膨胀政策进行有力驳斥，进而提醒铸大钱必将造成恶果。四年（1854年），他又针对不兑现纸币官钞、宝钞严重贬值，市场极其混乱的状况，继续上《再议钞法折》，因此触怒咸丰帝，遭到斥责，被调离户部。

马克思得知此事后，特在《资本论》一个注释中提及：清朝户部右侍郎王茂荫向天子上了一个奏折，主张暗将官票宝钞改为可兑现的钞票，在1854年4月的大臣审议报告中，他受到了严厉申斥。他是否因此受到笞刑，不得而知。

王茂荫被调离户部后，先后又改任兵部侍郎、工部侍郎、吏部侍郎等职，“居官数十年，未尝挈妻侍奉，以清直著称”。

附产　歙县义园　也称歙州阳宅。建于明万历四十六年（1618年），位于丰台区南顶路双庙村，初公置土地40余亩。据1954年“安徽省会馆财产管理委员会房地产移交清册”记载，共有“土地为164.01亩，房屋26间，共计骸骨一千数百余冢”。现已基本拆平，门牌已无。

义园原建筑于1986年被丰台区认定为区级文物保护单位，据本院老住户姜老先生介绍：“义园原门额上刻有“歙县义园”四字，整院各建筑编摆成八卦型，都是筒瓦起脊的房子，后来全拆了，还有两方石碑也不知去向。目前仅余券门架子，过去翻建时我曾藏了一根老柱子，把功德碑保留了下来。”老人为笔者擦净地面上的一方“功德碑”，上面刻满了献金的人名，落款为清同治十三年（1874年）五月。

歙县会馆　建于清代，位于西城区老墙根街67号院（旧为老墙根路北三十号），占地1.09亩，有房25间。现为民居。

歙县会馆现状　老墙根街67号院

歙县会馆 建于清代，位于西城区南半截胡同 3 号（旧为路西二号），早废。现为民居。

附产 置于清代，位于山西街 6 号院（旧为棉花九条路北五号），占地 0.42 亩，有房 13.5 间，现已拆除。

附产 置于清代，位于椿树园小区域内（旧为椿树上三条路南十五号），占地 0.36 亩，有房 12.5 间。

附产 置于清代，位于潘家胡同 36 号（旧为潘家河沿路东六十六号），占地 0.39 亩，有房 14 间。现已拆除。

歙县会馆 建于清代，位于东城区东兴隆街路北新世界新怡家园东片 2-3 号楼间位置域内（旧为巾帽胡同路北十二号），占地 0.8 亩，有房 23.5 间。

歙县会馆 建于清晚期，位于东城区雍和宫大街 65 号左近（旧为路西一五一、一五二号），占地 0.41 亩，有房 26 间。今址为前商后居临街平房。

附产 歙县义园 置于清代，位于通州区新华北路北口路西（旧称北关），共有土地 58.3 亩。

绩溪

有关绩溪的历史地理概况已在“徽州”条中作了介绍。

绩溪会馆 建于明万历二十三年（1595 年），“原为本县会试及顺天乡试人及同乡商人寄旅之所。科举停业后，由旅京同乡士商继续维持住居”。位于西城区椿树园小区域内（旧为椿树上头条路北一至五号，与相背的北椿树胡同路南十四号为一整体），共占地 4.26 亩，有房 104 间。20 世纪末连片危改时被拆。

该馆为胡传、胡适父子两代踏上仕途的起点。清光绪七年（1881 年），胡传只身进京赶考时曾寄寓绩溪会馆，后曾担任过淞沪厘卡总巡、全台营务处总巡、代理台东直隶州知州等职。宣统三年（1911 年），胡适进京参加庚子赔款留美官费考试，也住在绩溪会馆。赴美学成回籍完婚，携妻来北京任教时，还曾在该馆摆宴招待宾朋。不久，胡适担任绩溪同乡会会长。

人物链接

胡适（1891—1962），字适之，祖籍安徽绩溪，生于上海。著名学者。1938 年任国民政府驻美国大使，1942 年任行政院最高政治顾问，1946 年任北京大学校长，1948 年去美国，后去台湾。

附产　绩溪义园　置于清代，位于左安门内大街龙潭湖公园西北部（旧称绩溪义园），占地 6.31 亩，有房 6 间，1952 年这一片地域被改造为园林。

附产　绩溪义地　置于清代，位于左安门内大街西火桥北里小区地片内（旧为东火桥二号），有房 6 间。

附产　绩溪义地　置于清代，位于左安门内大街南段路东龙潭湖公园园墙内外（旧称三义庙一号）。

石埭

石埭，旧县名，位于安徽省南部。三国吴置县，隋废，唐复置。1959 年撤销，并入太平县。1965 年，太平、贵池两县部分地域合置石台县。

石埭会馆　建于明代，位于东城区大席胡同 20 号（旧为大蓆胡同路东十一、十二号），占地 1.56 亩，有房 44.5 间。现为民居，将于近期修缮。

石埭会馆现状　大席胡同20号

附产　石埭义地　置于清代，位于幸福巷 4 号、今培新小学地片内（旧为八圣高庙南一、二号），占地 11.41 亩、有房 5 间。1950 年被征用，建起八圣高庙小学，后改为幸福村第二小学，20 世纪 70 年代再改为培新小学。

附产　石埭义地　置于清代，位于光明路 7 号楼及以北光明东里小区域内（旧为双龙庵二至十一号），占地 31.78 亩，有房 7 间。20 世纪 50 年代建起光明楼小区，1965 年改称光明东里。

附产　石棣义地　置于清代，位于夕照寺街北口里路西夕照寺西里路南地片（旧称火神庙），占地 5.02 亩。20 世纪 50 年代被征用。

五河

五河，位于安徽省东北部、淮河沿岸，邻接江苏省。宋置县，今为蚌埠市下辖县。

五河会馆　建于清前期，位于东城区好景胡同（旧称高井胡同），具体位置无法确定。

旌德

旌德，位于安徽省东南部、青弋江上游。唐置县，今为宣城市下辖县。

旌德老馆　建于清前期，位于东城区小江胡同，有房 11 间，初为会馆，后转为附产。现已拆。

旌德东馆　建于清前期，位于东城区大江胡同 19 号（旧为大蒋家胡同路北七十八号），占地 0.92 亩，有房 26.5 间。现已拆并将复建。

旌德西馆　因东城区境尚有老馆和东馆，对应而言称此馆为西馆。

建于清咸丰年间（1851—1861 年），位于西城区“中信城”北片，原为南大吉巷 14 号（旧为羊肉胡同路南二十五号），占地 1.66 亩，有房 47.5 间。

1932 年会馆开办私立文化补习学校，当时有几十名学生，分六个年级进行复式教学。1947 年改名私立文化小学，学生有 350 名，正式成为四二制完全小学。1956 年由宣武区教育局接管改名公立羊肉胡同小学，1966 年改名红宇小学，1974 年改名大吉巷小学。21 世纪初学校撤并，校舍交由街道使用，现已被拆。

附产　旌德义园　置于清晚期，位于分钟寺路（旧为分钟寺村）。《旌德会馆总登记表》中记载：“义园地五段，计五十余亩，浮房十一间。”

南陵

南陵，位于安徽省东南部、青弋江流域。汉属宣城等县地，唐置南陵，今为芜湖市下辖县。

南陵会馆　建于清前期，位于东城区草厂三条 9 号（旧为路西三十五号），占地0.47亩，有房12.5间。现已拆待建。

泾县

泾县，位于安徽省东南部、青弋江流域。汉置县，今为宣城市下辖县。境内云岭有新四军军部旧址纪念馆，茂林是1941年1月“皖南事变”发生地。

泾县旧馆 建于清前期，位于东城区长巷三条27号（旧为路西三十号，后门开在二条路东），目前已拆待建。

泾县会馆（包世臣旧居） 建于清乾隆年间（1736—1795年），位于西城区“中信城”域内，原为米市胡同64号（旧为路东七十九号），一进小四合院共有房34.5间，占地1.63亩。清代著名书法家包世臣常住居于此，“五四”时期这里是《每周评论》编辑部所在地。曾为宣武区文物暂保单位，目前只存部分残房，将准备移至附近另建保留。

人物链接

包世臣（1775—1855），字慎伯，号倦翁，安徽泾县人。清嘉庆十三年（1808年）中举，此后十次赴京赶考，每次均住于此馆，一住数月。道光十五年（1835年）会试后，任江西新喻知县，虽政绩斐然，但因得罪权贵，一年后被排挤去职。包世臣为晚清著名书法家，其行、草、隶皆为世所珍贵。他的《倦游阁帖》、《艺舟双楫》等书法名著都完成于该馆。

知识链接

《每周评论》“五四”运动时期著名时政刊物，由李大钊、陈独秀于1918年12月22日创刊。该刊采用小报形式，每周日一期。主要撰稿人有高一涵、王光祈、张申府、周作人等。刊物以“主张公理、反对强权”为办刊宗旨，有国内外大事评述、社论、随感录、新文艺等轮流刊出。该刊特别重在批评时政，主要面向知识分子。后因陈独秀被捕，由胡适任主编，他在第31期发表了文章《多研究些问题，少谈些“主义”》，引起了“问题与主义”的论战。1919年8月被北洋政府查封。

泾县新馆 建于清嘉庆十七年（1812年），位于西城区迎新街87号（旧为南横东街路北三十号），占地4.5亩，有房106间，其在拓宽南横东街时被拆除。

附：

泾县新馆记
（1819年）

吾泾自前明时乡先辈之在京师者，即惓惓于邑馆不置，盖在嘉隆间已有新旧两馆，一在内城，一在外城，建置条约既勤且备，甚盛心也。

清初内城之馆失，业所存者，长巷胡同一区，当日所称新馆者也。百余年来，虽迭经缮葺，而邑中人文鼎盛，每间岁应京兆及礼部试者，肩接而踵集，馆屋至不能容，则往往寓于他所，于是同人慨然有更置之意。嘉庆辛未会试后，公车诸君归而遍谂邑中，邑中诸族姓莫不慷慨乐输，得白金以两计者万有奇，遂邮书京师，购得南横街屋三所六十余间为馆屋，又于馆东及兵马司后街各买屋一所，取其岁赁所入为公事费，于是称今之所置为新馆，而曩所有者为旧馆。吾泾遂复有新旧两馆矣。丁丑之夏，乃以余资因旧馆而整修之，庭阶楝宇，涣然改观，新馆则增建神屋，而高大其门垣，其中堂房庖湢悉具；旁有小园，稍稍栽花种树，足以为文酒燕聚之地，夫然后邑人之戾止者，税驾如归，随其所居，而无向者不能容之虑焉。尝考今之会馆，盖犹古者郡国朝宿之舍，汉郡国邸属大鸿胪，唐贞观间建诸州邸于京城，皆官为掌之；今之会馆则皆各州县人之自为营置，夫惟其自为营置，则其兴若废，必视其人文之盛衰与其乡人士之好义与否。方今海宇承平，都门首善之地，万国辐凑，会馆之增设日繁，而如吾泾以一邑之力捐费至万余金，馆舍至数所百有余间，可不谓盛欤！夫物无所谓新旧也，昔之新者，自今视之则旧矣，后之视今，犹今之视昔耳。毋忘昔款，毋隳成规，使旧者如新，而新者不复旧，则存乎其人耳矣。书记人惟求旧，庄子曰：去国数日，见其所知而喜；去国旬月，见所尝见于国中而喜；及期年也，见似人者而喜矣。然则会馆者，聚一乡之人于千里之外，饮食居处，言语相近，有无缓急相通，其在外也，不啻其在家焉。京师冠盖相望交游，多天下豪杰，而所以讲信、修睦、敦行谊而厚风俗者，其必由是始矣。旧馆乡先辈已有记，同人以馆之成也，属承琪记之，故略识其缘起，幸吾邑人文之盛，冀来者之久而弗諠也，其建置条约则别载于馆录云。嘉庆二十四年岁在乙卯十月朔日。邑人胡承琪撰。马肇勋书。

泾县会馆　建于清嘉庆年间（1796—1820年），初为附产，后成会馆。位于西城区“中信城”域内（旧为兵马司后街路南十七号），占地1.63亩，有房15间。现已拆除。

2010年8月上旬《北京日报》一篇关于“展览”的消息中，录下原该院大门的楹联：

世泽渊源三恪著，
德门兄弟两名齐。

泾县会馆 建于清嘉庆年间（1796—1820年），位于西城区潘家胡同38号（旧为潘家河沿路东六十五号），占地1.21亩，有房38.5间，现已拆除。

附产 置于清代，分为三片：

位于腊竹胡同南片域内（旧分别为：高庙路北一号、五至七号，路南十至十二号），占地0.58亩，有房17间。此地有些老房依存，现为民居。

位于永安路121号北京报刊零售公司域内（旧为永安路路北一号）。

位于永安路36号友谊医院东院（旧为永安路路南四十一、四十二号）。

附产 置于清代，位于虎坊里小区域内（旧分别为永安路南巷一号、虎坊路头条一号），占地0.85亩，有房28间。20世纪50年代中期拆建为楼房小区。

泾县会馆 建于清晚期，位于东城区长巷头条60号（旧为路东三十号），现为民居。

附产 泾县义地 置于清代，位于永安路106号（旧为永安西路西口路南）。1949年后被征用，建为光明日报社社址，21世纪初转为国家档案局所属中国档案报社等单位办公地址。

休宁

有关休宁的历史地理概况已在“徽州”条中作了介绍。

休宁东馆 建于清前期，位于东城区长巷四条15号（旧为路西四十二号），有房15间，现已拆除。

休宁会馆 建于清乾隆十七年（1752年），位于西城区菜市口大街北段（旧为丞相胡同路西十三号），占地5.36亩，有房99.5间。

休宁西馆（徐乾学故宅） 原为徐乾学故宅。购建于清乾隆年间（1736—1795年），位于西城区菜市口大街北段（旧为丞相胡同路西十五号），占地2.15亩，有房43间。

白鹤群先生曾收辑有徐乾学《碧山堂雨中宴同馆诸公》诗一首：

积雨冲泥会故人，高斋当署似萧晨。
十年冉冉有双鬓，百感茫茫集一身。

缑岭仙人曾憩洛，高阳才子正游秦。
今朝佳宴逢休瑕，莫厌当筵洒余频。

人物链接

徐乾学（1631—1694），字原一，号健庵，江苏昆山人。出生于明代一个没落的官宦家庭，在父母督促下其兄弟三人自幼受到严格教育，后又得到舅父顾炎武的指授，学问日进，文声大燥，根柢日深，于是"三徐之名闻于远近"。

清顺治十七年（1660 年），徐乾学中举。康熙九年（1670 年）高中探花，授弘文院编修。在朝中其很快成为明珠亲信，不数年间，平步青云，其后又得到皇帝宠信。二十年（1681 年）命为日讲起居注官，二十三年（1684 年）升翰林院侍讲学士。

为寻求政治上的进一步发展，徐乾学也以笼络人才为务，大批士子翕然归其门下。无缘入谒的学子们便在他所住的绳匠胡同（后改称丞相胡同、菜市口胡同）附近租赁房舍，待他五更入朝时便朗读诗文，以便他从中物色。果有所长者，便被收为门生。徐府碧山堂内经常是群贤毕至，他从中笼络了各类人物，也有了切磋学问的机会。二十五年（1686 年）任礼部侍郎。

随着羽翼不断丰满，徐乾学与明珠之间的权势之争开始加剧，康熙皇帝也有所闻，特转任他为都察院左都御史，二十七年（1688 年）又升任刑部尚书，不久即免。但尚还入值南书房，参与机要，并任修书总裁。二十八年（1689 年）休致回籍。次年春，他回到苏州，寓居太湖东洞庭山，三十三年（1694 年）七月病故。

徐乾学从青年时代便大量收藏图书，名书楼为"传是楼"，一度为江南最为著名的藏书楼之一。他一生著述颇丰，奏疏杂著中涉及兵刑、钱谷、典仪、行政等各个方面，有《传是楼书目》、《通志堂经解》、《读礼通考》及诗集《碧山集》、《虞浦集》等。

休宁会馆　建于清中晚期，位于西城区菜市口大街北段（旧为丞相胡同路东三十三号），连同相背米市胡同路西四十一号的房地产，共占地 2.87 亩，有房 86 间。

该馆址于清光绪三十二年（1906 年），由汪绍铨创办外城私立女子传习所，当时共召学生 90 人，教职工 5 人。宣统元年（1909 年）改为外城官立两等女子小学堂。1912 年改名京师公立第一女子高等小学校。1923 年改名京师公立第三十四小学校，实行"四二学制"。1934 年改名为北平市立丞相胡同小学。1946 年改名为北平市第十一区中心国民学校。1951 年改名为第八区中心小学，1953年改为宣武区中心小学，1958年复改丞相胡同小学。1967年改名为东方红小学，1973年定名菜市口胡同小学。校址在建校百年前夕被拆除。

休宁会馆　建于清晚期，位于西城区“中信城”开发区域西南角位置（旧为米市胡同路西五十六号），占地0.59亩，有房20.5间。

附产　置于清晚期，位于米市胡同44号（旧为路东九十四号），占地1.22亩，有房5间。

附产　置于清晚期，位于“庄胜城”域内（旧为香炉营四条路北十三号），占地0.82亩，有房17.5间。目前已拆待建。

休宁义馆　建于清代，位于东城区广渠门内大街路南安化北里西片地域内（旧为土地庙三号），占地7.5亩，有房19间。

附产　休宁义地　置于清代，位于广渠门内大街路北27号楼“鼎新大厦”地域内及楼前（旧为栖流所四号），占地2.5亩，有房6间。

青阳

青阳，位于安徽省南部、长江南岸。三国吴置临城县，唐改青阳，今为池州市下辖县。境内九华山为著名旅游避暑胜地。

青阳会馆　建于清康熙年间（1662—1722年），位于西城区施家胡同6号（旧为路南二十八号），占地0.97亩，有房33间。现为民居。

青阳会馆　建于清代，位于西城区骡马市大街119号及左近地域（旧为四川营路东八号），占地2.91亩，有房17间。先后于拓宽骡马市大街、四川营胡同时被拆占，现在此地新建小楼“莱茵之家酒店”，应仅为原馆址的一小部分。

青阳会馆　建于清代，位于东城区前门大街东片南端夹角内（旧为西湖营路东八号），占地0.57亩，有房18间。现正进行连片拆迁改造。

附产　青阳义园　置于清代，位于广渠门内大街东端路南安化北里东片地域内（旧为广渠南里十一号），占地4.62亩，有房6间。

黟县

有关黟县的历史地理概况已在“徽州”条中作了介绍。

黟县会馆　建于清乾隆年间（1736—1795年），位于西城区山西街6号院（旧为西草厂中段路南），早废。

黟县会馆　建于清乾隆年间（1736—1795年），位于西城区烂缦胡同94号（旧为路东七十号），占地1.1亩，有房19间。现为民居。

黟县会馆 建于清乾隆五十八年（1793 年）六月，位于西城区南半截胡同 21 号（旧为路西十号），占地 2.49 亩，有房 40.5 间。现为民居。

潜山

潜山，位于安徽省西南部、皖河上游。汉置皖县，晋改怀宁，元析置潜山，今为安庆市下辖县。县东半部为平原、西半部为山区，各具特色，名胜有大柱山等。

潜山会馆（张恨水旧居） 建于清代，位于西城区山西街 7 号（旧为路西四号），占地 0.52 亩，有房 21.5 间。

民国时，因张恨水居此而门前车水马龙。实地调查中，笔者深感数辈邻里为这里曾是张恨水旧居而感到的荣耀。

人物链接

张恨水（1895—1967），原名张心远，祖籍安徽潜山，生于江西广昌。清光绪三十二年（1906 年）至南昌经馆读书，旋入甲种农业学校，后考入苏州垦植专业学校。父亲逝后举家迁回原籍，靠唱戏维持生计。

1912 年，张恨水到上海投韩复炎从事反袁斗争，1918 年，转芜湖《皖江日报》任副刊编辑，并参加抵制日货运动，不顾个人安危维护祖国尊严和民族利益。后为防止日本人报复，以《工商日报》驻京特派员身份来到北京寓居潜山会馆。他除了拍发北京新闻，还为其他报刊撰写小说连载，一时文名显赫，声震京师。

他的著作有《紫玉成烟》、《春明外史》、《啼笑因缘》、《八十一梦》、《巴山夜雨》、《大江东去》、《纸醉金迷》、《虎贲万岁》等，是一位自学成才、蜚声中外的章回小说家。1948 年因病头脑失志后，口不能说、手不能写。1949 年后为中央文史馆馆员，至 1967 年 2 月 15 日病逝。

当涂

当涂，位于安徽省东部、滨长江，邻接江苏省。西汉置县，后废。隋开皇九年（589 年）再置，今为马鞍山市下辖县。青山西麓有唐朝诗人李白墓。

当涂会馆 建于清代，位于西城区东北园胡同路南。

因该巷以南北走向为主，路南的门不太多，故笔者实地考察，认为应是中段路南的 24 号左近。

当涂会馆 建于清代，位于西城区桐梓胡同路东，根据《北京宣南历史地图集》“会馆分布图（二）”所标，应为 16 号。此处原为大栅栏房管所一管段办公用房，后改建为“天陶广大市场”。

太平

太平今称黄山，位于安徽省南部、黄山北麓，青弋江上游。唐置太平县，一直延用，1983 年改为黄山市（县级市），其域为今黄山市（地级市）黄山区。

太平会馆 建于清代，位于东城区草厂三条 19 号（旧为路西二十九至三十一号），占地 2.55 亩，有房 67 间，现为民居。

附产 置于清代，位于光明中街北段路西光明西里地片内（旧为板厂火神庙八号），占地 0.82 亩，有房 5 间，现为居民区。

附产 太平义园 置于清代，位于永定门外大街左近（旧称永定门关厢）。

怀宁

怀宁，位于安徽省西南部、长江北岸、皖河下游。汉置皖县地，晋分置怀宁（初治潜山，南宋移治安庆，1949 年后移今址），今为安庆市下辖县。县东北石镜山为旅游胜地。

怀宁会馆 建于清代，位于西城区潘家胡同（旧为潘家河沿），早废。

怀宁会馆 建于清代，位于西城区粉房琉璃街 106 号（旧为路东九十一号）。现为民居待拆。

怀宁会馆 建于清代，位于西城区迎新街 62 号（旧为延旺庙街路东四十七号），与和平巷路南十四号相连为一整体，共占地 4.03 亩，房屋 92 间。现为民居待拆。

附产 置于民国时期，位于东南园头条小区域内（旧为桐梓胡同路西五号），占地 0.26 亩，有房 8.5 间。20 世纪 80 年代末，选此一片地域作连片危改试点，新建楼舍均为三至四层，但气、热不能上楼。现已完成煤改电等工程。

怀宁会馆 建于清代，位于东城区五老胡同北段路西“兴隆都市馨园”西北片域内（旧为阎王庙街路东）。

望江

望江，位于安徽省西南部、长江北岸，邻接江西省。东晋置新冶县，隋改义乡，后改望江，今为安庆市下辖县。

望江会馆 建于清代，位于西城区石头胡同 60 号（旧为路东七十五号），后门开在棕树头条 9 号（旧为给孤寺夹道路西四号）。现为民居。

望江会馆 建于清代，位于西城区“中信城”域内（旧为兵马司中街路北九号），占地 0.72 亩，有房 22 间。

望江邑馆 建于清朝末年，位于西城区宣武门内大街 8 号（旧为宣内油房胡同十七、十八号），占地 2.05 亩，有房 49.5 间。今址即“北京百骏明光百货商业管理有限公司”（曾称银座中心）大楼域内。

桐城

桐城，位于安徽省中部偏南。汉置松阳县，隋改同安，唐改桐城，今为安庆市下辖县级市。

桐城试馆 建于清朝末年，位于西城区前门西大街人民大会堂南楼域内（旧为西顺城街路北十四号、十五号）。与小财神庙胡同、辇儿胡同两处附产共占地 4.05 亩，有房 88.5 间。《燕都丛考》中注：清末“谋炸考察宪政大臣的吴樾曾居于此馆”。

《北京会馆档案史料》中辑有该馆楹联一副：

先辈名声满天下，
后来兴起望吾曹。

人物链接

吴樾（1878—1905），字梦霞，后改孟侠，安徽桐城人。保定高等师范学堂肄业，清光绪二十九年（1903 年）创办两江公学，出版《直隶白话报》宣传革命，信奉暗杀主义，次年组织北方暗杀团保定支部。三十一年（1905 年）八月，在北京前门火车站谋炸清廷出洋考察宪政五大臣，自炸身亡。

附产 置于民国时期，位于小财神庙八号。该巷在 20 世纪调整街巷地名时，并入辇儿胡同，现已被包容在前门西大街人民大会堂南楼域内。

附产 置于民国时期，位于辇儿胡同三十八号。扩建北京供电局时，西半段胡同南北片均被包容其中。现为前门西大街 41 号“国家电网公司”所在地。

浙江省在京会馆

浙江省地处中国东南沿海长江三角洲南翼，东临东海，南接福建，西与江西、安徽相连，北与上海、江苏接壤。境内最大的河流钱塘江，因江流曲折，称之江，又称浙江，省以江名，简称“浙”，省会杭州。

春秋时为越地，战国时为楚地，秦时属会稽及闽中等郡，汉属扬州，三国时属吴，唐分置浙江东、西两道，宋置浙东、浙西两路，元属江浙等处行中书省，明置浙江布政使司，清始称浙江省。现辖 11 个地级市、21 个县级市、34 个县、1 个自治县及 34 个市辖区。全省面积 10 万多平方千米。

浙江省是在京会馆较多的省份，省、府、县馆皆众。明代金华、绍兴两地即建有府馆，鄞县药材行会建有仪馆——鄞县会馆。最早建立的省馆是清康熙年间建立的全浙会馆。该省共在京建立会馆 96 座，其中省馆 17 座，府馆 33 座，县馆 40 座，商业行业馆 6 座，上述会馆置设附产共计 44 处。目前尚有会馆建筑遗存 23 座，其中市级文物保护单位 1 处、区级文物保护单位 2 处。

浙江会馆之众源于其文化的繁荣和孕育于民间的经济实力。仅据笔者根据现有资料的不完全统计，浙江在京会馆共有地产 687.86 亩，拥有房产 3347 间，居各省在京馆产总量之首。浙江有全省性仪馆——浙寺；会馆规模变迁处于常态之中，浙绍会馆经历了因馆设祠、因祠建馆、馆内扩祠的一系列组织规模壮大历程；浙江几乎县县在京有馆，而以县馆之实力既可支撑自身还能兼管府馆——如仁钱之于杭州；直至清末、民国，会馆仍在发展，以至为今天较为完整地保留下典型的州县试馆——绍兴会馆和典型的商业会馆——正乙祠；即使经营不力的会馆如归安会馆，也因浙人沈家本的买下，改建为私宅，而成为不朽宏篇的诞生地。

浙江省在京会馆一览表

产别	馆名	别名	建立年代	现地址	老地址	地亩	房间	掌馆人	现状
省馆	全浙会馆		清康熙中期	长椿街主干道及其西侧宣武医院部分地方和东侧长椿苑文化广场	下斜街路西三十五至三十九号	24.95	298	吴承湜	已拆
	浙江会馆	陈邦彦故宅	清乾隆中期	宣武门外大街 111 号	宣武门大街路西五十四号	1.55	30	吴承湜	已拆
	浙江新馆		清中前期	南横东街 95 号	同左路北二十二号	3.35	67.5	张竞仁	已拆
	全浙会馆		清嘉庆年间	长椿街南段及路东长椿寺南墙外、现长椿苑文化广场北半部分	妙光阁一号	8.08	89	吴承湜	已拆
	浙江会馆		清中晚期	北线阁街 2 号	同左路东二十六号	7.26	28	吴承湜	已拆
	全浙会馆		清代	长椿街 45 号及门前马路	妙光阁五号	44.5	78	吴承湜	已拆
	浙江会馆		清代	宣武门外大街 1 号	上斜街路北十四号	1.37	31	吴承湜	已拆
	浙江会馆		清代	上斜街 37 号	同左路北十八号	1.76	36	吴承湜	已拆
	浙江会馆		清代	校场大六条 1 号、3 号	同左路北一、二号	2.65	43.5	吴承湜	民居
	浙江会馆		清代	铁门胡同 112 号	同左路东四十九号	0.99	22	吴承湜	民居
	浙江会馆	浙江旅京学会	清代	佘家胡同 15 号、17 号	同左路北七、八号	1.36	32	叶开锷	民居
	浙江会馆		清代	樱桃斜街 93 号	同左路北四十四号	1.25	36	吴承湜	民居
	浙江会馆		清代	潘家胡同 28 号	潘家河沿路东七十号	0.71	21.5		已拆
	浙江会馆		清代	中信城	兵马司中横街路西二号	2.04	39	张竞仁	已拆

产别		馆名	别名	建立年代	现地址	老地址	地亩	房间	掌馆人	现状
省馆		浙江会馆		清代	中信城	米市胡同路东五十七号	0.78	25.5	张竞仁	已拆
省馆		浙江会馆		清代	粉房琉璃街33号	同左路西十三号	0.54	19.5	张竞仁	动迁中
省馆		全浙会馆		清代	长巷头条50号	同左路东二十五号	0.42	16		民居
府馆	金华	天龙寺会馆		明万历年间	广渠门内大街29号	天龙寺街路北五号	18	102	杨士毅	已拆
府馆	金华	金华会馆		清前期	苏家坡胡同8号	同左路东四、五号	2.89	54	陈步东	已拆
府馆	金华	金华会馆		清乾隆朝以前	东半壁街或西半壁街	半壁街				早废
府馆	金华	金华会馆		清代	东晓市街	东晓市				早废
府馆	绍兴	浙绍会馆	稽山会馆	明朝末年	珠市口西大街148号	虎坊桥路南一一四至一一六号	7.7	264	俞家骥	已拆
府馆	绍兴	浙绍会馆		清代	校场口胡同56号	校场口路南四十四号	0.91	28	俞家骥	动迁中
府馆	绍兴	浙绍会馆		清代	校场三条20号	同左路东四十四号	0.37	17	俞家骥	民居
府馆	绍兴	浙绍会馆		清代	潘家胡同65号	潘家河沿路西三十三号	0.96	30	俞家骥	已拆
府馆	宁波	宁波试馆		清前期或更早	五老胡同北段	北五老胡同				早废
府馆	杭州	武林会馆		清前期	长巷头条	同左				早废
府馆	杭州	杭州会馆		清代	潘家胡同50号	潘家河沿路东六十号				已拆
府馆	杭州	杭州会馆	武林会馆	清道光年间	珠市口西大街257号	虎坊桥路北五十二号	1.77	50	邵章	大部已拆
府馆		严陵会馆		清前期	“新世界家园”小区	银丝胡同路东一号	1.88	23.5	张文兴	已拆
府馆		建德会馆		清代	北深沟胡同2号	北深沟路东一号	1.28	27.5	周兴熙	单位使用

产别		馆名	别名	建立年代	现地址	老地址	地亩	房间	掌馆人	现状
府馆	严州	严陵会馆		清代	石头胡同25号	同左路西				民居
		严州会馆		清乾隆末年	五老胡同北段	北五老胡同				早废
		严州会馆		清光绪年间	大外廊营胡同31号或33号	同左路西十六号				民居
	嘉兴	嘉兴会馆		清雍正年间	粉房琉璃街95号	同左路西四十三号	0.38	16	朱彭寿	已拆
		嘉兴会馆	嘉兴六邑馆	清光绪初年	南横东街59号	同左路北五号	2.02	56.5	朱彭寿	已拆
	温州	温州会馆	温州老馆	清雍正年间	冰窖斜街41号	冰窖胡同路北七号	0.66	19	殷汝然	已拆
		温州会馆		清代	校场头条23号	同左路西十号				民居
		温州新馆		清光绪年间	校场五条28号	同左路东三十七号	1.86	32	林训章 朱文侯	民居
	台州	台州会馆		清乾隆年间	后孙公园胡同10号	后孙公园路南十号	1.42	37	王亮	民居
		台州分馆		清代	下斜街25号	同左路西七号	0.73	10	王亮	民居
	湖州	湖州会馆	吴兴会馆	清中前期	菜市口大街1号	北半截胡同路西十三号	0.87	63	孙棣三 朱文钧	已拆
		湖州会馆		清代	宣武门外大街1号	上斜街路北十五号	1.48	30	孙棣三 朱文钧	已拆
		湖州会馆		清代	珠市口西大街中段	西柳树井路北				已拆
		湖州会馆		清代	潘家胡同31号	潘家河沿路西十六号	1	29	孙棣三 朱文钧	已拆

产别		馆名	别名	建立年代	现地址	老地址	地亩	房间	掌馆人	现状
府馆		湖郡会馆		清代	打磨厂街	打磨厂				早废
		湖州会馆		清朝末年	建国门内大街东18号	东裱褙胡同路南五十五号	1.11	24		已拆
	处州	处州会馆		清道光年间	西砖胡同17号	同左路西六号	1.31	30	周祯韩尚忠	动迁中
	定海	海昌会馆		清代	教佳胡同4号	敫家坑路东九、十号	1.3	24		已拆
		海昌会馆		清代	珠市口东大街8号楼偏西	西铁香炉				早废
县馆	鄞县	鄞县老馆		清前期或更早	薛家湾胡同13号	同左路北十八号				已拆
		鄞县会馆		清乾隆年间	福州馆街6号	崇兴寺				早废
		鄞县会馆		清代	大力胡同西段路南	大李纱帽胡同				早废
		鄞县新馆		清代	晨光街10号“红霞公寓”大院内偏南	小甜水井路北五号	0.93	25.5	林行规	已拆
		鄞县新馆		清代	普渡寺东巷10号、12号	同左路东一、二号			林行规	已拆
		鄞县西馆		清宣统年间	盆儿胡同55号	同左路西八号	5.84	47		已拆
		宁波会馆		民国六年（1917年）	晨光街10号“红霞公寓”大院内	小甜水井路北六号	1.87	59.5	沈荣亭	已拆
	宁海、浦江	宁浦会馆		清前期或更早	西打磨厂街	打磨厂				早废
	江山	江山会馆		清前期或更早	南深沟胡同	南深沟				早废

产别		馆名	别名	建立年代	现地址	老地址	地亩	房间	掌馆人	现状
县馆		江山会馆		清中前期	香炉营头条	同左路南				早废
	常山	常山会馆		清前期	新革路中段	新开路路西				早废
	兰溪	兰溪会馆		清前期	东晓市街	东晓市				早废
	仁和、钱塘	仁钱会馆	仁和会馆	清前期	珠市口西大街120号	西柳树井路南四十四号	2.72	48	邵章	已拆
		仁钱会馆		清中晚期	广安胡同道路中段	老墙根路北二十七号、二十八号	2.88	51.5	邵章	已拆
		仁钱会馆		清中晚期	老墙根街69号	老墙根路北三十一号	1.03	26.5	邵章	民居
		仁钱会馆		清中晚期	铁树斜街31号	李铁拐斜街路北十二号	1.21	30	邵章	民居
		仁钱试馆		清晚期	崇文门西大街路北	崇文门内西城根				早废
		仁钱会馆		清代	东打磨厂街3号	东打磨厂路北二十二至二十四号	0.61	16.5		已拆
	海宁	海宁会馆		清中前期	四川营胡同	四川营				早废
		海宁会馆		民国时期	建国门北大街	东城根路西二十二号			薛真元	已拆
	黄岩	黄岩会馆		清中前期	石头胡同	同左				早废
		黄岩会馆		清光绪十五年（1889年）	庄胜城	周家大院路北二号	3.36	52	梁谟远 周炳麟	已拆
	萧山	萧山会馆		清中前期	前门西河沿街192号	西河沿路南一九九号、二〇〇号	2.77	56.5	朱景洛	民居
	慈溪	慈溪试馆		清嘉庆年间	晨光街10号“红霞公寓”大院	小甜水井路南九、十号	3.85	95.5	沈芑舫	已拆
		慈溪试馆		清代	大力胡同11号	大李纱帽胡同路北五号			沈其芳	民居

产别		馆名	别名	建立年代	现地址	老地址	地亩	房间	掌馆人	现状
县馆		浙慈会馆		清代	精忠街	精忠庙街				早废
县馆		慈溪试馆		清光绪初	中信城	兵马司中横街路西四号	1.28	38.5	沈其芳	已拆
县馆	余姚	余姚会馆		清中晚期	小沙土园胡同 12 号	东南园路北		10		已拆
县馆	余姚	余姚会馆		清中晚期	潘家胡同 30 号	潘家河沿路东六十九号	0.71	23.5	冯思龢	已拆
县馆	余姚	姚江会馆	余姚会馆	清光绪十一年（1885）	姚江胡同 1 号	姚江馆夹道路东一号	0.98	41	冯思龢	民居
县馆	绍兴	绍兴会馆	鲁迅故居	清道光六年（1826年）	南半截胡同 7 号	同左路西四号	3.24	52.5	周肇祥 俞家骥	市级文保
县馆	绍兴	绍兴县馆		清晚期	南半截胡同 10 号	同左路东三十二号、三十三号	1.11	31.5	周肇祥 俞家骥	民居
县馆	绍兴	绍兴县馆		清晚期	广安门内大街 6 号	烂缦胡同路西二十六号	0.34	22.5	周肇祥 俞家骥	已拆
县馆	绍兴	绍兴北馆		清晚期	上斜街 48 号	同左路南五十六号	1.62	49	周肇祥 俞家骥	民居
县馆	绍兴	绍兴县馆		清代	建国门北大街西侧路南段	鲤鱼胡同路南八号	0.99	22		已拆
县馆	上虞	上虞会馆		清道光初年	韩家胡同 25 号	韩家潭路北十六号		10	钱澄	已拆
县馆	上虞	上虞会馆		清咸丰年间	佘家胡同 36 号	同左路南二十四号	0.55	18	钱澄	民居
县馆	乐清	乐清会馆		清代	广安东里	同左				早废
县馆	归安	归安会馆	沈家本故宅	清代	金井胡同 1 号	同左路北一号				民居，区级文保

产别		馆名	别名	建立年代	现地址	老地址	地亩	房间	掌馆人	现状
县馆	镇海	镇海试馆		清晚期	晨光街 10 号“红霞公寓”大院内偏南	小甜水井路北四号	3.59	58	虞自畏	已拆
商业行业馆		鄞县会馆	四明会馆、宁波会馆	明代	里仁街 1 号、3 号大院内及马路对面清芷园、8 号院等部分	郭家井二号	45.09	62.5	史悠明许萃	已拆
		银号会馆	浙江钱业会馆、正乙祠	清康熙六年（1667 年）	前门西河沿街 220 号	西河沿路南一八九号、一九〇号				区级文保
		浙慈会馆	财神庙、成衣行会馆	清康熙年间	金鱼池西街 1 号	西晓市街路南一二九号	5.93	80	彤霖	已拆
		正乙祠仪馆		清代	西革新里	葛家庙二号	3.06	23		已拆
		正乙祠仪馆		清代	管村	地藏庵一号	2.43	20		已拆
		正乙祠仪馆		清代	共进里	二郎庙西村七号	4.23	28		已拆

省级馆产

全浙会馆　建于清康熙中期，位于西城区长椿街主干道及其西侧宣武医院部分地方和东侧长椿苑文化广场（旧为下斜街路西三十五至三十九号），占地 24.95 亩，有房 298 间。会馆一直保留到 1955 年建宣武医院始，几经拆改，地面建筑基本无存。此馆址明代为神宗皇帝万历之婿冉兴旺驸马的“月张园”，清初是李霨的“李园”，其后归赵吉士，改名“寄园”，又经赵将寄园捐出作为全浙会馆。

全浙会馆主院、跨院各三进。院内有紫藤精舍、乡贤祠、戏台、假山等景物。该馆的戏台，传为名戏《桃花扇》的第一演出场地。

全浙会馆旧照

下录李慈铭的两副楹联和诗作一首：

1. 主院

旧记续名园，略参东浙西湖，别有洞天开日下；

先贤传胜事，相勖[①]文章道德，长留典录[②]照寰中[③]。

2. 乡贤祠

古义士誓不与仇共天，乃有今日；

乡先生殁而可祭于社，其在斯夫。

3. 应紫泉之邀赴宴作诗留念

风流冉赵迹具陈，花树重开辇下春。

觞咏代为名胜地，衣冠相见太平人。

银铜翠墨卿型旧，绿酒红镫岁事新。

镜水圣湖都入画，自来胭月本无贫。

光绪三十二年（1906 年），浙江京官钱能训等，在馆内设立浙学堂，宣统元年（1909 年）改称公立浙江中学堂，进入民国后停办。

1926 年 4 月，军阀张作霖杀害邵飘萍；8 月，张宗昌继而杀害林白水。1928 年，国民党籍第一任北平特别市市长何其巩，在全浙会馆亲自主持了邵飘萍、林白水二人的追悼大会。

---

① 相勖（xù）：互相勉励。

② 典录：经典书目。

③ 寰中：即中国。

人物链接

李霨（1625—1684），字景宪，号坦园，河北高阳人。清顺治三年（1646 年）进士，官至太子太师、户部尚书、保和殿大学士。被顺、康二帝所倚重，参与平定三藩、力赞施琅在台设官镇守等重大决策，在朝先后凡二十七年，"内介外合，朝野倚以为重"。卒谥文勤。

赵吉士（1625—1703），字天羽，号恒夫，安徽休宁人。清顺治八年（1651 年）举浙江乡贡进士，康熙二十三年（1684 年）授朝议大夫。因子被劾，复补国子监学正。

钱能训（1870—1924），字千丞，浙江嘉兴人。清光绪二十四年（1898 年）进士，曾任巡警部左丞、顺天府尹等职；北京政府第十四届内阁总理。1920 年发起组织"华盛顿会议中国后援会"，主张德国应无条件将山东归还中国。

邵飘萍（1884—1926），名振青，浙江金华人。1918 年主办《京报》，切中时弊、文笔犀利的篇篇文章，锋芒直指反动军阀及其卖国罪行。特别是 1926 年，段祺瑞政府制造"三 · 一八"大惨案，《京报》上曾发表"飘萍启事"，深受军阀忌恨，于 4 月 25 日遭捕，第二天即在天桥就义。

林白水（1873—1926），本名獬，字少泉，号宣樊，福建闽侯人。早年留学日本，曾从事反清活动。他的一生主要是从事新闻工作，宣传爱国主义思想，因而引起当权者的不满，又因讥讽张宗昌，于 1926 年 8 月 7 日在天桥就义。

何其巩（1898—1955），字克之，安徽桐城人。民国初年，肄业于桐城县立中学，1917 年因参加学潮被校方开除。后赴北京，初任教员，并兼任《正言报》记者。继而又到冯玉祥部下做文书，1924 年保送到苏联学习，一年后回国仍在冯部下工作，任至国民政府顾问。1928 年起任北平特别市第一任市长，1931 年转至安徽省工作。1936 年开始从事教育工作，1947 年辞去中国大学代校长职务。

浙江会馆（陈邦彦故宅） 建于清乾隆中期，位于西城区宣武门外大街 111 号（旧为宣武门大街路西五十四号），后门开设在校场头条，占地 1.55 亩，有房 30 间。乾隆朝时任工部郎中的戴璐所撰《藤阴杂记》载："宣武门外右为陈少宗伯邦彦[①]第，堂曰'春晖'，屋有藤花。今归浙江会馆，藤

① 陈邦彦（1678—1752），字世南，号春晖，浙江海宁人。清康熙四十二年（1703 年）进士，官至礼部侍郎。工小楷。

花尚盛。”

浙江新馆 建于清中前期，位于西城区南横东街95号（旧为路北二十二号），占地3.35亩，有房67.5间，其在南横街扩宽马路过程中被拆。

全浙会馆 也称浙寺。建于清嘉庆年间（1796—1820年），位于西城区长椿街南段及路东长椿寺南墙外、现长椿苑文化广场北半部分（旧为妙光阁一号），占地8.08亩，有房89间。实为下斜街全浙会馆的附属义馆，是在京浙江籍人的旅殡之所，后也对社会开放。

1927年4月28日，奉系军阀张作霖不顾全国舆论的反对，将李大钊等20位革命者一齐绞杀。5月1日李大钊先生的棺木由长椿寺移至浙寺仃厝。每年来这里吊唁的人络绎不绝。1933年4月23日，李大钊的棺木移至万安公墓安葬，史称“公祭李大钊”。

人物链接

李大钊（1889—1927），字守常，河北乐亭人，中国最早的马克思主义者、中国共产党主要创始人之一。早年赴日留学，1916年回国投入反袁斗争。1918年1月任北京大学经济系教授兼图书馆主任。同年12月和陈独秀一起创办《每周评论》。十月革命后，接受、传播马列主义，并发表了《布尔什维主义的胜利》等多篇著名文章。1919年，参加并领导了“五四”爱国运动，随后领导组织马克思学说研究会和组建北京共产主义小组。1921年7月，中国共产党成立后，负责领导北方地下党的工作，曾任中国劳动组合书记部北方区分部主任。1924年1月，参加国民党第一次全国代表大会，为大会主席团成员。会后组织国民党北京执行部和国民党中央政治委员会北方分会。1926年领导“三·一八”请愿示威活动。1927年4月6日被军阀张作霖逮捕，28日在西交民巷京师看守所被秘密绞杀。

浙江会馆 建于清中晚期，位于西城区北线阁街2号（旧为路东二十六号），占地7.26亩，有房28间。此片地域20世纪60年代初被改造为学校，教学楼盖好后北京市第六十九中学进驻。1980年北京新华书店与该校合办两个图书发行职业高中班。转年，区教育局在该校自办两个中药班，学制三年。继而业余中药学校并入，设中药和针灸按摩两个专业。1983年，初中停止招生，第二年改名北京市中药学校，学制四年，中专性质。至1990年有中药、中医专业14个班，学生达600多人，教职工达百余人。21世纪初停办，现为北京小学走读部。

全浙会馆 建于清代，位于西城区长椿街45号及门前马路（旧为妙光阁五号），占地44.5亩，有房78间，今址在宣武医院域内。

附产 置于清代，位于长椿街45号域内（旧为妙光阁十一号），占地6.2亩，有房3间。

附产 置于清代，位于长椿街18号楼左近（旧为长椿寺北墙三号），占地0.25亩，有房2间。

浙江会馆 建于清代，位于西城区宣武门外大街1号“环球财讯中心”域内（旧为上斜街路北十四号），占地1.37亩，有房31间。

浙江会馆 建于清代，位于西城区上斜街37号（旧为路北十八号），占地1.76亩，有房36间。扩建上斜街小学时被部分拆占。

浙江会馆 建于清代，位于西城区校场大六条1号、3号（旧为路北一、二号），占地2.65亩，共有房43.5间，现为民居。

附产 置于清代，位于校场大六条7号（旧为路北四号），占地0.49亩，有房16间，现为民居。

浙江会馆 建于清代，位于西城区铁门胡同112号（旧为路东四十九号），占地0.99亩，有房22间，现为民居。

浙江会馆（浙江旅京学会） 建于清代，位于西城区佘家胡同15号、17号（旧为路北七、八号），占地1.36亩，有房32间，现为民居。

浙江会馆 建于清代，位于西城区樱桃斜街93号（旧为路北四十四号），占地1.25亩，有房36间，现为民居。

附产 置于清代，位于耀武胡同11号（旧为羊肉胡同路北六号），占地0.28亩，有房9间，现为民居。

浙江会馆 建于清代，位于西城区潘家胡同28号（旧为潘家河沿路东七十号），占地0.71亩，有房21.5间，现已拆除。

浙江会馆 建于清代，位于西城区“中信城”域内（旧为兵马司中横街路西二号），占地 2.04 亩，有房 39 间，目前已拆待建。

浙江会馆 建于清代，位于西城区“中信城”域内（旧为米市胡同路东五十七号），占地 0.78 亩，有房 25.5 间，目前已建新楼。

浙江会馆 建于清代，位于西城区粉房琉璃街 33 号（旧为路西十三号），占地 0.54 亩，有房 19.5 间。现已拆迁过半。

全浙会馆 建于清代，位于东城区长巷头条 50 号（旧为路东二十五号），占地 0.42 亩，有房 16 间。现为民居。

附产 张相公庙 《宸垣识略》第 206 页载：“张相公庙在延旺庙街，旧系关帝庙，康熙二十二年（1683 年），萧山绅士重建，祀文武二帝暨宋封浙江潮神靖王张公。有少詹事周之麟碑。”

1936 年版许道龄编《北平庙宇通检》第 155 页有关张相公庙的记载为：“清康熙己未（1679 年）倾圮，山阴盛国俊集资修复，祀宋封浙江潮神靖江王张夏”。

《北京寺庙历史资料》第 473 页载：“张相公庙（僧庙），座落在外四区延旺庙街十五号（今为迎新街 84 号），重建于康熙二十二年，光绪三十四年（1908 年）重修，属募建。不动产土地 1.18 亩，有房 28 间，管理和使用状况为供佛及对外出租。庙内法物有泥像 9 尊，泥马 2 匹，礼器 5 件，另有石碑 1 座，槐树 2 棵。”现已拆除。

宣武区档案馆编辑《宣南寺庙志略》第 60 页载：“北平市社会局于民国二十六年（1937 年），准予由常密[①] 接允该寺主持。”

附产 全浙同义园 置于清代，位于槐柏树街 12 号及左近（旧为老馆道北），占地 5.03 亩，有房 5 间。

附产 全浙广谊园 置于清代，位于槐柏树后街东段（旧为黄河园一号），占地 4.57 亩，有房 5 间。

附产 全浙广谊分园 置于清代，位于广义里小区西半片及槐柏树南里 40 号楼一线（旧为西便门内大街路东）。

---

① 常密，化名李常密，系中共地下党员。解放前以张相公庙主持的身份为掩护，从事地下革命活动，不慎被捕受刑致伤。幸被地藏禅林住持救护起来。解放初期，曾任保安寺街居委会主任，1958 年转入社会福利工厂工作，1960 年病逝于工作岗位上。

府级馆产

金华

金华，位于浙江省中部偏西，钱塘江支流金华江流域。东汉置长山县，隋改金华，元至正十八年（1358 年）升改宁越府，二十年再改金华，1912 年废府还县，1949 年设市，现为浙江省地级市，北山双龙、冰壶、朝真三洞为国家重点风景名胜。

天龙寺会馆 建于明万历年间（1573—1620 年），初为会馆，因地理偏僻，后改作仪馆。位于东城区广渠门内大街 29 号楼座及向北延伸地块内（旧为天龙寺街路北五号）。《北京寺庙历史资料》记载："占地 18 亩，殿房 61 间、附属房屋 41 间。由山门、主殿、配殿等组成，其中二、三层殿间有戏台一座。庙内法物共有神像 60 尊，铁钟、铁磬、铁香炉各 2 座，石碑 2 统，树 36 株，水井 1 眼。"

1954 年首先由天龙寺小学征用 10.87 亩。余地于 1971 年建起玉器厂，1978 年改为东花市街道天龙针织厂。90 年代拓建广安大街后形成新建小区。

金华会馆 建于清前期，位于东城区苏家坡胡同 8 号（旧为路东四、五号），占地 2.89 亩，有房 54 间。目前苏家坡地片基本拆除完毕，但路东独有一处复建的老式房产，大门上锁。实地调查时，问了附近许多人均不知，更找不到当地老人。笔者从方位等推测，该老式房产可能就是原会馆房舍的一部分。

附产 置于清代，位于苏家坡胡同 5 号（旧为路西三十一号），占地 0.57 亩，有房 12 间。有史料记载，此处为工作于会馆的长班、杂役人等住所。

附产 置于清代，位于苏家坡胡同 27 号，作为会馆的专用马棚和车场。

金华会馆 建于清乾隆朝以前，位于东城区东半壁街或西半壁街上，具体方位无法确定。《宸垣识略》第 182 页"东城会馆之著者，半壁街曰金华"。参考《京师坊巷志稿》中记载东城的两个"半壁街"均无该馆，说明其在光绪前已废。

金华会馆 建于清代，位于东城区东晓市街，具体方位无考。

附产 金华义园 置于清代，位于朝阳区广渠门南滨河路北段路东的广和里小区地片域内（旧称开化寺村），占地50.87亩。

绍兴

绍兴，位于浙江省东北部、浙东运河过境。春秋时为越国都城。秦置山阴县，唐置越州治，并分山阴、会稽两县同城而治，南宋绍兴元年（1131年）升越州为府置，改以年号绍兴为地名。元改为路，明初复为府，1912年废府改两县、并后称绍兴。1950年城区析出设市，1962年后绍兴县治西移。绍兴现为浙江省地级市，绍兴县为其下辖县。绍兴明、清时为浙东文化中心，特产“绍兴酒”、“平水珠茶”。境内有周恩来、鲁迅、秋瑾故居。名胜古迹有禹陵、兰亭、东湖、鉴湖等。

浙绍会馆（稽山会馆） 建于明朝末年，初名稽山会馆。清康熙二十四年（1685年）改建为浙绍乡祠；嘉庆五年（1800年）依祠建馆，定名浙绍会馆；光绪十年（1884年）将浙绍乡祠改建为越中先贤祠。

据《宸垣识略》等书记述：眼药庵即浙绍乡祠之旁室，明时称稽山会馆，在虎坊桥东。庵内古铜大士像，传是晋阳庵移置者。像下有款识云，大唐贞观四年（630年）尉迟敬德监造。《北京会馆档案史料》第879页载：“越中先贤祠旧名稽山会馆，创自明季，清康熙乙丑（1685年）重建颜曰浙绍乡祠，崇祀先贤先儒，旋于祠之西南拓地筑屋以居乡人。更于嘉庆庚申（1800年），辟门于祠东南隅（大川路）以便居人出入，额曰浙绍会馆，仍属乡祠范围之内，光绪甲申（1884年），改乡祠为越中先贤祠。”

位于西城区珠市口西大街148号（旧为虎坊桥路南一一四至一一六号），后门开在大川胡同（旧称大川路），占地7.7亩，共有房264间，包括罩棚一座。清光绪年间（1875—1908年），京师督学局在馆内设京师劝学所。20世纪20年代初，曾是“中国画学研究会”会址，会员多达千人。1949年后曾办第八区简易小学，1956年改为幼儿园。改革开放后，临街部分曾一度开办“肥牛火锅城”，停办后为幼儿园的北大门，虽然开在珠市口西大街，但门牌仍定称大川胡同17号。

根据《越祠董事选举法》可知，该馆为“旧绍属八县”共有，分别为：

上虞，位于浙江省东北部、北临杭州湾。秦置县，今为绍兴市下辖县级市。

诸暨，位于浙江省中部偏北，浦阳江纵贯。秦置县，今为绍兴市下辖县级市。名胜有五泄瀑布。

嵊县，今称嵊州，位于浙江省东部、曹娥江上游，四明山南麓。汉置剡县，宋改嵊县，20世纪末改称嵊州，现为绍兴市下辖县级市。该地为“越剧之乡”。

新昌，位于浙江省东部、曹娥江上游。五代吴越置县，今为绍兴市下辖县，名胜古迹有大佛寺。

萧山，位于浙江省中北部、杭州市南，钱塘江下游。汉置余暨县，三国吴改永兴，唐再改萧山，今为杭州市下辖区。

余姚，位于浙江省东部，姚江流域。秦置县，今为宁波市下辖县级市。河姆渡发现有七千多年前的原始社会遗址。

知识链接

以稽山、越中等为馆名别称的解析：

稽山，是以绍兴境内会稽山为名。

越中，绍兴古为越国都城，国之中心也。

越，周时国名，姒姓，夏少康之后，建都会稽（今绍兴）。春秋末越与吴经常打仗，公元前494年被吴所败。越王勾践卧薪尝胆，刻苦图强，于公元前473年攻灭吴国并向北扩展。南为今浙江北、东达海之地，北过江苏至山东之一部。战国时国力渐衰，约在公元前306年被楚所灭。

越剧，戏曲剧种。起源于嵊县的山歌、小调，后来吸纳了余姚滩簧、绍剧等而逐步形成。1942年起始称为越剧。主要曲调有四工、弦下等，20世纪30年代发展为全部由女演员演出，新中国成立后恢复男女合演。

现录《北京会馆档案史料》一书所辑李慈铭所作越中先贤祠内楹联三副：

1. 祠堂

先贤后贤其揆一[①]，

在上在旁如见之。

2.

鉴湖八百里，望气遥来，书入帝城云物；

君子六千人，闻风兴起，勖成王国贤材。

3. 戏台

---

① 揆（kuí）一：做人的准则相同如一。

地当韦杜城南，鼓吹休明，共效讴歌来日下；
人在枌榆[①]社里，风流裙屐[②]，悦携丝竹到山阴。

附产　越中先贤祠　建于清同治、光绪年间（1862—1908 年），位于国家大剧院东广场域内（旧为绒线胡同东口里路南二一一、二一二号）。初称浙绍乡祠和张相公庙，光绪十年（1884 年）改称越中先贤祠，占地 2.06 亩，有房 24 间。

浙绍会馆　建于清代，位于西城区校场口胡同 56 号（旧为校场口路南四十四号），占地 0.91 亩，有房 28 间。已经原拆原建改造，现因“广安产业园”开发，正在动迁。

浙绍会馆　建于清代，位于西城区校场三条 20 号（旧为路东四十四号），占地 0.37 亩，有房 17 间，现为民居。

浙绍会馆　建于清代，位于西城区潘家胡同 65 号（旧为潘家河沿路西三十三号），占地 0.96 亩，有房 30 间，现已拆除。

附产　浙绍同义园　置于清代，位于长椿街中段路东（旧为感化胡同三号），占地 24.1 亩，有房 7.5 间。

附产　置于清代，位于长椿里小区内（旧称闷葫芦罐），有地 0.88 亩。

附产　越中老义园　也称浙绍义园。置于清代，位于幸福大街路西 43 号、现一〇九中学校园域内（旧为南岗子路东八号），占地 40.94 亩，有房 6 间。1952 年此地片开始建立北京市第七女子中学，1955 年改为北京市第四十九中学，并开始招收第一届高中学生，同时招收归国华侨学生实行寄宿，1958 年取消寄宿。1988 年扩建新校舍，1990 年后改为一〇九中学至今。

附产　越中新义园　也称浙绍义园。置于清代，位于幸福大街 43 号后门（旧为文昌宫路北五号，后为文章胡同 25 号），占地 23.29 亩，有房 5 间。1949 年后，此地片开始建立文昌宫小学校，1974 年改为北京市第二〇一中学，1990 年后打通并入一〇九中学。其原地片西北部于 20 世纪七八十年代陆续建起教师宿舍楼，现称北岗子街 58 号院。

---

① 枌榆：刘邦故乡。此代指家乡之意。
② 裙屐（jī）：“屐”，泛指鞋，裙屐，此代指男子。

附产　浙绍扩义园　置于清代，位于槐柏树街路南 8 号宣武艺园域内（旧称老馆胡同一号），占地 13.55 亩，有房 36.5 间。

相关链接

宣武艺园　共占地 5.8 万平方米，以苏杭园林特色为主调。1953 年将义园经绿化后初建成宣武公园，继而将善果寺塔院扩归公园。1974 年在公园东北部挖建地下工程，以挖出的土堆成山并建亭。1984 年进行改造，称宣武艺园。园内景观区主要有静雅园、丁香书院、松竹滴翠、绿波流音、密林醒狮、翠浮叠影亭、月季园等。2007 年再次进行全面改造，在保留原有建筑等的基础上，注重从功能出发，围绕绿色、生态、科技、文化为主题，调整景观布局，充分展现公园特色。整个公园规划为杏林春晓、松云白鹤、翠羽丹林、梨花伴月等八个景区，另设露天剧场，方便市民开展广场活动。在改造过程中，同时进行了全方位节能改造，基本实现了水、电、热自给，成为全市第一个节能设施最齐全的公园。

宁波

位于浙江省东北沿海、杭州湾南，甬江上源奉化江、姚江流贯。春秋时属越，秦置鄮县，五代吴越改鄞县。唐为明州治，宋为庆元府，元改为路，明后为宁波府。别称“四明”，以境内四明山而得名。传说山上有一方石，四面如窗，中通日、月、星、宿之光，故称四明山。1912 年废府改县，1949 年设宁波市，改革开放后为国家计划单列市、副省级城市。该市为东部沿海重要工商业集散地，名胜古迹有天童寺、保国寺、阿育王寺和我国现存历史最久的藏书楼——天一阁。

宁波试馆　建于清前期或更早，位于东城区五老胡同北段（旧为北五老胡同）。具体方位和地亩、房间数无考。白鹤群先生著作中述“清光绪二十七年（1901 年）九月，该馆被德国兵所毁”。

杭州

杭州，位于浙江省北部、钱塘江下游北岸，大运河南端。浙江省省会，全省政治、经济、文教和交通中心。我国八大古都之一，国家历史文化名城、著名旅游城市。秦置钱唐县，唐代改称“钱塘”。隋称杭州，五代吴越和南宋两代曾在此建都，历时两百多年，此后至清号称“东南第一州”。1912 年改称杭县，1927 年析县城置杭州市。其别称“武林”，以武林山而得名。“上有天堂，下有苏杭”，杭州以其美丽的西湖山水著称于世，还有六合塔、飞来峰、灵隐寺、孤山、岳庙、虎跑泉等名胜古迹。附近还有富春江——新安江国家重点风景名胜区和天目山国家自然保护区。

武林会馆 建于清前期，位于东城区长巷头条。《京师坊巷志稿》第 185 页“长巷上下头条”载：“旧有武林会馆，今废。”《 北京会馆档案史料 》记载该馆“于清光绪年间停馆，售出”。

杭州会馆 建于清代，位于西城区潘家胡同 50 号（旧为潘家河沿路东六十号），现已拆除。

杭州会馆（武林会馆） 建于清道光年间（1821—1850 年），位于西城区珠市口西大街 257 号（旧为虎坊桥路北五十二号），占地 1.77 亩，有房 50 余间。在扩宽道路时大部被拆占，余房尚为民居。

据《杭州会馆章程》所述：“本会馆向系旧杭州府属仁和、钱塘、海宁、余杭、富阳、临安、于潜、新登、昌化等县旅平同乡组织，仍依旧定名为杭州会馆。”《北京会馆档案史料》第 269 页载：“查浙江仁钱会馆创办于先，杭州会馆组织于后，杭州虽属府馆，而该馆事务完全是由仁钱会馆人员兼办……。”

现将以上地方依其行政建制变化介绍如下：

仁和，北宋太平兴国四年（979 年）改钱江县置，1912 年与钱塘合并后改称杭县。

钱塘，秦置钱唐县，因唐朝以“唐”为国号，故钱唐之“唐”始加“土”旁改为钱塘。宋至清代，钱塘县一直为杭州的州、府治所。1912 年与仁和并后改称杭县，1961 年又并入余杭。

余杭，位于杭州市北部、大运河过境。秦置县，1958 年曾一度被撤销并入临安县，1961 年又析出与杭县合并后复设余杭，今为杭州市下辖区。

新登，位于浙江省中部。秦置富春县，三国吴分置新城，不久废。晋复置，五代吴越改称新登，宋改回新城，1912 年又改新登，1958 年并入桐庐，1961 年又改并富阳。

富阳，位于杭州市西南、钱塘江流贯。秦置富春县，东晋改富阳，今为杭州市下辖县级市。

于潜，秦置于潜县，20世纪50年代并入昌化。

昌化，位于浙江省西部。汉于潜地，唐置唐山县，五代吴越改金昌，后唐复改唐山，后晋改横山再改吴昌，宋改昌化，1960年并入临安。

临安，位于杭州市西、邻接安徽省。东汉置临水县，晋改称临安，今为杭州市下辖县级市。

海宁，位于浙江省北部、临杭州湾。三国吴置盐官县，元升改海宁州，1912年废州改县，今为嘉兴市下辖县级市。其沿海有坚固的海塘工程。

严州

严州，今称建德，位于浙江省杭州市西南、钱塘江及其支流新安江在境内汇合。三国吴置建德县，唐武德四年（621年）置睦州，七年废。北宋宣和三年（1121年）再置严州，是以境内严陵山而得名。南宋咸淳元年（1265年）升为府置，元改为路，1358年朱元璋改为建安府，洪武八年（1375年）又改为严州府，1912年废府改县，今为杭州市下辖县级市。

严陵会馆　严陵为严州别称。

建于清前期，位于东城区崇文门外大街路西5—9号楼间茶食胡同路南“新世界家园”小区的中心位置（旧为银丝胡同路东一号，后门开在石虎胡同），占地1.88亩，有房23.5间。

建德会馆　以历史初置“建德”之名为馆名。

建于清代，位于东城区北深沟胡同2号（旧为北深沟路东一号），占地1.28亩，有房27.5间。北京开始启用液化燃气时，将其改造为液化燃气供应站；改用管道燃气后，该站改作市政仓库至今。

严陵会馆　建于清代，根据《北京宣南历史地图集》会馆分布图的标识，位置应在西城区石头胡同25号左近。现为民居。

严州会馆　建于清乾隆末年，位于东城区五老胡同北段（旧为北五老胡同）。光绪年间因房屋圮毁，迁馆至前门外大外廊营。

严州会馆　建于清光绪年间（1875—1908年），位于西城区前门外大外廊营。根据《宣南鸿雪图志》标示位置，经实地调查，推断位于大外廊营胡同31或33号址，甚至两院都有可能为会馆产，旧门牌应为路西十六号。现为民居。

嘉兴

嘉兴，位于浙江省北部，邻接江苏省。秦置由拳县，三国吴改嘉兴。五代吴越置秀州，宋庆元元年（1195 年）升改为嘉兴府，元改为路，明初复为府。1912 年废府改县，1949 年设市，今为浙江省地级市。境内南湖为革命纪念地，中国共产党第一次全国代表大会后期曾在这里举行，1959 年建有嘉兴南湖革命纪念馆。

嘉兴会馆 建于清雍正年间（1723—1735 年），位于西城区粉房琉璃街 95 号（旧为路西四十三号），占地 0.38 亩，有房 16 间。现已拆除。

附产 置于清朝末年，位于前青厂街新延长的西段路上，当年这段称永光寺街，为路南、北四至六、八至十号的门脸房，共 17 间，总占地 0.61 亩。

嘉兴会馆（嘉兴六邑馆） 建于清光绪初年，位于西城区南横东街 59 号（旧为路北五号），占地 2.02 亩，有房 56.5 间，目前马路展宽，均已拆占。该馆 1912 年后改称嘉兴六邑馆。其六邑分别指：

秀水，明宣德四年（1429 年）分嘉兴置，因水得名，与嘉兴同城而治。1912 年改嘉禾，1914 年复还嘉兴。

平湖，位于浙江省北部、滨临杭州湾，邻接上海市。明由海盐县析置，今为嘉兴市下辖县级市。

桐乡，位于浙江省北部、大运河斜贯，邻接江苏省。明置县，今为嘉兴市下辖县级市。

石门，今称桐乡。五代吴越置崇德县，清改石门，1958 年并入桐乡。

海盐，位于浙江省北部、滨临杭州湾。秦置县，今为嘉兴市下辖县。县南有南北湖，风景秀美，为旅游胜地。杭州湾沿海有坚固的海塘工程。该县为杭州湾跨海大桥的北起点。

嘉善，位于浙江省北部，邻接上海市和江苏省。明由嘉兴析置，今为嘉兴市下辖县。

温州

温州，位于浙江东南沿海、瓯江下游南岸。汉初为东瓯国，后汉置永宁县，晋为永嘉郡治，隋改名栝州，唐为温州。宋升改瑞安府，元复温州改路，明以后为温州府，1912 年废府改永嘉县，1949 年以永嘉县城析置温州市，今为浙江省地级市。名胜有江心屿旅游胜地。

温州会馆（温州老馆） 也称浙瓯会馆，“瓯”为温州的别称，因瓯江为浙江省的第二大河，并从温州入海。

建于清雍正年间（1723—1735年），嘉庆年间（1796—1820年）命名温州会馆。位于东城区冰窖斜街41号（旧为冰窖胡同路北七号），占地0.66亩，有房19间。现已拆除。

有资料述其在清朝末年变卖，但经查阅档案，该馆1947年时曾向北平市填报会馆“登记报表”，时任掌馆人为殷汝然。

温州会馆 建于清代，位于西城区校场头条23号（旧为路西十号）。现为民居。

温州新馆 建于清光绪年间（1875—1908年），位于西城区校场五条28号（旧为路东三十七号），占地1.86亩，有房32间。现为民居。

馆中有一楹联由黄绍箕所作：

天上瓯星拱北极；

古来浙学重东嘉。

人物链接

黄绍箕（1854—1908），又名绍基，字仲弢，号鲜庵，浙江瑞安人。11岁随父入京，清光绪五年（1879年）中举，次年中进士，由于“博才多学勤勉务实，殚心尽力，深孚众望”。因修纂《清会典》成绩显著，赏加二品衔。中日甲午战争爆发后，其力主抗战反对妥协，几次领衔上书，表现了一片拳拳爱国之心。戊戌维新期间，他参加了强学会，并尽力帮助康有为等人。

黄工诗善画又善书法，尤精金石等，他是我国近代教育改革的先驱，是一位有贡献的教育家。逝后将其所有藏书全部捐赠温州图书馆。

台州

台州，位于浙江省中东部、灵江入海口南岸，滨临东海。三国吴置县，隋开皇九年（589年）升为海州，唐武德五年（622年）改称台州，以境北天台山得名。元改为路，明改为府，1912年改为县，今为浙江省地级市。

台州会馆 建于清乾隆年间（1736—1795年），“由同乡集资购买，以备同乡进京居住，并资连络而及于今”。位于西城区后孙公园胡同10号（旧为后孙公园路南十号），占地1.42亩，有房37间。现为民居。

台州分馆 建于清代，位于西城区下斜街25号（旧为路西七号），占地0.73亩，有房10间。现为民居。

湖州

湖州，位于浙江省北部、苕溪下游，滨临太湖，邻接江苏省。秦置乌程县，三国吴宝鼎元年（266 年）升改吴兴郡，隋开皇九年（589 年）废，仁寿二年（602 年）复置湖州，因地滨太湖得名。南宋宝庆初改称安吉州，析其西南分置归安县。元时安吉州升为湖州路，明、清一直为湖州府。民国初年废府改称吴兴县，归安县并入。1950 年设县级湖州市，1962 年撤销，并入吴兴县。1979 年复设县级湖州市。1981 年撤销吴兴县，并入湖州市。1983 年升格为浙江省地级市。

境内有飞英塔、铁佛寺等名胜古迹和毗山、丘城、下菰城、钱山漾等新石器时代遗址。《湖州府旧志》载："元时冯应科、陆文宝善制笔，其乡习而精之，故湖笔名于世。"明、清时代此地形成为全国制笔中心。

湖州会馆（吴兴会馆） 建于清中前期，位于西城区菜市口大街 1 号北京开元名都大酒店域内（旧为北半截胡同路西十三号），占地 0.87 亩，有房 63 间。

附产　观音庵 《北京寺庙历史资料》第 232 页载：观音庵建于清光绪十三年（1887 年），属私建，管理和使用状况属湖州会馆。庙内法物有泥像三尊、石佛三尊、铁香炉一个、铁钟一口，铁磬一口。位于南半截胡同 1 号（旧为路西 1 号），占地 0.82 亩，有房 3 间。现为民居。

附产 置于清代，位于菜市口大街 1 号域内（旧为北半截胡同路西十七号），占地 0.27 亩，有房 9 间。

附产 置于清代，位于烂缦胡同 70 号（旧为路东七十六号），占地 0.54 亩，有房 12.5 间。现为民居。

湖州会馆 建于清代，位于西城区宣武门外大街 1 号（旧为上斜街路北十五号），占地 1.48 亩，有房 30 间。现在此一大片地域已建新楼，称为"环球财讯中心"。

湖州会馆 建于清代，位于西城区珠市口西大街中段（旧为西柳树井路北），应为今 111 号西柳树井幼儿园左近。

湖州会馆 建于清代，位于西城区潘家胡同 31 号（旧为潘家河沿路西十六号），占地 1 亩，有房 29 间。现已拆除。

附产 置于清代，位于钱市胡同 1 号（旧为钱市口路北一号），占地 0.51 亩，有房 12 间。现为民居。

相关链接

钱市胡同 位于珠宝市街南段路西，是一条仅有9个门牌，长55米、基本宽0.8米的死巷，并是京城最窄的小巷。推着自行车走过都较困难，两人相遇必须相互侧身避让，扬头上看真切有“一线天”之感。

旧时，每日早晨各大钱庄都要到这里进行交易，为重要的金融交易场所。如今巷内尚有老银号铺房建筑遗存，街门上尚存有镌刻的行业楹联。1号是座双开间两层的小门面楼房，仅铺门作了改动。实地走访时，路西9号院出来一位姓左的先生，还有较浓重的山西口音，与笔者攀谈起来。

这里承载的文化信息，实在应该得到更好的研究与利用。

湖郡会馆 《中国会馆志》等述及该馆，建于清代，位于东城区打磨厂街。早废。

湖州会馆 建于清朝末年，位于东城区建国门内大街东18号“恒基中心”大楼域内（旧为东裱褙胡同路南五十五号），占地1.11亩，有房24间。

处州

处州，今称丽水，位于浙江省南部，瓯江中游。隋初置括苍县，开皇九年（589年）升改处州，十二年（592年）改名括州，唐大历末年（779年）复改处州。元改为路，明改为府，1912年废府设丽水县，1986年设立县级丽水市，2000年丽水行署改为地级丽水市，原县级丽水市改为莲都区。该地区特产有茶、漆，尤以瓷器最为著名，宋时以龙泉窑为佳。

处州会馆 建于清道光年间（1821—1850年），由青田进士韩锡祚[①]创设。位于西城区西砖胡同17号（旧为路西六号），旁门开在培育胡同1号（旧称簪儿胡同），占地1.31亩，有房30间。现处动迁中。

定海

定海，今称舟山，位于浙江省东北部、舟山群岛南部。唐置翁山县，明升为定海卫，清初改定海县，后升定海直隶厅，1912年复定海县，1953年析

---

① 韩锡祚，字介生，号湘岩，浙江青田人。清乾隆十二年（1747年）举人，官至淞江知府，工书善画，有《滑疑集》。

定海县部分辖区置普陀县。1987 年两县合并设置舟山市（地级市），辖定海、普陀二区和岱山、嵊泗二县。

昌国，宋置昌国县，元升为州，明洪武十二年（1379 年）复改为县，十七年（1384 年）升为昌国卫，二十年（1387 年）废昌国卫并入定海卫。

海昌会馆 “海昌”二字的组合，分别表示定海和昌国。不难看出，海昌馆名还是用的明初两旧地名各一字组合而成，即定海之“海”，昌国之“昌”，而清代建馆时，实已在同一行政建制内，即定海直隶厅。

建于清代，位于西城区教佳胡同 4 号（旧为敫家坑路东九、十号），占地 1.3 亩，有房 24 间。1949 年后该院曾开设过煤场，煤场撤销后又加盖了平房。原前院北房屋内有“会馆记”，现已拆平待建。

《北京会馆档案史料》一书中，辑有该馆的四副楹联：

性灵闲似鹤；
颜状古于松。

（作者：陈文简）

轮奂喜重新，筹画勉承前哲志；
科名看继起，振兴还待后来人。

（作者：汪以庄）

友公之善为未足；
观国之光利用宾。

（作者：许纯夫）

入则孝，出则悌。守先王之道，以待后学；
诵其诗，读其书，友天下之事，尚论古人。

（作者：许纯夫）

海昌会馆 建于清代，位于东城区珠市口东大街路南 8 号楼偏西位置域内（旧为“西铁香炉”，改造前为鲁班胡同北半段）。

《京师坊巷志稿》第 213 页“铁香炉”条载：“旧有山右、宣城、海昌诸会馆，今多废。”

县级馆产

鄞县

秦置鄮县，五代吴越改鄞县。宁波地方设州、府后，一直与州、府同城，现为宁波市下辖鄞州区。

鄞县老馆 建于清前期或更早，位于东城区薛家湾胡同13号（旧为路北十八号），现已拆除。

鄞县会馆 建于清乾隆年间（1736—1795年），《京师坊巷志稿》第262页“崇兴寺”条中有“鄞县会馆”。位于西城区福州馆街6号，即原无线电三厂旧址。

鄞县会馆 建于清代，位于西城区大力胡同西段路南（旧称大李纱帽胡同）。早废。

鄞县新馆 建于清代，位于东城区晨光街10号“红霞公寓”大院内且偏南一些（旧为小甜水井路北五号），占地0.93亩，有房25.5间。

鄞县新馆 建于清代，位于东城区普渡寺东巷10号、12号（旧为路东一、二号）。此一片现已改造为别墅式二层小楼独院。

鄞县西馆 建于清宣统年间（1909—1911年），由张百熙[①]的岳云别墅（以其书房“岳云楼”而得名）改建，改建中专留原故宅一隅设立张百熙祠堂，属张宅私产保留。位于西城区盆儿胡同55号（旧为路西八号），现为北京联合大学应用技术学院分部。

五四运动前后，常有革命者来到位于城南的鄞县西馆集会。1918年6月，由王光祈等人发起成立的“少年中国学会”，就曾在这里开会筹备。该会于1919年7月1日在北京正式成立，其宗旨是：“本着科学精神，为社会活动，以创造少年中国。”出版的刊物有《少年中国》和《少年世界》。会员发展到120余人，分布于国内10多个省和海外。1920年，少年中国学会会员邓中夏、张申府等在鄞县西馆活动时还在这里留影。这个学会由于兼容了共产主义知识分子、小资产级知识分子和资产级知识分子，故思想分化日趋明显，1925年停止活动。

人物链接

王光祈（1892—1936），四川温江人。1914年到达北京，次年考入中国大学法律专业，过着半工半读的艰苦生活，课余兼任记者，此时开始认识了李大钊。1918年6月30日王光祈联合曾琦、雷梦生、张梦九、陈愚生、周太玄在岳云别墅召开“少年中国学会”筹备会，由于李大钊在思想界、新闻界的威望也被邀参加，并列为7名发起人之一，王光祈被推为主任。1919年

① 张百熙（1847—1907），字冶秋，湖南长沙人。清同治十三年（1874年）进士，官至左副都御史、邮传部尚书等职。还曾主持过京师大学堂，创办医学和译学馆，选派留学生出国深造等。

7月1日，在北京回回营陈宅举行了“少年中国学会”成立大会。大会通过了规约、宗旨等。王光祈于1919年底又发起工读互助运动。

王光祈认识毛泽东是通过李大钊介绍的。1920年1月经王介绍毛泽东正式加入了少年中国学会，这也是毛泽东平生加入的惟一由别人创立的团体。

1920年4月1日，王光祈和少年中国学会同伴魏时珍从上海出发赴德国留学。在法兰克福大学首先攻读政治经济学，1927年又入柏林大学攻读音乐学。1934年他以《中国古代之歌剧》论文在波恩大学获得博士学位。这也是中国人在国外得到的第一个音乐学博士学位。1936年1月，突发脑溢血病逝于德国波恩。①

知识链接

少年中国学会　该会为五四时期建立的著名社团。1918年6月由李大钊、王光祈等人发起筹办，1919年7月1日在北京正式成立。总会设于北京，后迁至南京。宗旨为：本着科学精神，为社会活动，以创造少年中国。出版刊物有《少年中国》和《少年世界》，会员发展到120余人，分布于国内十多个省市和海外。这个学会兼容了共产主义知识分子、小资产阶级知识分子和资产阶级知识分子。由于会员思想分化日趋明显，1925年底停止活动。

宁波会馆　为鄞县、慈溪、定海、镇海、奉化、象山、南田七县合建馆。

建于民国六年（1917年）7月，1946年改称“同乡会”，选举俞英勋为主任。位于东城区晨光街10号“红霞公寓”大院内（旧为小甜水井路北六号），占地1.87亩，有房59.5间。

前未介绍的有关各县为：

奉化，位于浙江省东部沿海。唐析鄞县置奉化县，元升为州，明复为县，今为宁波市下辖县级市，名胜有雪窦山。

象山，位于浙江省东部沿海。唐以析宁海北部置象山县，今为宁波市下辖县。

南田，位于象山南之诸岛，以南田为第一，明洪武初置厅，民国改县，1952年并入象山县。

---

① 摘自2007年6月29日《作家文摘》报。

宁海、浦江

宁海，位于浙江省东部沿海。晋置县，今为宁波市下辖县。

浦江，位于浙江省中部。唐置浦阳县，五代吴越改浦江，今为金华市下辖县。

宁浦会馆 该馆为两地合建，分别取宁海之“宁”、浦江之“浦”组成馆名。建于清前期或更早，位于东城区西打磨厂街（旧称打磨厂），早废。

江山

江山，位于浙江省西部、钱塘江上游江山港流域，邻接江西省。唐置须江县，五代吴越改江山，今为衢州市下辖县级市。

江山会馆 建于清前期或更早，位于东城区南深沟胡同，具体方位无法确定。《宸垣识略》已列入“东城会馆之著者”。《京师坊巷志稿》第186页，“深沟口”载有“旧有江山会馆，今废”。

江山会馆 建于清中前期，位于西城区香炉营头条路南，光绪十二年（1886年）迁出即废。

常山

常山，位于浙江省西部，邻接江西省。东汉置定阳县，唐改常山，今为衢州市下辖县。

常山会馆 建于清前期，位于东城区新革路中段路西（旧称新开路），早废。

兰溪

兰溪，位于浙江省中部偏西，衢江与金华江在境内汇合。唐置兰溪县，元为州治，明复县，今为金华市下辖县级市。

兰溪会馆 建于清前期，位于东城区东晓市街。《京师坊巷志稿》第212页述：“旧有兰溪会馆，今废。”

仁和、钱塘

系旧杭州府属仁和、钱塘两县，即后之杭县。

仁钱会馆 也称仁和会馆。建于清前期，位于西城区珠市口西大街120号（旧为西柳树井路南四十四号），占地2.72亩，有房48间。1984年惠中饭店重建过程中被拆占，现称泰丰惠中大厦。

《北京会馆档案史料》载："其创建于杭州会馆之前。杭州馆虽为府馆，但其事务完全由仁钱会馆兼办，经费向由仁钱会馆担之，等于一会馆。"

附产 于谦祠 建于明成化二年（1466年），位于建国门内大街乙18号院2号楼西侧（旧为西裱褙胡同路北十四号），现已原地保护。据1955年《浙江省财产管委会不动产清册》载，该祠"报表列入仁钱会馆产权"。

于谦祠现状

人物链接

于谦（1398—1457），字廷益，浙江钱塘（今杭州）人，明永乐年间（1403—1424年）进士，著名军事家、政治家。曾任监察御史、山西巡抚，正统十四年（1449年）"土木之变"后升为兵部尚书，其率领军民保卫北京城并取得胜利。景泰八年（1457年），英宗复辟发动"夺门之变"，于谦惨遭杀害。成化三年（1466年），宪宗下诏为于谦平反，并将其故宅改为"忠节祠”。万历十八年（1590年）改谥“忠肃”，并在祠中立像。1986年被列为北京市文物保护单位。

下录于谦《咏石灰》诗一首：

千锤百凿出深山，
烈火焚烧若等闲。
粉骨碎身全不怕，
要留清白在人间。

下录楹联两副：

1. 奎光楼

帝念有功群小谗谋冤太惨，
公真不朽故居歆记地犹灵。

2. 忠节祠

砥柱中流，独挽朱明残祚[①]；
庙容永奂[②]，长赢史笔芳名。（作者：魏源[③]）

仁钱会馆 建于清中晚期，位于扩延后的西城区广安胡同道路上（旧为老墙根路北二十七至二十八号），占地2.88亩，有房51.5间，在广安胡同北延工程中被拆。

仁钱会馆 建于清中晚期，位于西城区老墙根街69号（旧为老墙根路北三十一号），占地1.03亩，有房26.5间。现为民居。

仁钱会馆 建于清中晚期，位于西城区铁树斜街31号（旧为李铁拐斜街路北十二号），占地1.21亩，有房30间。现为民居和门面房。

附产 置于清中晚期，位于樱桃斜街16号（旧为路南一〇二号），占地0.3亩，有房7间。

附产 置于清中晚期，位于贾家胡同20号（旧为路东五十九号），占地0.79亩，有房9间。现已拆除。

仁钱试馆 建于清晚期，位于东城区崇文门西大街路北（旧为崇文门内西城根），具体方位无法确定。

仁钱会馆 建于清代，位于东城区东打磨厂街3号“汇集大厦”地片内（旧为东打磨厂路北二十二至二十四号，后门开在东河沿路南一一O号），占

---

① 祚，皇位，国统。
② 奂，鲜明，旺盛。
③ 魏源（1794—1857），字默深，湖南邵阳人。清道光年间（1821—1850年）进士，思想家、史学家、文学家。鸦片战争时为两江总督幕府，参与浙东抗英战役，著有《圣武记》及增补《海国图志》等。

地 0.61 亩，有房 16.5 间。

海宁

有关海宁的历史地理概况已在“杭州”条中作了介绍。

海宁会馆 建于清中前期，位于西城区四川营胡同。记载仅见于《宸垣识略》，其他史料均未辑录。

海宁会馆 建于民国时期，位于东城区建国门北大街（旧为东城根路西二十二号）。地亩、房屋数不详，1949 年时的掌馆人为薛真元。

黄岩

黄岩，位于浙江省东部沿海、灵江支流永宁江流贯。唐置县，元升为州，明复为县，今为台州市下辖区。特产以“黄岩蜜橘”为著，手工业有竹器、草席、麻帽，绣衣等。海门镇有解放一江山岛战斗纪念塔。

黄岩会馆 建于清中前期，位于西城区石头胡同。早已无存。

黄岩会馆 建于清光绪十五年（1889 年），位于西城区“庄胜城”域内（旧为周家大院路北二号），占地 3.36 亩，有房 52 间。

1927 年 5 月，中共北京市委建立。1928 年 4 月，中共南区区委建立，刘伯钧任书记，办公地点设在师范大学内。黄岩会馆支部就是南区五个支部之一，负责人毛俊。

萧山

有关萧山的历史地理概况已在“绍兴”条中作了介绍。

萧山会馆 建于清中前期，位于西城区前门西河沿街 192 号（旧为西河沿路南一九九至二〇〇号），共占地 2.77 亩，有房 56.5 间。光绪二十九年（1903 年），曾在馆内创立女子学堂，此为京师女学之首，但不久停办。1949 年后，该院办过托儿所和小工厂，现为民居。

附产 置于清中晚期，位于东北园北巷 12 号（旧为东北园路东甲一二五号），后门通达泰山巷，占地 0.49 亩，有房 12.5 间。现为民居。

慈溪

慈溪，位于浙江省东北部、滨临杭州湾。唐置慈溪县，1954 年调整区划时，由慈溪、余姚、镇海三县的北部地区合并后重组为今慈溪境，现为宁波市下辖县级市。庵东为浙江省重要产盐区。杭州湾跨海大桥南起点即在慈溪，该桥全长 36 千米，2008 年 5 月通车。

慈溪试馆 建于清嘉庆年间（1796—1820 年），位于东城区晨光街路东 10 号“红霞公寓”大院内偏南部（旧为小甜水井路南九、十号），占地 3.85 亩，有房 95.5 间。

慈溪试馆 建于清代，位于西城区大力胡同 11 号左近（旧为大李纱帽胡同路北五号）。现为民居。

浙慈会馆 建于清代，位于东城区精忠街（旧称精忠庙街），具体方位无法确定。

慈溪试馆 建于清光绪初年，位于西城区“中信城”域内（旧为兵马司中横街路西四号），后门开在后兵马街，占地 1.28 亩，有房 38.5 间。

附产　浙慈义园 置于清代，位于龙潭路龙潭北里一至八条（旧称吕家窑）。现小区形成于 20 世纪 60 年代，楼间甬道以“条”排序。

余姚

有关余姚的历史地理概况已在“绍兴”条中作了介绍。余姚境内因有源自四明山的主水姚江，而以这条河流之名作为该地别称。

余姚县在明嘉靖年间（1522—1566 年）即在京建有余姚乡祠，位于西城区香炉营东巷 2 号院内（旧为后铁厂胡同北）。早废。

余姚会馆 建于清中晚期，位于西城区小沙土园胡同 12 号（旧为东南园路北），有房 10 间，在扩建小沙土园小学时被拆占，现为区教委房管所办公楼址。

余姚会馆 建于清中晚期，位于西城区潘家胡同 30 号（旧为潘家河沿路东六十九号），占地 0.71 亩，有房 23.5 间，现已拆除。

附产 置于清中晚期，位于潘家胡同 3 号（旧为潘家河沿路西二号），占地 0.15 亩，有房 6.5 间。现已拆除。

姚江会馆（余姚会馆） 建于清光绪十一年（1885 年），原为邵灿[①]故宅，由其子邵维埏捐出作为家乡会馆。位于西城区琉璃厂东街路南的姚江胡同[②]1 号（旧为姚江馆夹道路东一号），占地 0.98 亩，有房 41 间。现为民居。

《北京会馆档案史料》中载：“查姚江会馆创自前清年间，为崇祀先贤

① 邵灿（？—1862），字跃圃，号又村，浙江余姚人。清道光十二年（1832 年）进士，官至漕运总督，卒谥文靖。

② 姚江胡同，1965 年前称“姚江馆夹道”，即以此会馆之名而得小巷之名。

先儒、住居来京应试候选人员而设，并为旅平乡人敦叙乡谊之所，原名余姚会馆。”

附产　姚江义地　置于清代，位于左安门西街西段路北滨香园地片内（旧为贾家园），占地 10 亩，目前此地块为武警北京市东城区消防支队驻防地。

绍兴

绍兴会馆（鲁迅故居）　建于清道光六年（1826 年），由浙江籍著名学者章学诚[①]创建，初创称“山阴会稽两邑会馆”，简称“山会邑馆”。民国初年，山阴、会稽两邑合并为绍兴县，这所邑馆改“绍兴县馆”。位于西城区南半截胡同 7 号（旧为路西四号），占地 3.24 亩，有房 52.5 间。市级文物保护单位，保护范围为会馆院墙为界，南北 47 米，东西 37 米。会馆内曾有 11 块清代绍兴历年应试中举名匾，“文革”中被毁。

绍兴会馆因鲁迅曾居于此而著名。1912 至 1919 年鲁迅住在会馆内名为“补树书屋”的院里，写下了《狂人日记》、《孔乙己》、《药》、《一件小事》等著名作品。《狂人日记》为中国现代文学史上第一篇白话短篇小说。

现存绍兴会馆保留完整，原格局未变，由南、北、中三组院落组成。南院两进，正房坐西朝东，面阔三间，七檩前后廊，南面带穿堂门半间；对面五间倒座，五檩前出廊；后院正房五间，坐西朝东进深五檩前出廊；北厢房两间，这个院落就是鲁迅住过的“补树书屋”，院中一棵高大槐树 1949 年遭雷击折断。中院两进正对三间大门，正房三间，坐西朝东，夹道一间通后院，两厢各三间房；后院五间坐北朝南。正房厢房均三间，形成两个独立小院。中、北两院建筑尺度不大，进深均为五檩。由于绍兴文化发达，赴京应试及在京任职人员较多，所以会馆规模也较大，是现存比较典型完整的州县试馆。

绍兴会馆留有楹联四副：

1. 仰蕺堂

采蕺[②]启贤关，王道阐明，伯才消歇三百载，清风奋起，乡邦定有嗣音，聚兹堂，其挹余芳，真不啻[③]对周模孔楷；

---

① 章学诚（1738—1801），字实斋，号少岩，浙江会稽（今绍兴）人。清乾隆四十三年（1778 年）进士，至国子监典籍。“其善史学，尤精方志学”，有《文史通义》、《校雠通义》等著述。

② 蕺（jí）：植物，即鱼腥草。

③ 啻（chì）：但。

披榛创文馆，儒林份蔚，士习砥磨十八科，大雅日归，都邑长如州处，喜此日，从容高会，更无须夸赵邸燕台。

（作者不详）

2.
偕来镜水稽山客，
同抱瞻云就日心。

（作者：陈志绪）

3.
闻先贤风读书谈道，
居首善地敬业乐群。

（作者：王继香[1]）

4. 滕花馆
深紫浓香三百朵，
露红凝艳数千枝。

（作者：王继香）

人物链接

鲁迅（1881—1936），本姓周，名树人，学名梓寿，字豫人，浙江绍兴人。中国现代伟大的文学家、思想家和革命家。

由于受进化论思想的影响，于清光绪二十八年（1902 年），东渡日本留学，先学文，后学医，期间加入光复会，最后还是选择了文艺工作，希以改变国民精神。宣统元年（1909 年）回国，次年执教于绍兴府中学堂。

清朝灭亡后，其到南京临时政府教育部任职。五月，随教育部迁移到北京，同时兼在北京大学、女子师范大学授课。居住就在绍兴县馆内，一住就是七年多。

先是住在藤花馆西屋，1916 年后移住补树书屋。书屋墙上有石匾题记：“昔有美树，花夜合，或曰：楝，别种莲芙？遂以名其轩。壬寅春树折，癸卯乃再种。”此题记说明该院原有的一棵楝树已于 1842 年折断，1843 年又补种了一棵槐树，自此该院屋名曰“补树书屋”。

1918 年 5 月，其第一次以“鲁迅”为笔名，发表第一篇白话小说《狂人日记》。因此可以说，“鲁迅”就诞生在绍兴会馆的补树书屋。

---

① 王继香，字子献，号止轩，浙江会稽（今绍兴）人。清光绪十五年（1889 年）进士，有《越中古刻九种》等著述。

绍兴会馆旧照　南半截胡同7号　鲁迅居住过的补树书屋

1995 年 1 月 11 日的《北京晚报》上，曾刊载叶祖孚先生一篇关于绍兴会馆的文章，笔者一直保留至今。文中述：徐锡麟 1906 年曾住过该馆两个多月，花了好多银子才捐了个道员，签分到安徽备用。徐为该馆捐过款，原捐款者的石碑上刻有他的名字。

人物链接

徐锡麟（1873—1907），字伯荪，号光汉子，浙江绍兴人。早年任教绍兴府算学堂。清光绪二十九年（1903 年）冬游日本，次年加入光复会。三十一年在浙江联络会党，并创办联络机关、训练骨干。三十二年到安徽后，得到巡抚恩铭的重用，同时他与秋瑾等人在密谋浙、皖起义之事。三十三年其已任至巡警处会办兼巡警学堂监督，五月二十六日巡警毕业典礼时，枪杀恩铭，在激战中失败被俘，后惨遭杀害。

附：

山阴会稽两邑会馆记[①]
（1826年）

古者征举至都国中，有馆舍以处之，厥后名存实更，诸馆皆系于学，其

① 此碑现存北京石刻艺术博物馆。

入馆也有常数。明时乡贡士及庠士[1]之优者，皆令居太学学舍，不能尽容，多馆于其乡在朝者之邸第，未闻立馆以萃试士者。自举人不隶太学，而乡贡额加广，于是朝官各辟一馆，以止居其乡人，始有省馆。既而扩以郡分，以邑筑室几遍都市，是不徒夸科目之盛，竞闾里[2]之荣，特虑就试之士，离群废学，有以聚而振之也。吾越之有会馆，最初曰稽山，仅醵祭为社耳。拓而为绍郡乡祠，乃始可以馆士。建馆初以醵祭为重，作歌吹台于前庭，士多厌喧而避处他所，馆日以敝。近年以来，吾越乡科汇征，每数十人，而山阴会稽得其半。两邑公车赴都下者百余乘，彷徨失所止，见他省人牵车归其馆如赴家然，辄慨然以为嗟。致光由滇入内台，闻而愧之。思有所兴作，而寻以疾归不能遂。道光六年春，同里官京师者数君子，奋然有创建两邑馆之议，内寮外宷[3]倾奉输禄以为率。故老时俊咸乐出资，趋事以集厥成。未一年而得五千金，购百楹之室以为馆。门墙崇闳，榱缘坚緻、庖湢孔洁、庭除不嚣，其绸缪也至矣。诸君子尤以经始立法，必期久而无弊，故亟去歌吹之事，而于堂中奉祭邑先儒，使后进有所景仰，颜其堂曰仰蕺斋舍。皆有名居者俨若讲院，可以论道课艺、辅德资仁，而燕游之习、匪僻之干自不能入，所以养国器于将仕之时，用意不益深厚矣乎。馆成，诸君子书抵敷文讲舍，属致光记其事。致光窃惟古者士冠之始见乡大夫乡先生以学为人之道，盖乡大夫乡先生责在扶植后进，在乡在国，皆不容诿。诸君子之立馆以庇乡也，诚古之道也。都门会馆不下数百区，或仅供栖息而已，或祀司中司命以祈科目，皆不足法，惟闻徽歙馆祠紫阳，衡永馆祠濂溪，合国故祭社之义。今新馆之堂所奉者皆邑大儒，邑子信宿于斯，视畴昔业于蕺山，而学证人之学者无以异也。畴昔过阳明子之祠，与阳和彭山石篑诸公之故里，而低徊于致良知之遗绪者无以异也。将思处何以淑一身，出何以淑天下，生诸乡贤之后，若何而能不失其典型，必有感发振兴而不能已者。斯馆之庇士也宏，而厉士也远且大，岂复作寻常旅舍观哉。致光既愧未效尺寸之勤，又苦衰老不能至京师，与英贤盘桓其中，共相讲习。深幸诸君子能以古道率邑人，而首善之地有此群萃之区，得以示乡方而兴道义，联声气而广切磋，所赖不独在乡国也。喜详记之以谂诸后。顾后之人修明不怠，毋忘经始之心，毋戾经始之法，庶几吾邑永有赖焉。

道光丙戌岁冬十一月史致光渔村撰

---

① 庠（xiáng）士：庠，古代泛指学堂；庠士，此指学生。

② 闾（lǘ）里：古代25家为一闾；此指乡里。

③ 内寮外宷（cǎi）：寮、宷此均指官的意思。

邑馆在宣南坊南半截胡同，隶宛平。凡为屋七十九间，厩十七间，今以居司馆人。丙戌成契，至己丑始定。居门旧在丑后移艮。前厅面东曰仰蕺堂，其对轩为涣文萃福之轩。春秋享祀奉阁中栗主至堂，于轩中饮福也。堂立开国以来，甲乙科制科各题名匾。至崇班清秩亦须留名，尚有待也。堂之后，昔树楝而折，改植槐，曰补树书屋。又西而面南为晞贤阁，其下为青云恍，是以南院。堂左小斋为怀旭以向东，且取刘子海天旭日研之意。蕺山曾以名斋也，侧有一枝巢，昔有棫棘，后伐之，而作大砖炉，以收焚字纸。斋后有古藤花，时可吟赏。内别一院曰藤花别馆，藤间初惟瘦竹三两竿。馆初启稷辰始居于此，久之竹日茂，增栏楯卫之，名绿竹舫，以拟蕺山之绿竹亭。其北有堂曰嘉阴，大椿护其后焉。是为北院。余皆群房耳。自辛丑至丙午，增置别馆于烂面胡同水月庵左，建正气阁，祠两邑忠义，其屋十九间。又置长巷上四条胡同内西向屋十二间，香炉营头条胡同南向屋十三间，又承租上斜街官房为北馆，值千金，皆为馆产云。稷辰附记。

京外同乡力助姓氏（略）

绍兴县馆 建于清晚期，位于西城区南半截胡同 10 号（旧为路东三十二、三十三号），占地 1.11 亩，有房 31.5 间，现为民居。

绍兴县馆 建于清晚期，位于西城区广安门内大街 6 号枫桦豪景小区域内（旧为烂缦胡同路西二十六号），占地 0.34 亩，有房 22.5 间，在危改过程中被拆占。

绍兴北馆 建于清晚期，位于西城区上斜街 48 号（旧为路南五十六号），占地 1.62 亩，有房 49 间，1949 年前曾为派出所二段部分占用。现为民居。

附产 置于清晚期，位于上斜街 45 号（旧为路北二十号），占地 0.1 亩，有房 3 间。

附产 置于清晚期，位于香炉营头条 17 号（旧为路北九号），占地 0.4 亩，有房 13 间。此巷已被整体拆除。

《北京青年报》曾载："清华大学自建校至解放前的 38 年间，在该校任期最长达 17 年的第 10 任校长梅贻琦，婚后曾租居了绍兴会馆的这所小院，并在此生育了两女。"

人物链接

梅贻琦（1889—1962），字月涵，天津市人。1908 年入保定高等学堂，1910 年赴美留学并获硕士学位，1915 年应聘到清华大学工作，1926 年任教育长，1931 年起任校长。1949 年去美国，1953 年任台湾国民党"政府"

驻美文化顾委会主席，后还曾任台湾“教育部”部长、台湾清华大学校长等职。

绍兴县馆 建于清代，位于东城区建国门北大街西侧路南段（旧为鲤鱼胡同路南八号），占地0.99亩，有房22间。在拓展内环路过程中被拆除。

附产 置于清代，位于长巷四条11号（旧为路西四十四号），占地0.41亩，有房15间，现为民居。

上虞

关于上虞的历史地理概况已在“绍兴”条中作了介绍。

上虞会馆 建于清道光初年，位于西城区韩家胡同25号（旧为韩家潭路北十六号），有房10多间。扩建九十五中学时被拆占，现为区教委卫生所。

上虞会馆 建于清咸丰年间（1851—1861年），位于西城区佘家胡同36号（旧为路南二十四号），占地0.55亩，有房18间。现为民居。

乐清

乐清，位于浙江省东南沿海、瓯江口北岸。东晋置乐成县，五代吴越改乐清，今为温州市下辖县级市。东北部雁荡山为旅游胜地。

乐清会馆 建于清代，位于西城区广安东里。早废。

归安

归安，今为湖州，宋宝庆初改湖州为安吉州，分吴兴县西南部置归安县，同城而治。民国初年，废湖州府为吴兴县，归安复并。1950年设市改称湖州，1962年撤市还县，1979年复设湖州市，1983年升格为浙江省地级市。

归安会馆（沈家本故宅） 建于清代，位于西城区金井胡同1号（旧为路北一号）。现为民居。

清朝末年，会馆逐渐破落，光绪二十七年（1901年），湖州人沈家本到京任刑部右侍郎，买下归安会馆作为自家宅院，并在院中修建了一座中西合璧的藏书楼——“枕碧楼”。沈家本于1901年入京后在此宅居住，直到民国二年（1913年）去世，他的许多著作都在此地完成。

人物链接

沈家本（1840—1913），字子惇，号寄簃，浙江湖州人。清光绪九年（1883 年）进士，历任刑部左侍郎、大理寺正卿、法部右侍郎、修订法律大臣、资政院副总裁等职，是清末修订法律的主持人和代表者。他不仅对古法予以总结批判，而且引进资本主义法律，制定了比较符合时代精神的法制，对于中国近代法制的发展，起到了不可忽视的作用。其书稿《沈寄簃先生遗书》，为研究我国古代法律的必读文献。

原会馆坐北向南，平面呈矩形，共有三进院落，主要建筑全部建在西部南北中线上。最前面的广亮大门高大宽敞，门前设垂带踏步，对面设影壁，门的两侧连接有门房二间和倒座南房六间，均五檩进深。第一进院正房为三间穿堂，七檩前出廊两厢房各一间；西耳房三间，五檩前出廊；东耳房扩展成五间二层楼。此楼为中西合璧式砖木结构，建于 1905 年，落成后题名“枕碧楼”，为沈家本的藏书处，楼内曾藏书 5 万余卷。沈家本的多部著作也都是在此写成的，如《枕碧楼偶存稿》、《枕碧楼丛书》等均由此得名。第二进院正房面阔五间，进深五檩加前廊；东西各三间配房，五檩前出廊；再接厢耳房各二间。过二进院门道房通向最后一进，正面后照房，面阔八间，分隔为西五东三两进，均五檩进深。东侧为两进杂务小院，有南房三间，五檩加前廊。整组建筑布局严谨，宽敞实用，很合当时主人的身份。现为区级文物保护单位。

镇海

镇海，位于浙江省东部沿海，甬江下游。唐置望海镇，五代吴越升县置，宋改名定海，清再改镇海，今为宁波市下辖区。

镇海试馆　建于清晚期，位于东城区晨光街 10 号“红霞公寓”大院内且偏南（旧为小甜水井路北四号），占地 3.59 亩，有房 58 间。

商业行业馆产

鄞县会馆 建于明代，是由商人创设的仪馆，也称四明会馆、宁波会馆。位于西城区里仁街 1 号、3 号大院内和马路对面的清芷园、8 号院等部分（旧为郭家井二号）。共占地 45.09 亩，有房 62.5 间。1949 年前此片地域称郭家井。1949 年后，会馆的房地产先后被征用，占用最多的当属文化部北京舞蹈学校，其于 1953 年征占 14.08 亩。该校不久迁出，中国戏曲学院进驻，多年来其为国家培养了一大批著名戏曲演员和师资力量。20 世纪末中国戏曲学院迁出，其地改建为文化部宿舍。

1924 年所立《四明会馆碑记》载：此馆为殡仪馆，是明代由鄞县药材行业集资筹建的，专供本籍亡故者停柩及春秋祭祀之所。馆附土地数十亩，以供埋葬旅榇遗骸。四百多年来，一直以服务本籍为原则，但念乡谊，我们也应对同属地七邑（鄞县、定海、慈溪、镇海、奉化、南田、象山）在京所有同业人开放。

附：

鄞县会馆碑文
（1835年）

盖闻：掩埋为仁政之先，禋祀[①]乃礼典所重。矧夫[②]首善之区，求名利者，莫不云集。其间寿夭不一，通塞攸殊[③]，往有死亡旅次而灵榇莫能归者。是以建置义园，盖为无力者计。又有濡滞[④]未归，亦须暂为停厝，以避燥湿而蔽风雨。故于义园中添设房舍，为将归者少息之所。凡此皆以悯暴露而安旅魂也。吾鄞县会馆，创自前明，久经颓废。国初时，吾乡大理卿心斋陈公，始力整理，阖邑赖之。厥后经久，渐即倾圮，复赖张公讳廉标者，倡率募捐，重为修葺，俾得至于今弗坏[⑤]。无如历年愈久，而停葬致停浮于屋、葬浮于地。夫一邑之义举，创之贵有以继之，且经营之于前，宜恢大之于后，愈伙以也。爰集同乡，敦桑梓之谊，慨助乐输，增购旷地，添修房舍。庶俾葬有归、停

① 禋（yīn）祀：泛指各种祭祀活动。
② 矧（shěn）夫：况且。
③ 攸殊：不同。
④ 濡（rú）滞：停留，迟滞。
⑤ 弗坏：不坏。

有所寄，更议岁时设享，妥厥旅魂。所有增减条规开后，勒石以垂久远。庶不负创者、继者之至意云尔。

道光十五年岁次乙未七月众首事公立

银号会馆（正乙祠） 建于清康熙六年（1667 年），位于西城区前门西河沿街 220 号（旧为西河沿路南一八九号、一九〇号）。区级文物保护单位，保护范围以现存院墙为界，南北 40 米，东西 30 米。

正乙祠原为明代古寺庙。清初，北京出现了银号、钱庄等金融机构，银号业行馆应运而生。康熙六年（1667 年）由浙江绍兴钱号商人集资，利用明代古寺旧址，在前门西河沿建立祠堂馆舍，供奉正乙玄坛老祖，即财神赵公明。也称“银号会馆”，或“浙江钱业会馆”。清代正乙祠经过多次修葺，康熙五十一年（1712 年）大修时有《正乙祠碑记》；同治四年（1865 年）大修时有《重修正乙祠碑记》，该碑现存于正乙祠前院。

该馆坐南朝北，临街为九间倒座北房，进深五檩加前廊。正中一间辟为入口，为广亮式大门，尺度与一般住宅相似。院内偏东有南房三间，五檩加前廊硬山式，西部为戏楼。正乙祠戏楼尺度不大，但布局紧凑，装饰讲究，罩棚只用一个大卷棚顶，在会馆戏楼中别具特色，并且是北京历史上最老的一座古戏楼。戏楼正中罩棚（即池座）东西面阔三间，南北进深十二檩，卷棚悬山顶；北、东、西三面设楼座，进深一间三檩，二层，上加披檐。舞台在南面，台顶设木雕花罩，侧面有架空木梯通二层楼座。室内梁架露明，原有彩画。楼座设“万”字花板栏杆，雕花木挂檐板。楼座向外满开槛窗。舞

银号会馆现状　前门西河沿街220号　正乙祠戏楼内景

台后（南）部扮戏房六间。戏楼前（北）部接正厅五间，正中三间为厅，两梢间为戏楼入口。

馆内有楹联一副：

进退汉魏一儒者，

上下春秋几丈夫。

1949 年后，正乙祠改为北京市教育局招待所，20 世纪 90 年代租给民营企业，1995 年 10 月开始演戏，开幕式由梅葆玖、梅葆玥等名家演出传统剧目《大登殿》等，很多社会名流到场。继而吸引了众多中外宾客，其中包括法国总统德斯坦、科特迪瓦总统贝迪埃、斯洛文尼亚总统库昌等。1998 年下半年，出租和承租双方因经济纠纷停业。2010 年 10 月重张，演出以昆曲为主。

附：

正乙祠碑记
（1712年）

邦畿肇域四海，五方杂居，虽蛮貊荒徼、鸟言卉服之民，无不骈肩接踵，而况中国之壤，去京师数千里而遥者哉。吾越介居浙东，山深土瘠。其民淳朴无文，然安力作而务居业，不肯少休，以自窘其中，盖其俗使然也。其世家巨族，读书而务实学；而其次者，则商贾江湖，以阜其财；而其又次者则操奇赢，权子母，以博三倍之利。逐所便易，则不惮涉山川、背乡井，往远至数十年而不返。京师正阳左右列肆而居，强半吾乡之人居多焉。向之居于是者，未尝有集会之所、饮食燕乐之地。岁庚寅之夏，乡人同志而谋曰：“吾越之在版图中，犹太仓一粟、沧海一苇也。然来于是者，垒垒若若，实繁有徒。不创造一公所，则吾乡之人，其何以敦洽比、通情愫，且疾痛疴痒，其何以相顾而相恤。”于是闻者咸以为然，遂各出所有，量力资助，乃购地于西河之通衢，鸠工庀材，为堂三楹，后室称之，以妥神像。周其廊庑，辟其户牖，期年而落成。既而恐其始末之不彰，经界工费之弗详而悉，或至欠而不问可也。乃来请于余曰：“愿有志。”余曰：“凡天地间，事之有成有败，有兴有丧，自有物焉以主之。岂人所得为力也。当是祠之未立也，固不料其有是也。及其既有而忽无也，亦乌能料其必不复有是哉。子何眷眷于是也。”然而吾乡之人，去其族里而居于是者，有岁时，有伏腊。少者、壮者、老者，怅怅然失所依附。而苟得一地焉，釃酒酬神，敦枌榆之好，而因以追溯其宗党里族。曰：某山某水，某之所居与游也。某甲某里，某之所生与长也。因而屈指其人，孰在孰亡，孰得孰失，岂不眊眊乎生故旧之思而动其怀土恋本之情也哉。庄子云：“故国故都，望之畅然。”而况见见闻闻者乎。余是以重乡人请，而为之以记之，以见吾乡人之所以为此者，非徒为客居之□美，亦见居于是者之不可忘所自来也。诗曰：“维桑与梓，必恭敬止。”余于斯祠见之矣。时康熙五十一年岁次壬辰三月穀旦。

赐进士出身翰林院检讨浙江诸起新撰

附产　银号会馆义地　也称正乙祠义地。置于清代，位于丰台区东庄地域（旧为东庄村），占地22.89亩，有房10间。今为北京南站域内。

附产　置于清代，位于丰台区东庄地域（旧为东庄村），有水浇地2.67亩，以租金作为会馆收入。今为北京南站域内。

附产　银号会馆义地　置于清代，位于丰台区马家堡东路北段、铁路以南（旧为四路通），占地7.65亩。

附产　银号会馆义地　置于清代，位于丰台区西罗园北路小区域内（旧为四路通道南），占地4.35亩。

附产　银号会馆义地　置于清代，位于丰台区沙子口路路西石榴园北里小区（旧为石榴庄村西南），占地18.88亩。

附产　银号会馆义地　置于清代，位于丰台区海户路珠江骏景中南区（旧为海户屯村西南），占地37亩。

浙慈会馆　又名财神庙或成衣行会馆。建于清康熙年间（1662—1722年），位于东城区金鱼池西街路西1号（旧为西晓市街路南一二九号），现为北京市第十一中学西校区。《北京寺庙历史资料》记："财神庙（成衣行会馆）位于西晓市街路南一二九号，共占地5.93亩、殿房80间。庙内共有神像、偶像31尊，礼器、法器50多件，供桌5张，院内有水井1眼。"

附：

财神庙成衣行碑
（1905年）

盖自开辟以来，盘古至今，三皇治世，五帝定伦，种五谷以养民食，造衣服以遮身体，覆载群生，无不美善。幸经前成衣行会首，在于京师城内外，商同各铺掌柜、伙友出资，在于南大市路南，创造浙慈馆，建造殿宇、戏楼、配房、供奉三皇祖师神像。当时成衣行，皆系浙江慈溪县人氏，来京贸易，教道各省徒弟，故名曰浙慈馆，专归成衣行祀神会馆。历年行中唱戏庆贺，神灵默佑。殿宇楼房、三皇殿、老爷殿、配房、大门年久失修，众会首、本馆主持僧人目覩情形，坐视不忍。众会首商同本行城内外各铺户伙友，量力捐资重修。于光绪十六年六月吉日动工修起，直至十八年陆续工程告竣。众会首诚恐年深日久，后来接办之人无所考查，故此勒碑刻铭，以垂久远。庶后来接办之人，观此碑文，可仿照旧章承办矣。

光绪三十一年冬月吉日立

正乙祠仪馆 建于清代，位于东城区革新南路中段路北西革新里地片域内（旧为葛家庙二号），占地 3.06 亩，有房 23 间。

附产 （义地）置于清代，位于西革新里地片域内（旧为葛家庙道北），占地 31.89 亩。

附产 （义地）置于清代，位于西革新里地片域内（旧为葛家庙道北），占地 11.36 亩。

正乙祠仪馆 建于清代，位于东城区革新南路中段路南管村地片（旧为地藏庵一号），占地 2.43 亩，有房 20 间。

附产 （义地）置于清代，位于管村地片（旧为地藏庵道南），占地 16.84 亩。

正乙祠仪馆 建于清代，位于东城区马家堡路北端路东共进里地片内（旧为二郎庙西村七号），占地 4.23 亩，有房 28 间。

附产 （义地）置于清代，位于共进里地片内（旧为二郎庙西村道南），占地 16.44 亩。

附产 （义地）置于清代，位于共进里地片内（旧为二郎庙西村道北），占地 78.22 亩。

附产 （义地）置于清代，位于马家堡路北端路西（旧为彭庄道南），占地 21.71 亩，有房 3 间。1955 年由“苏联红十字医院”征用 10.38 亩，其他被市园林局等单位征用。

福建省在京会馆

福建省位于我国东南沿海，东隔台湾海峡与台湾省相望，分别与广东、江西、浙江等省为邻。简称“闽”，省会福州。

“闽”最早出现在周朝，西周时福建称闽越，《周礼·夏官》称七闽，春秋时属越地，秦设闽中郡，汉后属扬州，唐属江南东道，开元二十一年（733 年）取福州、建州（今建瓯）各一字，置福建经略史，为福建命名之始。宋设福建路，元为江浙行中书省福建道，后置福建中书省，明置福建布政使司，清置福建省。明代福建共设有八府，故亦别称为“八闽”。现全省面积 12 万多平方千米，下辖 9 个地级市，14 个县级市、45 个县及 26 个市辖区。

福建省是在京会馆较多的省份，府、县馆尤其发达。建立最早的会馆为明前期建立的府馆——福州老馆。最早建立的省馆是清光绪三年（1877 年）建立的福建会馆。该省共在京建立会馆 49 座，其中省馆 3 座，府馆 18 座，县馆 27 座，商业行业馆 1 座，上述会馆置设附产共计 29 处。目前尚有会馆建筑遗存 14 座，其中市级文物保护单位 1 处。

福建各地普遍在京建馆较早，明代已在京建立府、县会馆 11 座，占在京福建会馆总数的近四分之一。这些创建较早的府、县会馆，虽规模不大，但相延存续，有的一直延续到新中国成立后，如邵武会馆、漳州东馆、莆阳老馆等。会馆在相延的过程中不断强化组织、不断扩增馆舍，形成一个不断发展壮大的历程，正如 1937 年《福建泉郡会馆记》所言，“距今一百八十四年，中间陆续建筑，屋宇相连凡四进，均南向，后有旷地，尚可筑室而居。”福建在京省馆建设是先有义地于明代，而迟至清光绪时才正式建馆，这也成为一种会馆建设模式，并从一个侧面反映了福建府、县会馆的发达。在京的福建会馆组织中封建等级在乡情联谊的氛围中依然浓烈，如福建会馆于前院专设“三品以上大员之行台”；而福建的本土文化则通过独特的闽南建筑风格和特色的传统活动，在京城形成冲击力。明弘治年间建立的汀州北馆作为北京惟一福建风格古建筑，1984 年即被列为市级文物保护单位；福州会馆每年正月十五元宵节的社火盛况，成为那个时代京城人的集体记忆。

福建省在京会馆一览表

产别		馆名	别名	建立年代	现地址	老地址	地亩	房间	掌馆人	现状
省馆		福建会馆	全闽会馆	清光绪三年（1877年）	宣武门外大街203号	宣武门大街路西一〇二号	30	202	翁鸣煌 谢道仁	已拆
省馆		福建会馆	福建同乡会	民国初年	宣武门外大街40号	铁门胡同路东七十二号	1.49	42	翁鸣煌 谢道仁	已拆
省馆		福建会馆		民国年间	骡马市大街63号	同左路北四十一号		20	翁鸣煌 谢道仁	已拆
府馆	福州	福州老馆		明前期	东城区境内	内城东城				早废
府馆	福州	福州老馆	叶向高故宅	明中期	虎坊路7号院	福州馆街路北二号	8.27	67	蒲志中	已拆
府馆	福州	福州新馆	林旭旧居	清嘉庆二十三年（1818年）	骡马市大街51号	同左路北三十五号	0.74	58	蒲子雅	大部已拆
府馆	福州	福州会馆		清代	菜市口大街北段	丞相胡同路东六十四号	0.7	25	蒲子雅	已拆
府馆	汀州	汀州北馆		明弘治年间	长巷二条46号、48号	同左路北二十六号		51	卢赞勋	市级文保单位
府馆	汀州	汀州南馆		明万历十五年（1587年）	长巷二条43号	同左路南三十二号		24	卢赞勋	已拆
府馆	邵武	邵武会馆	邵武郡馆	明万历三十四年（1606年）	草厂二条3号	同左路西三十一至三十三号		29	徐立义	民居
府馆	漳州	漳州东馆		明朝末年	冰窖斜街9号	同左路北二十四号		11	沈杰	已拆
府馆	漳州	漳州西馆		清雍正四年（1726年）	煤市街133号	同左路西四十五至四十九号		51	张我军 沈世雄	已拆
府馆	漳州	漳州会馆		清代	校场二条27号	同左路西十六号				民居
府馆	漳州	漳州会馆		清代	大外廊营胡同13号	大外廊营路西				民居
府馆	漳州	漳州仪馆	漳州外馆	清代	永定门东滨河路西段路南	韩家馆				已拆

产别		馆名	别名	建立年代	现地址	老地址	地亩	房间	掌馆人	现状
府馆	延平	延平郡馆		明朝末年	粉房琉璃街 120 号	同左路东八十四号	4.5	30	萧东瀛 傅沛兴	已拆
	建宁	建宁老馆		清朝初年	南华里	南下洼子				早废
		建宁会馆		清康熙年间	南柳巷 44 号	同左路东五十三号、五十四号		43.5	万钟庆 毛兆民	民居
		建宁会馆		清代	冰窖斜街	冰窖胡同				早废
	泉州	泉郡会馆		清乾隆九年（1744 年）	后孙公园胡同 31 号	后孙公园路北六号		42	吴盛德 郑如冈	民居
		泉郡会馆		清代	珠市口西大街西段	虎坊桥路南				早废
县馆	漳浦	漳浦老馆		明中晚期	小椿树胡同 5 号	同左路北二号				民居
		漳浦会馆		明朝末年	校场二条 16 号	同左路东二十九号		16	许少元	民居
	同安	同安老馆		明代		京师内城				早废
		同安会馆	陈胪声故宅	清乾隆二十二年（1757 年）	板章胡同 3 号	同左路北五号	0.94	32	孙毓鸿 郑如冈	民居
	莆田	莆阳老馆	莆阳旧馆	明末清初	福州馆前街 3 号	同左路西一至四号		38	温燕斌 黄文鎏	民居
		莆阳会馆		清雍正年间	福州馆街 4 号	同左路南五号、六号	6	28	温燕斌 黄文鎏	已拆
		莆阳会馆		清代	高家寨胡同 9 号、11 号、13 号	高家寨路西五号、六号			温燕斌 黄文鎏	民居
		莆阳新馆		清光绪十六年（1890 年）	贾家胡同 31 号	同左路西十九号	0.57	19	温燕斌 黄文鎏	已拆
		莆仙会馆		清代	前门西河沿街 200 号	西河沿路南一九七号				民居

产别		馆名	别名	建立年代	现地址	老地址	地亩	房间	掌馆人	现状
县馆	晋江	晋江邑馆	林海音故居	清初	南柳巷40号、42号	同左路东五十五号	2.75	18	吴盛德郑如冈	区级文保，已拆待复建
		晋江会馆		清代	香炉营头条35号	同左路北十八号			吴盛德郑如冈	已拆
	浦城	浦城会馆		清前期	长巷二条	同左				早废
	安溪	安溪会馆	李光地故宅	清康熙五十四年（1715年）	板章胡同9号	同左路北七号、八号	1.23	26	孙毓鸿郑如冈	已拆
		安溪会馆		清代	珠市口西大街94号	西柳树井路南五十六号、五十七号	2.42	60	孙毓鸿郑如冈	大部已拆
	仙游	仙溪会馆		清雍正初年（1725年前后）	草厂五条	同左路东				早废
		仙游会馆	仙溪会馆	清同治年间	校场五条44号	同左路东二十九号				早废
		仙游会馆	仙溪会馆	清朝末年	西砖胡同51号	同左路西二十四号		14		早废
		仙溪会馆		民国十四年（1925年）	广安东里1号	同左路西一号	2	40	黄裳元	已拆
	永春	永春会馆		清乾隆初年	梁家园胡同	梁家园				早废
		永春会馆		清道光三十年（1850年）	椿树园	椿树上三条路北三号	1.09	10	陈宝鎏陈燕荪	已拆
	福清	福清会馆		清乾隆五年（1740年）	虎坊路7号院	福州馆街路北一号	2.8	24.5	关弼俦李寿山	已拆
		福清会馆		清代	虎坊路19号院	同左路西三十五号			关弼俦李寿山	已拆
	龙溪	龙溪会馆	陈宝琛旧居	清乾隆二十六年（1761年）	椿树园	椿树上头条路北九号	1.82	44	许地山	已拆

产别		馆名	别名	建立年代	现地址	老地址	地亩	房间	掌馆人	现状
县馆	龙岩	龙岩旧馆	岩州会馆	清乾隆年间	石头胡同68号	同左路东七十二号	0.7	18		民居
		龙岩新馆		民国五年（1916年）	贾家胡同12号	同左路东六十三号	1.38	42	林尚斌温公颐	动迁中
	惠安	惠安会馆		清代	耀武胡同9号	羊肉胡同路北五号	0.59	7		民居
	福安	福安会馆		清代	菜市口大街中段	官菜园上街路东二十七号				已拆
商业行业馆		延邵纸商会馆		明万历年间	广渠门内大街西段	广渠门大街路北二十二号			肖质彬	已拆

省级馆产

福建会馆 也称全闽会馆。建于清光绪三年（1877年），匾额为末代皇帝溥仪之师陈宝琛所书。位于西城区宣武门外大街203号（旧为宣武门大街路西一〇二号）。初为闽人王仁堪出资购置，是在原财神庙和光绪初年国子监祭酒盛伯熙私宅的基础上改造而成，共占地30亩，有房屋202间。

会馆分成前后两进大院落。前院为三品以上大员之行台，以大厅为中心，厅前有牌楼，上有"福建会馆"四字；厅侧有颗百年古槐，树下有块方形拜石。后院为旅京同乡公会、乡贤祠。祠中仅供奉王仁堪一人塑像，以念其建馆之德。馆中设有戏楼，常有堂会演出。

《北京会馆档案史料》所辑福建会馆楹联（作者不详）录下：

1.

玉京风月原无价，
银阙楼台共此春。

2.

宝烛看龙街万户，笙歌五禁祖；
香尘隋马度九衢，烟月太平人。

3.

此地笙歌，恰当韦杜城南，去天尺五；
吾侪觞咏，犹是越五台畔，明月三分。

光绪二十八年（1902 年），陈玉苍带头集资，收购会馆北侧的破旧房屋，得地十余亩，辟为讲舍，招收同乡学生，定名“闽学堂”。三十三年（1907 年）改为福建中学堂，宣统元年（1909 年）改为宣南法政学校，民国后停办。

1916 年，会馆前院创办了一家私人医院，名为“首善医院”。取意于《汉书儒林传序》“故教化之行也，建首善京师始”。三年后，医院迁出。1928 年冬，全闽女子中学迁至闽学堂址，并改称全闽春明女子中学校，实行三 · 三学制。1932 年，改名私立春明女子中学，1938 年停办高中，改附设小学部。

春明女中师资大部都是一些热爱教育的社会名士，他们以“发展切合民情的妇女教育”、“读书、求知、以谋自力”为宗旨创建学校。先后聘请黄庐隐、石评梅、蹇先艾、浦熙修等到校任教。林海音、白杨、黎颖、言慧珠、姚陆其、徐文燕、邢质斌等先后在该校就读。

春明女中旧照　宣外大街203号

1950 年，春明女子中学改为北京市第五女子中学，再次成为完全中学。1961 年，女五中迁至大川淀，原址更名为菜市口中学，后改称职业教育中心，开办职业教育。1990 年改为北京新闻出版学校，以校对、技术编辑两专业为主。2000 年 9 月，与北京印刷学校再次合并后，改称北京市宣武区第二职业学校，并迁新址广安门外三义里 5 号。宣武门外大街 203 号址教学楼改办“天信宾馆”。

1961 年迁出的女五中，1968 年改为男女合校，1970 年改为北京市第一四零中学，现校址在盆儿胡同 58 号。

北平解放前，南城中、小学校教师中的地下党员，经常在春明校内开展革命活动。1949年初，春明小学成为创建中国少年儿童团（即中国少年先锋队前身）的试点校，成为最早建立少年儿童组织的学校。进入50年代后，改名菜市口小学，“文革”中被撤销，所有教室归菜市口中学使用。

人物链接

王仁堪（1848—1893），字可庄，号公正，福建闽侯人。清光绪三年（1877年）状元，授翰林院修撰，曾任苏州知府，后任武英殿协修官等职。“其在对待俄国阴谋割占伊犁问题上，内持公论，外斥敌谋，得到在朝上下官员好评”。本人亦书亦画，书风格清秀，画风格清丽。

陈玉苍，福建闽侯人，清光绪三年（1877年）进士，官至邮传部尚书兼政务大臣。

黄庐隐（1898—1934），女，原名黄淑仪，福建闽侯人。1903年来京并加入基督教，1917年女师毕业到中学任教，同时书写文章，1925年出版第一部小说《海滨故人》。1927年后，在任市立第一中学校长期间，母亲、丈夫、兄长、挚友石评梅先后去世，其悲伤异常，将情感溶入作品当中。1930年再婚，1934年分娩过程中去世。

石评梅（1902—1928），女，学名汝壁，因爱梅花，自号评梅，山西平定人。1919年，入北京女子高师体育音乐系，1923年毕业留校任教，后改任国文教员。积极从事散文、诗歌创作，并大量发表。其文笔清新脱俗，反抗封建伦理道德，晚期作品注重社会现实，倾向革命，是“五四”时期敢于冲破封建礼教的女作家之一。逝后葬于陶然亭高君宇墓侧。

蹇先艾（1906—1994），贵州遵义人。1920年来京考入大学，自办刊物《爝火》，1926年开始发表短篇小说，1930年小说集《一位英雄》出版，同年大学毕业到弘达学院教授国文。1937年抗日战争爆发回到贵州，以教书为生，任至遵义师范学校校长和贵州大学教授。新中国成立后，任贵州省文化局长、省政协常委和全国人大代表。

浦熙修（1910—1970），女，上海嘉定人。7岁入京，成年后接替大姐在女师大附小任教。大学毕业后到志诚中学教语文课。1936年迁至南京，在《新民报》社工作，1948年被捕，经营救获释后到上海。新中国成立后任《文汇报》副总编兼驻北京办事处副主任，并为全国政协委员，1957年被划为右派，逝后获平反。

言慧珠（1919—1966），女，蒙古族，生于北平。12岁习青衣并同学武旦，1935年登台，1938年到上海。20世纪40年代从程派风格转梅派，1946年组团并任团长。1957年起任上海戏曲学校副校长，1966年9月11日在上海家中自缢。

白杨（1920—1996），女，原名杨成芳，湖南湘阴人，生于北平。1931 年入联华影业公司后从事演艺工作，抗日战争时期到上海继续演艺生涯。新中国成立后，历任上海电影制片厂演员剧团团长，为中国文艺工作者联合会第二至四届委员，中国电影工作者协会第二至四届副主席等。1958 年加入中国共产党，全国政协第五、六届委员。其塑造的众多艺术形象深入人心。

邢质斌，女，1948 年生，北京市人。1964 年高中毕业，到大兴县任县广播员，后被北京电视台（中央电视台前身）录音科录用，开始担任播音员，1981 年开始播报《新闻联播》。2006 年荣膺中国播音主持“金话筒”奖。

福建会馆（福建同乡会） 建于民国初年，位于西城区宣武门外大街 40 号国家新闻出版广电总局院内（旧为铁门胡同路东七十二号），有房 42 间。当时在这里居住的多是闽籍知识分子和学生。

福建会馆 建于民国年间，位于西城区骡马市大街 63 号（旧为路北四十一号），有房 20 间。1949 年后曾办旅馆，骡马市大街拓宽时被拆。

附产 福建义地（北京义园） 福建省是置建义地在前，建立会馆于后。福建义地建于明代，位于虎坊路 7 号北京市工人俱乐部院内。

辑录福建义地楹联四副：

生前朋友少，
死后兄弟多。

（作者不详）

汝也来么，徒增过客苍凉感；
吾知过也，同是天涯漂泊人。

（作者不详）

满眼蓬蒿游子泪，
一盂麦饭故乡情。

（作者：叶向高[①]）

寄语往来人，莫为功名抛骨肉；

① 叶向高（1559—1627），字进卿，号台山，福建福清人。明万历十一年（1583 年）进士，官至吏部尚书兼东阁大学士。崇祯初授太师，逝后谥文忠。

伤心丘垅地[①]，得归桑梓即蓬莱[②]。

（作者：叶向高）

附产 置于民国时期，位于东直门南小街南段路东 18 号楼地片内（旧为路东二十七号），有房 13 间。20 世纪末此一线门面房均被改造为设有底商的高层楼房。

府级馆产

福州

福州，位于福建省东北部、闽江下游入海口。福建省省会，全省政治、经济、文教中心，也是我国沿海重点开放港口城市，国家历史文化名城。战国时属闽越诸侯国封地，汉为闽越国都“冶城”，唐置闽州，因城北有福山即改称福州，明清设府置。1946 年设市，因市内多榕树，故别称“榕城”；又因市区内有于山、乌山、屏山，另别称“三山”。

福州历史文化悠久，名胜古迹遍布。市内三坊七巷和朱紫坊街区，保存有大量明清街巷和民居。游览胜地有鼓山涌泉寺、灵泉洞摩崖石刻、戚公洞、林则徐故居、林祥谦烈士陵园、马尾港罗星塔等。

福州老馆 建于明前期，由郭文安所创。位于“内城东城”，清朝定都北京后被没收。

福州老馆（叶向高故宅） 建于明中期，位于西城区虎坊路 7 号院内（旧为福州馆街路北二号），占地 8.27 亩，有房 67 间。1954 年，因建北京市工人俱乐部，福州老馆、福清会馆及福建义地等均被拆占。

初建馆时为砖儿胡同西侧（崇兴寺庙东侧），清朝改砖儿胡同为砖头胡同，民国后砖头胡同延长并改称虎坊路。福州会馆、福清会馆门前形成的巷道，称“福州馆街”。“福州馆前街”的地名，实际也源自福州老馆。因街在馆的右前方故名，为南北向胡同。其与福州馆街的街名皆始称于民国

① 丘垅地，此指坟冢。
② 蓬莱，此指传说中的蓬莱仙境。

年间。

福州老馆虽为府馆，但在福建省馆未建之前，一直承担着省馆职能。《宣武区地名志》中述："该馆址原由叶向高故宅所捐建，清光绪十七年（1891年）的大修是最后的一次。"会馆外原有大片空地，闽籍人每年元宵节都要在此地举行社火活动，燃放烟花爆竹，以此联系、凝聚乡情。届时官民也都聚来观看，热闹非凡直到天明。林则徐的一则日记这样写道："嘉庆二十一年（1816年）正月十五日，上午剃头留须，夜赴福州会馆观烟火。"

辑录会馆及有关社火盛况的楹联（前二联为叶向高所撰，其余作者不详）：

1. 燕誉堂

万里海天臣子；

一堂桑梓弟兄。

2.

蓬瀛地隔三千水；

韦杜居邻尺五天。

3.

皇都烟景；

福地人文。

4.

百五春归三五月；

九重天散万重花。

5.

撇荔须分海东树；

看花都向日南坊。

6.

碧海无波，总买来箫鼓千场，鱼龙百戏；

金台不夜，看装出琉璃世界，锦绣天街。

7.

列树灿银花，璧月珠星，并作九天丽藻；

首时调玉烛，南油西漆，蔚成五夜祥云。

8.

社火忆乡风，海驾鳌山，万盏灯毬争买夜；

粉团仍密宴，凤和鹤焰，三更春箭正传觞。

白鹤群先生在《北京的会馆》一书中，还辑有诗三首，均为郑际唐所作：

（一）

青蓑人隔绿杨阴，俚语秋影太古音。
但得桑麻成乐土，输他窝子但销金。

（二）

春水湖深处处流，白沙细石漾寒洲。
谢家宅子今何处，指点荒林系钓舟。

（三）

雉堞参差耸丽谯，年年流影入湖遥。
果然八百年当盛，人物新来也自饶。

相关链接

北京市工人俱乐部　1954年始建，1956年建成，占地1.1万平方米，建筑面积9000平方米。整体设计严谨，内部宽敞舒适。观众席分上下两层，可容1338人。前厅和楼梯间占800平方米，贵宾厅及休息厅占700平方米。舞台深16.5米、宽13.5米、高25米，配设40道电动吊杆和电动大幕，灯光、音响设备先进齐全，乐池占50平方米。中国戏剧界名流几乎都曾在此演出献艺，是当时北京兴建的重要文化设施。

福州新馆（林旭旧居）　建于清嘉庆二十三年（1818年），位于西城区骡马市大街51号（旧为路北三十五号），四进院落，中西结合式样，占地0.74亩，共有房舍58间。原为陈宝琛曾祖陈若霖故宅，“尚书告归，舍室办馆”，后由林则徐等出资扩建而形成。现只余最后一进院为民居。馆中现存石刻壁诗为：

松栋孙枝不中缘，敢挎文采步前贤。
春明[①]耆旧晨星在，能话尚书舍宅年。

人物链接

陈若霖（1759—1832），字宗觐，一字望坡，福建闽侯人。清乾隆五十二年（1787年）进士，官至刑部尚书，“在刑部最久，精于律学，善析狱，有善政。”

① 春明，唐都长安城东面三门，中间的称春明门。后人即以“春明”作为首都的别称。如清孙承泽《春明梦余录》皆记当时首都的事迹。

《北京会馆档案史料》辑录该馆楹联较多，现录梁章钜[①]所撰五联：

1.

三山[②]佳气瞻鳌背[③]，

九陌[④]香尘驻马蹄。

2.

劝子勿为官所腐，

知君欲以诗相磨。

3.

凤窟麟洲[⑤]通御气，

黄蕉丹荔忆乡风。

4.

朱樱红杏开新宴，

丹荔黄橙话故乡。

5.

同人於门，群贤毕至；

适子[⑥]之馆，吉事有祥。

其他楹联如下，作者均不详：

1.

竹箭声华[⑦]当代选，

梅花消息故人来。

2.

佳日春秋来鹤盖[⑧]，

深宵吟诵似鳌峰。

3.

---

① 梁章钜（1775—1849），字闳中，号退庵，福建长乐人，清文学家、楹联学家、著名学者。嘉庆七年（1802年）进士，官至两江总督，曾五任江苏巡抚，“对江苏地方利弊了然胸中，用人理财独持大体。”著述颇丰，凡七十余种。

② 三山：福州市的别称。

③ 鳌背：指福州九仙山，山形如鳌。

④ 九陌：指都城中的大道。

⑤ 凤窟麟洲：此指都城。

⑥ 适子：此指游子。

⑦ 声华：此指声誉。

⑧ 鹤盖：此指京都。

珂里[①]云开三岛丽，
金壶花发九衢春。
4.
室因新拓来今雨，
人比分躔[②]聚德星。
5.
看花欲趁春三月，
视草同依尺五天。
6.
家园鱼简评乡味，
人海莺花恰占春。
7.
冠盖仍循乡饮序，
笙歌先醉社公[③]觞。
8.
浴海烟开鳌背月，
看花人步凤城[④]霞。
9.
海峤星从天上聚，
长安春占日南多。

“戊戌六君子”之一的林旭，于光绪二十一年（1895 年）入京赴试，即住于该馆内。

人物链接

林旭（1875—1898），字暾谷，号晚翠，福建闽侯人。在“公车上书”运动中，曾专程拜访康有为，“闻所论政教宗旨，大心折，遂受教业焉”，成为“南海先生弟子”。不久，任内阁中书。清光绪二十三年（1897 年）冬，德国人强占胶州湾后，康有为要求各省立即组织地方学会，然后成立联合的“保国会”。二十四年正月，林旭在福建会馆组织成立闽学会。六月，林旭联络福

① 珂里：对别人故乡的称谓。
② 躔（chán）：日月星辰运行的度次。
③ 社公：土地神。
④ 凤城：此指京都。

建举子300多人，联合上书抗议德军闯入即墨的文庙。九月，其受到了光绪皇帝召见，被授四品卿衔，入军机章京行走，参与新政，与谭嗣同、刘光第、杨锐时称“军机四卿”。其间，经林旭之手签发全国有关新政的诏书、谕旨达110多件。

戊戌变法失败后，光绪帝被囚禁，林旭等六君子被捕，其抱定殉身维新的决心，题诗云：

瀛海分余润，秋晖亦圣恩。
抚心无愧汝，飘落复何言。

福州会馆 建于清代，位于西城区菜市口大街北段（旧为丞相胡同路东六十四号），占地0.7亩，有房25间。

附产 置于清代，位于车子营胡同14号（旧为车子营路东六十二号），占地0.36亩，有房14间。现已拆除。

附产 置于清代，位于铁门胡同128号（旧为路东三十八、三十九号），占地0.19亩，有门脸房8间。现已拆除。

附产 福州义园 置于清代，位于蔡家楼胡同14号（旧为蔡家楼路东十二号），占地17亩，有房9间。1949年后，由国家机关盖起老式家属楼南北各一幢，中间形成一个大院子，周围百姓称之为“七机部宿舍”。

附产 福州义地 置于清代，位于虎坊路19号院内（旧为福州馆前街南口里路西）。1954年建友谊医院的同时，这片地域盖起其家属宿舍楼区，现经改造又重盖新楼。

附产 福州新义园 置于清代，位于广渠门外南街路南“广渠家园”地片内（旧称广渠门关厢），占地12.85亩，有房5间。1965年前此地基本为平房，1989年后陆续建楼。

汀州

汀州，今称长汀。位于福建省西部，汀江上游。唐置长汀县，开元二十四年（736年）升置汀州。元改为路，明改为府，1913年废府复长汀县，今为龙岩市下辖县。

汀州北馆 建于明弘治年间（1488—1505年），位于东城区长巷二条46号、48号大院内（旧为路北二十六号），有房51间。《崇文区志》述明：其为本籍在京人士集资创办，本馆共有大、小 6 座院落，中间主院五开间正房为会馆祠堂，供奉天后娘娘和创建会馆先辈牌位，为京师惟一的福建风格古建筑，1984 年公布为市级文物保护单位。

汀州北馆现状　长巷二条46号、48号

《北京会馆档案史料》辑录该馆楹联有：

帝里衣冠聚，
天涯骨肉亲。

（作者：裴应章[①]）

汀水独南下，
州人此壮游。

（作者：张超南）

湄岛慈云瞻日下，
鄞江福祆丽天中。

（作者：廖瑛）

渤海靖鲸鲵，万廪千仓遵职贡；
舟山驰水陆，南征北运仗神威。

（作者：廖瑛）

酬尚义之功，北阙盍簪，风雨攸宁歆俎豆；

① 裴应章，字元闇，福建清流人。明隆庆年间（1567—1572）进士，官至吏部尚书。

丽同人之泽，南天连袂，梓桑必敬集冠裳。

（作者：廖瑛）

汀州春满，
馆宇运连。

（作者不详）

汀州南馆 建于明万历十五年（1587 年），位于东城区长巷二条 43 号（旧为路南三十二号、后门开在长巷头条路东三十一号）。为裴应章尚书捐宅为馆，有房 24 间。现在部分居民已迁出，房屋被拆。

《北京会馆档案史料》辑录该馆楹联有：

1.
汀渚有芳草，
馆舍多英才。

2.
汀浦游春，会文修艺；
州里选秀，馆士翘材。

3.
所志在事功，宣读文章报国；
为士先名节，敢云贫贱骄人。

附产 置于清代，位于长巷二条 49 号（旧为路南二十九号），有房 6 间，现为民居。

附产 置于清代，位于长巷五条 9 号（旧为高庙路西十六号），有房 10 间，现为民居。

附产 置于清代，位于青云胡同 8 号（旧为庆云巷路东四号），有房 8.5 间，现为民居。

附产 置于清代，位于金鱼池中街北段 2 号院（旧为鞭子巷路西十二号）。

附产 汀州义园 置于清代，位于夕照寺街南段路东“北京空军大院”内（旧为五里屯一号），占地 9 亩。

邵武

邵武，位于福建省西北部、武夷山东南侧，富屯溪上游，邻接江西省。三国吴置昭武县，晋改邵武，宋太平兴国五年（980 年）改建军置，元改为路，明改为府，1913 年废府改县，1983 年撤县设市，今为南平市下辖县级市。

邵武会馆（邵武郡馆） 建于明万历三十四年（1606 年），位于东城区草厂二条 3 号（旧为路西三十一至三十三号，后门开在西兴隆街路南一四〇号），由黄可让等人创办，陆续增扩，共有房屋 29 间。现为民居。旧有楹联三副录下：

1.
千层浪起龙舒甲，
五色云开凤展翅。

2.
喜近晨居联梓里，
欣看甲第继榴轩。

3.
八座文星缠紫极，
九天恩诏拥丹霞。

附产 邵武义园 置于清乾隆五十一年（1786 年），位于下斜街 38 号（旧为葱店路南八号），左与畿辅先哲祠接界，右与山西义园为邻。共占地 1.9 亩，有房 8.5 间。

漳州

漳州，位于福建省南部、九龙江下游。南朝梁置龙溪县，唐垂拱二年（686 年）置漳州郡，元改为路，明、清设府。1951 年龙溪县析出，原县城设置县级漳州市，1985 年升格为福建省地级市。漳州港是我国早期重要的对外贸易港口之一，市内有芝山、三平寺、南山寺等名胜古迹，城南有滨海火山。漳州又称“芗城”，芗者，花香故里也，本地特产水仙花驰名中外。

漳州东馆 建于明朝末年，位于东城区冰窖斜街 9 号（旧为路北二十四号），有房 11 间。民国时期出租给吉祥煤栈。1949 年后由有关部门使用，后为“公安警务工作室”，现为仓库。

《北京会馆档案史料》载：“福建闽南漳州府属县，以龙溪、海澄、云霄、长泰、华安、平和、南靖、东山、漳浦、诏安为限。”

龙溪，今称龙海，位于福建省南部、九龙江下游。晋为晋安地，南朝梁置龙溪县，唐以后一直为州、路、府治。1951 年析出东移，还称龙溪，1960 年与海澄县合并后改称龙海，今为漳州市下辖县级市。该市以生产八宝印泥和漳绒最为著名。

海澄，今称龙海，明由龙溪、漳浦两县地析置海澄县，1960 年与龙溪县合并后改称龙海。

云霄，位于福建省南部沿海、漳江流域。清置云霄厅，1913 年改县，今为漳州市下辖县。

长泰，位于福建省南部、九龙江下游。五代南唐置县，今为漳州市下辖县。

华安，位于福建省南部、九龙江下游。1928 年由龙溪县析置，今为漳州市下辖县。

平和，位于福建省南部、西溪下游，邻接广东省。明置县，今为漳州市下辖县。

南靖，位于福建省南部、西溪上游。元置县，今为漳州市下辖县。

东山，位于福建省南部海上，由东山岛及附近岛屿组成，邻近广东省。1916 年由漳浦、诏安两县析置，今为漳州市下辖县。

漳浦，位于福建省南部沿海。晋置绥安县，隋并入龙溪县，唐析置漳浦，今为漳州市下辖县。

诏安，位于福建省南端沿海，邻接广东省。明置县，今为漳州市下辖县。

漳州西馆 该西馆是与东馆相对而言。建于清雍正四年（1726 年），原为黄菊三私宅，黄回乡时捐为会馆。位于西城区煤市街 133 号（旧为路西四十五至四十九号），有房 51 间。四十六号为主院，两进，遍种花草，古木参天。现址为博兴旅馆。

漳州会馆 建于清代，《宣南鸿雪图志》一书中的宣南地区分幅图、宣南现存史迹位置分幅图中均有标注，位置相当于西城区校场二条 27 号左近（旧门牌应为路西十六号）。现为民居。

漳州会馆 建于清代，位于西城区大外廊营胡同 13 号（旧为大外廊营路西）。现为民居。

漳州仪馆 也称外馆。建于清代，位于东城区永定门东滨河路西段路南、桃园东里 1 号“北京巴士旅游客运分公司”大院，及至 19 号的连片“电车公司平房宿舍”地域内（旧称韩家馆）。

实地调查中，一位 86 岁的老电车公司退休职工，讲述了他见证的这一地方的变化：“1952 年北京电车公司二场征用此地，先是迁坟，继而铺设铁轨、建设车场、架设电线及相关用房。厂东墙外先建的是单身宿舍，家属宿舍是 1955 年以后盖的，最后将寄骨堂、看坟人住房均作了改造。有轨电车取消后，场房由无轨电车公司使用，现为巴士旅游客运公司使用。”

延平

延平，今称南平，位于福建省中部偏北、闽江上游。东汉置南平县，东晋太元中改延平，元大德六年（1302 年）置延平路，明初改为府，1913 年废府改南平县，1956 年析城区置市，1960 年南平县复并，1994 年撤销南平地区和县级南平市，设立地级南平市，原县级南平市改为延平区。名胜古迹有延平双塔等。

延平郡馆 建于明朝末年，“由黄天官设馆”。位于西城区粉房琉璃街 120 号（旧为路东八十四号），原有房数十间。另有义地一块。清咸丰年间（1851—1861 年）房舍、戏台等毁于火灾。民国初年复建，占地 4.5 亩，房屋 30 余间。

1948 年，原设于福长街二条由泉郡会馆创办的北平私立正宗小学迁入，并继续办学。当时有 4 个年级、4 个教学班，学生过百、教师 4 人。1949 年成为四二制完全小学，1952 年由政府接收改称粉房琉璃街小学。目前该校被撤并，已拆除。

建宁

建宁，今称建瓯，位于福建省中部偏北、建溪上游。东汉建安初年分侯官县置建安县，以年号得名。三国吴置建安郡，唐武德四年（621 年）改建州。北宋治平三年（1066 年）分建安县城置建安、瓯宁两县同城而治。南宋绍兴三十二年（1162 年）建州升建宁府，建安、瓯宁两县均归建宁府管辖。元改为路，明初再复府置。1913 年废府，由建安、瓯宁两县重组后称建瓯县，今为南平市下辖县级市。此地自唐多书肆，宋至明刻书极盛，世称“建本”，宋以后还大力拓开银场，并以产“北苑茶”（属乌龙类）著名。名胜古迹有黄华山。

建宁老馆 建于清朝初年，位于西城区南华里小区域内（旧称南下洼子）。白鹤群先生所撰《北京的会馆》一书称：“因入城较远，故于康熙年间将旧馆出售，购置新馆。”

《北京会馆档案史料》中称该馆“由福建省建瓯、建阳、崇安、浦城、松溪、政和、水吉七地组织而成”。

建阳，位于福建省西北部、崇阳溪中游。三国吴置建平县，晋改建阳，今为南平市下辖县级市。

崇安，今为武夷山市，位于福建省西北部、崇阳溪上游，邻接江西省。

五代南唐置崇安场，宋改县，1994 年改称武夷山，并为南平市下辖县级市。该市早年就以“武夷岩茶”（属乌龙类）著名。境内有城村汉城遗址，武夷山风景区是著名游览胜地。

浦城，位于福建省北端、南浦溪上游，邻接江西、浙江两省地。汉置兴汉县，三国吴改吴兴，唐始称浦城，今为南平市下辖县。近几年考古发现有商周遗物，如越式青铜剑、商代黑衣陶等。

松溪，位于福建省北部、松溪流贯中部，以水得名，邻接浙江省。五代南唐置松源县，宋改松溪。1960 年曾与政和县合并改称松岐县，1974 年复分置，今为南平市下辖县。

政和，位于福建省北部，邻接浙江省。宋置县，今为南平市下辖县。

水吉，位于福建省北部。早年称水吉街，后改县置。1956 年被撤销，其地域被分给建瓯、建阳和浦城。

建宁会馆　建于清康熙年间（1662—1722 年），位于西城区南柳巷 44 号（旧为路东五十三、五十四号），共有房 43.5 间。现为民居。

附产　置于清代，位于南柳巷 49 号（旧为路西三十五号），有房 6 间。现为民居。

建宁会馆　建于清代，位于东城区冰窖斜街（旧称冰窖胡同），具体方位无法确定。

附产　建宁义地　置于清代，位于虎坊路 19 号院内（旧为铜法寺路东十五号），占地 4.45 亩。1949 年后，这里建起水电总局职工家属楼和煤场。1965 年整顿街巷地名时改称虎坊西里，后经扩建仍为小区名。

泉州

位于福建省东南沿海、晋江下游北岸。因以北郊泉山（清源山）而得名。唐置晋江县，景云二年（711 年）改武荣州置，后又改泉州。宋时称泉州清源郡。元为泉州路，明为泉州府，1913 年废府还晋江县，1951 年析晋江县城区置泉州市。1985 年升格为地级市。

泉州是我国东南沿海的文化古城之一，为宋、元时期全国最为繁盛的海外贸易中心。城南有“藩坊”，是专为阿拉伯商人设置的集中居住地，并有我国建立最早的清真寺——清净寺（麒麟寺、圣友寺），传为唐玄宗年间（712—755 年）所建。元初意大利旅行家马可·波罗称这里是世界上最大的商港之一。名胜有清源山、紫帽山；古迹有清净寺、开元寺、东西塔、洛阳桥、九日山摩崖祈风石刻等。

当时泉州府共领7县，其中4县独立设有会馆，它们是晋江、同安、惠安和安溪。非独立设馆3县的历史地理概况为：

南安，位于福建省东南沿海、晋江中游。三国吴置东安县，晋改晋安，隋改南安，今为泉州市下辖县级市。石井村为郑成功故里。

思明，今称厦门，位于福建省东南沿海。以前一直隶属于同安县，明于嘉禾屿筑城称厦门。郑成功据此时置思明州，清改厦门厅，1912年改思明县，1933年置厦门市，今为国家经济与社会发展计划单列市。厦门港阔水深，是我国东南重要港口之一，鼓浪屿和南普陀为旅游胜地。

金门，位于福建省东南海上，由以金门岛为主的大小岛屿组成。清属同安县，1912年改隶思明，1914年析置金门县，现为台湾省所辖。

泉郡会馆 建于清乾隆九年（1744年），位于西城区后孙公园胡同31号（旧为后孙公园路北六号），有房42间。现为民居。

馆中原有一楹联，由黄贻楫①所作：

清紫葵罗②钟间气，

蒙存浅达③有遗书。

附：

福建泉郡会馆记
（1937年）

清光绪戊戌，余入都赴春官试，下榻于后孙公园路北泉郡会馆，八阅月而归。维时公车选人，络绎往来，踵相接也。拳匪乱后，重踏京尘，郡馆暨各邑馆俱无恙，幸甚。顾科举废，而同郡京曹亦寥寥，先后董其事者，为杨舍人璞生、吴殿撰肃堂。余与二公虽时相过从，而馆事未尝过问也。鼎革之先，吴公乞休旋里，以馆事相属，固辞不获，乃逐渐整理。至民国七年始得卸责，而移交同乡诸君管理。忽忽二十稔矣，沧桑屡易，人事何常。同乡许君其田，虑年久之无可考也，拟将郡邑各馆宇摄影制版，以垂久远，余甚韪其议。夷考郡馆之创建，始于乾隆九年，乡先达捐金所购置，距今一百八十四年，中间陆续建筑，屋宇相连凡四进，均南向，后有旷地，尚可筑室而居。郡馆之外，南柳巷路东，有晋江邑馆，建自何年，今不可考；板

① 黄贻楫，清同治朝探花。

② 清紫葵罗：指清源山、紫帽山、葵山、罗裳山。

③ 蒙存浅达：指四部闽人著述，即《四书蒙引》（晋江蔡虚斋）、《四书存疑》（同安林次崖）、《四书浅说》（晋江陈紫峰）、《四书达解》（南安王海生）。

章胡同路北，有同安邑馆，乾隆二十二年陈中翰鸿亭独资所建；其西为安溪邑馆，乃李文贞大学士赐宅之一小隅，充为邑人馆舍。嗣后累经变乱，馆丁伪造契券，占馆业为己有，余邀乡友诉诸官，涉讼数年，几经波折，卒请地方审判厅强制执行，始得收回。愿我邦人君子，共保守之。至若泉郡义地，位于虎坊路南下洼，明清两代迄今大小坟墓，计百余冢，围墙以外有旷地，面临街道，四至均有石椿为界，每逢清明及中元节，余必亲临义塚致祭，并加以视察，惜乎墙垣尽圮，坟首亦强半坍塌。惟冀南北诸公，慨念乡谊，共襄义举，合力重修，俾得光旧址而慰幽魂，是余之所厚望也。因率笔而附载于后，以志不忘，是为记。

中华民国二十六年六月吉丞王大亨记

泉郡会馆 建于清代，位于西城区珠市口西大街西段（旧为虎坊桥路南）。

附产 置于清代，位于煤市街167号（旧为路西六十六号），占地0.12亩，有铺面房5间。现在此处还有小门面房，但非原建筑。

附产 置于清代，位于珠市口西大街83号丰泽园饭店院内（旧为大马神庙路南三十五号），占地0.15亩，有房2间。在饭店扩改过程中被拆占。

附产 置于清代，位于永安路175号前门建国饭店域内及西门外地域（旧为虎坊路路东五十二至七十号），应该包括地产和房屋。

附产 泉郡义地 置于清代，位于永安路173号（旧为永安西路路北一至十四号），占地2.5亩，有房3间。现在这一线地域为北京邮政南区50支局所在地。

附产（正宗小学） 民国四年（1915年）由泉郡会馆创办，1928年后改称北平私立正宗小学，位于东经路6号院内（旧为福长街二条路南三十六号）。初创时仅一个班，后来有所发展。1948年迁往粉房琉璃街，转由延平郡馆续办。21世纪初，福长街北片整体改造，建成楼房小区。

县级馆产

漳浦

有关漳浦的历史地理概况已在“漳州”条中作了介绍。

漳浦老馆 建于明中晚期，位于西城区小椿树胡同5号（旧为路北二号)。现为民居。

漳浦会馆 建于明朝末年，位于西城区校场二条16号(旧为路东二十九号)，院内有房16间。现为民居。今门楣上仍保留着1929年镶嵌的“漳浦会馆”额。

漳浦会馆现状　校场二条16号　馆名石额仍在

明朝末年，反清人士黄道周[1]居于此馆。1937年，曾有景某在该馆开办医院。

同安

同安，今为厦门市下辖区，位于福建省东部沿海、厦门市北。晋置同安县，后并入南安，五代时复置同安，1973年划归厦门市。

同安老馆 建于明代，初于京师内城，具体地址无考。清康熙年间(1662—1722年)许盛续建馆于崇文门外(一说为许盛变卖了位于内城的会馆馆址，将会馆迁建至崇文门外)。早废。

同安会馆(陈胪声故宅) 建于清乾隆二十二年(1757年)，位于西城区板章胡同3号(旧为路北五号)，占地0.94亩，有房32间。现为民居，近经原拆原建修缮。

① 黄道周(1585—1646)，字幼平，福建漳浦人。明天启二年(1622年)进士，累官至武英殿大学士。

清乾隆十一年（1746 年），同安籍京官陈胪声与其从弟陈奇烈到板章胡同“典屋以居”。经与房主顾氏交易，陆续支付 640 两白银买下房院，正式于二十二年（1757 年）建为会馆。

附：

同安会馆记
（1760年）

吾闽去京师七千里，公车选人，络绎来集，府州县各有馆舍，以居乡人。同安旧有馆在内城，今不可考。国朝总戎许公盛，移建崇文门外，亦久为居民所侵。乾隆九年，吾泉人公建郡馆于后孙公园，阖郡北来者，始有栖息之所。世际盛明，人文蔚起，每会试常多至不能容。岁丙寅，余与从弟奇烈来谒补，于正阳门外大街西板章胡同典屋以居，屋凡三重，南面合三十二缘，颇宽敞，可下数十榻。因顾而思曰：吾侪为京官仆马所占有几，盍以公诸邑人乎？爰稍加修葺，颜其门曰：同安会馆。既又虑业非买者不可久，复于典价外增其值，而易印券焉。于是邑人之至京师者，皆得欢然相聚于此，无虞乎旅次之湫隘矣！卖屋者顾氏，先后得价银六百四十两，皆余兄弟所捐，适公车诸君子齐集，共议规约，因书其缘起以记之。

乾隆二十五年秋七月，陈胪声重记，昌平陈浩书。

附产 置于清乾隆三十二年（1767 年），由乡人李紫堂出资白银 360 两购置房屋 10 多间捐立。位于珠市口西大街 83 号丰泽园饭店域内（旧为煤市街南口路西）。

附产 同安义地 置于清代，位于虎坊路 7 号北京市工人俱乐部院内（旧为路西十号），有地 14.5 亩。

莆田

莆田，位于福建省东部沿海、木兰溪下游。隋置县，1983 年设为福建省地级市。莆田所产的荔枝、桂圆最为著名，有“荔城”之称。

莆田会馆多别称莆阳会馆，这与其所处的地理位置有关。福建省全境山峦起伏、海拔千米以上的丘陵、山地占全省面积的 90% 以上，且西北高、东南低，平原分布主要在沿海。得天独厚的莆田地域本身就是一块平原，称莆田平原，正好处于连绵的山峦南面，故称“莆阳”。

莆阳老馆 也称莆阳旧馆。建于明末清初，位于西城区福州馆前街 3 号（旧为路西一至四号），有房 38 间。现为民居。

《北京会馆档案史料》中所辑该馆楹联有：

1. 会馆

城南室小邻韦杜[①]，

湖上人来泛木兰[②]。

（作者：涂庆澜）

2. 天后龛

荔子故乡来细雨，

杏花及第报春风。

（作者：涂庆澜）

3.

神力云帆济沧海，

帝京香火似湄洲。

（作者：涂庆澜）

4.

篝灯[③]夜话西湖月，

脱笔朝题北极[④]云。

（作者：陈海坪）

5. 四乡贤龛

学问即经猷[⑤]，志通廿略[⑥]，疏上十事[⑦]；

儒林[⑧]并文苑[⑨]，道倡莆美[⑩]，诗咏梅花[⑪]。

（作者：涂庆澜）

6. 敬贤堂

帝里莺花探令月[⑫]，

家园鳐荔[⑬]话乡风。

（作者：陈海坪）

---

① 韦杜：指唐长安城两贵族，此泛指北京名贵人家。
② 泛木兰："泛"为划船之意；"木兰"指木兰溪。
③ 篝灯：灯烛置于笼中，以避风吹。
④ 北极：即北极星；此指帝都。
⑤ 经猷：经典道术，谋略。
⑥ 廿略：指宋代莆田人郑樵《通志》二十略。
⑦ 十事：泛指国政大事。
⑧ 儒林：儒者之林，泛指学术界。
⑨ 文苑：文士所聚之处；此泛指文坛、文学界。
⑩ 道倡莆美：指倡建"莆美书堂"的明莆田人黄仲昭。
⑪ 诗咏梅花：指宋莆田人刘克庄。
⑫ 令月：吉祥的年月。
⑬ 鳐荔：指莆田的特产飞鱼和荔枝。

《北京宣武百科全书》载：林则徐于嘉庆十八年（1813 年）六月携眷抵京，初寓该馆，一住半年。

人物链接

林则徐（1785—1850），字少穆，晚号竢村老人，福建侯官（今闽侯）人。童年即以擅文知名，中秀才后就读鳌峰书院，清嘉庆九年（1804 年）中举，十六年（1811 年）中进士。任京官时他矢志做一个济世匡时的正直官吏，“益究心经世学，虽居清秘，于六曹事例因革、用人行政之得失，综核无遗。”他主张向外国人学习先进的东西，首创关注研究外国情况的新风气，被范文澜先生誉为“近代中国第一位睁眼看世界之人”。二十四年（1819 年），他参加了宣南诗社的诗文酬唱活动。二十五年外放浙江杭嘉湖道。

道光三年（1823 年），升江苏按察使，以后累迁江宁、陕西、湖北布政使，河东河道总督、江苏巡抚、署理两江总督兼两淮盐政。十七年（1837 年），升湖广总督。是时鸦片走私已引起朝野关注。林则徐筹议六项禁烟方案，率先在湖广开展禁烟工作，深受百姓拥护。九月奉旨进京，力陈禁烟首先应杜绝鸦片来源的方略，深受道光皇帝赏识，特命其为钦差大臣，加兵部尚书、右都御史衔，驰驿前往广东查办禁烟。

十九年（1839 年）四月二十二（6 月 3 日），林则徐命将收缴的鸦片 1.92 万箱在虎门销毁。继而率军民反击英军的武装入侵。次年，《南京条约》签订后，其被革职遣戍伊犁。二十五年（1845 年）重新起用，授陕西巡抚。二十七年升云贵总督，加太子太保，三十年（1850 年）因病开缺回返福州途中逝世，终年 66 岁，晋赠太子太傅，谥文忠。

莆阳会馆 建于清雍正年间（1723—1735 年），位于西城区福州馆街 4 号（旧为路南五、六号），占地 6 亩，有房 28 间。此地 1949 年后建起工厂，现为证仁医院。

莆阳会馆 建于清代，位于西城区高家寨胡同 9 号、11 号、13 号（旧为高家寨路西五、六号）。其中 9 号（旧为六号）本无房屋，20 世纪 50 年代建一煤场，后来煤场撤销盖起民房。

莆阳新馆 建于清光绪十六年（1890 年），由京官江春霖[①] 等合力募捐创置此馆。位于西城区贾家胡同 31 号（旧为路西十九号），曾为区文物暂保

① 江春霖（1845—1918），字仲默，号杏邨，晚号梅阳山人，福建莆田人。清光绪十二年（1886 年）进士，授检讨，官至辽沈、河南、四川诸道，以屡劾亲贵闻名，曾严劾袁世凯。辛亥革命后返乡，晚年对地方公益颇为尽力，尤以修筑海堤为著。

单位，范围南北125米，东西23米。现已拆除。

会馆坐西向东，只一进院落。大门位于庭院的东北角。面阔一间，旁与3间东房相联，均五檩进深。西房4间，进深五檩加前廊，中间有隔墙分为各两间，装修仍保留旧时的步步紧形制。南北房各3间五檩，均为一明二暗形式，门窗装修与西房相同。此院应是以西房为正房，但东西房均为4间，不合规制，仍是3间北房为正。这种按地形灵活布置格局，正是城南四合院的一大特征。

附产　莆阳义地　置于清代，位于高家寨胡同31号（旧为路西十一号），有地一片，房屋1间。1949年后，此地建起北京粉末冶金公司。

莆仙会馆　建于清代，位于西城区前门西河沿街200号（旧为西河沿路南一九七号）。现为民居。

《北京宣南历史地图集》等书籍均辑有“莆仙会馆”。笔者推断应是一所由莆田和仙游两地的合建馆，理由是莆田和仙游当时同属兴化府所辖，且东西相邻，仙游又是于唐代由莆田析出地域所置，两地山水相连，合建一馆于理相合。

晋江

晋江，位于福建省东南沿海。唐置晋江县，景云二年（711年）设州置，以后一直为泉州府治所，1913年废州还县。1951年析晋江县城区设泉州市，晋江县治向东南移出，今为泉州市下辖县级市。

晋江邑馆（林海音故居）　建于清朝初年，位于西城区南柳巷40号、42号（旧为路东五十五号），占地2.75亩，老四合院落有房18间。著名作家林海音曾在此居住。现为区级文物保护单位，已拆待复建。

人物链接

林海音（1918—2001），原名林含英，祖籍台湾苗栗县，出生在日本大阪。其父不甘生活在日本铁蹄下的台湾，在其3岁时，举家迁居北京，住进晋江邑馆内。林海音即在北京宣南长大，曾先后就读南新华街的厂甸小学、宣武门外大街的春明女子中学。其课余酷嗜演剧，14岁时参演《茶花女》，饰演茶花女的忠实仆人那宁。演出非常成功，震动了北平话剧界，她的演技深得赞赏。尤其是她那一口流利的京腔、京白，给观众留下了极为深刻的印记。

林海音新闻专科学校毕业后，任《世界日报》记者，不久与《国际评论》

翻译夏承楹结婚。她以“陈迎”为笔名，“对日本帝国主义的残酷暴行及必然失败的命运”，用含蓄隐晦的妙笔迂回点露，给慧眼的读者从字里行间能体会到，坚持下去必获胜利。

1948年8月，她们带着三个孩子回到台湾，仍然都是从事写作工作。林海音一生创作丰富，被誉为是台湾文学界的“祖母级人物”。著有多部散文集、散文小说合集、短篇小说集、长篇小说集、广播剧集、选编集，此外还有很多评论等。最为世人所熟知的是《城南旧事》。

2006年，北京市政协委员0846号提案，要求将南柳巷原晋江邑馆辟为“林海音故居”加以保护。2007年底，宣武区宣布该馆为第三批文物保护单位，并挂牌。

晋江会馆 建于清代，位于西城区香炉营头条35号（旧为路北十八号），现已拆除。

附产 置于清代，位于铁鸟胡同13号（旧为铁老鹳庙路西甲六号），有房13间，现为民居。

附产 置于清代，位于粉房琉璃街98号（旧为路东九十四号），0.5亩土地，有房11间。1949年后被征用，现已拆除。

浦城

有关浦城的历史地理概况已在“建宁”条中作了介绍。

浦城会馆 建于清前期，位于东城区长巷二条。《宸垣识略》中有载。

安溪

安溪，位于福建省东南部、晋江上源西溪上游。五代南唐置清溪县，宋改安溪，今为泉州市下辖县，该县所产“铁观音”茶最为著名。

安溪会馆（李光地故宅） 建于清康熙五十四年（1715年），位于西城区板章胡同9号（旧为路北七、八号），两院内共占地1.23亩，有房26间。该馆原为李光地私宅，其回籍时让与乡人充作会馆。“安溪会馆”匾额现存宣南文化博物馆内。

光绪三十一年（1905年），韩宝熙利用一半馆产开设私立日新两等小学堂，1936年改称北平市第十二区第一、二、三保国民学校。1956年改称板章小学，并在16号设分校。1960年学校扩建，分校复并回校，教学班达21个。1967年改名学军小学，1970年复名板章胡同小学。1976—1978年办戴帽初中班三年，1978 年九道湾小学并入，其原址办分校。1984 年改为宣武区培智中心学校，后又迁出，用作香厂路小学分校。

另据汤锦程先生考证：清光绪二十六年（1900 年），北京遭到兵燹，馆中寄住同乡纷纷还籍。馆丁张德林乘乱毁掉匾额、拔去界碑将会馆房产占为己有。安溪同乡见馆已变成私宅，由馆董杨廷矶、律师朱北莘为同乡代表向外城警厅上告。历经周折，才将管权财产由张德林手中夺回，并重镶一块汉白玉石匾额于门楣之上，以示胜利。

人物链接

李光地（1642—1718），字厚庵，号榕村，福建安溪人。清康熙九年（1670 年）进士，选翰林院庶吉士。十六年授侍讲学士，二十八年（1689 年）升兵部右侍郎，三十七年调直隶巡抚，四十二年补吏部尚书。四十四年（1705 年）升文渊阁大学士。

安溪会馆 建于清代，位于西城区珠市口西大街 94 号（旧为西柳树井路南五十六、五十七号），两院共占地 2.42 亩，有房间 60 间，其在扩宽马路时绝大部分被拆占，只余最后一排南房尚存，现为民居。笔者实地调查时房顶正在换瓦维修。

仙游

仙游，位于福建省东部、木兰溪上游。隋置莆田县，唐圣历二年（699 年）析莆田县西部地置清源县，天宝元年（742 年）改称仙游，今为莆田市下辖县。九鲤湖为著名风景区。

仙溪，为水名，是濑溪（大溪）的上游段，又称蓝溪。因其为流经仙游境内的主要河流，仙游多以仙溪为其地代称。

仙溪会馆 建于清雍正初年（1725 年前后），“由邑人徐万安独资购置”。《宸垣识略》载：“‘东城会馆之著者’，草厂五条有仙溪会馆。”位于东城区草厂五条路东，实地调查未能确认具体门牌和所在院落。

仙游会馆（仙溪会馆） 建于清同治年间（1862—1874 年），位于西城区校场五条 44 号（旧为路东二十九号），后废。

仙游会馆（仙溪会馆） 建于清朝末年，位于西城区西砖胡同 51 号（旧为路西二十四号），原有房 14 间。因房屋坍塌，1925 年售出。

仙溪会馆 建于民国十四年（1925 年），位于西城区广安东里 1 号（旧为路西一号），占地 2 亩，有房 40 间。因院内低洼，1986 年房管部门将地面抬高 1.2 米，房屋依原样翻建，近因菜市口西北片整体改造，已拆待建。

永春

永春，位于福建省中部偏南、晋江上源东溪上游。五代时置永春县，清改升州置，1912 年废州还县，今为泉州市下辖县。该县以手工艺品纸画和膝蓝最为著名。

永春会馆 建于清乾隆初年，位于西城区梁家园胡同，后废。

永春会馆 建于清道光三十年（1850 年），为永春人陈宝銮所捐，“以便科举乡人住宿”。位于西城区椿树园小区域内（旧为椿树上三条路北三号），占地 1.09 亩，有房 10 多间。民国初年，曾一度被长班侵占；1933 年，会馆胜诉后收回。

附产 置于清晚期，位于椿树园小区域内（旧为椿树上二条路南二十号），有房 9 间。

福清

福清，位于福建省东部沿海。唐置万安县，后改福唐，五代闽改福清，今为福州市下辖县级市。有瑞云塔、龙江桥等古迹。

福清会馆 建于清乾隆五年（1740 年），与福州老馆同为叶向高故宅的一部分，位于西城区虎坊路 7 号院内（旧为福州馆街路北一号），占地 2.8 亩，有房 24.5 间。

汤锦程先生在《北京的会馆》一书中，有这样一段考证：“清末科举制废止，会馆由此萧条，民初已是荒草丛生，荆棘遍地，部分被北侧湖广会馆侵占。福清人为夺回被占之地诉讼于法，但无证可凭，未能解决，民国在京立都后，籍人陆续返京，拆改墙垣时，意外挖出馆记石刻，并以此为凭，再上公堂，将被侵土地夺回。”

福清会馆 建于清代，位于西城区虎坊路 19 号院内（旧为虎坊路路西三十五号）。（《乡土之恋》一书记该馆地址旧为“东砖胡同。”）

附产 福清义地 置于清代，位于虎坊路 11 号国家烟草专卖局老干部活动中心院内（旧为虎坊路路西十五号及福州馆街路南十二至十五号），共占地 5 亩。

龙溪

龙溪今称龙海。其历史地理概况已在“漳州”条中作了介绍。

龙溪会馆（陈宝琛旧居） 建于清乾隆二十六年（1761年），龙溪人黄可润[①]创办。位于西城区椿树园小区域内（旧为椿树上头条路北九号），占地1.82亩，共有房屋44间。

该馆留有涂庆澜[②]所作楹联一副：

海滨人至谈邹鲁[③]，

天上春来入画图。

该馆还留有郑孝柽所作诗文一首：

龙溪馆里聚相亲，阿姐南来亦比邻。

只有太邱今太傅，能言同治七年[④]春。

人物链接

陈宝琛（1848—1935），字伯潜，号弢庵，福建闽县（今闽侯）人。清同治七年（1868年）进士，累官至内阁学士、宣统帝师。在朝中以直言敢谏著称。

附产 置于清代，位于粉房琉璃街148号（旧为路东七十二号），占地0.26亩，有房7.5间。现已拆除。

龙岩

龙岩，位于福建省西南部、九龙江上游。唐置龙岩县，清升州置，故也称岩州，1913年复改县，1996年置为福建省地级市。名胜有翠屏山、龙岩洞等。

龙岩旧馆 该馆也称岩州会馆。建于清乾隆年间（1736—1795年），位于西城区石头胡同68号（旧为路东七十二号），占地0.7亩，有房18间，

---

① 黄可润，字壶溪，号泽夫，官至直隶河间知府。
② 涂庆澜，字海屏，别号耐庵。清同治朝进士，有《荔隐山房集》。
③ 邹鲁：指孔孟，孔子为鲁国人，孟子为邹国人。此邹鲁代指儒家学说，也亦泛指“学问”之意。
④ 同治七年，即陈宝琛进京入居该馆，参加会试并得中之年。

“为烟商段潭波捐建”。民国初年因此地片多妓院而将馆产售出，遂废此馆。该址现为民居。

附产 置于清代，位于前门西河沿街 147 号（旧为西河沿路北九十五号），占地 0.1 亩，有铺面房 4 间。现已改为民居。

龙岩新馆 建于民国五年（1916 年），位于西城区贾家胡同 12 号（旧为路东六十三号），三进院落共有房 42 间。现有居民 30 多户，目前处于待拆状态。

附：

龙岩新馆碑记①
（1916年）

石头胡同路东龙岩会馆在焉。原有建筑物系吾岩段云龙君所充，其自序有云：岂一州二邑，无合为新馆之图，观二语，而段君之意可知矣。门额仅标龙岩者，以平宁②旧隶岩州，言龙岩而平宁自在其中也。民国五年国会重开，旅京者麇集，佥以岩馆地点不良，且受乡人委托，爰将该馆售去，即以售出之款，于贾家胡同购新馆一所。时龙岩改州为县，与平宁分立额标，龙岩似为龙岩县所独有，因公竖石碑，以垂久远。夫处分物产，全视所有者意思之表示，段君既有谋一州二邑新馆之宣言，则原有建筑物，其为三属所共有，而非岩人所独有也，明甚，以共有物售出之价金，因而购得新物产，则其仍为共有也，更无待言矣，古今人度量之相越，其不甚远乎？后之来者，尚体先人大公无我之心，对新馆所有权义，共同分担享有，不分畛域，而门额则仍其旧，盖取有举莫废之义云尔。

苏寿乔撰并书，刘万里、陈阁勋、陈纬、连贤基、章腾蛟、詹调元、杜绍贤于民国五年十二月吉日同立。

惠安

惠安，位于福建省东部沿海。北宋太平兴国六年（981 年）析晋江置县，取“以惠安民”之意，定县名为惠安。今为泉州市下辖县。县城中有一螺山，形如螺蛳吐肉，故称螺城。县西南境与泉州市间有一洛阳桥（万安桥）为著名古迹。

惠安会馆 建于清代，位于西城区耀武胡同 9 号（旧为羊肉胡同路北五

---

① 此碑现存北京石刻艺术博物馆。

② 旧隶岩州之二邑“平宁”，分别指：武平，位于福建省西部、邻接江西、广东两省，宋置县，今为龙岩市下辖县；宁化，位于福建省西部、九龙溪上游，邻接江西省，唐置黄连县，后改宁化，今为三明市下辖县。

号），占地 0.59 亩，有房 7 间。现为民居。

福安

福安，位于福建省东北部、交溪流域，南临三沙湾，北邻浙江省。宋置县，今为宁德市下辖县级市。特产有“坦洋工夫”红茶及“蜜沉”酒。

福安会馆　建于清代，位于西城区菜市口大街中段（旧为官菜园上街路东二十七号），拓建菜市口大街过程中全部拆除。

商业行业馆产

延邵纸商会馆　据《闽中会馆志》载建于明万历年间（1753—1620 年），该馆现存最早碑记——清乾隆四年（1739 年）《延邵纸商会馆碑文》载，“由福建延平、邵武二府商人集资建筑”。位于东城区广渠门内大街西段（旧为广渠门大街路北二十二号），西花市南里东、西区分界的马路西侧，这条小马路即旧“缨子胡同”，馆址应在西区南端大楼北侧的空地位置域内。

白鹤群先生收录该馆楹联有四，前二联作者梁章钜，后二联作者不详。

1. 天后殿

神为其圣乎，呼吸回天登彼岸；

臣何力之有，忠诚若水澄平生。

2. 天后殿

大海茫茫，道无岸无边，观于天，天高在上；

飘风发发，正可危可怯，奚我后，后来其苏。

3. 殿前柱

茶壁药房环佩九天来危画，

蕙蒸兰藉馨香万里驻连蜷。

4. 戏台柱

疏缓节兮安歌，水肥帆饱恩波远；

陈瑟竽以浩倡，楚尾吴头利泽长。

江西省在京会馆

江西省位于长江中下游以南、赣江两岸。东、西、南三面环山，中部为丘陵，北部平原略具盆地形式。山地、丘陵约占总面积70%。东邻浙江、福建，南邻广东，西邻湖南，北邻湖北、安徽等省。

春秋时属楚、吴、越地，战国时为楚地，秦置九江郡，汉属扬州，晋置江州，唐属江南西道，宋属江南东、西两路，元置江西行中书省，明设江西布政使司，清为江西省。因赣江为本省最大的河流，故简称“赣”。现辖11个地级市、10个县级市、70个县及20个市辖区。全省面积16万多平方千米。省会南昌市。

江西省在京建立的最早会馆，是明永乐年间建立的县馆——浮梁会馆和南昌县馆；最早建立的省馆，是明嘉靖年间建立的江西会馆（铁柱宫）。该省共在京建立会馆120座，是在京会馆数量最多的省份，其中省馆12座，府馆46座，县馆59座，商业行业馆3座，上述会馆置设附产共计39处。目前尚有会馆建筑遗存29座，其中区级文物保护单位1处。

江西在京会馆有四个特点尤其值得关注：一是建立之早。北京最早于明永乐时期出现的三座县馆，江西占其二；加之稍后出现的江西余干会馆，这四座会馆的地点都集中于正阳门外（今前门街道域内），这里位于永乐时期的北京城外，却是当时离城门和去往南方的官道最近便的地方；作为有据可考的浮梁会馆创办人金宗舜，应与安徽芜湖会馆创办人俞谟一道被尊为北京会馆史的开创者。二是数量之众。共计120座，居各省之冠，而且普遍建立偏早，120座会馆中有17座是建于明代，如果再加上建于清前期的23座，40座会馆占到了总数的三分之一，足见江西对京城会馆建设和会馆组织的推动，当然也足以看出江西人在明代以至清初的政治集团势力和政治与社会影响力。三是规模之大。举例而言，省馆如位于宣武门外的江西会馆，府馆如南昌郡馆，县馆如婺源新馆，其会馆建筑形制具有特色、规模宏大，也是许多政治事件的发生地，江西会馆的大戏台及大罩棚，能容纳2000人集会观戏。四是兴替之繁。一些会馆组织在历史变迁中由盛而衰，如香儿胡同的永新南馆至道光时已废，清中前期建起的永丰会馆至光绪时已亡，校场头条的永新北馆因年久失修于同治元年出售，十年后永新人才重在兵马司中街建起新馆。馆产交易在江西会馆之间及与外省会馆之间较为频繁，规模最巨的江西会馆是在本省新建县馆的基础上扩建而成，吉安老馆转售改建为了上新新馆，余干会馆转售而成为了乐平会馆，作为省馆的江右会馆在道光年间被售卖给湖北荆州建为试馆。会馆兴废的背后有多重原因，组织成员需求、地方文教的繁荣和地方经济支撑力等都可归因，对于京城而言，同样昭示着地方政治势力在京城舞台上的影响力；而馆产交易活动的频繁也从一个侧面可以看出清代各地各类会馆组织在京城社会中的活跃度和影响力。

江西省在京会馆一览表

产别	馆名	别名	建立年代	现地址	老地址	地亩	房间	掌馆人	现状
省馆	江西会馆	铁柱宫	明嘉靖年间	崇文门西河沿中段路南	打磨厂路北一五二号	1.95	45.5	王圣铁	已拆
	江西会馆	谢枋得祠	明中晚期	法源寺后街3至7号	同左路北二至五号	4.33	117.5		区级文物暂保
	江右会馆		清前期	祈年大街路面中段	河泊厂西巷路西十号				早废
	江西会馆		清光绪九年（1883年）	宣武门外大街28号	宣武门大街路东一九六、一九七号	7.68	254.5	姜伯影	已拆
	江西会馆		清代	庄胜城	香炉营四条中段路南				已拆
	江西会馆		清代	菜市口大街北段	丞相胡同路西六号	1.31	42.5		已拆
	江西会馆		清代	南横西街13号	同左路北二十七号	1.42	34		民居
	江西会馆		清代	广安门内大街新2号	北半截胡同路东四十九号	0.82	19		已拆
	江西会馆		清代	潘家胡同20号	潘家河沿路东七十四号				已拆
	江西会馆		清代	琉璃厂东街西段	琉璃厂路南一八八号	4.26	97.5		已拆
	江西会馆		清代	椿树园	椿树上二条西段路北	0.45	14		已拆
	江西会馆		清代	宣武门外大街8号	永光寺西街路东二十二号				已拆

产别		馆名	别名	建立年代	现地址	老地址	地亩	房间	掌馆人	现状
府馆	吉安	怀忠会馆	怀忠祠	明前期	府学胡同	府学胡同				早废
		吉安老馆		明中前期	鲜鱼口街东段路南	长巷四条路北十四至二十号				早废
		吉安会馆		明末清初	粉房琉璃街71号	同左路西三十二号		40		已拆
		吉安会馆		明末清初	珠市口西大街东段	西珠市口路南				早废
		吉安会馆	怀忠会馆、吉安二忠祠	清顺治三年（1646年）	新潮胡同13号	抄手胡同路西十二号	1.05	44.5	彭鹤鸣	翻新改建
		吉州会馆		清晚期	潘家胡同58号	潘家河沿路东五十八号			肖炳焱	已拆
		庐陵会馆		清晚期	粉房琉璃街79号	同左路西三十五号				已拆
		庐陵会馆		清咸丰十年（1860年）	大江胡同29号	大蒋家胡同路北七十三号	1.07	29	彭鹤鸣	区级文保
		庐陵新馆		清同治年间	潘家胡同60号	潘家河沿路东五十二号	0.54	22		民居
	九江	九江会馆	九江五邑馆	明万历三年（1575年）	珠市口西大街57号	西珠市口路北三十五至三十七号	1.56	50.5	闫祖训	已拆
		德化会馆		清康熙年间	珠市口西大街80号	西柳树井路南六十号		20		已拆
		德化会馆		清道光年间	大席胡同25号	同左路西十五号	1.11	31	万敬舆	已拆
		九江会馆		清朝末年	国家大剧院南侧花园广场	高碑胡同路南十九、二十号	1.95	35		已拆
	袁州	袁州会馆		明代	草厂七条2号	同左路东一号	0.57	15	刘官中	翻新改建
		宜分万会馆		清代	上斜街43号	同左路北十九号	1.78	49		民居
		袁州会馆		清光绪年间	板章胡同14号	同左路南二十一号	1.08	44	严景中	已拆
		赣宁会馆		明朝末年	珠市口西大街51号	西珠市口路北三十四号	1.7	37.5	舒鸿谋	已拆

产别		馆名	别名	建立年代	现地址	老地址	地亩	房间	掌馆人	现状
府馆	赣州	赣宁会馆		清朝初年	珠市口西大街69号	西珠市口路北四十号	1.18	36		已拆
		赣宁分馆		清朝初年	甘井胡同12号	同左路南二十四号	0.92	31.5		已拆
		赣宁新馆	陈炽旧居	清同治年间	珠市口西大街83号	西柳树井路北六号	1.36	42	蔡起纶	已拆
		赣州会馆		清代	煤市街131号	同左路西四十四号				已拆
	南昌	南昌郡馆	南昌东馆	清前期或更早	长巷三条39号	同左路南				民居
		南昌郡馆	熊直宗故宅	清雍正二年（1724年）	宣武门外大街40号	宣武门大街路东一五八号	3.96	106	闵和玉	已拆
		南昌西馆		清代	魏染胡同36号	同左路东三十一、三十二号				已拆
		南昌新馆		清朝末年	潘家胡同	潘家河沿				早废
	建昌	建昌会馆	南城会馆	清前期	宣武门外大街	宣武门大街				早废
		南城会馆		清代	中信城	中兵马街路南十六号	0.96	14		已拆
		南城东馆		清同治五年（1866年）	长巷二条16号	长巷三条路西三十七号	1.12	27.5	黄 刚	已拆
		南城西馆	南城新馆	清同治七年（1868年）	魏染胡同28号	同左路东三十七号	0.71	25.5	吴公台	民居
	抚州	抚临会馆		清前期	宣武门外大街30号	宣武门大街路东一九二号				早废
		抚州会馆	抚郡南馆	清乾隆年间	香炉营头条26号	同左路南五十号	1.25	34.5		已拆
		抚临西馆		清代	广安门内大街西段路北	万春胡同				已拆
		抚州东馆		清代	中信城	大吉巷路南四十二号				已拆
		临川会馆	周则鸣旧居	清代	裘家街11号	同左路西五号	0.92	24.5	董 俊	已拆
		临川会馆		清代	庄胜城	香炉营二条路南三十七号	0.55	17		已拆

产别		馆名	别名	建立年代	现地址	老地址	地亩	房间	掌馆人	现状
府馆	南安	南安东馆		清前期	草厂七条6号	同左路东二号	0.5	15.5	李诗源	民居
		南安西馆		清乾隆年间	宣武门外大街30号	宣武门大街路东一八八号	0.77	27.5	顾铭严	已拆
	南康	南康会馆		清前期	珠市口东大街19号	东珠市口路北二十三号	0.97	23.5	陈铎寰	已拆
		南康新馆		清前期	鲜鱼口街中段	小桥胡同路南十号	0.53	18	张启焕	已拆
		南康会馆		清代	冰窖斜街11号	冰窖胡同路北二十二号	0.68	21.5		民居
	广信	广信会馆	邵式平旧居	清咸丰年间	铁门胡同13号	同左路西十号	2.36	66	周清吉	已拆
	临江	临江会馆		清代	椿树园	椿树上头条路北六号				已拆
		临江会馆		清代	长巷二条6号	同左路东三号	0.73	23	李士英	民居
		临江会馆		清代	西打磨厂街189号	同左路北七十八号	0.8	34		已拆
		临江会馆		清代	崇文门西河沿街西段	正阳门东河沿路南五十、五十一号	1.38	25	陈毓芬	已拆
		清江会馆		清光绪年间	中信城	保安寺街路北二号	0.64	13.5	黄毓清	已拆
县馆	浮梁	浮梁会馆		明永乐年间	崇文门西河沿西段	正阳门外东河沿路南五十三号	1	40	李益华	已拆
		浮梁老馆		清朝初年	廊房三条	同左				早废
		浮梁会馆		清嘉庆二十二年（1817年）	菜市口大街中段	官菜园上街路东二十六号	6.59	14.5	李益华	已拆
	南昌	南昌县馆		明永乐年间	长巷四条6号	同左路东三号	0.57	20.5	钱葆民	民居
		南昌县馆		清前期	长巷头条39号	同左路西四十八、四十九号	3.38	94.5	卢俊雄	部分民居，部分单位使用
	余干	余干会馆		明前期	长巷四条12号	同左路东五号				早废

产别		馆名	别名	建立年代	现地址	老地址	地亩	房间	掌馆人	现状
县馆	上高、新昌	上新老馆		明中期	草厂横胡同	同左				早废
		上新新馆		明朝末年	鲜鱼口街东段路南	长巷四条路北十四至二十号	1.91	41	李位岑	已拆
	乐平	乐平会馆		明万历三十六年（1608 年）	长巷四条 12 号	同左路东五号	0.91	24	陈瑞	民居
		乐平西馆		清代	珠市口西大街 259 号	虎坊桥路北五十三号	1.05	28		已拆
	万年	万年会馆		明天启年间	草场四条	同左				早废
	吉州十县	吉州十属老馆		明代	大江胡同 85 号	大蒋家胡同路北三十八号	0.67	18.5	曾为麟	翻新改建
		吉州十属新馆		清中期	潘家胡同 21 号	潘家河沿路西四十二号	1.1	29.5	曾为麟	已拆
		吉州十属惜字会馆		清代	骡马市大街新 9 号	棉花上四条路南二十号	0.63	18		已拆
	饶州	鄱阳会馆		清前期	茶儿胡同 27 号	同左路北十四号	0.55	16		民居
		饶州会馆		清代	潘家胡同 33 号	潘家河沿路西十七号	0.88	19		民居
	新建	新建东馆		清前期	长巷头条 35 号	同左路西五十号	0.81	20	彭增新	已拆
		新建老馆		清乾隆三年（1738 年）	宣武门外大街 28 号	宣武门大街路东一九六号				早废
		新建西馆		清光绪九年（1883 年）	棕树斜街 45 号	王寡妇斜街路北十六号				民居
	新城	新城会馆		清前期	长巷四条 18 号	同左路东八号				已拆
		新城老馆	黎川会馆	清中前期	椿树园	椿树上头条路南二十一号	1.12	26	陈敬尧	已拆
		新城新馆	陈用光故宅	清嘉庆年间	椿树园	椿树上二条路北十号	1.24	32.5		已拆
		新城会馆		清中晚期	椿树园	椿树下三条西口路南				已拆

产别		馆名	别名	建立年代	现地址	老地址	地亩	房间	掌馆人	现状
县馆	金溪	金溪会馆		清前期	长巷三条20号	同左路东九号	0.73	22	吴鸿钧	民居
		金溪新馆		清代	长巷四条23号	同左路西三十六号	0.8	24.5	龚伯循	已拆
	奉新	奉新东馆		清前期	崇文门西河沿西段	正阳门东河沿路南五十四、五十五号			闵和仁	已拆
		奉新北馆		清乾隆二十六年（1761年）	中信城	羊肉胡同路南三十一号	0.72	25	甘均道	已拆
		奉新南馆		清乾隆二十六年（1761年）	中信城	驴驹胡同路北三号	0.7	15	甘均道	已拆
		奉新中馆		清中晚期	中信城	保安寺街路南二十四号	1.1	25.5		已拆
		奉新西馆		清中晚期	庄胜城	北极庵路西二号	1.07	13.5		已拆
	德兴	德兴会馆		清前期	长巷四条20号	同左路东九、十号	0.41	17.5	徐步佤	已拆
	丰城	广丰会馆		清前期	长巷二条	同左				早废
		丰城东馆		清乾隆年间	长巷头条53号	同左路西四十号	2.09	53	杨 青	已拆
		丰城南馆	广丰会馆	清乾隆年间	中信城	保安寺街路北一号	0.71	20.5		已拆
		丰城新馆		清同治年间	中信城	保安寺街路北十一号	1.1	25.5		已拆
		广丰会馆		清代	长巷四条16号	同左路东七号				民居
	进贤	进贤会馆		清前期	好景胡同	高井胡同				早废
	宜黄	宜黄会馆		清前期	五老胡同兴隆都市馨园	阎王庙前街路西二十六号	0.85	16	吴文潼	大部已拆
	高安	高安会馆		清雍正元年（1723年）	西杨茅胡同1号、3号	燕家胡同路东二十二号	1.06	36		1号已拆，3号现为民居
		婺源老馆		清乾隆二十五年（1760年）	石猴街7号	同左路西四号	0.5	15		民居

产别		馆名	别名	建立年代	现地址	老地址	地亩	房间	掌馆人	现状
县馆	婺源	婺源新馆		嘉庆十九年（1814年）	大耳胡同6号	同左路南二十六号	1.3	38	詹屺萱	民居、区级文物暂保
		婺源会馆		清道光二十一年（1841年）	宣武门外大街179号、181号	宣武门大街路西八十五、八十六号	0.77	24		已拆
	义宁	义宁会馆	宁州会馆	清乾隆四十年（1775年）	好景胡同	高井胡同				早废
	永新	永新南馆		清乾隆年间	广安门内大街208号	香儿胡同西段路北				早废
		永新北馆		清乾隆年间	校场头条8号	同左路东四十四号				早废
		永新新馆		清同治十年（1871年）	中信城	兵马司中街路北三号	0.96	29		已拆
	永丰	永丰会馆		清中前期	宣武门外大街	宣武门大街路西				早废
	南丰	南丰会馆		清中前期	北柳巷29号	同左路西二十号	2.65	79.5	赵世芳	已拆
	萍乡	萍乡会馆	文廷式旧居	清中前期	粉房琉璃街93号	同左路西四十二号	3.8	47.5	张育汉	民居
		萍乡西馆		清中晚期	潘家胡同93号	潘家河沿路西四十八号				民居
	分宜	分宜会馆		清中期	板章胡同26号	同左路南十二号				早废
	武宁	武宁会馆		清嘉庆六年（1801年）	南芦草园胡同	同左				早废
		武宁会馆		清代	上斜街40号	同左路南五十七号	0.37	11.5		民居
		武宁会馆		清代	好景胡同16号	高井胡同中段路南				民居
	靖安	靖安会馆		清代	魏染胡同49号	同左路西二十六号	0.6	22.5	陈芳謇	已拆
	安福	安福会馆		清代	永光东街九号院	西草厂路北五十三号	1.2	39	刘 林	已拆
	万载	万载会馆		民国初年	粉房琉璃街85号	同左路西三十八号	0.49	15	叶少青	已拆

产别		馆名	别名	建立年代	现地址	老地址	地亩	房间	掌馆人	现状
县馆	宜丰	宜丰会馆		民国初年	辟才胡同宏汇园	同左路北十二号	2.06	52		已拆
	万安、遂川	云龙会馆		民国时期	冰窖斜街13号	冰窖胡同路北二十一号	0.32	10.5	张以诚	民居
商业行业馆		文昌会馆	文昌祠	清代	琉璃厂东街	琉璃厂东段路北				早废
		江西漕运会馆	真武庙	清道光年间	通州北大街如意园	鱼市胡同西段路北				已拆
		江西商馆	万寿宫	清代	通州北大街北口里路西	河沿胡同				已拆

省级馆产

江西会馆（铁柱宫） 建于明嘉靖年间（1522—1566年），《京师坊巷志稿》第208页“打磨厂”条：“……铁柱宫本名灵佑宫，祀许旌阳真人，肖公堂祀鄱阳湖神，均江西公所。”位于东城区崇文门西河沿中段路南前门派出所楼座域内（旧为打磨厂路北一五二号），占地1.95亩，有房45.5间。

清朝末年这里开始办学校，初称京师公立第四十四国民学校，后改第二十四高等小学，有4个班，学生120人，校长王维藩。抗战胜利后改称市立打磨厂小学校，共9个班，学生517人，教职员13人，工役2人，校长蒋鸿绅（北京师范毕业，1945年11月任职）。1949年后曾称崇文区第三中心小学，后又改回打磨厂小学，21世纪初学校被撤并。

民国初年，铁柱宫院内曾分出部分房屋由“警察分驻所”使用。学校撤并后，教学楼已转交公安部门，现经装修改造后，“前门派出所”正式入驻，大门开在西河沿，但尚无门牌。

附产　肖公堂 置于明万历三年（1574年），以祭祀鄱阳湖神肖公，位于西打磨厂街197号（旧为西段路北）。现为民居。

江西会馆（谢枋得祠） 建于明中晚期，位于西城区法源寺后街3至7号（旧为路北二至五号），共占地4.33亩，有房117.5间。区级文物暂保单位，保护范围以院墙为界，南北 35 米，东西 48 米。目前处于待拆或还是加修的选择境况。

因南宋抗元名将文天祥也是江西人，故祠内设有谢枋得、文天祥两人牌位，联中述明：

国士无双双国士，

忠臣不二二忠臣。

现存谢公祠格局未变。整组建筑由坐北朝南的三个院落组成。各房均为大式硬山顶。西院临街为广亮大门，正房为坐北朝南面阔三间带前廊的二层楼。中院较大，正房坐北朝南，面阔五间，七檩进深带前廊；倒座六间带一门道。正房东侧还有一跨院，跨院正房三间七檩带前廊，倒座三间五檩。东院正房三间七檩带前廊，两厢各两间，倒座三间五檩带前廊，旁出半间门道，据说此院原为祠堂。

人物链接

谢枋得（1226—1289），南宋末官吏、诗人，字君直，号叠山，信州弋阳（今江西弋阳）人。南宋宝祐四年（1256 年）与文天祥同科进士。元兵入侵，曾率兵抗元，失败后流亡福建山区。元帝忽必烈访求人材，强征谢枋得出山做官。至元二十六年（1289 年），谢至大都，寻访南宋谢太后和皇子墓地，住悯忠寺内，坚决不为元做官绝食而死，明人为纪念其忠烈行为，在法源寺后街故居处建谢公祠，供奉谢枋得和文天祥塑像。

文天祥（1236—1283），字履善，号文山，吉州庐陵（今江西吉安）人。南宋末大臣，文学家。宝祐四年（1256 年）中进士第一名。开庆元年（1259 年）蒙古军攻鄂州城，他反对迁都、坚决御敌的主张未被采纳。德祐二年（1276 年），被任命为右丞相，令到元营谈判，被扣留。脱险后流亡至南通，由海路至福建与张世杰等坚持抗元，并复州县多处，不久为元兵所败，退入广东，景炎三年（1278 年）被俘，元命其信招张世杰投降遭拒。作《过零丁洋》诗以言志，次年，被押送大都。于至元十九年十二月初九（1283 年 1 月 9 日）在柴市被害，后人于他被囚的兵马司狱建起丞相祠，以资纪念。

录明、清悼谢枋得诗三首：

吊谢枋得

袁继咸[1]

北风尘起征车促，南火伤心不再嘘。
三败犹还仲母在，两旬忍饿汉臣如。
归降当日原无表，却聘留今只有书。
天使先生沈卜市，建阳桥亦首阳居。

悯忠寺吊谢叠山先生

于敏中

孤臣栖息事如何，兰若频经感慨多。
正气同时悲信国，贞魂终古泣曹娥。
荆榛南渡人皆尽，薇蕨西山石不磨。
旧迹已随陵谷变，空馀高阁自嵯峨。

谢文节公祠

潘挹奎

寺以悯忠著，英魂聚此间。
相看倾碧血，不肯让红颜。
却聘独千古，成仁都一般。
叠山祠下拜，仿佛见文山。

江右[2]会馆 建于清前期，位于东城区祁年大街路面中段（旧为河泊厂西巷路西十号）。道光年间（1820—1850年）卖予湖北荆州建试馆。

江西会馆 建于清光绪九年（1883年），是在原本省新建县馆的基础上改扩建而成。位于西城区宣武门外大街28号（旧为宣武门大街路东一九六、一九七号），占地7.68亩，有房254.5间，为江西省馆主馆。

会馆建筑考究，磨砖雕花门楼中上方镶有张勋所书“江西会馆”匾额。临街为一排半西洋式楼房，外有铁栏围墙。院内有两座举子楼，一座值年执

① 袁继咸（1598—1646），字季通，号临候，江西宜春人。明天启五年（1625年）进士，累官至兵部右侍郎兼总督江西、湖广、应天、安庆军务。

② 古人在地理上以东为左，以西为右。清初散文家魏禧（1624—1681，江西宁都人）《日录杂说》云：“江东称江左，江西称江右，盖自江北视之，江东在左，江西在右耳。”后亦称江西省为江右。。

事楼；戏楼坐西朝东，三面为双层看楼，包括池座在内，配有大戏台和大罩棚，可容纳 2000 多人集会或观赏演出。

从 1983 年开始，馆址先后被改作北京市服装防护用品厂、北京市第三服装厂、北京长城风雨衣公司等。20 世纪 80 年代，从外型看仍是旧貌依然，但在扩建长城风雨衣公司经营大楼时，所有遗迹全被夷平，现在大楼又改招商银行宣武支行（原会馆址还应包括楼前部分地面）。

《北京会馆档案史料》中存有江西会馆楹联一副：

俱是宦游人，从大江南北来，追忆昔贤犹，传鹿洞学规，蠡滨政迹；
曾为节度使，登山麓左右望，言瞻如故里，见白门烟树，黄海云涛。

相关链接

民国期间，这里不但有频繁举办堂会的戏演，而且也是京城一处重要政治活动场所。仅在 1916 年 11 月份，这里就有三次大的政治活动：

8 日，资产阶级民主派进步人士为蔡锷将军举行了隆重追悼会；

19 日，“政学会”召开成立大会，国民党议员 300 多人到会，选出张耀增等 13 人为干事；

26 日，“全国公民代表大会”召开，并通电全国，坚决反对法帝国主义占领天津老西开。

关于江西会馆经常举办堂会戏演活动的文字材料就更多了，如陈家骥先生的《江西会馆忆旧》、蔡楚生先生的《六十年前三次“堂会”的写实》，就连颜一烟女士所著小说《盐丁儿》中，都有她对儿时到江西会馆观看“堂会”时的描述。

1923 年夏，著名画家陈师曾以 48 岁英年病逝于北京，当时文化艺术界特在江西会馆为其举行追悼会并展览作品。其中陈师曾的一副篆联倍受赞赏：

歌扇轻约飞花，高柳垂阴，春渐远汀州自绿；
画挠不点明镜，芳莲垂粉，波心荡冷月无声。

齐白石老人在其挽诗中，大发痛失知己之叹：

哭君归去太匆忙，朋友寥寥心益伤；
此处苦心谁识得，黄泥岭上数株松。

1926 年 3 月下旬，江西旅京各界、女师大同学，在该馆召开追悼大会，悼念江西籍爱国学生刘和珍烈士。其在“三·一八”惨案中，身中七弹牺牲。

人物链接

蔡锷（1882—1916），原名艮寅，字松坡，湖南邵阳人。近代护国运动领袖。1911 年，武昌起义时发动昆明新军响应，被推为总指挥。1913 年 11 月到北京，袁世凯任其多个虚职，实受监视。1915 年，袁准备称帝，其经日本潜回昆明，并宣告云南独立，成立护国军出师讨伐袁世凯。转年病逝于日本。辑有《蔡松坡先生遗集》。

张耀增（1885—1938），字镕西，号雄西，云南大埋人。1906 年留学日本并加入同盟会。辛亥革命时回国参加革命，曾任南京临时参议院法制委员长，1916 年任段祺瑞内阁司法总长，次年下野被选为“政学会”首领之一，继而又在唐绍仪、黄郛两内阁任司法部长。后来一直在司法界工作并兼教授。

陈师曾（1876—1923），名衡恪，号槐堂，江西义宁（今江西修水）人。近代著名画家。留日回国后，从事美术教育。善诗文、书法和篆刻，绘画自成一格。

齐白石（1863—1957），名纯芝，字濒生，湖南湘潭人。现代书画家，篆刻家。早年曾为木工，在结交文人过程中，学习绘图、诗文、篆刻、书法，并以卖画、刻印为生。57 岁后定居北京专业卖画、刻印，60 岁画风遽变，重视创造，形成独特艺术风格。新中国成立后，曾为中国美术家协会主席。

刘和珍（1904—1926），女，江西南昌人，革命烈士。1923 年加入中国社会主义青年团，同年考入北京女子师范大学。后任学生会主席，多次领导师大学生运动。1926 年 3 月 18 日，率同学参加北京各界抗议日本等八国最后通牒集会请愿活动，遭军警镇压，中弹牺牲。

江西会馆　建于清代，位于西城区“庄胜城”域内（旧为香炉营四条中段路南），现已拆除。

江西会馆　建于清代，位于西城区菜市口大街北段（旧为丞相胡同路西六号），占地 1.31 亩，有房 42.5 间，拓建菜市口大街时被拆。

江西会馆　建于清代，位于西城区南横西街 13 号（旧为路北二十七号），占地 1.42 亩，有房 34 间，拓建菜市口大街后成为南横西街路北第一门，现为民居。

江西会馆　建于清代，位于西城区广安门内大街新 2 号北京移动通信有限责任公司菜市口通信枢纽大楼域内（旧为北半截胡同路东四十九号），占地

0.82 亩，有房 19 间。

江西会馆 建于清代，位于西城区潘家胡同 20 号（旧为潘家河沿北口路东七十四号），现已拆除。

江西会馆 建于清代，位于西城区琉璃厂东街西段（旧为琉璃厂路南一八八号），占地 4.26 亩，有房 97.5 间。现已拆除。

江西会馆 建于清代，位于西城区椿树园小区域内（旧为椿树上二条西段路北），占地 0.45 亩，有房 14 间。

江西会馆 建于清代，位于西城区宣武门外大街 8 号“庄胜广场”域内（旧为永光寺西街路东二十二号）。

附产 七圣庙 建于清乾隆中前期[①]，《北平寺庙调查一览表》载，“江西会馆七圣庙，位于西城区右安门内南樱桃园十二号，为二层殿，山门供奉有关帝，其后殿供奉有龙王、药王、虫王、财神、山神、土地等。”根据 1950 年《北京市街道详图》标注，应位于西城区右安门内大街新安中里 1 号楼左近。20 世纪 50 年代初期，此地盖起“五四一厂”（时称“中国人民印刷厂”）宿舍。

附产 江西义园 置于清乾隆中前期，根据 1950 年《北京市街道详图》标注，应位于西城区右安门内大街新安北里 49 号、53 号楼域内（旧为南樱桃园）。20 世纪 50 年代初期，此地盖起“五四一厂”（时称“中国人民印刷厂”）宿舍。

附产 豫章学堂 “豫章”是今南昌市汉代的郡名，也是最初的城市名。豫章学堂建于清光绪二十八年（1903 年 1 月），初称江西学堂。位于西城区琉璃巷 3 号（旧为八角琉璃井路西四号），占地 1.95 亩，有房 54.5 间。民国时期编撰的《北京市志稿・文教志》中记述：私立豫章中学，原名豫章学堂，经费由旅京赣籍人士募集，校务尚称发达。1918 年，改组为豫章商业学校，当时经费充足，学生数量亦额增加。次年，复改办中学。1924 年，改为普通三三制中学校。1928 年后，学生数重增进，学费收入颇裕，故尚能维持。1931 年，改为初级中学。1933 年年度经费为 4642 元，其来源大

---

① 这是笔者从七圣庙的香炉刻字上得到的答案：一大铁香炉上刻“乾隆二十六年（1761 年）吉日诚造”，一铁钟上刻“大清道光……”。

部为江西省政府辅助费。当时学校有男生 122 人，教员 22 人，职员 8 人。1944 年停办。1946 年部分校舍由李洁如在此建起私立洁如小学校。1947 年，余舍继由王耀庭建起私立惜阴中学校。1952 年，根据国家教育部发布的《关于接办私立中小学校的指示》精神，市教育局接管了惜阴中学校，改名为北京市第四十三中学；宣武区教育局接管了洁如小学校，改名为琉璃厂小学。

附产　江西义地　置于清代，位于西城区盆儿胡同中段（旧为路东二十三号旁），占地 0.83 亩。1949 年后被征用。

附产　江西义地　置于清代，位于西城区培育胡同 15 号院内（旧为簪儿胡同路北九号），占地 0.45 亩。20 世纪 50 年代，此地建起桅灯厂，80 年代改称明华民用电器厂，目前部分厂房由公安消防部门使用。

附产　江西义地　置于清代，位于西城区长椿街南段路西（旧为石虎胡同路东十二号），占地 9.69 亩，有房 14 间。1953 年，由市公共卫生局征用。1955 年后，先建起宣武区结核病防治所，后北半部分被宣武区废旧物资回收公司所用。

附产　江西义园　置于清代，位于东城区左安门西街路北百果园东片地域内（旧为白果树一、二号），占地 24.57 亩，有房 23.5 间。1949 年后建起北京教学植物园和植物研究所，前不久植物研究所部分让出，建成北京市少年宫新址。

附产　江西义地　置于清代，位于东城区龙潭路东头路南 4 号（旧为潘家窨二号），占地 13.1 亩。现在此一片地域由北京市城市河湖管理处三所等单位使用。

府级馆产

吉安

吉安，位于江西省中部、赣江及其支流禾水汇合处。东汉永元八年（96 年）分新干县置，兴平二年（195 年）置庐陵郡，隋开皇十年（590 年）

改称吉州。唐天宝时又改为庐陵郡，元初改为路，元贞元年（1295年）复改吉安，是以吉水、安福两地名各一字而得名，寓"吉泰民安"之意。明升为府，1912年废府改县，1949年设市和吉安专区，1968年改为井冈山地区，1979年再改为吉安地区，2000年撤地设市，为江西省地级市。

怀忠会馆（怀忠祠） 建于明前期，位于东城区府学胡同。早废。

明朝定都南京后，于洪武九年（1376年）在文天祥就义的北京建立文天祥祠，文天祥祠与顺天府学相邻，每年春、秋，由顺天府官员主持祭祀仪式。

根据刘侗《帝京景物略》卷一"文丞相祠"的记载："今顺天府学，因宋文丞相义尽之柴市，祠丞相学宫中，曰教忠坊；丞相庐陵人，庐陵人祠丞相学宫外，曰怀忠会馆。教忠，长上志；怀忠，臣子志也。"可知，在永乐六年（1408年）以后至刘侗发表《帝京景物略》一书的崇祯八年（1635年）前，已有怀忠会馆。该馆为吉安人所建，馆中建有怀忠祠，为旅京吉安人祭祀文天祥的场所，"往岁合郡仕绅春秋致祭于宋信国忠烈文文山先生，则有内城之怀忠祠"，这说明也必有每年固定的祭祀时间与仪式。怀忠会馆及其怀忠祠的地点应在府学胡同，紧邻文天祥祠和当时的顺天府学。这也就是《重修京都吉安二忠祠碑记》中所记的"吾吉安有内馆，壮丽闳敞，士大夫多立之，独孝廉明经云集时，靡所止息"。这座内馆的存续情况，在清道光时就已无从确切考证。

吉安老馆 建于明中前期，位于东城区鲜鱼口街东段路南长巷四条小学校域内（旧为长巷四条路北十四至二十号），于明朝末年卖予上高、新昌（今宜丰）两县建会馆。

吉安会馆 建于明末清初，位于西城区粉房琉璃街71号（旧为路西三十二号），有房40间，目前已拆。

吉安会馆 建于明末清初，位于西城区珠市口西大街东段（旧为西珠市口路南），早废。

吉安会馆（怀忠会馆、吉安二忠祠） 建于清顺治三年（1646年），位于东城区新潮胡同13号（旧为抄手胡同路西十二号），占地1.05亩，有房44.5间。连片改造过程中已重新翻建。

明晚期，怀忠"内馆及祠化为荆棘"，已然荒废。于是太常彭芹生"捐住宅以为外馆"，即怀忠会馆已废，迁址或曰重建于位于外城的新址——抄手胡同的"彭太常私宅"。该址于明末清初，经周房仲、李梅、李紫涵三人的三次出资前后修缮，于清顺治三年（1646年）将馆中的新建祠堂命名为"吉安二忠祠"，主祭文天祥和李邦华两位吉安壮士，后来又将彭芹生、周房仲、李梅、李紫涵四公作为配祭之人，在同乡中树立典范。主堂称为"天愳堂"。

《京师坊巷志稿》第 185 页“抄手胡同”条：“西有吉安二忠祠，为吉安会馆……吉水人祀文信国、李忠肃邦华。”[①]

从顺治三年至道光二十九年，怀忠会馆及其吉安二忠祠“厥后毁复，不一次”，吉安籍人士也曾在潘家河沿、蒋家胡同等地建会馆，在新彰仪门内建义园，但位于抄手胡同的怀忠会馆始终延存，其核心是吉安二忠祠的存在，成为吉安旅京人士的精神圣殿。

录馆内楹联如下：

1.
天瑞五云，凤阁龙楼依咫尺；
人文九邑，鲲溟鹏海起三千。

2.
孔曰成仁，孟曰取义；
下为河岳，上为日星。

3.
宋陛明廷光史册，
螺山鹭水发英华。

4.
九邑人文锺秀气，
两朝忠义著芳声。

5.
两朝忠义昭臣节，
十邑人文仰典型。

6.
文山文水光千古，
燕市燕祠亘万年。

7.
文山文水昭千古，
吉士吉人萃一堂。

8.
鹭涪衣冠多吉士，
燕台甲第焕人文。

① 文信国即文天祥。李邦华，字懋明，明万历三十二年（1604 年）进士，官至御史、山东巡抚、兵部侍郎，李自成进京时，缢于文丞相祠。

9.
国士无双双国士，
忠臣不二二忠臣。
10.
后起须知无二道，
先生岂愿有忠名。
11.
掩之诚是也，
逝者如斯夫。

录谒祠诗一首：

就义神前手掩关，又传文水继文山。
故知旷世心相感，恰好同乡迹再攀。
地本表忠真死所，志同殉节肯生还。
传芭曲里神弦紧，庙祀应增配食班。

（作者：赵翼）

附：

重修京都吉安二忠祠碑记
（1849年）

人每惧如草木荣华之飘风，鸟兽好音之过耳也。辄思垂名于不朽，而大行受大名、细行受细名，其所以名垂后世者，皆其所自为耳。尝观吾郡京都之二忠祠，而穆然思矣！夫祠非文文山李懋明两先生有也。吾吉向有内馆，壮丽闳敞，士大夫多主之，独孝廉明经云集时，靡所止息。明太常芹生彭公捐住宅以为外馆，震宅兑向，额其堂曰：天咫。取咫尺天颜之意，为吉人士言也，学士张篑山先生尝记之矣。往岁合郡仕绅春秋致祭于宋信国忠烈、文文山先生，则有内城之怀忠祠。迨明革鼎，内馆及祠化为荆棘，而士绅咸托处于天咫堂中。未几前楹火，后楹倾，中二楹仅存柱础。时周房仲副宪以晋令来京，费三十余金补葺中二楹；李梅公少司马捐百余金，续修之，而堂室略备。乃以后楹奉文山先生，以复其祀，而以明总宪忠肃李懋明先生尽节于怀忠祠，特奉为配。国朝顺治三年，前楹又火，李紫涵中丞补津抚来京，费廿余金新之，题其门曰：吉安二忠祠。而祠始为两先生有焉，夫以沧桑变迁，居民杂处，几费区画，始清其业，留兹数椽，不可谓非诸公之力也。而又虑馆之废兴叵测，归之两先生，庶可以久，意更深矣，后之人缅两先生之大节，固当奉以俎豆；而复念馆之初基，捐自太常，而递得诸公之修理，乃不致如内城之旧址，不可复问也。于是乎祀两先生于堂，而遂以四公配之，殆亦笃桑梓之谊，而不没其惠者与！厥后毁复，不一次。康熙二十二年以前，乾隆五十五年以后，及增潘家河沿之新馆，修蒋家胡同之老馆，新彰仪门内之义园，俱可考而知。第其中已百有余年矣，兴修凡几，易震为兑何时？又何时始置老馆？询诸典守之人，谓无从稽。则尔时之豪举，亦不可复问矣，噫！名之垂不垂，亦自有幸有不幸耶？顾吾思两先生之在当年也，只知有君臣之义，身且不顾，家且不顾，何有于祠迄于今。国典煌煌，令名不朽，祀之者且遍天下矣，何论吾吉人士乎哉！而吉人士自不欲忘两先生也，乃又从而新其祠，则两先生之名，不待此祠为不朽，而此祠实得两先生为不朽，后之观感者可以兴矣。中厅旧额：文章节义之堂，郡人之倦倦于祠者，大都不忍忘此也。余仍书天咫堂之额于后厅，不忘其初，亦可为好义争先者劝也，其可考而知者，悉付之梓，以纪其略。而此次鸠工庀材，约费京钱六千缗，其乐输芳名另志于额，而十邑劝输诸君名未能尽详要，皆有感于文章节义之士也。

道光二十八年岁次戊申孟秋月，郡人黄赞汤记并书，监修郡人曾春昂篆额。

按：记中以祠馆修复改向，及老馆建置岁月，失考为憾。缘典守者失于搜寻，遂致记事者不免阙略也。兹予司馆事，检查数箧，所存半多霉烂，其可辨者亦散佚无归，因于残篇破纸中，逐一详阅，择其有关考据者，悉为摘录，所有本祠及新老馆并义园各始末，亦十得八九矣。至祠馆易震为兑，与老馆创置，俱于各类中载明，略识数语于此，以免阅者讥前后相矛盾也。

道光二十九年六月郡人王廷柱谨识。

吉州会馆　建于清晚期，位于西城区潘家胡同 58 号（旧为潘家河沿路东五十八号），现已拆除。

庐陵会馆　以历史地名为馆名。

建于清晚期，位于西城区粉房琉璃街 79 号（旧为路西三十五号）。现已拆除。

庐陵会馆　建于清咸丰十年（1860 年），“由同乡醵资兴建，供旅平同乡栖息之所”。位于东城区大江胡同 29 号（旧为大蒋家胡同路北七十三号），占地 1.07 亩，有房 29 间。区级文物保护单位。

庐陵新馆　建于清同治年间（1862—1874 年），位于西城区潘家胡同 60 号（旧为潘家河沿路东五十二号），占地 0.54 亩，有房 22 间。现为民居待拆。其门框两侧尚存刻联：

恩承凤阙，
秀孕螺川。

附产　吉安义园　置于明末清初，位于西城区乐培园胡同西北口、路北一片地域的平房区和楼区，原报国寺东夹道路东南段（旧为路东）。占地24亩，有房15间。清道光二十二年（1842年）刻有《吉安义园碑记》，收于北京石刻艺术博物馆内。

附产　置于清代，位于东城区布巷子胡同30号楼左近（旧为路东五十四号），有地皮一块。

九江

九江，古县名称德化，位于江西省北部、长江南岸，邻接湖北省。秦置九江郡，后又有江州、柴桑、浔阳、德化等古称。明升改为九江府，1914年废府改为浔阳道，共辖20县，其中德化县（原九江府首县）因与福建省的德化县同名改为九江县。1917年设九江市，1949年设九江专区，1979年改为地区，1983年撤地设市，为江西省地级市。名胜古迹有甘棠湖及烟水亭、锁江楼等。

九江会馆（九江五邑馆）　建于明万历三年（1575年），位于西城区珠市口西大街57号（旧为西珠市口路北三十五至三十七号），占地1.56亩，有房50.5间，现已拆待建。

该馆为九江府及所领四县联合设立，四县分别为：

瑞昌，位于江西省北部、长江南岸，邻接湖北省。五代南唐置县，今为九江市下辖县级市。

德安，位于江西省北部。五代吴置县，今为九江市下辖县。

彭泽，位于江西省北部、长江南岸，邻接安徽省。汉置县，今为九江市下辖县。

湖口，位于江西省北部、长江南岸，西滨鄱阳湖，邻接安徽省。汉为彭泽县地，五代南唐析置湖口，今为九江市下辖县。石钟山、大孤山为境内名胜。

德化会馆　建于清康熙年间（1662—1722年），位于西城区珠市口西大街80号（旧为西柳树井东口路南六十号），相当于今留学路北口东。有房20间，现已拆，改建为“清洁站”。

德化会馆　建于清道光年间（1821—1850年），位于东城区大席胡同25号（旧为路西十五号），占地1.11亩，有房31间。现已拆待建。

附产　置于清代，位于小席胡同5号（旧为路北十一号），有房16间。现为民居。

九江会馆　建于清朝末年，位于西城区国家大剧院南侧花园广场域内

（旧为西交民巷路北高碑胡同路南十九、二十号），占地 1.95 亩，有房 35 间。建设国家大剧院时被拆。

袁州

袁州，今称宜春，位于江西省西部，邻接湖南省。西汉置宜春县，西晋改宜阳，隋复名宜春，开皇十八年（598 年）升置袁州（因境内有袁山而得名），元至元中改为路，明初再升为府。1912 年废府改宜春县，1949 年设袁州专区，专署驻宜春县，1958 年改为宜春专区，1970 年改为地区，1979 年宜春县城区置县级宜春市，2000 年升为江西省地级市，原县级宜春市改为地级宜春市下辖袁州区。

袁州会馆 建于明代，位于东城区草厂七条 2 号（旧为路东一号），占地 0.57 亩，有房 15 间。现已翻新改造。

宜分万会馆 为一府领两县联合建立，“宜”即历史县名宜春，“分”即分宜，“万”即万载。

分宜，位于江西省西部、赣江支流袁水中游。宋置县，今为新余市下辖县。

万载，位于江西省西部、赣江支流锦江上游，邻接湖南省。汉属建成县地，三国吴析置阳乐县，五代南唐改万载，今为宜春市下辖县。

建于清代，位于西城区上斜街 43 号（旧为路北十九号），占地 1.78 亩，有房 49 间。现为民居。

袁州会馆 建于清光绪年间（1875—1908 年），位于西城区板章胡同 14 号（旧为路南二十一号），占地 1.08 亩，有房 44 间。1949 年后，北京市第一医院（今宣武中医医院）妇产科病房坐落于此。后来盖起四层大楼，办起旅馆，今称照康之星宾馆，部分楼区由北京风雷京剧团使用。

附产 置于清光绪年间，位于珠市口西大街 120 号太丰惠中大厦的后院内（旧为大保吉巷路北一号），占地 0.7 亩，有房 11 间。建大厦时被拆占。

赣州

赣州，位于江西省南部、赣江上游章、贡两水汇合处。西汉置县，西晋为南康郡治。隋开皇九年（589 年）改南康郡为虔州，南宋绍兴二十三年（1153 年）改虔州为赣州，元至元中升为路，明初改为府，1912 年废府改县，1949 年设市，1954 年设赣南行政区，1970 年称赣南地区，1998 年撤地设为江西省地级市，原赣州市改为地级赣州市下辖章贡区。名胜有八境台、郁孤台、通天岩等，为国家历史文化名城。素有客家摇篮、脐橙之乡、世界钨都、稀土王国等美誉。

宁都，位于江西省东南部、贡水支流梅江上游。三国吴置阳都县，西晋改宁都，清升为州，1912 年复改县。第二次国内革命战争时期，曾一度改名博生，今为赣州市下辖县。县城西北翠微峰为旅游胜地。

赣宁会馆 为赣州和宁都合建馆，各取前一字为馆名。

建于明朝末年，位于西城区珠市口西大街 51 号（旧为西珠市口路北三十四号），占地 1.7 亩，有房 37.5 亩，目前已拆待建。

赣宁会馆 建于清朝初年，位于西城区珠市口西大街 69 号（旧为西珠市口路北四十号），占地 1.18 亩，有房 36 间，目前已拆待建。

赣宁分馆 建于清朝初年，位于西城区甘井胡同 12 号（旧为路南二十四号），占地 0.92 亩，有房 31.5 亩。1954 年，利用馆址开办甘井小学校，20 世纪末学校撤并，目前已拆待建。

赣宁新馆（陈炽旧居） 建于清同治年间（1862—1874 年），位于西城区珠市口西大街 83 号（旧为西柳树井路北六号），占地 1.36 亩，三进院有房 42 间。现已纳入丰泽园饭店。

人物链接

陈炽（1855—1900），原名家瑶，字克昌，号次亮，江西瑞金人。清同治五年（1866 年）11 岁成秀才。十二年（1873 年）以生员身份参加省试，成绩优秀保送上京。十三年朝考一等第四名，钦点七品京官，居京时即住在家乡的会馆内。光绪元年（1875 年）南归，十三年（1887 年）回户部任主事，仍住会馆内。

十九年（1893 年），陈炽面对严重民族危机，开始撰写其名著《庸书》。他在书中全面提出了自己的思想，主张“学习西方，改革内政，反对外国入侵，发展资本主义，以达到富国强兵，挽救危亡，跻身世界强国之列”。翁同龢赞识陈炽的“通才”，二十一年（1895 年）将此书进呈给锐意改革的光绪皇帝。此间，陈炽和康有为、梁启超交往密切并成为康有为的得力助手。

二十四年（1898 年）戊戌政变后，陈炽心情十分郁闷，经常是酒前灯下，时而高歌，时而痛哭，若痴若狂。二十六年四月十五日（1900 年 5 月 13 日）卒于赣宁新馆，年四十五岁。

赣州会馆 建于清代，位于西城区煤市街 131 号（旧为路西四十四号）。

扩路后部分成为门面房。

南昌

南昌，位于江西省北部、鄱阳湖畔，赣江下游东岸，江西省省会，全省政治、经济、文教中心和交通枢纽，国家历史文化名城。汉高祖时置豫章郡和南昌县，取“昌大南疆”和“南方昌盛”之意。隋唐为洪州，五代南唐升洪州为南昌府。元称龙兴路；明初称洪都府，后又改南昌府；1913 年为豫章道；1926 年设南昌市。名胜古迹有百花洲、青云谱、绳金塔、滕王阁等。革命遗迹有八一南昌起义纪念馆、纪念塔、革命烈士纪念堂及方志敏墓等。

南昌郡馆（南昌东馆） 建于清前期或更早，位于东城区长巷三条路南 39 号左近。现为民居。

南昌郡馆（熊直宗故宅） 建于清雍正二年（1724 年），位于西城区宣武门外大街 40 号（旧为宣武门大街路东一五八号）。由江西籍官员熊直宗捐自宅为会馆，以后不断扩建，至光绪二十四年（1898 年）形成三组院落规模，占地 3.96 亩，有房 106 间，时称“南昌乡馆”。中院曾由江南提督张勋出资大修，建有假山、亭、堂等，名“端园”，又称“张家花园”。

南昌郡馆曾是区级文物暂保单位，现已拆除，拆前房屋保留较完整。会馆坐东朝西，大门临宣武门外大街，分三组院落。北院倒座临街五间五檩，南侧出一门道，一进院正房台基高大，面阔三间，七檩进深带前后廊，两厢各三间五檩，带耳房二间；二进正房面阔五间，五檩进深带前廊，两厢各二间。中院倒座三间五檩，中间出一道门，一进院正厅台基高大，面阔三间，进深七檩周围廊，歇山顶；二进正房三间五檩，带前廊，均有游廊连接。南院最大，有三进院落，临街为五间倒座，南侧出一门道；正房三间，进深七檩带前后廊，两厢各三间，耳房各一间；二进、三进正房均为五间五檩带前廊，两厢各为一间。南昌郡馆规模宏大，显示当时南昌士风极盛，进京赶考举子颇多的景象。

张勋曾于馆内多次与康有为等密商复辟清朝事宜。

人物链接

张勋（1854—1923），字绍轩，江西奉新人。行伍出身，北洋军阀。清光绪二十一年（1895 年）投袁世凯任管带，二十五年（1899 年）历任副将、总兵等职。宣统三年（1911 年）升为江南提督。中华民国建立后，为表示忠于清王朝，所部禁剪发辫，被指为“辫子军”。1913 年调往徐州，任长江巡阅使，

1916年成立北洋七省同盟，不久扩充为十三省同盟，阴谋为清室复辟作准备。1917年6月命所部军入京，解散国会，逼走总统黎元洪，7月1日与康有为宣布拥溥仪复辟，至12日被段祺瑞击败，逃入荷兰公使馆，后被通缉，病死于天津。

南昌西馆 建于清代，位于西城区魏染胡同36号（旧为路东三十一号、三十二号），现为西城区环卫部门办公址和宿舍楼。

南昌新馆 建于清朝末年，据白鹤群著《北京的会馆》第251页等资料考，位于西城区潘家胡同（旧称潘家河沿）。早废。

建昌

建昌，今称南城，位于江西省东部、抚河上游。汉置南城县，北宋太平兴国四年（979年），改建武军。元至元十四年（1277年）升为路，明初改为肇昌府，不久又改名建昌。1912年废府改县，恢复南城县，今为抚州市下辖县。该县所产“麻姑酒”最为著名。

建昌会馆（南城会馆） 建于清前期，位于西城区宣武门外大街（旧为宣武门大街），早废。

南城会馆 建于清代，位于西城区“中信城”域内（旧为中兵马街路南十六号），占地0.96亩，有房14间。1956年改造为中横街小学校（1936年建于米市胡同）。现已拆除。

南城东馆 建于清同治五年（1866年），位于东城区长巷二条16号（旧为长巷三条路西三十七号），占地1.12亩，有房27.5间。20世纪60年代被改为街道工厂，工厂下马再改为旅馆，营业至今。

南城西馆（南城新馆） 建于清同治七年（1868年），位于西城区魏染胡同28号（旧为路东三十七号），占地0.71亩，有房25.5间。现为民居。

附产 南城义地 置于清代，位于西城区右安门大街右安西里（旧称右安门门脸路西）。20世纪50年代初，北京市第一建筑工程公司在该地建起办公用房和职工宿舍楼区。

抚州

抚州即临川，位于江西省东北部、抚河中游。东汉置临汝县，三国吴太平二年（257年）改置临川郡，辖临汝、南城、西丰、定川等县，隋开皇九年（589年）置抚州，将西丰、定川两县并入临汝县，改称临川县。大业三年

（607 年），改抚州为临川郡。以后抚州、临川两个名字在各个历史时期互有更换。2000 年撤销抚州地区和县级临川市，设立地级抚州市和临川区。

抚临会馆 建于清前期，取不同历史时期地名各一字组成馆名。位于西城区宣武门外大街 30 号域内（旧为宣武门大街路东一九二号）。《京师坊巷志稿》载，“宣武门大街旧有抚临会馆，今废。”

抚州会馆（抚郡南馆） 建于清乾隆中晚期，位于西城区香炉营头条 26 号（旧为路南五十号），占地 1.25 亩，有房 34.5 间。现已拆待建。

附产 置于清代，位于“庄胜城”域内（旧为香炉营二条路北七号），占地 0.45 亩，有房 14 间。现已拆待建。

抚临西馆 建于清代，位于西城区广安门内大街西段路北（旧为万春胡同）。20 世纪末在扩修“两广”路时，小巷被全部拆除。

抚州东馆 建于清代，位于西城区“中信城”北片，原为北大吉巷 20 号（旧为大吉巷路南四十二号）。现已拆除。

临川会馆（周则鸣旧居） 建于清代，位于西城区裘家街 11 号（旧为路西五号），占地 0.92 亩，有房 24.5 间。1930 年，开办私立博艺小学，设 3 个教学班，在校学生 143 人，教职员 8 人，校长罗捷宸。现已拆待建。

1949 年后，蒋经国秘书周则鸣曾在此馆避难。

人物链接

周则鸣，生于 1912 年，临川人。1928 年考入上海交通大学机械系，受族叔周文渊（中共党员）影响经常参加进步活动。次年被捕关在上海租界监狱两年，出狱被开除学籍，后转入内燃机专科学校任教。1936 年经亲属推荐到江西省保安处工作，两年调任蒋经国秘书。1944 年转任第二十五集团军高级参谋，1948 年升为十一兵团少将高参。被解放军打散后化名周梦萍，1950 年逃入北京寄居临川会馆。1959 年被公安宣武分局送入焦化厂强制劳动两年，1964 年正式被捕送至吉林省怀德县莲花山大榆树沟生产队监督劳动改造。

1978 年后，其通过许德珩、雷洁琼等人，得到宣武区委统战部帮助，到北京文史馆工作，并加入民革。后经杨尚昆主席过问，调中央文史馆工作，全家得以团聚。1990 年其亲赴香港呼吁统一。当时沈醉先生赞曰，“赤胆忠诚报国，热情豪气待人”。笔者于上世纪末曾就临川会馆有关问题，通过有关部门和其家属向老人了解情况。

临川会馆 建于清代，位于西城区“庄胜城”域内（旧为香炉营二条路南三十七号)，占地 0.55 亩，有房 17 间，已拆待建。

附产 置于清代，位于西城区永光东街 9 号院 3 号楼座位置（旧为永光寺中街路西六号)，占地 0.42 亩，有房 13.5 间。

南安

南安，今称大余，位于江西省南部、赣江西源章水上游，大庾岭北麓，南部邻接广东省。唐置大庾县，北宋淳化元年（990 年）分虔州置军，元至元中升为路，明初改为南安府，1912 年废府改大庾县，1957 改写为大余，今为赣州市下辖县。

南安东馆 建于清前期，位于东城区草厂七条 6 号（旧为路东二号，后门开在草厂八条三十六号)，占地 0.5 亩，有房 15.5 间，现为民居。

南安西馆 建于清乾隆年间（1736—1795 年)，位于西城区宣武门外大街 30 号富卓商厦域内及楼前部分地面（旧为宣武门大街路东一八八号)，占地 0.77 亩，有房 27.5 间。

南康

南康，位于江西省南部、赣江西源章水流域。三国吴置南安县，西晋改南康，太康三年（282 年）置郡，北宋太平兴国七年（982 年）置军，元至元中升为路，明初改升西宁府，不久又改南康，1912 年废府改县，1995 年改为赣州市下辖县级市，2013 年改设为赣州市南康区。

南康会馆 建于清前期，位于东城区珠市口东大街 19 号楼域内（旧为东珠市口路北二十三号)，占地 0.97 亩，有房 23.5 间。

南康新馆 建于清前期，位于东城区鲜鱼口街中段（旧为小桥胡同路南十号)，占地 0.53 亩，有房 18 间。小桥胡同 1965 年并入鲜鱼口街，前门地区连片改造过程中被拆占。

南康会馆 建于清代，位于东城区冰窖斜街 11 号（旧为冰窖胡同路北二十二号)，占地 0.68 亩，有房 21.5 间。现为民居。

广信

广信，今称上饶，位于江西省东北部、信江上游。三国吴置上饶县，唐升改为信州，宋再改上饶郡，元为信州路，明改广信府，1912 年废府改县称上饶，1949 年设市，2000 年撤销上饶地区和县级上饶市，设立地级上饶市和信州区。茅家岭有上饶集中营旧址，建有烈士纪念碑和纪念馆。

广信会馆（邵式平旧居） 建于清咸丰年间（1851—1861年），位于国家新闻出版广电总局北院墙外的西城区铁门胡同13号（旧为路西十号），占地2.36亩，四进院有房66间。现已拆平待建。邵式平在京上学期间多住此馆，并从事革命活动。

《北京会馆档案史料》载，本馆“由广信府所辖旅平人士集资成立。专供本府七邑到京应考举子学者住宿之用，科举考试停止后，改为旅平求学者及经济困难同乡居住”。其他六邑是：

玉山，位于江西省东部、信江上游，邻接浙江省。唐置县，今为上饶市下辖县。古迹有朱熹讲学的怀玉书院（草堂书院）旧址。三清山为国家级重点名胜风景区。

广丰，位于江西省东北部、信江上游，邻接浙江、福建两省。唐置永丰县，清改广丰，今为上饶市下辖县。

铅山，位于江西省东北部、信江上游，邻接福建省。五代南唐置县，今为上饶市下辖县。该县以产“连史纸”最为著名。名胜有鹅湖书院。

弋阳，位于江西省东北部、信江中游。三国吴置葛阳县，隋改弋阳，今为上饶市下辖县。名胜有龟峰。县北漆工镇是方志敏烈士故乡，建有革命烈士纪念碑。

横峰，位于江西省东北部。明置兴安县，1914年改横峰，今为上饶市下辖县。

贵溪，位于江西省东北部、信江中游，邻接福建省。唐置县，今为鹰潭市下辖县级市。市西南有龙虎山，为旅游胜地。

人物链接

邵式平（1898—1965），江西弋阳人。1923年以全省考生第一名成绩，免费进入北京师范大学地质系。1925年加入中国共产党并担任该校学生会主席，积极投身革命并领导学生运动。次年下半年返回江西，同方志敏一起组织农民运动，后任闽浙赣省工农民主政府主席、军区司令员、省委书记等职。1934年参加长征，任纵队政治部主任。抗日战争时期，任陕北公学教育长、抗日军政大学二分校副校长。第三次国内革命战争时期，一直在东北地区工作。新中国成立后任江西省省长。

附产 置于清晚期，位于铁门胡同路东20号左近（旧为铁门坎路北七号，1965年并入铁门胡同），占地0.23亩，有房10.5间。现为民居。

临江

临江、清江为历史旧称，今称樟树，位于江西省中部、赣江与其支流袁水交汇处。隋置新淦县，五代南唐升元二年（938年）分置清江县。北宋淳化三年（992年）置军治所并移临江，元至元中升为路，明改为府，1912年废府改清江县，1949年在樟树镇建立清江县人民政府，1988年撤销清江县设立樟树市，为宜春市下辖县级市。临江，今为樟树市下辖镇。樟树药业源远流长，为海内外药界公认的“国药之都”。

临江会馆 建于清代，位于西城区椿树园小区域内（旧为椿树上头条路北六号）。

临江会馆 建于清代，位于东城区长巷二条6号（旧为路东三号），占地0.73亩，有房23间。现为民居。

临江会馆现状 长巷二条6号

附产 置于清代，位于长巷三条6号（旧为路东三号），占地0.42亩，有房15间。现为民居。

临江会馆 建于清代，位于东城区西打磨厂街189号左近（旧为路北七十八号），占地0.8亩，有房34间。现已拆待建。

临江会馆 建于清代，位于东城区崇文门西河沿街西段（旧为正阳门东河沿路南五十、五十一号），占地1.38亩，有房25间。现已拆待建。

清江会馆 建于清光绪年间（1875—1908年），位于西城区“中信城”北片，原为保安寺街3号（旧为路北二号），占地0.64亩，有房13.5间。现已拆除。

县级馆产

浮梁

浮梁，位于江西省东北部，邻接安徽省。汉为鄱阳县地，唐时置新干县，天宝元年（742 年）改新昌，后又改为浮梁。元元贞时升为州，明初复为县。1916 年移治景德镇，1949 年复还旧治，现为景德镇市下辖县。境内自唐以来以景德镇瓷器最为出名。1278 年，元世祖忽必烈在景德镇设立的“第一官窑”浮梁磁局即在此县。此窑被列为 2005 年中国十大考古发现之一。

浮梁会馆　建于明永乐年间（1403—1424 年），由“邑人吏员金宗舜”创建。位于东城区崇文门西河沿西段（旧为正阳门外东河沿路南五十三号），占地 1 亩，有房 40 余间。《北京会馆档案史料》载：“七·七事变后，该馆被日本通运公司强租作为货栈，1947 年才予发还。”现已拆待建。

浮梁老馆　建于清朝初年，位于西城区廊房三条。乾隆年间已废。

浮梁会馆　建于清嘉庆二十二年（1817 年），位于西城区菜市口大街中段（旧为官菜园上街路东二十六号），占地 6.59 亩，有房 14.5 间。拓建菜市口大街时被拆。

南昌

南昌县，位于南昌市南部、赣江下游，滨临鄱阳湖。汉置县，今为南昌市下辖县。

南昌县馆　建于明永乐年间（1403—1424 年），“由南昌县同乡共同购置”。位于东城区长巷四条 6 号（旧为路东三号），占地 0.57 亩，有房 20.5 间。现为民居。

附产　置于明朝末年，位于西城区廊房头条 16 号（旧为路南七十七号），占地 0.11 亩，有房 7 间。1949 年后被征用。

南昌县馆　建于清前期，位于东城区长巷头条 39 号（旧为路西四十八、四十九号），占地 3.38 亩，有房 94.5 间。其中一部分现由前门清洁队使用。

附产　置于清代，位于长巷头条 52 号（旧为路东二十六号），占地

0.28 亩，有房 11 间。现为民居。

余干

余干，位于江西省东北部、信江下游，西临鄱阳湖。汉置余汗县，南朝宋改余干，今为上饶市下辖县。

余干会馆 建于明前期，位于东城区长巷四条 12 号（旧为路东五号）。万历三十六年（1608 年）卖给本省乐平县建馆。

上高、新昌

上高，位于江西省西北部，赣江支流锦江中游。东汉置上蔡县，晋改望蔡，五代南唐改上高，今为宜春市下辖县。

新昌，今称宜丰，位于江西省西北部，赣江支流锦江上游。三国吴置宜丰县，宋改新昌，1914 年复名宜丰，今为宜春市下辖县。

两县南北相邻。

上新老馆 建于明中期，位于东城区草厂横胡同。万历三十五年（1607 年）两县合议出售该馆址另建新馆。

上新新馆 建于明朝末年，位于东城区鲜鱼口街东段路南长巷四条小学校地片内（旧为长巷四条路北十四至二十号），占地 1.91 亩，有房 41 间，原为吉安老馆。1956 年馆址改造为长巷四条小学校。

乐平

乐平，位于江西省东北部、乐安江横贯。唐置县，今为景德镇市下辖县级市。

乐平会馆 建于明万历三十六年（1608 年），“由许君实捐银 200 两，购得同省余干县旧馆所创”。位于东城区长巷四条 12 号（旧为路东五号），占地 0.91 亩，有房 24 间。现为民居。

乐平西馆 建于清代，位于西城区珠市口西大街 259 号（旧为虎坊桥路北五十三号），占地 1.05 亩，有房 28 间。扩展马路时被拆除。

万年

万年，位于江西省东北部、乐安江下游。明置县，今为上饶市下辖县。

县东北大源村仙人洞，是新石器时代遗址。

万年会馆 建于明天启年间（1621—1627 年），“由邑人礼部右侍郎蔡毅中创建”，位于东城区草厂四条。清乾隆年间（1736—1795 年）祝启元在原址重建，清后期逐渐荒废 。

吉州十县

会馆由当时吉州下辖的十个县联合组建。十县中庐陵、永丰、永新、安福已作介绍，其余六县为：

吉水，位于江西省中部、赣江纵贯。东汉置石阳县，五代南唐改吉水，今为吉安市下辖县。

万安，位于江西省中部偏南、赣江纵贯。五代南唐置万安镇，北宋改万安县，今为吉安市下辖县。

泰和，位于江西省中部偏南、赣江纵贯。三国吴置西昌县，隋改泰和，今为吉安市下辖县。

峡江，位于江西省中部、赣江纵贯。三国吴置巴丘县，明改峡江，今为吉安市下辖县。

龙泉，今称遂川，位于江西省西南部、赣江支流遂川江上游，邻接湖南省。五代置龙泉县，1914 年改遂川，今为吉安市下辖县。

永宁，今称井冈山，位于江西省西部、赣江支流禾水上游，邻接湖南省。元置永宁县，1914 年改宁冈，1984 年改井冈山并设市，为吉安市下辖县级市。原宁冈县城是 1928 年 4 月毛泽东和朱德井冈山会师之地。

吉州十属老馆 建于明代，位于东城区大江胡同 85 号（旧为大蒋家胡同路北三十八号），占地 0.67 亩，有房 18.5 间。现址已经翻新改建。

录楹联一副：

吉人为善，
安士敦仁。

（作者：刘金门）

吉州十属新馆 建于清中期，位于西城区潘家胡同 21 号（旧为潘家河沿路西四十二号），占地 1.1 亩，有房 29.5 间。现已拆除。

吉州十属惜字会馆 建于清代，位于西城区骡马市大街新 9 号中国联通集团北京市分公司办公大楼后院位置（旧为棉花上四条路南二十号），占地 0.63 亩，有房 18 间。

相关链接

为何称为“惜字”会馆？笔者现以民俗专家常人春先生专稿作为解释。

惜字会馆与敬惜字纸

中国人向有珍视自己民族传统文化的思想意识。对于传播文明、礼教的文字尤为尊重，不要说读书人，就是目不识丁的老太太，一提起文字和创造文字的圣人，也肃然起敬，绝不敢稍有亵渎。对于有字的废纸绝对不许弃置于地，任凭践踏，更不准用来解手。作为在学塾里念书的小学生，平时写过字的废纸，必须很好地收集起来，放入“敬惜字纸”的箱内。定期举行“惜字会”时统一焚化，尤以冬至节为隆重。各学塾祭拜先师，在学诸生演礼，并拜烧字纸，名曰“拜冬”。

旧时，敬惜字纸不仅是学塾的规矩，同时，也是全社会的一种传统信仰风俗。民间有自发组成的“惜字会”，是一种“善会”性质。其主旨在于尊重圣贤所创造的文化成果，使有功于民族的文字不受玷污、践踏。此会通常设在某个庙里，其成员不过三、五人而已。平时，用竹篾编成小篓，外糊高丽纸或冬昌纸，分送街巷各家各户，或挂于街巷墙壁，让人们将带字的废纸投入其中，定期收回。与此同时，还组织一些人力（或请或雇），身穿杏黄色坎肩，上书“敬惜字纸”，身背大筐或手执大布袋和夹剪，走街串巷，捡拾地下的字纸，集中一处。由于废纸是易燃物，为安全起见，不能贮存过多，一定要结合祭典定期焚化。所以，惜字会每年要举行三次“拜圣”的祭祀。

从惜字会祭祀的神明与活动性质来看，完全是属于“儒教”的。故惜字会与敬惜字纸是儒教在民俗中的反映。

通过上文，读者应该可以理解惜字会馆一名的来历，同时还对中华民族这一传统文化民俗有所了解。旧时曾有“敬惜字纸会”，位于前门西河沿街路北 51 号（旧为西河沿三十九号）的粗旗杆关帝庙内。现为民居。

附产　吉州十属北义园　置于清代，位于西城区广安门内大街 315 号（旧为广安门大街路北一二九至一三一号），占地 7.78 亩，有房 14 间。1949 年后被征用。现因宣武医院“南扩工程”已经陆续动迁。

附产　吉州十属南义园　置于清代，位于西城区广安门内大街 210 号楼前域内（旧为广安门大街路南三九〇号），占地 3.25 亩，有房 7 间。1949 年后被征用。

饶州

饶州，今称鄱阳，位于江西省北部、鄱江流域，西临鄱阳湖，北邻安徽省。春秋时为楚番邑，秦置番阳县，西汉改鄱阳，隋开皇九年（589年）置郡，唐改饶州。宋又改鄱阳，元至元中升为饶州路，明初改为府，玄复饶州。1912年废州改县，1957年改写波阳，2003年再还鄱阳，今为上饶市下辖县。

鄱阳会馆 建于清前期，以历史地名定馆名。位于西城区茶儿胡同27号（旧为路北十四号），占地0.55亩，有房16间。现为民居。

饶州会馆 建于清代，位于西城区潘家胡同33号（旧为潘家河沿路西十七号），占地0.88亩，两进院有房19间。抗日战争时期，曾有日本人在里院开过小木作坊，后来另辟一门，为今31号，现均为民居待拆。

《北京会馆档案史料》载，“为饶州七邑人士进京会试及分发引见下榻寓所”，实为本州领德兴、万年、余干、乐平、浮梁、都昌六县联合建立。

德兴，位于江西省东北部、乐安江上游，邻接浙江省。三国吴置乐安县，五代南唐改德兴，今为上饶市下辖县级市。

都昌，位于江西省北部、滨临鄱阳湖。唐置县，今为九江市下辖县。

新建

新建，位于江西省中部、赣江下游西岸。宋置县，今为南昌市下辖县。名胜有西山石寿宫、明宁王朱权墓等。

新建东馆 建于清前期，位于东城区长巷头条35号（旧为路西五十号），占地0.81亩、有房20间。现已拆待建。

新建老馆 建于清乾隆三年（1738年），由在朝为官的本籍人曹秀先[①]倡导并主持筹建。位于西城区宣武门外大街28号招商银行北京市支行址（旧为宣武门大街路东一九六号），落成后的匾、联均由曹秀先所题。其联为：

七人元旦五百岁，
二老同年十九科。

光绪九年（1883年）迁至王寡妇斜街，此馆址由本省扩建为江西会馆。

新建西馆 建于清光绪九年（1883年），位于西城区棕树斜街45号（旧为王寡妇斜街路北十六号）。现为民居。

---

① 曹秀先（1708—1784），字冰持，号地山，江西新建人。清乾隆元年（1736年）进士，官至礼部尚书，卒后谥文恪。留有《赐书堂稿》、《地方初稿》等著作。

新城

新城，今称黎川，位于江西省东部、抚河支流黎滩河上游，邻接福建省。汉属南城县地，三国吴分置永城县，宋改新城，1914年改称黎川，今为抚州市下辖县。

新城会馆 建于清前期，位于东城区长巷四条18号（旧为路东八号）。现已拆待建。

新城老馆（黎川会馆） 建于清中前期，位于西城区椿树园小区域内（旧为椿树上头条路南二十一号），占地1.12亩，有房26间。民国后改称黎川会馆。

新城新馆（陈用光故宅） 建于清嘉庆年间（1796—1820年），原为本邑京官陈用光①私宅，转为会馆。位于西城区椿树园小区域内（旧为椿树上二条路北十号），占地1.24亩，两重院有房32.5间。

新城会馆 建于清中晚期，位于西城区椿树园小区域内（旧为椿树下三条西口路南）。

金溪

金溪，位于江西省东部、抚河中游。五代南唐置金溪场，宋置县。今为抚州市下辖县。

金溪会馆 建于清前期，位于东城区长巷三条20号（旧为路东九号），占地0.73亩，有房22间。1949年后为中国人民银行宿舍。

附产 置于清代，位于长巷三条3号（旧为路西四十五号），占地0.12亩，有房8.5间。现为民居。

附产 置于清代，位于琉璃厂东街9号（旧为路北六号），占地0.17亩，有铺面房11间。

金溪新馆 建于清代，位于东城区长巷四条23号（旧为路西三十六号），占地0.8亩，有房24.5间。实地调查时，一位“该巷仅存居住时间最长的长者”告诉笔者，1949年前“北京大学赣籍师生校友会”设于该馆。现已拆待建。

---

① 陈用光（1768—1835），字硕士，江西新城人。清嘉庆六年（1801年）进士，官至礼部左侍郎。著有《太乙舟文集》等。

奉新

奉新，位于江西省西北部、修水支流潦水上游。东汉置新吴县，五代南唐改奉新，今为宜春市下辖县。

奉新东馆 建于清前期，位于东城区崇文门西河沿西段（旧为正阳门东河沿路南五十四、五十五号）。现已拆除。

奉新北馆 建于清乾隆二十六年（1761 年），位于西城区“中信城”北片，原为南大吉巷 4 号（旧为羊肉胡同路南三十一号），占地 0.72 亩，有房 25 间。现已拆除。

奉新南馆 建于清乾隆二十六年（1761 年），位于西城区“中信城”北片，原为果子巷 73 号（旧为驴驹胡同路北三号），占地 0.7 亩，有房 15 间。现已拆除。

奉新中馆 建于清中晚期，位于西城区“中信城”北片，原为保安寺街 26 号（旧为路南二十四号），占地 1.1 亩，有房 25.5 间。现已拆除。

奉新西馆 建于清中晚期，位于西城区“庄胜城”域内，原为北极巷 3 号（旧为北极庵路西二号），占地 1.07 亩，有房 13.5 间。现已拆除。

德兴

关于德兴的历史地理概况已在“饶州”条中作了介绍。

德兴会馆 建于清前期，位于东城区长巷四条 20 号（旧为路东九、十号），共占地 0.41 亩，有房 17.5 间。已拆待建。

丰城

丰城，位于江西省中部、赣江斜贯。东汉置富城县，晋改丰城，南朝梁改广丰，隋废。唐置永丰县，清复改丰城，今为宜春市下辖县级市。

广丰会馆 建于清前期，位于东城区长巷二条。《宸垣识略》载：“东城会馆之著者长巷二条曰广丰……。”《京师坊巷志稿》记长巷二条“旧有广丰会馆，今废”。

丰城东馆 建于清乾隆年间（1736—1795 年），位于东城区长巷头条 53 号（旧为路西四十号），占地 2.09 亩，有房 53 间。20 世纪 60 年代被改造为商标厂，世纪末工厂下马改为宿舍。

丰城南馆（广丰会馆） 建于清乾隆年间（1736—1795年），位于西城区“中信城”北片，原为保安寺街1号（旧为路北一号），占地0.71亩，有房20.5间。现已拆除。

丰城新馆 建于清同治年间（1862—1874年），位于西城区“中信城”北片，原为保安寺街23号（旧为路北十一号），占地1.1亩，有房25.5间。20世纪中叶，该馆及保安寺大部庙产被改造为宣武制鞋厂，现已拆除。

广丰会馆 建于清代，位于东城区长巷四条16号（旧为路东七号），现为民居。

附产　丰城义园 置于清前期，位于东城区幸福大街北口里路东幸福家园小区域内中间部分（旧为四棵树四号），占地4.85亩，有房7间。1949年后经改造为小兴隆街中段路南居民区。

进贤

进贤，位于江西省中部、抚河下游。晋置钟陵县，宋改进贤，今为南昌市下辖县。

进贤会馆 建于清前期，位于东城区好景胡同（旧为高井胡同），清朝末年废。

宜黄

宜黄，位于江西省中部偏东，抚河支流宜黄水流贯。三国吴置县，今为抚州市下辖县。

宜黄会馆 建于清前期，位于东城区五老胡同路西兴隆都市馨园3号、4号楼间（旧为阎王庙前街路西二十六号），占地0.85亩，三进院有房16间。目前尚存第三进的正房五间。

附产 置于清代，位于兴隆都市馨园西部（旧为阎王庙前街路东七、八号），占地0.23亩，有房7间。

附产 置于清代，位于祈年大街马路中段（旧为南官园路东十二、十三号），占地0.5亩，有房10.5间。

高安

高安，位于江西省西北部、赣江支流锦江中游。汉置建城县，唐改高安，今为宜春市下辖县级市。

高安会馆 建于清雍正元年（1723 年），位于西城区西杨茅胡同 1 号、3 号（旧为燕家胡同路东二十二号），占地 1.06 亩，有房 36 间。1949 年后，一半地皮被改造为二层小楼的 1 号，现有“北京大栅栏天之缘劳务派遣服务中心”在此办公；3 号现为民居。

附：

高安会馆记
（1723年）

帝都为千百国之所会归，仕者、商者、贾者、艺者攘攘熙熙望国门而至止，如江河之朝宗焉。夫人离家数舍以外，出门惘惘有难色，信宿所至谓之逆旅，而适都门者，则不啻琐尾 流离之复我邦族也。虽然商者、贾者、艺者无论已彼，挟策观光之士，弛担释屩于十丈软尘中。欲得一亩之宫，如故乡之甕牖蓬户可得乎，古者奉诏而馆谓之公馆，自适其馆为私馆，今以师师济济之英欲聚而处之公廨，势必不能，况六街九衢，茫茫如海，即使借顿侨居，而萧然无与，不无离群之叹。此会馆之设，所以聚一乡一邑之人，使得周旋洽比，缓急相需，无异比里族党之姻睦，而且讲道论文，相规相劝，以成其德业，其裨于 士人，抑又多矣！前朝惟吾乡会馆为最多，而高安之馆有二,一在内城，毁于明季，一在外城，为匪人所粥 。邑绅士谋鐻金复构，有年矣。今皇上御极之元年，陈木斋先生自京尹晋二农卿总仓政，予亦蒙恩转阶。于是友人况子铭伯进而言曰，二先生为一邑显者，不能建数椽以惠后学乎？予二人相视而笑。铭伯曰：患无赀乎？吾邑有公捐建阁银若千两，以资京馆之费，邑人所乐闻也。予曰：诺。于是买宅前门之燕家胡同，计十架，坐北向南，有堂，有厅，有内外室，有厨，有厩，有铺面月得赁赀若干文。时邑人之贾于京者，相与竭力经理。垣墙之旧无者，筑之；圮者，补之；门窗之朽坏者，易之；地之洼凹者，垫之；又制桌、椅、床、榻若干，及釜、甑 、槽道之器无不备。盖自是，吾邑之客都下者，如归焉。顾吾犹有言者，邑人之舍于馆者，贤愚不齐，而况宾朋酬酢 ，往来杂蹈浸假，而有小人混迹其间，终日皇皇，走名若鹜，幸而诡获，则自矜得计，以为不如是，是甘心沧没也。夫士人怀求名之念，处争名之地，与走名若鹜者为伍，目濡耳染，潜移默导。于是长厚者亦习为浮薄，而拘谨者共目为迂疏。此倡比和，互相标榜，夤缘朋比，无所不为，究之得失有命，枉为小人，不亦伤乎？吾邑前贤，素敦名节，其尤著宋秘书监道原刘先生，夙善王荆公，及荆公用事，面刺不应，遂绝之。明尚书文端吴先生，为严介溪同乡，后进介溪子世藩介大学士李本，欲与为婚姻，不许，以是忤，介溪被劾，致仕归。以同乡亲故，如荆公、介溪之权势，呼吸成祸福，尚屏叱而绝焉，其他可知矣！为语邑中绅士，登斯堂者，其必景仰前贤，交相砥砺，为圣朝贤臣良士，是则予与木斋之所冀望于后来之英也已。邑人朱轼[1]撰。

婺源

婺源，位于江西省东北部、乐安江上游，邻接浙江、安徽两省。唐置县，1934年由安徽省划入江西，今为上饶市下辖县。

婺源老馆 建于清乾隆二十五年（1760年），由汪汇川等人创建。位于西城区石猴街7号（旧为路西四号），占地0.5亩，有房15间。实地调查时，该院临街房是重新拆盖的，里面房屋尤其那栋小二层楼已堪为老旧危房，亟待拆迁或翻建，当地住户一再对笔者说："替我们呼吁呼吁吧！"

附产 置于清乾隆二十五年（1760年），位于石猴街6号（旧为路东十一号），占地0.11亩，有房4间。现在院内房子已经重新翻盖。

婺源新馆 建于清嘉庆十九年（1814年），由程纫兰、程众钊等人筹资兴建。位于西城区大耳胡同6号（旧为路南二十六号），占地1.3亩，有房38间。现为民居，区级文物暂保单位。

会馆坐南向北，平面布局分为三路，中路为主要建筑所在，共为二进。会馆大门面阔三间，进深五檩中为门道，设实榻大门余塞板，两侧为值更房。第一进正房面阔三间，进深七檩，前出廊；第二进正房面阔三间，进深五檩，东西配房均仅一间。东路建筑中一进院，由南北房组成，南房面阔四间，进深五檩，中间有隔墙一道，各分为二间，有边门出入；北房三间，五檩前出廊。西路建筑共为二进，第一进南、北房均面阔三间，进深五檩，东西配房各二间；第二进由南房及东西配房组成，建筑形制与第一进院相同。

整组建筑格局轴线分明，功能明确，布局紧凑，门面宽敞气派，会馆的特征相当鲜明。现在建筑虽然破旧，但基本上保留了原来的形制，特别是建筑装修还保存早期的特色。

据说馆内墙上嵌有嘉庆、道光年间刻石8块，笔者在院内看到6块，其被对称地镶嵌于过道房后两面的南山墙上，从东至西依次是：

文明会原（员）啟	58×33厘米
文明会公产	58×33厘米
文明会乐捐姓名	80×35厘米
会馆房屋、园地开列	80×35厘米

---

① 朱轼（1665—1736），字若瞻，号可亭，江西高安人。清康熙三十三年（1694年）进士，雍正间官文华殿大学士兼吏部尚书。乾隆元年（1736年）卒，谥文端。著有《朱文端公文集》。

婺源新馆记　　90×42 厘米

新馆条规　　90×42 厘米

附：

婺源新馆记
（1817年）

乾隆庚辰岁，我婺汪汇川孝谦北上，始与计偕诸君倡建会馆于京城前门外之石侯街，以为公车下榻之所，其屋止十数楹，初盖限于资，既而公车辐辏半寄寓他所，群以为病，欲稍增廓之，又苦其局于地也。岁在癸丑，王葑亭银台创议重建，邑士多愿捐资金以助，而中有沮之者，议遂辍。自是屡议屡辍，愿助者亦稍懈弛。嘉庆辛酉、壬戌间，程纫兰中翰、蓉舫农部昆弟官京师，以千金为众创，亦鲜有继者。辛未春公车诸君戾止，复议及之，李椿田水部、汪芗林侍御乃与桂敷以书，遍告同邑诸绅士，水部旋以居忧返里，复偕洪梅坪中翰、王竹屿通守、孙仲延朝议、施益堂知事诸君，翕力劝输，输者咸踊跃。至甲戌岁，乃度地于旧馆附近之大耳胡同，买房三十余间。明年春，费浸集，撤其屋而更新之，夏五月工竣，以其余资修治旧馆，皆完善。其续收则增置房屋，赁取其入以供岁修公事之需，凡用金钱若干，汪侍御与李水部总其要，而张知事达泉佐之，工皆核实，财不虚费，盖二十余年间屡议屡辍者，至是幸臻厥成焉，虽然天下事始则乐观其成，成则必图其久。今京师之会馆不可数计，或久而逾新，或成而浸坏。其逾新者必规条之整饬，出入之公明，经费之充裕者也。其浸坏者反是。是可以鉴矣。继自今凡我官学，京师经理馆事者，其务共矢公正，协心保持。我邑绅士达识好义者，尚其念兹前功，随时续捐，以广所未逮，庶几相与以善其成，而利赖久远也。

大清嘉庆二十二年岁在丁丑夏四月董桂敷 记

附产　置于清中期，位于大耳胡同 41 号（旧为五斗斋路北二号），有房 9.5 间。现为民居。

婺源会馆　建于清道光二十一年（1841 年），位于西城区宣武门外大街 179 号、181 号左近（旧为宣武门大街路西八十五、八十六号），占地 0.77 亩，有房 24 间。扩宽宣武门外大街时被拆除，门牌号被撤销。

附产　置于清晚期，位于西城区宣武门外大街新 1 号（旧为上斜街路北一号），占地 0.06 亩，有房 3 间。现已拆除。

附产　置于清中期，位于西城区大沙土园胡同（旧为大沙土园路北）。有房一所，现为民居。

附产　置于清晚期，位于西城区南新华街 79 号（旧为大沙土园路北一号），占 0.27 亩，有房 12 间，扩修南新华街道路时原地名被撤销编入南新华街。现为民居。

附产 置于清晚期，位于西城区前门西河沿街 155 号左近（旧为西河沿路北九十七号），占地 0.37 亩。实地调查知，1949 年后陆续加盖了房屋，现正在翻建。

附产 置于清晚期，位于西城区耀武胡同 27 号（旧为羊肉胡同路北十四号）。

附产 置于清代，位于东城区布巷子胡同 30 号小楼左近（旧为路东五十三号），占地 0.15 亩，有房 4 间。

附产 婺源义园 置于清代，位于东城区广渠门内大街路南安化北里小区东片地域内（旧为安化寺七号），占地 4.33 亩，有房 2 间。

义宁

义宁，今称修水，位于江西省西北部、修水上游，邻接湖北、湖南两省。汉为艾县地，唐分置分宁县、元升为义宁州，清嘉庆六年（1801 年）改宁州，1912 年废州改县，1914 年改名修水，今为九江市下辖县。

义宁会馆（宁州会馆） 建于清乾隆四十年（1775 年），位于东城区好景胡同（旧为高井胡同），早废。

永新

永新，位于江西省西部、赣江支流禾水上游，邻接湖南省。三国吴置县，今为吉安市下辖县。

永新南馆 建于清乾隆年间（1736—1795 年），位于西城区广安门内大街 208 号楼址（旧为香儿胡同西段路北）。该馆包括一片义地，由本邑在朝为官的贺鹤汀等捐资购置，至道光十五年（1835 年）馆倒地废。现在此地为商住楼区。

永新北馆 建于清乾隆年间（1736—1795 年），位于西城区校场头条 8 号（旧为路东四十四号），因年久失修于同治元年（1867 年）变卖。现为民居。

永新新馆 以“北馆”售后所得，由掌馆人陈元熙经中人购建于清同治十年（1871 年），位于西城区“中信城”域内，原为中兵马街 5 号（旧为兵马司中街路北三号），占地 0.96 亩，有房 29 间。现已拆除。

永丰

永丰，位于江西省中部、赣江支流恩江流域。三国吴置阳城县，北宋改永丰，今为吉安市下辖县。

永丰会馆 建于清中前期，位于西城区宣武门外大街（旧为宣武门大街），到光绪朝已被废弃。

南丰

南丰，位于江西省东部、抚河上游，邻接福建省。三国吴置县，今为抚州市下辖县。所产“南丰蜜橘”很是著名。宋始设瓷窑，称“南丰窑”。

南丰会馆 建于清中前期，位于西城区北柳巷29号（旧为路西二十号），占地2.65亩，有房79.5间。已拆待建。

萍乡

萍乡，位于江西省西部，邻接湖南省。三国吴置县，1960年设县级萍乡市，当时隶属宜春专区。1970年升为江西省地级市。名胜和旅游景区有武功山、孽龙洞、杨岐寺、秋收起义广场等。

萍乡会馆（文廷式旧居） 建于清中前期，位于西城区粉房琉璃街93号（旧为路西四十二号），其与萍乡西馆共有土地3.8亩，有房47.5间。现已拆除。清朝末年，文廷式曾居于此，并协助康、梁创建强学会。

人物链接

文廷式（1856—1904），字道希，号芸阁，又号纯常子，江西萍乡人。清光绪八年（1882年）以监生应顺天府乡试中第三名。十四年（1888年）后为瑾、珍二妃老师。十六年（1890年）殿试一甲第二名授翰林院编修。次年，协同内阁看本，署理大理寺正卿。中日甲午战争爆发，文廷式慷慨主战，反对议和。转年四月光绪帝违心准约，其不胜悲愤，感叹台湾被强割日本，请假还籍。八月，假满回京即住萍乡会馆。适时正值康有为、梁启超拟建强学会，文廷式遂相协创建。二十二年（1896年），御史杨崇伊按李鸿章授意纠参文廷式，即被革职，遂回原籍。有《云起轩词钞》、《文道希先生遗诗》、《纯常子枝语》等。

萍乡西馆 建于清中晚期，位于西城区潘家胡同 93 号（旧为潘家河沿路西四十八号）。现为民居待拆。

附产 置于清中晚期，位于粉房琉璃街 132 号（旧为路东甲七十八号），占地 0.32 亩，有房 4 间。打通“虎坊西里”马路时被拆占。

分宜

关于分宜的历史地理概况已在“宜分万会馆”条中作了介绍。

分宜会馆 建于清中期，位于西城区板章胡同 26 号左近（旧为路南十二号）。《京师坊巷志稿》第 193 页“板章胡同”条中，有“旧有分宜会馆”的记载，至光绪年间（1875—1908 年）已废。

武宁

武宁，位于江西省西部、修水中游，邻接湖北省。东汉置西安县，西晋改豫宁，唐武周长安四年（704 年）改武宁，今为九江市下辖县。

武宁会馆 建于清嘉庆六年（1801 年），位于东城区南芦草园胡同内，早废。

武宁会馆 建于清代，位于西城区上斜街 40 号（旧为路南五十七号），占地 0.37 亩，有房 11.5 间。现为民居。

武宁会馆 建于清代，位于东城区好景胡同 16 号左近（旧为高井胡同中段路南）。现为民居。

靖安

靖安，位于江西省北部、修水支流潦水上游。五代南唐置县，今为宜春市下辖县。

靖安会馆 建于清代，位于西城区魏染胡同 49 号（旧为路西二十六号），占地 0.6 亩，有房 22.5 间。1949 年后由政府接管，区劳动保障部门在此办公。

安福

安福，位于江西省西部、赣江支流泸水上游。西汉置安平县，东汉改平都，唐改安福，今为吉安市下辖县。

安福会馆 建于清代，位于西城区永光东街九号院 1 号楼址（旧为西草厂路北五十三号），占地 1.2 亩，两进院有房 39 间。20 世纪末被拆除。

万载

关于万载的历史地理概况已在“宜分万会馆”条中作了介绍。

万载会馆 建于民国初年，位于西城区粉房琉璃街 85 号（旧为路西三十八号），占地 0.49 亩，有房 15 间。现已拆除。

附产 置于民国初年，位于潘家胡同 77 号（旧为潘家河沿路西三十八号），有地产两块。1949 年后被收用，扩宽南横东街道路时被拆。

宜丰

关于宜丰的历史地理概况已在“上高、新昌”条中作了介绍。

宜丰会馆 建于民国初年，位于西城区辟才胡同宏汇园小区域内（旧为路北十二号），占地 2.06 亩，有房 52 间。

附产 置于民国时期，位于辟才胡同宏汇园小区域内（旧为辟才四条路西一号）。

万安、遂川

万安、遂川两县的历史地理概况已在“吉州十县”条中作了介绍。万安在北，遂川在南，两地山水相连。

云龙会馆 馆名取自万安、遂川两县的旧称五云、龙泉。

建于民国时期，位于东城区冰窖斜街 13 号（旧为冰窖胡同路北二十一号），占地 0.32 亩，有房 10.5 间。现为民居。

商业行业馆产

文昌会馆（文昌祠）

建于清代，位于西城区琉璃厂东街东段路北。由江西省书商捐资购置土地，以文昌祠庙为主体建馆，后毁于火。

江西漕运会馆（真武庙）

建于清道光年间（1821—1850 年），位于通州区北大街路西如意园小区域内（旧为鱼市胡同西段路北）。

江西商馆（万寿宫）

建于清代，位于通州区北大街北口里路西（旧称河沿胡同），1956 年被拆除。

山东省在京会馆

古称太行山以东地域为山东，金代开始形成政区名。

山东省位于我国东部沿海中北段，黄海、渤海之间，黄河下游，简称“齐”或“鲁”。分别与河北、河南、安徽、江苏等省为邻。省会济南市。该省春秋时为齐、鲁之地，秦置胶东、临淄、济北等郡，汉属青、兖、徐三州地，金改京东东西二路为山东东西二路，元属中书省，明设山东布政使司，清为山东省。现辖 17 个地级市、29 个县级市、60 个县及 48 个市辖区，全省面积 15 万多平方千米。

山东省在京建立的最早会馆，是明万历九年（1581 年）的省馆——山左会馆，也称三义庙。该省共在京建立会馆 20 座，其中省馆 8 座，府馆 5 座，县馆 6 座，商业行业馆 1 座，上述会馆置设附产共计 9 处。目前尚有会馆建筑遗存 5 座，其中区级文物保护单位 2 处。

明万历九年建于通州的山左会馆，其主要功能必与漕运有关，而其特色三义庙也代表是山东人的道义追求。山东真正意义上在京师建会馆都是清代以后之事，会馆数量不多，值得一提的倒是具有仪馆性质的登莱胶义园公所。由于清初大量山东人涌入京城谋生，不仅垄断了一些行业，还广招山东劳力。该仪馆的创立应是广大中下层在京登、莱、胶、平以至整个山东从业者的需求与士大夫倡导推动相结合的产物，这种公益性会馆，需要大量作为仪馆用途的土地和支撑仪馆运营的产业，使该馆成为附产总量最多的在京会馆，虽以一宗相计，却有 5 所分馆、6 所义馆、9 处房地产和 28 片义地，相对集中分布于宣南多地，共计土地 200 亩，房舍逾 1350 间。

山东省在京会馆一览表

产别		馆名	别名	建立年代	现地址	老地址	地亩	房间	掌馆人	现状
省馆		山左会馆	三义庙	明万历九年（1581年）	通州玉带河大街358号	同左路南		21		区级文保
省馆		山东会馆		清前期	崇文门外大街	崇文门大街				早废
省馆		山东会馆	齐鲁会馆	不晚于清乾隆年间	潘家胡同35号	潘家河沿路西十八号	1.19	31		已拆
省馆		山左会馆		清乾隆年间	校场头条17号	同左路西七号	4.35	108.5	郝任符 王锡三	民居
省馆		山东试馆		清中期	建国门北大街西侧路南段	鲤鱼胡同				早废
省馆		山东试馆		清光绪三十一年（1905年）	前门西大街43号	正阳门西顺城街三十一号	7.83	105	王锡三	已拆
省馆		山东会馆		民国初期	西斜街36号	同左路北十九号	3.23	68	夏连居	已拆
省馆		山东会馆		民国时期	闹市口大街9号院1号楼	南闹市口路西十三号	1.46	30.5		已拆
府馆	登、莱、胶、平四地	登莱胶义园公所	登莱胶同乡会馆	清乾隆七年（1742年）	登莱胡同31号	干面胡同路北十一、十三、十四、十五号	28.09	402		已拆
府馆	济南	济南十六邑馆	嵇璜故宅	清乾隆末年	烂缦胡同97号	同左路西三十六至三十八号	6.53	114	杜培琪 张馥卿	民居
府馆	兖州	兖州会馆		清代	广安门内大街中段	广安门大街路北	0.7	29		已拆
府馆	青州	青州会馆		清代	门楼巷6号	同左路东十号				早废

产别		馆名	别名	建立年代	现地址	老地址	地亩	房间	掌馆人	现状
府馆	武定	武定会馆		清代	东交民巷1号	东江米巷东口里路北				已拆
县馆	海阳	海阳仪馆		清道光二十五年（1845年）	呼家楼南里2号	舍茶棚四号		37		区级文保
	汶上	汶水会馆		清光绪年间或更早	粉房琉璃街82号	同左中段路东				动迁中
	章丘	章丘会馆		清代	校场三条43号	同左路西二十七号				民居
	寿张	寿张会馆		清代	迎新街34号	延旺庙街路东六十号				早废
		寿张会馆		清代	广安门内大街6号	烂缦胡同路东九十七号				已拆
	昌邑	昌邑旅平同乡会馆		民国三十五年（1946年）	前门东街南段路西	冰窖厂路西三十三号				已拆
商业行业馆		齐鲁会馆		清代	西花市大街东段路南	手帕胡同路南		13		已拆

省级馆产

山左[1]会馆（三义庙） 建于明万历九年（1581年），又称三义庙，位于通州区玉带河大街358号、区成人教育中心院内。建筑格局为祠庙式四合院落，坐南朝北，灰砖灰筒瓦，有房21间，主殿奉刘备、关羽、张飞。2001年被定为区级文物保护单位，现由区老年书画研究会使用，平时门多紧锁。

山东会馆 据《宸垣识略》第180页载："东城会馆之著者……崇文门大街曰山东。"应建于清前期，位于东城区崇文门外大街，具体方向、位置无考。

山东会馆 也称齐鲁会馆。建立年代不晚于清乾隆年间（1736—1795年），位于西城区潘家胡同35号（旧为潘家河沿路西十八号），占地

---

① 山左，以太行山为界，山东也称山左。

1.19 亩，有房 31 间。清末废科举、办新学后，内城建有齐鲁学堂，该馆于民国初年改为齐鲁学堂师生宿舍。现已拆除。

山左会馆现状　玉带河东街358号

《华彩宣武六十年》一书中，杨慕兰同志在其文章中述及：“老公公原为山东中学第一任校长，爱人就是在该院出生和成长，自己结婚后及育女共在该院也生活了十多年。”

附产　置于清代，位于珠市口西大街 12 号（旧为西珠市口路南五十九号），1934 年售出。

山左会馆　建于清乾隆年间（1736—1795 年），传由本籍刘墉首倡。《北京会馆档案史料》第 941 页载，此馆是“由京官同乡组织而成，以为来京考试同乡暂居之所，并由京官有资望者轮流值年。”位于西城区校场头条 17 号（旧为路西七号），占地 4.35 亩，

山左会馆现状　校场头条17号

三进院落共有房 108.5 间。馆中的五间正厅是用来祭祀孔子的场所，清咸丰六年（1815 年）八月二十七日的祭祀活动史载最详。现为民居。

馆中旧有楹联一副（作者不详）：

圣贤桑梓，

海岱[1]文章。

人物链接

刘墉（1719—1805），字崇如，号石庵，山东诸城县人。祖父刘棨官至四川布政使；父亲刘统勋官至翰林院掌院学士兼上书房总师傅、国史馆正总裁、东阁大学士。

刘墉为清乾隆十六年（1751 年）进士，授翰林院庶吉士，二十年（1755 年）迁安徽学政、江苏学政。二十七年（1762 年）改山西太原知府、江苏江宁知府，三十七年（1772 年）擢陕西按察使。四十一年（1776 年）授内阁学士、充四库全书副总裁，四十三年调户部右侍郎、又转吏部。四十五年（1780 年）授湖南巡抚，转年回京任都察院右都御史，不久又授工部尚书兼属吏部，四十八年（1783 年）再迁直隶总督，五十年（1785 年）授协办大学士。嘉庆二年（1797 年）授体仁阁大学士、加太子少保衔。卒后晋赠太子太保，入祀贤良祠，谥文清。

刘墉为清一代著名书法家，尤长小楷，“貌丰骨劲，别具面目”，与翁方纲、梁同书、王文治齐名。

《北京文史资料》第 68 辑中记：“在民国时期，房屋修缮款项来源，多靠当时山东籍市政要人何思源召集梨园界名流义演而得。”第二次国内革命战争时期，谷牧同志曾住在该馆领导对敌斗争。

人物链接

何思源（1896—1982），山东菏泽人。1915 年起在北京大学学习，1919 年考取官费留美，后又到德国和法国学习。1926 年开始到广州中山大学工作，1927 年任国民党山东省党部改组委员会委员兼宣传部长；1928 年 6 月任山东省教育厅厅长；1944 年 12 月任山东省政府主席；1946 年 11 月调任北

---

① 岱，泰山的别称。

平市市长，由于帮助李宗仁竞选总统遭蒋介石嫉恨，1948 年 6 月被免去市长职务。是年 11 月北平发起和平运动，次年 1 月何思源被推举为和平谈判首席代表，为和平解放北平作出了贡献。新中国成立后任民革中央委员、全国政协委员，为台湾早日回归祖国积极奔走。笔耕不辍，译著甚丰。

谷牧（1914—2009），原名刘曼生，山东荣成人。1932 年加入中国共产党，1934 年任北平左联书记，1936 年到东北军做党的工作，1940 年回山东省工作。新中国成立后分别在济南市、上海市和国务院工作，1975 年后任国务院副总理，1984 年担任中国孔子基金会会长，1988 年当选七届全国政协副主席，是中国共产党第十、十一、十二届中央委员。

山东试馆　据《京师坊巷志稿》第 101 页载：“鲤鱼胡同，有山东试馆。”应建于清中期，位于东城区建国门北大街西侧路南段，具体方向、位置无考。

山东试馆　建于清光绪三十一年（1905 年），由宋庆遗产捐建，位于西城区前门西大街 43 号（旧为正阳门西顺城街三十一号），占地 7.83 亩，有房 105 间。现已拆除。

立馆不久，清廷宣布废除科举制度。光绪三十二年六月改办山东齐鲁学堂（《北京档案史料》二〇〇九第四期第 93 页“北京私立中学沿革史”文中述：山东齐鲁中学原为山东试馆），1912 年改称京师私立山东中学。1914 年 1 月，教育部批准朝鲜学生 4 名进入该校学习，开京师中学招收外国学生先例。1931 年增设高中部，1952 年 8 月由市教育局接收，改建为北京市第三十中学。经改扩建后占地达 10.6 亩，建筑面积 4000 多平方米。2000 年学校撤并，校舍交由市级重点一六一中学设为分校。

人物链接

宋庆（1820—1902），字祝三，山东蓬莱人。行伍出身，清末将领。咸丰三年（1853 年）参与镇压捻军，同治七年（1868 年）升为湖南提督，十三年（1874 年）调任四川提督。光绪六年（1880 年）奉命会办奉天防务，二十一年（1895 年）因营口失守被革职留任，二十六年（1900 年）帮办北洋军务，八国联军入侵时败退北仓，后回京，不久亡故。

山东会馆　建于民国初期，位于西城区西斜街 36 号（旧为路北十九号）

中央编译局大院内。馆址占地 3.23 庙，有房 68 间。1936 年首办山东中学分校，1954 年被中共中央俄文编译局征用。

附产　置于民国时期，位于西斜街 36 号大院内（旧为小英子胡同路西乙三号），占地 0.66 庙，有房 10.5 间，1954 年与其主产同被征用。

附产　置于民国时期，位于西四南大街 51 号左近（旧为路西二十二号），部分为铺面房产，占地 1.01 庙，有房 51.5 间。

附产　置于民国时期，位于车公庄大街 3 号楼群内（旧为路北二十五号），占地 26.47 亩，有房 13 间。现楼群是经再次改造后的新建筑。

山东会馆　建于民国时期，位于西城区闹市口大街 9 号院 1 号楼域内（旧为南闹市口路西十三号），占地 1.46 庙，有房 30.5 间。

府级馆产

登、莱、胶、平四地

登州，今称蓬莱，位于山东省东部，北临黄海与渤海。春秋时为牟子国，汉为莱郡地，唐武周如意元年（692 年）置登州，唐神龙年间（705—707 年）移治蓬莱。明洪武九年（1376 年）升为府，1913 年废府改蓬莱县，1991 年撤县设市，今为烟台市下辖县级市，登州则为市辖一街道办事处名。名胜有蓬莱阁等。

莱州，位于山东省东部，北临莱州湾。西汉置掖县，北魏置光州，隋开皇五年（585 年）改光州为莱州，明洪武九年（1376 年）升为莱州府，1913 年废府改称掖县，1988 年改掖县为莱州市，今为烟台市下辖县级市。

胶州，位于山东省东部、大沽河下游，东临胶州湾。秦置黔陬县，隋改胶西，明设胶州，1913 年废州改为胶县，1987 年撤县设市，今为青岛市下辖县级市。

平度，位于山东省东部、胶莱河东岸。西汉置县，明升为州，1913 年废州改县，1989 年撤县设市，今为青岛市下辖县级市。

登莱胶义园公所（登莱胶同乡会馆）　清代京师从事各种营生的外籍普通劳动者，尤以山东人为众，一些行业甚至由其人垄断，如饭庄行、主食行、大肉行、水井行、粪便行，以及粮食业、百货业，甚至金融业等。

登莱胶义园公所，或称登莱义园公所，实为山东（胶东）半岛的登州、莱州两府和胶州、平度两州及其下领各县共同参与建立、更面向同籍在京劳动者的公益性义馆。

根据《重整山东登莱义园宝应寺公产碑记》的记述："登莱义园之附於宝应寺也。自乾隆壬戌（1742年）始，至道光五年（1825年），黄县贾东愚少司马、潍县陈文悫相国倡牟集资添建殿宇、增置义田……。"由此可知，乾隆初年登莱义园附属于宝应寺。而到道光五年，宝应寺已为义园公产之一，登莱胶义园公所已具相当规模。1948年后改为同乡会馆，位于西城区登莱胡同31号（旧为干面胡同[①]路北十一、十三、十四、十五号），共有土地28.09亩，有房402间。1949年后这里陆续改作民居，20世纪末经连片改造开发，目前已建成南线阁街8号院高层住宅楼。

附产（登莱胶小学） 1949年初，登莱胶同乡会馆利用干面胡同四号（今址为登莱胡同29号）的唐刹宝应寺，由董事长吕铭生创办私立登莱胶小学，1952年成为完全小学，1953年由政府接管，改名为干面胡同小学。1966年改名为培红小学，不久又改名井冈山小学，1967年始设"戴帽"初中班。1969年改名登莱小学，1987年被设立为宣武区师范学校附属第二小学。现作为学校校址的宝应寺四重大殿仍在，已公布为区级文物保护单位，并已经修缮。

附产 登莱胶同乡会馆的附产，虽以一宗计，却涵盖了5所分馆、6所义馆、9处房地产和28片义地。土地共达200亩，房舍达1350多间。

现将学界及有关研究中较少用及的山东省会馆财产管理委员会，于1955年4月20日，奉报给北京市民政局的《四年来工作总结》中，有关登莱胶义园公所的全部财产及后来变化情况资料分录如下，并择重点说明：

1. 广安门内街道地域内

①广安门内大街路北：

旧门牌一四九、一五〇号，土地0.14亩，房屋6间，为附产。

旧门牌一九三、一九四号，土地0.55亩，房屋22.5间，为附产。

②广安门北街：

此地旧称北马道。义地2.3亩，1953年8月由北京市房地产管理局收购。1965年此地改称北顺城街。20世纪90年代初，在打通西厢市政改造工程中地上物被拆占，街名又改为广安门北街。

③下斜街路东：

旧门牌六十三、六十四号，土地0.06亩，房屋2.5间，为附产。

---

① 干面胡同，明代已有。1965年整顿街巷地名时，初改为登莱胶胡同，即以登莱胶同乡会馆命名。后简化为登莱胡同。

旧门牌八十八号，土地 0.09 亩，房屋 2 间，为附产。

④报国寺东夹道路东：

旧门牌二、三号，土地 4.22 亩，房屋 23 间，为义馆。此地现为居民区。

旧门牌五至八号，土地 2.6 亩，房屋 30.5 间，为义馆。此地现为居民区。

旧门牌八号南，土地 0.5 亩，为义地。

此巷北段义地 5.64 亩，1953 年由国家粮食部分两次收购，先后盖起部分办公楼和宿舍楼，现统称一号大院。北半部为国家粮食局老干部活动中心，南半部称商业部宿舍大院，有 6 幢多层楼。

⑤报国寺西夹道路西：

旧门牌十一号，占地 6.24 亩，有房 14 间，为义地。

1952 年由北京市运输公司收购，并连片开发了今广义街南段东片近 60 亩地面积，目前只余一片宿舍，大门开在善果胡同路南，称广义街甲 6 号院。此院有六层楼一幢，门口有一小牌“大件公司宿舍”。

2. 牛街街道地域内

①广安门内大街路南：

旧门牌二九八、二九九号，土地 0.32 亩，房屋 11 间，为附产。

旧门牌三一四、三一五号，土地 0.12 亩，房屋 4 间，为附产。

旧门牌三四四、三四五号，土地 1.21 亩，房屋 28 间，为附产。

②德泉胡同（旧称香儿胡同）：

旧门牌十二号西，土地 0.47 亩，为义地。

③德源胡同（旧称南王子坟）：

旧门牌十四号东，土地 0.33 亩，为义地。

④白广路（旧称老君地）：

今路东 2.09 亩、7.51 亩、5.07 亩义地，于 1954 年 6 月、7 月、9 月分三次由中央重工业部钢铁局设计公司征用。此地现分为北、南两个大院，北 4 号为办公区、南 6 号为宿舍区。原设计公司后改称“钢铁设计研究总院”。

今路西旧门牌甲二十三号以北有义地 0.49 亩。

今路西旧门牌二十三、二十四号及迤南的 1.75 亩义地、13 间房；0.33 亩义地，分别于 1953 年 12 月、1954 年 7 月被部队征用。此地地址本应为“白广路”，但其对外称“白广路头条一号”。

今路西旧门牌二十九号义馆及左右，分别有 0.84 亩土地、20.5 间房屋；1.84 亩义地和 0.9 亩义地，于 1954 年 8 月、11 月、12 月，被中央轻工业部征用。后大门开在白广路二条 1 号。轻工业部于 20 世纪 70 年代迁出，转由水利部继续使用。水利部机关迁至对门二号后，此院为中国水利学会及相应部门办公。

旧门牌二十九号南的1.23亩义地，即可能被今水利部机关办公址内所包容或为现在白广路二条的马路上。

今路西旧门牌二十九号再南有义地5.35亩，1954年6月由国家燃料部总干校征用。20世纪80年代转由国家民政部民政管理干部学院使用。现为中民大厦（白广路7号）。

白广路北段当时还有义地二片：1.86亩、4.44亩。

⑤登莱胡同路北：

旧称干面胡同一号，有土地0.64亩，房屋3间，为附产。

旧称干面胡同二号，有义地1.77亩。1954年6月，由北京市木材公司征用。当时在原地盖起俄式多层楼，南北相对各一栋，北为办公、南为住居。因木材公司与煤炭公司同属市一商局所辖，20世纪80年代机构调整时，木材公司迁出，转由市煤炭公司使用，现称登莱胡同4号。在深化经济体制改革过程中，北京市成立了京煤集团公司，原煤炭公司址成为京煤集团下属“北京金泰恒业有限责任公司”办公地。

登莱胡同路南：

旧门牌十六号（与义园公所对门），连片土地55.39亩，房屋7间，是名副其实的大义园。

20世纪50年代初，义园建成“广安公园”。1965年，公园改建成为宣武体育场；90年代，又增建了宣武体育宫、广安体育馆，总占地面积近5万平方米、建筑面积近2万平方米。现为2008年后重建的宣武体育馆，地址统称登莱胡同26号。

⑥南线阁街

路西旧门牌甲四、甲五号义馆，有土地2.44亩，房屋21间。1961年5月，此处被中央音乐学院征用，并建起五层大楼一座，现为宿舍，楼号为南线阁街19号；

路西旧门牌甲十五号义地，有土地2.47亩，房屋7间；

路西旧门牌甲二十一号附产，有土地0.9亩，房屋11.5间；

路东旧门牌甲二十九号义地，有土地2.89亩，房屋11间。1958年8月，此址被大华陶瓷厂征用。20世纪末工厂外迁，该址现今建起的新楼为水利部西办公区，称白广路二条16号；

路东旧门牌三十、三十一号义馆，有土地3.25亩，房屋21间；

路东旧门牌三十三号附产，有土地0.4亩，房屋11间；

路东旧门牌四十一号义地，有土地5.66亩，房屋3间。

⑦醋章胡同路南：

旧门牌三十八号，登莱胶分馆，占地0.52亩，房屋17间，目前已拆平。

⑧南马道：

旧有义地2.77亩。

20世纪90年代初，在打通西厢市政改造工程中，处于广安门立交桥东南角的南马道地片，由当时称华北电力集团公司进行开发和利用，新定地址为广安门内大街482号。目前称国家电网华北电网有限公司。

3. 白纸坊街道地域内

①白纸坊西街（旧称白纸坊街）中段：

旧门牌十九号，登莱胶分馆有土地1.1亩，房屋25间，1953年7月由北京市建设局征用。

②白广路南段（旧为老君地南）路东（今为24号、26号）：

旧有义地4.87亩，1953年4月由北京人民印刷厂收购（即今五四一厂）。

③菜园街（旧称菜园）路东：

旧门牌乙六、丙六号，土地4.05亩，房屋20间，此为义馆附义地。早已征用。

旧门牌五十七号，义地9.04亩，房屋5间，1953年4月由北京人民印刷厂收购。1954年建起一座“刀把型”宿舍楼，现为“南菜园19号楼”。

4. 大栅栏街道地域内

①琉璃厂东街（旧称琉璃厂）东段路南：

旧门牌二五八、二五九号，土地3.34亩，房屋98.5间，为分馆。早已征用。今门牌是28号，门楣上的匾额为“北京关公画堂”。

②煤市街路东86号及左右：

旧门牌一三二号，有土地0.23亩，房屋24间，为分馆。早已征用。

5. 天桥街道地域内

腊竹胡同（旧称腊竹芯）路北

旧门牌三十五至三十七号，有土地3.42亩，房屋71间，为分馆。现为民居，新门牌为43至49号。

济南

济南，位于山东省中部偏西、黄河下游南岸。战国为齐历下邑，西汉初置齐郡，文帝改为济南国，景帝时仍为郡。东汉又改为国，晋再改郡，隋初废。北宋至道三年（997年）分全国为十五路，济南属京东路，为齐州。北宋政和六年（1116年）齐州升为济南府。元改为路，明初复为府，1929年正式设立济南市，为山东省省会城市。名胜古迹有千佛山、大明湖、趵突泉、黑虎泉等，素有“泉城”之称。

济南十六邑馆（嵇璜故宅） 建于清乾隆末年，由窦光鼎等人倡建，于嵇璜故宅基础上扩建。位于西城区烂缦胡同97号（旧为路西三十六至三十八号），共4个院落，三十七号院子大、房子多、格局好，为主院。该馆并附有莲花寺湾的八号和十号两小院，总计面积为6.53亩，房舍114间，现为民居。莲花寺湾（后改称莲花胡同）的小巷，现已拆平建为道路，2005年新版地图已标为法源寺后街。

其他十五邑分别为：

历城，位于济南市东部、黄河沿岸。汉置县，今为济南市下辖区。古迹有东魏时代的四门塔。

长清，位于济南市西郊、黄河东岸。秦为卢县地，隋置长清县，今为济南市下辖区。古迹有孝堂山石刻壁画及灵岩寺。

章丘，位于济南市东、北滨黄河。北齐设高唐县，隋改章丘，今为济南市下辖县级市。龙山镇城子崖为我国新石器时代“龙山文化”的重要遗址。

济阳，位于济南市北、黄河西岸，徒骇河流贯北境。秦置昔县，金改济阳，今为济南市下辖县。

德平，位于山东省西北部。西汉置平昌县，东汉改西平昌县，晋废。后魏复置平昌县，五代唐改德平，1956年撤销分别划归德县、临邑、商河、乐陵等县。

德县，今称德州。汉置鬲县，北齐废。宋为陵县，元置陵州，明复改为陵县，后又设德州于此，民国后改州为县，1958年德县被撤销并划归德州市，今为德州市下辖德城区。

平原，位于山东省西北部。秦置县，西汉置郡，东汉、魏、晋或为郡、或为国。南朝宋为郡，北魏废。隋大业及唐天宝时又曾改为平原郡，后废郡改县，今为德州市下辖县。

临邑，位于山东省西北部、徒骇河与马颊河之间。汉置漯阴县，南朝宋改临邑，今为德州市下辖县。

禹城，位于山东省西北部、徒骇河中游。汉置高唐县，唐改禹城，今为德州市下辖县级市。

陵县，位于山东省西北部、马颊河中游。宋置安德县，明改陵县，今为德州市下辖县。

齐河，位于山东省西部、南临黄河。金置县，今为德州市下辖县。

淄川，今称淄博，位于山东省中部、泰沂山北缘。汉置般阳县，南朝宋改贝丘，隋改淄川。明初升为州，后又降为县，1955年撤销并入淄博，今为淄博市下辖区。名胜古迹有齐国都城遗址、桓公台、晏婴塚等。

桓台，位于山东省中部偏北、小清河南岸。元置新城县，1914年改桓台，今为淄博市下辖县。

邹平，位于山东省中部偏北、小清河流域。汉置县，今为滨州市下辖县。古迹有范仲淹读书处。

齐东，今称邹平。汉属邹平县地，金置齐东镇，元升为县，1958 年撤销复入邹平县。

人物链接

窦光鼎（1720—1795），字元调，号东皋，山东诸城人。清乾隆七年（1742 年）进士，官至左都御史，充上书房总师傅。他为人耿直，为官清廉，学问精湛。

嵇璜（1711—1794），字黼廷，号尚佐，晚年自号拙修，江苏无锡人。其父任河道总督时他耳闻目睹，激发了对治河工程的热爱。清雍正八年（1730 年）赐进士出身，开始了他的仕途生涯。乾隆八年（1743 年），此时正值黄河和北方水患频仍，他向朝廷提出了“开浚引河，引流培修河岸，注意入海口等保持河道渲泄通畅”的建议，此议得到皇帝赞许，并得到落实。十八年（1753 年），其随驾正在热河秋猎，当时接到黄淮并涨、堤决遭淹的快报。他立即草拟“渲防八事”的奏疏，乾隆批准他南下勘治。半年后大功告成，受特谕嘉奖。二十三年（1758 年），被任命为南河副总督。转年，升工部尚书。三十二年（1767 年），转任礼部尚书、东河河道总督。三十八年（1773 年）后，又转工部、兵部、吏部等职，授文渊阁大学士。四十六年（1781 年），黄河多处决口，河水东灌、殃及运道，提出“归黄河北流，仍山东故道”建议，未被批准。逝后，晋太子太师衔，赐谥文恭。

附产　齐鲁义园　《宣武区地名志》第 470 页述，该园隶属于济南十六邑馆。位于广安门外手帕口南街（旧为南观音寺路西）。这座义园规模较大，并建馆舍三进院落，主要是为死者家属来墓地祭祀或办理丧事留宿而设，园中多埋葬为劳苦民众。现此地为“郎琴国际”住宅小区。

兖州

兖州，位于山东省西南部，古“九州”之一。秦置瑕丘县，汉武帝置十四州刺史部之一，南朝宋置兖州，北宋改瑕县，后又改嵫阳。明洪武十八年（1385 年）升兖州，清置府，1913 年改县，1992 年撤县设市，为济宁市下辖县级市，2013 年 11 月改设为济宁市兖州区。

兖州会馆 建于清代，位于西城区广安门内大街中段（旧为广安门大街路北），占地 0.7 亩，有房 29 间。1949 年后即拆。

青州

青州，位于山东省中部，古“九州”之一。汉武帝置十四州刺史部之一，元初改益都路，明改青州府，清代辖境变小，1913 年改益都县，1986 年撤县改设青州市，今为潍坊市下辖县级市。青州以产绫绢、陶器等手工业品著名。

青州会馆 建于清代，清末已废，位于西城区门楼巷 6 号（旧为路东十号）。1964 年，这里改扩建为小学校，称宣武区回民小学，学校占地 1200 平方米、建筑面积 2400 平方米。目前，学校被撤并，校舍闲置待拆。

武定

武定今称惠民，位于山东省北部、黄河北岸，徒骇河流贯。秦置厌次县，明洪武元年（1368 年）废厌次县，域地入棣州；永乐元年（1403 年）改棣州为乐安州；宣德元年（1426 年）改乐安州为武定州。清雍正二年（1724 年）武定州为山东布政使司直隶州。雍正十二年（1734 年）设武定府，始置惠民县（因城东南有惠民沟而定名）。1913 年废府还县，现为滨州市下辖县。是中国古代大军事家孙武故里。

武定会馆 建于清代，位于东城区东交民巷 1 号同仁医院门诊住院大楼域内（旧为东江米巷东口里路北）。

相关链接

同仁医院 首都医科大学附属医院，市属三级甲等综合医院。1886 年由美国基督教美以美会创始。北平沦陷时期改称市立第二医院，抗日战争胜利后复称同仁医院。“文革”期间，改称北京工农兵医院，1978 年复称。该院以眼科、耳鼻喉科最为著名。

县级馆产

海阳

海阳，位于山东省东部，南临黄海。清雍正十二年（1734 年）置县，因地处黄海之北而得名，1996 年撤县设市，现为烟台市下辖县级市。

海阳仪馆 《北京会馆档案史料》载：“该馆于前清道光二十五年（1845 年）分设仪馆和义园，为王乐义、李天价等人募创，使客都者有一养病、亡葬或停灵之所。”建有房屋 37 间。位于朝阳区呼家楼南里 2 号（旧为舍茶棚四号）。该大院分为东、西两部分，东半部现由小旅馆经营，西半部为一规整的四合院，现由呼家楼房管所使用。院内尚存光绪二十九年（1903 年）立《重修海阳义园碑记》。《朝阳区志》述：“其是辖境内现存惟一较为完整的四合院”，现为区级文物保护单位。

海阳仪馆现状　呼家楼南里2号

附产　海阳义园　置于清道光二十五年（1845 年），位于海阳仪馆之北，相距不足 100 米，总占地 9.84 亩。《北京会馆档案史料》载：“于 1954 年分两次被中央第一机械工业部汽车附件厂征用。”经实地调查，这里是一片陆续建起的楼房宿舍区，现 24 号楼楼龄最久，建于 1954 年。

另据《朝阳区志》载："1955年6月在不足一公里），开建北京第一汽车附件厂。1958年6月20日，该厂生产出第一辆白色的井冈山牌小轿车。轿车开进中南海，毛泽东、刘少奇、朱德、邓小平等高兴地乘坐。7月由朱德题写将附件厂改名为北京汽车制造厂。"

附产　海阳义地　置于清道光二十五年（1845年），占地48.55亩，有房16间，位于三里河路路西1号西苑饭店地域内（旧为西直门外二里沟）。该址在"土地改革"运动中被征用，1954年创建"西苑大旅社"。

重修海阳义园碑记

汶上

汶上，位于山东省西南部。春秋为鲁中都邑，汉置东平陆县，南朝宋改平陆，唐改中都。金始改汶上，现为济宁市下辖县。县城中有宋代古迹太子灵踪塔（俗称黄金塔）。20世纪90年代维修古塔时，在地宫中发现大量古代佛教圣物，其中包括一枚释迦牟尼牙舍利、几百颗舍利及一尊跪立观音像，引起很大轰动。县城西南有古中都邑故址。

汶水会馆　地名本为"汶上"，馆名则以流贯县境的"汶水"作为代称。

建于清光绪年间（1875—1908年）或更早，位于西城区粉房琉璃街82号左近（旧为粉房琉璃街中段路东）。此一片现已动迁。

章丘

关于章丘的历史地理概况已在"济南十六邑馆"条中作了介绍。

章丘会馆　建于清代，位于西城区校场三条43号（旧为路西二十七号），现为民居。

寿张

寿张，今称阳谷，位于山东省西部、黄河北岸，邻接河南省。战国齐为

刚寿邑，汉置寿良县，后汉改寿张。南朝
宋又改寿昌，后魏复寿张。唐升寿州，不久废，再复寿张，1964 年寿张县撤销，分别划归阳谷县和河南省范县。阳谷今为聊城市下辖县。

寿张会馆　建于清代，位于西城区迎新街 34 号左近（旧为延旺庙街路东六十号）。《京师坊巷志稿》称“今废”。

寿张会馆　建于清代，位于西城区广安门内大街 6 号枫桦豪景小区域内（旧为烂缦胡同路东九十七号）。

昌邑

昌邑，位于山东省北部偏东、淮河下游，北临莱州湾。汉置都昌县，宋改昌邑，现为潍坊市下辖县级市。

昌邑旅平同乡会馆　建于 1946 年 11 月，“以谋同乡精诚团结、互助互勉、福利桑梓”为宗旨。位于东城区前门东街南段路西“刘老根大舞台”域内（旧为冰窖厂路西三十三号）。

商业行业馆产

齐鲁会馆　《北京会馆档案史料》述明，该馆“是鲁籍会馆中惟一具有商业性质的会馆，从属济南十六邑馆”。建于清代，位于东城区西花市大街东段路南、西花市南里东区域内的北半部分（旧为手帕胡同路南）。1949 年后，在扩大手帕胡同小学校舍时被占用，当时小院有房 13 间。

河南省在京会馆

河南省因大部区域位于黄河以南而得名，地处黄河中下游，北、西、南三面为山地环抱，东部平原辽阔。分别与河北、山东、安徽、湖北、陕西、山西等省为邻。简称“豫”，省会郑州市。

古属豫州，居九州之中，素有“中州”、“中原”之称。春秋时为周畿内及宋、卫、郑等国地，战国为韩、赵、魏国地，秦分属三川、颍川、南阳等郡，汉属司隶及豫、兖、荆、冀等州，唐时分属都畿及河南、河北、山南东等道，宋属京东、京西、河北等路，元直隶河南江北行中书省，明设河南布政使司，清称河南省。现辖17个地级市、21个县级市、88个县及50个市辖区，全省面积16万多平方千米。

河南省在京建立的最早会馆，是明万历年间建立的省馆——河南老馆，也称中州乡祠。该馆只是河南在京创建会馆的初步尝试，且不具备馆舍功能。其余河南在京会馆皆创建于清代，但由于会馆史料不够丰富，多数会馆的准确建立时期不详。该省共在京建立会馆36座，其中省馆8座，府馆19座，县馆9座，上述会馆置设附产共计3处。目前尚有会馆建筑遗存9座。

河南在京会馆从数量上以府馆居多，而且多是府来牵头、众多县参与共建的联合会馆。这种联建模式扩大了河南在京建馆的覆盖面。省馆中以嵩云草堂为核心，成为京师一处相当规模的省馆，其发展历程是会馆组织发展史的较好案例，其馆舍建设、功能设置也是会馆组织功能解构的较好诠释。近代史上著名的“公车上书”就从这里开始，也使这座会馆成为了中国维新改革的历史见证。

河南省在京会馆一览表

产别		馆名	别名	建立年代	现地址	老地址	地亩	房间	掌馆人	现状
省馆		河南老馆	中州乡祠	明万历年间	宣武门外大街新1号	上斜街路北十三号	2	15	余同甲	已拆
		河南会馆	中州东馆	清顺治十四年（1657年）	骡马市大街新9号	同左路北八十七至八十九号	4.53	110.5	史岳山 司庆轩	已拆
		河南会馆	嵩云草堂	清康熙十年（1671年）	达智桥胡同55号	达智桥路北十九号	9.02	150	史岳山 司庆轩	已拆
		河南会馆		清代	醋章胡同29号	同左路北十五号		28	余同甲	已拆
		河南会馆	中州武会馆	清代	粉房琉璃街104号	同左路东九十二号	1.23	25	余同甲	已拆
		河南分馆		清代	校场五条48号	同左路东二十七号			史岳山 司庆轩	民居
		中州南馆		清代	中信城	米市胡同路西四十九号	2.43	48.5	余同甲	已拆
		中州新馆		清代	菜市口大街北段	丞相胡同路东六十六号	1.88	40.5	余同甲	已拆
府馆	怀庆	怀庆老馆	覃怀会馆	清朝初年	前孙公园胡同90号	十间房中段路南				民居
		怀庆会馆	覃怀会馆	清道光年间	潘家胡同11号、7号	潘家河沿路西六号、四号	3.33	84	王印川 郎少山	已拆
		怀庆新馆	覃怀会馆	清朝末年	红线胡同3号	麻线胡同路西二号			王印川 郎少山	民居
		覃怀分馆		清朝末年	宣武门内大街南段路东	象牙胡同路北四号			靳相贤	已拆
	开封	开封会馆	开郑会馆	清嘉庆十三年（1808年）	迎新街100号	贾家胡同路西二十九号	1.34	38	宋庚荫	已拆
		开封会馆	开郑会馆	清中晚期	南横东街79号	贾家胡同路东三十二号		25	宋庚荫	已拆
		河陕汝会馆	河洛会馆	清代	果子巷44号	同左南口路东				已拆

产别		馆名	别名	建立年代	现地址	老地址	地亩	房间	掌馆人	现状
府馆	河南	河郑汝会馆		清代	宣武门外大街127号	宣武门大街路西六十号				已拆
		洛中会馆		清中晚期	珠市口西大街新25号	虎坊桥西口路北				已拆
		河洛会馆	河陕汝会馆	清朝末年	宣武门外大街30号	宣武门大街路东一八六号	0.67	20	姚鸿裔 张德懋	已拆
	南阳	宛南十三县馆		清代	长椿街南口里	下斜街路西四十六号	3	10	徐炳旭 郑恩普	已拆
		宛南会馆		清代	菜市口大街中段	官菜园上街路西八号				已拆
	光州	光州会馆	潢光固息商五县馆	清中晚期	菜市口大街中段	官菜园上街路西九号	1.16	28	蔡亮澄	已拆
		光州会馆	潢光固息商五县馆	清中晚期	中信城	兵马司前街路西十三号	1.55	44.5	蔡亮澄	已拆
		光州会馆	潢光固息商五县馆	清中晚期	中信城	米市胡同路东五十九号	2.45	71.5	蔡亮澄	已拆
	归德	归德会馆		清中晚期	草场头条6号	同左北段路东			王玉璞	民居
		归德会馆		清咸丰二年（1852年）	贾家胡同42号	同左路东四十八号	1.68	37	王尚济 王玉璞	已拆
	彰德	彰德会馆		清光绪二十年（1894年）	南半截胡同14号	同左路东三十一号	0.83	21	马吉樟 吕卫生	民居
	陈州	陈州会馆		清宣统二年（1910年）	醋章胡同42号	同左路南三十三号	3.59	41.5	孙秀山	已拆
县馆	孟县	孟县会馆		清中晚期	精忠街南片	紫竹林				早废
		孟县会馆		清代	宣武门外大街40号	宣武门大街南段路东				已拆
		孟县会馆		清代	珠市口西大街173号	虎坊桥路北八号	0.53	42		已拆

产别		馆名	别名	建立年代	现地址	老地址	地亩	房间	掌馆人	现状
县馆		孟县会馆		清代	石头胡同75号	同左路西三十六号				民居
		孟县会馆		清代	四平园7号楼	南横东街路南				已拆
	嵩县、新安	嵩新会馆		清代	大沙土园胡同2号	大沙土园路南				民居
	开州	濮阳会馆		清咸丰年间	福州馆街17号	崇兴寺路北二号				民居
	祥符	祥符会馆		清朝末年	四平园1号楼	南横东街路南六十六号	2.14	40	顾仪曾	已拆
	正阳	正阳会馆		民国七年（1918年）	校场五条12号	同左路东四十二号	0.33	14	袁其昌	民居

省级馆产

河南老馆（中州乡祠） 建于明万历年间（1573—1620年），位于西城区宣武门外大街新1号“环球财讯中心”域内（旧为上斜街路北十三号）。大学士高拱在上斜街至宣武门西河沿之间，购得荒地2亩，筹建中州乡祠。仅建起平房3楹，作为在京豫人集会之所。清康熙十年（1671年），工部尚书汤斌在这所老馆中，正式建成乡祠，自此正式称为中州乡祠。有房15间。

人物链接

高拱（1512—1578），字肃卿，河南新郑人。明嘉靖进士，历官国子监祭酒、礼部尚书、文渊阁大学士、中极殿大学士，留有《高文襄公集》。

汤斌（1627—1687），字孔伯，号荆岘，河南睢阳人。顺治九年（1652年）进士，官至内阁学士兼礼部侍郎、江苏巡抚。

河南会馆（中州东馆） 建于清顺治十四年（1657年），位于西城区骡马市大街新9号中国联通（集团）有限公司北京市分公司办公大楼域内（旧为路北八十七至八十九号）。乾隆五十六年（1791 年）重修并改称中州东馆。占地 4.53 亩，有房 110.5 间。现存《重修中州东馆碑记》，由胡季堂撰并书、袁治刻石。

附产 置于清代，位于该馆东、西，为 3 处门面房，共 13 间，即今中国联通（集团）有限公司北京市分公司办公大楼域内。

河南会馆（嵩云[①]草堂） 建于清康熙十年（1671 年），位于西城区达智桥胡同 55 号（旧为达智桥路北十九号）。

汤斌在上斜街路北建中州乡祠的同时，也在路南原招提寺的废基上建造大厅，名曰“洛社”。该院内植有海棠 10 余株，故名“海棠院”。洛社之南建有听涛山馆和池北精舍，两者之间植有丁香，故名“丁香院”。再南为月牙池，池南分建嵩云亭和听雨楼。咸丰十一年（1861 年），户部侍郎毛树棠于月牙池南，又购得土地 2 亩，其内包括接待寺旧庙一所。这样南北连成一片，傍依中州乡祠，形成在京师一处具有相当规模的会馆。同治十三年（1874 年），兵部尚书毛昶煦等人，又筹策在馆东接建了精忠祠和报国堂，东西两侧均设有重檐画廊，并供奉着岳飞画像进行祭祀。经过再扩的会馆，共有大小厅、堂、斋、舍 150 多间，总称为“嵩云草堂”，正门朝南设在达智桥十九号。河南各州、府举人、学子来京应试均可住在这里，在京的豫籍显贵、臣贾常以此为宴聚及戏演之所。光绪四年（1878 年），会馆内专立《嵩云草堂条规碑》一统，现存于北京市石刻艺术博物馆内。

李慈铭的《闰秋饮集嵩云草堂池北精舍》诗作，对嵩云草堂有如下描述：

胜地招邀萃习觞，丽楼栏槛带虚堂。
清池水影先浮磴，高柳秋声欲满廊。
云物略存嵩少意，钟鱼犹按梵龛香。
双藤宰相风流歌，尚有寒松翠过墙。

光绪二十年（1894 年）以后，维新变法人士常到嵩云草堂聚会议事，并在这里组建了强学会，每十日集会一次，会上必有专人进行专题演讲。强学会中也吸纳了一些官僚上层人物，宣传维新变法，其对维新运动的推进起了很大作用，为戊戌变法的实施奠定了基础。

“公车上书”时，各省举人分别由嵩云草堂和松筠庵出发，于宣武门外集合后列队前往都察院。

清朝废除科举制度后，袁世凯等人力倡豫人在京办学，于光绪三十年

---

① 河南登封县北有嵩山，又名嵩高。山大而高曰“嵩”，故嵩山为中岳。“云”乃高空之物，“嵩云”应意指中岳高耸入云，并且形容景观云蒸霞蔚。

（1904 年），利用嵩云草堂设立了河南公立豫学堂。“民国元年，改名豫学校，嗣后又改办旅京豫人私立法政学校。四年（1915 年）夏失慎，全校堂厦楼舍、校具、仪器、图书焚毁无存。越年，方筹款重修校舍。七年（1918 年）秋，改为京师私立河南中学校。每年秋季招生一班，每班 50 人。二十三年（1934 年）更名为私立嵩云初级中学，二十七年（1938 年）又改为北平市私立嵩云中学，并附设嵩云小学。”[①]

1952 年，嵩云中学并入北京市第十四中学、嵩云小学并入上斜街第二小学。1975 年，腾退出的原嵩云中学址盖起新教学楼，改办二〇四中学，校门开在上斜街 36 号，其占地面积 3600 平方米、建筑面积 4300 平方米。二〇四中学被撤并后现为西城区宣武青少年科技馆所在地。该馆分隔出的南院成为民居。

人物链接

李慈铭（1830—1894），字式侯，号莼客，浙江会稽（今绍兴）人。清光绪六年（1880 年）50 岁时始中进士，其人一生以“名士”著称，著作颇丰，四十余年间所记之日记，是他“生平精之所荟萃”传留于世，成为研究晚清社会状况的珍贵材料。

毛昶煦（1817—1882），字旭初，河南武陟人。出身官僚家庭，清道光二十五年（1845 年）进士，授检讨，继迁御史，官至吏部尚书兼署礼部，充翰林院掌院学士。

岳飞（1103—1142），字鹏举，河南汤阴人，南宋抗金名将。北宋末年投军。南宋王朝建立，建炎三年（1129 年）其坚持抵抗金军南进，并收复建康（今南京）。绍兴九年（1139），高宗派秦桧与金军议和，岳飞反对，并收复郑州、洛阳等地，一心求和的高宗，命其退兵，他回到临安即被解除兵权下狱。十一年十二月二十九日（1142 年 1 月 27 日），以“莫须有”罪名被害。

袁世凯（1859—1916），字慰亭，号容庵，河南项城人。北洋军阀政府总统。甲午战争后，为直隶按察使，再提直隶总督、北洋大臣。1911 年被任命为内阁总理大臣。1912 年清帝退位后，就任中华民国临时大总统。1915 年 12 月 12 日宣布复辟帝位，改中华民国五年（1916 年）为洪宪元年并称帝。在全国人民一片反袁声讨中被迫于 1916 年 3 月 22 日取消帝制，6 月 6 日死于新华宫居仁堂。

① 引自《北京市志稿·文教志》。

知识链接

强学会　该会是变法维新运动期间维新派首建的政治团体。又名译书局、强学书局或强学局。于清光绪二十一年（1895 年）八月，由康有为、梁启超等人发起成立，主张"变法图强"，得到军机大臣翁同龢和工部尚书孙家鼐等人的支持。会员有数十人，十七日还创办了《万国公报》(隔日刊)，三个月后改称《中外纪闻》，由梁启超、麦孟华为编辑，日印千份，并附《京报》分送给达官贵人。另在琉璃厂东街西口路北创办了一个图书馆，收集翻译书籍、地图和仪器等，在思想启蒙方面起到了积极作用。1896 年 1 月，慈禧太后以"私立会党，将开处士横议之风"为由，查禁强学会，查封图书馆。

河南会馆　建于清代，位于西城区醋章胡同 29 号（旧为路北十五号），有房 28 间，现已拆除。

河南会馆　该馆也称中州武会馆。建于清代，位于西城区粉房琉璃街 104 号（旧为路东九十二号），占地 1.23 亩，有房 25 间，现已拆除。

河南分馆　建于清代，位于西城区校场五条 48 号（旧为路东二十七号），现为民居。

中州南馆　建于清代，位于西城区"中信城"域内，原为米市胡同 111 号（旧为路西四十九号），共由 3 个院落组成，占地 2.43 亩，有房 48.5 间。1949 年后曾由一尼龙配件厂占用大部。

附产　置于清代，位于"中信城"域内（旧为米市胡同路西），为会馆隔壁的铺面房 4 间。

中州新馆　建于清代，位于西城区菜市口大街北段（旧为丞相胡同路东六十六号），拓建菜市口大街时被拆。

附产　河南义地　建于清代，位于右安门东街万博苑小区东半部分（旧称东马道）。20 世纪 50 年代被征用建北京客车总厂第七分厂及北京市汽车修理公司。21 世纪初工厂外迁，现为万博苑小区。

府级馆产

怀庆

怀庆，今称沁阳，位于河南省西北部、沁河下游，北倚太行，南临黄河。战国魏邑，秦置野王县，隋升改河内郡。郡邻怀县，即以“覃怀”共为一地。北魏天安二年（467 年）置怀州，蒙古宪京七年（1257 年）改为怀孟路，元延祐六年（1319 年）改为怀庆路，明改府置。1913 年废府改沁阳县，1989 年撤县设市，今为焦作市下辖县级市。名胜古迹有天宁寺塔、尧池泉等。该市自古为药材集散地，以“怀药”驰名。

怀庆老馆　建于清朝初年，也称覃怀会馆，位于西城区前孙公园胡同 90 号（旧为十间房中段路南）。现为民居。

民国后改称沁孟温济武博修原阳九县馆（“覃”与“沁”通用）。九县分别为：

孟县，今称孟州，位于河南省西北部、黄河北岸。秦为河雍县，汉为河阳，唐末为孟州置，明洪武十年（1377 年）改为孟县，1996 年复称孟州，并为焦作市下辖县级市。

温县，位于河南省北部、南临黄河。汉置县，今为焦作市下辖县。

济源，位于河南省西北部、黄河北岸，漭、沁两水流贯，邻接山西省。隋置县，1988 年撤县设市，今为河南省省辖市。

武陟，位于河南省北部、沁河下游，南滨黄河。秦置怀县，隋分置武陟县，今为焦作市下辖县。

博爱，位于河南省北部、沁河下游，邻接山西省。1929 年由沁阳县析置，今为焦作市下辖县。

修武，位于河南省西北部，邻接山西省。汉置县，今为焦作市下辖县。名胜古迹有宋塔、马坊泉等。今天的焦作即是由原修武的一座小镇采煤矿区，于 1956 年起发展而成为现在的地级市。此乃是本书所涉建城历史最短的城市。

原武，今称原阳，位于河南省北部、南临黄河。西汉置县，1951 年与阳武合并后改称原阳，今为新乡市下辖县。

阳武，今称原阳，位于河南省北部、南临黄河。秦置县，1951 年与原武合并后改称原阳，今为新乡市下辖县。

怀庆会馆（覃怀会馆） 建于清道光年间（1821—1850 年），由位于西城区潘家胡同 11 号和 7 号（旧为潘家河沿路西六号和四号）的两重相邻院落组成，占地 3.33 亩，有房 84 间。现已拆除。

怀庆新馆（覃怀会馆） 建于清朝末年，位于西城区红线胡同 3 号（旧为麻线胡同路西二号），现为民居。

覃怀分馆 建于清朝末年，位于西城区宣武门内大街路东的街边花园、健身场地域内（旧为象牙胡同路北四号）。

开封

开封，古称汴梁、东京、汴京，我国古都之一，是中国历史文化名城。位于河南省中部偏东，战国魏、五代梁、晋、汉、周及北宋、金均建都于此。五代梁以后为开封府治，元灭金后设河南江北行中书省于开封，明初改汴梁路为开封府。清康熙时将河南省治、开封府治均设置在开封。1912 年称祥符县，1914 年改为开封县，1929 年成立开封市。新中国成立后至 1954 年 10 月为河南省省会。今为河南省地级市。文物古迹有龙亭、铁塔、禹王台、大相国寺等。

开封会馆（开郑会馆） 建于清嘉庆十三年（1808 年），位于西城区贾家胡同南口路西旧门牌二十九号，原有房 38 间。1964 年由国家病毒性疾病防治研究中心占用，正门开设在迎新街 100 号。

该馆初称开封会馆，系旧开封府领所属十八州、县所建。至光绪二十九年（1903 年），升府属郑州为直隶州，割十八州、县中之汜水、河阴、荥阳、荥泽四县属之，以“开封”二字原名不足以包括郑州各属，遂议决改称开郑会馆。

有关历史地理概况为：

郑州，位于河南省中部偏北、黄河中下游南岸。早在三千五百年前就是商王朝的都邑，先后曾有商、郑、韩、五代以此为都。春秋时为郑邑，隋设州置，清光绪末年升为直隶州。1913 年废州改县，1948 年设市，新中国成立后从 1954 年 10 月起为河南省省会，是全省政治、经济、文化中心和最大的铁路枢纽，也是国家历史文化名城，其古迹有商代古城遗址，20 世纪 70 年代在市区西部还发现有纳玛古象化石。

汜水，位于郑州市西北。春秋时为郑虎牢邑，战国韩改为成皋邑，秦置成皋县，隋改汜水，唐又改为广武，复又改汜水，1949 年后并入郑州市。

河阴，位于郑州市北略偏西。汉置县，三国魏改平阳，隋大业初废。唐开元二十二年（734 年）复置，清乾隆三十年（1765 年）并入荥泽。1913 年再复置，1931 年又与荥泽合并改称广武，1949 年后并入郑州市。

荥泽，位于郑州市北。隋初置广武县，后改荥泽，1913 年复改广武，1949 年后并入郑州市。

荥阳，位于郑州市西。战国韩邑，汉置县，三国魏置郡，今为郑州市下辖县级市。古迹有虎牢关、鸿沟等。

新郑，位于河南省中部，东周初郑武公迁都于此，战国韩哀侯灭郑后亦都此。秦置县，晋废，隋复置，今为郑州市下辖县级市。古迹有新石器时代早期文化遗址及郑、韩故城、后周太祖郭威墓、子产墓、欧阳修墓等。

密县，今称新密，位于河南省中部、嵩山东麓，双洎河上游。汉置县，今为郑州市下辖县级市。古迹有《莲花经》石塔。

中牟，位于河南省中部、黄河南岸。汉置中牟县，隋初改圃田，唐武德复改中牟，今为郑州市下辖县。

陈留，今已并入开封市，位于开封城之东南。秦置县，汉升改为陈留郡，陈为国。南朝宋时复为郡，隋开皇初废郡改县，1957 年并入开封市。

兰封，今称兰考，位于河南省东部，邻接山东省。春秋时为户甫邑，汉为东昏县，宋改东明，金又改称兰阳，清初再改兰仪（因仪封县一度并入），宣统年间又改兰封，1954 年考城县并入再改称兰考，今为开封市下辖县。

通许，位于河南省中部、涡河上游。宋置咸丰县，金改通许，今为开封市下辖县。

杞县，位于河南省中部偏东、惠济河上游。秦置雍丘县，五代后晋改杞县，后汉又改雍丘，金复改杞县，今为开封市下辖县。古迹有伊尹墓、范雎墓、晁错墓等。

尉氏，位于河南省中部，贾鲁河流贯。春秋时为郑国尉氏邑，秦置县，今为开封市下辖县。

洧川，今已并入尉氏县。金从尉氏县中分置洧川县，1954 年被并入葛县，1965 年又被重新划归尉氏县。

禹州，位于河南省中部，颍河流贯。春秋为郑国栎邑，战国时称阳翟，为韩都。秦设阳翟县，明初升称禹州，万历三年（1575 年）改称钧州，1913 年废州改禹县，今为许昌市下辖县级市。该市因古代就有著名的瓷窑而闻名于市，即“钧窑”[①]。北宋时即开始烧造，其中官窑的产品更为珍贵。

鄢陵，位于河南省中部。春秋时属郑国地，汉置县，今为许昌市下辖县。

---

① 钧窑：禹州古有钧台，钧窑故名。北宋前就已开设瓷窑，在烧制过程中，他们利用氧化铜、铁呈色不同的特点，烧成蓝中带红或带紫的色釉。红、紫的色泽如玫瑰、海棠，非常艳丽。

该县盛产花卉，有“花县”之称。名胜古迹有议台、马栏塔、鄢陵塔及古鄢城。

仪封，今称封丘，位于河南省中部偏东。元置仪封县，清乾隆时升为厅，嘉庆朝又改县，今为新乡市下辖县。

开封会馆（开郑会馆） 建于清中晚期，位于西城区贾家胡同南口路东旧门牌三十二号，院内共有房25间。其正门后被改设在南横东街路北，旧门牌十四号，1965年整顿街巷地名时，被改为南横东街79号，由陶然亭街道办事处使用。因南横街整体改扩，街道办事处搬迁、房屋均已拆平，现为马路和人行便道。

河南

府置河南即今之洛阳，位于河南省西北部、洛河横贯。东周、东汉、三国魏、西晋、北魏、五代后唐均建都于此，为我国古都之一。秦置洛阳县，后升改三川郡，汉高祖二年（公元前205年）改河南郡。三国魏改州，后魏改洛州。东魏分置河南郡，将洛州改称洛阳郡，后称东京。隋大业时改河南郡为府并改称西京。金初称为河南府，后改金昌府，明复河南府，1913年废。1948年置市，今为河南省地级市。洛阳建有城市博物馆，名胜古迹有汉、魏故城和隋、唐城遗址，还有龙门石窟、白马寺、天津桥、关林等。另外所产牡丹国内外闻名。

河陕汝会馆（河洛会馆） 建于清代，位于西城区果子巷44号（旧为果子巷南口路东）。现已拆除。

该馆为河南府、陕州、汝阳三地合建馆，《北京会馆档案史料》第946页辑录1948年“河洛会馆总登记表”中述：“前清时名河陕汝会馆，民国后改称河洛会馆。”

陕州，今称陕县，位于河南省西部、黄河南岸，洛阳正西，邻接山西省。秦置陕县，北魏太和十一年（487年）置州，清雍正初升为直隶州。1913年废州为县，今为三门峡市下辖县。

汝阳，位于洛阳市正南，北汝河上游。西汉置县，唐改临汝县，明改伊阳县，民国后又改汝阳，今为洛阳市下辖县。

河郏汝会馆 建于清代，位于西城区宣武门外大街127号（旧为路西六十号）。拓宽宣武门外大街时拆除。该馆为河南府、汝州、郏县三地合建馆。

郏县，位于河南省中部偏西、在汝州东南并相邻，同为北汝河流域。春秋时为郑郏邑，秦置县，今为平顶山市下辖县。

汝州，秦置县，汉升置汝州，隋大业二年（606 年）改伊州，次年废。唐贞观时复置伊州，武德时再改汝州，明成化时改直隶州，1913 年改州为县，今为平顶山市下辖县级市。自唐以来就有了絁、绢等织造业；宋、元时烧造“汝窑”[1]瓷器，青瓷为上乘供品。文物古迹有风穴等。

洛中会馆 “洛中”即洛阳的别称。建于清中晚期，位于西城区珠市口西大街新 25 号（旧为虎坊桥西口路北）。现已拆除。

河洛会馆（河陕汝会馆） 建于清朝末年，位于西城区宣武门外大街 30 号富卓地产大楼位置（旧为宣武门大街路东一八六号），为一小四合院，有房 20 间。

南阳

南阳，位于河南省西南、白河流贯。春秋为楚宛邑，秦设宛县，汉改南阳。元至元八年（1271 年）升改申州，明改府，1913 年废府改县，今为河南省地级市。文博有恐龙蛋化石带；文物有卧龙岗武侯祠、医圣张仲景祠、张衡墓等。特产有玉器和绸缎。“宛”为南阳古称。

南召，位于南阳市西北、白河上游。明置县，今为南阳市下辖县。馆名中的“南”即指南召。

宛南十三县馆 该馆全称应为“宛南十三府、州、县馆”。建于清代，位于西城区长椿街南口里（旧为下斜街路西四十六号），占地约 3 亩，有房 10 余间。该馆在长椿街道路改造过程中被拆除。

其他各州、县，均环“宛”、“南”周边。建馆时的两“州”一“厅”分别是：

邓州，位于南阳市西南，白河支流赵河、湍河、刁河流贯，邻接湖北省。秦置穰县，明入邓州，1913 年废州改县，今为南阳市下辖县级市。

裕州，今称方城，位于南阳市东北、唐河上游。秦置阳城县，汉改堵城，北魏设方城。金升置裕州，1913 年废州复改方城，今为南阳市下辖县。

淅川，位于南阳市正西，丹江及支流淅川在境内汇流，邻接湖北、陕西两省。北魏置淅川县，北周废。五代梁复置，清升为厅，1913 年复改县，今为南阳市下辖县。该县盛产玉石。

其他县依次为：

---

① “汝窑”是宋代著名瓷窑，因属汝州而得名。宋元佑初年，继定窑之后为宫廷烧造瓷器。胎为胃香灰色，釉色近于卵青，烧瓷时间短，但质量很精。有印花、刻花两种，图案有花卉、水波、鱼及禽鸟等。民窑瓷器生产数量大，现称“临汝窑”。

内乡，位于南阳市正西、伏牛山南麓、白河支流湍河上游。春秋时为楚析邑，秦属析县地，西魏置内乡县，今为南阳市下辖县。县西赤眉镇垣，为西汉末年农民起义赤眉军所筑。

唐河，位于南阳市南偏东，唐河流贯，邻接湖北省。汉属棘阳县地，唐为唐州，明改唐县，1914 年改沘阳，1923 年又改为唐河，今为南阳市下辖县。

桐柏，位于南阳市东南，邻接湖北省。汉为复阳县地，南朝梁置淮安县，隋改桐柏，今为南阳市下辖县。

新野，位于南阳市南偏西、白河流域，邻接湖北省。西汉置县，东汉末刘备投刘表曾屯兵于此。三国魏曾为荆州治所，西晋后历为义阳郡、新野郡。北周改名棘阳，隋初又复新野，唐并入穰县，宋、金为新野镇，元复设新野县，今为南阳市下辖县。

镇平，位于南阳市正西并相邻、伏牛山南麓、白河支流赵河上游。汉为涅阳县地，金末置镇平县，今为南阳市下辖县。

舞阳，位于南召正东、洪河上游。战国魏舞阳邑，秦置县，今为漯河市下辖县。

叶县，位于南召东北。春秋楚叶邑，秦置昆阳、叶县两县，元为昆阳县，明改为叶县，今为平顶山市下辖县。

泌阳，位于南阳市东南、泌阳河流域。汉置比阳县，唐末升泌州置，明初入唐州，后析出改泌阳县，今为驻马店市下辖县。

宛南会馆　建于清代，位于西城区菜市口大街中段偏北的马路上（旧为官菜园上街路西八号）。

光州

光州，今称潢川，位于河南省东南部、淮河支流潢河中游。南朝梁置光城县，唐太极元年（712 年）移治定城（即今潢川），元入光州，清雍正时升为直隶州。1913 年废州改称潢川县，今为信阳市下辖县。该县手工业一直很发达，有“豫南小苏州”之称。

光州会馆均由光州及所辖四县联合组建，民国后均改称“潢、光、固、息、商五县馆”。四县分别是：

光山，位于潢河中游。汉置西阳县，南朝宋改光山，今为信阳市下辖县。

固始，位于史河及灌河流域，邻接安徽省。春秋为蓼国地，西汉置蓼县，南朝宋改固始，今为信阳市下辖县。

息县，淮河横贯县中。汉置新息县，元为息州置，明改息县，今为信阳市下辖县。县城西有息侯故宫遗址。

商城，位于灌河上游，邻接湖北、安徽两省。汉为雩娄县，隋改殷城，宋改商城，今为信阳市下辖县。

光州会馆 建于清中晚期，位于西城区菜市口大街中段（旧为官菜园上街路西九号）。占地 1.16 亩，有房 28 间。拓建菜市口大街时被拆。

光州会馆 建于清中晚期，位于西城区“中信城”域内（旧为兵马司前街路西十三号）。占地 1.55 亩，有房 44.5 间。现已拆除。

光州会馆 建于清中晚期，位于西城区“中信城”域内（旧为米市胡同南口路东五十九号）。占地 2.45 亩，有房 71.5 间。现已拆除。

归德

归德，今称商丘，位于河南省东部，北邻山东省。商时为商丘邑，春秋为宋都城。秦置睢阳县，隋改宋城，唐升改归德府，金天会八年（1130 年）改为应天府，明初降为州，嘉靖中升为府改名商丘。1913 年废府改县，1950 年设市，今为河南省地级市。名胜古迹有八关斋、三陵台、文雅台、阏伯台、微子墓等。特产有林河大曲酒。

归德会馆 建于清中晚期，位于东城区草场头条 6 号左近（旧为北段路东）。现为民居。

归德会馆 建于清咸丰二年（1852 年），位于西城区贾家胡同 42 号（旧为路东四十八号），占地 1.68 亩，两重院落内共有 37 间房屋。现已拆除。

《北京会馆档案史料》载：“查本馆为河南省归德府及所属永城、虞城、夏邑、柘城、宁陵、睢州、考城、鹿邑等九邑旅平先贤所置，名称为归德会馆”。

永城，位于商丘东南、沱河及浍河上游，邻接安徽省。秦置芒县，东汉改临睢，晋废。南朝再置永城，今为商丘市下辖县级市。古迹有陈涉墓、崇法寺等。

虞城，位于商丘正东并相邻，邻接山东、安徽两省。秦置虞县，隋改虞城，今为商丘市下辖县。古迹有伊尹林、商钧墓、仓颉墓等。2007 年，该县被中国民间文艺家协会正式命名为“中国木兰之乡”。虞城是巾帼英雄花木兰的故乡，更保留着很多有关花木兰的古迹和传说。

夏邑，位于商丘市东南略偏北、沱河上游，邻接安徽省。秦置栗县，北魏为下邑，明改夏邑，今为商丘市下辖县。

柘城，位于商丘市正南略偏西、惠济河下游。秦置柘县，晋废。隋复置柘城，今为商丘市下辖县。

宁陵，位于商丘市正西并相邻。汉置县，今为商丘市下辖县。

睢州，今称睢县，位于商丘市正西、中间有宁陵相隔，惠济河中游。秦置襄邑县，明入睢州，1913 年废州改县，今为商丘市下辖县。

考城，今称兰考，位于商丘市西北，邻接山东省。秦置甾县，东汉改考城，后魏改考阳，北齐又改成安，隋复改考城。五代梁再改戴邑，后唐再复考城，1954 年与兰封县合并改称兰考，今为开封市下辖县。

鹿邑，位于商丘市正南、涡河沿岸，邻接安徽省。春秋楚置苦县，东汉分置武平县，隋改鹿邑，今为周口市下辖县。古迹有太清宫（老子祠）。

彰德

彰德，即今安阳，位于河南省北部，邻接河北省。北周以后为魏郡、相州，金明昌三年（1192 年）置彰德府，元至元初年改为路，明初复为府。1913 年废府改为安阳县，1949 年设市，今为河南省地级市。西郊小屯殷墟，为殷代都城遗址，曾出土大批甲骨文。

彰德会馆　建于清光绪二十年（1894 年），位于西城区南半截胡同 14 号（旧为路东三十一号），占地 0.83 亩，院内有房 21 间。现为民居，已经原拆原建修缮。

陈州

陈州即今之淮阳，位于河南省东部。秦置陈县，汉高祖十一年（公元前 196 年）置淮阳国，为同姓九国之一，都于陈县。惠帝后，时为郡、时为国。隋大业时改为陈州，唐至德时又改淮阳郡，明复陈州。清雍正十二年（1734 年）置陈州府并设淮宁县，1913 年裁府复县，改淮宁县为淮阳县。今为周口市下辖县。

陈州会馆　建于清宣统二年（1910 年），由邑人屠勋庵、王佩初等出资创办，“为便于陈州旅京同乡临时寄寓之用”。位于西城区醋章胡同 42 号（旧为路南三十三号），占地 3.59 亩，有房 41.5 间。1958 年 9 月，由宣武区委征用，后转由环卫部门使用至今。

县级馆产

孟县

孟县，今称孟州，其历史地理概况已在“怀庆”条中作了介绍。

孟县会馆 建于清中晚期，位于东城区精忠街南片地域。《京师坊巷志稿》“紫竹林条”：“旧有赵城、孟县会馆，今废。”

孟县会馆 建于清代，位于西城区宣武门外大街 40 号国家新闻出版广电总局办公大楼位置（旧为宣武门大街南段路东）。

孟县会馆 建于清代，位于西城区珠市口西大街 173 号（旧为虎坊桥路北八号），其在扩宽马路时被拆除。

孟县会馆 建于清代，位于西城区石头胡同 75 号（旧为路西三十六号），现为民居。

孟县会馆 建于清代，位于西城区四平园小区 7 号楼位置（旧为南横东街路南）。

嵩县、新安

嵩县，位于河南省西部、伊河上游，洛阳西南。汉置陆浑县，金为嵩州。明复改县，今为洛阳市下辖县。

新安，位于洛阳正西。秦置县，今为洛阳市下辖县。古迹有汉函谷关。

嵩新会馆 该馆为两县合建馆，建于清代，位于西城区大沙土园胡同 2 号（旧为大沙土园路南），现为民居。

开州

开州即今之濮阳，位于河南省东北部、东临黄河，邻接山东省。春秋时称帝丘，战国时称濮阳，为卫国都城。秦置濮阳县，隋析置澶渊县，北宋景德元年（1004 年）与契丹有“澶渊之盟”。金皇统四年（1144 年）改澶州为开州。明、清仍称开州，与清丰、南乐隶属于大名府。1913 年废州改为濮阳县，今为河南省地级市。古迹有宋真宗回銮碑、明中心阁等。

濮阳会馆　建于清咸丰年间（1851—1861年），位于西城区福州馆17号（旧为崇兴寺路北二号），现为民居。

祥符

祥符，位于河南省中部偏东，开封市东南。汉置祥符县，宋大中祥符三年（1010年）改浚宜，明复祥符，1913年改开封，今为开封市下辖县。

祥符会馆　建于清朝末年，位于西城区四平园小区1号楼东端（旧为南横东街路南六十六号）。占地2.14亩，有房40间。其在南横街和黑窑厂街拓宽过程中被拆除。

正阳

正阳，位于河南省东南部、淮河上游北岸。西汉置慎阳县，隋改真阳，清改正阳，今为驻马店市下辖县。

正阳会馆　建于民国七年（1918年），位于西城区校场五条12号（旧为路东四十二号），占地0.33亩，有房14间。现为民居。

湖北省在京会馆

湖北省位于我国长江中游北部，分别与安徽、江西、湖南、陕西、河南、重庆等省市接壤。因位于洞庭湖以北而得名；古代因部分地区属鄂州，故简称“鄂”。地势西、北、东三面环山，向南敞开，略成一个不完整的盆地。山地、丘陵占全省的70%。

春秋、战国时为楚国地，汉属荆州，宋为荆湖北路，元属湖广行中书省，明属湖广布政使司，清置湖北省。现辖12个地级市、1个自治州、24个县级市、38个县、2个自治县、1个林区及38个市辖区，全省面积18万多平方千米。省会武汉市。

湖北省在京建立的最早会馆，是明万历年间与湖南省合属建立的全楚会馆，以及府馆——安陆老馆；最早建立的省馆，是清光绪年间建立的湖北会馆。该省共在京建立会馆63座，其中合属馆2座，省馆1座，府馆18座，县馆42座，上述会馆置设附产共计7处。

湖北在京建馆明代已有，共有8座，其中合属馆一、府馆二、县馆六，但经历明、清易代，会馆衰减后，于清前期会馆恢复、新兴不旺，只有府馆二、县馆六，使湖北在京会馆从明末到清前期出现断档。笔者认为，这一方面与湖北在京人数有关，一方面也与清前期湖北经济实力和在京政治影响有关。1890年的《黄陂新馆记》中，湖北人也有“旧馆在东草厂，明季废为墟，谋新久未逮”的慨叹，并道出了“百余年来，邑人士计借恒廛风雨栖息之虑者”的苦衷。这种境况的改观始于清嘉庆时期，湖北在京会馆才如雨后春笋，形成其后的规模。

目前湖北在京会馆尚有会馆建筑遗存26座，其中合属馆湖广会馆为市级文物保护单位，不仅得到恢复修缮，更成为北京当下会馆保护性开发利用的成功典范。

湖北省在京会馆一览表

产别		馆名	别名	建立年代	现地址	老地址	地亩	房间	掌馆人	现状
合属馆		全楚会馆	张居正故宅	明万历年间	菜市口大街北段	丞相胡同路西				早废
		湖广会馆		清嘉庆十二年（1807年）	虎坊路3号	骡马市大街二五七号	10	144	徐兼苏 石志泉	市级文保
省馆		湖北会馆		清光绪年间	宣武门外大街8号	永光寺西街路西八号	3.36	55	刘子源	已拆
府馆	安陆	安陆老馆		明万历年间	新革路10号	新开路路东五号		11	陈育武	已拆
		安陆会馆		清中晚期	红线胡同17号	麻线胡同路西九号		13	张仲宣	民居
		德安会馆		清中晚期	迎新街70号	延旺庙路东四十三号				已拆
	汉阳	汉阳会馆		明末清初	草厂八条1号	同左路西三十七号		39	吴廷桢	民居
	襄阳	襄阳会馆		清前期	銮庆胡同11号	同左路北八号				民居
		襄阳郡馆	襄阳老馆	清咸、同年间	南柳巷56号	铁老鹳庙路西十一号	0.46	18	孟永之 张子筠	已拆
		襄阳会馆		清中晚期	南横西街19号	同左路北三十号			孟永之 张子筠	民居
		襄阳新馆		清光绪年间	潘家胡同5号	潘家河沿路西三号	0.54	17	孟永之 张子筠	已拆
		襄阳会馆		清代	兴胜胡同4号	兴胜寺北段路东				民居
	武昌	江夏会馆	张裕钊旧居	清雍正年间	排子胡同40号	同左路南二十一号	1.31	80	王俊谦 傅治芗	民居
		武郡会馆		清代	前门东大街路北	正阳门内东城根				早废
		武昌邑馆		清代	长巷头条47号	同左路西四十三号				民居
		武昌会馆		清宣统元年（1909年）	琉璃厂西街77号	琉璃厂西门路北一一九号	3.68	35	傅岳棻	已拆
		武昌分馆		清宣统元年（1909年）	南半截胡同51号	同左路西二十四号	1.01	14	傅岳棻	民居

产别		馆名	别名	建立年代	现地址	老地址	地亩	房间	掌馆人	现状
府馆	荆州	荆州会馆		清道光年间	祈年大街路面中段	河泊厂西巷路西十号			李逊夫	已拆
	郧阳	郧阳会馆		清光绪八年（1882年）	牛街东里一区2号楼	教子胡同路西十四号	3.23	58	金永清 彭九皋	已拆
	宜昌	宜昌会馆	杨守敬故宅	清朝末年	珠市口西大街247号	虎坊桥路北四十八号	1.51	42	黄柏宾	已拆
	施南、鹤峰	施鹤会馆		清朝末年	金融大街26号	松鹤庵西段三十号				已拆
县馆	荆门、天门、钟祥	郢中会馆		明天启二年（1622年）	红线胡同18号	麻线胡同路东四十二号		18	朱和轩	民居
		郢中会馆		明末清初	西打磨厂街	西打磨厂中段路北			肖仲英 朱和轩	已拆
		天门会馆		清嘉庆二十一年（1816年）	宣武门外大街30号	宣武门大街路东一九三号	1.11	19	邵映南	已拆
	黄陂	黄陂老馆		明代	东草厂	同左				早废
		黄陂邑馆		清嘉庆八年（1803年）	潘家胡同59号	潘家河沿路西三十号	1.57	28	张则川	已拆
		黄陂新馆		清光绪三年（1877年）	棉花下三条3.4号	同左路北四号		19	张则川	民居
		黄陂会馆	黄陂会馆庙	清代	四平园小区9号楼东南侧	太高庙路北二号	5.3	20	张则川	已拆
	黄冈	黄冈老馆		明代	草厂二条5号	同左路西三十号		35	王文求	民居
		黄冈会馆		清中晚期	椿树园	椿树上头条路南十九号	0.54	9.5	罗致波 卢紫垣	已拆
	应城	应城会馆		明代	草厂二条19号	同左路西二十三号				民居
	黄安	黄安会馆		明朝末年	新革路1号	同左路西十六号		48	李幼垣	民居
	蕲春	蕲州会馆		清前期或更早	草厂九条8号	同左路东四号				已拆
		蕲州会馆		清代	磁器口大街	磁器口				早废

产别		馆名	别名	建立年代	现地址	老地址	地亩	房间	掌馆人	现状
县馆		蕲春会馆		清光绪初年	永庆胡同10号	七圣庙路东十一号	0.72	19	田 乘 李卓成	已拆
		蕲春会馆	蕲州会馆	清朝末年	校场四条18号	同左路东三十五号	0.42	10	田 乘 李卓成	民居
	黄梅	黄梅会馆		清前期	草厂五条6号	同左北段路东				民居
		黄梅会馆		清同治年间	夹道居胡同7号	车子营路北二十二号	包括义地共2.14	52.5	俞树棠 洪伯春	已拆
	孝感	孝感会馆		清前期	草厂七条19号	同左路西二十六号		30	石志权	原址翻新
		孝感会馆		清中晚期	前孙公园胡同65号	十间房路北十一号			石志权	民居
	云梦	云梦会馆		清前期	五老胡同北段路西“兴隆都市馨园”	阎王庙前街路东四号	1.66	14	左质鼎	已拆
	蕲水	蕲水会馆		清前期	珠市口东大街5号	东柳树井路北三十一号				早废
		蕲水旧馆		清咸丰年间	珠市口西大街中段	西柳树井路南				早废
		蕲水新馆		清光绪年间	贾家胡同60号	同左路东三十七号	1.4	26	瞿输平 陈同白	已拆
	麻城	麻城会馆		清前期	草厂头条24号	同左路北十号		50	刘雅兰	民居
	沔阳	沔阳老馆		清中前期	前孙公园胡同41号	前孙公园路北二十号				民居
		沔阳会馆		清同治二年（1863年）	前孙公园胡同57号	十间房路北七号	2.97	27	曾昭昌 邓继禹	民居
	蒲圻	蒲圻会馆		清中晚期	万源夹道7号	同左路西四号	1.11	25	贺润之 章季良	民居
		蒲圻会馆		清中晚期	小沙土园	同左				早废
	广济	广济会馆	抚越会馆	清中晚期	万源夹道16号	同左路东十四号			吴佛相 周武彝	民居
		广济邑馆		民国三年（1914年）	崇善里15号、17号	同左路北七号			吴 屏	民居
	应山	应山会馆		清道光十六年（1836年）	西打磨厂街83号	同左路北一三八号		40	杨文泉	民居

产别		馆名	别名	建立年代	现地址	老地址	地亩	房间	掌馆人	现状
县馆	随州	随州会馆		清同治五年（1866年）	珠市口东大街5号	东柳树井路北三十一号		25	杨汝梅	已拆
	兴国	兴国会馆		清代	草厂头条10号	同左路东五号		40	张宝善	民居
	钟祥	钟祥会馆		清晚期	西打磨厂街	西打磨厂路北				早废
	咸宁	咸宁会馆		清朝末年	椿树园	椿树上头条路北八号	1.37	35.5		已拆
	鄂城	鄂城会馆		民国三年（1914年）	前门东街路面北段	长巷头条路西五十六号			陈安策	已拆
	京山	京山会馆		民国六年（1917年）	未英胡同5号	同左路西十三号	1	14	陈芝仁	已拆
		京山会馆		民国时期	草厂十条	同左				早废
	罗田	罗田会馆		民国九年（1920年）	锦什坊街	同左路东一〇六号			陈晴渠	已拆
	大冶	大冶会馆		民国十四年（1925年）	东冠英胡同15号楼	东观音寺路北六号		16	刘素行	已拆
	潜江	潜江会馆		民国十七年（1928年）	松树街39号大院	延年胡同路北四号			甘雪鹏	已拆
	当阳	当阳会馆		民国时期	新文化街84号	东太平街路北二十八号			乔 玉	已拆

合属馆产

全楚会馆（张居正故宅）“全楚”之称谓，乃因两湖在春秋战国时均为楚国之地。

建于明万历年间（1573—1620年），位于西城区菜市口大街北段（旧为丞相胡同路西），早废。

《燕都丛考》、《京师坊巷志稿》、《湖广馆志》及《北京湖广会馆志稿》等书中，均记有：“最早的湖广会馆为明朝万历年间所建的全楚会馆，其位于丞相胡同路西（即今菜市口大街）”，“原为张居正故宅”。

相关链接

张居正（1525—1582），字叔大，号太岳，湖北江陵人。明嘉靖二十六年（1547年）进士，隆庆元年（1567年）入阁。万历初年，晋为首辅，辅佐神宗皇帝主政十年，实行多项改革，朝政为之一新，社会安定，经济发展，成为一代名相。

湖广会馆 建于清嘉庆十二年（1807年），位于西城区骡马市大街和虎坊路路口交汇的西南角，正门在骡马市大街东口路南，门牌为虎坊路3号（旧为骡马市大街二五七号），占地近10亩，有房144间。据1927年《湖广会馆全图》标注，东西160—175英尺（48.77—53.34米），南北270—304英尺（82.3—92.66米）。1976年拓宽骡马市大街，拆去北部。现状为南北64.24米，东西42.8米，尚存4.5亩有余。

1949年前后，会馆被瓜分，古建大部失修，隐患严重。1984年，湖广会馆被确定为市级文物保护单位。宣武区委、区政府于1993年至1996年对会馆进行保护性修缮，1994年12月，命名湖广会馆为宣武区首批爱国主义教育基地。1996年5月8日重张，辟为北京市戏曲博物馆，戏楼恢复演出功能；陆续将西部改建为饭庄，东部辟一茶楼，北部在现状用地内恢复宝善堂，以为博物馆正门。

清乾隆时此地曾为刘权之等官员府第，据《北京会馆档案史料》内存1946年"湖广会馆登记表"载："清嘉庆十二年（1807年），长沙刘云房相国、黄冈李秉合少宰创议公建"，捐宅为馆。"道光十年（1830年），道州

湖广会馆现状 虎坊路3号

何仙槎尚书、天门蒋丹林副宪重修”，增建戏楼，扩建文昌阁；二十九年（1849年）又重修，增添花园。“咸丰间叶润臣观察以平安馆房产捐入。”光绪十八至二十二年（1892—1896年）再次大修，形成20世纪70年代以前的格局。此馆当年装修雅洁，两湖名流云集。会馆的管理“设董事会董事20人，以湖南、湖北两省同乡各推10人组织之，互推董事长1人，南、北两省轮流充任。每年夏历春、秋二仲召开大会，公祭乡贤并会议进行事宜，每月开董事会一次”。

知识链接

湖广 古行省名。元至元（1264—1294年）中置。当时辖境包括今湖北大部、湖南全部，广东、贵州一部及广西壮族自治区全部。明初北界扩展至今湖北全部，把广西划出。清顺治元年（1644年）置湖广总督，康熙三年（1664年），湖南、湖北分设布政使，仍受总督辖治。二十六年（1687年），两省正式分立，各设巡抚。

为什么湖南、湖北已分为两行省建制后，还共建此“湖广会馆”呢？《北京湖广会馆志稿》中引石荣暲所言：“大湖南北在一省统治之下经数百年，吾民相处已久不忍离析，联合组织益见乡谊之竺，历久不渝。地虽判南、北，而吾人心目中不知有所谓南北也。”

另外我们从《北京会馆档案史料》中还看到，20世纪50年代，北京各省会馆向北京市移交前，独有湖广会馆的材料是经湖南、湖北两省合属的“北京市湖广会馆财产管理委员会”报送的，移交财产也如是。

人物链接

刘云房（1739—1818），名权之，湖南长沙人。清乾隆二十五年（1760年）进士，官至工部尚书，拜体仁阁大学士，加太子少保衔。

李秉合，名钧简，湖北黄冈人。清乾隆五十四年（1789年）进士，官至吏部左侍郎、顺天府尹等职。

何仙槎（1772—1840），名凌汉，湖南道州人。清嘉庆十年（1805年）进士，道光六年（1826年）转任顺天府尹，官至工部、吏部尚书。

蒋丹林，名祥墀，湖北天门人。清乾隆五十五年（1790年）进士，嘉庆年间官至左副都御史。年老休致，主讲金台书院数年。

叶润臣（1810—1859），名沣，号翰源，湖北汉阳人，祖籍江苏溧水。清道光年间久官内阁、玉牒馆。尤工诗。

石荣暲，字荩年，湖北阳新人。清光绪三十四年（1908年）毕业于山西法政学堂，官至财政部参事。“出身书香，著述颇丰”。

湖广会馆原分东、中、西三路，大门为一木栅门，坐南朝北，已不存。现状沿东边巷道至二门垂花门，进门后为会馆东路前院，有五檩倒座房三间；通过游廊至中院，有五檩带前廊东房六间；再北为东路主院，原有多座建筑，现只存三间南房，五檩北向加前廊，中路的主体是戏楼（又名罩棚），楼后以平顶游廊围成庭院，院中即著名的“子午井”；正面为文昌阁，阁后两边有爬山廊上至“风雨怀人馆”。文昌阁面阔三间，进深五檩加前廊，二层硬山顶，筒瓦屋面，开间尺度颇大；后接“风雨怀人馆”为小三间，五檩卷棚悬山顶，下位砖台。再北即新建之宝善堂，面阔五间，五檩前出廊，当心间辟为大门。西院建筑经多次改建，只有楚畹堂尚是原物，堂面阔三间，进深三卷勾连搭，共十一步架，其前廊为四檩卷棚顶，较为特殊。

会馆主体建筑戏楼，面阔五间，当心间即舞台柱间宽度达5.68米，进深七间；二层，东、西、北三面为楼座，南面为舞台；后台五间，高达二层，后再接单坡房五间为扮戏房。戏楼为抬梁式木结构，双卷重檐悬山顶，仰合瓦屋面。上檐双卷高跨为十檩，低跨为六檩，十一架大梁跨长达11.36米，在北京民间建筑中极为罕见；下檐为楼座屋顶，单坡四檩，外设木板槛墙及槛窗；再下为砖砌墙身，开方窗。北面开隔扇门三樘进入游廊，东面开板门二樘，西面突出两间为场面（乐队）使用。楼内原无天花板，梁架和四周走马板、楼座挂檐板及栏杆均有苏式彩画。

清末民初相当一段时间，湖广会馆成为政治活动的重要场所：

同治九年（1870年10月24日），旅京两湖同乡京官在馆内为曾国藩庆祝六十寿辰。

光绪二十六年（1900年8月中旬），八国联军侵入北京，美军将司令部设于馆内。

1912年5月，北京统一党在馆内开会欢迎章炳麟先生。

1912年8月25日至9月15日，孙中山先生五次光临湖广会馆：

8月25日上午，为同盟会欢迎会。楼上楼下挤满了人，孙中山先生发表演说，明言今后搞建设“群策群力方能成功”、“要以调和党见容纳异才为宗旨”。与会3000人欢声雷动。

下午1时，同盟会、共和实进会、国民促进会、统一共和党、国民公党等五政党合并组建国民党，于馆内举行国民党成立大会，孙中山出席并发表演说。

8月30日下午，北京学界约3000人，在湖广会馆集会欢迎孙中山。孙中山先生登台演讲："我希望我国的学生能够涤除以前的旧思想，早日将公仆义务担在肩上。"

9月4日下午，共和党为孙中山先生召开欢迎会。那天下雨，孙中山先生准时莅会，并发表演说。演说中详细地解释了国民党的"三民主义"。

9月15日，孙中山先生出席国民党的欢迎大会。

1913年3月，北京国民党本部在馆内召开"追悼宋教仁先生"大会。

1913年4月，"孔社"在湖广会馆召开成立大会。此社是民国初年由北洋政府提倡的尊孔读经社会团体，社址位于南半截胡同。会上徐琪当选为社长（其建有一藏书3万册的图书馆）。同年9月举行致祭孔圣诞辰纪念活动。次年又创设信古体习所，内含经学、史学、算法、舆图、词章、时务六门课程。

1917年1月，梁启超在馆内作《变法之纲领》的演讲。

1925年6月，马寅初在馆内作《中日英经济关系》的演讲。

人物链接

曾国藩（1811—1872），字伯涵，号涤生，湖南湘乡人，清末湘军首领。道光十八年（1838年）进士，咸丰二年（1852年）奉诏在湖南办团练，创建湘军。次年率湘军攻击太平天国军，三年后退守南昌。十年（1860年），升任两江总督，同治三年（1864年）攻陷太平天国首府天京（今南京市）。转年为钦差大臣对捻军作战，战败去职。七年（1868年）复职任直隶总督，后又转任两江总督并死于任上。留有《曾文正公全集》。

章炳麟（1869—1936），字枚叔，号太炎，浙江余杭人。近代民主革命家、思想家。清光绪二十三年（1897年）因参加维新运动被通缉流亡日本。二十六年（1900年），剪发立志革命后曾任孙中山枢密顾问。1913年宋教仁死后，其大闹总统府，曾被囚于龙泉寺内，章进行绝食斗争。1917年参加护法军政府，任秘书长。1924年脱离孙中山到苏州讲学，其在文学、历史、语言等方面均有所建树。

孙中山（1866—1925），名文，字德明，号逸仙，广东香山（今中山）翠亨村人。资产阶级民主革命先行者、伟大的民主主义革命家、中华民国的创始人。清光绪二十年（1894年），北游京、津上书李鸿章，提出一系列改良主义主张。二十三年（1897年），在日本进行革命活动时，曾化名中山樵，遂以"中山"名世。三十一年（1905年），在日本组织中国同盟会，提出"三民主义"学说。武昌起义后于中华民国元年（1912年）1月1日就任临时大总统，2月13日辞。8月24日应邀抵北京，9月18日离京，其间组建国民党并与袁世凯会商内政纲领。1923年在广州重建大元帅府。次年1月召开中国国民党第一次代表大会。年末应北京政府之邀于12月31日到达北京，受到各界10万人的热烈欢迎。1925年3月12日在京逝世。

宋教仁（1882—1913），字遯初，又作钝初，号渔父，湖南桃源人。近代民主革命家。清光绪三十年（1904年），与黄兴等在长沙组织华兴会，策动起义未成流亡日本。转年参加同盟会。宣统三年（1911年），与谭人凤等在上海组织同盟会中部总会。武昌起义后，促成江、浙等地起义和筹建政府。1912年任南京临时政府法制院总裁，5月到北京出任农林总长。国民党在国会选举中取得多数席位后，1913年3月，袁世凯指使人在上海将其刺杀。

徐琪（1849—1918），字玉可，号俞楼，浙江杭州人。清光绪六年（1880年）进士，官至兵部侍郎。著述颇丰。

梁启超（1873—1929），字卓如，号任公，广东新会人。举人出身，清光绪二十一年（1895年）和其师康有为一起到北京参加会试，随康一起发动“公车上书”，二十四年（1898年）再次入京参与“百日维新”，以六品衔办京师大学堂译书局。戊戌政变后逃亡日本。辛亥革命后组成进步党并出任袁世凯政府司法总长。其后又与段祺瑞合作出任财政总长。晚年在清华学校讲学，其著作编为《饮冰室合集》。

马寅初（1882—1982），浙江嵊县人。著名经济学家、人口学家、教育家。早年留学美国，专攻经济学，获博士学位，1915年回国，先在北京大学任至教育长，1927年后任浙江政府委员、南京政府财政委员长。抗战初期任重庆大学商学院院长。1940年因反对蒋介石独裁统治被捕。后经中共营救于1942年出狱，后一直任教至1948年转赴东北解放区。新中国成立后，历任政务院财政经济委员会副主任、华东军政委员会副主席，浙江大学、北京大学校长，全国政协、全国人大常委。有《新人口论》等论著存世。

辑录湖广会馆楹联四副：

1. 戏楼抱柱

魏阙①共朝宗，气象万千，宛在洞庭云梦；
康衢②皆舞蹈，宫商一片，依然白雪阳春。

（作者不详）

2. 湖广会馆

江山万里横天下，

---

① 阙：宫门两边供瞭望的楼。这里泛指帝王的住所。
② 衢：大路。

杞梓[①]千章贡[②]上都[③]。

（左宗棠[④]）

3. 风雨怀人馆

何必开门，明月自然来入室；

不须会友，古人无数是同心。

（作者：何绍基）

4. 建馆一百二十年

亢老善贻谋，共启宏规，嘉惠湖湘弟子；

万方正多事，请从今日，收回百二山河。

（作者：王文豹[⑤]）

有关湖广会馆的诗文过百首，下录湖广会馆120周年庆典时步韵奉和诗五首：

湖广会馆一百二十周年团拜

袁德宣[⑥]

楚畹时经百二年，旧时风景尚依然。

频繁合展千秋荐，杞梓群推一代贤。

三楚人才当继起，两湖文物共流传。

祠前尚有渊源在，一脉相永子午泉。

湖广会馆百二周年唱合

陈嘉言[⑦]

週甲三逢丁卯年，盈廷乡饮乐陶然。

湖湘自昔称多士，刘李今朝拜两贤。

不有河山开往哲，安能古迹至今传。

他食祠飨谁能继，共举长沙王绍泉。

湖广会馆团拜步韵奉合

王文豹

阳春白雪盛今年，更喜当空月皎然。

---

① 杞梓：本为两种优质木材，此喻优秀人才。

② 贡：荐举，献上。

③ 上都：古时对京都的通称。

④ 左宗棠（1812—1885），字季高，号湘上农人，湖南湘阴人。举人出身，清末湘军将领，洋务派首领。在开发西北、抵御外侵上作出贡献，官至两江总督。

⑤ 王文豹（1873—？），字绍荃，湖南长沙人。日本警监学校毕业，创办北京警察，官至司法部次长。

⑥ 袁德宣，字链人，湖南醴陵人，曾任交通部参事。

⑦ 陈嘉言，字梅生，湖南衡山人。清光绪十五年（1889年）进士，官至福建漳州知府。

珠玉纷霏收众美，风云会合宴群贤。
回天无力难如愿，画地虽成未足传。
但得碧纱笼楚畹，留名胜似赋甘泉。

奉合链人楚畹原韵

陈邦燮[①]

修廨追陪近一年，芳辰聚会岂徒然。
愧天祠宇崇先哲，惟有书斋伴昔贤。
海上春风鲸浪急，客中花信雁声传。
伫看雅集多麟凤，楚畹尊开泻玉泉。

和链人学长楚畹原韵

陈登高[②]

绮阁香生忆去年，衔怀醉话乐陶然。
右军纵建无双业，彦伯尤推第一贤。
先哲仅型端可溯，吾家德范更堪传。
愿将一滴重湖水，丽作人间万斛泉。

附：

重修湖广会馆碑记（1830年）

嘉庆丁卯岁，刘云房相国、李小松少宰创议公建湖广会馆，所以联南北乡谊，诚善举也。惟时规制未尽崇闳，又经风雨剥蚀，每岁团拜，咸称不便。今春正月，公议重修，升其殿宇，以妥神灵。正建戏楼盖棚，为公宴所。其旧料拆盖於西偏宝善堂之前，收为余屋。费至五千两有奇。料坚工实，焕然一新。甫五月而工竣，爰勒诸石，以志不朽。

道光十年岁次庚寅秋八月穀旦

附产　湖广义地 置于清中晚期，位于核桃园东街路南（旧称皈依寺）。据其“碑文编号册”记载，至清光绪年间这块义地已掩埋死者60多位。1949后被征用。

① 陈邦燮，字澄园，湖北武昌人，曾任众议院议员。
② 陈登高，字东山，湖北京山人，曾任交通部主事。

省级馆产

湖北会馆 建于清光绪年间（1875—1908年），位于西城区宣武门外大街8号庄胜广场域内（旧为永光寺西街路西八号），占地3.36亩，有房55间。《北京会馆档案史料》存1950年3月《湖北会馆董事会成立调查报告》，述该馆“彼时系同乡集资建立，为该省来京应试举子居住之用。最初该馆之管理是馆长制，馆长多系旧时官僚充任”。

光绪三十二年（1906年），湖北京官同乡曾在这里设立江汉学堂，宣统二年（1910年）改名公立湖北中学堂。当时有教职工17人、学生80多人，辛亥革命后停办。

附产　湖北义地 置于清光绪年间，位于南横西街103号（旧为路北五十二号），现为中国伊斯兰教协会和中国伊斯兰教经学院所在地。

相关链接

中国伊斯兰教协会 简称中国伊协，是中国穆斯林全国性的宗教团体，协会的最高机构是“全国代表会议”，每五年召开一次。历任会长有包尔汉、张杰、沈遐熙、安士伟、陈广元等。该会与世界50多个国家的伊斯兰教机构、国际与地区性组织、学术团体和大学建立了友好关系。

中国伊斯兰教经学院 该院为中国伊协创办的全国性伊斯兰教专业院校。于1955年11月成立，1965年停办，1980年复办。历任院长有马玉槐、达浦生、张杰、安士伟、陈广元等。该院面向全国招生，大多是各地清真寺或阿拉伯语学校中具有一定文化程度和阿语水平的穆斯林青年。主要培养具有较高宗教学识和宗教操守的阿訇等教务人才和研究人才。

附产 置于民国时期，位于东椿树胡同12号（旧为路东十九号），占地0.54亩，有房9.5间。现为民居。

府级馆产

安陆

安陆，位于湖北省中部偏东。秦置德安县，西汉时为江夏郡治所，隋开皇初废。唐至德时为安陆郡，北宋宣和元年（1119年）升安州置，元至元十五年（1278年）再升府置。明嘉靖十年（1531年）改承天府，清顺治三年（1646年）改为安陆，1913年废府改县，1987年撤县设市，今为孝感市下辖县级市。

安陆老馆 《北京会馆档案史料》载，建于明万历年间（1573—1620年），位于东城区新革路10号（旧为新开路路东五号），有房11间。现已拆待建。

安陆会馆 建于清中晚期，位于西城区红线胡同17号（旧为麻线胡同路西九号），有房13间。现为民居。

德安会馆 此馆以安陆的史上旧称为馆名。

建于清中晚期，位于西城区迎新街70号（旧为延旺庙路东四十三号）。现已拆除。

汉阳

汉阳，为武汉三镇之一，位于汉江下游南岸。晋置沌阳县，隋改汉阳，五代周显德五年（958年）置军，元改为府，1912年废。1949年与汉口、武昌合并为武汉市。

汉阳会馆 《北京会馆档案史料》载："本馆系于明末清初年间，由旅京同乡士子捐资购置建立，以为汉阳人士公共所有产业。"位于东城区草厂八条1号（旧为路西三十七号），有房39间。"自民国十七年（1928年）政府南迁，同乡人士随之南下，前馆长周贞亮亦已南旋，馆务无人负责，至馆内所有陈设、家具均被驻馆宵小同乡盗卖一空……"后得恢复。现为民居。

襄阳

襄阳，位于湖北省中北部、汉江中游。东汉建安十三年（208 年）置郡，北宋宣和元年（1119 年）升襄州府，元至元时改为路，明初复为府，1912 年废府改县。1951 年与樊城镇合并后改称襄樊市，1983 年升格为湖北省地级市，2010 年更名为襄阳市。

襄阳会馆 建于清前期，位于东城区銮庆胡同 11 号（旧为路北八号）。现为民居。

襄阳郡馆（襄阳老馆） 建于清咸丰、同治年间（1851—1874 年），由襄阳、枣阳、谷城、宜城、光化、南彰、均州七邑人士筹建，位于西城区南柳巷 56 号（旧为铁老鹳庙路西十一号），占地 0.46 亩，有房 18 间。该馆在出现新馆后，也称襄阳老馆。1949 年后，被北京静电设备厂所用，20 世纪末为改善职工生活条件，改建一幢四层宿舍楼，大门开在南柳巷。

七邑中其他六邑历史地理概况为：

枣阳，位于湖北省北部、滚河上游，邻接河南省。汉置蔡阳县，隋改枣阳，今为襄阳市下辖县级市。古迹有汉光武故居。

谷城，位于湖北省西北部、汉江中游西岸，南河下游。汉置筑阳县，隋改谷城，今为襄阳市下辖县。名胜有承恩寺。

宜城，位于湖北省中部偏北，汉江纵贯。秦置已县，北魏为郡，唐改宜城县，1944 年改自忠县，1949 年复称宜城，今为襄阳市下辖县级市。

光化，今称老河口市，位于湖北省西北部、汉江中游东岸，邻接河南省。汉为阴县，西魏改阴城，宋改光化，1949 年后光化、老河口名称互有更换，1979 年设老河口市，现为襄阳市下辖县级市。

南彰，位于湖北省西北部、荆山东侧。西魏置思安县，隋改南彰，今为襄阳市下辖县。名胜古迹有白马洞、玉印崖等。

均州，今称丹江口市，位于湖北省西北部、汉江纵贯，邻接河南省。汉置武当县，明入均州，1912 年改均县，1983 年撤销均县设立丹江口市，现为十堰市下辖县级市。名胜古迹有武当山紫霄宫、古铜殿等。现代建设有汉江与其支流丹江汇合处的水利枢纽工程及丹江口水库。这里也成为“南水北调”工程的起点。

襄阳会馆 建于清中晚期，位于西城区南横西街 19 号（旧为路北三十号）。大门早拆毁，后院现为民居。

襄阳新馆 建于清光绪年间（1875—1908 年），位于西城区潘家胡同 5 号（旧为潘家河沿路西三号），占地 0.54 亩，有房 17 间，现已拆除。

襄阳会馆 建于清代，位于西城区兴胜胡同4号（旧为兴胜寺北段路东）。现为民居。

武昌

武昌，为武汉“三镇”之一。位于湖北省东部、长江南岸。汉置沙羡县，三国吴升至武郡。隋降改江夏县，明、清为武昌府，辛亥革命于此起义。1912年改武昌县。1949年与汉口、汉阳合并为武汉市。

江夏会馆（张裕钊旧居） 以“江夏”作为馆名采用的是历史称谓，其建馆时地名已称武昌府。

建于清雍正年间（1723—1735年），“由邑人河督崔应阶捐建”，位于西城区排子胡同40号（旧为路南二十一号）。占地1.31亩，有房19间，后来扩展到由三座四合院组成，房屋达80余间，并设有乡贤祠；院中有花园、石亭、假山等。院正门上方镶有“江夏会馆”石匾。现为民居。

清道光、咸丰年间，当时著名的书法家张裕钊曾居于此院数年。

附产 置于清朝末年，位于琉璃厂东街73号（旧为琉璃厂路北三十二号），占地0.27亩，有铺面房14.5间。民国初年起，浙江人戴斌将其租下开办了湖笔店——戴月轩。

戴月轩湖笔店创立于1919年，以创建者戴斌先生的字“月轩”命名。该店最初以经营湖笔而闻名于世，后扩大经营有文房四宝、金石篆刻及字画等。

人物链接

张裕钊（1825—1894），字廉卿，湖北武昌人。清道光二十六年（1846年）举人，授内阁中书，后主讲于江宁、湖北、直隶、陕西等各地书院，成就后学甚众。学术专工古文，书法别具风格，为晚清一家。

戴斌（1874—1959），字月轩，毕生致力于湖笔制作及研究工作，所制毛笔选料上乘、做工精良、具有尖齐圆健之“四德”。毛泽东、周恩来等老一代革命家及众多著名书画界人士等一直使用戴月轩笔。1993年该店被中华人民共和国国内贸易部认证为“中华老字号”；2004年被中国商业联合会评定为“中国商业名牌企业”。

武郡会馆 建于清代，据《京师坊巷志稿》记载，位于东城区前门东大街路北（旧称正阳门内东城根）。早废。

武昌邑馆 建于清代，位于东城区长巷头条47号（旧为路西四十三号）。现为民居。

武昌会馆 《北京会馆档案史料》第 956 页述该馆“系由前清宣统元年（1909 年），学部拨交庙基，由同乡京官募捐建筑，推举值年管理。民国后改为馆长，以同乡京官年长望高、在北京有宅者任之，并无任期之规定。”位于西城区琉璃厂西街 77 号（旧为琉璃厂西门路北一一九号），占地 3.68 亩，有房 35 间。现已改建为电信局两幢宿舍楼。

武昌分馆 建于清宣统元年（1909 年），位于西城区南半截胡同 51 号（旧为路西二十四号），占地 1.01 亩，有房 14 间。现为民居。

荆州

荆州，位于湖北省中南部，长江北岸。古称江陵，为国家历史文化名城，汉武帝所置十四州刺史部之一。唐上元元年（760 年）升为江陵府，元至正二十四年（1364 年）改为中兴路，清为直隶州，辖境变小，1912 年废州称江陵县。1949 年设为沙市市，1994 年设地级荆沙市，1996 年改为荆州市。

荆州孕育光辉灿烂的荆楚文化，荆州古城保存完好，有鸡公山公园、西汉古墓、华容道、章华寺、万寿宝塔等古迹。

荆州会馆 建于清道光年间（1821—1850 年），为购买江右会馆后，重修改建而成。位于东城区祈年大街路面中段（旧为河泊厂西巷路西十号）。拓建祈年大街时被拆。

郧阳

郧阳，现称郧县，位于湖北省西北部、汉水北岸。西汉置长利县，西晋改名为郧乡县。元至元十四年（1277 年）改为郧县。明成化十二年（1476 年）置郧阳府，又分郧县南门保置郧西县（即唐时长利县故地）。1912 年废府改郧县，今为十堰市下辖县。

郧阳会馆 建于清光绪八年（1882 年），由郧阳、郧西、竹山、竹溪、房县、保康等六地人士捐款购置。位于西城区牛街东里一区 2 号楼（旧为教子胡同路西十四号），占地 3.23 亩，两进院有房 58 间，后门开在寿刘胡同路北。此地域已经危改，寿刘胡同等已消失。

其他五地历史地理概况为：

郧西，位于郧县之西、北邻陕西省。西汉置长利县，明改郧西，今为十堰市下辖县。1977 年在白龙洞发掘有旧石器时代猿人牙齿和动物化石；青龙山发现有恐龙蛋化石群。

竹山，位于湖北省西北部、堵河中上游，邻接陕西省。汉置上庸县，南朝梁改安城，西魏改竹山，今为十堰市下辖县。

竹溪，与竹山相邻，西邻陕西省。明置县，今为十堰市下辖县。

房县，位于湖北省西北部、汉江支流南河上源。秦置房陵县，隋开皇十八年（598 年）改州置，明洪武八年（1375 年）还县，今为十堰市下辖县。

保康，位于房县东，与之相邻。西魏置大洪县，北周改永清，明弘治十一年（1498 年）改保康，今为襄阳市下辖县。

宜昌

宜昌，位于湖北省中部偏西南、长江沿岸。春秋战国时楚地，西汉时属荆州南郡。西晋太康年间（280—289 年）改置为夷陵县，东晋分夷陵西境另置一县名为宜昌。南朝梁大宝初置宜州，西魏改拓州，北周改硖州，隋改夷陵郡。元为硖州路，明为府。清雍正十三年（1735 年）改称宜昌府，1913 年废府改宜昌县。1949 年设市，1992 年设为湖北省地级市。2001 年宜昌县改为宜昌市夷陵区。

宜昌会馆（杨守敬故宅） 该馆也称宜昌郡馆，民国后改称宜昌七邑馆。

建于清朝末年，位于西城区珠市口西大街 247 号（旧为虎坊桥路北四十八号），占地 1.51 亩，有房 42 间。

“七邑”中的其他六邑分别指：

宜都，位于湖北省南部、长江南岸。西汉置夷道县，南朝陈析置宜都县，今为宜昌市下辖县级市。

五峰，位于湖北省西南部、邻接湖南省。明置五峰石宝长官司，清置长乐县，1914 年改五峰，今为宜昌市下辖土家族自治县。

长阳，位于湖北省西部、长江支流清江流贯。西汉置佷山县，隋改长杨，唐改长阳，今为宜昌市下辖土家族自治县。钟家湾有旧石器时代“长阳人”化石。

兴山，位于湖北省西部、长江支流香溪上游。汉为秭归县地，三国吴析置兴山，今为宜昌市下辖县。

秭归，位于湖北省西部、长江流贯。西汉置县，今为宜昌市下辖县。古迹有屈原庙。

远安，位于湖北省西部、沮河纵贯。西汉置临沮县，东晋改为高安，北周改远安，今为宜昌市下辖县。

馆舍原为杨守敬故宅。坐北朝南，临街为近代式样二层小楼铺面房，东侧为街门。后院是规整的两进四合院，共有房 42 间。曾为宣武区文物暂保单位。2000 年大部被拆除，仅余最后一小院，后被“王世雅思建筑设计公司”改造，建成两层小楼作为办公用房。拆除部分与其东边的几个院落的前半部，改建为“大栅栏文体广场”。

人物链接

杨守敬（1839—1915），字惺吾，号邻苏，湖北宜都人，清末著名学者。

杨氏祖籍安徽和县，11 岁时在祖父的严教下开始习商，但好学之性不改，白天虽在店中经营，晚上则持灯习文，14 岁又入馆读书。同治元年（1862 年）乡试考中举人，四年（1865 年）考取北京景山官学汉文教习。光绪六年（1880 年），随黎庶昌出使日本，他以金石学家的癖好，在日本书坛引起出人意料的反响，当时被称为“杨守敬旋风”。驻日期间，他致力于国内散佚图集等的搜集和整理工作，归国后曾在多所学堂任教。他一生整理古籍、专著 50 余种，在历史、地理、版本、书论、金石等学科中亨有盛誉。

附产　宜昌义园　位于槐柏树后街“T”字形竖划部位（旧称槐树馆），西邻广西义园。1949 年后与广西义园一同被征用。

施南、鹤峰

施南，今称恩施，位于湖北省西南部、清江上游，北邻重庆市。三国吴置沙渠县，北周武帝初（561 年）置施州，隋废改清江县。元再置施州，明洪武二十三年（1390 年）改施州卫。清雍正六年（1728 年）降为恩施县，十三年（1735 年）再升府置称施南，1912 年废府还恩施县，1983 年成立鄂西土家族苗族自治州，1993 年更名为湖北省恩施土家族苗族自治州。

鹤峰，位于湖北省西南部、澧水支流溇水上游，邻接湖南省。原属容美土司，清雍正十三年（1735 年）改土归流置鹤峰州，后改为直隶厅，1912 年废厅改县，今为恩施土家族苗族自治州下辖县。

施鹤会馆　该馆为当时施南府与鹤峰厅联合建立，取两地名前一字冠为馆名。

建于清朝末年，位于西城区金融大街 26 号金阳大厦域内，原为松鹤胡同（旧为松鹤庵西段三十号）。20 世纪末整顿街巷地名时松鹤庵改称松鹤胡同，其后在开发金融街过程中被全部拆除。

县级馆产

荆门、天门、钟祥

荆门，位于湖北省中部、汉江与漳河之间。唐置荆门县，元以后为荆门州，1912 年废州改县，1979 年置县级荆门市，1983 年升为湖北省地级市。古迹有东山宝塔。

天门，位于湖北省中部、汉江北岸。秦置竟陵县，东晋改霄城，五代后晋改为景陵，后汉曾复名竟陵，但北宋以后又长期使用景陵一名，直到清雍正四年（1726 年），为避康熙陵寝名（景陵）讳，改景陵县为天门县，系因县西有天门山而得名。1987 年撤县设市，1994 年改为省直辖县级市。

钟祥，位于湖北省中部、汉江中游纵贯。南朝宋置长寿县，明改钟祥，因是嘉靖皇帝生养发迹地，御赐县名为“钟祥”，取“钟聚祥瑞”之意。1992 年撤县设市，今为荆门市下辖县级市。名胜古迹有明显陵、阳春台、文峰塔及新石器时代遗址多处。

郢中会馆　建于明天启二年（1622 年），位于西城区红线胡同 18 号（旧为麻线胡同路东四十二号），有房 18 间。现为民居。

该馆由荆门、天门、钟祥三州县所共建。“郢”为古都邑名，春秋楚文王定都地。此以郢中概指三州县地。

郢中会馆　建于明末清初，据《京师坊巷志稿》记载，位于东城区西打磨厂街中段路北。已拆。

天门会馆　建于清嘉庆二十一年（1816 年），位于西城区宣武门外大街 30 号富卓商厦域内（旧为宣武门大街路东一九三号），占地 1.11 亩，三进四合套院有房 19 间。

1939 年，该馆内创立树成打字职业补习学校，学员 50 名，教职员 4 人，校长肖书成。

黄陂

黄陂，位于湖北省中部偏东、滠水流域。汉属西陵县地，北周置黄陂县，

1998 年改为武汉市下辖黄陂区。

黄陂老馆 据《黄陂新馆记》“旧馆在东草厂，明季已废为墟”的记述推断，建于明代，位于东城区东草厂，明末已废，具体位置无考。

黄陂邑馆 建于清嘉庆八年（1803 年），由姜星六捐金购置。位于西城区潘家胡同 59 号（旧为潘家河沿路西三十号），占地 1.57 亩，有房 28 间，分南北两院。现已拆除。

黄陂新馆 建于清光绪三年（1877 年），由本邑官员王静海出资。位于西城区棉花下三条 3 号、4 号（旧为路北四号），两院有房 19 间。现为民居。此巷的门牌号码和过去没有变化，未分单、双号，4 号门是主门。

附：

黄陂新馆记
（1890年）

距宣武城南灵中坊有宅焉，曰黄陂新馆，别乎旧而名之也。旧馆在东草厂，明季废为墟，谋新久未逮，洎嘉庆癸亥，姜方伯星六先生，捐千金改置潘家河沿之南北院。百余年来，邑人士计借恒廑风雨[①]栖息之虑者，而一旦所至如归，盖邑馆至是始一新也。道光己丑岁，给谏金殿珊先生于北院祀文昌神暨宋明道伊川两夫子，以星六公配有功德于人，则祀之礼也。戊戌复鸠工改作南院，俾一新。己亥王侍御萃珊先生踵其役，以北院湫隘[②]，累朝科名鼎盛而题名阙然，与给谏金公南北函商改拓厅事，榜之曰起凤堂，综录前后科名仕宦，胪列芳版[③]，辉映邳张，俾登斯堂者一寓目而知人文之盛，而北院又一新。今读南北院碑记，犹旷然想见三先生之为人。丙子会试，众议祀王公，次方伯公。右佥曰：允当，而于给谏金公缺焉，抑将有待也，夫昔之旧者得三先生而屡新，昔之新者越数十年而仍旧。今恶从而新之乎？丁丑春仲，王总戎静海擢山左曹州镇篆入都，慨然输七百金，为谋新计。众议购得今宅，即俗云棉花下三条胡同第三牌者是，计屋十九间有奇，即以新馆名焉。此虽静海之力，要亦三先生遗泽所感，而诸君子怂恿以成之，其意亦足多也。余惟邑士大夫众矣，方其潦倒流离，鲜不慨然谓他日苟寸进当以广厦庇欢颜也，而一旦遂志，且良田华屋自谋之不暇，奚计三千里外有困顿场屋时蔽风雨者哉！吾不知所自谋者，至百数十年后有存焉者几何，独念三先生以区区邑馆灵光巍然，俾邑人士春秋燕衎[④]，楚楚衣冠，群然列拜于馨香俎豆之前，而油

---

① 恒廑（jǐn）风雨：饱经风雨之意。廑，蒙受，遭受。
② 湫隘（jiǎo ài）：形容地势低洼狭小。
③ 胪（lú）列芳版：牌匾按序排列。
④ 春秋燕衎（kàn）：一年四季衣食不愁，生活快乐。“燕”同“宴”；衎，快乐。

然生其桑梓枌榆之敬，虽历百数十年久而弥新者，其食报果何如乎？故吾愿居斯馆者，念馆以新名，咸憬然于自新新民之义，庶几并其旧者，咸与维新，以副三先生之余泽，甘棠遗爱，其或继之乎？则吾邑之气象规模焕然一新，又岂有尽时耶。因叙其颠末，以告来者。

时光绪纪元十六年庚寅岁仲秋月朔有八日也。

邑后学彭世谷敬撰

黄陂会馆（黄陂会馆庙） 建于清代，位于西城区四平园小区9号楼东南侧，原为晋太胡同中段路北（旧为太高庙路北二号）。占地5.3亩，有房20间。馆中正房设为佛殿一层，主位奉三世佛及二尊者，次位奉关帝及娘娘。故人们将此馆多称黄陂会馆庙。1949年后，这里连片改造建起北京标准件五厂。20世纪末，工厂外迁新建起四平园小区。

附产　黄陂义地 置于清代，位于菜市口大街南段路东（旧为姚家井）。

黄冈

黄冈，位于湖北省东部、长江北岸。秦置邾县，南朝宋废，齐置齐安县，隋改黄冈。1990年撤销黄冈县，设立县级黄州市；1995年撤销黄冈地区和黄州市，设立地级黄冈市，原县级黄州市设为黄冈市下辖黄州区。

黄冈老馆 建于明代，位于东城区草厂二条5号（旧为路西三十号、后门开在草厂头条路东二号），有房35间。现为民居。

黄冈老馆现状　草厂二条5号

黄冈会馆 建于清中晚期，位于西城区椿树园小区域内（旧为椿树上头条路南十九号）。占地 0.54 亩，有房 9.5 间。

应城

应城，位于湖北省中部、大洪山与江汉平原之间。汉属安陆县地，南朝宋置应城县，1986 年撤县设市，今为孝感市下辖县级市。西境汤池温泉为旅游胜地。

应城会馆 建于明代，位于东城区草厂二条 19 号（旧为路西二十三号）。初由户部尚书陈蕖所捐，至清道光年间（1821—1850 年）已近荒废。后由邑人陈兆桂等人筹钱进行大修得以复馆。现为民居。

黄安

黄安，今称红安，位于湖北省东北部、倒水上游，大别山南侧，邻接河南省。明置黄安县，1952 年改为红安县。今为黄冈市下辖县，有“将军县”之称。

黄安会馆 建于明朝末年，位于东城区新革路 1 号（旧为路西十六号）。《北京会馆档案史料》载：“为明季先贤秦如豆、吴光龙等所建，清乾隆时复由乡人陈逵九等重修，至民国八年（1919 年）经乡人聚资扩修房屋增至 48 间。”现为民居，已做部分修缮。

蕲春

蕲春，位于湖北省东部、长江北岸、蕲水流域，邻接安徽省。西汉置蕲春县，隋大业时升蕲州置，唐至德时改蕲春郡，元改为路，明洪武九年（1376 年）改为州，清不辖县，1912 年废州复县，今为黄冈市下辖县。古迹有李时珍墓。

蕲州会馆 建于清前期或更早，位于东城区草厂九条 8 号（旧为路东四号），1949 年后由公安部门使用至今。

蕲州会馆 建于清代，位于东城区磁器口大街，具体方向、位置无考。早废。

蕲春会馆 建于清光绪初年，曾于光绪五年（1879 年）立碑。位于西城区永庆胡同 10 号（旧为七圣庙路东十一号），占地 0.72 亩，有房 19 间。连片改造时被拆除。

蕲春会馆 也称蕲州会馆。建于清朝末年，位于西城区校场四条18号（旧为路东三十五号）。占地0.42亩，有房10间。现为民居。

黄梅

黄梅，位于湖北省东端，长江北岸，邻接安徽、江西两省。南朝齐置永兴县，隋改黄梅县，因县境北有黄梅山、黄梅水，故名。今为黄冈市下辖县。该县为黄梅戏剧种发源地。

黄梅会馆 建于清前期，位于东城区草厂五条6号左近（旧为北段路东）。现为民居。

黄梅会馆 建于清同治年间（1862—1874年），位于西城区夹道居胡同7号（旧为车子营路北二十二号），与黄梅义地共占地2.14亩，有房52.5间。因属“广安”危改范围，居民现已搬迁。

附产 黄梅义地 置于清朝末年，位于会馆西侧的广安后巷（旧称小市后坑），1949年后即被征用。

孝感

孝感，位于湖北省中部偏东、澴水流域。南朝宋置孝昌县，五代后唐改孝感县。1993年成为湖北省地级市。名胜古迹有双峰瀑布等。

孝感会馆 建于清前期，位于东城区草厂七条19号（旧为路西二十六号、后门开在六条），有房30余间。目前正在对此院房屋翻新重建。

孝感会馆 建于清中晚期，位于西城区前孙公园胡同65号（旧为十间房路北十一号）。现为民居。

云梦

云梦，位于湖北省中部偏东，涢水纵贯。汉属安陆县地，西魏置云梦县，今为孝感市下辖县。“睡虎地”1975年曾出土大批秦代竹简。

云梦会馆 建于清前期，位于东城区五老胡同北段路西“兴隆都市馨园”域内中部（旧为阎王庙前街路东四号），“因年久失修，乾隆十五年（1750年）由左梅鸠集众力复建”，占地1.66亩，有房14间。2002年连片危改过程中被拆。

蕲水

蕲水，今称浠水，“蕲水”为古称，以南临的蕲水河而得县名。该县位于湖北省东部，南朝宋元嘉二十五年（448 年）置希水县，后改为浠水，唐武德四年（621 年）改为兰溪，天宝元年（742 年）改为蕲水。1933 年改称浠水，今为黄冈市下辖县。

蕲水会馆　建于清前期，位于东城区珠市口东大街 5 号“光明日报报业集团”大楼位置（旧为东柳树井路北三十一号）。同治五年（1866 年）闭馆，原址改建为随州会馆。

蕲水旧馆　建于清咸丰年间（1851—1861 年），位于西城区珠市口西大街中段（旧为西柳树井路南）。光绪年间变卖。

蕲水新馆　建于清光绪年间（1875—1908 年），位于西城区贾家胡同 60 号（旧为路东三十七号），占地 1.4 亩，有房 26 间。现已拆除。

麻城

麻城，位于湖北省东北部、举水上游、大别山南侧，邻接河南、安徽两省。南朝梁置信安县，隋改麻城，现为黄冈市下辖县级市。

麻城会馆　建于清前期，位于东城区草厂头条 24 号（旧为路北十号），有房 50 余间。现为民居。

麻城会馆现状　草厂头条24号

沔阳

沔阳，今称仙桃，位于湖北省中部偏东、汉水南岸。西汉置县，南朝梁为沔阳郡，隋又改县，宋名玉沙，明复沔阳州，1912年废州改为沔阳县。因治所在仙桃镇，1986年撤销沔阳县设立仙桃市，1994年列为省直辖县级市。

沔阳老馆　建于清中前期，位于西城区前孙公园胡同41号（旧为前孙公园路北二十号）。现为民居。

沔阳会馆　建于清同治二年（1863年），“是经同乡举人刘兴梯倡捐，并劝城及四镇富绅醵金所建”。位于西城区前孙公园胡同57号（旧为十间房路北七号），占地2.97亩，有房27间。现为民居。

蒲圻

蒲圻，今称赤壁，位于湖北省东南部、陆水下游，邻接湖南省。汉初置沙羡县，三国吴置蒲圻县，1986年撤县设市。1998年以曾为三国“赤壁之战”故地之由更名为赤壁市，为咸宁市下辖县级市。

蒲圻会馆　建于清中晚期，位于西城区万源夹道7号（旧为路西四号），占地1.11亩，有房25间。现为民居。

蒲圻会馆　建于清中晚期，位于西城区小沙土园。早废。

广济

广济，今称武穴，位于湖北省东部、长江北岸，邻接江西省。唐置抚越县，后改广济。1987年置市时因治所在武穴镇故改称武穴，今为黄冈市下辖县级市。

广济会馆（抚越会馆）　建于清中晚期，位于西城区万源夹道16号（旧为路东十四号）。现为民居。

广济邑馆　《北京会馆档案史料》载：“建于1914年，由广济资贤书社及旅平前辈为便利军政同乡居住起见设旅平同乡会馆。”位于西城区崇善里15号、17号（旧为崇善里路北七号）。现为民居。

应山

应山，今称广水，位于湖北省北部、濮水上游，邻接河南省。汉属随县地，南朝梁分设永阳县，隋改应山。1988 年撤销应山县，设立广水市（以本市一古镇广水镇命名），现为随州市下辖县级市。

应山会馆 建于清道光十六年（1836 年），由叶廷芳、江炯等捐建，位于东城区西打磨厂街 83 号左近（旧为路北一三八号），有房 40 余间。现为民居。

随州

随州，位于湖北省北部、桐柏山与大洪山间，涢水上游，邻接河南省。春秋时为随国地，汉置随县，明升为州置，1912 年废州改县，2000 年设为地级市。

随州会馆 建于清同治五年（1866 年），由邑人黎奎照等人筹金购得本省蕲水会馆改建，位于东城区珠市口东大街 5 号“光明日报报业集团”大楼位置（旧为东柳树井路北三十一号，后门开在槐树大院路南七号）。有房 25 间。

兴国

兴国，现称阳新，位于湖北省东南部、长江南岸、富水横贯，邻接江西省。三国吴置阳新县，明设兴国州，1914 年废州，复阳新县，今为黄石市下辖县。

兴国会馆 建于清代，位于东城区草厂头条 10 号（旧为路东五号）。院内有房 40 余间。现为民居。

钟祥

钟祥的历史地理概况已在“荆门、天门、钟祥”条中作了介绍。

钟祥会馆 建于清晚期，位于东城区西打磨厂街路北，具体位置无考。早废。

咸宁

咸宁，位于湖北省东南部。五代南唐置永安县，宋改咸宁。1998 年设为湖北省地级市。名胜有牛鼻山、钟台山、洪崖山、潜山温泉等。

咸宁会馆 建于清朝末年，位于西城区椿树园小区域内（旧为椿树上头条路北八号），占地 1.37 亩，有房 35.5 间。

据《宣武区普通教育志》记载：该馆于 1949 年 12 月开始办学，名为私立咸宁小学。当时有一至四年级的两个复式教学班，共有学生 100 名，由教职人员 5 人负责。1956 年改为公立，更名椿树上头条小学，成为完全小学。1958 年迁址裘家街后改称椿树小学，现已撤并。

鄂城

鄂城，位于湖北省东南部、长江南岸。秦置鄂县，三国吴改武昌，1913 年改寿昌，转年复鄂城。1960 年设市，1961 年还县，1979 年复设县级鄂城市，1983 年设立地级鄂州市。西山为境内名胜，包括古灵泉、清云塔、东坡赤壁、吴王避暑宫等。

鄂城会馆　建于民国三年（1914 年），位于东城区前门东街路面北段（旧为长巷头条路西五十六号）。拓建前门东侧马路时被拆。

京山

京山，位于湖北省中部、大洪山南麓。晋置新阳县，隋改京山，今为荆门市下辖县。境内屈家岭 1955 年发现有新石器时代晚期的彩陶等器皿，称“屈家岭文化”遗址。

京山会馆　建于民国六年（1917 年），位于西城区未英胡同 5 号大院域内 (旧为路西十三号)，占地 1 亩，有房 14 间。

京山会馆　建于民国时期，位于东城区草厂十条，具体方向、位置无考。早废。

罗田

罗田，位于湖北省东北部，巴水上游、大别山南麓，邻接安徽省。南朝梁置县，今为黄冈市下辖县。境内三里畈镇有温泉。

罗田会馆　建于民国九年（1920 年），位于西城区锦什坊街（旧为路东一〇六号）。现该巷仅余北口里路西一小段，共 1 至 27 号 14 个门牌，其他部分已在金融街整体改造时被拆。

大冶

大冶，位于湖北省东南部，长江南岸。五代南唐置县，1994 年撤县设市，今为黄石市下辖县级市。

大冶会馆　根据《北京会馆档案史料》第 971 页的记载，该馆系于 1925 年购自东观音寺路北六号、高全顺甲长 16 间房院一所而立，“迄未悬挂馆牌。”现为西城区东冠英胡同 15 号楼址。

潜江

潜江，位于湖北省中部偏南、汉江南岸。北宋置县，1988 年撤县设市，1994 年列为省辖县级市。

潜江会馆　建于民国十七年（1928 年），位于西城区松树街路西 39 号大院域内（旧为延年胡同路北四号）。连片危改过程中被拆。

当阳

当阳，位于湖北省西部，沮、漳两水在境内汇合成沮漳河。战国时秦始建当阳县，1988 年撤县设市，今为宜昌市下辖县级市。古迹有长坂坡、关羽墓、周仓墓、玉泉寺铁塔等。

当阳会馆　建于民国时期，位于西城区新文化街 84 号（旧为东太平街路北二十八号）。现已拆除。

湖南省在京会馆

湖南省位于长江中游南岸，东、西、南三面为山地和丘陵，中北部低缓，略成为一个以洞庭湖为中心的马蹄形盆地，丘陵和山地占全省面积的80%以上。四周分别与江西、广东、广西、贵州、重庆、湖北等省、市、自治区为邻。

春秋战国时为楚国地，秦为长沙、黔中二郡，汉属荆州，唐广德时置湖南观察使，宋为荆湖南路、北路，元属湖广行中书省，明属湖广布政使司，清置湖南省。湘江为境内最大的河流，故简称“湘”，省会长沙市。现辖13个地级市、1个自治州、16个县级市、64个县、7个自治县及35个市辖区，全省面积21万多平方千米。

湖南省在京建立的最早会馆，是明嘉靖三十七年（1558年）建立的岳阳会馆。湖南在京会馆始于府馆、始于岳阳，与明永乐时一批岳阳籍官员随驾北迁和从天顺至嘉靖朝中屡出重臣有着直接关系，于是岳阳人“立会于燕以洽群情”，“立乡约以端士习”，在京城首建湖南会馆，“为天下之大观”。而在清代文献中，岳阳既少建馆且文甚略，这个个案已折射出京城会馆与地方政治影响力的关系。与湖北几乎县县有馆相比，湖南则以府馆为主，府馆也多是联合府馆，县馆建立迟且数量少，“盖地处偏远，人才落落，而物力多艰也。”陈鹏年于康熙五十二年（1713年）艰难筹措资金才建起首座县馆——湘潭会馆。80%以上的湖南会馆建于清晚期以后，包括清同治十一年（1872年）的首座省馆——湖南老馆。这与咸同以来湘军的兴盛及其在国家政治生活中影响陡升紧密相关。此后湘人在京迅速增多，会馆严重不足，以至士大夫公议，“文武官之至京者，非二品以上不得寄居省馆”。这样才迎来了省、府、县在京建馆的高潮。

湖南省共在京建立会馆54座，其中省馆8座，府馆29座，县馆17座，上述会馆置设附产共计16处。目前尚有会馆建筑遗存13座，其中市级文物保护单位2处。需要单独一提的是善化县在京师内城中所建的善化试馆，位于内城东部的水磨胡同，紧邻贡院。在京城内城贡院附近建试馆，虽有清中期的山东试馆，在善化之前有安徽庐州、池州，之后有湖南长沙县、浙江湖州等，然而这与清代京师管理体制并不相合，善化为我们留下的《内城试馆规约十则》，可以帮助解构这类内城试馆的建构模式。该馆“闲时南北两院概行招租，酌定价值”，“即以租赁作为岁修及添派夫班工食之费”。而“每值乡试年分，则北院全腾，自六月初一起至九月望后止。会试年分，南北两院全腾，自先年十二月初一日起至四月望后止”，“专为应试进场而设”。“乡、会试住馆者，仍收小捐”，“即同邑京官除本人乡、会入场外，平时亦不得借住。至租户，亦惟住家者为宜，同邑诸君亦宜远嫌，不得赁住”。而且这里不设驻馆管理人员，“每逢乡、会年分，饬令外城会馆（即宣武门外善化会馆——笔者注）长班派安实二人，以供伺候奔走之役，庶足以专责成”。可以看出，此类试馆不是独立意义上的会馆组织，而是位于外城的本地会馆因内城有产，专门设立的季节性试馆。而会馆组织于内城有产，可以从清代会馆史和清末北京史、晚清政治社会史等角度窥见一些深层问题，至少有以下三方面：一是清末京城旗人的生活状况。笔者查到了这一房产的原主人——内阁中书恩锦（满洲正蓝旗人），其卖掉了这所祖上遗产，而其可以卖且可以卖予旗人社会以外，说明了清末京师内城旗人社会的变迁和八旗制度的动摇；二是会馆作为民间组织可以在内城置买产业设立试馆，说明了京城城市功能分区的打破和原有京师管理体制的松动，是城市社会变迁的重要标志；三是原有制度红线仍在，所以有此产业的会馆依然不便也不敢公然在内城之中建构组织，只能打着服务科举的旗号，将该产建为试馆，为本地考生在科考期间提供更大便利。这种做法应该是会馆组织与当时的政策、体制打了个“擦边球”，这当然也可以证明该会馆组织的经济实力和在城市社会中的组织权力影响。

湖南省在京会馆一览表

产别	馆名	别名	建立年代	现地址	老地址	地亩	房间	掌管人	现状
省馆	湖南老馆		清同治十一年（1872 年）	广安门内大街 2 号	北半截路西七号		25	胡志鲁	已拆
	湖南会馆		清光绪三年（1877 年）	铁鸟胡同 20 号	铁老鹳庙路东十八号	0.8	25	胡志鲁	民居
	湖南会馆		清光绪六年（1880 年）	粉房琉璃街 117 号	同左路西五十四号	0.79	20.5	胡志鲁	已拆

产别		馆名	别名	建立年代	现地址	老地址	地亩	房间	掌管人	现状
省馆		湖南会馆	毛泽东旧居	清光绪十三年（1887 年）	烂缦胡同 101 号	同左路西四十、四十一、四十二号	13.2	88.5	胡志鲁	市级文保
		湖南会馆		清光绪十三年（1887 年）	烂缦胡同 74 号	同左路东七十四、七十五号	1.24	45	胡志鲁	民居
		湖南会馆	先贤祠堂	清光绪十三年（1887 年）	七井胡同 3 号、5 号	九间房路北二、三号		47	胡志鲁	民居
		湖南会馆	湖南学堂	清光绪三十三年（1907 年）	西砖胡同 74 号	同左路东三十六号		43	胡志鲁	民居
		湖南会馆		清代	长巷四条 10 号	同左路东四号			胡志鲁	民居
府馆	岳州	岳阳会馆		明嘉靖三十七年（1558 年）	长巷四条 57 号	同左路南二十八号			龚云峰	动迁中
		巴陵会馆	岳阳会馆	清康熙年间或更早	留学路 65 号	牛血胡同中段路西		21		已拆
	上湖南（永州、衡州、郴州、桂阳）	上湖南会馆		明万历二十一年（1593 年）	奋章胡同 11 号	奋章大院路北三十二号		64	贺三寿	已拆
		上湖南会馆		清中晚期	东北园胡同 50 号	同左路东五十七号	0.57	17.5	欧阳嗣	民居
		上湖南会馆		清中晚期	菜市口大街北段	丞相胡同路西三十六号	0.81	19.5	欧阳嗣	已拆
		上湖南会馆	衡州会馆	清中晚期	贾家胡同 28 号	同左路东五十五号	1.06	18.5	欧阳嗣	已拆
	常德	常德会馆	常桃汉沅会馆	明万历年间	鲜鱼口街东段路南	高庙胡同路西二十号		41	吴盛涵	已拆
		武陵会馆		清代	长巷二条 47 号	同左路西三十号				民居
		长郡会馆	长郡东馆	明崇祯年间	草厂十条 10 号	同左路东五号	包括义园共 5.1	40	翟本固	已拆
		长沙试馆		清前期	北晓顺胡同	北孝顺胡同				早废

产别		馆名	别名	建立年代	现地址	老地址	地亩	房间	掌管人	现状
府馆	长沙	长郡会馆	长沙新馆	清乾隆二十五年（1760年）	草厂十条19号	同左路西二十八号		20	胡 文	民居
		长郡西馆		清乾隆年间	庄胜城	香炉营四条路北十六号	1.23	38	翟本固	已拆
		长郡会馆		清道光年间	庄胜城	西横街路西七号		45	翟本固	已拆
		长郡会馆		清光绪年间	南横东街63号	同左路北七号		55	胡 文	已拆
		长沙会馆		清光绪年间	南横东街111号	同左路北三十一号		35	胡 文	已拆
		长沙会馆		清朝末年	粉房琉璃街83号	同左路西三十七号	0.6	20	胡 文	已拆
		长沙会馆		清朝末年	南横西街21号	同左路北三十一号	0.52	15	胡 文	已拆
	辰溪	辰沅会馆		清前期	草厂八条27号	同左路西二十七号			危道平	民居
	宝庆	宝庆会馆	宝郡会馆、宝庆五邑馆	清乾隆二十四年（1759年）	草厂五条27号	同左路西二十七号		40	吴弼华	民居
		宝庆会馆	宝庆东馆	清同治六年（1867年）	草厂六条	同左				民居
		宝庆五邑馆	宝庆西馆	清光绪十五年（1889年）	中信城	羊肉胡同路南三十号	0.63	14.5		已拆
		湘庆会馆	宝庆会馆	清代	骡马市大街208号	同左路南一五七号				大部已拆
	永州	永州会馆	永州老馆	清嘉庆五年（1800年）	宣武门外大街79号	宣武门大街路西三十八号	0.76	24	陶剑雄	已拆
		永州新馆		清光绪六年（1880年）	贾家胡同41号	同左路西二十三号	1	23	陶剑雄	已拆
	澧州	澧阳老馆	澧州会馆	清道光三年（1823年）	庄胜城	海北寺街路南二十七号	3.77	43	周存节	已拆
		澧阳会馆		清中晚期	庄胜城	后青厂路北			周存节	已拆
		澧阳新馆		清朝末年	庄胜城	香炉营四条路北二十三号			周存节	已拆

产别		馆名	别名	建立年代	现地址	老地址	地亩	房间	掌管人	现状
府馆	永顺、保靖	永靖会馆		清光绪九年（1883年）	永光东街九号院3号楼	永光寺中街路西一号	1.39	36.5	王者师	已拆
	衡州	衡州会馆	杨度旧居	清光绪年间	菜市口大街北段	丞相胡同南段路东四十二号	1.46	34	唐乾一	已拆
县馆	湘潭	湘潭会馆		清康熙五十二年（1713年）	祈年大街中段路西	南官园路东粪厂			黎郃西	已拆
		湘潭会馆		清光绪二十八年（1902年）	保安寺街5号	同左路北三号	1.24	24	陈叔和	已拆
	湘乡	湘乡会馆		清前期	草厂十条	同左				早废
		湘乡会馆		清中晚期	枫桦豪景小区南侧	烂缦胡同路西三十五号	2.67	75	李怀亮	已拆
	泸溪	泸溪会馆		清前期	南翔凤胡同6号	草厂三条北段路东				早废
	善化	善化会馆		清道光三年（1823年）	宣武门外大街6号	宣武门大街路东二一五号	1.44	37.5	张宾文	已拆
		善化试馆		清光绪十二年（1886年）	建国门内大街6号	水磨胡同		24		已拆
	浏阳	浏阳会馆	谭嗣同故居	清同治九年（1870年）	北半截胡同41号	库堆胡同	2.08	46	王　觐	市级文保
	长沙	长沙邑馆		清同治十一年（1872年）	椿树园	椿树上三条路北九号	1.41	20	王子刚	已拆
		长沙邑馆		清光绪年间	粉房琉璃街41号	同左路西十六号	0.62	15	王子刚	动迁中
		长沙邑馆		清晚期	建国门内大街7号	贡院西大街路西十号			王文豹	已拆
	古丈	酉西会馆	沈从文旧居	清同治十三年（1874年）	杨梅竹斜街61号	同左路北三十号	0.68	23	向伯翔	民居
	宁乡	宁乡会馆		清光绪五年（1879年）	米市胡同63号	同左路西二十八号	0.83	26.5	姜泽寰	已拆

产别		馆名	别名	建立年代	现地址	老地址	地亩	房间	掌管人	现状
县馆	湘阴	湘阴会馆		清光绪二十八年（1902年）	中信城	兵马司前街路西四号	1.35	26	刘君慢	已拆
		湘阴会馆	邓颖超旧居	清朝末年	南横东街103号	同左路北二十六号	0.95	20	刘君慢	已拆
	石门	石门会馆		民国十三年（1924年）	新开胡同31号	东新开胡同路西八号、九号		36	龚肇炳	已拆
	醴陵	醴陵会馆		民国时期	西单京畿道	京畿道				早废

合属馆产

《北京会馆档案史料》中存有1951年8月31日《湖南省会馆财产管理委员会申请书》，述其会馆历史沿革："本省僻处楚南，初隶湖广，前清雍正时始分行省。嘉庆十二年创设湖广会馆于虎坊桥，至同治光绪年间，购置烂缦胡同地址，设立湖南会馆，继各郡县亦先后设立，当时因来京赴试及候补的同乡旅居困难，由在京同乡中显宦巨贾捐助私有资财，购置房地设立会馆……。"

与湖北省合建馆产在湖北省在京会馆部分已详细介绍，此不赘述。

省级馆产

湖南老馆　建于清同治十一年（1872年），位于西城区广安门内大街2号北京移动通信有限责任公司菜市口移动通信枢纽大楼位置，拆除前地址北半截胡同11号（旧为北半截北头路西七号）。"由户部主事谭继洵倡建"，两重院有房25间。扩建菜市口大街时，北半截全巷被拆。

湖南会馆　建于清光绪三年（1877年），位于西城区铁鸟胡同20号（旧为铁老鹳庙路东十八号），占地0.8亩，有房25间。现为民居。

湖南会馆　建于清光绪六年（1880年），位于西城区粉房琉璃街117号

（旧为路西五十四号），占地 0.79 亩，有房 20.5 间。现已拆除。

湖南会馆（毛泽东旧居） 建于清光绪十三年（1887 年），位于西城区烂缦胡同 101 号（旧为路西四十、四十一、四十二号），占地 13.2 亩，三院有房 88.5 间。市级文物保护单位，保护范围以院墙为界，南北 35 米，东西 30 米。

当时主体建筑有戏台一座，文昌阁楼房一座。会馆中部四合院房间很宽敞，为集会的场所。1912 年 12 月，由陆海军人组成的社会团体“武学社”在馆召开成立大会。参加大会者共 151 人，会上推选黎元洪为名誉会长，郑汝成为社长。武学社以“开拓民智，促进征兵，振奋国民精神，洗国军积习”为宗旨，并创立《陆海军日报》。至 20 年代末尚有活动。1919 年 12 月，毛泽东带领湖南驱逐军阀张敬尧团到京，就住在湖南会馆，并在此召开千人参加的“湖南各界驱逐军阀张敬尧大会”。

湖南会馆西部原有文昌阁、戏楼，现已拆除。现状临烂缦胡同为五檩进深的东房十间，其中一间辟为广亮式大门。主院正房五间，进深五檩加前廊，附东耳房二间；东西厢房各二间，五檩前出廊；南接东配房三间，西配房五间，均为五檩进深；最南倒座房五间，进深五檩加前廊。所有房屋均为合瓦硬山顶，过垅脊。这组建筑整体不够规整，应是经过多次改扩建形成的格局。1949 年后长期由幼儿园使用，建筑保存较好。1994 年 12 月，宣武区委、区政府命名湖南会馆为宣武区首批爱国主义教育基地。

现录馆内楹联七副：

山川出云作霖雨，
日月合璧成文章。

（作者：何凌汉）

手障百川回学海，
胸陶万类入洪钧。

（作者：左宗棠）

江山万里横天下，
杞梓千章贡上都。

（作者：左宗棠）

诡势瑰声模山范水，
清淡高论嘘枯吹生。

（作者：胡林翼[①]）

① 胡林翼（1812—1861），字贶生，号润芝，湖南益阳人。清道光十六年（1836 年）进士，官至湖北巡抚，追赠总督。

二分明月正当头，幸寰宇澄清，好将金管玉箫吹西江月；
千里暮云同想像，对楼台歌舞，恍见珠帘画栋飞南浦云。

（作者：胡林翼）

海桧屈盘依怪石，
官藤夭矫学草书。

（作者：曾国藩）

玉界琼田三万顷，
泥金神箓五千年。

（作者：王湘绮）

人物链接

黎元洪（1864—1928），字宋卿，湖北黄陂人，北洋水师学堂毕业。1911年在武汉为湖广总督张之洞编练新军，任协统。武昌起义时任湖北军政府都督。南京临时政府成立时当选为副总统。1916年袁世凯死后继任大总统。1917年7月张勋复辟时，其由日本大使馆又转避天津。1922年，在直系军阀扶持下复任总统。次年，又被直系军阀驱逐。

郑汝成（？—1915），字子敎，直隶静海（今天津市）人，毕业于北洋水师学堂、英国海军学校。清末官至海军部司长、加总兵衔。辛亥革命后任大总统府侍从武官，1915年授彰威将军，11月10日乘车至日本领事馆参加日皇加冕礼，半路被中华革命党人刺杀身亡。

相关链接

“湖南各界驱逐军阀张敬尧大会” 1919年12月28日在湖南会馆召开，简称“驱张大会”。

1918年3月，皖系军阀张敬尧打败湘桂联军后入驻湖南，就任湖南督军和省长。1919年“五四”运动爆发后，强迫解散湖南省学生联合会（简称“学联”），查禁《湘江评论》。毛泽东等筹组恢复学联，学联联络各界人士举行焚烧日货示威活动。张则命令军队实行武力镇压，此举激起了湖南人民的坚决反抗。9月，毛泽东在湖南发动驱逐张敬尧的政治运动；12月，学联发表《驱张宣言》，长沙所有学校举行总罢课，并决定立即组织“驱张”代表团分赴北京、上海等地进行广泛宣传。18日，毛泽东率领的“驱张”代表团到达北京并进驻湖南会馆，同时组成“旅京湘人驱张各界联合会”。28日，千余名湖南同乡在湖南会馆内召开“驱张”大会。毛泽东在会上发表演讲，他说："张敬尧不去，湖南人民就不能生活。"大会通过了《关于驱逐张敬尧斗争的五项决议》。

代表团在京期间，先后进行7次请愿活动，向北洋政府提出撤惩张敬尧的要求。同时，成立了平民通讯社，毛泽东任社长，撰写了大量"驱张"文稿、通电，分送京、津、沪等各地报纸发表。1920年6月，湖南人民"驱张"运动日益高涨，加之军阀间内讧，张敬尧被迫撤出湖南。

湖南会馆 建于清光绪十三年（1887年），位于西城区烂缦胡同74号（旧为路东七十四、七十五号），占地1.24亩，有房45间。现为民居。

湖南会馆（先贤祠堂） 建于清光绪十三年（1887年），位于西城区七井胡同3号、5号（旧为九间房路北二、三号），有房47间。现为民居。

附产 置于清光绪十五年（1889年），位于南横东街四平园小区七号楼址（旧为路南五十四号），占地0.76亩，有房12间。现已拆除。

湖南会馆（湖南学堂） 建于清光绪三十三年（1907年），位于西城区西砖胡同74号（旧为路东三十六号），有房43间。初建学堂，一度改建会馆，后又办学。1949年后，政府接收称西砖小学。该校20世纪60年代并入醋章胡同44号，仍称西砖小学，现被撤并。馆址现为民居。

附产 置于清朝末年，位于广安门内大街6号枫桦豪景A座楼址（旧为红罗厂路北七号），有房10间。

湖南会馆 建于清代，位于东城区长巷四条10号（旧为路东四号）。现为民居，待拆。

附产 湖南义园 置于清道光十一年（1831年），位于丰台区方庄地区芳古路芳群园二、四区地域内（旧为马回店村）。《北京会馆档案史料》记载，截至1950年6月，此片义园共有坟墓167座。

附产 湖南义地 置于清道光二十一年（1841年），位于西城区牛街东里一区内（旧为麻刀胡同路南三十九号），占地15.79亩，有房31间。该片义地初为湖南、湖北公有，但还是以葬埋湖南人为主，故在湖南省馆建立后，即管理起来。截至1950年6月，该块义地共有坟墓2150座。此后不久被征用，相继盖起了宣武区委、区政府和区法院的办公用房（楼）。20世纪末，区委、区政府带头搬迁，服从危改，这里经连片改造成为牛街东里一区，原湖南义地的位置，应为今1号、5号、16号、18号楼基四方形的连线内。16号楼即原区委机关办公楼（未拆保留），今为牛街公安派出所使用。

附产　湘学堂《北京西城文化史》载，清光绪二十八年（1902 年）春，湖南同乡京官在化石桥路北设立湘学堂。该址后改为西顺城街四十七号（现为西城区前门西大街 77 号）。民国后改为京师公立第二十一高等小学，抗日战争胜利后改为市立化石桥小学，1950 年改为和平门小学，21 世纪初该校撤并，改为培训中心教学点。

附产　湖南义地　置于清朝末年，位于西城区槐柏树街南里地域内（旧为营房西南头条路西二号），占地 4.13 亩，有房 10.5 间。

附产　湖南义园　置于清朝末年，位于丰台区宋庄路（旧为宋庄）。《北京会馆档案史料》记载，截至 1950 年 6 月，此片义园共有坟墓 55 座。

附产　湖南义地《北京会馆档案史料》载，湖南同乡叶筱嵩、巢君衡等于 1933 年募款购地 25.54 亩，位于北京西郊白石桥魏公村，作为湖南公墓。建有房屋 11 间，以供看坟人住用，周围植树 114 棵以代围墙，划分出 1083 个穴位。至 1951 年底，除已葬及预购待葬外，尚余 629 穴。1953 年，该地被划入新市区，由都市计划委员会另拨购西北旺空山地 12 亩余，作为该义地部分坟墓迁移地址。经实地考察，义地原址位于魏公村路东段路南的魏公村小区一带。1957 年 9 月著名画家齐白石病故后即葬于该义地，其墓在今魏公村小区 1 号楼西侧。一位当地住户告诉笔者，齐先生墓已于 2013 年迁出。原址仍可见约四米见方的墓室石槽遗迹。

府级馆产

岳州

岳州，今称岳阳，位于湖南省东北部、长江南岸、滨临洞庭湖，邻接湖北省。西晋太康元年（280 年）置巴陵县。南朝宋元嘉十六年（439 年）置巴陵郡，隋开皇九年（589 年）废郡为州，十一年（591 年）改巴陵州为岳州。元以后为岳州路、府治，1913 年废府改岳阳县，1961 年置市，1962 年撤市再改县，1975 年复设县级岳阳市，1983 年升为湖南省地级市。名胜古迹有岳阳楼、君山等。

岳阳会馆 建于明嘉靖三十七年（1558 年），位于东城区长巷四条 57 号（旧为路南二十八号），由方钝倡建。据《湖南文汇》卷二十载，至明隆庆时期，已有相当规模，“翼翼然为天下之大观矣”。文献研究中，未见清代有关该馆记载。

目前该址正在动迁。实地调查时，尚未搬迁的祝老夫妇均七八十岁，以狗为伴，引笔者进院看尚存的一个汉白玉碑座，碑身被放倒后已埋在土堆里。

巴陵会馆（岳阳会馆） 以历史地名“巴陵”为馆名。

建于清康熙年间（1662—1722 年）或更早，位于西城区留学路 65 号左近，原为高爵街（旧为牛血胡同中段路西），有房 21 间。因无门牌记载，实地调查中未寻访到确切原址。

上湖南（永州、衡州、郴州、桂阳）

何谓“上湖南”，《重修上湖南会馆碑记》释为：“因念衡永郴居楚（指湘江）上游，萃衡岳潇湘之秀，代多髦士名臣……”彭泽民先生在《北京文史资料》第 68 辑上发表的文章中也指出：“当时建此会馆先人之所名为上湖南，更主要是借上游之势，寓显本地人士的一种自豪优越感觉，滔滔湘江水，奔流上湖南。”上湖南会馆为合属府馆。

1948 年所订《上湖南会馆章程》中第一条首先明确了永衡郴桂四郡下辖县置的称谓。下面我们以目前其相互所属关系按序简介如下：

永州，古称零陵。《史记 · 五帝本纪》：“舜南巡狩，崩于苍梧之野，葬于江南九疑，是为零陵。”永州及其清代下辖的永明、宁远、东安、祁阳、新田、道县及江华将在“永州会馆”条介绍。

蓝山，位于湖南省南部、湘江支流舂陵水上游。邻接广东省。西汉置南平县，唐改蓝山，今为永州市下辖县。

衡州，其历史地理概况将在“衡州会馆”条介绍。

衡山，位于湖南省中部偏东、湘江中游西岸。三国吴为湘西县县地，隋析置衡山，今为衡阳市下辖县。

常宁，位于湖南省南部、湘江中游。秦汉时为耒阳县地，三国吴析置新宁、新平两县，东晋新平并入新宁，唐改常宁，1996 年撤县设市，今为衡阳市下辖县级市。

耒阳，位于湖南省东南部、湘江支流耒水纵贯。秦置耒县，西汉改耒阳县，隋改洡阴，唐复耒阳，1986 年撤县设市，今为衡阳市下辖县级市。

郴州，位于湖南省东南部、湘江支流耒水流域。秦置郴县，隋开皇九年（589年）置郴州，元至元中改为路，明初改为府。不久又降为州，清为直隶州，1913年废州改郴县。1959年置县级郴州市，1968年撤市复为县，1977年再置市，1984年升为湖南省地级市。

资兴，位于湖南省东南部、湘江支流耒水流域。东汉置汉宁县，唐析置资兴县，宋改兴宁，1914年复名资兴，1984年撤县设市，今为郴州市下辖县级市。

永兴，位于湖南省东南部、湘江支流耒水流域，西汉置便县，隋废。唐开元间再置安陵县，天宝间改高亭，北宋熙宁六年（1073年）改永兴，今为郴州市下辖县。

桂东，位于湖南省东南部、湘江支流耒水上游，邻接江西省。宋置县，今为郴州市下辖县。

汝城，位于湖南省东南部、湘江支流耒水上游，邻接江西、广东两省。东晋置汝城县，唐改义昌，1913年复名汝城，今为郴州市下辖县。

嘉禾，位于湖南省南部、湘江支流舂陵水上游。明置县，今为郴州市下辖县。

安仁，位于湖南省东南部、洣水支流永乐水流域。宋置县，今为郴州市下辖县。

宜章，位于湖南省南部、地当南岭间盆地，邻接广东省。隋置义章县，宋改宜章，今为郴州市下辖县。

临武，位于湖南省东南部、北江上源武水上游，邻接广东省。战国楚临武邑地，汉置县，今为郴州市下辖县。

桂阳，位于湖南省东南部、湘江支流舂陵水流贯。东晋置平阳县，唐改桂阳监，元至元中升为路，明降为州，清雍正中再升为直隶州，1913年废州改县，今为郴州市下辖县。

上湖南会馆 建于明万历二十一年（1593年），《重修上湖南会馆碑记》载，“由大宗伯曾文恪公朝节[①]合衡、永、郴、桂人士创建”，至清嘉庆、道光、咸丰年间三度修缮扩建。位于东城区奋章胡同11号（旧为奋章大院路北三十二号，两个后门一在草厂十条北口里路东、一在西兴隆街东口里路南），有房64间。目前此地片已拆待建。原况照片为动迁中笔者实地调查时所拍。

附产 置于清代，位于草厂十条7号（旧为路西三十四号），空地1块，有房2间。

附产 置于清代，位于草厂五条南口里，房屋8间。

---

① 曾朝节，湖南临武县人，明嘉靖三十七年（1558年）举人，万历五年（1577年）进士，累升至礼部尚书。

拆除中的上湖南会馆　奋章胡同11号

附：

重修上湖南会馆并新建文星阁记
（1852年）

会馆自道光己丑、壬辰迭加修葺，后房舍稍增，下榻可容四五十人，然前后厅事皆奉祀神像暨先贤木主，宾至无燕坐之所。又忠节祠有东厢无西厢，祠之南群房错出，或檐牙交午如持戟者离立而失其列，堪舆家以为非宜，馆门则前遮栅栏，后蔽重檐，稍苦促迫，由西而东过道在群房之适中。说者谓非其地，譬诸人身而张其口于左腹也，乃佥议修。顾馆中无多蓄，则佥曰役不获已，当醵助，醵不及事，当先称贷以济。遂诹吉鸠工，首移忠节祠东厢六间之三于西，尽撤南房之错出者，地广且方；乃建厅事于祠之南，南向建文星阁，于厅之东南西向，厅东西各置厢房二，迤北各置耳房二；阁之南缭以长垣。改过道循西南墙入，与文星阁相直，移辉照堂东西两月门稍南，与过道相直；馆门则除去前后遮蔽，增其甍栋，稍移而南，并于群房之前，增置厨室若干间；其余缺漏者补之，闇淡者新之，规模扩乎前人，气象焕于旧观，经始咸丰元年辛亥正月，以是年六月落成。土木人夫之费，计用白金一千一百有奇。是役也，同馆诸君子倡议于前，在京及官外任诸公醵助于后。商谋经始者，临武杜君兰溪，农部祁阳陈君仪庭，比部临武邝君心如，驾部候铨州刺史道州何君子愚，候铨守府江华杨君临川；朝夕督工，始终其事者，候铨大令祁阳刘君豫川；度地宜选时日，则故孝廉安仁段君菉平也。岳英经理馆事，幸董其成，费之不足者，岳英权贷而给之。同人曰：不可以弗识也，遂援笔而为之记。

咸丰二年壬子孟春月吉旦

诰授奉直大夫户部江西司主事兼办山东司事军机处行走内廷方略馆纂修加三级衡山文岳英拜撰

上湖南会馆 建于清中晚期，位于西城区东北园胡同 50 号（旧为路东五十七号），占地 0.57 亩，有房 17.5 间。现为民居。

上湖南会馆 建于清中晚期，位于西城区菜市口大街北段（旧为丞相胡同路西三十六号），占地 0.81 亩，有房 19.5 间。现已拆除。

上湖南会馆（衡州会馆） 建于清中晚期，位于西城区贾家胡同 28 号（旧为路东五十五号），占地 1.06 亩，有房 18.5 间。现已拆除。

常德

常德，位于湖南省北部，沅江下游，洞庭湖西侧。秦置临沅县，隋改武陵县，南宋乾道元年（1165 年）升鼎州府置，元改为路，明改为常德府，1913 年废府改县，1950 年置市，1988 年升为湖南省地级市。

常德会馆（常桃汉沅会馆） 建于明万历年间（1573—1620 年），位于东城区鲜鱼口街东段路南新翻建的长巷四条小学域内（旧为高庙胡同北口里路西二十号），有房 41 间。翻扩建小学校时被拆占。

该馆为常德府及所属三县共建，三县为：

桃源，位于湖南省西北部，沅江下游。东汉置沅南县，隋废入武陵县，宋分置桃源县，今为常德市下辖县。名胜有桃花源。

汉寿，位于湖南省北部、沅江下游、洞庭湖畔。西汉为索县地，东汉为汉寿县，三国吴分置龙阳县，1912 年再改汉寿，今为常德市下辖县。

沅江，位于湖南省北部、洞庭湖畔。南朝梁置药山县，隋改沅江，唐改桥江，宋复改沅江，1988 年撤县设市，今为益阳市下辖县级市。

附产 置于清道光二十七年（1847 年），位于草厂八条，为“佃房一所”。早废。

武陵会馆 建于清代，《京师坊巷志稿》第 185 页载：“长巷上下二条胡同，有临江、浦城、武陵诸会馆。”位于东城区长巷二条 47 号（旧为路西三十号）。现为民居。

长沙

长沙，位于湖南省东部、湘江下游沿岸，为湖南省省会，全省政治、经济、文化和交通中心，国家历史文化名城。秦为长沙郡置，西汉改郡为国，东汉仍改为郡，隋为潭州治。唐天宝时改潭州为长沙郡，元时改为潭州路，明清为长沙府，1933 年设市，城郊另设长沙县。名胜古迹有岳麓山、橘子洲、岳麓书院、天心阁、马王堆汉墓等。

《北京会馆档案史料》收录的《湖南长郡旅平同乡会章程》中称："凡现籍属前湖南长沙府及所属长沙、善化、浏阳、宁乡、益阳、安化、湘潭、湘乡、湘阴、醴陵、茶陵、攸县十二县旅居北平之同乡，均得为本会会员。"

长沙县，位于湖南省长沙市郊、湘江下游。秦置临湘县，隋改长沙，今为长沙市下辖县。板仓是杨开慧烈士的故乡，1969 年建起杨开慧烈士陵园。

善化，今已并入长沙市。汉为临湘县地，唐为长沙、湘潭两府地，宋分置善化县，明入长沙府，后又复置，1913 年废县再入长沙。

浏阳，位于湖南省东部、湘江支流浏阳河流域，邻接江西省。三国吴置刘阳县，隋废入长沙县。唐改浏阳，1993 年撤县设市，今为长沙市下辖县级市。境内有浏阳文庙、谭嗣同故居及墓、秋收起义文家市会师旧址等名胜，是著名的"花炮之乡"。

宁乡，位于湖南省东北部、湘江支流沩水流域。三国吴置新阳县，晋改新康，宋改宁乡，今为长沙市下辖县。名胜古迹有沩山密印寺和灰汤温泉。

益阳，位于湖南省北部、资水下游，滨临洞庭湖。秦置县，1950 年置市，1994 年升为湖南省地级市。

安化，位于湖南省中部偏北、资水中游。宋置县，今为益阳市下辖县。

湘潭，位于湖南省东部、湘江中游。汉置湘南县，隋为衡山，唐改湘潭，1950 年置市，1983 年升为湖南省地级市。

湘乡，位于湖南省中部偏东、湘江支流涟水流域。东汉置县，元改州，明复改县，1986 年撤县设市，今为湘潭市下辖县级市。

湘阴，位于湖南省东北部、湘江下游，滨临洞庭湖。南朝宋置县，今为岳阳市下辖县。

醴陵，位于湖南省东部、湘江支流渌水流域，邻接江西省。东汉置县，隋废入长沙，唐复置，元升州，明复改县，今为株洲市下辖县级市。

茶陵，位于湖南省东部、湘江支流洣水流域，邻接江西省。汉置县，隋废，唐复置，元升为州，1913 年废州改县，今为株洲市下辖县。

攸县，位于湖南省东部、湘江支流洣水流域，邻接江西省。汉置攸县，南朝梁改攸水县，隋废。唐复置攸县，元为攸州，明复改县，今为株洲市下辖县。

长郡会馆（长郡东馆）《湖南会馆史料九种》载，建于明崇祯年间（1628—1643 年），由廖国遴、李腾芳等人创办。位于东城区草厂十条 10 号（旧为路东五号），三进四合大院落有房 40 多间，另有小戏台一座，包括义园共占地 5.1 亩。现已拆除。

下录楹联三副：

1. 戏台

湖山积久发奇光，借此地鼓舞轩昂，聊寄酬洞庭衡岳；
科目[①]何尝无国士，愿诸君淋漓感激，安排做孝子忠臣。

（作者：曾国藩）

2. 祠堂

何人负贾傅[②]才名，望江上祠堂[③]，万里每萦香草梦；
此地是燕山旧址，愿乡中贤俊，大家争折桂[④]枝来。

（作者：李篁仙）

3.

同科十进士，
庆榜三名元[⑤]。

（作者：曾国藩）

附产　长郡东馆义园　置于清前期，位于草厂十条左近。1958 年改建为北京市女十五中学，校门开在奋章胡同北口里路西 15 号，1962 年改办一〇七中学，后又改办二二三中学。目前该校已撤并，教学楼已拆。

长沙试馆　《京师坊巷志稿》第 185 页对该馆有录；陶澍《印心石屋集》载："长沙试馆墙隅有槐一株，湘潭陈沧洲先生罷苏州守，入值武英殿修书时所植，暇日与友坐其下，购石护之，且置碑焉。"由史料推断，该馆建于清前期，位于东城区北晓顺胡同（旧称北孝顺胡同）。目前地名尚存，馆址已在城市变迁中无迹可寻。

长郡会馆（长沙新馆）　建于清乾隆二十五年（1760 年），由杨孔上、唐瑶章倡建。位于东城区草厂十条 19 号（旧为路西二十八号），有房 20 多间。现为民居。

附产　置于清代，位于草厂七条。

长郡西馆　馆名是相对于东城区境内所建东馆而言。

建于清乾隆年间（1736—1795 年），位于西城区"庄胜城"域内（旧为

---

① 科目：隋唐以来分科选拔官吏，清代只设进士一科。
② 贾傅：即贾谊（前 200—前 168），西汉政论家、文学家，被贬为长沙王太傅，史称贾傅。
③ 上祠堂：此指屈原。
④ 折桂：科举时代称及第为折桂。
⑤ 三名元：指清道光二十五年（1845 年）状元肖锦忠、朝元孙鼎臣、南元周寿昌三人。

香炉营四条路北十六号），占地 1.23 亩，有房 38 间。现已拆除。

长郡会馆　建于清道光年间（1821—1850 年），位于西城区“庄胜城”域内（旧为西横街路西七号），有房 45 间。现已拆除。

长郡会馆现状　草厂十条19号

长郡会馆　建于清光绪年间（1875—1908 年），位于西城区南横东街 63 号（旧为路北七号），有房 55 间。扩宽道路时被拆。

长沙会馆　建于清光绪年间（1875—1908 年），位于西城区南横东街 111 号（旧为路北三十一号），有房 35 间。扩宽道路时被拆。

长沙会馆　建于清朝末年，位于西城区粉房琉璃街 83 号（旧为路西三十七号），占地 0.6 亩，有房 20 间。现已拆除。拆除前，街门上模糊可见一副门联：

黄龙驾云腾苍海，

紫凤穑翻凌清霄。

长沙会馆　建于清朝末年，位于西城区南横西街 21 号（旧为路北三十一号），占地 0.52 亩，有房 15 间。现已拆除。

辰溪

辰溪，位于湖南省西部、沅江及其支流辰水在境内汇合。汉置辰阳县，隋改辰溪。开皇九年（589 年）改武州置，元改为路，明改为府，清嘉庆后辖境缩小，1913 年废府还县，今为怀化市下辖县。

沅陵，位于湖南省西部，沅江中游。汉置县，今为怀化市下辖县。名胜古迹有红字碑、龙兴寺、凤凰山等。

辰、沅两地南北相邻、山水相连。

辰沅会馆　建于清前期，位于东城区草厂八条 27 号（旧为路西二十七号）。现为民居。

宝庆

宝庆，即今之邵阳市，位于湖南省中部、资水同邵水汇合处。汉置昭陵县，晋改邵陵，隋改邵阳，唐贞观十年（636年）改南梁州置。五代楚改敏州，后又改邵州，南宋宝庆元年（1225年）升为宝庆府。元至元中改为路，明洪武初复为府。1913年废府改宝庆县，1926年复称邵阳，1950年置县级邵阳市，1986年升为湖南省地级市。

宝庆会馆（宝郡会馆） 建于清乾隆二十四年（1795年），由魏都创建。经乾隆三十六年（1771年）、同治三年（1864年）、光绪十一年（1885年）三次修扩建。《北京会馆档案史料》载，“光绪二十六年（1900年）易名为宝郡会馆，至民国二十七年（1938年）改名为宝庆五邑馆”。位于东城区草厂五条27号（旧为路西二十七号），有房40余间。现为民居，原大门保存基本完好，楹联清晰可见：

惟善惟宝，

则笃其庆。

其他四县为：

新宁，位于湖南省南部、资水上源夫夷水流域，邻接广西壮族自治区。三国吴置夫彝县，东晋改扶县，隋废入邵阳县，宋分置新宁，今为邵阳市下辖县。

武冈，位于湖南省西南部，资水上游。三国吴置武冈县，明改州置，1912年还县，1994年撤县设市，今为邵阳市下辖县级市。

城步，位于湖南省西南部。汉置都梁县，晋并入武冈，宋再分置改城步，明初改置巡检司，清复县，1956年改为城步苗族自治县，现由邵阳市管辖。

新化，位于湖南省中部，资水中游。三国吴置高平县，宋改新化，今为娄底市下辖县。

宝庆会馆（宝庆东馆） 建于清同治六年（1867年），位于东城区草厂六条路西，具体地址无考。现此一片均为民居。

宝庆五邑馆（宝庆西馆） 建于清光绪十五年（1889年），位于西城区“中信城”北片，原为南大吉巷6号（旧为羊肉胡同路南三十号），占地0.63亩，有房14.5间，现已拆除。

湘庆会馆（宝庆会馆） 所谓“湘庆”，即湘之宝庆的意思。

建于清代，位于西城区骡马市大街路南（果子巷北口以西）208号左近（旧为路南一五七号）。现大部被拆。

永州

永州，位于湖南省南部、湘江上游。汉属零陵郡地，隋开皇九年（589 年）置永州，元改为路，明改为府，1913 年废府改零陵县，1982 年设县级永州市，1995 年零陵地区改为地级永州市，原县级永州市改为零陵区。

永州会馆（永州老馆） 建于清嘉庆五年（1800 年），原系靳氏家产。位于西城区宣武门外大街 79 号，拆除前为达智桥胡同东口以南（旧为宣武门大街路西三十八号），占地 0.76 亩，有房 24 间。扩展道路时被拆。

《北京会馆档案史料》载：“本馆为永州及所辖永明、宁远、东安、祁阳、新田、道县、江华等八府、县所公有，定名为永州会馆。”

永明，现称江永，位于湖南省南部、潇水支流永明河上游，西邻广西壮族自治区。汉置谢沐县，唐改永明，1956 年改称江永，今为永州市下辖县。

宁远，位于湖南省南部、湘江支流潇水上游。汉置泠道县，唐改唐兴，后改延唐，宋改宁远，今为永州市下辖县。名胜古迹有九嶷山，传为虞舜葬地。

东安，位于湖南省南部、湘江上游，邻接广西壮族自治区。西汉时境域属零陵郡洮阳县地，西晋置应阳县，北宋雍熙元年（984 年）定县名为东安，今为永州市下辖县。

祁阳，位于湖南省南部、湘江中游。三国吴置县，今为永州市下辖县。

新田，位于湖南省南部、湘江支流舂陵水流域。明置县，今为永州市下辖县。

道县，位于湖南省南部、湘江支流潇水流域，西邻广西壮族自治区。秦置营浦县，唐改营道，后又改弘道。宋复名营道，明入道州，1913 年废州改道县，今为永州市下辖县。

江华，位于湖南省南部、沱水上游，南邻广西壮族自治区。西汉置冯乘县，唐析置江华县，1955 年成立江华瑶族自治县，今为永州市下辖县。

附产 置于清中晚期，位于南横东街 103 号（旧为路北二十四号），有房 8 间，比邻圆通观道庙一座。1958 年建陶然亭医院时，圆通观及永州会馆附产一同被征用。

永州新馆 建于清光绪六年（1880 年），由在京乡人集资增置，位于西城区贾家胡同 41 号（旧为路西二十三号），占地 1 亩，有房 23 间。原广亮大门早已被改作住房，另辟一小门。现已拆除。

澧州

澧州，今称澧县，位于湖南省北部、澧水下游，邻接湖北省。隋置澧阳县，开皇九年（589 年）置松州，不久改澧州。元至元中升为路，明洪武初改府，后又降为州，清雍正时升为直隶州。1913 年废州改澧县，今为常德市下辖县。

其馆以澧州、澧阳为馆名，但据《北京会馆档案史料》所载 1947 年登记表称，“经费由澧州等六县所摊派”。建馆时澧州为直隶州，其他五地为县置，分别是：

临澧，位于湖南省北部、澧水下游。清置安福县，1914 年改临澧，今为常德市下辖县。

安乡，位于湖南省北部、澧水下游，滨临洞庭湖，邻接湖北省。西汉为孱陵县地，东汉分置作唐县，隋改安乡，今为常德市下辖县。

石门，位于湖南省北部、澧水中游，邻接湖北省。隋置澧阳县，南朝陈析置石门，今为常德市下辖县。

慈利，位于湖南省北部、澧水中游。汉置零阳县，隋改零陵，又改慈利。元升为州，明复为县，今为张家界市下辖县。

南县，位于湖南省北部、洞庭湖畔，邻接湖北省。清置南洲直隶厅，1912 年改南县，今为益阳市下辖县。

澧阳老馆（澧州会馆） 建于清道光三年（1823 年），位于西城区“庄胜城”域内，原为海柏胡同 18 号（旧为海北寺街路南二十七号），占地 3.77 亩，有房 43 间。1949 年后改为民居，部分房屋由街道使用，现已拆除。

馆产侧旁有一条很窄的死胡同，过去就以澧阳会馆名而取小巷名，称为澧阳馆夹道。1965 年整顿街巷地名时，将其并入海柏胡同。

澧阳会馆 建于清中晚期，位于西城区“庄胜城”域内（旧为后青厂路北）。现已拆除。

澧阳新馆 建于清朝末年，位于西城区“庄胜城”域内（旧为香炉营四条路北二十三号）。现已拆除。

永顺、保靖

永顺，位于湖南省西北部、酉水支流猛洞河流域。西汉置酉阳县，隋改大乡县，五代升为永顺州。元至元中改为路，明洪武初置永顺军民宣慰使司，清雍正时改土归流置府。1913 年废府改县，今为湘西土家族苗族自治州下辖县。名胜古迹有溪州铜柱，为五代时所立。

保靖，位于湖南省西北部、沅江支流酉水横贯，邻接重庆市。汉置迁陵县，南朝梁废入大乡县，五代析出升保靖州，明改安抚司，清雍正时改府。1913 年废府改县，今为湘西土家族苗族自治州下辖县。

永靖会馆 建于清光绪九年（1883 年），位于西城区永光东街九号院 3 号楼位置（旧为永光寺中街路西一号），占地 1.39 亩，有房 36.5 间。购置馆产前，此地原有观音祠一座，并设住持僧人，主供法物为木质观音菩萨像一尊。20 世纪末该地在开发改造中被拆。

馆名取自永顺、保靖两府名中的各一字，会馆为两府及下辖古丈、龙山、桑植、会同、通道、靖县、绥宁所共有。

古丈，位于湖南省西北部、沅江支流酉水流域。清置古丈坪厅，1913 年改古丈县，今为湘西土家族苗族自治州下辖县。

龙山，位于湖南省西北部、沅江支流酉水上游，邻接湖北省。清置县，今为湘西土家族苗族自治州下辖县。

桑植，位于湖南省西北部、澧水上游，邻接湖北省。汉置充县，东晋改临沣，唐称慈利，元析置桑植安抚司，清改桑植县，今为张家界市下辖县。

会同，位于湖南省西南部、沅江支流渠水流域，邻接贵州省。北宋崇宁元年（1102 年）置三江县，次年改名会同县，今为怀化市下辖县。

通道，位于湖南省西南部、邻接广西壮族自治区。西汉属镡成县地，南朝宋为黔阳县地，梁至隋为龙标县地；五代后属诚州；北宋置罗蒙县，改诚州为靖州，领永平、会同、通道三县。1954 年成立通道侗族自治县，今为怀化市下辖县。

靖县，今称靖州，位于湖南省西南部、沅江支流渠水流域，邻接贵州省。宋置永平县，明置靖州，1912 年废州改县，今为怀化市下辖苗族侗族自治县。

绥宁，位于湖南省西南部、沅江支流巫水流域。宋置县，今为邵阳市下辖县。

衡州

衡州，今称衡阳，位于湖南省南部、湘江及其支流耒水、蒸水汇合处。汉为丞阳、钟武县地，隋初置衡阳县，开皇中升衡州，以衡山而得名。元至元中改为路，明洪武初再改为府。1913 年废府改衡阳县，1942 年设市，

1983 年设为湖南省地级市。

衡州会馆（杨度旧居）《北京会馆档案史料》载：“本馆因无馆志，闻创于清光绪年间（1875—1908 年），以成立年历浅近，所未缔留会产。”位于西城区菜市口大街北段（旧为丞相胡同南段路东四十二号），占地 1.46 亩，有房 34 间。现已拆除。

戊戌维新时，杨度曾经旅居于此。

人物链接

杨度（1875—1931），字皙子，别号虎公，湖南湘潭人。清光绪二十年（1894 年），19 岁的杨度应顺天府乡试中举。二十四年（1898 年）二月再次入京参加会试，首住湘潭会馆。落第后移居衡州会馆。二十八年（1902 年）赴日求学。他与黄兴等人创办了《游学译编》，介绍外国政治学说和社会情况，宣传民族独立和民主革命。二十九年（1903），又到京参加经济特科考试，取得一等第二名。杨被怀疑为康党分子，即被严查，被迫逃亡日本，在东京法政大学学习，被推举为中国留日学生总会干事长，三十一年（1905 年）回国。

光绪三十四年（1908 年），袁世凯、张之洞联名保举杨度，以候补四品京官到宪政编查馆工作。宣统三年（1911 年），被任命为内阁统计局局长。1912 年，袁世凯就任中华民国临时大总统，1914 年解散国会后杨度被委任为参政会参政，1915 年与严复等人发起成立“筹安会”为袁策划复辟帝制。1916 年袁死后，杨度逃往天津。其间，他在孙中山、李大钊影响下，思想发生重大转变，为北伐战争的顺利进行发挥了一定作用。1927 年 4 月，当他得知张作霖要搜捕共产党人的消息后，立即转告中国共产党。李大钊不幸被捕后，他又多方努力奔走营救，但未能成功。李大钊就义以后，杨度为了救济遇难者家属并为筹措地下党活动经费，变卖全部家产倾囊捐出，1928 年秋移居上海。

在上海，杨度表面以卖文为生，暗中从事革命工作。1929 年秋经周恩来介绍加入中国共产党，从事地下工作。1931 年 9 月 17 日在上海病逝。

杨度临终前自撰挽联以明心志：

帝道真如，如今都成过去事；

医病救国，继起自有后来人。

县级馆产

湘潭

关于湘潭的历史地理概况已在“长沙府”条介绍。

湘潭会馆 建于清康熙五十二年（1713年），由陈鹏年[①]购建，为湖南在京首座县级会馆。位于东城区祈年大街中段路西（旧为南官园路东粪厂）。建祈年大街时南官园胡同整体拆除。

附产 湘潭义地 置于清晚期，位于东城区奋章胡同北口里路西15号（旧为草厂十条路东四号），占地2亩。1958年被改造为北京市女十五中学校园，后改为二二三中学，现已拆待建。

湘潭会馆 建于清光绪二十八年（1902年），位于西城区保安寺街5号（旧为路北三号），占地1.24亩，有房24间。现已拆除。

湘乡

关于湘乡的历史地理概况已在“长沙府”条介绍。

湘乡会馆 建于清前期，位于东城区草厂十条，早废。

湘乡会馆 建于清中晚期，位于西城区枫桦豪景小区南墙外的新马路及其南侧地片上，原为烂缦胡同89号（旧为路西三十五号），占地2.67亩，三进院有房75间。拓建菜市口大街时，连片改造被拆。

泸溪

泸溪，位于湖南省西部、沅江支流武水流域。唐初置卢溪县，清初改泸溪县，今为湘西土家族苗族自治州下辖县。

泸溪会馆 建于清前期，位于东城区南翔凤胡同路南6号左近（旧为草厂三条北段路东）。早废。

---

① 陈鹏年，湘潭人，清康熙进士，累迁江宁知府，以清廉著，有“青天”之称，为总督阿山诬劾下狱。事白起复后，任苏州知府，官至河道总督兼漕运总督，卒谥恪勤。

善化

关于善化的历史地理概况已在“长沙府”条介绍。

善化会馆 建于清道光三年（1823年），由唐业谦、陈岱霖、唐方煦等创建，位于西城区宣武门外大街6号庄胜崇光百货[①]大楼北楼的北侧（旧为宣武门大街路东二一五号），占地1.44亩，有房37.5间，其中包括铺面房5间。

《北京会馆档案史料》中辑有该馆楹联三副：

1. 会馆

念圣谟，善降百祥，于帝其训；

观文化，化成天下，所宝惟贤。

（作者不详）

2. 神堂

帝室禋[②]六宗，台曜[③]降灵，魁斗旋机诩[④]皇运；

群伦分七祀，文章司命，云旗孔盖振乡风。

（作者：黄膺）

3. 听事

莫等闲，度秋月春风，绣辔[⑤]香鞯[⑥]，好细与寻诗韦杜；

即此地，是城南岳麓，青灯黄卷，愿毋忘讲学朱张。

（作者：黄膺）

善化试馆

建于清光绪十二年（1886年），位于东城区建国门内大街6号、中国海关总署大楼东半部前广场位置（旧为水磨胡同道南），原系正蓝旗满洲内阁中书恩锦的祖上遗产，南北两院共有房24间，后门开在东裱褙胡同。该址与贡院西砖门“望衡对宇”，平时出租的租金为会馆收入，每值乡、会试年份“专为应试进场而设”。

① 庄胜崇光百货隶属日本崇光零售集团，于1998年6月24日正式开业，总建筑面积13万平方米。

② 禋（yīn），指祭祀。

③ 曜（yào），日、月、星总称为曜。

④ 诩（xǔ），夸张、自夸。

⑤ 辔（pèi），驾驭牲口用的嚼子和缰绳。

⑥ 鞯（jiān），马鞍子和垫在鞍子下面的东西。

浏阳

关于浏阳的地理历史概况已在“长沙府”条介绍。

浏阳会馆（谭嗣同故居） 建于清同治九年（1870年）六月，由浏阳“宾兴会”购得本籍谭敬甫[1]在京师的宅第而改建为会馆。位于西城区北半截胡同[2]41号，原为北半截路西二十号（旧为库堆胡同），占地2.08亩，有房46间。现为市级文物保护单位，保护范围以院墙为界，南北25米，东西58米。

清末政治家、思想家、“戊戌六君子”之一的谭嗣同在戊戌变法期间曾居住在浏阳会馆五间西房的北套间里，自题为“莽苍苍斋”。戊戌变法失败后，1898年9月24日谭嗣同在浏阳会馆被捕，继而被杀于菜市口刑场。

浏阳会馆现存较完整。会馆主要房屋坐西朝东，广亮式大门现临菜市口大街。正房五间，北套间即“莽苍苍斋”。两厢各两间，倒座五间。正房南有三间西房，会馆房屋尺度不大，均为五檩硬山式，无前廊。

馆中遗存莽苍苍斋楹联两副：

家无儋石[3]，
气雄万夫。

（作者：谭嗣同）

视尔梦梦，天胡此醉；
于时处处，人亦有言。

（作者：谭嗣同）

人物链接

谭嗣同（1865—1898），字复生，号壮飞，湖南浏阳人。戊戌维新运动的核心人物之一。谭嗣同于同治四年二月十三日（1865年3月10日）诞生在烂缦胡同。从小勤奋好学，曾拜京城镖师大刀王五习武，其童年一直在北京宣南度过。

光绪三年（1877年）随父离京，其后每次进京均住在浏阳会馆内。十五年（1889年）、十九年（1893年）两次赴京乡试，未中。二十一年（1895年）第三

① 谭继洵，字敬甫，湖南浏阳人。清咸丰朝进士，官至湖北巡抚，为谭嗣同之父。
② 北半截胡同已在扩建菜市口大街过程中被拆，现在菜市口大街的街面上仅保留北半截胡同的39号、41号两个门牌院落。
③ 儋石：与担石同。常用来形容米粟少，家境贫寒；俸禄少，社会地位不高。

次进京，拜谒康、梁，以康有为私淑弟子自诩。其父却要求儿子走仕途之道，并为谭嗣同纳赀捐得五品候补知府。二十四年四月二十三日（1898 年 6 月 11 日），光绪皇帝颁布“定国是诏”，“百日维新开始”。二十五日，侍读学士徐致靖上疏保荐谭嗣同云：“江苏候补知府谭嗣同，天才卓荦，学识绝伦，忠于爱国，勇于任事，不避艰难，不畏谤疑。内可为论思之官，外可备折冲之选。”同日即有上谕，“着督抚道部引见”。光绪授予谭嗣同四品军机章京，参予新政。时与杨锐、林旭、刘光第称“军机四卿”。光绪帝还谕谭嗣同等“竭力赞襄新政，无得瞻顾，凡有奏折，皆经四卿阅览；凡有上谕，皆经四卿属草”。

戊戌变法时，曾访袁世凯，请袁举兵相助。此事随即败露，谭嗣同抱定必死的决心，谢绝逃避，于八月初九日（9 月 24 日）晨，在浏阳会馆被捕入刑部大牢。

其在狱中题诗于壁：

望门投止思张俭，忍死须臾待杜根，
我自横刀向天笑，去留肝胆两昆仑！

八月十三日（9 月 28 日）下午，谭嗣同等“戊戌六君子”被绑赴刑场，其高声咏诵绝命诗：

有心杀贼，无力回天。
死得其所，快哉快哉！

谭嗣同遇难后，人们在其故居莽苍苍斋设置灵堂，正中挂有谭嗣同大幅画像，香火一直持续到 1940 年前后。

谭嗣同逝世时年 33 岁，正值而立，遗体被归葬浏阳南乡牛石岭山下，墓地华表镌刻一联：

亘古不灭，片石苍茫立天地；
一峦挺秀，群山奔赴若波涛。

谭嗣同一生著述颇丰，经整理均已编入《谭嗣同全集》。

长沙

关于长沙县的历史地理概况已在“长沙府”条介绍。

长沙邑馆 建于清同治十一年（1872 年），“由先达周荇农[①]学士创议建馆”。位于西城区椿树园小区域内（旧为椿树上三条路北九号），占地 1.41 亩，有房 20 间。

---

① 周荇农，名寿昌，号荇农，湖南长沙人。清道光二十五年（1845 年）进士，授编修。“宣南诗社”成员。

长沙邑馆 建于清光绪年间（1875—1908 年），位于西城区粉房琉璃街 41 号（旧为路西十六号），占地 0.62 亩，有房 15 间。该巷目前整体待拆。

长沙邑馆 建于清晚期，位于东城区建国门内大街 7 号长安大剧院域内（旧为贡院西大街路西十号、后门开在福建司营路东四号）。

《北京会馆档案史料》载：日本侵略者占领北京后，日人甫迁强租了该馆，抗日战争胜利后其拒绝退房，经讼内一区解除租约并限期腾交，但其百般抵赖，又拖延了相当一段时间。日本人搬走后由国立艺术专科学校无偿占用。

古丈

关于古丈的历史地理概况已在“永顺府”条介绍。

西西会馆（沈从文旧居） “西西”即酉水之西。“酉”即湘西北之酉水。酉水也称酉溪，源出湖北鹤峰西北，南流至湖南沅陵城南注入沅江。酉水之西的大部地域及行政归属古丈县，今属湘西土家族苗族自治州所辖。该馆以“西西”代地名冠馆名，别具特色。

建于清同治十三年（1874 年），位于西城区杨梅竹斜街 61 号（旧为路北三十号），占地 0.68 亩，有房 23 间。现为民居。

著名作家沈从文先生曾住居该馆。实地调查时，现居本院之人及邻近的街坊们对此至今引以为荣。

人物链接

沈从文（1902—1988），原名沈岳焕，苗族，湖南湘西凤凰县人，著名作家和教授。

1922 年其离开家乡到北京，在熊希龄、郁达夫、胡适之等师长的引导下，学识大长。1924 年开始在北京报刊上发表作品，并逐步成为了“新文学”的“第一职业作家”。1928 年到上海后的五年中，几乎每个月都有书作发表，成为笔调细腻而又多产的作家。1933 年回到北京后不久，相继发表了中篇小说《边城》和散文集《湘西散记》，成为其创作的高峰。被誉为和鲁迅、赵树理齐名的中国现代三位最出名的描写农村的作家。

沈从文先后曾在中国公学、武汉大学、青岛大学、北京大学任教。新中国成立后，长期在中国历史博物馆、故宫博物院工作，后为中国社会科学院历史研究所研究员。

宁乡

有关宁乡的历史地理概况已在“长沙府”条介绍。

宁乡会馆 建于清光绪五年（1879年），由周达武、黄显瓒、陶森甲等购建，位于西城区米市胡同63号（旧为路西二十八号），占地0.83亩，有房26.5间。现已拆除。

湘阴

关于湘阴的历史地理概况已在“长沙府”条介绍。

湘阴会馆 建于清光绪二十八年（1902年）十月，“由本县在京同乡共同捐款购置”。位于西城区“中信城”域内，原为前兵马街7号（旧为兵马司前街路西四号），占地1.35亩，有房26间。现已拆除。

《北京文物报》总154期载：1926年3月18日，为抗议日本帝国主义炮击大沽口，督促段祺瑞政府驳回“八国最后通谍”，共产党组织北京学生和爱国民众在天安门前集会，并游行到临时政府前请愿。反动政府军警向请愿队伍射击，并用刀、棍毒打，致使200多人受伤，47人罹难，酿成震惊中外的“三一八”惨案。3月26日，“烈士杨德群追悼大会”就在兵马司前街湘阴会馆举行，陈毅同志当时以代表国民党市党部身份参加了追悼会。

人物链接

杨德群（1902—1926），女，字光哲，湖南湘阴人。1925年考入北京艺术专科学校，后转入国立北京女子师范大学。1926年3月18日，与刘和珍等前往段祺瑞执政府门前请愿，牺牲时年仅24岁。

湘阴会馆（邓颖超旧居） 建于清朝末年，位于西城区南横东街103号（旧为路北二十六号），占地0.95亩，有房20间。扩建陶然亭医院时被拆占。

民国初年，社会党人、反袁先驱陈翼龙曾在此建北京平民义务学校，并兼校长。邓颖超幼时随母居于该馆，并在本院的北京平民义务学校初级班就读。

人物链接

陈翼龙（1886—1913），湖北罗田人。辛亥革命后，在上海成立中国社会党，嗣后又成立北京支部，被选为总干事。1913 年改组为万国社会党中国总部。宋教仁遇刺后，其准备在京、津发动反袁起义，未遂被捕，遭杀害。

石门

石门，位于湖南省北部、澧水中游，邻接湖北省。晋置澧阳县，南朝陈改石门，今为常德市下辖县。

石门会馆　建于 1924 年，位于西城区新开胡同 31 号北京教育学院附属中学校址（旧为东新开胡同路西八、九号），有房 36 间。

附产　置于民国时期，位于会馆以北、新街口小三条路北五号，有房 3 间。此地现已被包容在西城区新街口西里一区 5 号楼域内。

醴陵

有关醴陵的历史地理概况已在“长沙府”条介绍。

醴陵会馆　建于民国时期，位于西城区西单京畿道。白鹤群先生著《北京的会馆》第 165 页有辑，具体位置无考。

广东省在京会馆

广东省位于南岭以南，地处南海之滨，地势北高南低，全境大致为一向海倾降的斜坡，山地、丘陵约占总面积的三分之二。东、北、西三面分别与福建、江西、湖南等省及广西壮族自治区接壤。

春秋战国时为百越（粤）地，秦置南海郡，汉属交州，三国吴分交州置广州，唐属岭南道，宋为广南东路，元分属江西和湖广行中书省，明设广东布政使司，清为广东省。简称“粤”，省会广州市。现辖21个地级市、21个县级市、37个县、3个自治县及59个市辖区。全省面积18万多平方千米。

广东省是最早于京城建省馆的省份，粤东老馆创建于明永乐年间，属于京城最早的一批会馆。南海县的馆产量在京城县馆中最多，其3座会馆、4处附产，共占地20亩，有房400间。此外，在会馆的组织形式上，三水会馆是惟一明确记载由县政府出资于京城设立的会馆；在会馆组织对京城的影响上，顺德馆夹道等至今沿用的北京街巷地名，无疑是会馆文化嵌入京城社会的最好印记。该省共在京建立会馆60座，其中省馆7座，府馆19座，县馆30座，商业行业馆4座，上述会馆置设附产共计33处。目前尚有会馆建筑遗存21座，其中市级文物保护单位3处、区级文物保护单位4处。

广东在京会馆中目前有三分之一尚有遗存，这一比率与其他省份相比为高，一些广东会馆在当下的命运也折射出北京在处理城市发展与会馆保护二者关系上的现况与探索：会馆保护让位于城市市政建设，如粤东新馆；会馆居民腾退、会馆在原址得到修缮并完整保护，如中山会馆；会馆服从于城市整体拆迁改造，在原址附近择基原样重建，如潮州会馆；无力腾退居民，无法全面修缮，搁置维持现状，如南海会馆。对于当下会馆建筑遗存的态度上，笔者不持全部保护、保存的观点。应该认识到，会馆建筑群落在城市、特别是北京这样的特大型城市中，部分甚至大部消亡是一种客观现实，也符合城市发展的一般规律，古代如此，当今亦然。当务之急应是尽可能多地抢救挖掘和整理保存会馆文献，尽可能完整地对会馆的发展轨迹和文化影响进行田野调查和研究分析，梳理出对城市发展和各地方文化繁荣最有价值的会馆名录并对其组织变迁加以解构，由城市治理者统筹规划城市中多种历史文化要素，形成古城整体保护和对重要会馆建筑群落进行单体保护的规划，将会馆遗存保护与历史文化街区保护相统一，与会馆建筑的当下开发利用相结合，调动社会各界包括所在省份、地方参与本地在京会馆建筑遗存保护利用的积极性，通过政策支持与引导，创造有利民生、重点保护、现实利用三者有机统一的会馆保护与开发利用之路。

广东省在京会馆一览表

产别	馆名	别名	建立年代	现地址	老地址	地亩	房间	掌馆人	现状
省馆	粤东老馆		明永乐年间	东花市南里东区	佘家馆				早废
省馆	粤东旧馆		明天启四年（1624 年）	西打磨厂街 90 号	同左路南一七九号	2.2	41	凌善安	民居
省馆	粤东新馆	粤东邑馆	清道、咸年间	南横西街 11 号	同左路北二十六号	6	87	熊少豪	区级文保
省馆	粤东会馆	广东会馆	清代	南半截胡同 24 号	同左路东二十八号	5.85	33	熊少豪	民居
省馆	粤东会馆	广东会馆	清代	醋章胡同 25 号	同左路北十三号	1.3	32	熊少豪	民居
省馆	粤东会馆	广东会馆	清代	铁门胡同 37 号	同左路西十八号	0.74	18	熊少豪	已拆
省馆	粤东会馆	广东会馆	清代	铁鸟胡同 17 号	铁老鹳庙路西八号	1.1	27	熊少豪	民居
府馆 广州	岭南会馆		明嘉靖四十五年（1566 年）	南深沟胡同	深沟口				早废
府馆 广州	广州会馆	广州老馆	明万历三十九年（1611 年）	山西街 6 号院	西草厂路南九十七号	1	32	郑敏超	已拆
府馆 广州	广州会馆		清前期	草厂头条 7 号	同左路西二十号	4	90	郑敏超	已拆
府馆 广州	广州会馆	李渔故宅	清乾隆年间	韩家胡同 25 号	韩家潭路北十四号	1.7	50	李耀初	已拆
府馆 韶州	韶州老馆		明隆庆年间	大江胡同	大蒋家胡同路南				早废

产别		馆名	别名	建立年代	现地址	老地址	地亩	房间	掌馆人	现状
府馆		韶州新馆		清同治七年（1868年）	草厂二条2号	同左路东一号		14	李英铨	民居
	惠州	惠州会馆		清乾隆十六年（1751年）	草厂七条12号	同左路东五号	3	66	沈智夫	单位使用
	雷州、阳江	雷阳会馆		清乾隆年间	山西街六号院	裘家街路东三十七号	2.4	54	周烈亚 李兆瑢	已拆
		阳江会馆	雷阳会馆	清嘉庆年间	粉房琉璃街111号	同左路西五十一号	0.9	20	敖昌忠	动迁中
	肇庆	肇庆西馆		清乾隆五十六年（1791年）	铁树斜街86号	李铁拐斜街路南六十七、六十八、六十九号	7	152.5	陈灼华 陈大章	民居
		肇庆东馆		清中晚期	大栅栏西街114号	李铁拐斜街路南九十六号	0.6	30	陈灼华 陈大章	部分民居，部分单位使用
	高州	高州老馆	高郡会馆、高州旧馆	清道光二十四年（1844年）	潘家胡同43号	潘家河沿路西二十二号	2.41	48.5	方光天 张大明	已拆
		高州新馆	高郡会馆	清晚期	贾家胡同15号	同左路西八号	1.2	34	方光天 张大明	已拆
	潮州	潮州会馆	潮州老馆、潮州南馆	清同治二年（1863年）	菜市口大街北段	丞相胡同路东三十号	3.2	86	朱道明 方国霖	易地复建
		潮州郡馆		清晚期	西打磨厂街	同左				早废
		潮州西馆		清晚期	庄胜城	海北寺街路北十三号	0.89	20	程增俊	已拆
	嘉应	嘉应西馆	黄遵宪旧居	清同治初年	香炉营头条62号	同左路南三十一号	3	40	张英林	已拆
		嘉应会馆		清代	珠市口东大街8号楼	西铁香炉				早废
		嘉应会馆	嘉应东馆	清代	西打磨厂街67号	同左路北一〇二、一〇三号		30		已拆

产别		馆名	别名	建立年代	现地址	老地址	地亩	房间	掌馆人	现状
县馆	东莞	东莞老馆	袁崇焕祠堂	清前期	珠朝街14号左近	珠巢街路东				已拆
		东莞会馆	张次溪旧居	清光绪元年（1875年）	烂缦胡同127号	同左路西四十九号	2	53	张伯桢 张仲锐	民居
		东莞新馆	年羹尧宅邸	清宣统二年（1910年）	上斜街56号	同左路南五十四号	6	90	吴灼昭 伦绳叔	区级文保
	镇平	镇平会馆		清前期	冰窖斜街15号	冰窖胡同路北二十号	1.4	37	黄少钤	已拆
		镇平邑馆	蕉岭会馆	清嘉庆年间	珠市口西大街255号	虎坊桥路北五十一号	1	20	黄寿山 黄季虬	已拆
		镇平分馆		清晚期	大外廊营胡同29号	大外廊营路西十五号			黄寿山 黄季虬	民居
		蕉岭分馆		民国二十四年（1935年）	复兴门内大街4号	报子街路南五十三号	0.5	18	黄李虬	已拆
	广州七邑	广州七邑馆		清乾隆三十五年（1770年）	前孙公园胡同25号	前孙公园路北十二号	1.7	46	邝兆雷 邝为光	民居
	南雄	南雄会馆		清乾隆年间	长巷四条14号	同左路东六号	2.77	19	徐文海	动迁中
	顺德	顺德邑馆	朱彝尊故宅	清嘉庆十九年（1814年）	海柏胡同16号	海北寺街路南二十八号	7.04	136.5	张璧言 李知珍	市级文保
		顺德会馆		清晚期	椿树园	椿树上二条路北六号	1.4	25	张璧言 李知珍	已拆
		顺德会馆		清晚期	菜市口大街北段	丞相胡同路西				已拆
		顺德南馆		清光绪七年（1881年）	宣武门外大街8号	永光寺西街路东六号	2.18	36.5	张璧言 李知珍	已拆
		顺德新馆	顺邑新馆	清光绪十六年（1890年）	天景胡同7号	大井胡同路北四号	2.46	57	麦鼎华	民居
	中山	中山会馆	唐绍仪旧居	清嘉庆年间	珠朝街5号	珠巢街路西二号	6	180	何澄一	市级文保

产别		馆名	别名	建立年代	现地址	老地址	地亩	房间	掌馆人	现状
县馆	南海	南海会馆	康有为故居	清道光三年（1823年）	米市胡同43号	同左路西十八号	8	200	张煜金 陈志雨	民居、市级文保
		南海会馆		清代	米市胡同34号	同左路东一〇〇号	1	39	张煜金 陈志雨	已拆
		南海会馆		清代	庄胜城	香炉营二条路北十六号	0.6	23	张煜金 陈志雨	已拆
	番禺	番禺会馆	龚自珍故宅	道光十八年（1838年）	上斜街50号	同左路南五十五号	4.16	100	林汝魁 许崇本	区级文保
		番禺新馆		清同治二年（1863年）	庄胜城	周家大院路北四号	5.5	63.5	林汝魁 杜 宴	已拆
	新会	新会邑馆	梁启超旧居	清咸丰三年（1853年）	粉房琉璃街115号	同左路西五十三号	2.4	46.5	陈 桓 谭学裴	区级文保
		新会新馆	陈垣旧居	清光绪十一年（1885年）	宣武门外大街8号	永光寺西街路西一号	5	122	谭学裴	已拆
	潮州七邑	潮州七邑馆		清同治二年（1863年）	延寿街12号	延寿寺街路东一〇〇号	1.8	46	黄俊士 马大猷	民居
	三水	三水会馆		清光绪元年（1875年）	中信城	保安寺街路北十四号	3.4	58	冼达文	已拆
	兴宁	兴宁会馆	兴宁邑馆	清光绪年间	潘家胡同39号	潘家河沿路西二十号	1.44	30		已拆
	徐闻	徐闻会馆		清代	菜市口大街北段	丞相胡同路东六十三号	7.79	189		已拆
	平远	平远会馆		清代	沙滩北街	沙滩路西二十号	0.4	16.5		已拆
	存疑待考	协中会馆		清代	骡马市大街新9号	棉花头条路南				已拆
	台山	台山会馆		民国三年（1914年）	西安门大街21号	同左路北十号	4.4	55	黄凌宵	已拆
		台山分馆		民国时期	互助巷中段	达子营路东甲三十三号	0.5	21.5	黄凌宵	已拆

产别	馆名	别名	建立年代	现地址	老地址	地亩	房间	掌馆人	现状
商业行业馆	仙城会馆		清康熙五十一年（1712年）	王皮胡同7号	同左路北二、三号	1.3	33	吴祖鉴	早废
	仙城会馆		清代	粮食店街61号	粮食店路西三十一号	1.7	74	吴祖鉴	已拆
	仙城会馆		清代	珠市口西大街83号	西柳树井路北八号	0.99	35	吴祖鉴	已拆
	仙城会馆		清代	大栅栏西街51号	观音寺街路北二十七号	0.7	20	吴祖鉴	单位使用

省级馆产

“粤东”为广东省的别称，因珠江旧称粤江，更主要还是由于广东、广西均本为古粤地，故有粤东、粤西之说。

粤东老馆　建于明永乐年间（1403—1424年），位于东城区广渠门内大街路北东花市南里东区“本润家园”域内（旧为佘家馆）。天启四年（1624年）会馆移至打磨厂后，这里改作义园。

粤东旧馆　建于明天启四年（1624年），位于东城区西打磨厂街90号（旧为路南一七九号）。清光绪二十二年（1896年）云南抚军黄植亭等人集资重修，形成现今格局，占地2.2亩，四进院落有房41间。现为民居。

附：

重修粤东旧馆碑记
（1897年）

正阳门东打磨厂粤东会馆，创于前明，故老相传金吾麦公舍宅为之。岁月云邈，鸱吻欲飞，欃枪敛芒，薪木无恙。乾隆辛卯，南城御史何公曰佩一为倡修，距今百三十年，风雨其零，榛莽不翦，抚榱栋而虑深，郑侨敕纲纪而流连，随会都中士夫，每逢高会辄假别馆，非久计也。光绪八九年间，许筠丈尚书、杨蓉浦少司马，乃谋建新馆于南横街。既洽其新孔嘉之乐，仍廑有举莫废之思。而老馆西偏，久为黠者盗割，展转鬻诸前通永道英良，非重资莫赎，若竟从此隳弃，良可痛惜。适同邑罗西林武部，熟精堪舆相与龛视，诧兹地运，亟赞修治，同人佥以为可。属新馆亦有工作，遂为文募捐，先于癸巳之冬动土以待，迄无应者。只云南抚军黄植亭、江西粮道邓莲裳、署津海关道黄花农、福建候补道何碧琥、在籍候选道刘问刍，先后捐集七千六百余金，得于丙申之春鸠工构材，少筠中翰，殷勤督役，及秋而蒇。伛涂眇准，各尽所长，竹头木屑，了无弃物。历大门至后圃共四院，中为享堂祀事，惟谨东西厢廊，义取修洁，前为嘉会堂，雅擅明敞，簪裾宴集，四序皆宜。又前为大门，旁为厢房，西偏未还，西房遂蹙，沿东墙为屋十三间，中留一巷，更东历一门，为后圃，建亭于西南隅，映衬竹石，潇洒可喜，眄花儿车骑之喧，有诃林瓶钵之趣。迤东仍建屋三间，以备厨爨。综南北二十一丈五尺，东西六丈二尺，详为甄叙。以杜侵渔，璧返有期，再图西拓，西林寄语。自斯馆兴工后，戴少怀、丁伯厚大考开坊，许筠丈由仓场擢总宪晋工部尚书，杨蓉浦以副宪擢兵部侍郎，黄植亭以桂藩开府填池，邓小赤以苏藩开府皖江，何榆亭以郧阳总镇擢广东水师提督，邓锦亭以西宁总镇擢固原提督，此外道府拜真，抑又济济。荫桓年甫六十，辄蒙赐朝马，渥膺异数，以邦国之光，证形家之言。清源流洁，固应饮水知归，库里英多嘉为斯社所相援，今证古未尽无征云。余维吾粤缨弁，近始萌颖，山高水长，正复无量，顾余孤根薄植，雨露偏承，无能乂康世屯增重乡里，滋愧焉。已永怀悬绪自接之义，重绎绸缪牖户之旨，默计经始观成之难，克睹旧业重光之美，譬诸枯荄在野，得春嘘而自华，夜舟藏壑，能力趋而亦出，众志成城岂虚语哉。捐集衔名，爰志于石，续有捐者，补刊靡遗，以彰盛懿。落成之日，京外仕宦，义当并书，匪炫俗观，期劝来者。太平丹穴，各具性真，绵力薄材，仍为世用云尔。

光绪二十三年岁在丁酉十一月壬子朔初九日甲午建。

粤东旧馆现状　西打磨厂街90号

诰授光禄大夫尚书衔户部左侍郎管理三库事务总理各国事务大臣赏戴花翎赐紫禁城骑马南海张荫桓撰。皖南汪嘉棠书石。

人物链接

张荫桓（1837—1900），字樵野，广东南海人。年少即博涉经史子集，能诗善画。年轻时放弃功名，悉心洋务。同治三年（1864年）纳资捐知县，山东巡抚闫敬铭、丁宝桢重其才招致幕府。八年（1869年），被湖广总督李翰章罗入幕府，一任五年。十三年（1874年）丁宝桢筹办海防，专折奏调张荫桓。在处理海防事务中得到李鸿章赞赏，即被调至总理各国事务衙门三品卿衔。光绪十一年（1885年）后，清廷多次授命张为钦差大臣出使各国，均能圆满完成保民、争利、获赔任务。在美期间，志学英语，以致日后能亲作书信致西人。十七年（1891年）升至都察院左副都御史，十八年再升户部左侍郎。其注意引进西方自然科学等，改订皇帝接见外使礼节。戊戌维新期间，为光绪帝倚重。戊戌政变后被捕并发配新疆，在戍所被斩。

附产 广东旧义园（袁崇焕祠） 未建义园之前为粤东老馆址。改建于明天启四年（1624年），位于广渠门内大街路北东花市南里东区“本润家园”域内（旧为佘家馆），占地18.06亩，有房32间。

明崇祯皇帝中皇太极反间计后，于三年（1630年）八月十六日将袁崇焕杀害，暴骨原野，乡人惧祸不敢问，其仆佘义士乘夜盗取袁崇焕尸首，葬于该义园内，终身守墓不去，死葬督师墓旁。

清乾隆四十九年（1784年），袁崇焕冤狱大白于天下，受到世人敬仰。不久袁崇焕祠建立，位于义园南半部分。祠堂后为袁墓，墓高2米，墓前有墓碑和石供桌，坟侧小丘为佘义士墓。1956年初民主人士蔡廷锴、叶公绰致函王昆仑副市长，要求妥善保护相关文物。7月，袁崇焕祠、庙等由市文物局接管。

袁崇焕祠堂中楹联为：

自怀长城慨古今，

永留毅魄壮山河。

广东旧义园于20世纪60年代初被改造为中学校园，原北京市第十五女子中学迁入，同时改称广渠门中学，为区属重点校。袁督师坟和祠堂被包容在其操场一侧。21世纪初，此一片地域连片改造，学校迁至白桥大街甲1号。袁督师坟和祠堂被整体划出，得以受到妥善保护，并有专人负责管理。

袁崇焕祠现状　广东旧义园

附：

重修广东旧义园记
（1868年）

京师广渠门内卧佛寺迤东，粤东旧义园在焉。岁久园无隙地，复购新义园，故此园以旧称园。故明时会馆，永乐间王大宗伯忠铭黎铨部岱与杨版曹胪山所倡建，颜其堂曰“嘉会”。厥后会馆改建于达摩厂，此地以距内城远，朝谒弗便，遂弃置。天启四年郭太仆盝吾原中翰清流等修复之，以为义园。国朝康熙间重加葺治，梁庶常药亭更书堂额曰“惟敬”。乾嘉以后，屡废屡兴。同治癸亥秋，今司农罗公惇衍、奉天丞兼学使王公映斗，同直省馆事，偕往围视。垣墉榱桷大半倾颓，冢陷碑欹和见骨露，恻然不忍坐视，还谂同人，佥曰宜修复。于是比部钟公孟鸿、上舍李公在超、上舍冯公梦熊、光禄黄公德基广为劝醵，事遂集，乃厘定经界，鸠集工料，腐朽挠折者易之，缺啮者完之，漫漶者垩之，髹之，斗陷者隆之，暴露者蒙之，欹斜者树之，新义园之有不治如旧义园者汇治之。经始于甲子春，越季冬工竣。园方广十余亩，缭垣围二百丈有奇。南为堂、为庑、为门，门内院落延袤六七丈，堂广五楹，即梁公颜以惟敬者也。庑当堂迤西屋八间，檐牙错对，可为厝柩之所，亦以栖园人。堂东为土神祠，堂后及东西冢七百有奇。中穹然高者为有明袁大将军崇焕之墓石，为吴中丞荣光所书，崇丈有奇。群冢环之，如列营如宫。霍然诸废具举，幽灵毅魄，时罔怨恫，众情安悦，爰伐珉纪事以落之。夫掩骼埋胔，王政所重，敬恭桑梓，兴废坠、表忠贞，乡后进责也。华熙不敏，幸从诸君子后，敬为斯记，以徯后之人。

光禄大夫经筵讲官户部尚书罗惇衍书。通议大夫记名知府刑部郎中邓华熙撰。同治七年岁次戊辰孟夏毂旦勒石。

人物链接

袁崇焕（1584—1650），字元素，广东东莞人，明军事家。万历朝进士，天启二年（1622 年）单骑出关考察形势，还京后自请守边。筑宁远等城，屡次击退后金（清）军。六年（1626 年）获宁远大捷，努尔哈赤受伤后驾崩。次年又获宁锦大捷，皇太极大败而去，袁被崇祯帝任命为兵部尚书督师蓟辽。崇祯二年（1629 年），后金军绕道自古北口入长城，进围北京。袁星夜回京驰援，因崇祯中反间计，误判袁与后金有约而将其杀害。

粤东新馆 又称粤东邑馆。

建于清道光、咸丰年间（1821—1861 年），位于西城区南横西街 11 号（旧为路北二十六号），占地 6 亩，有房 87 间。区级文物保护单位，保护范围东西 48 米，南北 90 米。拓建菜市口大街时大部被拆，拟就近恢复重建。

明末清初时期，这里曾是怡园[①]遗址的一隅，有四松立于假山石间，旁建有四松亭。建粤东新馆后，松亭及松树山石全部绝迹。

会馆坐北朝南，建筑布局大致可分为东西两路。东路有正房及配房，正房三间，七檩前出廊，西附耳房二间；配房三间，五檩前出廊。西路建筑较为完整，由三层院落组成。五檩进深，旁附耳房；大门三间，五檩进深，旁附耳房，门内为第一层院；过穿堂后为第二层院，正房三间，进深七檩，前出廊；东西配房各二间，进深五檩；南房（穿堂）亦为三间五檩；最后一层院正房三间进深五檩加前廊，东西厢房各二间五檩。在这一组院落的西面，还有三个小院，最后一院南北房各三间，较为正规。

光绪二十四年三月二十二日（1898 年 4 月 12 日），由康有为、李盛铎发起的全国性维新派组织“保国会”在会馆戏楼中成立，二百多人参加大会，康有为在会上发表救国演说。1912 年夏，孙中山来京时曾应旅京粤省人士邀请出席在这里举行的欢迎会。

该址 1958 年被改造为学校，称南横街小学，为完全小学，6 个年级、12 个教学班。

《北京会馆档案史料》辑有粤东新馆楹联 20 副，选录如下：

① 关于“怡园”，《宸垣识略》第 205 页载：“相传为严分宜（即严嵩）别墅”。其中一隅后为“康熙中大学士王熙别业”，“有王氏宗祠四字碑刻尚存”。

曲沼观鱼多乐意，
间廷来鹤有仙姿。

（作者：陈沣[①]）

吕节详明，德性坚定；
事理通达，心气和平。

（作者：陈沣）

青铜铸出千年镜，
金缕浓熏百合香。

（作者：李文田[②]）

绿树含烟倚朱阁，
玉壶倾酒满金盅。

（作者：李文田）

知足不辱，知止不殆；
大勇若怯，大智若愚。

（作者；曾望颜[③]）

随所得时将静悟，
老于文者无浮词。

（作者：罗敦衍[④]）

乌丝阑写黄廷帖，
紫竹萧鸣白玉楼。

（作者：叶衍兰[⑤]）

同晒湛露，阳恩华夏相继；
且结邦亲，契宴侃良在兹。

---

① 陈沣（1810—1882 年），字兰甫，广东番禺人。清道光十二年（1832 年）举人，凡天文地理、古文、算术、乐律等无不研究，先后主讲学海堂和菊坡精舍。有《声律通考》等多部著述。

② 李文田（1834—1895），字仲约，号芍农，广东顺德人。清咸丰九年（1859 年）进士，官至礼部左侍郎。“精研金、元故实，旁及医方壬遁，词章书翰特其余事”，有《宗伯诗文集》等。

③ 曾望颜（？—1870），字瞻孔，号卓如，广东香山（今中山）人，清道光十二年（1832 年）进士，官至四川总督。

④ 罗敦衍（1814—1874），字星斋，号椒生，广东顺德人。清道光十五年（1835 年）进士，官至户部尚书。咸丰八年（1858 年）英法入侵广州，其任团练大臣。著有《百战百戒》等。

⑤ 叶衍兰（1823—1897），字兰台，号南雪，广东番禺人。清咸丰六年（1856 年）进士，官军机章京二十余年，后主讲越华书院。工词、工篆、工画。其孙叶公绰。

（作者：谭宗浚[1]）

神仙且说趋阴德，
山水曾游是故人。

（作者：叶仲鸾）

陈漠远作千秋滥，
鼓櫂堪为万里游。

（作者：许其光）

幽土高怀云出岭，
骚人秋思水周堂。

（作者：朱九江）

垂帘静对黄荃画，
种树闲翻郭骆书。

（作者：梁国湖）

书圣今之王大令，
画师古有李将军。

（作者：谭国恩）

人物链接

王熙（1628—1703），字子雍，号慕斋，顺天宛平（今北京）人。清顺治四年（1647 年）进士，选庶吉士入翰林院授检讨。其以能汉、满双文充经筵讲官，后累迁至侍讲学士。十五年（1658 年），充武会试正考官，十七年（1660 年）入上书房，加封礼部尚书衔。康熙五年（1666 年），迁左都御史。七年后任工部尚书又转兵部。二十一年（1682 年）授保和殿大学士兼礼部尚书，二十三年（1684 年）诏加太子太傅。其居高位二十余载，不沽名、不恃恩，遇事持大礼；待亲尤孝，始终周到，平时乐善好施，经常捐资义学、育婴堂等。时人感其德，曾于骡马市大街路南旧门牌一七六号的玄帝庙（马王庙）内，为王熙立碑以祭。著述有《宝翰堂集》、《文靖公集》等。

李盛铎（1858—1935），字椒微，号木斋，江西德化（今九江）人。出身仕宦之家，藏书 10 万多卷。清光绪十五年（1889 年）中进士，二十年（1894 年）参予弹劾李鸿章误国。二十一年（1895 年）参加强学会。二十三年（1897 年）与康有为共同倡议建立保国会，此为“百日维新”前维新派政

① 谭宗浚（1846—1888），字叔裕，广东南海人。清同治十三年（1874 年）进士，官至云南盐法道。工诗文，熟于掌故。有《希古堂诗文集》等。

治活动的高潮。后外派日本等国工作多年。宣统元年（1909 年）调任山西提法使。其为中国近代著名藏书家，又是一位校勘家、版本学家。

附产（乐善堂） 置于清代，位于“中信城”北片，原为北大吉巷 34 号（旧为大吉巷路南三十五号），占地 0.3 亩，有房 9 间。乐善堂是粤东新馆下设的慈善机构，主要用途是为随官来京的男女佣人年老之后提供生活保障，使老、病者有所依靠，实施救治和安排后事。笔者实地考察时，发现临街西北墙角处尚存一碑，上书“广东全省乐善堂公产”。现在此房已拆。

附产 置于清代，位于迎新街 24 号左近（旧为延旺庙街路东六十六号），占地 0.3 亩，有房 7 间半。现已拆除。

附产 私立广东高等小学堂 建于清光绪三十一年（1905 年），位于菜市口大街北段（旧为丞相胡同路西五号），占地 3 亩，有房 60 多间。学堂创办后不久即停办，拓建菜市口大街时被拆。

附产 广东公立学堂 建于清光绪三十二年（1906 年），位于西黄城根路西二十号（现为西黄城根北街 3 号）。由在京粤籍官、商罗文仲、凌善安等人筹资而建，原则上仅招收本省子弟，入学一律不收学费，校务工作由粤籍名人主持。初创时招有小学生 56 人、中学生 18 人，设置教职员 14 人。1930 年创办私立育华中学。1933 年男生部迁至广安门内大街 165、167 号（旧为广安门大街路北七十一号），占地 12 亩，有房近 200 间。1934 年更名为私立育华中学，此时教职工升至 48 人，学生 290 人。1937 年 4 月，中、小学两部分开。小学部改称私立育华小学，校长凌子平，教职工 16 人，学生 264 人，1946 年设立高中部，1949 年后改称西黄城根小学。

育华中学 1949 年后被收归国有，1952 年下半年并入十四中学后，原校址改为女五中分校。1962 年改为职业教育学校，称广安中学。1970 年主教学楼失火复建后成为完全中学，高中的职业教育专业分有粮食加工、粮食储藏、餐饮烹饪等。20 世纪 90 年代在“两广”路改造过程中学校搬迁至枣林斜街 55 号，改办为外籍务工子女普通初中校。老育华（广安）中学旧址，现为翔达国际商务大酒店，建筑面积 4.8 万平方米，是集餐饮、茶楼、客房、写字楼为一体的四星级酒店。

粤东会馆（广东会馆） 建于清代，位于西城区南半截胡同 24 号（旧为路东二十八号），占地 5.85 亩，有房 33 间，并有小戏台。20 世纪 60 年代，此地先建牛街教学仪器厂，后又改建为北京汽车附件厂。工厂外迁后，现为民居。

粤东会馆（广东会馆） 建于清代，位于西城区醋章胡同25号（旧为路北十三号），占地1.3亩，三进院有房32间。现为民居，待拆。

粤东会馆（广东会馆） 建于清代，位于西城区铁门胡同37号（旧为路西十八号），占地0.74亩，有房18间。现已拆除。

粤东会馆（广东会馆） 建于清代，位于西城区铁鸟胡同17号（旧为铁老鹳庙路西八号），占地1.1亩，有房27间。现为民居，已经房管部门修缮。

附产 广东第二义园（广东新义园） 置于清嘉庆年间（1796—1820年），位于东城区左安门内大街路西火桥北里域内（旧为东火桥十六号），占地90.29亩，有房19间。《北京会馆档案史料》载，1953年12月与政府商定征购地价时统一的意见是：旱地每亩80万元，水浇地每亩160万元，苇地每亩70万元，坟荒地每亩50万元，坟旱地每亩65万元，坟园地每亩110万元，宅基地每亩100万元。

附：

重修广东新义园碑记
（1917年）

法塔寺东南有地九十亩，环以石桩，其左洼下以罊以白者泉脉发焉，潴为池沼。其右冈空丘起伏，如蟠龙、如蹲虎。中一古屋，□欹倾颓。迤西门楼一座，尚岿然存。楣上石碣斑剥，仿佛犹能辨识，文曰广东新义园。园胡为而新之，将以蜕乎旧也。旧义园为有明之粤东会馆，迨明中叶移之达摩厂。天启时即是地修之以为义园，后乃更以墙环之，地仅十亩余。历年既深，葬者栉比。嘉庆朝先达之官京者别购此地为新义园。凡以便旅亡藏体魄也。同光间邓公华熙、吴公桂丹，先后曾葺两园治之，距今四十余年矣。风雨飘摇，藓苔侵蚀，坍塌颓敝，尤以新义园为甚。适城南粤东新馆之先贤祠，其两游廊及临街外墙亦渐倾圮，乡之人思废坠之是为政，于是亟亟焉。惟自共和建国后，岁储竭蹶，不能不惟醵金是赖。会督军陆公荣廷入觐，与同人会晤于兹。督军自言其先本肇人，睹斯馆之颓废也，慨捐国币千圆，为庀材费。于是峻其宇、敞其轩、并兴其式，盖庶几舍旧而谋新焉。而吾乡之忻忻于佽是举者，亦合国币二千圆有奇，则用以改筑新义园。园成，议以北房三间为厅事，其耳房二东西厢每三间摭为停旅榇之所，并薄收其值，以半焉助岁修，半焉赡守庄者。而旧义园又从而楮易之，础固之，粉垩之，丹渥之，漆髹之，焕然与新园相映照矣。因综颠末以为之记、纪实也。

丁巳之冬郁南王克忠撰记。篆额新会谈道隆书丹。

附产　广东第三义园　置于清晚期，位于朝阳区十八里店地区华威南路中段路南地片（旧为广渠门外弘善寺村二十号），占地 44.3 亩，有房 9 间。20 世纪 50 年代土地改革运动中义园交公，1967 年此地办起工厂，改革开放后变成批发市场。市场撤销后现在该片建起“弘善家园”住宅区，目前工程还在继续。

附产　广东义园　置于清朝末年，位于东城区桃杨路西段路北杨家园社区域内（旧为杨家园），20 世纪 50 年代被征用。

附产　袁督师庙（广东义园）　置于 1917 年，由张伯祯购建。位于东城区左安门内大街龙潭湖公园院内西北部（旧地名为绩溪义园），庙座西向东，面阔三间，坐于高约 1 米的台基上，中门石额刻“袁督师庙”。明间正壁嵌督师石刻像，上有其手迹“听雨”牌匾。庙内楹联有：

心术不可得罪于天地，
言行要留好样与儿孙。

（作者：袁崇焕）

子美诗开诗世界，
伯阳道见道精神。

（作者：袁崇焕）

其身世系中复存亡，千秋享庙，死重泰山，当时乃蒙大难；
闻鼙鼓思中原将帅，一夫当关，隐若敌国，何如更生先生。

（作者：康有为）

庙中诗词有：

1.

吾粤将才名世者，督师祠墓酹残红。
古来才大原难用，朝末功高鲜令终。
间入长城君自坏，谗多冤狱世无穷。
国亡勿谓无人在，长令伤心吊鬼雄。

2.

杜邮赐剑杖凉风，马革投潮藏种弓。
冤写金陀莫须有，幽囚钟室将毋同。
摇落山河名将碧，萧条异代劫飞红。
记游山海关凭吊，立马长城一世雄。

3.

先到勤勤表绣丝，瓣香特为督师祠。
白山黑水海翻立，击鼓声中我有思。

府级馆产

广州

广州，位于广东省中部，珠江三角洲北部，西、北、东三江汇合处。简称“穗”，别称“五羊城”。为华南最大的城市和广东省省会，全省政治、经济、文化和交通中心。广州所辖地区历史上曾称“岭南”。

秦为南海郡治，三国吴永安七年（264 年）分广州置。南朝以后辖境渐小，元改为路，明改为府，1911 年废。1921 年成立市政厅，1925 年设市。名胜古迹有光孝寺、镇海楼、白云山、越秀山等。手工艺品以牙雕、玉雕、广彩、广绣和檀香扇等最为著名。

岭南会馆 建于明嘉靖四十五年（1566 年），位于东城区南深沟胡同（旧为深沟口），于清中期已废。

附：

重修深沟岭南会馆碑记（1614年）

不佞核深沟会馆创修之致，识吾里先达持义之严，与善之公，而幸今日继序之有人也。肃皇帝四十五年，广州麦君祥以大金吾贵倨输兹馆于公，有稽其原直为金三百二十，慨然割之无吝，可不谓高谊哉。时先达曾返输约而辞之，金吾不可。阅四年，为隆庆己巳，少司农陈公偕院副端恪何公，鸠工一修，颜曰嘉会，喜而雅其名耳。积岁既久，难忍其莫支状，又窘于储待之无具。惟诸未助内馆者，虽领闲曹，翕然好义。于是藉诸公如例助费，济以会馆旧积，更新前栋三栋，于诸栋易其朽者，补其缺者，工凡三举，费金一百八十，皆侍御澄源潘君、铨部葵孺李君、比部元鲁曾君定议以迄于成。夫浓于交以为重，会馆必自荐绅先营之，淡于交以相忘，会馆不自荐绅先营之，吾粤士各行其志，招族自张之念，不横于中，不薰结于同侪，何惑乎麦君兹馆之输为荐绅虑所未及哉。昔陈子终遗盖于青丘之野，天适雨竟不受获者半盖之，庇曰我庇我之意也，当先达返麦君之约，毋亦曰吾辈亦庇吾之意焉。一何严持若是，及陈、何二公欲扬麦君之善，不得不旌兹馆以寄意，以管宁挥锄弃金，汉史尚表而出之，麦君何多让焉。其没之也，馆始修于陈、何二公，至今日有潘君、李君、曾君继其志而光大其事，役不辞难，议归于当，情协于众，虑之同然，功垂于永久之利，赖推之任天下事，夫亦存乎其人耶。谭君梦鹏、吴君兆骞、严君精、叶君惠、何君其良是拮据辛亥、壬子、癸丑之役者，而谭君奎、陆君胤昌、邓君廷皆力任会事，具有勤勚。不佞可称一时守藏吏尔，不佞因念役关于众，必也率之，以公成之，以勉坚之，以平心近人，而后事有济焉。宁武子不可及，在愚不在智，乃公与勉与平心近人，似在非愚非智之间，敢以告后之君子。

万历四十二年二月朔南海郭尚宾顿首记

广州会馆（广州老馆） 建于明万历三十九年（1611年），由郭尚宪[①]创建。位于西城区山西街6号院北片（旧为西草厂路南九十七号），占地1亩有余，有房32间。

附：

广州会馆记
（1624年）

京师之有会馆，犹传舍也。传舍之则，晨主暮客，君子之至于斯也，以为是不暖席之地，而役役焉。代所不知之人，先之劳之，作居停主，非拙则迁，以是易创易湮，人日更，费日冗，而讫无定址。夫仁人长者爱一乡，必并其风尘鞅掌之劳而惜之，营一事必并其经久不坏之策而筹之，则冏[②]乡郭公噩吾偕吾曹所置广州会馆意也。先是粤东不乏会馆，大都门以内缙绅[③]迭主之，门以外士商与谒选皆得主之，庶几有即次之安矣。独入都之税驾，与出都之饯别，莫便于宣武门外，而未有善地。于是冏卿毅然力任，适广州内馆积有馀赀，遂于宣北坊之北得第一区，为费四百金有奇。其居，东向，自堂而室，凡三层，层各五间。左右为厢房两庑，厢房亦如之房，具轩敞，宜燠[④]宜寒。迤东而北抵通衢，仍其故，可十廛岁入子钱若干。惟前带益崇尺许，而以迤北一间为门楼，颜其首曰广州会馆。今而后无论仕宦公车，携家单骑，望门投止，出者有渭城杯酒之欢，而入者无邦畿至止之怅。歌骊折

---

① 郭尚宪，字朝谔，广东南海人。明万历三十二年（1604年）进士，官至刑部右侍郎、兵部右侍郎，“遇事敢言，不附权贵”。

② 冏（jiǎng）：光，明亮。

③ 缙绅：古代称有官职的或做过官的人。

④ 燠（yù）：暖，热。

柳，贲相望焉，则皆郭公之功也。吾乡会馆，自辛亥以后创置凡七，而皆就绪于公之手。因思是役也，有三善焉。馆中岁输例金，铢积寸累，或假托非人，漏扈辄尽，而公自为给谏，至今官始终担任稽数，核精严不入蠹腹，故有成功之逸，而无派敛之烦，一也。捐金购地，则心力、目力、手力种种，殚竭纤悉，零杂咸登记籍，不耗有用于无用，故物力省而结构精也。至鸠工庀材，必择饶有心计者责成之，又身自董率，旦夕靡间，故受事诸役，无苟且塞责之念，而不以易隳[1]之业遗后人，三也。昔谢车骑履屐之间各当任使识者已决其应敌之才，而陶士行竹头木屑中便寓经略中原之具。公之视天下也，犹其视一乡也。杜少陵诗曰，安得广厦千万间，大庇天下寒士俱欢颜。古之君子，身在遽庐而有万物一体之志，故天下事皆坏于有传舍，其目前之心无之而不传舍也。斯无之而不秦越也。公以直谏，再起不立，跻通要乃繇[2]廷尉而奉常而纳言，而同卿回翔清署所至必求实绩略，不淹速起见以传舍其官推此朴忠，加惠桑梓。登斯堂也，披公雅志，宁直吾曹燕雀之贺而已哉。落成之日，诸君颂义无穷，属不佞一言勒之，因述公苦心首创之略以告后来之君子。公名尚宾，南海人，万历甲辰进士，时经始则大廷尉鲁公陈易，比部梁公中朗、内阁中翰原公抱奇佐之。而宗伯学士黄公士俊、大廷尉彭公际遇、侍御梁公梦环、梁公元柱、铨部林公枝桥、民部区公龙祯、谭公直、比部王公命卿、李公升问、中翰赵公恂如、大行谢公云虬，进士莫公与齐、池州司理霍公化鹏、香河令欧阳公晖及不肖熙昌小子、史氏子壮，咸乐观厥成者也。董役则听选官罗起明、方云翔与有劳焉。是皆不可以无纪也。时天启四年岁次甲子秋七月吉。

赐进士第征仕郎吏科给事中南海陈熙昌谨撰

广州会馆 建于清前期，位于东城区草厂头条7号（旧为路西二十号），占地4亩，有房90余间。1949年后曾部分用于居委会办公，现整体盖起大楼，为外贸部门宿舍。

广州会馆（李渔故宅） 建于清乾隆年间（1736—1795年），位于西城区韩家胡同25号（旧为韩家潭路北十四号），占地1.7亩，有房近50间，其中包括戏台1座，民国后曾一度办成正式戏园。1957年会馆被改建成北京市第九十五中学。2002年4月学校撤并后，由宣武区教委中小学卫生保健所使用。

未设会馆之前，这里原为明末清初著名戏剧家、园艺家李渔自建的私宅，

---

① 隳（hu ī）：毁坏。

② 繇（yáo）：同“徭”。

称“芥子园”，是当时北京城著名的家庭园林，也是最小的宅园。其自题楹联为：

天下文豪尽于是，
漫劳车马驻江干。

人物链接

李渔（1611—1680），字笠鸿，号笠翁，浙江兰溪人。清初戏剧理论家、建筑学家、画家。家设戏班，常往达官贵人门下演出，著有《笠翁十种曲》、《芥子园画谱》等。东城区黄米胡同“半亩园”乃其佳作。

《宣武区志·文化文物》“广州会馆”条辑有楹联三副：

1. 门联

十载藤花署，
三春芥子园。

（作者：沈碧香）

2. 马厩

老骥伏枥，
流莺比邻。

（作者：沈碧香）

3. 戏台

近依辇毂光仪，雅集定多蓬莱客；
话到乡园风味，选词应谱荔枝香。

（作者：戴鸿慈[①]）

白鹤群著《北京的会馆》一书辑有该馆诗作两首：

宣南旧梦散秋烟，每忆聋丞一惘然。
莫更须弥寻芥子，几回沧海换桑田。

（作者：夏仁虎[②]）

画史风微渺不存，流莺声里旧车门。
闲人剩问街头月，曾照宣南芥子园。

① 戴鸿慈（？—1910），字少怀，号毅庵，谥文诚，广东南海人。清光绪二年（1876年）进士，官至刑部尚书、军机大臣。能书善画。

② 夏仁虎（1873—1963），字蔚如，江苏南京人。清时曾官御史，辛亥革命后曾任国务院秘书长等。新中国成立后受聘中央文史馆馆员。为文史学者、诗人、词家。其子承楹，即《城南旧事》作者林海因的丈夫。

（作者：章士钊①）

附产　广州义地　置于清代。1950年《北京街道详图》老君地地片上标有广州义地，今址应为西城区白广路二条西段。

韶州

韶州，今称韶关，位于广东省北部北江上游。汉置县，隋开皇九年（589年）改升东衡州，五代南汉改韶州，元改为路，明改为府并始设关，故也称韶关。1911年废府，1949年置市，1983年升为广东省地级市。

韶州老馆　建于明隆庆年间（1567—1572年），由叶倚蟾、王亨炜等创建，位于东城区大江胡同（旧为大蒋家胡同路南），清中期后渐废。

韶州新馆　建于清同治七年（1868年），位于东城区草厂二条2号（旧为路东一号），有房14间。现为民居。

附：

韶州新馆记
（1868年）

韶州距京七千里有奇，士之北游者即次维艰，前曲江叶公倚蟾、乐昌王公亨炜诸先生，在大蒋家胡同契置会馆一座。百年间欣得其所，余等迭次公车幸托兹馆。第地势稍洼，楹垣易圮。乙丑南旋后，时陆观察存斋、林观察绶卿、沈太守辅之敷教，郡邑士争濯磨，遇课暇，询及韶郡京馆一节，因议设新馆，首创捐资，共得金七百余两，汇京购地。余等仰遵至意，谨在草厂上二条胡同契置新馆一所。计正座厅房五间，左右旁房各三间，前垣、后院、中阶规模略备，爰加修葺，设正厅神龛，中祀奎宿星君、文昌帝君、关圣帝君，奉神灵也。左祀濂溪周元公景，名宦也。右祀张文献公、余忠襄公，慕昔贤也。余斋房为士子栖所，虽楹廊小可，旅次便安，所愿继自今补葺之，恢廓之，以垂不朽。俾我同人争取来游，则文运之光，斯馆增辉矣。

曲江欧德华、翁源王炽昌、英德万自新、曲江邓抡英同勒。

同治七年四月吉日立

---

① 章士钊（1882—1973），字行严，湖南长沙人。辛亥革命后，曾任北京大学教授、广东军政府秘书长等。李大钊被捕后设法营救遭通缉。1930年后，曾在东北大学、上海政法学院任职。抗战胜利后任律师，1949年参加北平和平谈判。新中国成立后，任中央文史馆馆长，全国人大、政协常委。

惠州

惠州，位于广东省南部，东江下游。南朝陈祯明三年（589 年）置归善县，隋升置循州，北宋天禧五年（1021 年）改名惠州，元改为路，明改为府，1911 年废府改称惠阳县，1958 年析县城惠州镇置县级惠州市，1959 年撤销，1964 年复市，1988 年升为广东省地级市，原县级惠州市改为惠城区。西湖为旅游胜地。

惠州会馆　建于清乾隆十六年（1751 年），位于东城区草厂七条 12 号（旧为路东五号），占地 3 亩，有房 66 间。1949 年后由前门房管所使用，目前原大门依旧，将全面修缮。

附产　置于清乾隆二十三年（1758 年），位于草厂七条 16 号（旧为路东八号），有房 6 间。现为民居。

附产　置于清乾隆二十九年（1764 年），位于草厂七条 17 号（旧为路西

惠州会馆现状　草厂七条12号

二十七号），占地 0.25 亩，有房 7.5 间。现为民居。

附：

惠州会馆碑记
（1775年）

吾郡会馆之设，倡建者编修黄公叔显、刑部陈公恒昌。时泰安司马陈公赞熙在京谒选，慨然首捐百金，美哉始基之矣。而淮安别驾赵公师质、泰安刺史希深公之封君颜公容穆，前后亦捐百金。嗣是台州别驾刁公光斗、临江别驾刁公鹏斗、通山明府黄公国楹，暨阖邑士夫自三五金以至五六十金者，

共捐银六百有奇。创置东草厂七条胡同。夫惟一屋一连两所须价八百金，而合郡旧捐银数苦于不敷。适廷楠铨次在都，日与刑部陈公恒昌、署沙河明府陈公衍周经营擘画，奈余三人皆非素封，因置酒邀同乡诸公，公订人名加捐三十两，立契有日矣。而及期如约者惟平阳别驾陈公铎龙、莫州司马曾公继绪，数仍不敷。廷楠与恒昌、衍周二公乃重利揭借百余金，始成斯举。馆既成，陈公恒昌出牧归德，越月廷楠亦选授庄浪令，将之任。值辛未春闱，念众公车既有居住，而创造之始，床几器具及印契之费无所出，遵奉特恩，赴任官员许于户部借支养廉，廷楠复勉力续捐数十金，托衍周陈公经理焉。至壬申，陈公衍周拣发沙河，吏部主政彭公礼至京总理馆事，改建大门，修葺墙垣，以次就理。顾后垣板墙日久板烂，二间屏风未设。甲戌春廷楠开复来京，彭公礼属廷楠分理，遂将公项营造工竣日，设开基宅主明锦衣忠烈徐公神位共祀之。且以馆规尚未备者，续增数条，而旧时草创两簿条理未清，难以稽考，新订馆簿三本，一书建置源流及撮前后交接总数，一书入数，一书出数，庶一展卷，而经理者年月次序银钱之管收除在了如指掌，他若制产以备岁修廪饩，以募馆役，则有现存公项一百五两有奇，以为权舆而继长增高，不能无望于大义君子云。连平何廷楠撰。

建造会馆源流备悉前序，无庸复赘。甲午春余以昌化教渝内升国子监典籍，掌理馆务，查收一切契券及出入簿，数见前规井井，概可遵循，惟是并未勒碑，恐日久契券遗失，因商之会馆诸公，将契券开明勒石，以垂久远，以俾入馆者知前人缔造之艰，后人安居之乐，踊跃照例输捐，斯修理有资，会馆永固矣。

一　乾隆十五年十月初九日买得朱惟一与母沈氏房屋二所，一连其地首，一所四进，头二三进具各三间，第四进三间两廊，又南边门房一间，共十五间。其南首一所三进，前二厢后两游廊共计十三间。后面板壁大门，左首另小房一间，应共价银八百一十八两正。其馆在东草厂七条胡同从东向西。税契布字二号。

一　乾隆二十三年九月十二日买得胡信同妻李氏房屋一所，连二进共六间，价银一百二十两。其房在东草厂七条老馆正对坐西向东。税契布字二百十三号。

一　乾隆二十九年十月初六日买得胡瑞桐房一所，前后共七间，地基一块，价银七十二两。其屋在东草厂七条胡同老馆南头联接坐东向西。税契震字三十二号。

乾隆四十年岁次乙未十一月朔旦立

雷州、阳江

雷州，位于广东省雷州半岛中部偏东、临雷州湾。南朝梁置合州，隋开皇九年（589 年）置海康县，唐贞观八年（634 年）改合州为雷州，元至元十七年（1280 年）升为路，明洪武元年（1368 年）改为府，1913 年废，1961 年恢复海康县，1994 年撤县设雷州市，今为湛江市下辖县级市。

阳江，位于广东省西南沿海、漠阳江下游。三国吴置宁县，隋改阳江，清升为直隶厅，1912 年复改县，1988 年升为广东省地级市。

雷阳会馆 为雷州和阳江两地合建馆。

建于清乾隆年间（1736—1795 年），位于西城区山西街六号院西南片的“京能四合上院”地域，原为裘家街 24 号（旧为路东三十七号），占地 2.4 亩，有房 54 间。现已拆除。

阳江会馆（雷阳会馆） 建于清嘉庆年间（1796—1820 年），位于西城区粉房琉璃街 111 号（旧为路西五十一号），占地 0.9 亩，有房 20 间。目前处于待拆状态。

附产 置于清中晚期，位于粉房琉璃街 64 号（旧为路东一一一号），现已拆改。

肇庆

肇庆，位于广东省中部偏西、西江北岸。南朝梁置高要县，隋置端州，北宋重和元年（1118 年）升府改称肇庆，元改为路，明复为府，1911 年废府改高要县。1958 年设市，次年撤销，1961 年复设市称肇庆，1988 年升为广东省地级市。鼎湖山、七星岩为著名游览疗养胜地。该市所产以端州命名的“端砚[①]”最为著名。

肇庆西馆 肇庆会馆分为东、西两馆，西馆为主馆。

建于清乾隆五十六年（1791 年），位于西城区铁树斜街 86 号（旧为李铁拐斜街路南六十七、六十八、六十九号），占地 7 亩，8 个院有房 152.5 间。其中六十八号院为主院，有房 89 间，现均为民居。

肇庆东馆 建于清中晚期，位于西城区大栅栏西街 114 号（旧为李铁拐斜街路南九十六号），占地 0.6 亩，有房 30 间。目前，门面房由原北京市第一低压电器厂销售部使用，余房皆为民居。

---

① 端砚：中国传统实用工艺品之一，始于唐代。其石质坚实、细润，发墨不损毫，书写流利生辉，且雕琢精美。

附产 置于清代，位于小外廊营胡同 7 号（旧为路西四号），有房 8 间。现为民居。

高州

高州，位于广东省西南部、鉴江中上游，邻接广西壮族自治区。汉置高凉县，南朝梁置高州，隋废州改茂名县。唐武德六年（623 年）复置高州，元升为路，明洪武初改为府，1911 年废府改县，1993 年撤县设市，今为茂名市下辖县级市。

高州老馆（高郡会馆、高州旧馆） 建于清道光二十四年（1844 年），位于西城区潘家胡同 43 号（旧为潘家河沿路西二十二号），占地 2.41 亩，两进院有房 48.5 间。现已拆除。

高州新馆（高郡会馆） 建于清晚期，位于西城区贾家胡同 15 号（旧为路西八号），占地 1.2 亩，有房 34 间。现已拆除。

附产 置于清晚期，位于贾家胡同 36 号（旧为路东甲五十一号），占地 0.74 亩，有房 6.5 间。现已拆除。

潮州

潮州，位于广东省东部、韩江下游，东邻福建省。隋开皇十一年（591 年）分循州置潮州，元改为路，明改为府，1911 年废府改海阳县，因与山东海阳县同名 1914 年改潮安县，1979 年设县级潮州市，1991 年升为广东省地级市。唐文学家韩愈曾被贬为潮州刺史。境内宋时已开有银矿、锡矿；明时始设有盐场。潮州木雕又称“金漆木雕”，历史上早已出名。

复建后的潮州会馆　背后为中信锦园小区

潮州会馆（潮州老馆、潮州南馆） 建于清同治二年（1863 年），位于西城区菜市口大街北段（旧为丞相胡同路东三十号），占地 3.2 亩，四合三进院有房 86 间。曾为区级文物暂保单位，由于中信城开发项目搬迁，现已复建于菜市口大街与南横街交汇之十字路口东北角。

该馆曾为曾习经旧居。

人物链接

曾习经（1867—1926），字刚甫，号蛰庵，广东揭阳人。清光绪初年举人，十八年（1892 年）授户部主事。与梁启超相交友善，喜藏书册，皆署“湖楼”二字，居京长住潮州会馆内。民国改元即引退，终不复任，“生性耿介，株守北京，以所藏图籍书画易米度日，贫病相加十多载至死。”著有《蛰庵诗存》。

附产 置于清代，位于菜市口大街北段（旧为丞相胡同路西十八号），占地 0.29 亩，有房 11 间。拓建菜市口大街时被拆。

潮州郡馆 建于清晚期，位于东城区西打磨厂街，早废。

潮州西馆 建于清晚期，位于西城区“庄胜城”域内，原为海柏胡同 23 号（旧为海北寺街路北十三号），占地 0.89 亩，有房 20 多间。1949 年后被改造为煤场。目前拆迁停滞，北京市驰飞汽车修理有限责任公司在此经营。

嘉应

嘉应，今称梅州，位于广东省东部、韩江西源梅江中游。汉为揭阳县地，东晋分置海阳县，五代南汉升敬州，宋改梅州，元改为路。明降为程乡县，清初再升嘉应州，嘉庆十六年（1811 年）改为直隶州，1912 年废州改梅县，1979 年析梅县设立县级梅州市，1988 年升为广东省地级市。

嘉应西馆（黄遵宪旧居） 与东城区境后建之东馆相对应，称西馆，为主馆。

建于清同治初年，位于西城区香炉营头条 62 号（旧为路南三十一号），占地 3 亩，有房 40 间。2003 年被拆除。

同治十三年（1874 年），黄遵宪从家乡嘉应来北京参加顺天府乡试时入住该馆。

人物链接

黄遵宪（1848—1905），字公度，自号人境庐主人，广东嘉应（今梅州）

人。20 岁中秀才。光绪二年（1876 年）中举人，并以五品衔拣选知县用。不久被荐为驻日参赞，从此开始外交生涯。在日工作期间，坚决“据理与争”，维护祖国尊严和利益。八年（1882 年）奉调赴美，任驻旧金山总领事。适逢美国国会制定《限禁华人条例》，他一面向朝廷奏报，一面保护华侨利益。十五年（1889 年）后，又分别在英国和新加坡工作五年，回国任江宁洋务局总办。二十一年（1895 年），加入康有为创立的强学会，成为维新运动中的著名人物。光绪帝召见他后，任其为湖南按察使，要求其在湖南推行新政。慈禧在北京发动政变后，命人扣留黄遵宪。被放出后还乡嘉应，以教书为业并整理著述，有《日本杂事诗》、《人境庐诗草》等。

嘉应会馆　建于清代，《京师坊巷志稿》第 213 页“铁香炉”条载：“旧有山右、宣城、海昌、正定、嘉应诸会馆，今多废。”此铁香炉即西铁香炉，位于东城区珠市口东大街路南 8 号楼偏西位置，未改造前“铁香炉”为鲁班胡同北半段。

嘉应会馆（嘉应东馆）　建于清代，位于东城区西打磨厂街 67 号左近（旧为路北一〇二、一〇三号），有房 30 间。现已拆除。

附产　置于清代，位于北深沟胡同 8 号（旧为路东四号），有房 13.5 间。现为民居。

县级馆产

东莞

东莞，位于广东省珠江三角洲东部、东江下游。汉为博罗县，东晋为宝安县地，唐置东莞，1985 年设县级东莞市，1988 年升为广东省地级市。境内虎门为珠江要塞，鸦片战争时期，林则徐曾在此销毁鸦片，并痛击英国侵略军。

东莞老馆（袁崇焕祠堂）　建于清前期，馆内主设袁崇焕先贤祠堂。根据《北京宣南历史地图集》所标注，应位于西城区珠朝街 14 号左近（旧为珠巢街路东）。内供袁崇焕像，着红装坐皮椅，修眉善目，奕奕如生，上提“袁元素先生真像”。馆内楹联为：

粤峤显辰钟旧里，
蓟门风雨引灵旗。

东莞会馆（张次溪旧居） 建于清光绪元年（1875 年），“由邑先贤邓蓉镜手购，东莞县明伦堂留置公产”。位于西城区烂缦胡同 127 号（旧为路西四十九号），占地 2 亩，四进院有房 53 间。

该馆为张次溪先生长幼三代的旧居。据张次溪先生之子张叔文对笔者讲，张家祖孙三代在烂缦胡同东莞会馆内居住了 55 年（1914 — 1969）。1946 年，叶剑英在任北平军调处执行部中共代表期间，曾专程到东莞会馆内的家中看望其祖父张伯桢老先生。其父张次溪先生于“文革”期间去世并被抄家，张家被迫迁出四十九号院。

人物链接

张次溪（1909—1968），原名涵锐，号江裁，广东东莞人，北京史专家。五岁随父张伯桢（康有为学生）举家迁京，定居烂缦胡同四十九号。早年毕业于北京孔教大学，入北平研究院史学会从事史籍整理和研究工作。20 世纪 30 年代首著《清代燕都梨园史料》，后笔耕不辍，生前仅北京史研究，即编撰各类文稿达 200 余册。1949 年后，调至北京师范大学历史系任教，参与“戊戌变法”和“辛亥革命”课题研究及史料编研工作。

东莞新馆（年羹尧宅邸） 建于清宣统二年（1910 年），位于西城区上斜街 56 号（旧为路南五十四号），占地 6 亩，有房 90 余间。现为民居，区级

东莞新馆现状　上斜街56号

文物保护单位。

该址世传曾为年羹尧故宅。《北京会馆档案史料》载："庚戌（1910 年）同乡提学陈伯陶[①]复都与同乡议后添设新馆，购得宣外上斜街路南五十四号房一所。购得后，复从事改建，遂成会馆。"

附：

东莞新馆记[②]
（1917年）

东莞新馆，世传为年大将军羹尧之故宅。前临上斜街与番禺新馆接壤，后通金井胡同与四川会馆毗连。闻诸父老，年大将军故后，展转归诸蜀人，自某君返蜀后，东洋人赁之居，即昔日东文学堂[③]之旧校地也。庚戌秋，陈提学伯陶履都，与同人议，谋添设邑新馆，藉陈孝廉锡恭介绍，与杨东皋订约，以五千数百金得之。辛亥春，复筹数千金筑前院，八阅月工竣。猝遭国变，乡人南下，时董其事者为邑人尹太史庆举。尹氏亦避兵旋里，负荷之责归之于我。爰于壬子春修饰之，遂落成。是年五月，陈吏部高第病殁于馆。嗣是居者迭传凶问，佥曰不吉。乃于甲寅三月聘遂溪李青，卜吉改之，复于乙卯七月添立式古堂于后院，为供奉邑先贤之所。又于戊午五月，于前院添筑一照墙，遂告苟完矣。还忆经始至今才九年耳。世事等诸沧桑，旧交半属墟墓，可胜言哉。抑吾又思，吾邑人素以文章节烈著于世，代出伟人，多与历史朝代有关系，诚为吾邑之光。甚愿吾辈尚论古人，以乡先哲为法，使吾邑声誉传播于大地，则不徒旅京莞人之幸，抑亦后起者之幸也。乡人以余习于旧闻，嘱纪其事，以告来者，后之览者能无今昔感欤。

戊午五月十五日邑人张伯桢[④]记。己未十月清远朱汝珍书。

人物链接

年羹尧（1679—1726），字亮工，号双峰，汉军镶黄旗人。清康熙三十九

① 陈伯陶（1855—1930），字象华，号子砺，广东东莞人。清光绪五年（1879 年）乡试第一名，十八年（1892 年）中探花，官到江宁布政使。辛亥革命后，迁居港九潜心著述。

② 碑刻现存北京石刻艺术博物馆内。

③ 东文学堂：清光绪二十七年（1901 年），为培养日语翻译人员，户部郎中廉泉与日本人中岛裁之先在前孙公园锡金会馆开办"东文学社"，所授科目与中国留学生在日本就读学校内容几乎一致。不久即迁于上斜街路南，入学人数达 1700 多人，分设中学、师范、专业、速成四科系。学校开办至 1910 年。

④ 张伯桢（1877—1946），名篁溪，号沧海，广东东莞人，张次溪先生之父。青年时追随康有为，曾于清廷法部任事。民国后作过律师。临终前遗嘱："将个人收藏过千件文物赠历史博物馆。"

年（1700年）进士，入翰林院。四十四年（1705年）外放，久任西陲，屡立战功，是康熙末年和雍正初期的封疆重臣。其父官至湖广巡抚、其兄为广东巡抚、其妹为雍正帝妃、其妻是宗室辅国公苏燕之女，可谓满门富贵。

《北京会馆档案史料》和白鹤群著《北京的会馆》等书辑录东莞新馆楹联如下：

会馆落成

禺山莞水，邻结两家，花间问斜街，到此应思前世事；

辽蓟增城，烈传千古，芳徽贻后代，可能还忆故乡人。

（作者：张伯桢）

已费中人十家产，

此为广厦万间心。

（作者：尹庆举）

兴祥溯东汉之年，文范炳千秋，仰征士风高，郡贤星聚；

启宇在南天而外，秀灵钟百粤，看石门返照，珠海回澜。

（作者不详）

希古堂

同希湛露，阳恩华复相继；

且继邦亲，洁宴艳良有兹。

（作者：陈伯陶）

服官记二十年前，把酒论文，旧梦勿忘燕地雪；

聚首在七千里外，乘风破浪，壮怀应话虎门潮。

（作者：陈伯陶）

孤忠曾督蓟辽师，问前朝，柱石何人，赫赫大将军，足显山川聚灵秀；

伟烈犹思东莞伯，愿后辈，风霜炼骨，茫茫新世界，好凭时势造英雄。

（作者：张其淦[①]）

附产　置于民国时期，位于储库营胡同21号院内（旧为路北甲六号），有房8间。

① 张其淦（1859—1930），字豫泉，号邵村，广东东莞人。清光绪二十年（1894年）进士，有《东莞诗录》等。

镇平

镇平，现称蕉岭，位于广东省东北部、梅江支流石窟河流域，邻接福建省。南齐置程远县，明分置平远，崇祯时再分置镇平县，因与河南省镇平县同名 1913 年改称蕉岭，因城中有蕉岭山故名，今为梅州市下辖县。

镇平会馆　建于清前期，位于东城区冰窖斜街 15 号（旧为冰窖胡同路北二十号），占地 1.4 亩，有房 37 间。早已拆毁，闻将恢复原貌。

镇平邑馆（蕉岭会馆）　建于清嘉庆年间（1796—1820 年），《北京会馆档案史料》载："由黄香铁购置，民国二年（1913 年）更名为蕉岭会馆。"位于西城区珠市口西大街 255 号（旧为虎坊桥路北五十一号）。占地 1 亩，有房 20 多间。1949 年后一度由京华书局所用，后为民居。扩宽珠市口大街时被拆占。

镇平分馆　建于清晚期，位于西城区大外廊营胡同 29 号（旧为大外廊营路西十五号）。现为民居。

蕉岭分馆　《北京会馆档案史料》载，"建于 1935 年，是经当时蕉岭同乡黄锡臣经理所购，位于报子街路南五十三号，占地 0.5 亩，有房 18 间。在黄病逝后，钟铁铮将房产盗卖，1942 年被发现诉之北平地方法院，经三审馆方胜诉，并确认原买卖契约无效。"现址应为西城区复兴门内大街 4 号"中国华能"大厦及前广场域内。

广州七邑

广州七邑，指清朝中前期广州府下辖清远、龙门、增城、新安、新宁、东莞和新会等七县。东莞和新会在其自建会馆条中介绍，其他五邑历史地理概况为：

清远，位于广东省中部、北江中游、广州市西北。汉置中宿县，隋改清远，1988 年设为广东省地级市。名胜有北江飞霞洞、飞来峡等。

龙门，位于广东省中部、东江支流增江上游，广州市东北。明置县，今为惠州市下辖县。

增城，位于广东省中部、东江支流增江流域，广州市东略偏北。东汉置县，1993 年撤县设市，为广州市下辖县级市，2014 年改为广州市增城区。

新安，今称深圳，位于广东省南部沿海、珠江口东岸，广州市东南。东晋置宝安县，明改新安，因与河南省新安县同名 1913 年复改宝安。1979 年设深圳市，现为副省级城市、国民经济与计划发展单列市。

新宁，今称台山，位于广东省南部沿海、珠江三角洲西南部，广州市西南。明置新宁县，1914年改台山，1992年撤县设市，今为江门市下辖县级市。

广州七邑馆 建于清乾隆三十五年（1770年），位于西城区前孙公园胡同25号（旧为前孙公园路北十二号），三进院占地1.7亩，有房46间。现为民居

《北京会馆档案史料》载："本馆是由七邑旅京人士集资建筑，以便七邑人士来京应考居住。"

南雄

南雄，位于广东省北部，北江上源浈水上游，邻接江西省。唐置浈昌县，五代南汉为雄州治，宋改宝昌，元、明为南雄路，清为州治，1912年改南雄县，1996年撤县设市，今为韶关市下辖县级市。

南雄会馆 建于清乾隆年间（1736—1795年），位于东城区长巷四条14号（旧为路东六号），占地2.77亩，有房19间。现居民已动迁。

附：

重修南雄会馆碑记
（1851年）

南雄会馆，创自何公其玮及胡给谏静园先生。地界前至官街，后至崇真观，左至新城会馆，长八丈二尺，宽四丈七尺五寸，右至乐平会馆，长八丈二尺，宽四丈七尺五寸。历年久远，风雨飘摇，栋宇垣墙，日就坏漏。中间春闱各先达到京闻亦曾经修理，而颓垣朽柱，剥蚀相仍，遂至鞠为茂草。道光癸卯淦以应京兆试到馆，即与公车邱季生、孔朴斋、麦耕余、萧如谷及刑部郎中叶善堂外甥商议重建，喜州县两属人士各有资助。乃卜吉兴工，量地起造。计厅房十九间，空院二所，工坚料实，用银一千二百余两，始克蒇事。由是乡人之入都者皆得爰集于兹焉。此道光二十四年五月事也。至日后之修建，又有望诸来者云。

乡人陈国淦谨序。咸丰元年正月縠旦刑部湖广司郎中叶永元恭勒。

顺德

顺德，位于广东省珠江三角洲中部。秦汉为番禺县地，隋以后为南海县地，明析置顺德县，1992年撤县设市，2002年并入佛山市为下辖区。改革开放后为中国家电第一重镇，被誉为世界家电工厂。最辉煌时期，曾连续四年在中国百强县中排名榜首。2006年，又成为中国首个GDP超过1000亿元的

县级行政单位，甚至高过国内多个省和自治区。

顺德邑馆（朱彝尊故宅） 建于清嘉庆十九年（1814年），由温汝适[①]所购建。位于西城区海柏胡同16号（旧为海北寺街路南二十八号），占地7.04亩，四进院有房136.5间。现为市级文物保护单位。

顺德邑馆西墙外，原有一仅宽1.3米的小窄胡同，由海柏胡同可通往前青厂胡同，总长190米，其名为"顺德馆夹道"。此小巷名即以会馆名而得。

顺德邑馆的前身为清初著名学者朱彝尊故宅。

人物链接

朱彝尊（1629—1709），字锡鬯，号竹垞，浙江秀水（今嘉兴）人。清康熙十八年（1679年）参加博学鸿儒科殿试，选入翰林院编修《明史》；二十年（1681年），又充日讲起居注官，并任南书房供奉，有机会接触大量档案史料。二十三年（1684年），遭劾谪居宣武门外海北寺街。在这里他访问遗志，搜集轶事，用两年多时间撰写刻印了《日下旧闻》一书，为北京留下一部珍贵的地方文献；此外他还著有《曝书亭集》等。当时他住在一座南屋中，屋前有亭，名曝书亭；院中种植青藤，因号居所为"古藤书屋"。

会馆正门朝北，为宽大的广亮大门。总体布局，最东一条轴线上有三组完全相同的四合院，正、厢、倒座均为三间五檩，房小院窄，应是后来新添的会馆客房。其西面尚可看出是并列三轴线。最西轴正房五间，进深五檩加前廊；倒座为过厅，三间七檩前后廊；东西厢房各三间五檩；后照房七间五檩。过厅以南原有建筑已毁，据传即为朱彝尊故居及曝书亭。此轴之东，正对大门有一轴线，但布局改变较大，只南端有五檩前出廊正房三间，及五檩倒座房三间尚可看出一定格局。再东之轴线上有北房五间，进深六檩；南房三大间，五檩加北廊。其南部建筑布局比较凌乱，是多次改建所致。房屋均为大式硬山合瓦顶，装修改变较大。笔者在实地考察时发现，会馆原有建筑的正式房屋大部被拆，取而代之的是一组新仿建院落，在一片瓦砾当中十分抢眼。

顺德邑馆现存两副楹联：

一廷芳草围新绿，

---

① 温汝适（1754—1820），字步容，号筼坡，广东顺德人。清乾隆四十九年（1784年）进士，官至兵部右侍郎。"生平嗜书，诗词气和平，多有著述"。

十亩藤花落古香。

（作者：倪国琏[①]）

万菊充廷秋富贵，
双藤蔓地古烟霞。

（作者：杨少白）

附：

重修顺德邑馆碑记
（1859年）

我邑馆创始于嘉庆甲戌，重修于道光丁酉，至咸丰丁巳越二十余年矣。青云堂等处渐多废圮，且旧所规画或尚议其于形家未合，番禺梁君同新时官通政司，故精形家言，余因请为厘定之。邑人翕然称善，竞捐金一千九百有奇。余董其事，鸠工庀材，始丁巳三月，凡八阅月而后成。里人咸以为余力，顾余则何力哉。方落成之次年，邑人梁君思问以南元联捷进士，李君文田以第三人及第，皆梁君规画时所豫决也。然而神矣，吾邑人文素称蔚起，及兹其庸有艾乎。因落成而为之记，并勒诸捐金者于左方。

咸丰九年己未九月朔日，光禄寺署正邑人郑子卿撰，翰林院编修邑人李文田书。

附产 置于清晚期，位于前青厂胡同39号（旧为前青厂路北十五号），占地0.6亩，有房8间。已拆待建。

顺德会馆 建于清晚期，位于西城区椿树园小区域内（旧为椿树上二条路北六号），占地1.4亩，有房25间。

顺德会馆 建于清晚期，位于西城区菜市口大街北段（旧为丞相胡同路西）。

顺德南馆 建于清光绪七年（1881年），位于西城区宣武门外大街8号庄胜崇光大楼域内（旧为永光寺西街路东六号），占地2.18亩，有房36.5间。

顺德新馆（顺邑新馆） 建于清光绪十六年（1890年），位于西城区天景胡同7号（旧为大井胡同路北四号），占地2.46亩，四重院落共有房57间。现为民居。

附产 置于清朝末年，位于“庄胜城”域内（旧为后青厂胡同路北甲十五号），有土地一块，房屋1间。

---

① 倪国琏（？—1743），字子珍，号檖（suì）畴，浙江钱塘（今杭州市）人。清雍正八年（1730年）进士，入翰林院，官至给事中，能弹琴，并工山水画。

附产 置于清朝末年，位于宣武门外大街1号“环球财讯中心”大楼东侧（旧为宣武门大街路西四号），有小院一所。

中山

中山，原称香山，位于广东省珠江三角洲南部。南宋绍兴三十二年（1162年），分东莞县置香山县，1925年因纪念孙中山先生改香山县为中山县，1983年设为县级中山市，1991年升为广东省地级市。

中山会馆（唐绍仪旧居） 原称香山会馆，建于清嘉庆年间（1796—1820年），位于西城区珠朝街5号（旧为珠巢街路西二号），占地6亩，有房180多间，为市级文物保护单位。2008年以来陆续进行了居民腾退和文物大修工程。

馆址原为清康熙年间刘云汉购置的一块义地，嘉庆年间义地迁移，建成香山会馆。光绪二十一年（1895年），在朝鲜任职的香山籍官员唐绍仪回京，居住于此馆并筹资扩建香山会馆。孙中山先生逝世后，香山县改为中山县，香山会馆也改为中山会馆。

会馆坐西朝东，分为前、中、后三座庭院，大院的周围建有跨院。原建有戏台、假山亭榭、水池等，现均不存，但遗迹仍可辨识。

正门位于会馆的中部，东临珠朝街。广亮大门，五檩硬山顶，合瓦屋面，清水脊，檐柱间有雀替，门鼓石上雕石狮。正对大门为花厅，东西面阔三间，南北进深八檩，卷棚顶，北、南、西三面加回廊一步，西面做歇山顶；东面前廊面阔三间，四檩卷棚歇山顶，与主厅翼角连成一体；当心间正接游廊三间，四檩卷棚，通至大门。此花厅造型活泼，绘苏式彩画，装修细致，尤其是东面回廊柱间设有花罩，这些都是受到会馆当地风格的影响。花厅的北侧建有北房三间，八檩前出廊，勾连搭硬山顶，装修少部分保存有步步紧棂格。北房西侧及后面建有配房，均为五檩硬山式，规模较小。

会馆中路依南北轴线布置建筑。其中部建有两座尺度较大的南房和北房。南房面阔七间，五檩进深，加前廊一步，清水脊，装修以后改。南房的后面有游廊数间，与后面建筑有机地连接为一个整体。北房面阔五间，七檩硬山顶，墀头雕有精美的图案；南面正中接抱厦三间，悬山顶，步步紧装修。北房后面为后照房七间，东西配房各二间，均为进深五檩的硬山式形制。

中路的西部有照房十间，也是会馆西部尽端的建筑，五檩前出廊，硬山顶，合瓦屋面，还保存有部分较好的步步紧装修。此照房之东有南北房两座。北房面阔五间，带回廊，歇山顶，步步紧装修；南房面阔三间，周围廊；两房之间为四方亭，四角攒尖，方宝顶，灰筒瓦。这里原是会馆花园的一部分。

会馆的南部并排建有西房四座，均为面阔三间旁加半间，进深五檩加前廊一步，硬山顶，步步紧装修。其东还有南北房各五间，五檩前出廊，两房间有单间配房。

中山会馆是经过较长时间不断增扩建而成，正门向东，但主体建筑均南北向，总体格局不够完整有序。值得注意的是其中某些庭院布局、建筑形式和内外装修引进了岭南手法，颇具特色。

1912 年夏，孙中山第二次来到北京，曾下榻中山会馆。

中山会馆现状　珠朝街5号

附：

孙中山先生行馆记
（1940年）

孙中山先生为辛亥革命元勋，当民国元年四月，先生颁布解除总统职，遨游南北，一至北京，憩息于珠巢街香山会馆，乡人乃就宣外南横街粤东新馆开会欢迎。时两湖及两广同志又在虎坊桥湖广会馆开会，其他各省同志则在三贝子花园开会欢迎。先生欣然谓：今后政府以十年练兵百万，我亦经营铁路，延长至二万余里，民国富强自可立致云云。旋即同叶遐庵、梁燕孙诸公往谒十三陵。未几出都，直至民国十三年十一月十三日自羊城北上，志在开国民会议及废除不平等条约，十二月三十一日扶病入京，居东城铁狮子胡同行辕。十四年一月二十六日割肝癌于协和医院，复迁回调理，病益剧，不幸于三月十二日午前九时二十分逝世。临终犹以和平、奋斗、救中国，继续努力完成革命事业为嘱。三月二十日移灵中央公园，四月二日殡于北京西山碧云寺，遗命葬金陵紫金山。按香山会馆以先生故，易名中山会馆，中央公园亦易名中山公园，而铁狮子胡同行辕为明代田畹故第，今亦名为中山先生纪念馆云。中华民国二十九年七月张次溪记。

2009 年 1 月 11 日的《北京日报》第六版登载《胡同里的会馆》，文中提到：解放战争时期，中共华北中央局城工部，依照中共中央“隐蔽精干、长期埋伏、积蓄力量、以待时机”的方针，组织带领广大党员开展革命斗争，为北平和平解放作出了重要贡献，中山会馆就是当时城工部所属地下组织的秘密活动地点。刘仁等同志就曾在这里进行过地下革命活动。

人物链接

唐绍仪（1860—1938），字少川，广东香山（今中山）人。清同治十三年（1874 年）留美学生。历任清政府天津海关道、外交部侍郎、邮传部尚书、铁路总公司督办、奉天巡抚、赴美专使等职。辛亥革命时，代表袁世凯参加南北议和。1912 年 3 月，袁世凯任临时大总统，其任国务总理，6 月辞职。1917 年参加护法军政府，1919 年以后任国民政府国务专员，西南政务委员会委员兼中山县县长。“七七”事变后，唐留居上海，其与日军态度暧昧。1938 年 9 月 30 日，唐在家中被国民党军统特务用利斧斫毙，终年 78 岁。

刘仁（1909—1973），重庆酉阳人。1927 年加入中国共产党，先后在北京、上海、武汉、天津等地从事党的地下工作，主要领导工人运动。1935 年赴苏联学习，1937 年回到延安，任中共中央党校秘书长。1938 年冬转赴晋冀、华北局兼城工部部长多年，为抗日战争和解放战争的胜利、北平的和平解放作出了重要贡献。中华人民共和国建立后，历任北京市委组织部长、市委副书记、华北局书记处书记。党的八大会议上被选为候补中央委员。“文化大革命”期间受到迫害，被捕入狱，1973 年 10 月 26 日含冤逝世。

南海

南海，位于广东省珠江三角洲北部。秦置番禺县，隋分置南海县，1992 年撤县设市，2002 年撤销县级南海市，设立佛山市南海区。境西南的西樵山为著名风景区。

南海会馆（康有为故居） 南海会馆的主馆与附馆、附产共占地近 20 亩，有房近 400 间，为县级馆产之最。

此馆为主馆，建于清道光三年（1823 年），位于西城区米市胡同 43 号

（旧为路西十八号），为市级文物保护单位，保护范围以原会馆墙为界，南北63米，东西70米。

由同乡京官吴荣光等人捐款，购得董邦达[①]故宅而设立。光绪六年（1880年）在董邦达故宅基础上，又于其南再购一区，遂成一所占地8亩、具有13套院200余间房屋的大馆，后门至丞相胡同六十三、六十五号。从现状来看，北面三组是早期由官宅改建的会馆，南面一组是光绪时新添的独立四合院。

会馆坐西朝东，并列四组院落。其北面三组是典型的清代“三轴四部分”官宅格局。中轴主院为礼仪部分，大门五间临街，但只辟街门一间，七檩后廊硬山合瓦顶。一进院主堂七间，七檩进深加前廊一步，东西配房各三间五檩；二进院主房五间，露明三间，七檩前出廊，东西配房各五间五檩。南轴偏院为居住部分，共三进院，倒座房及正房共四座，均为面阔三间进深五檩；配房前院各三间，后院二间进深五檩，建筑紧凑实用。北偏轴院为休闲游憩部分，布局灵活，现有三个独立小院。其中南院正房三间，七檩前出廊，宽敞实用，原院内北、东二面有游廊、小轩，现已改建，院中假山高树，也已无存。此院正房处即是康有为所居的“七树堂”，此面小轩全装玻璃窗，形似画舫，故名“汗漫舫”。因康在此处办《中外纪闻》报，并领导了戊戌变法，因而名声大振。三轴以外的第四部分即服务供役部分，是位于北轴前和主轴后的两三处小院。在这三组之南为光绪时添加的三进四合院。一进院正房三间，进深七檩加前廊一步，两耳房各一间，倒座五间五檩带前廊，两厢房各三间五檩；二进院正房五间，进深五檩加前廊一步，厢房各三间五檩；后院正房三间，五檩加前廊，北厢房二间。南海会馆规模较大，格局清晰，大部分建筑保存较好。

附：

新建广东南海县会馆碑记
（1835年）

晋郭璞[②]言，南海盛衣冠之气，盖金山珠海，扶舆磅礴，人文辈出，共奋功名。况乎圣化涵濡[③]、含醇咏德[④]、荷亨衢[⑤]、滃[⑥]皇路者，于于而来，日新月盛

① 董邦达（1700—1769），字孚存，号东山，浙江富阳人。清雍正十一年（1733年）进士，官至工部尚书，谥文恪。“工山水画，苍逸古厚”。

② 郭璞（276—324），字景纯，山西闻喜人。博学多才，词赋为东晋之冠：“洞之五行天文卜筮之术，所占多奇验。”官至尚书郎，后为王敦所杀。多有著述。

③ 涵濡：浸染滋润。

④ 含醇咏德：尽情歌颂赞美。

⑤ 荷亨衢：承受恩惠顺利升迁。

⑥ 滃（wěng）：形容水盛、云起。

而不知凡几也。国朝制科，广东九郡举人中额七十有二名，每科广州郡几居其半，广州十四属南海又几居其半。新旧科来京会试者不下百十人，迨[①]会试后留京过夏者、谒选知县者、赴试京兆者又若，而人，郡属统一会馆限于地而不能遍客。嘉庆年间，同郡顺德温少司马汝适率同人建顺德邑馆时，余官京师，窃谓南海省之首邑也，公车来者，无庀[②]积之所，以致或赁僧庑，或僦市舍，为北道主人者其谓之何。志未就而出为巡道。道光癸未，余陈臬浙江，同里廖水部甡[③]，手贻一缄曰，南海议建会馆。甡寒士也，倡捐百金，同人踊跃襄助，已得千金有奇。余喜前志之竟成也，亟分养廉五百金复之。由是而李都转可琼、邓视察士宪各捐五百金，合之同邑官京师及公车候选所捐，及廖明府翱、劳明府光泰先后劝捐，在籍友人共得一万三千两有奇，购宣武门外米市胡同董文恪公邦达故第。仍其式廊，略加修治，始于甲申之冬，迄于乙酉之春。工既蒇，又以其余赀置公产本胡同房舍一区，每年出租得息，作馆中经费。此馆为董文恪公子文恭相国诰岳降福地，形势安恬，堂庑爽恺，花木竞秀，丘壑[④]多姿，庶几旅人于处君子攸宇[⑤]乎。尝考礼有候馆，诗称适馆，汉公孙宏作三馆，一曰钦贤以待大贤，次曰翘材以待大才，三曰接士以待国士。馆不同，而馆之义则无不同。他日计偕来者，爰得我所，所至如归，萃同井同里之人，乐其群，敬其业，求所以副此为贤为才为国士之实者，以备大廷之选，内而黼黻盛业[⑥]，外而霖雨苍生[⑦]，或有因此馆而思乎经始者。其捐题人名银数，及馆中椽架屏席器用件数，并公产房舍间数，另勒于碑阴。

赐进士出身、资政大夫兵部侍郎兼都察院右副都御史、巡抚湖南等处地方提督军务兼理粮饷、前兼署湖广总督刑部郎中军机章京、掌河南道监察御史、翰林院编修里人吴荣光撰并书。

大清道光十有五年岁次乙未□月□日立石。

《北京会馆档案史料》辑有该馆楹联一副：

殷于酷刑，宋岳枉戮，臣本无恨，尹亦何尤，当效正学先生，启口问成王安在？

汉室党锢，晋代清谈，振古如斯，于今烈火，恰如子胥相国，悬睛看越寇飞来。

---

① 迨（dài）：等到。
② 无庀（pǐ）：不具备。
③ 甡（shēn）：形容众多。此为人名。
④ 丘壑：此指山石和水池的景色。
⑤ 攸（yōu）宇：有责任为旅者准备好房子。
⑥ 黼黻盛业：努力创造功业。
⑦ 霖雨苍生：如甘雨润泽百姓。

笔者查阅相关史料，得知康有为从光绪初年到民国初年共入京6次，其入住次数最多、居住时间最长的当属南海会馆。在这里他不仅做了很多震惊中外的大事情，而且也完成了一些著述。现录四位名人有关“康有为故居”的诗作如下：

米市胡同南海馆，中华变法策源区。
世人但识谭家菜，亿否茹荼几大夫。

（作者：夏仁虎）

离明崛起照东方，几许衣冠拜素王。
一出便能成运会，再来浑惜少商量。
朝他终耻参绵蕞，学派今犹重草堂。
太息童年虚撰杖，小同惭附郑公乡。

（作者：叶恭绰[①]）

步武羊求亦偶然，天游几已历诸天。
震公高议频离席，解我相知欲放颠。
忧国明明期小友，服膺了了自童年。
平生风义诨无据，薜荔斜侵古柏巅。
精心细楷录权书，应是鲰生学殖初。
容我后堂浑未料，从公双楫定何如。
暮年微惜商量少，末路原知枉直疏。
尤叹万言规大党，漫于中路误芒芙。

（作者：章士钊）

门标通德郑高密，异代过者犹追思。
矧兹先师上书处，吾徒能勿怀依迟。
七树堂深留掌故，故居虽在世运移。
满目风云变今古，终竟人往名长垂。
煌煌在字看题榜，尚恐日久易阙遗。
不有图画记陈迹，曷与矜式示来兹。
次溪再传薪火者，事死如生念在斯。
嗟余残废百不任，自愿离蕞心伤悲。
平生深感裁成意，惘惘何以酬厚期。

① 叶恭绰（1881—1968），字裕甫，号遐庵，广东番禺人。清朝末年京师大学堂毕业，历任邮传部路政司主事、交通部次长、交通总长。1923年出任广东政府财政部长。1931年出任铁道部长。之后从事文化工作。新中国成立后，任中央人民政府政务院文化委员、中国佛教协会理事及全国政协常委等职。

题诗卷未写胸臆，绘事赖今有徐熙。

（作者：罗惇㬊[①]）

人物链接

康有为（1858—1927），字广厦，号长素，广东南海人。清光绪八年（1882年），康有为进京应乡试，住在南海会馆，因落第返乡。十四年（1888年），再次进京参加顺天府乡试，仍住南海会馆。其间第一次向光绪皇帝上书，请求改良政治，以挽救国家危亡，提出“变成法，通下情，慎左右”的建议。其在汗漫舫“日以读碑为事，尽观京师藏家之金石凡数千种”，写成了著名的《广艺舟双楫》。次年九月离京南归。

二十年（1894年），康有为再次进京会试，未住南海会馆。次年，再次进京参加会试，住南海会馆汗漫舫。从此这里成为了维新派活动中心。康有为联络各省应试举子1300多人，于四月八日（5月2日）在松筠庵发动了“公车上书”的联名请愿活动，提出“下诏鼓天下之气”、“迁都定天下之本”、“练兵强天下之势”、“变法成天下之治”等改良主义救国纲领。

不久，榜发康有为得中进士，授工部主事。他又连续《上清帝第三书》、《上清帝第四书》。同时在北京组织“强学会”；创刊《万国公报》、《中外纪闻》，此乃是民间自主办近代报刊之始。并著有《汗漫舫诗集》等。

二十三年（1897年）冬，康有为第五次进京，再次入住南海会馆，除续写了《上清帝第五书》、《上清帝第六书》外，并于次年一月，率先在会馆内成立“粤学会”。三月二十二日（4月12日），又在粤东新馆召开“保国会”成立大会。在其《上清帝第七书》呈上后，光绪帝采纳了他的建议，下定国是诏，宣布变法。

“百日维新”期间，新旧斗争异常尖锐，后党策划政变推翻新政。光绪发“密诏”谕康有为迅速离京。戊戌政变前一天，即光绪二十四年八月初五（9月20日），康有为离京南下。

1917年，康有为配合张勋拥护溥仪复辟，公开发表《共和平议》，被授弼德院副院长。复辟失败后，康有为逃出北京。

现录张次溪先生1953年所撰《康南海先生故居记》如下：

① 罗惇㬊（1874—1954），字照岩，号敷庵，广东顺德人。曾为康有为弟子。清朝末年曾任邮传部郎中、礼制馆编纂。民国后历任教育部、财政部、司法部参事，内政部秘书等职。工诗、擅书。

康南海先生光绪十四年戊子[1]五月始来京师，居宣武门外米市胡同南海会馆汗漫舫，迴廊叠石曲折有致，榆槐青藤丁香之蜀蓊郁[2]纠互尤胜，又名七树堂云。东廊壁间，旧有吴荣光所记得苏东坡观海堂帖，夙重艺林。时先生间著广艺舟双楫焉。十一月，先生初上变法书，即草创於是，自同治初黎莼斋以后数十年中，无以布衣上书者，闻者哗然。明年南行，自是每入京率寓是馆。丁酉[3]年十二月十三日，先生又开强学会於此。戊戌[4]三月二十二日，先生乘礼部会试之期，集各省计偕诸人开保国会於南横街粤东会馆，到者数百人公举先生敷讲[5]政论，先生痛斥时弊与外人之毒螫，听者泣下。先一月，先生弟广仁亦来自沪，汝与先生同居焉。初先生倡新学谋变法，横被蜚语，独为翁同龢所推重。一日翁凌晨造访，长揖谢罪曰：曩者[6]甲午之后，君以主战非计，时举朝野主战之议方盛，余不敢入奏，卒致败衄[7]，君言果中，余之罪也！今余已力荐君才胜臣十倍，行将大用。此戊戌时事也。及事亟，先生，已微服出都矣。民国丁巳[8]再来北京，寓法源寺，旋移居南河沿，再居太僕寺街，后居东交民巷美森院。凡四月，乃南下，丙寅[9]七月再来北京，住大兴县胡同七号。女同壁家曾一遊左安门内新西里三号张园，与兴先君子篁溪公挑灯夜话，作竟夕谈并题诗留别，今刻石嵌园中。八月出都即赴青岛，自是遂与北京永隔矣。先生来京居是馆时，较多亦六君子及戊戌等人议政之地，人士咸盍称之爰，请叶遐菴先生为题康有为先生故居，以谂来者。因著其本末如此。癸巳十月。东莞张次溪记。

康有为胞弟“戊戌六君子”之一康广仁，也曾居南海会馆近半年。

人物链接

康有溥（1867—1898），字广仁，号幼博。其出生七个月父病逝，稍长随兄识字读书，兄弟二人手足至亲，故受兄长影响至深。清光绪二十四年（1898年）四月，迁居南海会馆，成为康有为的最好助手和维新力量的中坚

---

① 戊子：指1888年。
② 蓊（wěng）郁：形容草木茂盛。
③ 丁酉：指1897年。
④ 戊戌：指1898年。
⑤ 敷讲：放开讲。
⑥ 曩者：从前。
⑦ 败衄（nǜ）：战败。
⑧ 丁巳：指1917年。
⑨ 丙寅：指1926年。

分子。八月初六（9月21日），慈禧太后重新训政，当天命逮捕康有为兄弟，当时“车骑塞米市胡同，观者如山”。八月十三日（9月28日）下午，康广仁等“戊戌六君子”在菜市口被杀害，年三十二岁。南海会馆长班张禄为之缝首市棺，葬于观音院旁，立石竖碑曰：南海康广仁之墓。此消息一直瞒着其七十多岁的老母，谎称他逃亡蒙古。

康有为在哀弟时有悼诗一首：

老母年七十，思子长忧结。
汝往过孝娟，母念肝欲裂。
绐言①慰老母，云汝走胡羯②。
蒙古山寺中，为僧待时节。
时伪作书还，执笔辄哀噎。
汝女尚能嬉，汝妻忽知绁。
终日泪盈颐③，见姑忍哀咽。
吁嗟吾罪罟④，从何慰母惙⑤。

南海会馆 建于清代，位于西城区“中信城”北片，原为米市胡同34号（旧为米市胡同路东一〇〇号），占地1亩，有房39间，现已拆待建。

附产（谭家菜饭庄） 置于清晚期，位于米市胡同47号（旧为路西二十号），占地1.01亩，有房26间，现已拆除。

附产（简易小学） 置于清晚期，位于米市胡同83、85号（旧为路西三十八号），占地2亩，有房48间。学校于1936年开办，当时在校学生近400名，分9个班，教师9人，校长康韫才。1947年被编为北平市第十一区第十、十一、十二保国民学校。1949年后改为米市胡同小学，1965年改为米市胡同第二小学，1990年后由弱智辅读班逐渐转变为“培智中心学校”，拓建菜市口大街时迁往老墙根街新桥胡同1号。原校址教学楼在“中信城”开发过程中曾作为售楼处，现已拆除。

南海会馆 建于清代，位于西城区“庄胜城”域内（旧为香炉营二条路北十六号），占地0.6亩，有房23间，现已拆待建。

附产 置于清晚期，位于“庄胜城”域内（旧为香炉营四条路南三十九

---

① 绐（dài）言：欺哄之言。
② 胡羯（jié）：此意少数民族地区。
③ 盈頣：泪流面颊。
④ 罟（gǔ）：网，指罗织的罪名。
⑤ 惙（chuò）：忧愁。

号），占地 0.5 亩，有房 13.5 间。现已拆待建。

附产　置于清晚期，位于南柳巷 57 号（旧为路西二十八号），占地 0.6 亩，有房 18.5 间。现为民居。

番禺

番禺，今为广州市下辖区、位于广州市南部。秦置县，以境内番山、禺山而得名。隋改置南海县，唐复兼置番禺，民国废，移南海治佛山，番禺保留。

番禺会馆（龚自珍故宅）　建于清道光十八年（1838 年），位于西城区上斜街 50 号（旧为路南五十五号），占地 4.16 亩，有房 100 余间。现为民居（后门开在储库营胡同），为区级文物保护单位。

早为晚清杰出思想家、史学家、文学家、著名诗人龚自珍故宅。道光十一年（1831 年）十月，其将此宅以银 2200 两，卖给兵部侍郎、番禺人潘仕成。十八年（1838 年），潘“奉襄海疆事宜南调”，将宅院全数捐给家乡作为会馆。并写有捐书：“兹有上斜街旧宅一所，合计房佰余间，其中花木奇石可观，房子极其坚固，情愿送出，为我邑改作会馆，不收价银。”

番禺会馆现状　上斜街50号

人物链接

龚自珍（1792—1841），字璱人，号定盦，浙江仁和（今杭州）人。其出生在三世京官之家，8岁进住此宅院，早年随父读书，广学博览，尤善诗文。清道光九年（1829年）进士，授内阁中书，官至礼部主事。他与魏源、黄爵兹等人为我国最早接触西方进步思想的代表人物，对于当时国运衰败的局势，他不止一次地提出变革图强的建议。他的主张虽然没有得到实现，但在许多方面都产生了有益的影响，为后来康有为等人变法图强开了先声。龚自珍虽才华横溢，但因常触时忌，而被冷置闲职，志不得伸。他时刻关心国家命运，全力支持林则徐禁烟。一生著有30余卷文记，今人辑有《龚自珍全集》。他的著名诗句："九州生气恃风雷，万马齐喑究可哀，我劝天公重抖擞，不拘一格降人才"，成为千古绝唱。

馆内原有楹联两副：

云路九秋[①]高，驱毂[②]振缨，桂子香时来日下；
客怀三月[③]远，停杯剪烛，木棉红处话菠萝。

（作者不详）

敢夸广厦[④]属吾庐，资平生好为人谋，但期穗石[⑤]名流，同题雁塔[⑥]；
偶赋闲居归故里，叹终岁劳于王事，愿作菊花旧主，重聚燕台[⑦]。

（作者：潘德舆[⑧]）

附：

京师番禺会馆记[⑨]
（1863年）

天文聚而珠联璧合，耀奎辟之光。地脉聚而芝草醴泉，发山川之秀。人事聚而通大邑，异山海之奇。会馆者人之所聚也。京师为首善之区，直省会

① 九秋：指参加秋季会试。
② 毂：车轮中心用以支轴圆木，这里指车。
③ 三月：指春季乡试。
④ 广厦：取唐杜甫诗中句，此指高大屋子。
⑤ 穗石："穗"为广州市代称："石"指五羊化石的传说。
⑥ 雁塔：即指西安市慈庵寺中之雁塔。唐代新进士"雁塔提名"即在此。
⑦ 燕台：也称黄金台，相传为战国燕昭王于台上筵请贤士，故名。
⑧ 潘德舆（1785—1839），字彦辅，号四农，江苏淮安人。清道光八年（1828年）举人，善诗文，一生教授乡里，困于科场。有《养一斋诗话》等。
⑨ 原碑现存于北京石刻艺术博物馆内。

馆无虑数百家，即岭南郡邑亦各有专馆，惟吾番禺屡经集议未成，邑馆尚阙[①]。道光辛卯余由驾部秋曹赁宅于宣南坊上斜街，为龚定盦中翰旧居，颇有园亭木石之趣。定盦以艺鞠名都下，余亦艺鞠其间，每当花时宴赏甚盛。洎戊戌南归后，奉襄海疆事宜，未遑[②]北辙，自捐此宅，为公车聚会之所。年来鞠宴遂南移于海山仙馆，抚今追昔，倏[③]已阅二十余年。憩斯馆者，或蕊榜[④]蜚声，或木天摛藻[⑤]，或膺[⑥]六誉妙选，或推百里高才，莫不并辔联镳，腾蛟起凤，人文所聚，大启声华，皆由山川灵淑所钟，上应奎壁文明之象。他日勋业炳炳麟麟，是固诸公之所自期及，即阖邑之所忻慰而兴起者欤。

同治二年岁在癸亥初九日，里人潘仕成谨记，男桂敬立。

附产 置于清晚期，位于广安胡同北段，原为上斜街 89 号（旧为路北三十五号），占地 1.5 亩，有房 19 间。修建广安胡同北延道路时被拆。

番禺新馆 建于清同治二年（1863 年），“为同乡京官捐资购置”。位于西城区“庄胜城”域内，原为周家大院路北 7 号（旧为路北四号），占地 5.5 亩，有房 63.5 间。21 世纪初被拆。

附产 置于清晚期，位于迎新街 69 号（旧为延旺庙街路西三十六号），占地 0.55 亩，有房 15.5 间。现已拆除。

相关链接

实地调查时，笔者以老门牌比对找新门牌时，遇到几位老住户，她们热情地指明新门牌 69 号即老门牌三十六号。还说：“该院就是孙中山先生卫队长孙墨佛老先生长期居住过的地方，20 世纪 70 年代才搬走的。老人家可平易近人了。”

孙墨佛（1884—1987），山东莱阳人。1908 年参加同盟会，1916 年后曾任护国军司令部秘书主任及海军司令部参议。1930 年后寓居北平从事文史研究，1952 年受政务院文史馆馆员，并为民革中央委员。著有《孙中山先生年谱》等。

---

① “阙”：同“缺”。
② 遑：闲暇。
③ 倏（shū）：极快地。
④ 蕊榜：公布名次争雄之榜。
⑤ 摛（chī）藻：铺张词藻。
⑥ 膺：承受，承当。

新会

新会，位于广东省珠江三角洲西部、潭江下游。东晋置盆允县，南朝宋为新会郡治，隋改新会县，今为江门市下辖区。

新会邑馆（梁启超旧居） 建于清咸丰三年（1853 年），位于西城区粉房琉璃街 115 号（旧为路西五十三号），占地 2.4 亩，有房 46.5 间，为区级文保单位。目前周围均处于待拆状态。

会馆坐西向东，分为前半部和后半部。前半部建筑多为坐北朝南方向，大致可分为东、西两路。东路二进院落，北房均为三间，进深五檩加前廊；正房的东侧还有五檩东房九间，如意式大门位于庭院的东南。西路共三进建筑，前二进正房面阔三间，进深五檩加前廊；第三进正房面阔五间，进深五檩。后半部建筑规格很小，由五檩前出廊的三间北房和四间西房组成，另有朝东北房二间。房屋均为硬山合瓦顶，主房过垅脊。整个庭院层次分明，虽已有百余年的历史，但原有格局仍旧保存较好，尚能看出原有建筑的风貌。

新会邑馆因著名学者梁启超来京参加会试在此居住，并在此完婚而著称，他的住所是会馆中路的三间北房。因梁自号“饮冰室主人”，所著文集名《饮冰室文集》，故有人将此屋称为“饮冰室”。

辑录馆内楹联两副：

后座

紫水黄山，五百年必生名士；
橙香葵绿，八千里共话乡风。

（作者：陈献章）

客厅

新诗日下推时彦[①]，
会客花间话早朝。[②]

（作者：陈献章）

附：

新会邑馆记
（1853年）

岭南去京师七千余里。士之试京兆及与计偕者，赍[③]粮就道，犹历舟车跋

① 时彦：当时的美士。“彦”为文人的美称。
② 此为藏头联，句首点出“新会”二字。
③ 赍（jī）：抱着。

涉之劳，几三阅月乃至，则为马瘏仆痡[①]，征尘未拂，又皇皇然惟舍馆是图。昔人称，长安居大不易，信矣。都中旧有广州馆，邑人北上者率寓焉。但诸县颁试，常苦湫隘，若后至而资斧垂罄者，往往有变服赁舂之势，而吾邑公车颇众，尤以为虑。诸君聚首都门，兴言及此，每欲为本邑营一行窝，而工程浩大，倡议为难，亦徒抱少陵广厦之思而已。今咸丰改元之三年，余再赴春官试，抵都则见已建有新会邑馆，俨然轮奂宏构也。知为今观察陈君伟南焯之所特建，费至数千金云。嗟乎世之履丰席厚，鼎食钟鸣，其甲第园林之壮丽，大抵期丁自奉己耳。问有荫及后人如郈[②]成子之割宅，范文正公之置义庄者，岂易得哉。今伟南观察独慨然为此豪举，使吾邑蹑履[③]担簦[④]之士，尽歌适馆于数千里之外，而宾至如归，非古之仁人君子其能如是乎。观察喜吟咏，敦气谊，以工部郎中供职京邸，一时贤士夫乐与互唱酬数晨夕，目为北道主人。其谋建斯馆也，卜地鸠工，经营累月，于今春落成时，观察已束装南返。公车诸子未获同堂把酒，为前席一谢高谊，且叙乡里故旧之欢也。相与南望而低徊者久之。吾闻观察生平好行其德，更仆难数，尝虑粤中古籍未备，因购二十二史善本校刊流布，以惠儒林，费累万而不惜。又倡首捐万金，谋修邑学，后以形家言未果。此皆其荦荦[⑤]大者。趋义若渴，固不仅郑庄之一驿也。而此举特先睹成效，后之北游者赋夏屋而观光上国，岂不快哉。佥曰此盛德，事不可不表彰以示后，因谋勒石，同人嘱余为文以记之，略述其缘起如此。

咸丰三年孟夏，李星辉撰，赐进士及第翰林院编修武英殿协修顺德李文田书。

人物链接

梁启超（1873—1929），字卓如，号任公，又号饮冰室主人，广东新会人。举人出身，近代资产阶级改良主义者、学者。清光绪二十一年（1895年）赴北京会试，跟随康有为发动“公车上书”。二十四年（1898年）入京参加“百日维新”，以六品衔办京师大学堂、译书局。戊戌政变后逃亡，坚持立宪改革思想，受到民主革命派批判。他在介绍西方资本主义社会、政治、经济学说方面，对当时知识界有较大影响。辛亥革命后回国，以立宪党为基础组

① 马瘏（tú）仆痡（fū）：马病人病。
② 郈（hòu）：姓。
③ 蹑履：不敢放开脚步走路。
④ 簦（dēng）：斗笠的古称。
⑤ 荦荦（luò）：明显。

成进步党，拥护袁世凯，出任袁政府司法总长；1916年策划蔡锷组织护国军反袁；后与段祺瑞合作，出任财政总长。

通过几年从政，其认识到军阀专制，立宪理想无法实现，转而从事教育和学术研究。1914年，梁启超应邀在清华大学演讲，讲题为《君子》，他用《周易》里的“天行健，君子以自强不息；地势坤，君子以厚德载物”激励学生发愤图强。自此“自强不息，厚德载物”成为清华大学校训。

梁启超十分重视对下一代的教育，其后各个成才。其中建筑学家梁思成、考古学家梁思永于1948年入选中国科学院第一批院士，航天专家梁思礼现为中国工程院院士，“一门三院士”在中国科技界绝无仅有、世界罕见。

新会新馆（陈垣旧居） 建于清光绪十一年（1885年），位于西城区宣武门外大街8号“庄胜广场”域内（旧为永光寺西街路西一号），占地5亩，有房122间。现代著名教育家陈垣先生曾居此馆。

《北京名胜楹联》中录有该馆楹联一副：

五百年各代更生，黄云紫水；

八千里家乡风味，葵绿橙香。

（作者：吴铁梅）

人物链接

陈垣（1880—1971），字援庵，广东新会人。清光绪二十三年（1897年）七月，17岁时以监生身份到北京参加顺天府乡试，即住进新会新馆内，因其文章不合八股规范而名落孙山，九月离开北京。回到广州后，他自办学馆招收学生，边教书、边学习，学识大长。民国初，回到北京。他一生担任大学校长近47年之久，可谓桃李满天下，真乃中华校长第一人。逝前将一生珍藏的数百件文物、4万多册书籍和4万多元稿费，全部捐献国家。

潮州七邑

以下“七邑”为笔者依《中国古今地名大辞典》，根据建制隶属所确定，以弥补会馆史料中对“七邑”县名的记载缺失，分别为：

海阳，今称潮安，位于广东省东部、韩江下游。晋置海阳县，1914年改称潮安，2013年改为潮州市下辖潮安区。名胜古迹有湘子桥等。

黄冈，今称饶平，位于广东省东端沿海、黄冈河纵贯，邻接福建省。明置黄冈县，1912年改饶平，今为潮州市下辖县。

揭阳，位于广东省东部、榕江流域。汉置县，1991 年设为广东省地级市。

普宁，位于广东省东部，明置县，今为揭阳市下辖县级市。

惠来，位于广东省东部沿海，明置县，1991 年设为揭阳市下辖县。

澄海，位于广东省东部、韩江下游。明置县，今为汕头市下辖区。

丰顺，位于广东省东部、韩江纵贯。清置县，今为梅州市下辖县。

潮州七邑馆 建于清同治二年（1863 年），位于西城区延寿街 12 号（旧为延寿寺街路东一〇〇号），占地 1.8 亩，三进院有房 46 间。现为民居，原广亮大门 20 世纪被改为公厕。

附产 置于清晚期，位于大外廊营胡同 26 号（旧为路东二十号），占地 6 亩，有房 10 间。实地调查知：建国初期，这片地域建起煤场，大跃进时改建“百姓大食堂”，撤销食堂后办起街道工厂，街道工厂被上交后，编入北京互感器厂，盖起一座二层小楼、一片厂房。目前二层小楼由“北京互感器有限责任公司”留守人员办公，一层及厂房出租。

附产 置于清晚期，位于“庄胜城”域内（旧为香炉营六条路南六号），占地 1.8 亩，有房 11 间。现已拆待建。

三水

三水，位于广东省珠江三角洲西北端，以西、北、绥三江汇于境内而得名。明置县，1993 年设立县级三水市，2002 年撤市设为佛山市三水区。

三水会馆 建于清光绪元年（1875 年）三月，《北京会馆档案史料》载，该馆“由三水县府出资建立，专为本县之贫苦科考人员所住”。位于西城区中信城北片，原为保安寺街 29 号（旧为路北十四号），占地 3.4 亩，四进院有房 58 间。现已拆除。

兴宁

兴宁，位于广东省东部、梅江支流宁江流域，邻接江西省。东晋置县，1994 年撤县设市，今为梅州市下辖县级市。

兴宁会馆（曾觉之旧居） 也称兴宁邑馆。

建于清光绪年间（1875—1908 年），位于西城区潘家胡同 39 号（旧为潘家河沿路西二十号），占地 1.44 亩，有房 30 间。现已拆除。

白鹤群先生曾在实地调查中得知，该院曾住过一位叫曾觉之的名人。

人物链接

曾觉之（1901—1982），字居敬，广东兴宁人。中学毕业后入北京大学，同年赴法国攻读文学与哲学，1929年回国。此后一直在多所大学任教，至1977年退休。有诗集《幻》、散文集《归心》，还有多部译著存世。

徐闻

徐闻，位于广东省雷州半岛南部。南朝齐置乐康县，隋改隋康，唐改徐闻，今为湛江市下辖县。

徐闻会馆　建于清代，位于西城区菜市口大街北段（旧为丞相胡同路东六十三号），占地7.79亩，有房189间。现已拆除。

平远

平远，位于广东省东北部，邻接江西、福建两省。明置县，今为梅州市下辖县。

平远会馆　建于清代，位于东城区沙滩北街（旧为沙滩路西二十号），具体位置无法确定。占地0.4亩，有房16.5间。白鹤群著《北京的会馆》述："1935年北平反饥饿大游行，该馆为重要的联络点和集结点之一。"

存疑待考

协中会馆　建于清代，位于西城区骡马市大街新9号中国联通北京市分公司大楼域内（旧为棉花头条路南）。

关于该馆，在《宣南鸿雪图志》、白鹤群著《北京的会馆》等书籍中，均被辑录为广东籍会馆之列，但其地理、历史等相关情况无从考察。笔者认为："协中"可能是两地或以上组合县馆，经多方查找资料仍未破译。只能存疑，有待继续考证。

台山

台山，位于广东省南部沿海、珠江三角洲西南部。明置新宁县，1914年改台山，1992年设立县级台山市，今为江门市下辖县级市。

台山会馆 建于民国三年（1914年），位于西城区西安门大街21号左近（旧为路北十号），占地4.4亩，有房55间。现已拆除。

台山分馆 建于民国时期，位于西城区互助巷中段（旧为达子营路东甲三十三号），占地0.5亩，有房21.5间。旧时多住本籍在京学生。现已拆除。

商业行业馆产

仙城会馆 该馆以广州城市别称“仙城”为馆名，意寓祈求仙人保佑，更图大吉大利。《中国神话传说词典》和《辞海》中均有解：传说古有五仙人，乘五色羊执六穗秸而至，其后州厅梁上便绘画有五仙人和五羊图像。故此，广州便有“五仙城”、“五谷城”和“五羊城”之称。其中“五羊城”更为广泛传扬，后逐渐省去“五”而简称“羊城”，成为广州别称。

《北京会馆档案史料》载：“查本会馆原由九家商号捐款创立于清康熙五十一年（1712年），因年久失修延至咸丰十一年（1861年）已倾废，仅余馆址。”位于西城区王皮胡同7号（旧为路北二、三号），占地1.3亩，有房33间。“因本馆同仁皆为经营航海商业，必须托庇神灵护佑，故专设殿堂供奉关帝、天后、财神等，每逢神诞必请同行、同乡到馆内庆祝，并设筵宴客”。

馆中原有楹联一副：

佳气近依双凤阙①，
春光遥接五羊城。

（作者：许潄文）

2008年下半年，笔者到仙城会馆调查时，一中年女街坊告诉我：“院内还有一方碑呢！”我进院查看发现，前院正房窗前地面铺有一青灰色碑身，因阳面朝上、又因常年踩踏、风吹日晒雨淋，字迹只余碑首几字但还是模糊。几日后带盒尺量其长为192厘米、宽为84厘米。在端详碑首字迹时，屋内老太太不声不响端出一盆清水泼在碑首。看清楚了！是篆书的“仙城会馆碑记”。我们向那老太太表示感谢！

① 凤阙：指皇宫。

附：

创建仙城会馆记
（1715年）

称会馆何为也？为里人贸迁有事祃[①]祀燕集之所也。其称仙城何也？昔馆西城士大夫私焉，系之广州也。今馆中城商旅私焉，不系之广州，所以别也。别而又称仙城，犹广州也。始里之辐辏京师者，则有若挟锦绮者、纨纻者、绢谷、哆罗、苎葛[②]者，莫不曰吾侪乃寄动息于牙行，今安得萃处如姑苏也？既而裹珠贝者，玻璃、翡翠、珊瑚诸珍错者，莫不曰吾侪久寄动息于牙行，今安得萃处如湘潭也？既而犛药之若桂、若椒者果核之若槟、若荔者，香之若沈、若速、若檀、若美人选、若鹧斑者，莫不曰吾侪终寄动息于牙行，今究安得萃处如吴城也？凡十数年，是图会馆也。康熙五十一年，冯卓吾者，以其所住中城中西坊二铺之居，求售二千金。屋虽不雄丽而坚致过焉。且以近正阳门而密迩诸广行也。里人亟谋敛货头，不及，即相率以义借凑焉。如其值购得之，遂为馆。当王皮胡同之中，面南，中分二所，东正西偏，东广西狭，各四层。而东则前二层各三楹，后二层各四楹，西则层二楹。合计之屋可三十有半间。其深九丈八尺有奇，而阔则后六丈五尺零，前则杀寻有尺，后俱抵齐家胡同而止。榱[③]楹户牖咸因其旧，以前东一间为馆门，门颜额焉。有室有序有廊，器数齐湢庖库具在。东之前二层为堂，堂之广，楹三之，中设关帝像祠焉。砻石[④]为檐，除四周如矩，虚其中而甓[⑤]之，矢直砥平，无兴尘泥，阴雨若霁。里人升堂，奠位凝肃，瞻仰神明，若见若语，桑梓之谊，群聚而笃。咸叹曰：吾徒得有斯馆，不图兴感若是也。后三年，兆图李子、时伯马子谒余，请记。余问二子厥馆所由。李子曰：由利乡人，同为利，而利不相闻，利不相谋，利不相一，则何利？故会之，会之则一其利，以谋利也，以是谓由利也。马子曰：由义，乡人同为利，而至利不相闻，利不相谋，利不相一，则何义？故会之，会之则一其利，以讲义也，以是谓由义也。夫以父母之赀[⑥]远逐万里，而能一其利以操利，是善谋利也，以为利，子知之，吾取焉，抑以乡里之俦，相逐万里，而能一其利以图利，是善笃也义，以为义，子知之，吾重取焉。然而利与义尝相反，而义与利尝相倚者也。人知利之为利，而不知义之为利。人知利其利，而不知利自有义，而义未尝不利。

---

① 祃（mà）：古代军队在驻地举行的祭礼。
② 苎（zhù）葛：属麻类的长纤维植物，纺织工业的重要原料。
③ 榱（cuī）：房椽。
④ 砻（lóng）石：形状略像磨的石。
⑤ 甓（pì）：砖。
⑥ 赀（zī）：同“资”，钱财。

非斯馆也，为利者方人自争后先，物自征贵贱，而彼幸以为赢，此无所救其绌，而市人因得以行其高下刁难之巧，而牙狯因得以肆其侵凌吞蚀之私。则人人之所谓利，非即人人之不利也耶？亦终于忘桑梓之义而已矣。惟有斯馆，则先一其利而利同，利义洽，义洽然后市人之抑塞吾利者去，牙狯之侵剥吾利者除。是以是为利而利得也，以是为义而义得也。夫是之谓以义为利，而更无不利也。二子其即以此书之于石，以诏来者，俾[1]永保之。而义于是乎无涯，而利于是乎无涯。

康熙五十四年岁次乙未中秋穀旦

赐进士出身中大夫都察院左佥都御史加一级张德桂撰

首事李兆图、马时伯、巫乃熙、伍象始、张德勷、梁秩五、陈燕长、李兴朝同立石

仙城会馆 建于清代，位于西城区粮食店街61号（旧为粮食店路西三十一号），占地1.7亩，有房74间。1952年，被燃料工业部征用，今址为一座四层小楼，现为如家快捷酒店。

仙城会馆 建于清代，位于西城区珠市口西大街83号（旧为西柳树井路北八号），占地0.99亩，有房35间。扩建丰泽园饭店时被拆占。

仙城会馆 建于清代，位于西城区大栅栏西街51号（旧为观音寺街路北二十七号），占地0.7亩，有房20间，现为烟酒商店。

附产 置于清代，位于王皮胡同东段（旧为路南四十七号），占地0.3亩，有房9间。现为民居。

附产 置于清代，位于王皮胡同东段（旧为路南三十七号），有房8间，现为民居。

附产 置于清代，位于大齐家胡同12号左近（旧为路南三十六、三十七号），占地0.3亩，有房18.5间。现为民居。

附产 置于清代，位于大栅栏街21号（旧为路北二十三号），占地0.3亩，有房12间。现为大栅栏礼品店。

① 俾：此处意为“使得”。

广西壮族自治区在京会馆

广西位于我国南部边疆，并跨云贵高原东南一隅。南临北部湾，西南与越南交界，东北西三面分别与广东、湖南、贵州、云南等省接壤。自治区名由“广南西路”简化而来，因秦时为桂林郡地，故简称“桂”。地势四周山岭绵延，中部溶岩、丘陵、平原广布，有“广西盆地”之称。丘陵和山地占自治区总面积的85%。

春秋战国为百越（粤）地，秦置桂林郡、部分属象郡。唐后分属岭南西道，宋为广南西路，元属湖广行中书省，明为广西布政使司，清置广西省。1958年成立广西僮族自治区，1965年改为广西壮族自治区，省会南宁市。现辖14个地级市、7个县级市、55个县、12个自治县及36个市辖区，面积为23万多平方千米，壮族人口占全区总人口的三分之一。

广西在京会馆多兴起于清中期以后，建立的最早会馆，是明正德年间官员捐宅所建的省馆——粤西会馆。该区共在京建立会馆13座，其中省馆4座，府馆8座，县馆1座，上述会馆置设附产共计6处。广西在京虽会馆数量居少，但会馆组织多相延承继，一直运转至民国以后。戊戌维新期间，居住在广西诸馆中的举子踊跃参与公车上书，成为全国参与上书举子最多的省份。目前尚有会馆建筑遗存2座。

广西壮族自治区在京会馆一览表

产别	馆名	别名	建立年代	现地址	老地址	地亩	房间	掌馆人	现状
省馆	粤西会馆		明正德十二年（1517年）	銮庆胡同9号	同左路北九号		60.5	张心煦	已拆
	广西中馆		清嘉庆元年（1796年）	中信城	驴驹胡同路南十七号	1.58	33.5	周芳全 陆绍训	已拆
	广西新馆		清道光三年（1823年）	香炉营东巷2号院	北柳巷路东四十七号	2.17	41	周芳全 陆绍训	已拆

产别		馆名	别名	建立年代	现地址	老地址	地亩	房间	掌馆人	现状
省馆		广西会馆		清中晚期	前青厂胡同57号	永光寺街路北二号	0.66	20.5	周芳全 陆绍训	已拆
府馆	浔州、梧州、郁林	广西三馆老馆	广西三府馆	清朝初年	庄胜城	海北寺街路北四号				早废
府馆	浔州、梧州、郁林	广西三馆试馆		清乾隆二十五年（1760年）	后青厂胡同9号	同左路北五号	2.26	57.5	黄日全 关祖章	大部已拆
府馆	浔州、梧州、郁林	广西三馆新馆		清嘉庆年间	庄胜城	香炉营四条路南三十二号	1.03	24	黄日全 关祖章	已拆
府馆	邕州、思恩、太平	广西南馆		清乾隆六十年（1795年）	达智桥胡同14号	校场三条路东四十九号				早废
府馆	邕州、思恩、太平	广西南馆		清宣统二年（1910年）	贾家胡同43号	同左路西二十四、二十五号	1.18	42	黄现璠 肖克宗	已拆
府馆	廉州、钦州	廉钦会馆		清道光十五年（1835年）	粉房琉璃街69号	同左路西三十一号	2.28	58	苏乾初 杨登睦	已拆
府馆	柳州	柳州会馆	龙城会馆	清光绪十二年（1886年）	贾家胡同26号	同左路东五十六号	0.93	20	王芷瓶 王铎	已拆
府馆	柳州	柳州会馆		清朝末年	校场五条40号	同左路东三十一号			王芷瓶 王铎	民居
县馆	平乐九邑	平乐九邑馆		清道光二十年（1840年）	延寿街35号	延寿寺街路西十六号	1.15	30	蒋自立 邱少川	民居

省级馆产

粤西会馆 《北京会馆档案史料》载：“明正德十二年（1517年），大学士蒋冕购房为宅，假归捐为省馆。清乾隆及光绪间均捐款重修。”位于东城区銮庆胡同9号（旧为路北九号），有房60.5间，现已拆除。

附产 置于清代，位于銮庆胡同6号（旧为路南二十三号），有房

12间。现为民居。

广西中馆 建于清嘉庆元年（1796年），为“广西京官买民房建省馆”，位于西城区“中信城”北片，原为果子巷74号（旧为驴驹胡同路南十七号）。“光绪五年（1879年），时任云贵总督岑毓英出资重修，修后占地达1.58亩，房屋达33.5间”。现已拆除。

人物链接

岑毓英（1828—1889），字彦卿，号匡国，广西西林人。17岁时县试第一名，不久又顺利通过府试。清咸丰初年办团练自保，以功叙县丞。六年（1856年）投军，次年赏戴蓝翎。因文武兼备，同治元年（1862年）功摄云南布政使，七年（1869年）升任巡抚，十三年（1874年）兼署云贵总督。光绪七年（1881年）调任福建巡抚，两次渡台巡视，筹办台湾防务。九年（1883年）中法战争爆发，岑督兵启行并进入战斗，至十一年获得胜利。十二年（1886年），岑抱病出关会勘中越边界，兼署巡抚职，晋太子太保衔，卒后赠太子太傅，谥襄勤。

广西新馆 建于清道光三年（1823年），为“广西京官买商人地建办省馆”，位于西城区香炉营东巷2号院域内（旧为北柳巷北口路东四十七号），占地2.17亩，有房41间。

《北京会馆档案史料》载：“于光绪后期，由京官御史赵炳麟主持开设广西旅京学堂，部分房舍改作教室，三十三年（1907年），更名广西中学堂；宣统二年（1910年），又改为公立广西中学堂，当时有学生88名。未几学校因经费短缺而停办。”

人物链接

赵炳麟（1876—1932），字竺垣，广西全州人，清光绪朝进士，二十一年（1895年）参与“公车上书”，二十四年入保国会，后因弹劾袁世凯等被免御史。1913年被选为国会议员，1917年任山西实业厅厅长，1925年任徐世昌高级顾问等职，56岁病逝。

白鹤群先生在《宣武文史》第七辑中有文述：在戊戌变法维新运动中，一大批名人志士曾居住在广西会馆内。在“公车上书”上签名的，现已查明有 603 名举人，这其中有广西举人 99 名，占全体签名举人的 16%，成为全国参与上书举人最多的一省。

广西会馆 建于清中晚期，位于西城区前青厂胡同 57 号（旧为永光寺街路北二号），占地 0.66 亩，有房 20.5 间，早已拆除。

附产 置于清中晚期，位于香炉营东巷 2 号院域内（旧为北柳巷路西四号），占地 0.31 亩，有房 12 间。

附产 置于清中晚期，位于椿树园小区域内（旧为椿树上三条路北一号），占地 0.55 亩，有房 14.5 间。

附产 置于清中晚期，位于迎新街 64 号（旧为延旺庙街路东四十六号），占地 0.54 亩，有房 10.5 间。现已拆除。

附产 置于清中晚期，位于槐柏树街南里小区域内（旧为营房西南二条路西一号），占地 4.13 亩，有房 4 间。

附产 广西义地 置于清中晚期，位于槐柏树后街“丁字巷”路西和路南一片地域内，共占地 18 亩。1949 年后即被征用。

路西地块为槐柏树后街 25 号（旧为柏树馆），1977 年，为解决“前三门”大街南侧沿线高层楼房居民用水，市自来水公司在此地建有贮水池和加压站，并安装 6 台配水机，从低压管中取水，二次加压保证高层住宅供水。

路南地块为槐柏树街 9 号（旧为柏树馆），已被括于北京小学域内。

府级馆产

浔州、梧州、郁林

浔州，今称桂平，位于广西壮族自治区东部，黔江、郁江和浔江的交汇处。唐武德七年（624 年）分燕州置，以浔江得名，元改为路，明改为府，1913 年废府改称桂平县，1994 年撤县设立县级桂平市，今为贵港市下辖县级市。名胜有太平天国革命起义地金田村等。

梧州，位于广西壮族自治区东部、西江及其支流桂江汇合处，东邻广东省。汉置苍梧郡，唐武德四年（621 年）置州，元改为路，明改为府，

1913年废府改苍梧县，1927年改置梧州市（普通市），1949年设县级梧州市，1961年升为地级市。

郁林，今称玉林，位于广西壮族自治区东南部。西汉元鼎元年（公元111年）置郡，隋开皇九年（589年）废。唐乾元元年（666年）再复郁州置，清雍正时升为直隶州，1913年废州改郁林县。1956年改郁林县为玉林县，1983年设立县级玉林市，1997年撤销玉林地区和县级玉林市，设立地级玉林市。

广西三馆老馆 为浔州、梧州、郁林三府州合建，也称“广西三府馆”。建于清朝初年，位于西城区“庄胜城”域内（旧为海北寺街路北四号），早废。

广西三馆试馆 建于清乾隆二十五年（1760年），位于西城区后青厂胡同9号（旧为路北五号），占地2.26亩，四进院落共有房57.5间，后门开在海柏胡同。此院大部被拆。白鹤群先生考证该馆筹建人为陈宏谋。

广西三馆新馆 建于清嘉庆年间（1796—1820年），位于西城区“庄胜城”域内（旧为香炉营四条路南三十二号），占地1.03亩，有房24间，现已拆待建。

邕州、思恩、太平

邕州，今称南宁，位于广西壮族自治区南部，西江支流邕江沿岸。古属百越领地，东晋设晋兴郡，唐贞观八年（634年）更名邕州，元泰定元年（1324年）定名为南宁，明改为府，1913年废府改县，1946年置南宁市，1958年起成为广西首府，是全区政治、经济和文化中心。市中有南湖公园、人民公园、自治区博物馆，附近有德天瀑布、左江石景林、伊岭岩钟乳洞、边陲名关友谊关等游览胜地。

思恩，今称武鸣，位于广西壮族自治区中南部、大明山以西，右江支流武鸣河流域。隋置武缘县，唐改州置称思恩，明正统五年（1440年）升为府，1913年废府改县称武鸣，今为南宁市下辖县。名胜有灵水、明秀园、起凤山等。

太平，今称崇左，位于广西壮族自治区西南部、左江纵贯。汉置雒阳县，唐置羁縻州，宋改太平州，元置太平路，明洪武二年（1369年）改为府，1912年废太平府改崇善县，1951年左县并入后改称崇左县，2002年撤销南宁地区和崇左县，设立地级崇左市。名胜有水宝塔等。

广西南馆 《北京会馆档案史料》载：“该馆由通政使张鹏展等购置，为邕州、思恩、太平三府的会馆。”

建于清乾隆六十年（1795年），位于西城区达智桥胡同14号（旧为校场三条北口路东四十九号）。光绪四年（1878 年）毁于火，无款修复。宣统二年（1910 年），“直隶京官拟扩展杨忠愍公祠，馆址正好毗连，商定将直隶公产贾家胡同一所房屋与之交换”。

广西南馆 建于清宣统二年（1910 年），位于西城区贾家胡同 43 号（旧为路西二十四、二十五号），占地 1.18 亩，两进院落共有房 42 间，现已拆除。

廉州、钦州

廉州，今称合浦，位于广西壮族自治区东南部沿海、南流江下游，邻接广东省。汉置合浦县，元鼎六年（公元前 111 年）升郡，唐贞观八年（634 年）改廉州，元改路，明洪武初改为府，1911 年废府还合浦县，今为北海市下辖县。

钦州，位于广西壮族自治区东南部。隋置县，唐改钦州置。元升为路，明复改为州，清为直隶州。民国初改置廉钦道，不久改为钦县。1963 年改称钦州壮族自治县，1983 年改为县级钦州市，1994 年撤钦州地区和县级钦州市，设立地级钦州市。

廉钦会馆 建于清道光十五年（1835 年），“由廉钦同乡购置，当时房屋老旧，后作部分翻新”。位于西城区粉房琉璃街 69 号（旧为路西三十一号），占地 2.58 亩，有房 58 间。现已拆除。街门上原镌有一联：

长治久安，经纶盛世；
春华秋实，黼黻皇猷。

柳州

柳州，位于广西壮族自治区中部偏东、西江支流柳江沿岸。唐贞观八年（634 年）改南昆县置州，后称龙城郡，宋改柳州，元改为路，明为府，1913 年废柳州府改为马平县，1931 年改为柳州县，1937 年改为柳江县，1949 年置市复柳州，1961 年改为广西壮族自治区地级市。市内名胜古迹有柳侯祠、鱼峰山、马鞍山、驾鹤山、小龙潭等。

柳州会馆（龙城会馆） 建于清光绪十二年（1886 年），“是顺德左宗藩以寄籍柳州中试乙酉（1885 年）广西举人，次年会试入都出资购房一所，以为柳州创立会馆”。位于西城区贾家胡同 26 号（旧为路东五十六号），占地 0.93 亩，三进院有房 20 间。现已拆除。

柳州会馆 建于清朝末年，位于西城区校场五条 40 号（旧为路东三十一号）。现为民居。

县级馆产

平乐九邑

平乐，位于广西壮族自治区东部、西江支流桂江中游。汉为荔浦、富川两县地，三国吴析置平乐县，今为桂林市下辖县。县内鱼口村有温泉。

其他“八邑”位于平乐周围，分别是：

临桂，桂江上游漓江纵贯。汉置始安县，唐改临桂，1913 年改桂林县，1940 年复称临桂县，2013 年改为桂林市下辖临桂区。

阳朔，桂江上游漓江流贯。汉始为安县地，三国吴置尚安县，晋改熙平，隋改阳朔，今为桂林市下辖县，其地质属石灰岩发育，风景秀丽，有鑑山、画山、月亮山、冠岩榕阴古渡等胜迹。

荔浦，桂江支流荔浦河流域。汉置县，今为桂林市下辖县。特产槟榔芋（又名荔浦芋头）。

修仁，汉为荔浦县地，三国吴分置建陵县，唐改修仁。因境内有修仁山而得名。1951 年被撤销并入荔浦。

恭城，桂江支流恭城河流贯，邻接湖南省。汉属富川县地，唐置恭城，1990 年撤销恭城县，设立恭城瑶族自治县，今为桂林市下辖县。

永福，柳江支流洛清江上游。唐置县，今为桂林市下辖县。

富川，贺江上游富川江流域，邻接湖南省。汉置县，1952 年与钟山县合并后称富钟县，1961 年恢复原建，1983 年撤销富川县，设立富川瑶族自治县，今为贺州市下辖县。

昭平，西江支流柳江中游。南朝梁置龙平县，宋改昭平，后复改龙平，明又改回昭平，今为贺州市下辖县。

平乐九邑馆　该馆为联合县馆。建于清道光二十年（1840 年），“由刑部郎中李佩莲等购民房建置，光绪四年（1878 年）兵部郎中廖振榘等先后重修”。位于西城区延寿街 35 号（旧为延寿寺街路西十六号），占地 1.15 亩，三进院有房 30 间。现为民居。

海南省在京会馆

海南省地处南海，北隔琼州海峡与广东省相望，包括西沙群岛、南沙群岛、中沙群岛等岛礁及其领海。

海南古称琼崖，西汉为珠崖郡，东汉为朱崖州，唐属岭南道，明属广东布政使司，清属广东省琼州府，1949 年后仍属广东省，1988 年建立海南省，简称“琼”，省会海口市。现辖 3 个地级市、6 个县级市、4 个县、6 个自治县及 4 个市辖区，全省面积 3.4 万多平方千米。

海南省在京建立的最早会馆，是清乾隆三十七年（1772 年）建立的府馆——琼州会馆。该省共在京建立会馆 2 座，皆为府馆，上述会馆置设附产共计 1 处。目前尚有会馆建筑遗存 1 座。

海南省在京会馆一览表

产别		馆名	别名	建立年代	现地址	老地址	地亩	房间	掌馆人	现状
府馆	琼州	琼州会馆		清乾隆三十七年（1772 年）	大外廊营胡同 8 号	同左路东三十一号	2.73	66.5	符琴仿 符国秩	已拆
		琼州分馆		清乾隆年间	西砖胡同 13 号	同左路西四号			符琴仿 符国秩	民居

府级馆产

琼州

琼州会馆 建于清乾隆三十七年（1772 年），位于西城区大外廊营胡同 8 号（旧为路东三十一号），后门与陕西巷 15 号（旧为三号）相通。《北京会馆档案史料》记载：“原有房 17 间，隙地 10 余丈，后经屡次扩充为三进四合院落，共达66.5间”，占地2.73亩。

该馆址1958年改建办北京继电器厂，目前厂址尚存并改称北京继电器有限公司。20世纪八九十年代，该厂厂长许增骞为宣武区人大代表，也曾告笔者该厂址原为广东琼州会馆。

附：

琼州会馆碑记
（1782年）

琼州去京师九千余里，人士之至止者稀，以故他郡多有邸舍，而琼独阙如。公车之上南宫，选人之赴吏部，往往寄寓全省行馆，屋少人众或不能容。有力者僦屋以居，否则投诸逆旅，湫隘杂沓，要挟苛索，不可终日。乾隆乙丑典官京师，始与郡人谋建会馆。壬辰春买宅于正阳门外灵中坊，大外廊营北口内，其屋三重，围以旁屋，计十七间。又买左隙地，纵十二丈，横五丈五尺，共用白金五百六十两。壬寅仲秋乃改造焉。屋之西向者，易而东向。凡为堂屋三间，前厅后寝各五间，旁屋十有一间，又于其左内外各建屋三间。其外为大门，门之右二间租息，以备修葺费，馆人工食亦于是取给。通为屋三十二间有半，其东北隅尚余隙地一段，以俟他时补屋，计用白金一千七百有奇。先是已丑岁定议，建馆郡人共捐白金九百六十两，买屋有余则以逐年生息，至壬寅而得八百金。郡人又续捐九百金，共一千七百金，以充改造用事，不劳而工举，于是乎基广而势完，升堂内寝，绕以杂室，庖湢厩楹，纡曲有容。琼人万里而来者，息肩投足，至若家居，乡语喧哗，忘其为客，不复有湫隘杂沓之虞，与夫要挟苛索之患矣。夫以典官京师阖一郡之力，经营十余载而始有一区之屋，以供乡人之偃息，不可不志其缘起。方今文明日盛，琼之人士交臂而至者日众。后之君子有能珍护其已然，充益其未然，无俾人谓吾琼邸舍不他郡若也，则是举固为其嚆矢[①]矣。壬寅改造之役，候选知县会同吴君嗣湖、候选训导岁贡生会同陈君江、定安程君学道、候选县丞琼山冯君漸并著劳焉。例得并书。

郡人翰林院编修四库全书馆纂修官吴典记

乾隆四十七年岁次壬寅孟冬月穀旦立

琼州分馆　建于清乾隆时期（1736—1795年），位于西城区西砖胡同13号（旧为路西四号），现为民居。

附产　置于清代，位于北大吉巷24号（旧为大吉巷路南四十号），占地0.58亩，有房16间。目前该地处于“中信城”北片范围，居民均已搬迁。

---

① 嚆矢：比喻事物的开端或先行者。

重庆市在京会馆

重庆，简称“渝”，别称“山城”、“雾都”。位于我国西南地区东北隅、长江上游，是我国中西部的结合部，四邻分别为湖北、湖南、贵州、四川和陕西五省。目前，是我国西南地区最大的工业城市，也是国家历史文化名城。

春秋、战国时为巴国地，秦为巴郡治，隋、唐为渝州治，宋以后为重庆府、路治，明、清仍为府，1913 年废。1929 年置市，抗日战争时期为国民政府陪都，1949 年改为中央直辖市，1954 年降为四川省辖市，1997 年 3 月正式设为中央直辖市。现辖 19 个市辖区、15 个县及 4 个自治县，总面积 8.23 万平方千米。

重庆市在京建立的最早会馆，是清前期建立的联合府馆——川东会馆。该市共在京建立会馆 8 座，皆为府馆，上述会馆置设附产共计 2 处。会馆分布以菜市口为中心，并向周边辐射。目前尚有会馆建筑遗存 1 座。

重庆市在京会馆一览表

产别		馆名	别名	建立年代	现地址	老地址	地亩	房间	掌馆人	现状
府馆	川东	川东会馆		清前期	骡马市大街新 9 号	棉花头条路北七号				早废
		川东会馆		清乾隆年间	菜市口大街中段	官菜园上街路东二十四号	0.51	16	戴　成	已拆
		川东会馆		清代	山西街 6 号院	同左路东十七号	1.7	31		已拆
	重庆	重庆会馆		清代	永光东街 20 号	永光寺中街北段路东				已拆
		重庆会馆		清代	菜市口大街北段	丞相胡同路西二十号				已拆

产别		馆名	别名	建立年代	现地址	老地址	地亩	房间	掌馆人	现状
府馆		重庆会馆		清代	中信城	米市胡同路东六十六号		30		已拆
	夔府	夔府北馆		清同治十二年（1873年）	山西街3号	同左路西二号	1.63	43.5	王承烨	民居
		夔府南馆		清朝末年	菜市口大街中段	官菜园上街路西二十号	0.9	22		已拆

府级馆产

川东

清代在四川省设有五道，其中川东道督辖重庆府、夔州府、绥定府、忠州、酉阳州，道衙设于重庆，与重庆府衙同城。川东会馆为五府州联合馆。

夔州，今称奉节，位于重庆市东部、长江沿岸，邻接湖北省。汉置鱼复县，西魏改人复，唐贞观二十三年（649年）为旌表三国蜀丞相诸葛亮奉昭烈帝刘备托孤寄命，“临大节而不可夺”，改名奉节县。北宋咸平四年（1001年）改称夔州，元改为路，明初改为府，1913年废府还奉节县。现为重庆市下辖县。

绥定，今称达州，位于四川省东北部、渠江流域。东汉置宣汉县，北魏改石城，隋改通州，明入达州。清嘉庆七年（1802年）升府置改称绥定，1913年废府改达县，1975年析达县县城置市复改达州，1993年更名为达川地区，2000年撤地区改为达州市，为四川省地级市。置达州市的同时达县县治南移，并为其下辖县（2013年达县改为达州市达川区）。

忠州，今称忠县，位于重庆市北部、长江沿岸。秦属巴郡，汉置临江县，唐贞观八年（634年）升改临州，南宋咸淳初再升咸淳府，元降为忠州，清为直隶州，1913年改忠县，今为重庆市下辖县。

酉阳，位于重庆市东南、西邻贵州省。汉置酉阳县，元置州，1913年废州还县，今为重庆市下辖土家族苗族自治县。

川东会馆　建于清前期，位于西城区骡马市大街新9号（旧为棉花头条路北七号），早废。

川东会馆　建于清乾隆年间（1736—1795年），位于西城区菜市口大街中段（旧为官菜园上街路东二十四号），占地 0.51 亩，有房 16 间。拓建菜市口大街时被拆。

川东会馆 建于清代，位于西城区山西街 6 号院域内（旧为路东十七号），占地 1.7 亩，有房 31 间。危改过程中被拆除。

重庆

重庆会馆 建于清代，位于西城区永光东街 20 号（旧为永光寺中街北段路东）。20 世纪 60 年代初被改造为教学新楼，1950 年建立的香炉营小学进驻并改名永光小学，1966 年改名红炉小学，1978 年又改名培红小学，同年 11 月再复名永光小学。21 世纪初该校撤并，现址基本空闲，部分校舍、校园由西城区环卫部门使用。

重庆会馆 建于清代，位于西城区菜市口大街北段（旧为丞相胡同路西二十号）。拓建菜市口大街时被拆。

重庆会馆 建于清代，位于西城区“中信城”域内，原为米市胡同 94 号（旧为路东六十六号），有房 30 多间。现已拆除。

夔州

夔府北馆 《北京会馆档案史料》载：该馆于“清同治十二年（1873 年）由鲍超[①]主持所创。由隶属的县份：奉节、万县、巫山、巫溪、云阳、开县捐金而立”。位于西城区山西街 3 号（旧为路西二号），占地 1.63 亩，有房 43.5 间。现为民居。

万县，今为重庆市下辖区，称“万州”。位于重庆市北部、长江纵贯，西邻四川省、东邻湖北省。三国吴置羊渠县，蜀汉改南浦，南朝梁大同二年（536 年）升置万州，西魏废帝二年（553 年）改通州，唐贞观八年（634 年）改浦州，元至元二十年（1283 年）复称万州，明洪武六年（1373 年）降为万县，1950 年置万县市（县级市），市、县并存；1992 年设立地级万县市；1997 年设立重庆市万县区，1998 年更名为万州区。

巫山，位于重庆市东端、长江沿岸，邻接湖北省。秦置巫县，三国时升改建平郡，隋开皇初降改巫山县，今为重庆市下辖县。巫峡沿岸有著名的“巫山十二峰”。

---

① 鲍超（1828—1886），字春霆，世号霆军，重庆奉节人。清代武将，转战湖北、江西、安徽等省“战无不胜”，领兵十余年，从哨官至提督，封子爵，谥忠壮。

巫溪，位于重庆市东部、大巴山麓，邻接湖北、陕西两省。宋置大宁监，元改州置，明改县，1914年因与山西省大宁县重名，更名为巫溪县，今为重庆市下辖县。

云阳，位于重庆市东部、长江沿岸，邻接湖北省。汉置朐忍县，北周改云安，元升置州改称云阳，明降为县，今为重庆市下辖县。

开县，位于重庆市北部、长江支流小江流域，西邻四川省。东汉初置汉丰县，唐改开江，武德元年（618年）升改为开州置，明降为开县，今为重庆市下辖县。

附产 置于清朝末年，位于西草厂街3号（旧为路北二号），有房6.5间。现仍为门面房。

附产 置于清朝末年，位于铁门胡同39号（旧为路西十九号），占地0.13亩，有房8.5间。现已拆除。

夔府南馆 建于清朝末年，位于西城区菜市口大街中段（旧为官菜园上街路西二十号），占地0.9亩，有房22间。拓建菜市口大街时被拆。

四川省在京会馆

四川省位于我国西南、长江上游，简称“川”或“蜀”，省会成都市，是西南、西北和中部地区的重要结合部，是承接华南华中、连接西南西北、沟通中亚南亚的重要交汇点和交通走廊。地形大致划分为川西高原和四川盆地两大部分。名由北宋所置川峡四路变化而来，四周分别与贵州、云南、西藏、青海、甘肃、陕西、重庆等省、市、自治区接壤。因物产丰富而被誉为“天府之国”。

春秋战国时为巴、蜀等国地，秦置巴、蜀两郡，汉属益州，唐属剑南等道，宋改西川路，元置四川行中书省，明设四川布政使司，清为四川省。1997 年 3 月，重庆市划出成为中央直辖市。现四川省下辖 18 个地级市、3 个自治州、14 个县级市、117 个县、4 个自治县和 48 个市辖区，全省面积 48 万多平方千米。

四川省在明朝末年分别建有省馆——四川老馆和府馆——成都郡馆。该省共在京建立会馆 18 座，其中省馆 9 座，府馆 9 座，上述会馆置设附产共计 10 处。四川在京会馆在建筑规模与空间布局上颇具特色，如省馆四川西馆和府馆叙府会馆，惜在城市变迁中未能保全。目前尚有会馆建筑遗存 6 座。

四川省在京会馆一览表

产别	馆名	别名	建立年代	现地址	老地址	地亩	房间	掌馆人	现状
省馆	四川老馆	杨锐旧居	明朝末年	棉花上七条 1 号	同左路北一号	2.54	30	黄怀英	民居、区级文保
	四川西馆		清雍正年间	储库营胡同 17 号、19 号	储库营路北五号	9.38	96	黄怀英	部分保存、民居
	四川总馆		清道光年间	广安门内大街 2 号	北半截胡同路西四号	3.38	69.5	黄怀英	已拆
	全蜀会馆		清代	宣武门外大街 8 号	永光寺西街路西二号、三号	4.05	118.5	黄怀英	已拆

产别		馆名	别名	建立年代	现地址	老地址	地亩	房间	掌馆人	现状
省馆		全蜀会馆		清代	校场三条35号	同左路西二十一号	1.09	23	黄怀英	民居
		四川东馆		清代	陕西巷33号、35号	同左路西十七号			黄怀英	已拆
		四川中馆		清代	庄胜城	后青厂路南			黄怀英	已拆
		四川分馆		清代	前青厂街东段	前青厂				早废
		四川新馆		清朝末年	校场小七条13号	东小横胡同路西	1.33	44.5	黄怀英	民居
府馆	成都	成都郡馆		明朝末年	珠朝街7号	珠巢街路西三号、四号	3.53	55.5	邓宝铭 赖崇兴	已拆
		成都邑馆		清代	菜市口大街中段	官菜园上街路东二十八号		21	邓宝铭 赖崇兴	已拆
		川西会馆		清代	校场三条27号	同左路西十八号	1.39	10	邓宝铭 赖崇兴	民居
	龙安、绵州	龙绵会馆		清乾隆初年	粉房琉璃街27号	同左路西十一号	0.97	26	黄怀英	已拆
	叙州	叙府会馆	赵世炎旧居	清嘉庆年间	香炉营东巷2号院	后铁厂路南七号	1.85		刘甫臣 邱维民	已拆
		叙府会馆		清代	魏染胡同29号	同左路西十二号			刘甫臣 邱维民	单位宿舍
		川南会馆		清代	宣武门外大街30号	宣武门大街路东一九〇号		17	周监文	已拆
	潼川	潼川会馆	陈毅旧居	清同治十年（1871年）	广安门内大街2号	北半截胡同路东四十三号		45	萧苑伯 唐宝森	已拆
	泸州	泸州郡馆		清光绪初年	迎新街63号	延旺庙街路西三十三号	0.88	22	罗学府 龙洪湘	已拆

省级馆产

四川老馆旧照　棉花上七条1号

四川老馆（杨锐旧居） 建于明朝末年，位于西城区棉花上七条1号（旧为路北一号），占地2.54亩，有房30间。现为民居，原有房屋仅存大门和北房6间。大门为广亮大门，正对四川营胡同。两座北房均为大式硬山，坐北朝南，各面阔三间，进深七檩前出廊。院墙仍保留，院内其他建筑已经拆改。区级文物保护单位。

《京师坊巷志稿》载："相传秦良玉勤王至京，驻师于此。后改石芝庵，旋改作会馆。"后人为纪念秦良玉，在馆中设有祠堂，馆外门楣上曾悬匾"蜀女界伟人秦少保驻兵遗址"。清光绪三十二年（1906年4月），四川同乡在该馆内设公立四川女子学堂，但时间不长即停办。

人物链接

秦良玉（1574—1648），四川忠州（今重庆忠县）人。明末女将，骁勇善战，兼通词赋。石砫宣抚使马千乘妻，马死后代领其职，所部号"白杆军"。万历四十七年（1619年），秦奉诏率军北上解围京都，天启元年（1621年）率师出城御敌，崇祯三年（1630年）再次勤王，并会同友军收复滦州、遵化等四城，又一次解除京城危机。回京后驻屯于四川营一片地域，崇祯帝在召见她时并赐诗四首。明亡回蜀后不久病故。

笔者找寻四首崇祯帝诗文，仅获其二，录下：

（一）

学就西川作阵图，鸳鸯袖里握兵符；
古来巾帼甘心受，何必将军是丈夫。

（二）

蜀锦战袍自制成，桃花马上请长缨。
世间多少奇男子，谁肯沙场万里行！

另有诗人潘挹奎诗《四川营》：

纵横行万里，为一决雄雌。
紫禁屯兵处，红颜转战时。
男儿谁骥尾，将略此峨眉。
老树年年发，槎桠见义旗。

白鹤群著《北京的会馆》录有李惺[①]诗《吊秦良玉驻兵遗址》：

金印夙传三世将，绣旗争认四川营。
至今秋雨秋风夜，隐约征战飒旗声。

原秦良玉祠堂中间木龛内奉有秦良玉戎装画像，神位上书“明太保秦良玉主位”，两旁的楹联是：

去胜国垂三百年，任劫火销沉，犹剩数亩荒营，大庇北来桑梓客；
起英魂于九幽地，看辽云惨淡，应添两行热泪，同声东哭海天涯。

馆中另两副楹联为：

我从巴蜀而来，回首剑阁[②]夔门[③]，山川形势甲天下；
书读汉唐以上，伉怀[④]张仲吉甫[⑤]，孝友文章启后人。

（作者不详）

此地可停骖，剪烛西窗[⑥]，偶论故乡风景，剑阁雄，峨眉秀，巴江曲，绵水清涟，不尽名山大川俱来眼底；

入京思献策，扬鞭北道，难忘先哲典型，相如赋[⑦]，太白[⑧]诗，东坡[⑨]

---

① 李惺（1787—1864），字伯子，号西沤，今重庆垫江人。清嘉庆二十三年（1818年）进士，官至詹事府左赞善，后乞归主讲于绵江书院二十载，并从事著述。

② 剑阁：指四川境内剑阁山。

③ 夔门：指今重庆奉节县，为当时出入川之门户的瞿塘峡口。

④ 伉怀：崇敬，怀念。

⑤ 张仲、吉甫：指西周宣王时张仲和尹吉甫两位贤臣。张性至善，与尹好友；尹曾率伐猃狁，为世所传。

⑥ 剪烛西窗：语出李商隐诗：“何当共剪西窗烛，却话巴山夜雨时”。此指客居北京的四川人对家乡的思念。

⑦ 相如赋：汉司马相如，四川邛崃县人，以赋著称，有《上林赋》等。

⑧ 太白：李白五岁随父由中亚碎叶迁至四川江油，为唐著名诗人。

⑨ 东坡：苏东坡，四川眉山人，为宋代著名文学家。

文，升庵科第[1]，行见佳人才子又到长安[2]。

（作者：李调元[3]）

清朝末年，戊戌六君子之一杨锐入京居于此馆。光绪二十四年（1898 年）二月，在馆创办蜀学会。八月初九（9 月 24 日）晨，其在馆中“当未起床，单衣就缚”。

人物链接

杨锐（1857—1898），字叔峤，又字纯叔，四川绵竹人。清光绪元年（1875 年），四川尊经书院在成都创立，其以优廪生调院肄业。八年（1882 年），又以优贡朝考第一，试用知县。十五年（1889 年），考授内阁中书，留京供职，后晋侍读。

《马关条约》订立后，维新运动迅速兴起。二十一年（1895 年）七月，强学会在北京成立，杨锐为发起人之一。二十四年（1898 年）三月，康有为等成立保国会，杨锐列名参加，但“偏当众假寐”，以表明他对维新运动的某种保留态度。七月十六日（9 月 1 日），光绪皇帝召见杨锐，杨“面奏数百言，大概详陈用人武备各事，天颜甚霁”。次日，加四品卿衔，与谭嗣同等同参新政。七月二十九日（9 月 14 日）光绪深感形势紧迫，将密诏交给杨锐，其延至八月初三交由林旭传出。

八月初六（9 月 21 日），慈禧囚禁光绪皇帝，同时令捕维新派人士。八月十三日（9 月 28 日），杨锐与谭嗣同、康广仁、杨深秀、刘光第、林旭六君子被杀。杨锐遗著有数部，后人将其诗文辑为《杨叔峤诗集》和《杨叔峤文集》。

四川西馆　建于清雍正年间（1723—1735 年），位于西城区储库营胡同 17、19 号（旧为储库营路北五号），范围东西 53 米，南北 89 米，占地 9.38 亩，有房 96 间。1951 年改为民居。另有戏楼一座，后门开在上斜街，即今北京物资系统党校所在位置。其清乾隆四十九年（1784 年）重修碑，现藏于北京石刻艺术博物馆。

会馆坐北朝南，分为东路和西路两组建筑群。入口位于会馆前方正中部

---

① 升庵科第：杨慎，字升庵，四川成都人，为明代著名文学家，正德年间状元。

② 长安：古都，此借指京师。

③ 李调元（1734—1802），字羹堂，号雨村，四川绵阳人。清乾隆二十八年（1763 年）进士，官至直隶通永道时，因遭诬陷，遣发伊犁，后以母老赎归。晚年潜心学问，藏书数万卷以著述自娱。与从弟鼎元、骥元并著诗名，时称“绵州三李”。

位。大门三间，门两边原有八字影壁墙，门前保留有上马石两块，大门之内建有巨大的砖影壁一座。

现存的建筑格局，前半部由于建筑大部分残毁或改造显得零乱，后半部分相对完整。东路的建筑布局较为散漫，大门东侧建有倒座房五间，影壁东侧建有南房六间，中间用墙隔开辟为二座三间房；中部拆改严重，只留下沿东围墙的东房五间，且已残破。以上建筑均为五檩硬山合瓦小式做法。东部的后部保存相对完整，沿北围墙建北房九间，其中正房三间，九檩勾连搭顶，前为悬山抱厦，东西耳房各三间，进深五檩；前面建东西配房各五间，配房之南又建有南房三间，均进深五檩；中间原来为穿堂，已毁。这种正房带抱厦、耳房三间、厢房五间、倒座带穿堂的高规格布局，在京师会馆中尚属罕见。西路的后半部是该会馆中保存最完好的部分，为一组较为讲究的四合院建筑。正房五间，七檩前出廊，下有高大的台基，体量相当雄伟；南房五间，五檩加前廊，东西两侧配房各三间，均五檩前出廊。整组建筑尺度较大，工艺材料考究，在京城会馆中颇为突出。

四川西馆现状　前门尚存上马石一块

清光绪末年，四川公立中学堂迁至该馆，宣统二年（1910年）时，学校有中学生44名、小学生26名、教职工15名，辛亥革命后停办。另据《北京档案史料》九九·二期记载：“民国大学于1917年4月10日在骡马市大街宣告成立，以外右三区储库营原蜀学堂为校址，设立文、法、商三科系。1919年5月4日，该校大部师生参加了在天安门的集合游行，次日，在《上大总统书》上签名的学生有300多人。1925年5月13日迁往内右二区宣武门内太平湖原中华大学校址。”由此可知，民国大学在该馆共存续八年整。1929年6月办四川中学，1933年7月更名四川职业中学，后停办。

四川总馆 建于清道光年间（1821—1850 年），位于西城区广安门内大街 2 号北京移动通讯枢纽大楼域内（旧为北半截胡同路西四号），占地 3.38 亩，有房 69.5 间。

清朝末年由于老馆加设公立四川女子学堂，省馆务机构迁至该馆。

全蜀会馆 建于清代，位于西城区宣武门外大街 8 号“庄胜广场”域内（旧为永光寺西街路西二、三号），占地 4.05 亩，有房 118.5 间。

大革命时期，多有川籍共产党人和革命者，在该馆内从事革命活动和集会。1925 年 1 月 19 日，吴玉章同志曾到这里参加“在京成都公学学生会”会议，并发表演说。

人物链接

吴玉章（1878—1966），四川荣县人，无产阶级革命家、教育家。早年参加孙中山先生领导的同盟会和辛亥革命，1915 年组织留法勤工俭学会，1925 年加入中国共产党。1927 年参加八一南昌起义，任革命委员会秘书长。1928 年至 1937 年被派往苏联、西欧工作，回国后在延安从事文化、教育方面的领导工作，后任四川省委书记等职。建国后，历任中国人民大学校长、中国教育工会主任、中国文字改革委员会主任等职。为一至四届全国人大常委会委员、六至八届中共中央委员。

全蜀会馆 建于清代，位于西城区校场三条 35 号（旧为路西二十一号），占地 1.09 亩，有房 23 间，现为民居。

四川东馆 建于清代，位于西城区陕西巷 33、35 号（旧为路西十七号）。馆址早已被改造为三层楼房，现为饶丰宾馆。

四川中馆 建于清代，位于西城区“庄胜城”域内（旧为后青厂路南），已拆待建。

四川分馆 建于清代，位于西城区前青厂街东段（旧为前青厂）。因早已被拆且史料中未记载门牌，无法判断确切方位和现有标识。

四川新馆 建于清朝末年，位于西城区校场小七条 13 号（旧为东小横胡同路西），占地 1.33 亩，有房 44.5 间，现为民居。

附产　蜀中[1]先贤祠　建于清代，位于校场四条 23 号（旧为芝麻街路北一号），也称“观善堂”。占地 2.64 亩，有房 63 间。

光绪二十四年（1898 年）七月一日，杨锐与四川同乡京官在此创设蜀学堂，“上以备朝廷之器使，下以为乡里之师儒”。蜀学堂以张之洞所著《劝学篇》“正人心开风化”的宗旨为办学指南，兼习中西学业，“谓非讲习正经正史，择精语详，力求实际，则人心无由而正；非兼习西国文字，期能语西人之书，通西人之政，则风气无由而开”。另据《宣武区普通教育志》记载：“清光绪二十四年六月废科举，同年四川京官在宣武门外芝麻街设立蜀学堂”。光绪末年，该校迁至储库营后改称四川公立中学堂。

附产　四川义地　置于清朝初年，位于山西街 6 号院 5 号楼北半部分（旧为四川营路西一号对面）。占地 1.4 亩，有房 5 间。

1958 年义地被征用，盖起二层楼房，办起四川营托儿所。1985 年改成全日制，1990 年发展到有 10 多个班，孩子达 400 人，教职工有 50 人。“棉花片”危改启动后，托儿所撤销，部分成为办公用房，其中包括售楼处，随后被拆。

附产　四川义园　置于清代，位于西便门内大街 85 号（旧为北线阁路西）。

1958 年此地被征，建起当时属于国防工业系统的 318 厂，现隶属于中国兵器工业集团公司，称长城光学仪器厂。

附产　四川义地　置于清代，位于幸福大街路东北端幸福家园大院内（旧址称红松巷）。

附产　四川义园　置于清代，位于北线阁街 5 号（旧为北线阁南段路西）。1955 年此地被征，建起中国中医研究院广安门医院。

附产　蜀义园　置于清代，位于三庙街路北楼区北半部（旧称三庙后身）。

附产　置于清代，位于校场三条 15 号（旧为路西八号），占地 0.29 亩，有房 9 间，现为民居。

附产　置于清朝末年，位于珠朝街 25 号（旧为珠巢街路北十二号），占地 0.31 亩，有房 6 间，已拆待建。

---

① “蜀中”一词，原自明人曹学佺的地理著作《蜀中广记》、《蜀中名胜记》，故“蜀中”为四川全省的别称。

府级馆产

成都

成都，位于四川省中部、四川盆地西北部、成都平原中心。战国秦惠文王二十七年（前311年）置县，三国时期为蜀汉国都，唐至德二年（757年）改蜀郡置成都府，北宋嘉祐四年（1059年）改益州路置成都府路，明初复改府，明末张献忠等农民起义军在此建都。从元朝开始一直为四川省治所，1913年废。1930年设市，简称“蓉”。国家历史文化名城，自然风光旖旎多姿，名胜古迹蜚声中外，都江堰水利工程更是举世闻名。

成都郡馆 建于明朝末年，位于西城区珠朝街7号（旧为珠巢街路西三、四号），有房55.5间。1949年后曾一度为橡胶六厂幼儿园，后来迁出，现已拆待建。

成都邑馆 建于清代，位于西城区菜市口大街中段（旧为官菜园上街路东二十八号），有房21间。与成都郡馆共占地3.53亩。拓建菜市口大街时被拆除。

川西会馆 建于清代，位于西城区校场三条27号（旧为路西十八号），占地1.39亩，有房10间。1949年后曾为公安系统宿舍，现为民居。

川西，指四川省西部，清时包括成都及其以西的阿坝、雅安、甘孜、凉山四大地区。

阿坝，旧称松潘，位于四川省北部，邻接青海和甘肃两省地。周时羌地，汉置湔氐道，后魏为吐谷浑地，北周置扶州，唐改松州，广德初属吐蕃。明置松潘卫，清改扶民县属四川川西道。1951年置阿坝地区，1955年改为阿坝藏族自治州，1987年更名为阿坝藏族羌族自治州。

雅安，位于四川省中西部、青衣江中游，为四川盆地与川西高原的交通要冲。西汉置青衣县（今芦山县），西魏改始阳，隋初改蒙山，后改严道县，明升置雅州，清改雅安县。1951年置市，为原西康省省会，1955年撤销西康省，本区划归四川，设雅安地区。2000年设为四川省地级市。

甘孜，位于四川省西部，北邻青海省，西邻西藏自治区。原系霍耳甘孜麻书、霍耳孔撒二土司地，清宣统三年（1911年）设甘孜州，民国后改县，属西康川边道。1955年，西康省藏族自治州划归四川省，改称甘孜藏族自治州。

凉山，位于四川省南部，南邻云南省。汉属越嶲部，元属建昌路，明改建昌卫，清康熙时置宁远府，1952 年建立自治州，1979 年与西昌地区合并后称凉山彝族自治州。

龙安、绵州

龙安，今称安县，原以龙安山而得名。位于四川省北部、涪江支流安昌江上游。唐武德三年（620 年）置龙安县，贞观元年（627 年）改升龙门州，元中统五年（1264 年）废，入安州，明嘉靖四十五年（1566 年）升龙安府，1913 年废府改安县，今为绵阳市下辖县。

绵州，今称绵阳，以绵水得名。位于四川省北部、涪江中游。汉置涪县，西魏改巴西，隋开皇五年（585 年）置绵州，清雍正间升为直隶州。1913 年废州改绵阳县，1976 年设县级绵阳市，1985 年升格为四川省地级市。名胜古迹有汉阙、子云亭、玉女泉及李（白）杜（甫）祠等。

龙绵会馆 该馆由龙安、绵州两地合建，各取头字为馆名。

建于清乾隆初年，位于西城区粉房琉璃街 27 号（旧为路西十一号），占地 0.97 亩，有房 26 间。现已拆除。

其会馆大门楹联为：

四海翻腾云雾，

五洲震荡风雷。

李调元的两个弟弟李鼎元①和李骥元②旅京时先后居此。

叙州

叙州，今称宜宾，位于四川省东南、岷江与长江汇合处，南邻云南省。汉置僰道县，宋初改宜宾，政和四年（1114 年）升戎州置，元至元中改为路，明洪武中升改为叙州府，1913 年废府改宜宾县。1951 年设县级宜宾市，1996 年撤销宜宾地区、宜宾市，设立地级宜宾市。该地为四川盆地西南部的水陆交通枢纽，也是“五粮液”酒的原产地。

叙府会馆（赵世炎旧居） 建于清嘉庆年间（1796—1820 年），位于西城区香炉营东巷 2 号院域内（旧为后铁厂路南七号），原范围东西 22 至 28 米，南北 46 米。创建之初，规模很小，只有一进院和一个小花园；咸丰二年（1852 年），张启辰集资扩建会馆，始有上述规模，共占地 1.85 亩。21 世

① 李鼎元，字味堂，号墨庄，乾隆四十三年（1778 年）进士，官至兵部主事，有《师竹斋诗集》等。

② 李骥元，字凫塘，乾隆四十九年（1784 年）进士，官至右中允，有《云栈书稿》等。

纪初整体拆除，连片建起楼房小区。

该馆坐南朝北，平面略呈矩形，共三进院落，主体建筑在一条南北中线上，主要建筑都是倒座房。原有格局为：

第一进院由北房、耳房组成。北房面阔七间，大门一间开在正中，配房二间、耳房一间，均五檩硬山顶。

第二进是一所很规矩的四合院，由正房、配房和院门组成。此院是会馆最早的建筑，而东侧的跨院则是原来的小花园。正房面阔三间、五檩硬山顶。东跨院北房、南房各一座。南房三间五檩、硬山顶，北房二间。

第三进院位于会馆最后部分，由正房、配房及耳房组成。正房为后照房，面阔七间、进深五檩硬山顶。西侧耳房一间与正房相连，为门道。东西配房位于正房左右，东房面阔二间，进深五檩；西配房二座，共七间。

1915 年，赵世炎考入北京高等师范学校附属中学（今北师大附中），就住于离校不远的叙府会馆。至 1919 年的四年间，他除了完成学业之外，还从事大量反帝爱国活动。五四运动期间，他更是积极参与者和组织者，在附中创办《少年》刊物，并发表多篇进步文章。

民国年间，川籍革命者孙炳文、任锐等都曾在此从事秘密活动。1927 年 10 月 18 日反动军阀查封赤色刊物《梓光》后，中共北方区委的活动地点迁至叙府会馆。孙炳文和任锐两同志的婚礼也在该馆举行。

人物链接

赵世炎（1901—1927），字琴生，号国富，笔名施英，今重庆酉阳人。中国无产阶级革命家，上海工人武装起义领导者之一。1915 年考入北京高师附中，1919 年曾参加五四爱国运动。1920 年赴法国勤工俭学，中国共产党旅欧支部建立后，任法国组书记。1923 年去苏联学习。次年回国，先后任中共北京地委书记、北方区职工运动委员会书记。1926 年调往南方，参加领导了上海工人三次武装起义，1927 年 7 月 2 日被捕，19 日英勇就义。

孙炳文（1885—1927），字浚明，四川南溪人。清光绪三十四年（1908 年）考入京师大学堂，1911 年加入同盟会，并被推为京津同盟会支部长。辛亥革命后，任北京《民国日报》总编。1922 年与朱德一起赴德国留学，同年加入中国共产党。1925 年回国，先后任国民革命军总政治部秘书长、黄埔军校政治部主任和教官。1927 年 4 月 16 日在上海被杀害。

任锐（1891—1949），女，河南新繁人。辛亥革命前入北京女子师范读书，并加入同盟会。1926 年参加“三·一八”游行示威等活动，1936 年在上海加入中国共产党，后去抗大学习，曾在陕甘宁边区工作，1949 年因病逝世。

他们的女儿孙维世是一位作家，作品有《初升的太阳》等，还是俄文翻译。

叙府会馆 建于清代，位于西城区魏染胡同29号（旧为路西十二号）。1949年后为中国人民银行宿舍。

川南会馆 建于清代，位于西城区宣武门外大街30号富卓地产楼群域内（旧为宣武门大街路东一九〇号）。原有房17间，已在连片改造过程中被拆除。

川南，为四川省南部之统称，清时为叙州府所领泸州、资州、永宁州及下辖各县。今日之川南则包括泸州、宜宾、内江、乐山和自贡五市。

宜宾，即叙州治所所在。

富顺，位于四川省东南部，沱江下游。北周置富世县，唐改富义，元升富顺州，明降县，今为自贡市下辖县。

隆昌，位于四川省东南部、邻接重庆市，明置县，今为内江市下辖县。

资州，现称资中，位于四川省东南部、沱江中游。汉置资中县，元升资州置，明复改资县，清再升资州，1913年废州改资中县，现为资阳市下辖县。

永宁，现称叙永，位于四川省南部、长江支流永宁河上游，邻接贵州和云南两省。北周武帝分汉丰县置，隋开皇末改盛山，元至元二十五年（1288年）升改永宁路，明洪武改为安抚司，清初置叙永厅，后又改永宁直隶州，1913年废州改叙永县，今为泸州市下辖县。

潼川

潼川，今称三台，位于四川省东部、涪江中游。汉置郪县，西魏置郡，北宋重和元年（1118年）改潼川府、元初废。明洪武九年（1376年）再为州，清雍正十二年（1734年）复为府，1913年废府改称三台县，今为绵阳市下辖县。

潼川会馆（陈毅旧居） 建于清同治十年（1871年）三月，《北京会馆档案史料》载，“该馆由潼川府属中江县李鸿裔[①]所捐置”，“永归潼川八府县旅京同乡管理及应用”。位于西城区广安门内大街2号北京移动通讯枢纽大楼及东侧广场域内（旧为北半截胡同路东四十三号）。由横向并列的三进院落组成，共有房45间，门楣上原横有会馆匾额。

潼川当时下辖的七县是：

遂宁，位于四川省东部、涪江中游。南齐置小汉县，梁改小溪，西魏改方义，明定遂宁，1985年设为四川省地级市。

---

① 李鸿裔（1831—1885），字眉生，号香岩，四川中江人。清咸丰元年（1851年）进士，官至江苏按察使。罢官后移家苏州，工诗古文。

蓬溪，位于四川省东部、涪江东岸。汉为广汉县地，隋属方义县，唐分置唐兴县，后改武丰，再改蓬溪，以境内蓬溪水而得名，今为遂宁市下辖县。

射洪，位于四川省东部、涪江中游。西魏置射江县，北周改射洪，今为遂宁市下辖县。

乐至，位于四川省东部、沱江与涪江之间。唐置县，今为资阳市下辖县。

安岳，位于四川省东部、沱江与涪江之间。北周置县，今为资阳市下辖县。

盐亭，位于四川省东部、涪江支流梓潼河流域。西魏置县，今为绵阳市下辖县。

中江，位于四川省东部、涪江支流中江流域。三国蜀汉置五城县，隋改玄武，宋改中江，今为德阳市下辖县。县城内有黄继光纪念馆。

1925 年，潼川籍共产党人贺诚参加了“四川青年革命社”，并在会馆内

潼川会馆旧照

成立“梓光社”，创刊发行《梓光》杂志，1927 年 10 月被查封。

1925 年秋，陈毅同志来到北京住进该馆。他不仅参加会馆内的进步组织活动，还与郑振铎等文化界人士取得联系，成为文学研究会的会员，在不少刊物上发表文学作品。陈毅还在馆内细心修改了他先前写成的小说稿《归来的儿子》。后来，以笔名“曲秋”发表在 1926 年第六号北京《小说月报》上。

此外，北京中医“四大名医”之一肖方骏也曾在馆居住。

人物链接

贺诚（1901—1997），四川射洪人。1925 年加入中国共产党，1926 年毕

业于国立北京大学医学院。参加革命后，一直在军内医务部门担任领导职务。新中国成立后，曾任中国人民解放军总后勤部卫生部部长、总后勤部副部长、中央人民政府卫生部副部长、军事医学科学院院长等职。1955 年被授予中将军衔。

肖方骏（1870—1960），字龙友，晚号不息翁，四川三台人。当时人们多呼肖龙友。早年入成都尊经学院攻读诗文、兼习中医。清光绪十八年（1892 年）民间流行霍乱，其用自配中药治愈多人，由此名扬各地。后来京备考住于潼川会馆，二十三年（1897 年）考中拔贡，之后担任八旗教习。辛亥革命后，曾出任民国政府财政、农商两部秘书和内务部顾问等职。1928 年弃官行医，曾诊愈许多疑难重症患者，与施金墨、孔伯华、汪逢春被推为北京中医“四大名医”。1934 年与孔伯华在京合办北京国医学院，任院长。1949 年后，历任市中医考试委员会委员、卫生部中医研究院名誉院长、中华医学会副会长、中国科学院生物地学部委员、全国人大代表等。

附产　置于清朝末年，位于菜市口大街 1 号“福地广场”域内（旧为北半截胡同路东三十八号），两进小院共有房 14 间。

泸州

泸州，位于四川省东南、长江沿岸。汉置江阳县，隋改泸川，南朝大同中置泸州，清改直隶州。1913 年废州改为泸县，1950 年设县级泸州市，1983 年升为四川省地级市。以“泸州大曲”酒著名。

泸州郡馆　建于清光绪初年，位于西城区迎新街 63 号（旧为延旺庙街路西三十三号），占地 0.88 亩，院内有房 22 间。现已拆除。

该馆为泸州与相邻纳溪、合江、江安三县合建。大革命时期馆内成立有进步社团并开展活动。

纳溪，位于泸州市正南，宋置县，今为泸州市下辖区。地下有丰富的天然气资源。

合江，位于泸州市东南、长江南岸，邻接贵州省地。汉置符县，北周改合江，今为泸州市下辖县。

江安，位于泸州市西南、隔长江相对。汉属江阳县地，东晋置绵水县，宋改江安，今为宜宾市下辖县。

附产　置于清朝末年，位于菜市口大街中段（旧为官菜园上街路西五号），有地 0.37 亩。

贵州省在京会馆

贵州省地处我国西南的云贵高原东部，一般海拔均在千米以上，通称贵州高原。四方向分别与湖南、广西、云南、四川、重庆等省、区、市接壤，简称“黔”或“贵”，省会贵阳市。

战国时为楚国黔中、且兰及夜郎地，秦置黔中郡、象郡，汉属荆、益二州，唐属黔中道，宋属夔州路，元代分属云南、四川、湖广行中书省，明置贵州布政使司，清为贵州省。现辖6个地级市、3个自治州、7个县级市、56个县、11个自治县、1个特区及13个市辖区。全省面积17万多平方千米。

贵州省在京建立的最早会馆为清康熙年间所建省馆——贵州老馆。该省共在京建立会馆9座，其中省馆8座，县馆1座，上述会馆置设附产1处。惟一在京建馆的县是毕节县。目前尚有会馆建筑遗存4座。

贵州省在京会馆一览表

产别	馆名	别名	建立年代	现地址	老地址	地亩	房间	掌馆人	现状
省馆	贵州会馆	贵州老馆	清康熙年间	樱桃斜街57号	同左路北二十八号			雷荫春 彭未	已拆
	贵州东馆		清前期	大江胡同83号	大蒋家胡同路北三十九号			白坚	民居（经复建）
	贵州中馆	贵州新馆	清乾隆十七年（1752年）	樱桃斜街58号	同左路南八十四号	0.39	8	雷荫春 彭未	民居
	贵州西馆	陈夔龙旧居	清乾隆年间	广安门内大街93号	广安门大街路北四十八号	1.73	52	郭登敖	动迁中
	贵州新馆		清道光五年（1825年）	棉花上七条13号	同左路北七号	0.87	22	韩白秋	大部已拆

产别		馆名	别名	建立年代	现地址	老地址	地亩	房间	掌馆人	现状
省馆		贵州南馆		清道光年间	校场二条33号	同左路西十八、十九号	1.01	22.5	程二如	民居
		贵州北馆		清咸丰年间	校场小六条13号	同左路北七号			程二如	民居
		贵州会馆		清光绪二十年（1894年）	四平园7号楼	椅子圈路东一号	2.41	50	吴开勋 赵希增	已拆
县馆	毕节	毕节县馆		清代	潘家胡同	潘家河沿				早废

省级馆产

贵州会馆（贵州老馆） 建于清康熙年间（1662—1722 年），“由周起渭[①]捐建”。位于西城区樱桃斜街 57 号（旧为路北二十八号）。

原大门门楣上镶汉白玉匾额“贵州会馆”，由刘清[②]所书，笔韵清秀。门前原有卧地上马石狮一对，门西墙壁上镶有四副拴马桩环。

馆内设计典雅，厅堂亭轩布局别致，且规模较大。每年八月十五日，举办在京乡友赏月思亲聚会。

1911 年武昌起义爆发后，蔡锷在云南响应，建立军政府并任云南都督。袁世凯为对其进行控制，将其调入北京。蔡锷为了麻痹袁世凯曾在贵州会馆小住，其间与小凤仙结识。

北京市档案馆研究员张文武先生告诉笔者：“日本帝国主义占领北平后，该馆成为了日军的一处秘密机关。”调查时，曾在该街居住过数十年的老中医邓大夫讲：“日本投降后，该馆又驻进了国民党宪兵队。”1949 年后，馆址由北京市水产供销公司使用，1984 年改建为四层大楼，建筑面积 2204 平方米，现为欣燕都连锁旅店。

① 周起渭（1664—1714），字渔璜，号桐野，贵州贵筑（今贵阳）人。清康熙三十三年（1694 年）进士，授翰林院庶吉士，任至侍读学士、詹事。

② 刘清（1742—1827），字天一，号朗渠，贵州广顺人。初由拔贡出任南充知县，有“刘清天”之称。清嘉庆三年（1798 年）擢忠州知州，七年授四川按察使，十七年擢山东盐运使，二十一年改任登州总兵。道光二年（1822 年）以老休致。

附：

贵州会馆记
（1700年）

昔郁离子命人索取官船，人谓官船何以为别？郁离子曰：“凡篷柁摧折、向不适于用者，官船是也。”今之会馆，大都类是。吾黔距帝京七千里而遥，凡与计偕者，风尘之况瘁，行李之萧条，苦莫能状。其有赖于会馆也，较诸他省更为急。老人虽遁迹岩阿，窃有志斯举久矣。适长男起渭甲戌成进士，留史馆读中秘书，历叨圣恩，拔擢掌宫詹，从九卿后，积得清俸八百金，置会馆一所，宽敞整洁，颇幸余志之成。而凡与计偕者，不至茫然无所归宿也。顾吾黔风气日开之后，人英英鹊起，或润色而新之，或扩充而大之，实惟诸君子是赖，慎勿席丰履厚而膜视旁推，以蹈乎郁离子官船之诮，则岂徒即次无虞后贤之藉庇靡穷哉，即愚父子之心，亦庶得以稍慰。所有僭拟约规，谨开于次：

一曰务和衷。凡我同乡之人，远近不同，强弱互异，或未免意见参差，必须择一虚心明理者为之总理，凡事听其掌管支持，庶事权划一，以免废驰之弊。

二曰严甄别。馆以会名，原为公车而设，凡仕宦往来者，亦不妨寄寓其中。至于游方技艺之人，冒籍奸刁之辈，如苗之有莠，不得借口同乡擅来栖止。

三曰均房租。会馆虽云公物，原无强行白占之理。除举人会试、贡生廷试不论处，凡在馆者，大房间每间量出银二钱五分，小房间量出银一钱二分，较之他寓业已轻省过半矣，自应每月交足，以济公用。如有厚颜骗住，藉端延缓者，必加倍罚之，以为后戒。

四曰勤修饰。凡掌管之人，必须置文簿一本，注明某人住房几间，某月收银若干。其房随坏随修，若有赢余，即邀众共商，更加添盖房屋，勿得假公济私，侵鱼干没，自干阴遣。至于馆大则人杂，非污秽不堪即门户不谨，必雇一小心谨慎眼脚清白之人，月给工食，责令看守其中，庶于会馆有裨。

贵阳周国柱[①] 玉础撰

相关链接

小凤仙亲述蔡锷脱险[②]

辛亥武昌起义后，蔡锷立即在昆明举兵响应，并组成军政府，出任云南都督。1913 年袁世凯把他调到北京，表面上委以昭威将军、经界局督办等重

---

① 周国柱：周起渭之父。

② 引自周简段：《神州轶闻录》，华文出版社 1992 年版。

任，暗中加以严密监视。但是，1915 年，袁世凯称帝野心日亟，蔡锷却在袁世凯的眼皮底下，潜离北京，经过日本回到云南，以护国军名义通电讨袁，各省纷纷响应，袁世凯被迫取消帝制，不久，忧惧而死。

蔡锷在北京时，本来处于袁世凯的樊笼之中，他是怎样脱离的呢？对此，有种种不同的说法。一说是，他在前门外的妓院“云吉班”中，乔装改扮，在妓女小凤仙陪同下，从前门车站乘火车到天津，一说是，蔡锷由袁派的侦缉队监视护送到天津治病的。

近读许姬传老先生著作，却发现另一种记载。1951 年，梅兰芳剧团到沈阳演出时，收到一封来信，发信人署名：“张氏（凤仙）现改名张洗非”，要求与梅氏会见。梅遂约小凤仙作了一次谈话，其中包括蔡锷潜离北京的经过。

小凤仙是十四五岁时，从上海到北京陕西巷云吉班，认识了蔡氏。蔡锷每到云吉班去，常有人监视他。但是，小凤仙认为蔡锷为人正派，不像一般官僚政客，因而感情极为融洽。蔡对小凤仙也引为知己，逐步向她说清袁世凯的称帝野心及其为患国家的道理，并要她设法帮助从云吉班脱身离京。小凤仙遂选择了云吉班中有人摆酒做生日的一天，安排蔡氏在房中饮酒，把窗纱去掉，拉开窗帘，使监视蔡氏的人可洞观室内。大衣皮帽也挂在衣架上。待到开向天津的火车将要启程，蔡氏不取衣帽，假装去洗手间，趁院中人多杂乱之际，离开云吉班，直奔火车站。此时，仆人把窗帘放下，监视蔡氏的人以为他如厕即会归来，也看不见室内情况，并未介意。蔡锷到火车站后，立即用其老师梁启超事先命人代购的火车票，登车到天津住进日本医院。此后，龙归沧海，终于在云南举起反袁义旗。

蔡锷逝后，曾在北京中山公园举行隆重的追悼会。会场上悬挂着小凤仙的挽联：“不信周郎竟短命，早知李靖是英雄”。还有一联是小凤仙请人代笔的：“万里南天鹏翼，直上扶摇，可怜忧患余生，萍水相逢成一梦；十年北地胭脂，空悲沦落，赢得英雄知己，桃花颜色亦千秋。”从联语看，他们之间确堪称为知己了。

据王克昌老师考记，1924 年 4 月 28 日印度大诗人泰戈尔曾到访该馆，参观书画，并出席画家为他举办的茶会。

人物链接

泰戈尔（1861—1941），印度作家、诗人和社会活动家。一生创作丰富，有诗集、剧本、短篇小说、长篇小说，还擅长作曲和绘画。1913 年获诺贝尔文学奖。所作歌曲《人民的意志》，1950 年被定为印度国歌。

贵州东馆 建于清前期，位于东城区大江胡同 83 号（旧为大蒋家胡同路北三十九号）。现为民居，已经复建。

贵州中馆 建于清乾隆十七年（1752 年），“由郭石渠[①]所捐”。初名贵州新馆，道光五年因又有新馆设立，故改名贵州中馆。位于西城区樱桃斜街 58 号贵州老馆对门（旧为樱桃斜街路南八十四号）。占地 0.39 亩，有房 8 间。现为民居。

贵州西馆（陈夔龙旧居） 建于清乾隆年间（1736—1795 年），位于西城区广安门内大街 93 号（旧为广安门大街路北四十八号）。占地 1.73 亩，有房 52 间。1949 年后，院子经改造，分出狮子店胡同 2 号一部分。目前正在拆除中。

《梦蕉亭杂记》一书的作者陈夔龙曾寓居此馆十多年。

人物链接

陈夔龙（1855—1948），字筱石，号庸庵，贵州贵筑（今贵阳）人。清光绪十二年（1886 年）31 岁时才考中进士，当时被签分到兵部任候补主事。仕途坎坷，经济拮据，一直寄居在会馆内。二十三年（1897 年）四月，其在随荣禄奉旨到天津办差过程中得到赏识。二十五年五月，升顺天府尹后才迁出会馆搬到北城。二十七年（1901 年）署理漕运总督，后调任河南巡抚、江苏巡抚、四川总督，1909 年任直隶总督兼北洋大臣，可谓大器晚成。

贵州新馆 建于清道光五年（1825 年），为陈若畴、陈若藻两兄弟捐置。位于西城区棉花上七条 13 号（旧为路北七号），占地 0.87 亩，院内有房 22 间，现已拆大半，余房尚为民居。

贵州南馆 建于清道光年间（1821—1850 年），位于西城区校场二条 33 号（旧为路西十八、十九号）。占地 1.01 亩，有房 22.5 间。现为民居。

该馆多为黔西人居住。

---

① 郭石渠，字文渊，号介发，贵州思南人。清雍正五年（1727 年）进士，授检讨，官至户部郎中。

贵州北馆 建于清咸丰年间（1851—1861年），位于西城区校场小六条13号（旧为路北七号），现为民居。

该馆多为黔东人居住。

贵州会馆 建于清光绪二十年（1894年），由李端棻等人募款捐置。位于西城区四平园7号楼西端（旧为椅子圈路东一号）。此馆为四进四合院落，面积较大，设置考究，并有戏台，占地2.41亩，共有房屋50余间。清朝末年这里曾兴办黔学堂，民国后为贵州旅京学校。

附：

南横街贵州会馆补记
（1944年）

光绪甲午，予计偕入都，适南横街贵州会馆落成，乡人士之官京师者，举行团拜演剧，冠带雍容，彬彬如也。会馆缘起，初不甚悉，时先府君筱冈方知湖南武陵县事，命予至京交银百两，为南横街会馆捐款，并缄致李苾园、许颖初、罗质庵、杜云帆诸先生，盖募捐为其所发起，予则亲交百金于苾园先生。该馆规则严，必三品以上大员入觐，始得寄居，京朝官、举子、谒选者，均不得借驻。予旋改官之滇。民二入都，馆已改“贵州旅京学校”，有学生住馆，尚未有挈眷者。嗣以管理乏人，自由侵占，呼朋引类，流品甚杂，至作不正当营业，前岁竟有报警驱逐馆户王杨颜三姓之事。近以官方厉行基地税，严密调查贵州各会馆，契券为前掌馆陈松山给谏于宣统三年辛亥携至湖南常德遗失，无法证明。兹读杨珍林先生自订年谱：光绪十年甲申，周竹生给谏移居南横街贵州会馆，馆为户部公产，前两淮盐运使但云湖先生曲居，其婿景剑泉转典于人，后李苾园仓场集资，交户部十年租，又交典价千金，改建贵州会馆云。然只称会馆并未悬会馆匾额，何以知之？朱一新侍御所撰《京师坊巷志稿》于各省会馆地址，载在綦详，而无南横街贵州会馆。以此书刊于乙酉，距甲申甫一年，馆事草创尔，迨外省捐款源源募集，馆金收入亦丰，遂重新建筑厅廊、戏台，规模大备，丹漆焕然，至癸巳始工竣，既定为冠裳游燕之地，不容杂居，理则然也。该馆经营前后十年，苾园先生操心劳力，历久不懈，其讲求团体公益为何如？是馆也，虽非先生独资所捐，亦实先生精神所寄。吾人俯仰其间，景慕前修，当求整肃，讵得藏纳污垢，如昨者之现象耶？住馆诸君，尚其维持名誉，尊重规章，其无负乡先达嘉惠之至意云耳！

民国甲申遵义周沅补记

人物链接

李端棻（1833—1907），字信臣，号苾园，贵州贵筑（今贵阳）人。清同治二年（1863 年）进士，官至刑部侍郎、礼部尚书等职。曾支持康、梁变法，疏请设立京师大学堂和各省学堂，并建议建设图书馆、仪器院、广立报馆、派留学生出国学习等。光绪二十四年（1898 年）向皇帝荐举康有为、谭嗣同等。戊戌政变后，被革职、发配新疆。1901 年赦归，主讲贵州经世学堂，后病逝于贵阳。

附产　贵州义地　置于清代，位于白广路甲 6 号及左近一片地域（旧称老君地）。20 世纪 60 年代初，这里建起牛街仪器厂，后来发展成为市属的北京测震仪器厂，改革开放后工厂关闭，现建为北京龙电宾馆。

县级馆产

毕节

毕节，位于贵州省西北部，邻接四川、云南两省地。唐宋时期属罗甸国地，明设毕节卫，清为毕节县，1993 年撤县设县级毕节市，2011 年撤销毕节地区和县级毕节市，设立地级毕节市。

毕节县馆　建于清代，位于西城区潘家胡同（旧称潘家河沿）。早废。

云南省在京会馆

云南地处我国西南边陲，因位于云岭之南而得名，又因古为滇国地，乃简称“滇”或“云”，省会昆明市。云南地处我国南部边疆，跨云贵高原西南部，是地理条件十分复杂的一个省，山地、高原面积占全省的93%。西部、南部与东南亚的缅甸、老挝、越南三国交界；东部、北部邻接广西、贵州、四川、西藏等省区。

战国楚时为滇国，汉属益州，三国蜀汉分置云南、永昌等郡，唐、宋时分属南诏和大理国，元置云南行中书省，明设云南布政使司，清为云南省。现辖8个地级市、8个自治州、12个县级市、29个民族自治县、75个县及13个市辖区。全省面积为38万多平方千米。

明崇祯元年（1628年），鹤庆李大受以位于朝阳门北小街的自家寓所接待滇人，已具会馆雏形。该址于清初发展成最早的云南会馆，旋废。此后，于清顺治十六年（1659年）起陆续建馆。该省共在京建立会馆13座，其中省馆10座，府馆3座，上述会馆置设附产共计3处。目前尚有会馆建筑遗存6座，在同籍会馆中最具影响力的云南新馆，建筑保存较好，具有一定规模，有待修缮保护。

云南省在京会馆一览表

产别	馆名	别名	建立年代	现地址	老地址	地亩	房间	掌馆人	现状
省馆	云南会馆		清朝初年	朝阳门内北小街	朝阳门北小街				早废
	云南会馆	云南北馆	清顺治十六年（1659年）	校场头条7号	同左路西三号	2.08	45	杨景楼 陈荣明	民居
	云南南馆	钱沣旧居	清前期	迎新街67号	延旺庙街路西三十五号	1.28	28	杨景楼 陈荣明	已拆

产别		馆名	别名	建立年代	现地址	老地址	地亩	房间	掌馆人	现状
省馆		云南西馆	赵公祠	清乾隆二年（1737 年）	法源寺前街 11 号	白帽胡同路北二至四号	60	45	杨景楼 陈荣明	民居
省馆		云南东馆		清代	东便门外	棉花巷				早废
省馆		云南会馆		清代	铁门胡同 49 号	同左路西二十三至二十六号	3.83	95	杨景楼 陈荣明	已拆
省馆		云南会馆		清代	南新华街 49 号	同左路西八号	16.21	72	杨景楼 陈荣明	已拆
省馆		云南会馆		清代	门楼巷 5 号	门楼胡同路西三号	0.54	16.5	杨景楼 陈荣明	民居
省馆		云南会馆		清代	中信城	米市胡同路西二十七号		25	杨景楼 陈荣明	已拆
省馆		云南新馆		清同治年间	珠朝街 4 号	珠巢街路东二十四号	3.72	67	杨景楼 陈荣明	区级文物暂保
府馆	大理	理化会馆		清代	福州馆街 19 号	崇兴寺路北三号	0.9	20	杨景楼 陈荣明	民居
府馆	昭通	昭通会馆		清代	校场五条 32 号	同左路东三十五号	1.25	34	杨景楼 陈荣明	民居
府馆	云南	云徵会馆	云征会馆、云程会馆	清代	北京站西街马路东段	江擦胡同路北十七号		26		已拆

省级馆产

云南会馆　建于清朝初年，位于东城区朝阳门内北小街。《京师坊巷志稿》第 123 页“朝阳门北小街”条载：“旧有云南会馆，今废。”

云南会馆（云南北馆）　建于清顺治十六年（1659 年），位于西城区校场头条 7 号（旧为路西三号）。乾隆年间（1736—1795 年），昆明人熊郢宣、建水人蒋文祚对该馆进行扩修。形成两进院落，占地 2.08 亩，共有房 45 间。目前大门依存，为民居。

云南会馆旧照　校场头条7号

1932 年 8 月，音乐家聂耳从上海来到北平，就住在这所会馆里。其间，他积极参加左翼戏剧家联盟和左翼音乐家联盟的排练、演出和组建活动。

民国期间，来北京的云南青年逐年增多，当时分散住在各个会馆内多有不便。后来将该馆大部腾出，拨给学生为专用宿舍，并组织了云南旅京学会，赵梦云为会长。馆内还开办了小图书室、乒乓球室等。1925 年该馆建立了进步青年组织——新滇社，为中国共产党外围组织，出版刊物《铁花》。新滇社的一位重要负责人王复生，经常组织大家学习马列主义理论，讨论时局、社务等。

人物链接

聂耳（1912—1935），现代作曲家、国歌的曲作者。原名守信，字子义，云南玉溪人。自幼酷爱音乐，能演奏多种乐器。1930 年到上海，次年进入明月歌舞团任小提琴师。他中学时期便参加革命，1933 年加入中国共产党，1935 年赴苏联留学取道日本，7 月 17 日在日本神奈川县海滨游泳时不幸溺水逝世，年仅 23 岁。其创作的主要歌曲有《义勇军进行曲》等 30 多首，还有《金蛇狂舞》等民族音乐改编的器乐曲上千首。

王复生（1896—1936），原名濡廷，云南祥云人。1912 年考入省立二中，1916 年毕业并考入国立北京大学，后入法国文学院。1919 年与邓中夏组织北大马克思主义学说研究会，转年参加中国社会主义青年团，1921 年 7 月加入中国共产党。1922 年开始从事教育工作并开展革命活动，1926 年回云南工作，1928 年党派其到东北开展工作，后又继续开展抗日工作，1936 年 6 月

13 日被日伪逮捕，同年 8 月 15 日在齐齐哈尔被杀害。

云南南馆（钱沣旧居） 建于清前期，位于西城区迎新街 67 号（旧为延旺庙街路西三十五号），占地 1.28 亩，有房 28 间，现已拆除。钱沣中进士后一直住居此馆。

人物链接

钱沣（1740—1795），字东注，号南园，云南昆明人，清乾隆时期学者、书法家。少时即喜文好学，并写得一手好字。三十六年（1771 年）中进士，授翰林院检讨。四十六年（1781 年）授江南道监察御史，其直言敢谏，不畏权贵。山东巡抚国泰与布政使于易简合流，并与当朝权臣和珅勾结，因受和的庇护，在山东大肆贪污受贿，称霸一方无人敢问。在弹劾两官过程中，和珅暗遣家奴急奔山东通风报信，结果被钱抓着，其派人将密信送回京师奏报朝廷。乾隆皇帝盛怒，命将国、于两人斩首示众，和珅暗中叫苦不迭。四十八年（1783 年）迁通政司副使，五十八年（1793 年）授户部主事。和珅被立为首辅后，一手把持朝政，钱沣就此上疏弹劾和珅，要求“共励一堂”。乾隆当即准奏，谕钱沣任军机处稽查官。钱沣一向清廉持正，两袖清风，然而和珅处心积虑刻薄其俸，至使钱达到了衣不御寒、食不饱腹的程度，最后含恨病死，时年 57 岁。

云南西馆 该馆多称赵公祠。位于西城区法源寺前街 11 号（旧为白帽胡同路北二至四号），占地 60 亩，有房 45 间。四号主院的赵公祠，建于清乾隆二年（1737 年）。清代礼亲王昭梿所著《啸亭杂录》载：“赵忠愍撰，云南人。明崇祯间仕至监察御史。巡视南城，城陷时为流贼所害于白帽胡同。乾隆初，公同乡侍御傅为许为之表白，始补谥忠愍，立专祠以祀之，在悯忠寺旁，今为云南会馆。”

简恩沛先生曾于 1989 年在《燕都》杂志上发表文章，言其五岁时曾随父母迁居在祠内前院西厢房。“记忆中祠门宽阔，左右壁间镶有石刻。祠为两大庭院，东西各有跨院相通。后院北中厅五间，为供奉赵公殿堂，殿堂正对有戏台一座，后台上下场门中间台壁左右，悬有木雕楹联一副。当时祠院房屋不下 30 间，一如会馆，雇有长班照料。后院房屋及两侧跨院可停灵柩，另还有其他同乡居住。”其父曾在该院开办私塾以谋生计。

馆前有空地一片，馆后有坟地 50 余亩，东接法源寺西墙。当时坟丘已过百计，中有赵公墓（衣冠冢），丘高于其他坟墓，碑上刻有“大清乾隆皇帝赐谥忠愍前明御史赵公讳撰之墓”。公祭仪式每年两次。

1926年震惊中外的“三一八”惨案中，北京师范大学滇籍学生范士融，在段祺瑞执政府门前游行时遭杀害，牺牲后遗体即被送到赵公祠中，棺木停放在后院西厢房，各界爱国人士在此举行了隆重的哀悼大会。

1956年，坟地及部分院落建起了宣武区工人俱乐部，余赵公祠主院等保留至今，尚有百姓居住。

附产（景忠祠） 建于清乾隆年间（1736—1795年），位于迎新街79号（旧为张相公庙路西二号），占地0.33亩，有房7间。现已拆除。

相关链接

宣武区工人俱乐部 1953年动工，1956年落成。占地面积8000平方米，舞台座北朝南，深11米、宽9米、高5米，配有后台、副台等设施。剧场前后及西侧辟有广场。自剧场建立后，戏曲团体频繁来此演出。有京剧、评剧、歌剧、话剧等，还曾先后接待过越南领导人黄文欢及很多国际朋友。1988年更名宣武区工人文化宫，加设了台球、乒乓球和电脑室等，专设有舞厅，办起交谊舞学校，有高级班和迪斯科班等。21世纪初经北京杂技团改造为排练场地。

云南东馆 建于清代，位于东城区东便门外左近（旧称棉花巷），早废。

云南会馆 建于清代，位于西城区铁门胡同49号（旧为路西二十三至二十六号），占地3.83亩，有房95间。现已拆待建。

云南会馆 建于清代，位于西城区南新华街49号左近（旧为路西八号），占地16.21亩，有房72间。此一线现为门面房，为扩宽马路后所余。

云南会馆 建于清代，位于西城区门楼巷5号（旧为门楼胡同路西三号），占地0.54亩，有房16.5间。现为民居。

云南会馆 建于清代，位于西城区“中信城”北片，原为米市胡同61号（旧为路西二十七号），有房25间。现已拆除。

附产 置于清代，分别位于上斜街、南横东街、南大吉巷的三处房产。

附产（义地） 置于清代，分别位于长椿里（旧称闷葫芦罐）、三庙街北楼区（旧称孔雀胡同）、感化胡同的三块义地，共占地8亩多，有房19间。

1949 年后陆续被征用。

云南新馆 建于清同治年间（1862—1874 年），位于西城区珠朝街 4 号（旧为珠巢街路东二十四号），区级文物暂保单位。占地呈“丁”字形，以院墙为界，南北最长处 50 米，东西最长处 66 米，占地 3.72 亩，有房 67 间。

在同籍会馆中其占地最大，知名度最高。光绪年间（1875—1908 年），维新派人士于此发起成立滇学会，并于 1898 年参加了成立于粤东新馆的全国各省学会统一组织——保国会。自此，滇籍进步人士以云南新馆为据点参与维新变法。科举制度废除后，内设云南省旅京同乡会，三十二年（1906 年）五月，云南同乡京官在馆内设公立滇籍学堂，宣统三年（1911 年），改称公立云南两等小学堂，当时有学生 11 名。

云南新馆建筑大部分保存。会馆分四个独立院子。从临街大门进前院，有正房七间，坐北朝南，五檩加前廊；西厢四间，东厢两间，倒座六间，均五檩无廊。南院为会馆的主体部分，前院正房坐东朝西，面阔三间，前出廊，三间倒座，五檩加前廊；中院正房面阔三间，进深五檩加前廊，两厢各三间五檩；后院正房五间，五檩带前廊，厢房各两间五檩。又南院为四座排房，都是三间五檩小式建筑。各主房均为大式硬山合瓦顶。目前正积极开展腾退，以利全面修复。

府级馆产

大理

大理，位于云南省中西部、洱海沿岸。西汉置叶榆县，唐为南诏国、宋建大理国，元至元七年（1270 年）置大理路，明洪武十五年（1382 年）改府，1913 年废府改县，1956 年建立大理白族自治州。首府大理市为国家历史文化名城。

大理山川秀丽，苍山、洱海珠联璧合，众多文物古迹展示着大理古老而神奇的魅力，还有佛教圣地鸡足山、道教圣地巍宝山、蝴蝶泉等游览胜地。一年一度的三月街、火把节、蝴蝶会等民族风情享有盛誉。

蒙化，今称景东，位于云南省中部偏西、把边江上游，大理东南。唐初为蒙舍诏，又称南诏，后改置阳瓜州，元称开南州，明升蒙化府，清改为景东直隶厅，1913 年改为景东县，1985 年设立景东彝族自治县，现为普洱市下辖县。

理化会馆　该馆由大理和蒙化联合建馆。

建于清代，位于西城区福州馆街 19 号（旧为崇兴寺路北三号），占地 0.9 亩，有房 20 间。现为民居。

昭通

昭通，位于云南省东北部，邻接贵州、四川两省地。西汉置朱提县，元置乌蒙路，明改府，清雍正八年（1730 年）乌蒙府更名为昭通府，并置恩安县为府之附郭。1913 年撤销昭通府，将府驻地恩安县改名为昭通县。1981 年设立昭通市，2001 年撤销昭通地区和县级昭通市，设立地级昭通市。

昭通会馆　建于清代，位于西城区校场五条 32 号（旧为路东三十五号），后门开在校场四条。占地 1.25 亩，有房 34 间。现为民居。

云南

云南府即今昆明市，位于云南省中部。战国时为滇国地，隋唐时为昆州，唐中期改称鄯阐城，元设昆明两千户所，明清为云南府治，1935 年设市称昆明，并为省会。昆明三面环山、南濒滇池，风景秀丽，故有“春城”、“花城”的美誉，是国家历史文化名城。

澂江，现称澄江，位于昆明市之南，两地相邻。汉、晋称俞元县，唐上元元年（760 年）置河阳郡，元至元十六年（1279 年）改为澂江路，明洪武十五年（1382 年）改称澂江府，1913 年废府改为河阳县，因与河南省的河阳县重名，改名为“澄江”，今为玉溪市下辖县。

云澂会馆　也称云征会馆或云程会馆，为云南府与澂江府各取一字定为馆名。建于清代，位于东城区北京站西街东段马路的折弯部位（旧为江擦胡同路北十七号、后门开在鲜鱼巷路东），有房 26 间。在拓建“北京站西街”过程中被拆除。

陕西省在京会馆

陕西省旧因位于陕原（今河南陕县）以西而得名，地处黄河中游，北部跨黄土高原、中部是渭河平原、南部为谷地，自然环境南北差异很大。四邻有山西省、河南省、湖北省、重庆市、四川省、甘肃省及宁夏回族自治区、内蒙古自治区。春秋战国时为秦国地，秦代为内史、汉中郡及上郡，汉属司隶部和朔方、益州诸部，唐属关内、山南等道，宋初置陕西路，元设陕西行中书省，明置陕西布政使司，清设陕西省。现辖 10 个地级市、3 个县级市、80 个县及 24 个市辖区。全省面积约 21 万平方千米。简称“陕”或“秦”，省会西安市。

陕西省在北方省份中较早在京建馆，其与甘肃合属建于明代的九天庙，虽无“会馆”之称，但“地点”功能指向和民间组织性质已从史料中清晰可见，是解构会馆组织最初形态的很好案例。除此之外，该省于明代就已在京正式建馆 7 座，包括最早建立的省馆——关中南馆。史料显示天启年间（1621—1627 年）为明代陕西建馆高峰期，六年中建有府馆 1 座、县馆 3 座。整体看，该省在京县馆发达，清代三原、渭南等县都先后在京各建会馆 5 座。该省共在京建立会馆 53 座，其中合属馆 1 座，省馆 5 座，府馆 14 座，县馆 33 座，上述会馆置设附产共计 8 处。目前尚有会馆建筑遗存 21 座。现为民居的华州会馆，在建筑形制上中西合璧，大门为西洋式门楼，五进院落则以天、地、玄、黄、宇区别相称，同样是解构会馆建筑文化与时代变迁的很好案例。

陕西省在京会馆一览表

产别	馆名	别名	建立年代	现地址	老地址	地亩	房间	掌馆人	现状
合属馆	九天庙		明代	广安门外大街189号	广安门关厢路北八十号	6	80	寇选	已拆
省馆	关中南馆	关中试馆	明代	中信城	保安寺街路北四号	3.1	88	寇选	已拆

产别		馆名	别名	建立年代	现地址	老地址	地亩	房间	掌馆人	现状
省馆		关中北馆	关中长安会馆	清乾隆年间或更早	宣武门外大街167号	宣武门大街路西七十九号	2.23	63	张翔初	已拆
省馆		关中西馆		清代	上斜街91号、93号	同左路北三十六号、三十七号	3.91	63	张翔初	民居和单位使用
省馆		关中东馆		清代	南新华街68号	同左路东六十七号	1.42	39	寇 选	已拆
省馆		关中会馆		民国时期	中信城	包头章胡同路北十二号	0.68	25		已拆
府馆	延安	延安会馆	肤施会馆	明代	骡马市大街新9号	棉花上四条路南二十三号	1.42	48	王玉凌 李立楷	已拆
府馆	延安	延安会馆		清代	骡马市大街东段	同左路北五号				早废
府馆	华州	华州会馆		明天启年间	南柳巷20号、22号	同左路东六十四号、六十五号、六十六号	1.72	72	张 炎 雷献瑞	民居
府馆	榆林	延定会馆		明晚期	铁树斜街100号	李铁拐斜街路南				民居
府馆	榆林	榆林会馆		清康熙年间	前青厂胡同57号	同左路北二十四号	0.8	24	张季鸞	已拆
府馆	榆林	榆林会馆		清同治年间	庄胜城	后青厂胡同路西			张季鸞	已拆
府馆	汉中	汉中会馆		清乾隆年间或更早	前青厂胡同	同左				早废
府馆	凤翔	凤翔八邑馆		清代	庄胜城	北极巷路西四号	0.53	18	张云锦	已拆
府馆	凤翔	凤翔会馆		清代	香炉营东巷2号院	北柳巷路西五号			张云锦	已拆
府馆	凤翔	凤翔会馆		清道光年间或更早	前青厂胡同15号	同左路北三号	0.65	29	张云锦	已拆
府馆	西安	西安会馆		清中晚期	板章胡同	同左				早废

产别		馆名	别名	建立年代	现地址	老地址	地亩	房间	掌馆人	现状
府馆	兴安	兴安会馆		清光绪二十年（1894年）	门楼巷8号	同左路东九号		37	潘龙轩	已拆
	商州	商山会馆	商山五邑馆	清光绪二十三年（1897年）	老墙根街41号	老墙根路北八号	2.25	46	晏树昌	民居
		商州会馆		清光绪年间	校场小七条15号	校场小六条			晏树昌	民居
县馆	富平	富平老馆		明天启年间	南新华街58号	小沙土园路西七号	1.44	19	许文猗 侯久香	已拆
		富平西馆		明朝末年	南新华街103号	同左路西十四号	3.02	42	许文猗 侯久香	民居
		富平东馆		民国九年（1920年）	南新华街66号	同左路东六十八号	1.35	19	许文猗 侯久香	原址复建
	泾阳	泾阳老馆		明天启年间	樱桃斜街97号	同左路北四十五号	0.81	21.5		民居
		泾阳会馆		清雍正年间	大外廊营胡同8号	同左路东三十二号				早废
		泾阳西馆		清乾隆年间	校场五条50号	同左路东二十六号				民居
	蒲城	蒲城老馆		明天启年间	虎坊路北口路东	东砖胡同				早废
		蒲城会馆		清康熙十年（1671年）	铁鸟胡同21号	铁老鹳庙路西十号	0.94	28.5	雷新民 王享之	民居
		蒲城新馆		清咸丰十一年（1861年）	校场五条20号	同左路东三十九号	2	57	郭莲青	已拆
	三原	三原老馆		清朝初年	南新华街102号	同左路东五十五号	0.33	12.5		已拆
		三原会馆		清乾隆初年或更早	珠市口西大街249号	虎坊桥路北四十八号				已拆
		三原西馆		清乾隆四十六年（1781年）	校场头条1号	同左路西一号	0.7	26.5	王志敏	民居
		三原会馆		清代	五道街50号	五道庙路东十八号	0.33	13	胡文豹	民居

产别		馆名	别名	建立年代	现地址	老地址	地亩	房间	掌馆人	现状
县馆		三原南馆		清代	潘家胡同17号	潘家河沿路西十号	1.22	30	王志敏	已拆
	渭南	渭南老馆		清康熙年间	潘家胡同	潘家河沿路西				早废
		渭南会馆		清康熙年间	前孙公园胡同6号	前孙公园路南四十九号	0.66	10	曹毓生	民居
		渭南会馆		清中晚期	琉璃巷4号	八角琉璃井路南九号	2.92	30	曹毓生	民居
		渭南会馆		清中晚期	前门西河沿街188号	西河沿路南二〇一号			曹毓生	民居
		渭南会馆		清中晚期	臧家桥胡同15号	臧家桥路北六号			曹毓生	民居
	韩城	韩城会馆	韩城北馆	清乾隆三年（1738年）	宣武门外大街新8号	宣武门大街路东二一四号	3.16	88.5	张伯杰	已拆
		韩城会馆	韩城南馆	清嘉庆十年（1805年）	宣武门外大街新8号	宣武门大街路东二一〇号			张伯杰	已拆
	朝邑	朝邑会馆		清乾隆年间或更早	前孙公园胡同9号	前孙公园路北五号		67.5	张鹏翘	民居
		朝邑会馆		清乾隆五十五年（1790年）	臧家桥胡同1号	臧家桥路北一号			张鹏翘	已拆
		朝邑会馆		清代	庄胜城	海北寺街路北十六号	1.49	37	张鹏翘	已拆
	大荔	大荔会馆		清乾隆年间	铁鸟胡同30号	铁老鹳庙路东十五号	2.71（含附产）	34	张问之	民居
	郃阳	郃阳试馆		清乾隆年间	椿树园	椿树上二条路北十四号	0.84	30	李元波 王乾桢	已拆
	咸阳、长安	咸长会馆	长安会馆	清嘉庆年间	宣武门外大街97号	宣武门大街路西四十五号	1.13	32.5	张凤翙	大部已拆
		咸长 西馆		清代	校场五条51号	同左路西二十二号	1.01	22	张凤翙	民居

产别		馆名	别名	建立年代	现地址	老地址	地亩	房间	掌馆人	现状
县馆	南郑	南郑会馆		清嘉庆年间	前青厂胡同 55 号	前青厂路北二十三号				已拆
	宁羌	宁羌会馆		清道光年间	烂缦胡同 133 号	同左路西五十一号				民居
		汉中十二邑馆	宁羌会馆	清光绪二十六年（1900 年）	烂缦胡同 64 号	同左路东七十九号	2.05	62.5	李志忠 陈迈子	民居
	临潼	临潼会馆		民国时期	国家大剧院	草帽胡同路西十五号			袁成祥	已拆
	城固	城固会馆						24		

合属馆产

九天庙　位于西城区广安门外大街 189 号左近（旧为广安门关厢路北八十号）。《北京寺庙历史资料》第 148 页载：“建于明，清康熙五十年（1711 年）九月重修，属陕甘两省公建。本庙面积约 6 亩，殿宇、房屋 80 间、土棚 5 间，附属义地 7 亩。管理和使用由旅平同乡自处，房屋除供奉、办公、住舍外，均为停籍灵柩葬埋之用。庙内法物[1]有木质观音[2]像 1 尊，站童 2 尊；木质像 1 尊，泥质站童 4 尊；泥质九天[3]神像 3 尊。金刚经、药师经、观音经各 1 部，法器若干，另有石碑 1 座。”

1916 年 1 月，由刘文贤主持，利用部分房屋开办起南郊育德小学堂，教师 2 人，招收男学生 31 人。

① 法物：佛、道等宗教供奉的神像及其他器物。
② 观音：即观世音，佛教的菩萨之一。佛教徒奉为慈悲的化身，救苦救难之神。
③ 九天：此指巫祝所祀之神。

省级馆产

陕西省的省馆以“关中”一词代为省名。关于“关中”这一古地区名，《辞海》中有三种解释，对于陕西省而言，即“东以函谷，西至散关，南有武关，北达临晋之间的地域”。

关中南馆 初于明代由商人创建，清乾隆二十七年（1762 年）改扩为试馆。位于西城区“中信城”北片，原为保安寺街 7 号（旧为路北四号），占地 3.1 亩，有房 88 间。为三进[1]大四合格局，特殊的是门外还有一对狮子门墩儿[2]。光绪三十四年（1908 年）曾开设公立陕甘中学堂，不久停办。现已拆除。

关中南馆原况　保安寺街7号

附产 关中义园 置于清代，位于关中南馆西侧。

① 以上提之“进”，即旧式平房每两排平房间的院落。“三进”即三重院。

② 门墩儿，托住门上转轴的墩子。以木或石做成。

关中北馆 建于清乾隆年间（1736—1795年）或更早。位于西城区宣武门外大街167号（旧为宣武门大街路西七十九号）。此馆原是在京为官的长安人王子京私宅捐转为会馆，后因多为长安人所居住，故匾额题为“关中长安会馆”。

初建馆时仅有20多间房舍，后来扩大到占地2.23亩，有房63间，形成为两路两进大四合格局。87岁的马荣老先生1937年来京即住此院，他告诉笔者：南路后院左有关羽堂、右有岳飞堂，堂前存有多块名匾；北路后院设有乡贤祠。现已拆除。

关中西馆 建于清代，位于西城区上斜街91号、93号（旧为路北三十六、三十七号），占地3.91亩，有房63间。

93号院现为民居。91号院于1935年6月开办小学校，1937年改称市立宣外上斜街小学，1942年成为四二制完全小学，1946年改称北平市第十一区第一、二、三保国民学校。1949年后改称上斜街第一小学。1978年迁出与上斜街第三小学合并，1979年迁入上斜街37号新校舍。继而区教育局成立基建科迁入91号院，1983年始为宣武区教委房管所址。21世纪初房管所搬至沙土园小学原址，这里成为修缮站。

关中东馆 建于清代，位于西城区南新华街68号（旧为路东六十七号），占地1.42亩，有房39间。现已拆除。

附产 置于清代，位于南新华街70号（旧为路东六十五号），占地0.32亩，有房9.5间。

附产 关中仪馆和关中义园 建于清代，仪馆现为拆改后的手帕口北巷2号院（旧为广安门关厢路北六十九号）；义园位于广安门外大街189号（旧为广安门关厢路北七十六号），两者为近邻。

关中会馆 建于民国时期，位于西城区“中信城”北片，原为保安寺街中段路南（旧为包头章胡同路北十二号），占地0.68亩，有房25间。现已拆除。

府级馆产

延安

延安，位于陕西省北部、延河中游。秦置高奴县，隋改肤施县，大业三年（607 年）改延州置，唐至德时改称延安郡。北宋元祐四年（1089 年）升延安府置。自西夏兴起，遂为宋、金边防重镇。金、元时为路置，明复为府。1913 年废府改肤施县，1936 年改延安县，1937 年设市，为陕甘宁边区首府，并为中共中央所在地。1949 年撤市还县，1972 年复设市，1996 年撤销延安地区和县级延安市，设立地级延安市。革命遗址有杨家岭、王家坪、枣园毛主席旧居等；古迹有唐代宝塔等。此地区盛产石油，宋代已有开采。

延安会馆 也称肤施会馆，即以历史地名为馆名。

建于明代，清光绪年间（1875—1908 年）曾进行大修，位于西城区骡马市大街新 9 号中国联通（集团）公司北京市分公司院内。拆迁前的地址为四川营胡同 7 号（旧为路西五号），院内有房 23 间；与紧临在一起的棉花上四条 2 号（旧为路南二十三号）两院相通，该院有房 25 间；两院共占地 1.42 亩；会馆正门后开在上四条。2003 年一并拆除。

延安会馆① 建于清代，位于西城区骡马市大街东段（旧为路北五号）。早废。

华州

华州今称华县，位于陕西省东部、渭河下游。秦置郑县，西魏恭帝元年（554 年）改州置，隋大业初废，唐武德初复置，元改华州，清设直隶州。1913 年废州改称华县，今为渭南市下辖县。

华州会馆 建于明天启年间（1621—1627 年），位于西城区南柳巷 20、22 号（旧为路东六十四号、六十五号、六十六号），三院相连成五进院落，分称天、地、玄、黄、宇，可为一奇。共占地 1.72 亩，有房 72 间。主大门为

---

① 此条为冯其利先生早年考证，载于其会馆调查资料中（未发表）。

西洋式门楼，门楣上刻有“华州会馆”四字。现为民居。

《北京会馆档案史料》内存登记表载：“院内存有清康、乾时记碑数方，民纪元前，为乡子来京参加科举之退息场所。鼎革（指中华民国建立）后，仍沿袭学生来平上学之住所。”其中一统老碑现存于宣南文化博物馆院内。

附产 置于清代，位于南柳巷16号（旧为路东六十八号），占地0.21庙，有房7间。现为民居。

附产 置于清代，位于南柳巷17号（旧为路西十一号），占地0.4亩，有房14间。现为民居。

相关链接

1996年《北京文物报》第五期刊有王克昌先生的文章，题为《华州会馆点滴》，特节录如下：

我国卓越的古生物学家、古脊椎动物学的开拓和奠基者杨钟健先生是陕西省华县龙潭堡人。这位著名社会活动家是“少年中国学会”执行部主任、五四运动的闯将，跟李大钊、毛泽东、邓中夏等人有过密切的来往。他就曾居住过自己家乡人在京设立的华州会馆。他在会馆里刻苦学习，积极报考北京大学。后来他成为李四光的学生，在古生物研究方面作出杰出的贡献。

“九一八”事变后，许多热血青年纷纷站起来宣传抗日救国。在轰轰烈烈的“一二·九”学生爱国运动期间，许多陕西青年在华州会馆商讨时事，阅读进步书刊，积极投入爱国主义运动中去。国民党蒋孝先宪兵三团进驻北平后，对地下党和党的外围组织成员进行大肆追捕镇压。居住在这里的李永寿、钟师统、黄爱民、张克文、侯理齐、张炎、程云丞、薛义等青年革命者秘密地研究国内外形势，阅读中外进步小说、杂文，激发了火热的爱国心。他们的行动引起特务的疑心和注意。1936年某日警察突然包围华州会馆，逮捕北平中国大学地下党支部书记甘一飞（即甘全礼），结果扑了个空。还有一位同志被特务追捕后机警地躲进华州会馆，在地下党的同志帮助下安全脱险。华州会馆一次又一次地被军警的铁蹄践踏。

人物链接

杨钟健（1897—1979），地质学家、古生物学家。字克强，陕西华县人。曾任北京大学、北京师范大学、重庆大学、西北大学等校教授、校长。1949年后，历任中国科学院古脊椎动物与古人类研究所所长、中国科学院编译局局长、中国科学院地学部委员等职。1956年加入中国共产党。毕生从事地层古生物学研究，对我国古脊椎动物学的建立和发展作出了重要贡献。从1927年发表的早期著作开始，即在国际上确立了很高的声望。主要著作有《周口店第一地点之偶蹄类化石》等多部学术著作。

知识链接

五四运动 第一次世界大战结束后，1919年1月英、美、法、日等战胜国代表，在巴黎召开"和平会议"。中国军阀政府在人民的压力下，向和会提出取消帝国主义在华特权，要求取消"二十一条"和收回山东被日本帝国主义夺去的特权，遭到拒绝。消息传出，举国愤慨。5月4日，北京3000多名学生在天安门前集会，高呼"外争国权，内惩国贼"等口号。会后举行了游行示威，并火烧赵家楼，痛打章宗祥。政府派军警镇压，全市学生实行总罢课以示抗议。后有近千名学生被捕，更激起全国人民的更大愤怒，多地工人举行罢工、商人罢市。6月10日，军阀政府被迫释放了被捕学生，撤销了曹汝霖、陆宗舆、章宗祥的职务，28日拒签和约。这是中国人民在俄国十月革命的影响下，反对帝国主义和封建主义的一次革命运动，是中国新民主主义革命的开端，为中国共产党的成立作了思想上和组织上的准备。

九一八事变 1931年9月18日，日本驻在我国东北境内的关东军，突然炮击沈阳，同时在吉林、黑龙江发动进攻，当时蒋介石集中力量进行内战，对于日本侵略军采取妥协退让政策，命令东北军"绝对不能抵抗"，并撤至山海关内。日军在19日侵占了沈阳，紧接着又侵占了吉林和黑龙江等地，至1932年1月东北全境沦陷。

一二·九运动 1935年，在民族危机日益加深的形势下，中国共产党于8月1日发表宣言，号召全国人民起来抗日救国。12月9日，北平爱国学生数千人，在中共北平临时工作委员会领导和组织下，举行声势浩大的抗日救国示威游行，遭大批军警镇压。次日，北平各校学生宣布总罢课。此次学生运动获得了全国人民的支持和声援，很多城市学生相继举行示威游行，各地爱国人士纷纷成立各界救国会，促进了全国人民抗日救国的新高潮和抗日民族统一战线的形成。

榆林

榆林，位于陕西省北部、无定河上游，邻接内蒙古自治区。汉为龟兹县，隋为德靖，明改置榆林寨、榆林卫，并为延绥镇治。清初改榆林县，后升府置，1912 年废府改县，1988 年撤县设市，1999 年撤销榆林地区和县级榆林市，设立地级榆林市。名胜古迹有青云山、红石峡、普惠泉等。

延定会馆 “延”指延绥军镇，治在榆林，防线西沿长城达定边。“定”指定边，位于陕西省西北部、洛河上游，邻接甘肃、宁夏和内蒙古三省区；宋置定边军，明为定边营，清改定边县，今为榆林市下辖县。明成化七年（1471 年），东置榆林卫、西置定边营，由延绥军镇统辖，“地沿长城，夙为要塞，北瞰河套，南蔽延绥”，为明九边之一。

建于明晚期，位于西城区铁树斜街 100 号（旧称李铁拐斜街路南），现为民居。

榆林会馆 建于清康熙年间（1662—1722 年），位于西城区前青厂胡同 57 号（旧为路北二十四号），占地 0.8 亩，有房 24 间，两进院。现已拆除。

榆林会馆 建于清同治年间（1862—1874 年），位于西城区后青厂胡同路西，目前暂称“庄胜城”，已拆待建。

汉中

汉中，位于陕西省西南、汉江北岸。公元前 312 年秦惠王置汉中郡，因水得名。东汉以后，先后称为汉宁郡、梁州、汉川郡、山南西道、兴元府、汉中府、汉中道。1913 年废府改县。1953 年设汉中市，1964 年撤市还县，1980 年恢复县级汉中市，1996 年撤销汉中地区、汉中市，设立地级汉中市。名胜古迹有古汉台、拜将台、汉凿石门，以洞内壁碑《石门颂》最为著名。

汉中会馆 建于清乾隆年间（1736—1795 年）或更早，位于西城区前青厂胡同，早废。

凤翔

凤翔，位于陕西省中部偏北、渭河北岸。秦置雍县，唐改凤翔，至德二年（757 年）升府置。金大定二十七年（1187 年）改为路，元初废。明复为府，清代辖境扩大，1913 年废府改县，今为宝鸡市下辖县。该县产的“西凤酒”驰名古今。

凤翔八邑馆 建于清代，位于西城区“庄胜城”域内（旧为北极巷路西四号），占地 0.53 亩，有房 18 间。已拆待建。

《北京会馆档案史料》载：“陕西凤翔八邑馆由先贤购置，专为同乡旅平居住、集会之所。”其余七地指：

宝鸡，位于渭河平原西部。秦置陈仓县，唐改宝鸡，1949 年设市，

1980 年撤销宝鸡地区和县级宝鸡市，成立地级宝鸡市。名胜古迹有钓鱼台（姜太公钓鱼处）、古栈道等。

陇州，今称陇县，以境内陇山得名。位于渭河支流千河上游，邻接甘肃省。秦为“汧邑”，西汉改邑为县，置陇关，北魏孝明帝时（517 年）于汧县又置东秦州，西魏废帝二年（553 年）改为陇州，1913 年废州改为陇县，今为宝鸡市下辖县。

扶风，位于渭河平原中部、宝鸡市东，与眉县隔河相对，今为宝鸡市下辖县。名胜古迹有法门寺，隋文帝泰陵、班固墓等。

岐山，县名以山得名，位于渭河中游北岸，西接凤翔，东邻扶风。北魏置周城县，北周改三龙，隋改岐山，今为宝鸡市下辖县。名胜古迹有五丈原、周公庙、周太王墓等。

麟游，位于渭河支流漆水河上游，邻接甘肃省。汉置杜阳县，隋改麟游，今为宝鸡市下辖县。城西有唐九成宫故址。

汧阳，今称千阳，位于宝鸡市西北。汉置隃麋县，北周改汧阳，1964 年改千阳，今为宝鸡市下辖县。

郿县，今称眉县，位于宝鸡市东南。周置郿邑，汉置郿县，后魏改平阳，西魏曰郿城，北周改周城，隋改渭溪，元初升郿州后又改县，1964 年改眉县，今为宝鸡市下辖县。

凤翔会馆　建于清代，位于西城区香炉营东巷 2 号院南半部分（旧为北柳巷路西五号）。现已拆除。

凤翔会馆　建于清道光年间（1821—1850 年）或更早，位于西城区前青厂胡同 15 号（旧为路北三号），占地 0.65 亩，有房 29 间。现已拆除。

西安

西安，位于陕西省中部、渭河之南，秦岭以北。今为我国西北地区最大的城市及交通枢纽和陕西省省会。西安是我国古都之一，西汉、前秦、隋、唐等朝均在此建都，明、清两代为西安府治。1928 年设西安市，1930 年改西京，1943 年复改西安。名胜古迹有大、小雁塔，钟、鼓二楼，碑林、兴善寺、半坡遗址、阿房宫遗址等。

西安会馆　建于清中晚期，位于西城区板章胡同。早废。

《京师坊巷志稿》第 193 页“板章胡同”条载：“井一，有平定会馆。旧有分宜、西安、同安诸会馆。”

历史上，“西安”也曾是今浙江衢县和吉林东辽的别称，笔者没有找到此馆与该二地的任何关联，应可认定为陕西西安会馆。

兴安

兴安，今称安康，位于陕西省南部、秦岭南麓、汉江中游。惠文王后元十三年（前312年）置西城县，属汉中郡，西晋太康元年（280年）将汉中郡下辖的安阳县更名为安康县，元入金州，后升为直隶州，明改兴安州，清乾隆四十七年(1782年)设兴安府。1913年改安康县，1950年设市，1954年改为安康县城关区，1988年复设市，2000年撤销安康地区和县级安康市，成立地级安康市。

兴安会馆 建于清光绪二十年（1894年），位于西城区门楼巷8号（旧为路东九号），有房37间[①]。1971年办起宣武牛街玉器厂，现大半部改为金安宾馆。

商州

商州，今称商洛，位于陕西省东南部、汉江支流丹江上游，因境内有商山、洛水而得名。秦设商县，西汉设上洛县，北魏属洛州，北周宣政元年（578年）改洛州为商州，隋代将商县改为商洛县，明洪武七年（1374年）降商州为县，成化十三年（1477年）复升为州，清雍正三年（1725年）再升为直隶州。1913年废商州改设商县、洛南县、柞水县。1988年改商县为县级商州市，2002年设立地级商洛市。

商山会馆（商山五邑馆） 商山，位于商州境内东南，故以山名作为地方馆名。

建于清光绪二十三年（1897年），位于西城区老墙根街41号（旧为老墙根路北八号），占地2.25亩，有房46间。《北京会馆档案史料》载："由乡贤晏海澄服官户部醵金购得官房一所"，"随又出资3200两白银，将房舍加修使之涣然一新，而后捐给家乡为会馆。"现为民居大杂院。

该馆也称商山五邑馆。除商州外，其他四邑分别为：

雒南，今称洛南，位于陕西省东南部、华山以南，洛河上游，邻接河南省。汉为上洛县地，晋分置拒阳县，隋改洛南，明泰昌元年（1620年）为避光宗朱常洛名讳，改"洛"为"雒"，1964年复名洛南。

商南，位于陕西省东南部、大别山北麓，属长江流域汉江水系丹江中游地区，邻接河南、湖北两省。明成化十三年（1477年）

---

① 该馆为冯其利先生早年考证，载于其会馆调查资料中（未发表）。

置县，因位于商山之南而得名。

镇安，位于陕西省东南部、秦岭以南，汉江支流乾佑河中游，邻接湖北省。唐置安业县，后改乾元，五代汉改乾佑，明改镇安。

山阳，位于陕西省东南部、秦岭以南，邻接湖北省。晋置丰阳县，北宋咸平元年（998 年）改名山阳县，金废县为镇入上洛县，明成化十二年（1476 年）复名山阳县。

以上四邑均为今商洛市下辖县。

附：

创建商山会馆记
（1927年）

京师为海内人文仕官所萃，各直省及郡邑多建会馆，以栖行李、联梓谊，其来旧矣。即以吾秦论，为省馆二，曰关中，曰关中南。郡馆七，曰汉中，曰延安，曰榆林，若凤翔、若兴安各有二，兴安近鬻[①]其一。州县馆十有九，曰华，曰富平，曰大荔，曰郃阳，若咸长、若朝邑、若蒲城、若韩城各有二，若三原、若渭南各有三，渭南则一毁一鬻，今仅存一矣，若泾阳，则典偿夙负[②]矣。一会馆之微，其兴废靡常若此，讵不在人哉。吾商于旧制为直隶州，辖雒南、镇安、山阳、商南四邑，地非甚僻瘠，第以无久官京朝及贤牧令，相与主持筹措其间，故自北京建都五百余年，会馆尚阙如[③]，凡计偕入都，率寓省馆，否则凭舍居于寒畯，殊不便。光绪甲午，合属公车上春官者九。至稍后两省馆无容足地，时晏海澄院丞久官农曹，余亦厕词，垣五载，相与咨嗟太息愧弗若人[④]。爰公函致告州直牧保山李少白先生，乞筹三千金为建设资，先生贤有司也，以经始，故亦未敢多请。余于先生居弟子列，特上十笺，陈乞如前。五阅月复书，偕三千金至。盖先生首输五百金，以为绅民倡，遂得六千金，而留其半，建两省试馆于贡院之东西，并亲为篆额，亦何嘉惠商人士，周至若此，伊可感也。值中日战起，院丞参戎幕出关，都下汹汹，因不暇及买宅事。明年，院丞还，余又乞假归觐。迄丁酉入都，乃购得老屋一区于宣南老墙根炭墼库之右，直罄[⑤]所筹之数，而以修葺之役畀余，秋九月始克鸠工，迫寒冬，费又绌，仅改作前七楹，余略事补苴兼备器用，已耗六七百金，而设法弥其不足，劳无可言。独以拙直，视公犹已，不少假，几与售主构讼，工头又被唆使，肆刁难，送城坊惩创乃已，及今回忆殊滋渐悔。次年

---

① 鬻（yù）：意为“卖”。
② 典偿夙负：以变卖财产来偿还旧积的债务。
③ 阙如：欠缺。
④ 愧弗（fú）若人：愧不如很多人。
⑤ 罄（qìng）：尽，不留剩余。

春闱，陈筱坞大令寓此获寯[①]，是为有商山馆之始，嗣礼闱借汴，旋停科举，公车不复至。甲辰院丞及余先后忧去。比院丞服阕来寓，其间复以已资二千数百金，改作中后各六楹，前院东西各四楹，馆前隙地增厩室五。宣统庚戌，余至都，又增后院平房四，遂改前观。辛亥武昌变起，都中秩序乱，凡会馆基金多为乡人攫[②]去，甚且鬻而分其直，吁可慨已，而商山馆如故，固由无积金，抑非属人士念前徽重公益不至此？保山先生即世，在丁酉八月，惜不及见此馆之成，今院丞云亡又将十稔，余亦衰落，大惧昔贤勇义之盛美弗彰，缕述缘起，勒诸贞珉，庶来者有考焉。抑又闻之有功德于民则祀，保山先生遗爱在商，固已家家户祝，政绩今列清史循吏传，无俟赘[③]述，惟筹建会馆一端，其大庇旅京人士者，功亦不可没，前已建龛设主馆前院，于每岁六月十九先生诞日，集而致祭，兹复采众议，以院丞并祀，盖前劳不可忘兼为后起劝也。虑始难图，终亦不易。自丁酉迄今，瞬历三十载，馆事悉付余经理，及时修缮，先后筹垫亦逾千金，幸未倾圮。今老矣，无能为役。有举莫废，是所望后来诸君子。时襄[④]同立石者杨诗浙、马骧、晏树昌、刘佩瑢、阮太振、刘汉文、阎应奎、强玉杰、王维乾、陈柏顺，皆商人，例得备书。

丁卯秋九月山阳吴怀清撰并书，年六十有七。大兴陈云亭双钩刻石。

商州会馆

建于清光绪年间（1875—1908 年），位于西城区校场小七条北口路西 15 号（旧称校场小六条），两进院落。现为民居。

建馆时曾有一举子住在此院，名叫南溪，他称该院为“雪园”。笔者采访现住该院的一位老太太，其仍知该院曾称“雪园”。

县级馆产

富平

富平，位于陕西省中部、渭河平原东北。秦为频阳地，三国魏置富平县，今为渭南市下辖县。境内古迹有秦、西汉、西魏、北周及唐陵多处。

---

① 获寯（jùn）：得到了一处好宅院。

② 攫（júe）：掠夺。

③ 赘（zhuì）：多余。

④ 时襄：同时侧面予以帮助。

富平老馆　建于明天启年间（1621—1627年），位于西城区南新华街58号厂甸大楼域内（旧为小沙土园路西七号），占地1.44亩，有房19间。现已拆除。

富平西馆　建于明朝末年，由本邑孙佩阳经手建立，位于西城区南新华街103号（旧为减水河西岸，南新华街开通后为路西十四号），占地3.02亩，有房42间。馆中乡贤祠内供奉的是李因笃。现为民居。

白鹤群先生在《北京的会馆》中记述："1920—1935年，胡景瑗全家一直住在这里。其兄胡景翼经常到馆内看望其弟，他就是辛亥革命时期的一员猛将。"1924年于右任随孙中山第三次到北京时，曾抽暇到富平西馆内看望胡氏弟兄。

富平东馆　建于民国九年（1920年），位于西城区南新华街66号（旧为路东六十八号），占地1.35亩，有房19间。现已作原拆原建处理。

人物链接

李因笃（1631—1692），字天生，号中南山人，陕西富平人。清康熙七年（1668年）进士，授检讨，其学以朱熹为宗，并工诗词。

胡景翼（1892—1925），字笠僧，陕西富平人，1910年加入同盟会。辛亥革命爆发后，任陕西第一标统带，以后追随冯玉祥将军多年。

于右任（1879—1964），名伯循，陕西三原人。光绪二十九年（1903年）举人，因讽时政遭拿办，潜逃上海。1906年加入同盟会，继而创办《神州日报》并任社长。1929年到故宫博物院工作。国民党南京政府成立后，先后任审计院院长、监察院院长等职，后迁台湾。他善草书，喜作诗，晚年诗作眷念大陆颇深。

泾阳

泾阳，位于陕西省中部、泾河下游。秦为泾阳邑，西汉置池阳县，东晋永和八年（352年），析池阳复置泾阳县，今为咸阳市下辖县。

泾阳老馆　建于明天启年间（1621—1627年），为官员内府侍读许国翰所创，位于西城区樱桃斜街97号（旧为路北四十五号），占地0.81亩，有房21.5间。现为民居。

泾阳会馆　建于清雍正年间（1723—1735年），位于西城区大外廊营胡同8号（旧为路东三十二号），清朝末年售出。现已拆除。

泾阳西馆　建于清乾隆年间（1736—1795年），位于西城区校场五条

50 号（旧为路东二十六号），由朝中官员郭茂泰故宅捐为会馆。现为民居。

蒲城

蒲城，位于陕西省关中平原东北部、洛河下游。秦置重泉县，北魏太和十一年（487 年）撤重泉改设南白水县，西魏恭帝元年（554 年）改称蒲城县，今为渭南市下辖县。

蒲城老馆 建于明天启年间（1621—1627 年），位于西城区虎坊路北口路东。《京师坊巷志稿》第 261 页载："东砖胡同，旧有蒲城会馆，今废。"

蒲城会馆 建于清康熙十年（1671 年），位于西城区铁鸟胡同 21 号（旧为铁老鹳庙路西十号），占地 0.94 亩，有房 28.5 间。现为民居。

蒲城新馆 建于清咸丰十一年（1861 年），位于西城区校场五条 20 号（旧为路东三十九号），占地 2 亩，有房 57 间。

杨虎城将军 1927 年驻京时，曾将此会馆作为公馆①。此后"归学界管理，于 1937 年"七 · 七"事变后学生各自他往"。1979 年，由街道办起企业，后经改造已为北京市宏业工商联合总公司办公地点。

附产　蒲城义园 置于清代，位于里仁街中段路南今清芷园小区的一小部分及其周边（旧称郭家井）。

人物链接

杨虎城（1893—1949），国民党爱国将领，陕西蒲城人。曾参加辛亥革命，1917 年任陕西靖国军第五路司令，1924 年任国民军第三军师长，1927 年参加国民革命军，1929 年任第十七路军总指挥，1935 年任陕西绥靖公署主任。1936 年 12 月，在中国共产党抗日民族统一战线政策影响下，和张学良一起发动了"西安事变"，扣留蒋介石，逼蒋接受"停止内战、一致抗日"的主张。西安事变后，被蒋逼令离军"出国考察"。抗日战争爆发后回国，被蒋长期监禁。1949 年 9 月，重庆解放前夕遭杀害。2006 年 12 月 10 日，在纪念"西安事变"70 周年活动中，中国国民党党史馆馆长邵铭煌代表国民党主席办公室表示：对杨虎城最后被杀的遭遇表示歉意。这是国民党方面对这一段历史的重新审视。

---

① 公馆：即旧时官员或富人的住宅。

三原

三原，位于陕西省中部、泾河下游北岸。北魏太平真君七年（446年）置三原县，今为咸阳市下辖县。

三原老馆 建于清朝初年，位于西城区南新华街102号（旧为路东五十五号），占地0.33亩，有房12.5间，现已拆除。

三原会馆 建于清乾隆初年或更早，“乃前户部尚书温恭毅公所置”。位于西城区珠市口西大街249号左近（旧为虎坊桥路北四十八号），早已拆除。

三原西馆 建于清乾隆四十六年（1781年），位于西城区校场头条1号（旧为路西一号），由本邑在京人士“共议爰出俸千金副置”，留有碑记。两进院落，占地0.7庙，有房26.5间。现为民居。

三原会馆 建于清代，位于西城区五道街50号左近（旧为五道庙路东十八号），占地0.33亩，有房13间。现为民居。

附产 置于清代，位于西城区南新华街151号（旧为路西三十一号），占地0.19亩，有房7间。现为民居。

三原南馆 建于清代，位于西城区潘家胡同17号（旧为潘家河沿路西十号），两进院落，占地1.22亩，有房30间。现已拆除。

渭南

渭南，位于陕西省中部、秦岭北麓，渭河平原东部，渭河流贯。东晋、十六国前秦苻坚甘露二年（360年）置渭南县，1983年改为县级渭南市，1994年撤销渭南地区和渭南市，设立地级渭南市。

渭南老馆 建于清康熙年间（1662—1722年），位于西城区潘家胡同（旧为潘家河沿路西），早废。

渭南会馆 建于清康熙年间（1662—1722年），位于西城区前孙公园胡同6号（旧为前孙公园路南四十九号），占地0.66亩，有房10余间。现为民居。

渭南会馆 建于清中晚期，位于西城区琉璃巷4号（旧为八角琉璃井路南九号），三进院落共占地2.92亩，有房30余间。现为民居。

渭南会馆 建于清中晚期，位于西城区前门西河沿街188号（旧为西河沿路南二〇一号），当时并为陕西省派堤塘官驻所。现为民居。

渭南会馆 建于清中晚期，位于西城区臧家桥胡同15号（旧为臧家桥路北六号）。现为民居。

韩城

韩城，位于陕西省东部、东隔黄河与山西省为邻。秦置夏阳县，隋开皇十八年（598 年）改韩城县，1983 年撤县设市，今为渭南市下辖县级市。

韩城会馆，分为北馆和南馆，两馆均为三进院落，共占地 3.16 亩，有房 88.5 间。

韩城会馆（韩城北馆） 建于清乾隆三年（1738 年），由本籍尚书张廷枢私邸改建，位于西城区宣武门外大街新 8 号庄胜崇光商场南座位置（旧为宣武门大街路东二一四号）。

附：

韩城会馆碑记
（1769年）

都州会馆，自直省下及郡邑，无虑数十百计。吾韩公车北上与谒选者，向多僦居[①]旅次，咸以为非便。乾隆三年戊午，有以乡大司寇张公旧邸倡为会馆计者，乃谋诸邑绅士，各输资有差，得五百有奇，遂成兹举。韩之有会馆自此始矣。地西临宣武门外通街，深一十六丈一尺，广六丈五尺，东南隅毗连小院，形如折矩，南通曲巷，北长□丈四尺五寸，东长五丈，西亏一丈八尺，南亏六尺五寸。顾基址虽具，而栋桷[②]瓦石倾颓过半，时以工费无措，将谋新之而未遑[③]也。丙寅春复得诸输者约如前数，于是选材鸠工，次第修葺，大馆总三十三间，小馆八间，堂阶户牖[④]，焕然一新。自兹以往，其亦可以憩我韩人，而无行李忧矣，所虑者持循无矩，经理不得其人。不旋踵[⑤]间而倾颓如故，后之视今，安知不同余之观昔也。爰集同人公议馆规，书之匾额，并详其颠末，泐之于石，捐输者姓名亦得附次碑阴，盖将以□□后之嗣而葺之、恢而廓之者。

乾隆三十四年岁次己丑夏六月邑人王杰书

人物链接

张廷枢（？— 1729），字景峰，号息园，陕西韩城人。康熙朝进士，

---

① 僦（jiù）居：租住。
② 栋桷（jué）：正梁和方椽。
③ 遑（huáng）：闲暇。
④ 户牖（yǒu）：门窗或门户。
⑤ 旋踵（zhǒng）：形容时间极短。

四十五年（1706年）授吏部侍郎，后历官刑、工二部尚书。

韩城会馆（韩城南馆） 建于清嘉庆十年（1805年），由本籍尚书王杰私邸改建，位于北馆之南近邻（旧为宣武门大街路东二一〇号），略大于北馆。乡贤祠中供有司马迁等韩城籍历史名人及王杰等清代乡贤像。

祠柱上有楹联一副：

浮萍飘湖海，到处相蓬皆是水；
时雨洒大地，漫山遍野得知音。

（作者不详）

堂内家乡诗一首：

无风三尺黄河浪，有滩九丈回流浆。
虽缺绿波伴夕阳，两岸尽是五谷香。

（作者：王杰）

人物链接

王杰（1725—1805），字伟人，号惺园，陕西韩城人。自幼聪颖过人，家虽贫寒但知勤学，少时即始研古诗、文辞并工书法。迫于家境后以书记之职赡养老母。清乾隆二十六年（1761年）得中状元，授翰林院修撰，二十八年入值南书房，三十二年迁侍讲，充武会试总裁，累迁至内阁学士。三十九年（1774年）授刑部右侍郎，复转礼部、工部、吏部后，晋升为左都御史。四十八年（1783年）转兵部尚书，始居宣武门外大街。五十一年授军机大臣、充上书房总师傅、兼置礼部。次年又拜东阁大学士，充会试正总裁、加封太子太保。

和珅首辅朝政后，独断专行，众臣敢怒而不敢言，惟王杰从不惧怕，持理力争。嘉庆皇帝亲政后，将和珅夺官入狱，王杰升为首辅，并奉命主审和珅。其给和珅列大罪二十条，查没全部家产。七年（1802年），王杰乞休获允，晋太子太傅，在籍食俸。

翌年春，临行前还上疏皇帝：一是要清理各省亏空，二是要注重勤政节俭。嘉庆也赐他御制诗两首。诗中有“直到一身立廓庙，清风两袖反韩城”之句。十年（1805年）卒，皇帝赐金祭葬，追赠太子太师，谥文端，入祀贤良祠。

司马迁（约前145—前87），西汉史学家、文学家和思想家，字子长，夏阳（今陕西韩城）人。早年游踪遍南北，到处考察风俗，采集传说。初任郎中，元封三年（前108年）继父司马谈职任太史令。太初元年（前104年）

与唐都、落下闳等人共订太初历，对历法进行改革。后因替败降匈奴的李陵辩解，触怒汉武帝而下狱受宫刑。出狱后任中书令，发愤完成《史记》，留传为我国最早的通史著作。

朝邑

朝邑，今已并入大荔，位于陕西省东部。战国秦厉共公十六年（前461年）灭大荔戎国，取王城，筑高垒以临晋国，设临晋县，西晋武帝末年，改临晋为大荔县，后秦复名临晋，后魏置南五泉县，西魏改朝邑，1958年朝邑并入大荔，今为渭南市下辖县。

朝邑会馆 建于清乾隆年间（1736—1795年）或更早，位于西城区前孙公园胡同9号（旧为前孙公园路北五号），四进院落共有房67.5间。现为民居。

朝邑会馆 建于清乾隆五十五年（1790年），位于西城区臧家桥胡同1号（旧为臧家桥路北一号）。现已被拆改为“密闭式垃圾楼”。

朝邑会馆 建于清代，位于西城区“庄胜城”域内（旧为海北寺街路北十六号），占地1.49亩，有房37间，现已拆除。

大荔

大荔，位于陕西省东部、洛河下游，隔黄河与山西省相望。秦置临晋县，晋改大荔。北魏为武乡县，隋改冯翊，元入同州。清复置大荔县，今为渭南市下辖县。

大荔会馆 建于清乾隆年间（1736—1795年），位于西城区铁鸟胡同30号（旧为铁老鹳庙路东十五号），包括附产共占地2.71亩，有房34间。现为民居。

附产 置于清代，位于铁鸟胡同7号（旧为铁老鹳庙路西四号），有房9间。现为民居。

郃阳

郃阳，今称合阳，位于陕西省中部偏东、黄河西岸，与山西省隔河相望。战国魏置合阳县，西汉改为郃阳，1964年又改为“合阳”，今为渭南市下辖县。

郃阳试馆 建于清乾隆年间（1736—1795年），位于西城区椿树园小区域内（旧椿树上二条路北十四号），占地 0.84 亩，有房 30 间。《北京会馆档案史料》载："为本县来京应试者居栖处，鼎革后仍为来平就读学生之居留地，故仍不失试馆之意。"

咸阳、长安

咸阳，位于陕西省关中平原中部、渭河沿岸。战国时秦孝公十二年（前 350 年），秦建都咸阳。汉改名新城县，又改为渭城，后废。唐复置咸阳县。1952 年置市，1984 年撤销咸阳地区和县级咸阳市，改为地级咸阳市，原县级咸阳市改为秦都区。咸阳地域文物古迹众多，北部的毕郢塬多古代帝王陵墓。

长安，位于关中平原南缘、秦岭北麓。曾是周秦汉唐等十三个王朝的京畿之地。汉高祖五年（前 202 年）置长安县。2002 年，撤销长安县，设立西安市长安区。其境内文物古迹很多，有翠华山、南五台风景名胜区等。

咸长会馆（长安会馆） 建于清嘉庆年间（1796—1820 年），位于西城区宣武门外大街 97 号（旧为宣武门大街路西四十五号），占地 1.13 亩，有房 32.5 间。扩展宣外大街时大部拆除，余房为民居。

该馆是由咸阳、长安两县合建馆，由本籍官员王吉相私宅所捐，多称"长安会馆"，原存有道光年间题匾。

咸长西馆 建于清代，位于西城区校场五条 51 号（旧为路西二十二号），占地 1.01 亩，有房 22 间。现为民居。

南郑

南郑，位于汉江上游，邻接四川省。春秋秦武公十一年（前 687 年）始置县。今为汉中市下辖县。

南郑会馆 建于清嘉庆年间（1796—1820 年），位于西城区前青厂胡同 55 号（旧为前青厂路北二十三号），即顺德馆夹道南口西侧。现已拆除。

宁羌

宁羌，今称宁强，位于陕西省西南、汉江上游、大巴山北麓，邻接四川、甘肃两省。汉为葭萌县地，唐置三泉县，宋置大安军，元初升为大安州。明置宁羌卫，后升改宁羌州。1913 年废州改县，1942 年改为宁强，今为汉中市下辖县。

宁羌会馆 建于清道光年间（1821—1850 年），位于西城区烂缦胡同

133 号（旧为路西五十一号）。会馆早废。现为民居。

汉中十二邑馆　也称宁羌会馆。因是由汉中府下辖的宁羌州为首，联合十一县共同组建，故名。

建于清光绪二十六年（1900 年），由旅京同乡王朗轩、卢仙洲、吴止搴、赵位北等筹资购建。位于西城区烂缦胡同 64 号（旧为路东七十九号），占地 2.05 亩，有房 62.5 间。现为民居，门口尚存门墩和上马石。

十一县分别指：

南郑，前已介绍。

凤县，位于陕西省西南部、秦岭山区，邻接甘肃省。秦置故道县，三国魏分置梁泉县，隋于梁泉置河池郡，唐改河池郡为凤州，明改凤县，今为宝鸡市下辖县。

沔县，今称勉县，位于陕西省西南部、汉江上游，北邻甘肃省。秦汉时期，汉水称为“沔水”，西汉初始置沔阳县，隋改西县，元为沔州，明洪武七年（1374 年）改沔县，1964 年改名勉县。今为汉中市下辖县。

褒城，今已并入勉县。汉置褒中县，东晋改苞中，后魏复改褒中，唐改褒城，1958 年并入沔县，1964 年同改勉县。以下其他各县也均为汉中市下

汉中十二邑馆现状　烂缦胡同64号

辖县。

洋县，位于汉江上游。秦汉时属汉中郡成固县，西晋置兴道县，北魏改兴势，西魏置洋州，唐复改兴道，元设兴元路入洋州，明洪武三年（1370 年）改兴元路为汉中府，降洋州为洋县。

城固，位于汉江沿岸。秦置成固县，南朝宋改城固。县城西有汉代张骞墓。

留坝，位于汉江支流褒河上游。明设留坝巡检司，清置留坝厅，1913 年改厅为留坝县。

略阳，位于嘉陵江上游，邻接甘肃省。西汉为沮县，北魏改武兴，隋改顺政，南宋开禧三年（1207 年）改顺政县为略阳县。

佛坪，位于秦岭南坡。清置佛坪厅，1913 年改厅为佛坪县。

西乡，位于大巴山北麓、汉江支流牧马河流域，邻接四川省。三国蜀汉章武元年（221 年）置南乡县（即今西乡、镇巴二县地），是年蜀将张飞封“西乡侯”，寄食采于南乡县。西晋太康二年（281 年），因张飞封侯西乡，改南乡县为西乡县。

定远，今称镇巴，位于大巴山区、邻接四川省。清设定远厅，1913 年废厅改称定远县，1916 年改名镇巴县。

临潼

临潼，位于陕西省关中平原东部，南依骊山，北跨渭河。秦置骊邑，西汉改为新丰县，唐析置会昌县，后改昭应，北宋大中祥符八年（1015 年），以临河绕城东而过、潼河绕城西而走，遂取名临潼。1997 年撤销临潼县，改为西安市临潼区。境内有华清池、秦始皇陵、烽火台、鸿门坂等古迹。

临潼会馆　建于民国时期，位于西城区国家大剧院域内（旧为草帽胡同路西十五号）。

城固

有关城固的历史地理概况已在“汉中十二邑馆”条介绍。

城固会馆　《北京会馆档案史料》第 1306 页续 1951 年 12 月 31 日《北京陕西会馆财产管理委员会同乡非同乡协议妥房屋间数及租赁统计表》中，记有城固会馆，有房 24 间。笔者尚未发现有关其建立年代和具体地址的相关史料。

甘肃省、青海省、宁夏回族自治区在京会馆

甘肃省

甘肃省位于我国西北地区、黄河上游，地处青藏、黄土、内蒙古三大高原之间，自然条件具有明显的西高东低过渡性。北方一段与蒙古国接壤；国内与新疆、青海、四川、陕西、宁夏、内蒙古等省、自治区为邻。简称“甘”或“陇”，省会兰州市。

春秋时为秦、西戎地，秦置北地、陇西二郡，汉为凉州，唐置陇右道，元后分置甘肃行中书省，以旧甘州（今张掖）、肃州（今酒泉）两地名首字组合而得名。明属陕西布政使司，清康熙二年（1663 年）析临洮、巩昌、平凉、庆阳四府置甘肃省。现辖 12 个地级市、2 个自治州、4 个县级市、58 个县、7 个自治县及 17 个市辖区。全省面积约 43 万平方千米。

青海省

青海省位于我国西北部、青藏高原东北部，为长江、黄河等大河发源地，因境内青海湖得省名，简称“青”。地势高峻，一般海拔 3000 米以上，盆地、高山和河谷相间分布。分别与四川、甘肃、新疆和西藏等省、自治区为邻。

古为西戎地，汉属羌地，隋设西海、河源等郡，唐宋时为吐蕃地，元时东北部属甘肃行中书省、其余属吐蕃等处宣慰使司，明属西蕃地，清时东北部设西宁府，隶甘肃省。1928 年建青海省。现辖 2 个地级市、6 个自治州、3 个县级市、28 个县、7 个自治县及 5 个市辖区。全省面积约为 72 万平方千米。

宁夏回族自治区

宁夏回族自治区，位于我国西北部、黄河中上游，简称“宁”。地形以山地、高原为主，约占全区四分之三，平原占四分之一强。分别与陕西、甘肃及内蒙古自治区为邻。首府银川市。

春秋战国时为羌、戎和匈奴聚集地，秦为北地郡，汉属朔方刺史部，宋为西夏和秦凤路地，元设宁夏路，明设宁夏府，后改宁夏卫，清置宁夏府，隶甘肃省。1928 年置宁夏省，1954 年撤销并入甘肃省，1958 年成立宁夏回族自治区。现辖 5 个地级市、2 个县级市、11 个县及 9 个市辖区。全区面积约 6.6 万平方千米。

甘肃省在京建立的最早会馆，是清雍正年间建立的府馆——凉州会馆；最早建立的清代甘肃省馆是清乾隆末期建立的甘肃会馆。该省共在京建立会馆 11 座，其中省馆 6 座，府馆 3 座，县馆 2 座。目前尚有会馆建筑遗存 1 座。

甘肃省、青海省、宁夏回族自治区在京会馆一览表

产别		馆名	别名	建立年代	现地址	老地址	地亩	房间	掌馆人	现状
省馆		甘肃会馆		清乾隆末期	牛街东里一区2号楼	教子胡同路西十三号	2.88	50	刘瑞年	已拆
		甘肃北馆		清嘉庆三年（1798 年）	宣武门外大街148号	宣武门大街路东一六五号	0.63	17	马尧南	已拆
		甘肃会馆		清代	菜市口大街北段	丞相胡同路西十七号	0.94	23.5	马尧南	已拆
		甘肃南馆		清光绪初年	菜市口大街中段	官菜园上街路西六号	0.84	20	丁健秋	已拆
		甘肃会馆		清朝末年	中信城	米市胡同路西十四号	0.92	24.5	丁健秋	已拆
		甘肃会馆	吴柳堂祠	清朝末年	南横西街 15 号	同左路北二十八号		70	丁健秋	民居
府馆	凉州	凉州会馆		清雍正年间	大外廊营	同左		7		早废
		凉州会馆		清咸丰年间	山西街 6 号院	同左路东十二号				已拆
	肃州	肃州会馆		清中后期	南柳巷 20 号	同左路东六十五号				早废

产别		馆名	别名	建立年代	现地址	老地址	地亩	房间	掌馆人	现状
县馆	皋兰	皋兰会馆		清同治年间	中信城	羊肉胡同路南二十二号				已拆
		皋兰会馆		清朝末年	中信城	兵马司前街路东二十六号	0.32	19.5		已拆

省级馆产

甘肃会馆 建于清乾隆末期，位于西城区牛街东里一区 2 号楼座及北侧院内（旧为教子胡同路西十三号）。占地 2.88 亩，院内原有房近 50 间，危改前为民居，2000 年危改拆迁。

该址之前曾为商馆，但馆名和建立时期已无从考证。王昶入居这所老寄园时，已是乾隆二十五年（1760 年），而在其前还有李玉舟等几位曾住过。该院落门道北墙原有王昶撰《庚辰秋月移居蒲褐山房①有作》中述：“是宅旧为赵天羽给谏寄园故址，嗣李玉舟、沈椒园及邵叔宁诸公先后寓此，后沈归愚宗伯亦居焉，迄今几十年而余复以老门生继其迹，虽名位相悬而从之，盛殆不减往昔。”赵天羽是康熙四十五年（1706 年）去世的，王昶于五十多年后才“继其迹”，并住居在此近十年。

录王昶诗作如下：

《移居寄园》（二首）

数椽老屋在东头，茶铫②花磁位置幽，
仿得乐天诗句好，绿槐宜作两家秋。

耘松③移宅已三旬，幸得君来共结邻，
可是寄园风雅地，卜居④往往得诗人。

继王昶之后还有几位名人先后居住过此院，如：史学家朱筠、画家王蓬心、诗人翁方纲等。这些都成为甘肃会馆建馆前的轶闻趣事。

---

① 蒲褐山房：是王昶移居寄园后，为其室新起的堂名。
② 铫：烧水用的器具。
③ 耘松：指赵翼。
④ 卜居：择地居住。

正式建馆后，该馆面积较大，但布局松散，从总体看，是由四个不同组合的院子拼在一起。正门坐西向东，为一广亮大门，北连七间五檩倒座房，但进门后无正房、厢房，只有两座附属用房。与此倒座房对应的位置，是一所坐北朝南的小四合院，正房三间五檩加前廊，左右耳房各二间五檩；南屋也是三间五檩加前廊；东西厢房各三间五檩。此院之西为一松散庭院，共有四座三开间排房和三间耳房。再往西为坐西朝东的三间房，前加抱厦[①]一间，与对面东方三间，共同组成一个独立小院。总的看来，第二进坐北朝南的四合院是会馆集会的主体，其他均为供人居住，进深只五檩不出廊，房屋只求实用，不太讲究格局。

人物链接

王昶（1725—1806），字德甫，号述庵，江苏青浦（今属上海市）人。清乾隆十九年（1754 年）进士，长达四十年的为官生涯外放时间占四分之三，官至左副都御史，至乾隆五十八年（1793 年）老归。精经学，工诗词、古文。

赵天羽（1628—1706），本名吉士，字恒夫，安徽休宁人，后入籍杭州。出身补府学士，清康熙七年（1668 年）出任山西交城知县，五年半，颇有治绩。后官至国子监学正。其著作有《寄园寄所寄》等。

李玉舟，本名重华，字实君，江苏吴江人。清雍正二年（1724 年）进士，曾任四川乡试副考官。工诗，著有《贞一斋集》等。

沈椒园（1702—1772），本名廷芳，字畹叔，浙江仁和（今杭州市）人。清乾隆元年（1736 年）试博学鸿词，官至山东按察使。著有《隐拙斋集》等。

邵叔宁（1718—1769），本名齐焘，字荀慈，江苏昭文（今常熟市）人。清乾隆七年（1742 年）进士，官编修，三十六年（1771 年）罢归，主讲于常州龙山书院。

沈归愚（1673—1769），本名德潜，字确士，江苏长洲（今苏州市）人。清乾隆四年（1739 年）进士，官至礼部侍郎，善诗，编著颇丰。

赵翼（1727—1814），字云崧，号瓯北，江苏阳湖（今常州市武进区）人。清代著名史学、文学家，乾隆二十六年（1761 年）进士，官至贵西兵备道。后主讲扬州安定书院。诗与袁枚、蒋士铨齐名，为“江左三大家”之一。论诗主张推陈出新，反对募仿。著述有《瓯北诗集》、《瓯北诗话》等。

翁方纲（1733—1818），字正三，号覃溪、苏斋，顺天府大兴县（今北京市）人。清乾隆时期著名学者、诗人。乾隆十七年（1752 年）进士，官至

① 抱厦：即房屋前面加出来的门廊。该馆“抱厦”较大，实际是个小戏台。

内阁学士。二十五年（1760年）搬至“寄园”，只住了一年多，再次出京赴任。毕生穷究经学，并精于书法、绘画、金石、鉴赏等。一生诗作6000多首，作诗注重学问、义理，为“肌理说”创始人，一代诗坛的领袖人物。

甘肃北馆 建于清嘉庆三年（1798年），位于西城区宣武门外大街148号（旧为宣武门大街路东一六五号）。占地0.63亩，有房17间。现已拆除。

甘肃会馆 建于清代，位于西城区菜市口大街北段（旧为丞相胡同路西十七号），占地0.94亩，有房23.5间。现已拆除。

甘肃南馆 建于清光绪初年，位于西城区菜市口大街中段（旧为官菜园上街路西六号），占地0.84亩，有房20余间。现已拆除。

甘肃会馆 建于清朝末年，位于西城区“中信城”北片，原为米市胡同33号（旧为路西十四号），占地0.92亩，院内有房24.5间。1938年改建私立育文小学，1949年后撤并。现已拆除。

甘肃会馆（吴柳堂祠） 建于清朝末年，原为吴可读私宅，其逝后设立祠堂，其后“为联络乡谊，改为会馆”。位于西城区南横西街15号（旧为路北二十八号），有房70多间。现为民居。

人物链接

吴可读（1811—1879），字柳堂，甘肃皋兰人。清道光三十年(1850年）进士，授刑部主事，继迁员外郎，吏部郎中，后转升都察院河南道监察御史等职。

同治十年（1871年），俄国强占伊犁后，清政府筹划用兵收复。时乌鲁木齐提督成禄屯兵甘肃，拒不出关御敌。可读陈其罪有“可斩者十、不可缓者五”。因言辞过激触怒皇帝，被谪官归里。时任陕甘总督的左宗棠对可读十分赏识，招其入幕“优礼之”。光绪皇帝继位后，可读被召回吏部任主事。

同治帝殁，慈禧违背祖制，立同治堂弟继承皇位。诸大臣皆不敢言。光绪五年（1879年），同治帝葬于河北遵化马兰峪惠陵。礼仪结束后，可读自留蓟州，夜宿三义庙，服鸦片以为死谏，留下“为同治帝立嗣遗疏”，指责“两宫皇太后一误再误，为文宗显皇帝立子，不为我大行皇帝立嗣”。此举完全出乎慈禧的预料，一时十分难堪，因碍于祖制，不便公然批驳，于是谕交部议。可读死谏所换来的仅仅是个“愚忠”。遵其遗愿可读被葬于蓟州，时人在他位于南横西街的旧宅立祠祀之。

府级馆产

凉州

凉州，今称武威，位于甘肃省河西走廊东部、祁连山北麓、石羊河上游。西汉置凉州，为汉武帝“十三刺史部”之一。东汉置姑臧县，三国魏凉州治所移至姑臧，隋大业三年（607 年）改凉州为武威郡，唐中叶废，入吐蕃。元为西凉州，明洪武初为凉州卫。清雍正二年（1724 年）改为凉州府，1913 年废府改武威县，1985 年撤县设市，2001 年撤销武威地区和县级武威市，设立地级武威市，原县级武威市改称凉州区。名胜古迹有大云寺西夏碑等。

凉州会馆　建于清雍正年间（1723—1735 年），为甘肃在京城兴建最早的会馆。位于西城区大外廊营路东，仅一进院落，有房 7 间。同治年间，因凉州进京赶考的举子不多，会馆先租、后卖予广东商人，所以《京师坊巷志稿》第 245 页述该馆“今废”。

凉州会馆　建于清咸丰年间（1851—1861 年），位于西城区山西街 6 号院域内（旧为路东十二号）。1949 年后这里改建为椿树整流器厂的一个车间，目前该地仅余旧厂房小楼一栋。

肃州

肃州，即今之酒泉，位于甘肃省河西走廊西部、北大河流域。西汉元狩二年（前 121 年）以原匈奴昆邪王地置酒泉郡，隋仁寿二年（602 年）撤郡存州、县两级，改酒泉镇为肃州。唐代一度属吐蕃。宋时归西夏，元置肃州路，明改卫，清雍正七年（1729 年）改直隶州，1913 年废州改酒泉县，1958 年设市，1964 年复改县，1985 年撤县设市，2002 年升为甘肃省地级市，原县级酒泉市改称肃州区。名胜有西汉酒泉胜迹（酒泉公园）、大法幢寺等。

肃州会馆　建于清中后期，位于西城区南柳巷 20 号（旧为路东六十五号）。光绪初年转给陕西华州会馆。

县级馆产

皋兰

皋兰，位于甘肃省兰州市北部。西汉置金城县，唐改五泉，宋改兰泉，金入兰州。明洪武初复置兰县，清乾隆六年（1741 年）因境内有皋兰山而改称皋兰县，今为兰州市下辖县。

皋兰会馆 建于清同治年间（1862—1874 年），原是鲁膺泰私宅，为四合院落。位于西城区“中信城”北片，原为南大吉巷 18 号（旧为羊肉胡同路南二十二号）。现已拆除。

皋兰会馆 建于清朝末年，位于西城区“中信城”域内（旧为兵马司前街路东二十六号），占地 0.32 亩，有房 19.5 间。清光绪二十八年（1902 年）五月，会馆建立启蒙义塾，三十三年（1907 年）改为小学堂，转年改为外右四区第三小学堂。1913 年改称京师第三十八小学校，1918 年又更名京师私立第十二国民小学校，1922 年改为私立务本小学校，抗日战争爆发后学校停办，后为民居。现已拆除。

新疆维吾尔自治区在京会馆

新疆维吾尔自治区简称“新”，地处我国西北边疆。境内山地、盆地相间，以天山为界将自治区分为南北，塔克拉马干沙漠为我国最大、世界第二大流动沙漠，塔里木河是我国最长的内陆河；额尔齐斯河是我国属于北冰洋水系的惟一河流；艾丁湖海拔 −155 米，是我国海拔最低的湖泊，也为中国陆地最低处。

古称西域，汉属西域都护，唐设北庭都护府和安西都护府，宋为西辽地，元设察合台汗国、别失八里等行省，清光绪十年（1884 年）置新疆省。1955 年成立新疆维吾尔自治区，首府乌鲁木齐市。现辖 7 个地区、5 个自治州、2 个地级市、24 个县级市、62 个县、6 个自治县及 11 个市辖区。全区面积 166 万平方千米。东北西分别与蒙古、俄罗斯、哈萨克斯坦、吉尔吉斯斯坦、塔吉克斯坦、阿富汗、巴基斯坦、印度等国为邻。国内分别与甘肃、青海省及西藏自治区接壤。

新疆在京建立会馆 1 座，是民国三十四年（1945 年）建立的迪化会馆。现已无存。

新疆维吾尔自治区在京会馆一览表

产别		馆名	别名	建立年代	现地址	老地址	地亩	房间	掌馆人	现状
府馆	迪化	迪化会馆		民国三十四年（1945 年）	新文化街中段	石驸马大街西段路北				已拆

府级馆产

迪化

迪化，现称乌鲁木齐，位于新疆维吾尔自治区中部偏北，天山中段北麓、准噶尔盆地南缘，乌鲁木齐河河畔，为全区政治、经济、文化中心和交通枢纽。乌鲁木齐为古准噶尔蒙古语“优美牧场”之意，曾经是古丝绸之路新北道上的重镇。乾隆二十八年（1763 年）建城，称迪化。光绪十年（1884 年）新疆置设行省，以迪化为省会；翌年，升迪化直隶州为迪化府，增设迪化县为附郭首县。1913 年撤府留县，1945 年设迪化市，1954 年改称乌鲁木齐。

自然风光独特，有天池、南山、天山一号冰川、白杨沟冰川瀑布、庙儿沟松林涌泉、塔塔尔清真寺、红山、乌拉泊古城等游览胜地。

迪化会馆　建于民国三十四年（1945 年），位于西城区新文化街中段（旧为石驸马大街西段路北），后门开在石驸马后宅（今称文华胡同）。现已拆除。

台湾省在京会馆

台湾省简称“台”，位于我国东南海域。台湾自古即为中国领土的一部分，古有岛夷、夷洲、流求之称。南宋时澎湖已属福建路，元、明设巡检司于澎湖，明万历时始称台湾。清初，郑成功驱逐荷兰侵略者收复台湾，此时置台湾府，隶福建省。光绪十一年（1885 年）台湾建省，二十一年（1895 年）被日本侵占，1945 年抗日战争胜利后回归祖国。

台湾省由台湾岛、澎湖列岛、兰屿、绿岛、钓鱼岛、彭佳屿、赤尾屿等 80 多个岛屿及周围海域组成，全省面积 3.6 万多平方千米，其中台湾岛面积 3.58 万平方千米，是我国第一大岛。省会台北市，其他重要城市还有新北、高雄、基隆、花莲、台中、台南等。

台湾省在京建立省馆 2 座。目前尚有会馆建筑遗存 1 座，得到修缮保护和扩建利用。

台湾省在京会馆一览表

产别	馆名	别名	建立年代	现地址	老地址	地亩	房间	掌馆人	现状
省馆	全台会馆		清光绪十一年至二十年间（1885—1894年间）	后铁厂胡同北口路东	后铁厂				早废
	台湾会馆		清末民初（1895—1915年间）	大江胡同114号	大蒋家胡同路南一二七号	0.809	23	林铿生	修复扩建

省级馆产

全台会馆 建于清光绪十一年至光绪二十年间（1885—1894 年间），位于西城区后铁厂胡同北口路东。光绪二十年（1894 年）后由福建会馆代管。光绪三十四年（1908 年）失火，后经修复。20 世纪 30 年代已废。

台湾会馆 建于清末民初（1895—1915 年间），位于东城区大江胡同 114 号（旧为大蒋家胡同路南一二七号），占地 0.809 亩，有房 23 间。

该处地方清光绪九年（1883 年）“买自李春发”，民国四年（1915 年）“全台同乡建造会馆”在大兴县办理地契登记。该馆曾由福建会馆代管，1937 年由台湾乡人自管，1945 年由台湾省旅平同乡会接管。1948 年平、津两地台湾同胞曾在此举办“二·二八”殉难烈士追悼会，两地台湾同乡会联合印发《“二·二八”周年志》。1950 年后该馆由北京台湾会馆财产管理委员会（初为筹备会）、北京市民政局、台盟华北总支部接续管理。1970 年交由崇文区房管局管理，1986 年转交北京市台湾同胞联谊会管理使用，1994 年完成腾退修缮。2009 年进行翻扩建，涵括了毗邻的云间会馆等院落，整体面积由原来的 540 平方米增扩至地上、地下共 3800 多平方米，2010 年重张。

台湾会馆现状　大江胡同114号

附表一：各省（自治区、直辖市）在京会馆及其附产统计表

<table>
<tr><th>馆别
省别</th><th>合属馆</th><th>省馆</th><th>府馆</th><th>县馆</th><th>商业行业馆</th><th colspan="2">会馆合计</th><th colspan="2">附产合计</th><th colspan="2">馆产总计</th></tr>
<tr><td>北京市</td><td></td><td></td><td></td><td>2</td><td>18(4)</td><td colspan="2">20(4)</td><td colspan="2">7</td><td colspan="2">27</td></tr>
<tr><td>天津市</td><td></td><td></td><td>3</td><td>2</td><td></td><td colspan="2">5</td><td colspan="2"></td><td colspan="2">5</td></tr>
<tr><td>河北省</td><td></td><td>16(5)</td><td>4</td><td>12(6)</td><td>2</td><td colspan="2">34(11)</td><td colspan="2">6</td><td colspan="2">40</td></tr>
<tr><td>山西省</td><td></td><td>12</td><td>13(2)</td><td>24(4)</td><td>21(9)</td><td colspan="2">70(15)</td><td colspan="2">12</td><td colspan="2">82</td></tr>
<tr><td>内蒙古自治区</td><td></td><td>2(1)</td><td>1(1)</td><td></td><td></td><td colspan="2">3(2)</td><td colspan="2"></td><td colspan="2">3</td></tr>
<tr><td>辽宁省</td><td rowspan="3">3</td><td>1</td><td></td><td></td><td></td><td>1</td><td rowspan="3">7(1)</td><td>4</td><td rowspan="3">5</td><td>5</td><td rowspan="3">12</td></tr>
<tr><td>吉林省</td><td>3(1)</td><td></td><td></td><td></td><td>3(1)</td><td>1</td><td>4</td></tr>
<tr><td>黑龙江省</td><td></td><td></td><td></td><td></td><td></td><td></td><td></td></tr>
<tr><td>上海市</td><td></td><td></td><td>5(1)</td><td>6(1)</td><td></td><td colspan="2">11(2)</td><td colspan="2">5</td><td colspan="2">16</td></tr>
<tr><td>江苏省</td><td rowspan="2">1</td><td>7(1)</td><td>22(3)</td><td>23(8)</td><td>5(2)</td><td>57(14)</td><td rowspan="2">128(34)</td><td colspan="2">29</td><td>86</td><td rowspan="2">205</td></tr>
<tr><td>安徽省</td><td>2(2)</td><td>25(6)</td><td>43(12)</td><td></td><td>70(20)</td><td colspan="2">48</td><td>118</td></tr>
<tr><td>浙江省</td><td></td><td>17(5)</td><td>33(7)</td><td>40(10)</td><td>6(1)</td><td colspan="2">96(23)</td><td colspan="2">44</td><td colspan="2">140</td></tr>
<tr><td>福建省</td><td></td><td>3</td><td>18(6)</td><td>27(8)</td><td>1</td><td colspan="2">49(14)</td><td colspan="2">29</td><td colspan="2">78</td></tr>
<tr><td>江西省</td><td></td><td>12(2)</td><td>46(10)</td><td>59(17)</td><td>3</td><td colspan="2">120(29)</td><td colspan="2">39</td><td colspan="2">159</td></tr>
<tr><td>山东省</td><td></td><td>8(2)</td><td>5(1)</td><td>6(2)</td><td>1</td><td colspan="2">20(5)</td><td colspan="2">9</td><td colspan="2">29</td></tr>
<tr><td>河南省</td><td></td><td>8(1)</td><td>19(4)</td><td>9(4)</td><td></td><td colspan="2">36(9)</td><td colspan="2">3</td><td colspan="2">39</td></tr>
<tr><td>湖北省</td><td rowspan="2">2(1)</td><td>1</td><td>18(8)</td><td>42(17)</td><td></td><td>61(25)</td><td rowspan="2">117(39)</td><td>6</td><td rowspan="2">23</td><td>67</td><td rowspan="2">140</td></tr>
<tr><td>湖南省</td><td>8(6)</td><td>29(5)</td><td>17(2)</td><td></td><td>54(13)</td><td>16</td><td>70</td></tr>
<tr><td>广东省</td><td></td><td>7(5)</td><td>19(4)</td><td>30(11)</td><td>4(1)</td><td colspan="2">60(21)</td><td colspan="2">33</td><td colspan="2">93</td></tr>
<tr><td>广西壮族自治区</td><td></td><td>4</td><td>8(1)</td><td>1(1)</td><td></td><td colspan="2">13(2)</td><td colspan="2">6</td><td colspan="2">19</td></tr>
<tr><td>海南省</td><td></td><td></td><td>2(1)</td><td></td><td></td><td colspan="2">2(1)</td><td colspan="2">1</td><td colspan="2">3</td></tr>
<tr><td>重庆市</td><td></td><td></td><td>8(1)</td><td></td><td></td><td colspan="2">8(1)</td><td colspan="2">2</td><td colspan="2">10</td></tr>
<tr><td>四川省</td><td></td><td>9(4)</td><td>9(2)</td><td></td><td></td><td colspan="2">18(6)</td><td colspan="2">10</td><td colspan="2">28</td></tr>
<tr><td>贵州省</td><td></td><td>8(4)</td><td></td><td>1</td><td></td><td colspan="2">9(4)</td><td colspan="2">1</td><td colspan="2">10</td></tr>
</table>

<table>
<tr><th>馆别
省别</th><th>合属馆</th><th>省馆</th><th>府馆</th><th>县馆</th><th>商业行业馆</th><th colspan="2">会馆合计</th><th>附产合计</th><th colspan="2">馆产总计</th></tr>
<tr><td>云南省</td><td></td><td>10(4)</td><td>3(2)</td><td></td><td></td><td colspan="2">13(6)</td><td>3</td><td colspan="2">16</td></tr>
<tr><td>陕西省</td><td rowspan="2">1</td><td>5(1)</td><td>14(4)</td><td>33(16)</td><td></td><td>52(21)</td><td rowspan="2">64(22)</td><td>8</td><td>60</td><td rowspan="2">72</td></tr>
<tr><td>甘肃省、青海省、宁夏回族自治区</td><td>6(1)</td><td>3</td><td>2</td><td></td><td>11(1)</td><td></td><td>11</td></tr>
<tr><td>新疆维吾尔自治区</td><td></td><td></td><td>1</td><td></td><td></td><td colspan="2">1</td><td></td><td colspan="2">1</td></tr>
<tr><td>台湾省</td><td></td><td>2(1)</td><td></td><td></td><td></td><td colspan="2">2(1)</td><td></td><td colspan="2">2</td></tr>
<tr><td>合计</td><td>7(1)</td><td>151(46)</td><td>308(69)</td><td>379(119)</td><td>61(17)</td><td colspan="2">906(252)</td><td>323</td><td colspan="2">1229</td></tr>
<tr><td>未破译</td><td></td><td></td><td></td><td></td><td></td><td colspan="2">2</td><td></td><td colspan="2">2</td></tr>
<tr><td>总计</td><td>7(1)</td><td>151(46)</td><td>308(69)</td><td>379(119)</td><td>61(17)</td><td colspan="2">908(252)</td><td>323</td><td colspan="2">1231</td></tr>
</table>

注：括号内为各省（自治区、直辖市）在京会馆建筑遗存数。

附表二：各省（自治区、直辖市）在京会馆建立时间统计表

时期 省别	明代				清代				民国	无法确定	总计
	前期	中期	晚期	无法确定	前期	中期	晚期	无法确定			
合属馆			1	1	1	2(1)	1	1			7(1)
北京市				1	2(1)	5	8(2)	2	2(1)		20(4)
天津市						4		1			5
河北省				1	4	3(1)	10(4)	7（1）	9(5)		34(11)
山西省		1(1)	3(2)	3(1)	15(4)	19(3)	12(1)	16(2)	1(1)		70(15)
内蒙古自治区						1（1）			2(1)		3(2)
辽宁省									1		1
吉林省							1		2(1)		3(1)

时期 省别	明代				清代				民国	无法确定	总计
	前期	中期	晚期	无法确定	前期	中期	晚期	无法确定			
上海市					1	1	6(1)	3(1)			11(2)
江苏省			1		8	23(7)	20(6)	5(1)			57(14)
安徽省	1(1)	1(1)	3(2)	2(2)	8(1)	13(3)	13(3)	29(7)			70(20)
浙江省			2	1	15(1)	19(4)	18(7)	39(11)	2		96(23)
福建省	1	3(2)	6(2)	1	9(2)	7(3)	5	13(5)	4		49(14)
江西省	4(1)	4(1)	5(1)	2(2)	26(7)	25(4)	19(4)	32(8)	3(1)		120(29)
山东省			1(1)		1	5(2)	3(1)	7(1)	3		20(5)
河南省			1		3(1)	8(1)	9(3)	14(3)	1(1)		36(9)
湖北省			3(2)	3(2)	10(6)	11(6)	20(5)	6(3)	8(1)		61(25)
湖南省		1	3		6(1)	9(3)	30(7)	3(2)	2		54(13)
广东省	1	1	3(1)		4	11(5)	23(11)	14(4)	3		60(21)
广西壮族自治区		1			1	5	6(2)				13(2)
海南省						2(1)					2(1)
重庆市					1	1	2(1)	4			8(1)
四川省			2(1)		1(1)	2	4(1)	9(3)			18(6)
贵州省					2(1)	2(1)	4(2)	1			9(4)
云南省					3(1)	1(1)	1(1)	8(3)			13(6)
陕西省			6(4)	2	6(2)	17(7)	8(4)	9(3)	3(1)	1	52(21)
甘肃省 青海省 宁夏回族自治区					1	3	6(1)	1			11(1)
新疆维吾尔自治区									1		1
台湾省							2(1)				2(1)
合计	7(2)	12(5)	40(16)	17(7)	128(29)	199(54)	231(68)	224(58)	47(13)	1	906(252)
未破译					1			1			2
总计	7(2)	12(5)	40(16)	17(7)	129(29)	199(54)	231(68)	225(58)	47(13)	1	908(252)

注：括号内为各省（自治区、直辖市）在京会馆建筑遗存数。

附表三：各省（自治区、直辖市）在京会馆区域分布统计表

北京各区 省别	东城区	西城区	朝阳区	丰台区	石景山区	门头沟区	通州区	无法确定	总计
合属馆		7(1)							7(1)
北京市	4(1)	15(3)			1				20(4)
天津市	3	2							5
河北省	6(3)	28(8)							34(11)
山西省	21(7)	43(6)		1（1）		2(1)	3		70(15)
内蒙古自治区	1(1)	2(1)							3(2)
辽宁省		1							1
吉林省	1	2(1)							3(1)
上海市	1	10(2)							11(2)
江苏省	10(2)	45(12)					2		57(14)
安徽省	24(6)	46(14)							70(20)
浙江省	33(1)	63(22)							96(23)
福建省	11(2)	38(12)							49(14)
江西省	41(15)	77(14)					2		120(29)
山东省	5	13(3)	1(1)				1(1)		20(5)
河南省	2(1)	34(8)							36(9)
湖北省	24(11)	37(14)							61(25)
湖南省	16(5)	38(8)							54(13)
广东省	13(2)	47(19)							60(21)
广西壮族自治区	1	12(2)							13(2)
海南省		2(1)							2(1)
重庆市		8(1)							8(1)

北京各区 省别	东城区	西城区	朝阳区	丰台区	石景山区	门头沟区	通州区	无法确定	总计
四川省		18(6)							18(6)
贵州省	1(1)	8(3)							9(4)
云南省	3	10(6)							13(6)
陕西省		51(21)						1	52(21)
甘肃省 青海省 宁夏回族自治区		11(1)							11(1)
新疆维吾尔自治区		1							1
台湾省	1(1)	1							2(1)
未破译		2							2
合计	222(59)	672(189)	1(1)	1(1)	1	2(1)	8(1)	1	908(252)

注：括号内为各省（自治区、直辖市）在京会馆建筑遗存数。

附表四：北京市各城区会馆数量统计表

北京各区 馆别	合属馆	省馆	府馆	县馆	商业行业馆	未破译	会馆合计
东城区		23(6)	85(22)	96(24)	18(7)		222(59)
西城区	7(1)	127(39)	223(47)	281(94)	32(8)	2	672(189)
朝阳区				1(1)			1(1)
丰台区					1(1)		1(1)
石景山区					1		1
门头沟区					2(1)		2(1)
通州区		1(1)			7		8(1)
无法确定				1			1
总计	7(1)	151(46)	308(69)	379(119)	61(17)	2	908(252)

注：括号内为各省（自治区、直辖市）在京会馆建筑遗存数。

附表五：北京市各城区会馆街巷分布表

东城区

一、北新桥街道

雍和宫大街

路西	老地址	会馆
65号	雍和宫大街一五一、一五二号	安徽歙县会馆

二、交道口街道

（一）秦老胡同

路北	老地址	会馆
1号	秦老胡同二号	* 河北滦密二十二县旅平同乡会馆

（二）雨儿胡同

路北	老地址	会馆
29号	雨儿胡同十一号	* 内蒙古呼伦贝尔固山会馆

（三）府学胡同

路北	老地址	会馆
位置不确定	府学胡同	江西怀忠会馆（怀忠祠）

（四）东棉花胡同

路北	老地址	会馆
15号	棉花胡同九号	* 河北热河省旅平同乡会馆

注：* 为各省（自治区、直辖市）在京会馆建筑遗存（下同）。

三、东四街道

（一）东四北大街

路东	老地址	会馆
368号	东四北大街九十三至九十五号	江苏会馆

（二）朝阳门北小街

方向	老地址	会馆
位置不确定	朝阳门北小街	云南会馆

四、东华门街道

（一）前门东大街

路北	老地址	会馆
西段	正阳门东城根	湖北武郡会馆

（二）崇文门西大街

路北	老地址	会馆
东段	崇文门内西城根	浙江仁钱试馆

（三）沙滩北街

路西	老地址	会馆
位置不确定	沙滩二十号	广东平远会馆

（四）晨光街

路东	老地址	会馆
10号	小甜水井四号	浙江镇海试馆
10号	小甜水井五号	浙江鄞县新馆
10号	小甜水井六号	浙江宁波会馆
10号	小甜水井九、十号	浙江慈溪试馆
10号	康家胡同六号	山西泽州试馆（泽州内馆）

（五）东交民巷

路北	老地址	会馆
1号	东江米巷东口	山东武定会馆

（六）普渡寺东巷

路东	老地址	会馆
10、12 号	普渡寺东巷一、二号	浙江鄞县新馆

五、朝阳门街道

（一）干面胡同

路北	老地址	会馆
53 号	干面胡同三十四、三十五号	吉林试馆
位置不确定	干面胡同	安徽泗州会馆

六、建国门街道

（一）建国门内大街

路北	老地址	会馆
7 号	贡院西大街十号	湖南长沙邑馆
路南	老地址	会馆
东 18 号	东裱褙胡同五十五号	浙江湖州会馆
东 18 号	东观音寺三十七号	安徽庐州试馆
18 号	西裱褙胡同五、六号	安徽池州试馆
方向	老地址	会馆
位置不确定	水磨胡同道南	湖南善化试馆

（二）建国门北大街

路西	老地址	会馆
南段	东城根二十二号	浙江海宁会馆
南段	鲤鱼胡同八号	浙江绍兴县馆
南段	鲤鱼胡同	山东试馆

（三）北京站西街

路北	老地址	会馆
东段	江擦胡同十七号	云南云澂会馆（云征会馆、云程会馆）

（四）先晓胡同

路北	老地址	会馆
8 号	贤孝牌胡同十六、二十二、二十六号	江苏宜兴会馆

（五）苏州胡同

路北	老地址	会馆
53 号	苏州胡同二十六号	山西忻定试馆

（七）后赵家楼胡同

路北	老地址	会馆
11 号	后赵家楼六号	* 安徽泗州试馆

（八）大羊宜宾胡同

路北	老地址	会馆
31 号	大羊宜宾胡同 1 号	江苏江宁郡馆（东元宁会馆）

七、前门街道

（一）前门东街

路面	老地址	会馆
北段	长巷头条五十六号	湖北鄂城会馆
路西	冰窖厂三十三号	山东昌邑旅平同乡会馆

（二）鲜鱼口街

路南	老地址	会馆
东段	高庙胡同二十号	湖南常桃汉沅会馆
东段	长巷四条十四至二十号	江西吉安老馆
东段	长巷四条十四至二十号	江西上新新馆
中段	小桥胡同十号	江西南康新馆

（三）西兴隆街

路北	老地址	会馆
3 号	兴隆街十一号	药行会馆

（四）西打磨厂街

路北	老地址	会馆
67 号	打磨厂一〇二、一〇三号	广东嘉应会馆（嘉应东馆）
83 号	打磨厂一三八号	* 湖北应山会馆
105 号	打磨厂一二〇号	* 山西临汾东馆（临汾乡祠）
189 号	打磨厂七十八号	江西临江会馆
路南	老地址	会馆
90 号	打磨厂一七九号	* 广东粤东旧馆
位置不确定	西打磨厂中段路北	湖北郢中会馆
位置不确定	西打磨厂路北	湖北钟祥会馆
位置不确定	西打磨厂街	广东潮州郡馆
位置不确定	打磨厂	浙江湖郡会馆
位置不确定	打磨厂	浙江宁浦会馆

（五）冰窖斜街

路北	老地址	会馆
9 号	冰窖胡同二十四号	福建漳州东馆
11 号	冰窖胡同二十二号	* 江西南康会馆
13 号	冰窖胡同二十一号	* 江西云龙会馆
15 号	冰窖胡同二十号	广东镇平会馆
41 号	冰窖胡同七号	浙江温州会馆（温州老馆）
位置不确定	冰窖胡同	福建建宁会馆
路南	老地址	会馆
24 号	冰窖胡同四十号	* 河北唐县会馆

（六）祈年大街

路面	老地址	会馆
中段	南官园粪厂	湖南湘潭会馆
中段路东	河泊厂西巷十号	江西江右会馆
中段	平乐园十号	湖北荆州会馆

(七)新革路

路西	老地址	会馆
1号	新开路十六号	*湖北黄安会馆
中段	新开路	浙江常山会馆
路东	老地址	会馆
10号	新开路五号	湖北安陆老馆

(八)崇文门西河沿

路南	老地址	会馆
西段	正阳门东河沿五十四、五十五号	江西奉新东馆
西段	正阳门东河沿五十三号	江西浮梁会馆
西段	正阳门东河沿五十、五十一号	江西临江会馆
方向不确定	正阳门东河沿	江苏句容老馆
中段	打磨厂一五二号	江西会馆(铁柱宫)

(九)大江胡同

路北	老地址	会馆
19号	大蒋家胡同七十八号	安徽旌德东馆
29号	大蒋家胡同七十三号	*江西庐陵会馆
83号	大蒋家胡同三十九号	*贵州东馆
85号	大蒋家胡同三十八号	江西吉州十属老馆
路南	老地址	会馆
114号	大蒋家胡同一二七号	*台湾会馆
112号	大蒋家胡同一二六号	上海云间会馆
位置不确定	大蒋家胡同	广东韶州老馆

(十)小江胡同

路东	老地址	会馆
30号	小蒋家胡同十一、十二号	*山西晋翼布行会馆
36号	小蒋家胡同十五号	*山西平阳会馆(阳平会馆)
方向不确定	小蒋家胡同	安徽旌德老馆
方向不确定	小蒋家胡同	山西河东会馆

（十一）大席胡同

路西	老地址	会馆
25 号	大席胡同十五号	江西德化会馆
路东	老地址	会馆
20 号	大席胡同十一、十二号	* 安徽石埭会馆

（十二）北芦草园胡同

路北	老地址	会馆
85 号	北芦草园四号	* 山西颜料会馆 （仙翁庙）

（十三）南芦草园胡同

方向	老地址	会馆
位置不确定	南芦草园	江西武宁会馆
位置不确定	南芦草园	江苏京江会馆

（十四）北深沟胡同

路东	老地址	会馆
2 号	北深沟一号	浙江建德会馆

（十五）南深沟胡同

方向	老地址	会馆
位置不确定	深沟口	广东岭南会馆
位置不确定	南深沟	浙江江山会馆

（十六）北官园胡同

路西	老地址	会馆
15 号	北官园二十一号	山西介休会馆

（十七）好景胡同

路南	老地址	会馆
16 号	高井胡同中段	* 江西武宁会馆
位置不确定	高井胡同	江西义宁会馆 （宁州会馆）

路南	老地址	会馆
位置不确定	高井胡同	江西进贤会馆
位置不确定	高井胡同	安徽五河会馆

（十八）同乐胡同

路南	老地址	会馆
4号	贾家花园十号	山西三晋会馆
4号	贾家花园十号	山西曲沃会馆

（十九）奋章胡同

路北	老地址	会馆
11号	奋章大院三十二号	湖南上湖南会馆

（二十）新潮胡同

路西	老地址	会馆
13号	抄手胡同十二号	* 江西吉安会馆 （怀忠会馆、吉安二忠祠）

（二十一）銮庆胡同

路北	老地址	会馆
9号	銮庆胡同九号	广西粤西会馆
11号	銮庆胡同八号	* 湖北襄阳会馆
路南	老地址	会馆
位置不确定	銮庆胡同	江苏宁邑会馆

（二十二）布巷子胡同

路东	老地址	会馆
位置不确定	西湖营八号	安徽青阳会馆

（二十三）薛家湾胡同

路北	老地址	会馆
13号	薛家湾十八号	浙江鄞县老馆

（二十四）草厂横胡同

路东	老地址	会馆
位置不确定	草厂横胡同	江西上新老馆

（二十五）草厂头条

路西	老地址	会馆
7 号	草厂头条二十号	广东广州会馆
17 号	前门外庆云巷大院六号	* 西金行会馆
路东	老地址	会馆
6 号	草厂头条北段路东	* 河南归德会馆
10 号	草厂头条五号	* 湖北兴国会馆
路北	老地址	会馆
24 号	草厂头条十号	* 湖北麻城会馆

（二十六）草厂二条

路西	老地址	会馆
3 号	草厂二条三十一至三十三号	* 福建邵武会馆（邵武郡馆）
5 号	草厂二条三十号	* 湖北黄冈老馆
19 号	草厂二条二十三号	* 湖北应城会馆
路东	老地址	会馆
2 号	草厂二条一号	* 广东韶州新馆

（二十七）草厂三条

路西	老地址	会馆
9 号	草厂三条三十五号	安徽南陵会馆
19 号	草厂三条三十号	* 山西太平会馆
19 号	草厂三条二十九至三十一号	* 安徽太平会馆

（二十八）草厂四条

方向	老地址	会馆
位置不确定	草厂四条	江西万年会馆

（二十九）草厂五条

路西	老地址	会馆
27 号	草厂五条二十七号	* 湖南宝庆会馆 （宝郡会馆、宝庆五邑馆）
路东	老地址	会馆
6 号	草厂五条北段	* 湖北黄梅会馆
位置不确定	草厂五条南口里	福建仙溪会馆

（三十）草厂六条

方向	老地址	会馆
路西	草厂六条	湖南宝庆会馆

（三十一）草厂七条

路西	老地址	会馆
19 号	草厂七条二十六号	* 湖北孝感会馆
路东	老地址	会馆
2 号	草厂七条一号	* 江西袁州会馆
6 号	草厂七条二号	* 江西南安东馆
12 号	草厂七条五号	广东惠州会馆

（三十二）草厂八条

路西	老地址	会馆
1 号	草厂八条三十七号	* 湖北汉阳会馆
27 号	草厂八条二十七号	* 湖南辰沅会馆

（三十三）草厂九条

路东	老地址	会馆
8 号	草厂九条四号	湖北蕲州会馆

（三十四）草厂十条

路西	老地址	会馆
19 号	草厂十条二十八号	* 湖南长郡会馆

路东	老地址	会馆
10 号	草厂十条五号	湖南长郡东馆
位置不确定	草厂十条	湖北京山会馆
位置不确定	草厂十条	湖南湘乡会馆

（三十五）长巷头条

路西	老地址	会馆
35 号	长巷头条五十号	江西新建东馆
39 号	长巷头条四十八、四十九号	* 江西南昌县馆
47 号	长巷头条四十三号	* 湖北武昌邑馆
53 号	长巷头条四十号	江西丰城东馆
路东	老地址	会馆
50 号	长巷头条二十五号	* 浙江全浙会馆
60 号	长巷头条三十号	* 安徽泾县会馆
位置不确定	长巷头条	浙江武林会馆

（三十六）长巷二条

路西	老地址	会馆
43 号	长巷二条三十二号	福建汀州南馆
47 号	长巷二条三十号	* 湖南武陵会馆
路东	老地址	会馆
6 号	长巷二条三号	* 江西临江会馆
16 号	长巷二条三十七号	江西南城东馆
46 号、48 号	长巷二条路北二十六号	* 福建汀州北馆
位置不确定	长巷二条	江西广丰会馆
位置不确定	长巷二条	福建浦城会馆

（三十七）长巷三条

路西	老地址	会馆
9 号	长巷三条三十九号	* 江苏元宁会馆
27 号	长巷三条三十号	安徽泾县老馆
路南	老地址	会馆
39 号	长巷三条	* 江西南昌郡馆（南昌东馆）

路北	老地址	会馆
16 号	长巷三条五号	* 江苏长吴会馆
20 号	长巷三条九号	* 江西金溪会馆
24 号	长巷三条十一号	江苏元宁东馆

（三十八）长巷四条

路西	老地址	会馆
15 号	长巷四条四十二号	安徽休宁东馆
21 号	长巷四条三十八、三十九号	安徽贵池会馆
23 号	长巷四条三十六号	江西金溪新馆
路南	老地址	会馆
57 号	长巷四条二十八号	湖南岳阳会馆
67 号	长巷四条二十一号	* 安徽贵池老馆（池州老馆）
路东	老地址	会馆
6 号	长巷四条三号	* 江西南昌县馆
10 号	长巷四条四号	* 湖南会馆
12 号	长巷四条五号	江西余干会馆
12 号	长巷四条五号	* 江西乐平会馆
14 号	长巷四条六号	广东南雄会馆
16 号	长巷四条七号	* 江西广丰会馆
18 号	长巷四条八号	江西新城会馆
20 号	长巷四条九、十号	江西德兴会馆

（三十九）长巷五条

路西	老地址	会馆
7 号	高庙胡同十七号	* 安徽芜湖会馆

（四十）珠市口东大街

路北	老地址	会馆
5 号	东柳树井三十一号	湖北蕲水会馆
5 号	东柳树井三十一号	湖北随州会馆
位置不确定	三里河	江苏淮安老馆

路北	老地址	会馆
东段	三里河	安徽徽州会馆
17号	东珠市口五十七号	天津试馆
19号	东珠市口二十三号	江西南康会馆

（四十一）南翔凤胡同

路南	老地址	会馆
6号	草厂三条北段	湖南泸溪会馆

（四十二）东草厂

方向	老地址	会馆
位置不确定	东草厂	湖北黄陂老馆

（四十三）北晓顺胡同

方向	老地址	会馆
位置不确定	北晓顺胡同	湖南长沙试馆

八、崇文门外街道

（一）五老胡同

路西	老地址	会馆
兴隆都市馨园	阎王庙前街四号	湖北云梦会馆
北段	北五老胡同	浙江宁波会馆
北段	北五老胡同	浙江严州会馆
兴隆都市馨园	阎王庙前街二十六号	江西宜黄会馆
兴隆都市馨园	北五老胡同二十二号	山西三晋东馆
兴隆都市馨园	阎王庙街路东	安徽怀宁会馆

（二）崇文门外大街

路西	老地址	会馆
位置不确定	崇文门外大街	山东会馆
19号	崇文门外大街一六四号	安徽池州会馆

（三）东兴隆街

路北	老地址	会馆
新怡家园	巾帽胡同十二号	安徽歙县会馆

（四）东茶食胡同

路南	老地址	会馆
新世界家园	银丝胡同一号	浙江严陵会馆

（五）东打磨厂街

路北	老地址	会馆
3 号	东打磨厂二十二号至二十四号	浙江仁钱会馆

九、东花市街道

（一）东花市大街

路北	老地址	会馆
南里东区	佘家馆	广东粤东老馆
29 号	花市中四条二十五号	山西泽州外馆
路南	老地址	会馆
南里富贵园 5 号楼	卧佛寺后身七号	北京通县会馆

（二）广渠门大街

路北	老地址	会馆
29 号	天龙寺五号	浙江天龙寺会馆
西段	广渠门大街二十二号	福建延邵纸商会馆

（三）东便门外

方向	老地址	会馆
位置不确定	棉花巷	云南东馆

（四）羊市口路

路西	老地址	会馆
国瑞城	花市上头条七十号	河北遵化试馆
国瑞城	花市上二条四号	天津蓟州试馆

（五）西花市大街

路南	老地址	会馆
东段	手帕胡同路南	山东齐鲁会馆

十、天坛街道

（一）珠市口东大街

路南	老地址	会馆
8 号	西铁香炉	河北正定会馆
8 号	西铁香炉	山西山右会馆
8 号	西铁香炉	广东嘉应会馆
8 号	西铁香炉	安徽宣城会馆
8 号	西铁香炉	浙江海昌会馆
10 号	鞭子巷头条	天津会馆
18 号	精忠庙街五十四号	梨园会馆（精忠庙）

（二）东晓市街

路南	老地址	会馆
90 号	东晓市街一三八号	山西临襄会馆（临襄东馆）
位置不确定	东晓市或估衣市	山西会馆
位置不确定	东晓市街	浙江金华会馆
位置不确定	东晓市街	浙江兰溪会馆

（三）西半壁街

路南	老地址	会馆
17 号	西半壁街四十九号	靛行会馆（染坊会馆）
位置不确定	半壁街	浙江金华老馆

（四）金鱼池中街

路东	老地址	会馆
2 号	鞭子巷四条	山西会馆
2 号	马家井五号	河北会馆（直隶会馆）

（五）金鱼池西街

路西	老地址	会馆
1号	西晓市街一二九号	浙江浙慈会馆 （财神庙、成衣行会馆）

（六）瓷器口大街

路西	老地址	会馆
北段	瓷器口	湖北蕲州会馆

（七）清华街

路北	老地址	会馆
37号	明因寺街三十二号	山西临襄会馆 （山右会馆）

（八）精忠街

方向	老地址	会馆
南片	紫竹林	河南孟县会馆
不确定	精忠庙街	浙江浙慈会馆

（九）刷子市胡同

路南	老地址	会馆
27号	刷子市三十一号	* 山西赵城会馆

（十）苏家坡胡同

路东	老地址	会馆
8号	苏家坡胡同四、五号	浙江金华会馆

十一、龙潭街道

（一）广渠门内大街

路西	老地址	会馆
安化北里幸福家园小区	土地庙四号	山西潞安东馆
安化北里	土地庙三号	安徽休宁义馆

十二、永定门外街道

（一）永定门东滨河路

路南	老地址	会馆
桃园东里	韩家馆	福建漳州仪馆（漳州外馆）

（二）共进里

路东	老地址	会馆
位置不确定	二郎庙西村七号	浙江正乙祠仪馆

（三）西革新里

路北	老地址	会馆
位置不确定	葛家庙二号	浙江正乙祠仪馆

（四）管村

路南	老地址	会馆
位置不确定	地藏庵一号	浙江正乙祠仪馆

西城区

一、德胜街道

（一）冰窖口胡同

路南	老地址	会馆
位置不确定	冰窖口	弓箭会馆

二、新街口街道

（一）西四北大街

路西	老地址	会馆
99 号	西四北大街四十六号	猪行会馆

（二）西四北五条

路北	老地址	会馆
15 号	石老娘胡同八号	* 吉林新馆

（三）西四北六条

路北	老地址	会馆
23 号	南魏胡同十九号	* 内蒙古绥远会馆

（四）东冠英胡同

路北	老地址	会馆
15 号	东观音寺六号	湖北大冶会馆

（五）东新开胡同

路西	老地址	会馆
31 号	东新开胡同八、九号	湖南石门会馆

（六）小绒线胡同

路南	老地址	会馆
西段	小绒线胡同二十五号	* 河北雄县会馆

三、什刹海街道

（一）西黄城根北街

路西	老地址	会馆
3 号	西黄城根十七号	吉林会馆 （额勒登保家庙）
路东	老地址	会馆
2 号	后库四号、五号	河北会馆

（二）松树街

路西	老地址	会馆
39 号	延年胡同四号	湖北潜江会馆

（三）西安门大街

路北	老地址	会馆
21 号	西安门大街十号	广东台山会馆

四、西长安街街道

（一）宣武门内大街

路东	老地址	会馆
8 号	油房胡同十七、十八号	安徽望江邑馆
南段	象牙胡同四号	河南覃怀分馆

（二）前门西大街

路北	老地址	会馆
人民大会堂南楼	顺城街十四号、十五号	安徽桐城试馆
43 号	顺城街三十一号	山东试馆

（三）互助巷

路东	老地址	会馆
中段	达子营甲三十三号	广东台山分馆

（四）国家大剧院

位置	老地址	会馆
南广场	高碑胡同十九、二十号	江西九江会馆

（五）崇善里

路北	老地址	会馆
15 号、17 号	崇善里七号	* 湖北广济邑馆

（六）未英胡同

路西	老地址	会馆
5 号	未英胡同十三号	湖北京山会馆

（七）小石虎胡同

路北	老地址	会馆
33 号	石虎胡同西段	江苏常州会馆

（八）石碑胡同

位置	老地址	会馆
国家大剧院域内	草帽胡同十五号	陕西临潼会馆

（九）南长街

路西	老地址	会馆
79 号	南长街二十六号	棚行会馆（三圣祠）

五、金融街街道

（一）复兴门内大街

路北	老地址	会馆
1 号	旧刑部街十二号	辽宁奉天会馆（增祺故宅）
路南	老地址	会馆
4 号	报子街五十三号	广东蕉岭分馆

（二）闹市口大街

路西	老地址	会馆
9 号	南闹市口十三号	山东会馆

（三）太平桥大街

路北	老地址	会馆
218 号	西京畿道甲十号	河北会馆

（四）金融大街

路东	老地址	会馆
26 号	松鹤庵三十号	湖北施鹤会馆

（五）锦什坊街

路东	老地址	会馆
南段	锦什坊街一〇六号	湖北罗田会馆

（六）新文化街

路北	老地址	会馆
中段	石驸马大街西段	新疆迪化会馆

路南	老地址	会馆
84 号	东太平街二十八号	湖北当阳会馆

（七）西斜街

路北	老地址	会馆
36 号	西斜街十九号	山东会馆

（八）二龙路

路北	老地址	会馆
33 号	二龙路八号	河北会馆

（九）中京畿道

方向	老地址	会馆
西段京畿道	京畿道	湖南醴陵会馆

（十）小口袋胡同

路北	老地址	会馆
17 号	口袋胡同九号	* 河北会馆

（十一）辟才胡同

路北	老地址	会馆
宏汇园	辟才胡同十二号	江西宜丰会馆

六、大栅栏街道

（一）南新华街

路东	老地址	会馆
48 号	小沙土园四号	河北北直文昌会馆 （书业文昌会馆）
48 号	小沙土园六号	玉行长春会馆
58 号	小沙土园七号	陕西富平老馆
66 号	南新华街六十八号	* 陕西富平东馆
68 号	南新华街六十七号	陕西关中东馆
102 号	南新华街五十五号	陕西三原老馆

（二）大栅栏街

路北	老地址	会馆
13 号	大栅栏十八号	山西临汾会馆（临襄西馆）

（三）大栅栏西街

路北	老地址	会馆
51 号	观音寺二十七号	* 广东仙城会馆
路南	老地址	会馆
114 号	李铁拐斜街九十六号	* 广东肇庆东馆

（四）石猴街

路西	老地址	会馆
7 号	石猴街四号	* 江西婺源老馆

（五）五道街

路东	老地址	会馆
38 号	五道庙二十四号	* 山西襄陵会馆（襄陵南馆）
50 号	五道庙十八号	* 陕西三原会馆

（六）延寿街

路西	老地址	会馆
7 号	延寿寺街四号	上海云间会馆（松江会馆）
33 号	延寿寺街十五号	* 江苏吴县会馆（吴长元会馆）
35 号	延寿寺街十六号	* 广西平乐九邑馆
41 号	延寿寺街十九号	* 江苏吴长元会馆
路东	老地址	会馆
12 号	延寿寺街一〇〇号	* 广东潮州七邑馆

（七）杨梅竹斜街

路北	老地址	会馆
61 号	杨梅竹斜街三十号	* 湖南酉西会馆（沈从文旧居）

路南	老地址	会馆
16 号	杨梅竹斜街一三四号	* 安徽和含会馆

（八）前门西河沿街

路南	老地址	会馆
22 号	西河沿二三八号	北京大宛试馆
188 号	西河沿二〇一号	* 陕西渭南会馆
192 号	西河沿一九九、二〇〇号	* 浙江萧山会馆
200 号	西河沿一九七号	* 福建莆仙会馆
216 号	西河沿一九一号	* 上海苏太义馆
220 号	西河沿一八九、一九〇号	* 浙江银号会馆（正乙祠）
不确定	西河沿西口	江苏如泰老馆

（九）铁树斜街

路北	老地址	会馆
31号	李铁拐斜街十二号	* 浙江仁钱会馆
路南	老地址	会馆
86 号	李铁拐斜街六十七、六十八、六十九号	* 广东肇庆西馆
96 号	李铁拐斜街西段	* 山西襄陵会馆
100 号	李铁拐斜街西段	* 陕西延定会馆

（十）珠市口西大街

路北	老地址	会馆
41 号	西珠市口二十九号	河北津南试馆
45 号	西珠市口三十一号	山西潞安会馆
51 号	西珠市口三十四号	江西赣宁会馆
57 号	西珠市口三十五至三十七号	江西九江会馆（九江五邑馆）
69 号	西珠市口四十号	江西赣宁会馆
83 号	西柳树井	梨园会馆
83 号	西柳树井六号	江西赣宁新馆（陈炽故居）
83 号	西柳树井八号	广东仙城会馆

路北	老地址	会馆
111 号	西柳树井路北	浙江湖州会馆
129 号	西柳树井二十九号	河北南皮会馆
131 号	西柳树井三十号	河北盐山会馆
167 号	虎坊桥五号	山西盂县试馆
173 号	虎坊桥八号	河南孟县会馆
237 号	虎坊桥四十三号	河北会馆（直隶会馆）
247 号	虎坊桥四十八号	湖北宜昌会馆（杨守敬故宅）
249 号	虎坊桥四十八号	陕西三原会馆
251 号	虎坊桥四十九号	山西襄陵会馆（襄陵商馆）
255 号	虎坊桥五十一号	广东镇平邑馆
257 号	虎坊桥五十二号	浙江杭州会馆（仁钱会馆、武林会馆）
259 号	虎坊桥五十三号	江西乐平西馆
265 号	虎坊桥五十七号	山西曲沃会馆
新 25 号	虎坊桥西口	河南洛中会馆
路南	老地址	会馆
84 号	西柳树井五十九号	当行会馆（公合堂）

（十一）琉璃厂东街

路北	老地址	会馆
东段	琉璃厂东街	江西文昌会馆（文昌祠）
路南	老地址	会馆
西段	琉璃厂东街一八八号	江西会馆

（十二）煤市街

路西	老地址	会馆
131 号	煤市街四十四号	江西赣宁分馆
133 号	煤市街四十五至四十九号	福建漳州西馆

（十三）棕树斜街

路北	老地址	会馆
45 号	王寡妇斜街十六号	* 江西新建西馆

路南	老地址	会馆
26 号	王寡妇斜街七十一号	山西汾阳会馆

（十四）粮食店街

路西	老地址	会馆
61 号	粮食店三十一号	广东仙城会馆

（十五）樱桃斜街

路北	老地址	会馆
19 号	皈子庙十五号	河北北直刻字行会馆（京都刻字行会馆）
57 号	樱桃斜街二十八号	贵州会馆（贵州老馆）
65 号	樱桃斜街三十四号	* 梨园新馆
93 号	樱桃斜街四十四号	* 浙江会馆
97 号	樱桃斜街四十五号	* 陕西泾阳老馆
路南	老地址	会馆
14 号	樱桃斜街东段	* 河北邢州会馆
58 号	樱桃斜街八十四号	* 贵州中馆（贵州新馆）

（十六）大宏巷

路东	老地址	会馆
22 号	大宏庙十三、十四号	安徽凤阳会馆

（十七）陕西巷

路西	老地址	会馆
33、35 号	陕西巷十七号	四川东馆

（十八）廊房三条

位置	老地址	会馆
不确定	廊坊三条	江西浮梁老馆

（十九）大力胡同

路北	老地址	会馆
11 号	大李纱帽胡同五号	* 浙江慈溪试馆

路南	老地址	会馆
西段	大李纱帽胡同	浙江鄞县会馆

（二十）大耳胡同

路南	老地址	会馆
6 号	大耳胡同二十六号	* 江西婺源新馆

（二十一）大外廊营胡同

路西	老地址	会馆
13 号	大外廊营	* 福建漳州会馆
29 号	大外廊营十五号	* 广东镇平分馆
31 号或 33 号	大外廊营十六号	* 浙江严州会馆
路东	老地址	会馆
8 号	大外廊营三十二号	陕西泾阳会馆
8 号	大外廊营三十一号	海南琼州会馆
18 号	大外廊营二十五号	* 上海松江会馆（云间会馆）
位置不确定	大外廊营	甘肃凉州会馆

（二十二）小椿树胡同

路北	老地址	会馆
5 号	小椿树胡同二号	* 福建漳浦老馆
路南	老地址	会馆
16 号	小椿树胡同十七号	山西盂县商馆（盂县老馆）

（二十三）小沙土园胡同

路东	老地址	会馆
10 号	小沙土园十九号	* 江苏昆山会馆（崑新会馆）
12 号	东南园路北	浙江余姚会馆
位置不确定	小沙土园	* 湖北蒲圻会馆

（二十四）王皮胡同

路北	老地址	会馆
7 号	王皮胡同二、三号	广东仙城会馆

（二十五）云居胡同

路北	老地址	会馆
25 号	云居寺十三号	* 粮栈行馆

（二十六）甘井胡同

路南	老地址	会馆
4 号	甘井胡同二十八号	靴鞋行会馆（靴鞋行财神会）
12 号	甘井胡同二十四号	江西赣宁会馆

（二十七）石头胡同

路西	老地址	会馆
25 号	石头胡同	* 浙江严陵会馆
75 号	石头胡同三十六号	* 河南孟县会馆
路东	老地址	会馆
60 号	石头胡同七十五号	* 安徽望江会馆
68 号	石头胡同七十二号	* 福建龙岩旧馆（岩州会馆）
方向	老地址	会馆
位置不确定	石头胡同	山西晋城会馆
位置不确定	石头胡同	浙江黄岩会馆

（二十八）东北园胡同

路南	老地址	会馆
24 号	东北园	安徽当涂会馆
路东	老地址	会馆
50 号	东北园五十七号	* 湖南上湖南会馆

（二十九）百顺胡同

路南	老地址	会馆
26 号	百顺胡同西段	山西晋太平馆

（三十）西杨茅胡同

路北	老地址	会馆
1、3 号	燕家胡同路东二十二号	* 江西高安会馆

（三十一）佘家胡同

路北	老地址	会馆
1号	佘家胡同一号	江苏宜兴会馆
11号	佘家胡同四号	*山西襄陵会馆（襄陵北馆）
15、17号	佘家胡同七、八号	*浙江会馆
路南	老地址	会馆
36号	佘家胡同二十四号	浙江上虞会馆

（三十二）茶儿胡同

路北	老地址	会馆
27号	茶儿胡同十四号	*江西鄱阳会馆

（三十三）施家胡同

路北	老地址	会馆
7号	施家胡同十号	山西三晋会馆
路南	老地址	会馆
2号	施家胡同三十号	*安徽广德会馆
6号	施家胡同二十八号	*安徽青阳会馆

（三十四）姚江胡同

路东	老地址	会馆
1号	姚江馆夹道一号	*浙江姚江会馆（余姚会馆）

（三十五）桐梓胡同

路东	老地址	会馆
16号	桐梓胡同	安徽当涂会馆

（三十六）排子胡同

路南	老地址	会馆
40号	排子胡同二十一号	*湖北江夏会馆（张裕钊旧居）
44号	排子胡同十九、二十号	*安徽凤阳会馆

（三十七）韩家胡同

路北	老地址	会馆
25 号	韩家潭十四号	广东广州会馆（李渔故宅）
25 号	韩家潭十六号	浙江上虞会馆

（三十八）臧家桥胡同

路北	老地址	会馆
1 号	臧家桥一号	陕西朝邑会馆
15 号	臧家桥六号	* 陕西渭南会馆

（三十九）耀武胡同

路北	老地址	会馆
9 号	羊肉胡同五号	* 福建惠安会馆
位置不确定	羊肉胡同	江苏扬州中馆

七、椿树街道

（一）宣武门外大街

路东	老地址	会馆
6 号	宣武门大街二一九、二二〇号	上海太仓会馆（太崇嘉宝会馆）
6 号	宣武门大街二一五号	湖南善化会馆
8 号	宣武门大街二一四号	陕西韩城会馆（韩城北馆）
8 号	宣武门大街二一〇号	陕西韩城会馆（韩城南馆）
8 号	永光寺西街一号	广东新会新馆（陈垣旧居）
8 号	永光寺西街二、三号	四川全蜀会馆
8 号	永光寺西街六号	广东顺德南馆
8 号	永光寺西街八号	湖北会馆
8 号	永光寺西街二十二号	江西会馆
28 号	宣武门大街一九六号	江西新建老馆
28 号	宣武门外大街一九六、一九七号	江西会馆
28 号	宣武门大街一九五号	江苏南通会馆
30 号	宣武门大街一九三号	湖北天门会馆

路东	老地址	会馆
30 号	宣武门大街一九二号	江西抚临会馆
30 号	宣武门大街一九〇号	四川川南会馆
30 号	宣武门大街一八八号	江西南安西馆
30 号	宣武门大街一八六号	河南河洛会馆（河陕汝会馆）
148 号	宣武门大街一六五号	甘肃北馆
40 号	宣武门大街南段	河南孟县会馆
40 号	宣武门大街一五八号	江西南昌郡馆（熊直宗故宅）
40 号	铁门七十二号	福建会馆（福建同乡会）
位置不确定	宣武门大街	江西建昌会馆（南城会馆）

（二）山西街

路西	老地址	会馆
3 号	山西街二号	* 重庆夔府北馆
7 号	山西街四号	* 安徽潜山会馆（张恨水旧居）
路东	老地址	会馆
6 号	山西街十七号	重庆川东会馆
6 号	山西街十二号	甘肃凉州会馆
6 号	山西街中段路南	安徽黟县会馆
6 号	西草厂九十七号	广东广州会馆（广州老馆）
6 号	裘家街三十七号	广东雷阳会馆
6 号	敫家坎路西	河北正定会馆（正定老馆）

（三）永光东街

路西	老地址	会馆
9 号	永光寺中街一号	湖南永靖会馆
9 号	西草厂五十三号	江西安福会馆
路东	老地址	会馆
20 号	永光寺中街北段	重庆会馆

（四）琉璃厂西街

路北	老地址	会馆
77 号	琉璃厂西门一一九号	湖北武昌会馆

（五）裘家街

路西	老地址	会馆
7 号	裘家街三号	安徽颍州会馆
11 号	裘家街五号	江西临川会馆（周则鸣旧居）

（六）骡马市大街

路北	老地址	会馆
东段	骡马市大街五号	陕西延安会馆
51 号	骡马市大街三十五号	福建福州新馆（林旭旧居）
63 号	骡马市大街四十一号	福建会馆
119 号	四川东营八号	安徽青阳会馆
新 9 号	棉花头条七号	重庆川东会馆
新 9 号	棉花头条路南	广东协中会馆
新 9 号	棉花上四条七号	江苏江宁惜字会馆
新 9 号	棉花上四条二十号	江西吉州十属惜字会馆
新 9 号	棉花上四条二十三号	陕西延安会馆（肤施会馆）
新 9 号	骡马市大街七十四号	山西三晋会馆
新 9 号	骡马市大街八十七至八十九号	河南会馆（中州东馆）
西段	铁门胡同三十五号	安徽六安会馆

（七）北柳巷

路西	老地址	会馆
29 号	北柳巷二十号	江西南丰会馆

（八）南柳巷

路东	老地址	会馆
20、22 号	南柳巷六十四、六十五、六十六号	* 陕西华州会馆
20 号	南柳巷六十五号	甘肃肃州会馆

路东	老地址	会馆
40、42 号	南柳巷五十五号	福建晋江邑馆
44 号	南柳巷五十三、五十四号	* 福建建宁会馆
56 号	铁老鹳庙十一号	湖北襄阳郡馆（襄阳老馆）
位置不确定	南柳巷	江苏江震会馆

（九）香炉营东巷

路东	老地址	会馆
2 号院	后铁厂九号	山西代郡会馆
2 号院	后铁厂北口	台湾全台会馆
2 号院	后铁厂七号	四川叙府会馆（赵世炎旧居）
2 号院	北柳巷五号	陕西凤翔会馆
2 号院	北柳巷四十七号	广西新馆

（十）琉璃巷

路南	老地址	会馆
2 号	八角琉璃井十号	* 山西榆次会馆
4 号	八角琉璃井九号	* 陕西渭南会馆

（十一）万源夹道

路北	老地址	会馆
7 号	万源夹道四号	* 湖北蒲圻会馆
路南	老地址	会馆
16 号	万源夹道十四号	* 湖北广济会馆（抚越会馆）

（十二）香炉营头条

路北	老地址	会馆
35 号	香炉营头条十八号	福建晋江会馆
26 号	香炉营头条五十号	江西抚州会馆（抚郡南馆）
62 号	香炉营头条三十一号	广东嘉应西馆（黄遵宪旧居）
位置不确定	香炉营头条	浙江江山会馆

路北	老地址	会馆
西口里	赶驴市东段	山西会馆
74 号	赶驴市二十二号	山西闻喜会馆（杨深秀故居）

（十三）棉花下三条

路北	老地址	会馆
3、4 号	棉花下二条四号	* 湖北黄陂会馆

（十四）棉花上七条

路北	老地址	会馆
1 号	棉花上七条一号	* 四川老馆（杨锐旧居）
13 号	棉花上七条七号	贵州新馆

（十五）大沙土园胡同

路南	老地址	会馆
2 号	大沙土园	* 河南嵩新会馆

（十六）四川营胡同

路西	老地址	会馆
位置不确定	四川营	浙江海宁会馆

（十七）后孙公园胡同

路北	老地址	会馆
3、23、27 号	后孙公园二至五号	* 安徽会馆
31 号	后孙公园六号	* 福建泉郡会馆
路南	老地址	会馆
8 号	后孙公园十二号	* 安徽会馆
10 号	后孙公园十号	* 浙江台州会馆
12 号	后孙公园八号	* 江苏如泰会馆（张謇旧居）

（十八）红线胡同

路西	老地址	会馆
3 号	麻线胡同二号	* 河南怀庆新馆（覃怀会馆）

路西	老地址	会馆
17 号	麻线胡同九号	* 湖北安陆会馆
51 号	麻线胡同二十三号	* 江苏淮安郡馆
路东	老地址	会馆
18 号	麻线胡同四十二号	* 湖北郢中会馆

（十九）兴胜胡同

路东	老地址	会馆
4 号	兴胜寺北段	* 湖北襄阳会馆

（二十）前青厂胡同

路北	老地址	会馆
15 号	前青厂三号	陕西凤翔会馆
55 号	前青厂二十三号	陕西南郑会馆
57 号	前青厂二十四号	陕西榆林会馆
57 号	永光寺街二号	广西会馆
位置不确定	前青厂胡同	陕西汉中会馆
路南	老地址	会馆
西口	宣武门大街路东	山西永济会馆
路东	老地址	会馆
位置不确定	前青厂	四川分馆

（二十一）前孙公园胡同

路北	老地址	会馆
9 号	前孙公园五号	* 陕西朝邑会馆
11 号	前孙公园七、八号	* 江苏锡金会馆
25 号	前孙公园十二号	* 广东广州七邑馆
41 号	前孙公园二十号	* 湖北沔阳老馆
57 号	十间房七号	* 湖北沔阳会馆
65 号	十间房十一号	* 湖北孝感会馆
路南	老地址	会馆
6 号	前孙公园四十九号	* 陕西渭南会馆
90 号	十间房中段	* 河南怀庆老馆（覃怀会馆）

（二十二）铁门胡同

路西	老地址	会馆
11 号	铁门胡同八号	安徽宣城会馆（施闰章故宅）
13 号	铁门胡同十号	江西广信会馆（邵式平旧居）
35 号	铁门胡同十七号	安徽安庆会馆
37 号	铁门胡同十八号	广东粤东会馆（广东会馆）
49 号	铁门胡同二十三至二十六号	云南会馆
路东	老地址	会馆
112 号	铁门胡同四十九号	* 浙江会馆

（二十三）铁鸟胡同

路西	老地址	会馆
17 号	铁老鹳庙八号	* 广东粤东会馆（广东会馆）
21 号	铁老鹳庙十号	* 陕西蒲城会馆
路东	老地址	会馆
20 号	铁老鹳庙十八号	* 湖南会馆
30 号	铁老鹳庙十五号	* 陕西大荔会馆

（二十四）梁家园胡同

方向	老地址	会馆
位置不确定	梁家园	福建永春会馆

（二十五）梁家园北胡同

路北	老地址	会馆
7 号	梁家园后身四至七号	上海云间惜字馆（惜字馆义学）

（二十六）教佳胡同

路东	老地址	会馆
2 号	敫家坑十一号	江苏镇江会馆
4 号	敫家坑九、十号	浙江海昌会馆

（二十七）魏染胡同

路西	老地址	会馆
29 号	魏染胡同十二号	* 四川叙府会馆
49 号	魏染胡同二十六号	江西靖安会馆
路东	老地址	会馆
28 号	魏染胡同三十七号	* 江西南城西馆（南城新馆）
36 号	魏染胡同三十一、三十二号	江西南昌西馆

【椿树园】

（二十八）椿树上头条

路北	老地址	会馆
1 号	椿树上头条一至五号（与相背的北椿树胡同路南十四号为一整体）	安徽绩溪会馆
位置不确定	椿树上头条六号	江西临江会馆
位置不确定	椿树上头条八号	湖北咸宁会馆
位置不确定	椿树上头条九号	福建龙溪会馆（陈宝琛旧居）
路南	老地址	会馆
位置不确定	椿树上头条二十一号	江西新城老馆（黎川会馆）
位置不确定	椿树上头条十九号	湖北黄冈会馆

（二十九）椿树上二条

路北	老地址	会馆
位置不确定	椿树上二条五号	内蒙古绥远会馆（第二蒙疆会馆）
位置不确定	椿树上二条六号	广东顺德会馆
位置不确定	椿树上二条十号	江西新城新馆（陈用光故宅）
位置不确定	椿树上二条西段	江西会馆
路南	老地址	会馆
12 号	椿树上二条十四号	陕西郃阳会馆

（三十）椿树上三条

路北	老地址	会馆
3 号	椿树上三条三号	福建永春会馆
5 号	椿树上三条九号	湖南长沙邑馆
19 号	椿树上二条十七号	山西盂县会馆

（三十一）椿树下三条

路北	老地址	会馆
36 号	椿树下三条六、七号	山西绛山会馆
路南	老地址	会馆
位置不确定	椿树下三条西口	江西新城会馆

【庄胜城】

（三十二）北极巷

路西	老地址	会馆
3 号	北极庵二号	江西奉新西馆
9 号	北极庵四号	陕西凤翔八邑馆

（三十三）顺德馆夹道

路西	老地址	会馆
13 号	顺德馆夹道七号	江苏武阳会馆
15 号	顺德馆夹道八号	山西太平会馆

（三十四）周家大院

路北	老地址	会馆
3 号	周家大院二号	浙江黄岩会馆
7 号	周家大院四号	广东番禺新馆

（三十五）后青厂胡同

路北	老地址	会馆
9 号	后青厂胡同五号	广西三馆试馆
位置不确定	后青厂	湖南澧阳会馆
位置不确定	后青厂	陕西榆林会馆

路东	老地址	会馆
位置不确定	后青厂	四川中馆
40 号	前青厂十三、十四号	江苏武进会馆（武阳会馆）

（三十六）海柏胡同

路北	老地址	会馆
7 号	海北寺街四号	广西三馆老馆
23 号	海北寺街十三号	广东潮州西馆
29 号	海北寺街十六号	陕西朝邑会馆
位置不确定	海北寺街西段	安徽颍州会馆
路南	老地址	会馆
16 号	海北寺街二十八号	* 广东顺德邑馆（朱彝尊故宅）
18 号	海北寺街二十七号	湖南澧阳老馆（澧阳会馆）

（三十七）香炉营二条

路北	老地址	会馆
位置不确定	香炉营二条十六号	广东南海会馆
路南	老地址	会馆
位置不确定	香炉营二条三十七号	江西临川会馆

（三十八）香炉营四条

路北	老地址	会馆
位置不确定	香炉营四条十六号	湖南长郡西馆
位置不确定	香炉营四条二十三号	湖南澧阳新馆
路南	老地址	会馆
位置不确定	香炉营四条三十二号	广西三馆新馆
位置不确定	香炉营四条中段	江西会馆

（三十九）香炉营西巷

路西	老地址	会馆
位置不确定	西横街七号	湖南长郡会馆

（四十）南新华街

路西	老地址	会馆
49 号	南新华街八号	云南会馆
103 号	南新华街四十四号	* 陕西富平西馆
临 11 号	南新华街三十二号	上海苏太义馆

八、广安门内街道

（一）广安门内大街

路北	老地址	会馆
51 号、53 号	广安门大街二十一号	江苏扬州老馆
夹道居胡同南口	广安门大街二十五号	江苏扬州会馆
93 号	广安门大街四十八号	贵州西馆（陈夔龙旧居）
石虎巷南口	广安门大街一二五号	河北南枣义馆（南枣义园）
“报国晨钟”花园	报国寺前街	河北深州会馆
西段	万春胡同	江西抚临西馆
位置不确定	广安门大街	山东兖州会馆

（二）上斜街

路北	老地址	会馆
37 号	上斜街十七号	山西山右会馆（山右三忠祠）
37 号	上斜街十八号	浙江会馆
43 号	上斜街十九号	* 江西宜分万会馆
91、93 号	上斜街三十六、三十七号	* 陕西关中西馆
路南	老地址	会馆
40 号	上斜街五十七号	* 江西武宁会馆
48 号	上斜街五十六号	* 浙江绍兴北馆
50 号	上斜街五十五号	* 广东番禺会馆（龚自珍故宅）
56 号	上斜街五十四号	* 广东东莞新馆（年羹尧宅邸）

（三）下斜街

路西	老地址	会馆
1号	下斜街一号	山西三晋西馆（云山别墅）
25号	下斜街七号	* 浙江台州分馆
53号	下斜街二十七、二十八号	* 河北唐县会馆
路东	老地址	会馆
40号	下斜街八十号	河北直隶会馆（畿辅先贤祠）

（四）北线阁街

路东	老地址	会馆
2号	北线阁二十六号	浙江会馆

（五）长椿街

路西	老地址	会馆
45号及门前马路	妙光阁五号	浙江全浙会馆
长椿街主干道及其西侧宣武医院部分地方和东侧长椿苑文化广场	下斜街路西三十五至三十九号	浙江全浙会馆
南口	下斜街四十六号	河南宛南十三县馆
路东	老地址	会馆
长椿街南段及路东长椿寺南墙外、现长椿苑文化广场北半部分	妙光阁一号	浙江全浙会馆

（六）老墙根街

路北	老地址	会馆
41号	老墙根八号	* 陕西商山会馆（商山五邑馆）
67号	老墙根三十号	* 安徽歙县会馆
69号	老墙根三十一号	* 浙江仁钱会馆

（七）核桃园东街

路北	老地址	会馆
1号	皈依寺三、四号	江苏义馆

（八）广安东里

路西	老地址	会馆
1 号	广安东里一号	福建仙溪会馆
位置不确定	广安东里	浙江乐清会馆

（九）广安胡同

路面	老地址	会馆
中段	老墙根二十七、二十八号	浙江仁钱会馆

（十）达智桥胡同

路北	老地址	会馆
43 至 45 号	达智桥十三至十八号	* 河北同乡会馆（严嵩私园）
55 号	达智桥十九号	河南会馆（嵩云草堂）
路南	老地址	会馆
12 号	达智桥四十号	* 河北同乡会馆（杨继盛祠）
14 号	校场三条四十九号	广西南馆

（十一）夹道居胡同

路北	老地址	会馆
7 号	车子营二十二号	湖北黄梅会馆

（十二）金井胡同

路北	老地址	会馆
1 号	金井胡同一号	* 浙江归安会馆

（十三）储库营胡同

路北	老地址	会馆
15 号	储库营四号	* 山西太原会馆（阎若璩旧居）
17、19 号	储库营五号	* 四川西馆

（十四）校场口胡同

路南	老地址	会馆
56 号	校场口四十四号	浙江浙绍会馆

（十五）校场头条

路西	老地址	会馆
1号	校场头条一号	*陕西三原西馆
3号	校场头条二号	*江苏宜兴会馆
7号	校场头条三号	*云南会馆（云南北馆）
15号	校场头条六号	*江苏宜兴会馆（宜荆会馆）
17号	校场头条七号	*山东山左会馆
23号	校场头条十号	*浙江温州会馆
路东	老地址	会馆
8号	校场头条四十四号	江西永新北馆

（十六）校场二条

路西	老地址	会馆
27号	校场二条十六号	*福建漳州会馆
33号	校场二条十八、十九号	*贵州南馆
路东	老地址	会馆
16号	校场二条二十九号	*福建漳浦会馆

（十七）校场三条

路西	老地址	会馆
27号	校场三条十八号	*四川川西会馆
35号	校场三条二十一号	*四川全蜀会馆
43号	校场三条二十七号	*山东章丘会馆
路东	老地址	会馆
20号	校场三条四十四号	*浙江浙绍会馆

（十八）校场四条

路东	老地址	会馆
18号	校场四条三十五号	*湖北蕲春会馆（蕲州会馆）

（十九）校场五条

路西	老地址	会馆
51号	校场五条二十二号	*陕西咸长西馆

路东	老地址	会馆
12 号	校场五条四十二号	* 河南正阳会馆
20 号	校场五条三十九号	* 陕西蒲城新馆
28 号	校场五条三十七号	* 浙江温州新馆
32 号	校场五条三十五号	* 云南昭通会馆
40 号	校场五条三十一号	* 广西柳州会馆
44 号	校场五条二十九号	* 福建仙游会馆（仙溪会馆）
48 号	校场五条二十七号	* 河南分馆
50 号	校场五条二十六号	* 陕西泾阳西馆

（二十）校场大六条

路北	老地址	会馆
1、3 号	校场大六条一、二号	* 浙江会馆

（二十一）校场小六条

路北	老地址	会馆
13 号	校场小六条七号	* 贵州北馆

（二十二）校场小七条

路西	老地址	会馆
13 号	东小横胡同	* 四川新馆
15 号	校场小六条	* 陕西商州会馆

（二十三）宣武门外大街

路西	老地址	会馆
1 号	上斜街路北十三号	河南老馆（中州乡祠）
1 号	上斜街路北十四号	浙江会馆
1 号	上斜街路北十五号	浙江湖州会馆
79 号	宣武门大街三十八号	湖南永州会馆（永州老馆）
97 号	宣武门大街四十五号	陕西咸长会馆（长安会馆）
99、101 号	宣武门大街五十号	山西灵石会馆
103 至 107 号	宣武门大街五十一、五十二号	* 安徽歙县会馆

路西	老地址	会馆
109 号	宣武门大街五十三号	安徽徽州郡馆
111 号	宣武门大街五十四号	浙江会馆 （陈邦彦故宅）
125 号	宣武门大街五十九号	山西翼城会馆
127 号	宣武门大街六十号	河南河郏汝会馆
137 号	宣武门大街六十四号	河北直隶老馆
167 号	宣武门大街七十九号	陕西关中北馆
179、181 号	宣武门大街八十五、八十六号	江西婺源会馆
203 号	宣武门大街一〇二号	福建会馆 （全闽会馆）
位置不确定	宣武门大街	江西建昌会馆 （南城会馆）
位置不确定	宣武门大街	江西永丰会馆

九、天桥街道

（一）虎坊路

路东	老地址	会馆
北口	东砖胡同	陕西蒲城老馆

（二）珠市口西大街

路南	老地址	会馆
10 号	西珠市口六十号	东三省会馆
东段	西珠市口	江西吉安会馆
32 号	西珠市口五十三号	江苏南京试馆
东段	西柳树井七十一号	安徽庐州会馆
66 号	西柳树井六十九号	东三省会馆
80 号	西柳树井六十号	江西德化会馆
84 号	西柳树井五十九号	当行会馆
94 号	西柳树井五十六、五十七号	福建安溪会馆
106 号	西柳树井五十二号	山西平定商馆
120 号	西柳树井四十四号	浙江仁钱会馆 （仁和会馆）
128 号	西柳树井四十一、四十二号	安徽庐州会馆
中段	西柳树井	湖北蕲水旧馆

路南	老地址	会馆
148 号	虎坊桥一一四至一一六号	浙江浙绍会馆（稽山会馆）
162 号	虎坊桥一〇三号	山西翼城老馆
西段	虎坊桥路南	福建泉郡会馆

（三）留学路

路西	老地址	会馆
65 号	牛血胡同中段	湖南巴陵会馆（岳阳会馆）

（四）大保吉巷

路北	老地址	会馆
29 号	宝鸡巷十三号	* 皮行会馆
路南	老地址	会馆
32 号	宝鸡巷十四号	* 江苏镇江会馆

（五）板章胡同

路北	老地址	会馆
3 号	板章胡同五号	* 福建同安会馆
9 号	板章胡同七、八号	福建安溪会馆（李光地故宅）
位置不确定	板章胡同	陕西西安会馆
路南	老地址	会馆
14 号	板章胡同二十一号	江西袁州会馆
26 号	板章胡同十二号	江西分宜会馆

（六）校尉营胡同

路南	老地址	会馆
44 号	校尉营二十四号	* 江苏宜兴新馆（周家楣旧居）

（七）鹞儿胡同

路南	老地址	会馆
14 号、16 号	鹞儿胡同三十七号	* 山西浮山会馆
20 号	鹞儿胡同三十五号	* 安徽徽州邑馆
30 号	鹞儿胡同三十号	山西平介会馆

十、陶然亭街道

（一）骡马市大街

路南	老地址	会馆
140 号	骡马市大街一九四号	山西蒲州会馆
208 号	骡马市大街一五七号	湖南湘庆会馆（宝庆会馆）

（二）迎新街

路西	老地址	会馆
63 号	延旺庙街三十三号	四川泸州郡馆
67 号	延旺庙街三十五号	云南南馆（钱沣旧居）
87 号	南横东街三十号	安徽泾县新馆
路东	老地址	会馆
34 号	延旺庙街六十号	山东寿张会馆
62 号	延旺庙街四十七号	安徽怀宁会馆
70 号	延旺庙街四十三号	湖北德安会馆
100 号	贾家胡同二十九号	河南开封会馆（开郑会馆）

（三）南横东街

路北	老地址	会馆
59 号	南横东街五号	浙江嘉兴会馆（嘉兴六邑馆）
63 号	南横东街七号	湖南长郡会馆
79 号	贾家胡同三十二号	河南开郑会馆（开封会馆）
95 号	南横东街二十二号	浙江新馆
103 号	南横东街二十六号	湖南湘阴会馆（邓颖超故居）
111 号	南横东街三十一号	湖南长沙会馆
路南	老地址	会馆
南华里	南下洼子	福建建宁老馆
四平园 1 号	南横东街六十六号	河南祥符会馆
四平园 7 号	南横东街	河南孟县会馆
四平园 7 号	南横东街四十八号	江苏淮安老馆

路北	老地址	会馆
四平园 7 号	椅子圈一号	贵州会馆

（四）珠朝街

路西	老地址	会馆
5 号	珠巢街二号	* 广东中山会馆（唐绍仪旧居）
7 号	珠巢街三、四号	四川成都郡馆
13 号	珠巢街六号	上海太仓会馆
路东	老地址	会馆
4 号	珠巢街二十四号	* 云南新馆
14 号	珠巢街	广东东莞老馆（袁崇焕祠堂）

（五）粉房琉璃街

路西	老地址	会馆
21 号	粉房琉璃街六号	山西汾水会馆
27 号	粉房琉璃街十一号	四川龙绵会馆
33 号	粉房琉璃街十三号	浙江会馆
41 号	粉房琉璃街十六号	湖南长沙邑馆
69 号	粉房琉璃街三十一号	广西廉钦会馆
71 号	粉房琉璃街三十二号	江西吉安会馆
79 号	粉房琉璃街三十五号	江西庐陵会馆
83 号	粉房琉璃街三十七号	湖南长沙会馆
85 号	粉房琉璃街三十八号	江西万载会馆
89 号	粉房琉璃街四十号	天津老馆
93 号	粉房琉璃街四十二号	* 江西萍乡会馆（文廷式旧居）
95 号	粉房琉璃街四十三号	浙江嘉兴会馆
109 号	粉房琉璃街五十号	山西解梁会馆
111 号	粉房琉璃街五十一号	广东阳江会馆（雷阳会馆）
115 号	粉房琉璃街五十三号	* 广东新会邑馆（梁启超旧居）
117 号	粉房琉璃街五十四号	湖南会馆

路东	老地址	会馆
82 号	粉房琉璃街	山东汶水会馆
104 号	粉房琉璃街九十二号	河南会馆（中州武会馆）
106 号	粉房琉璃街九十一号	安徽怀宁会馆
120 号	粉房琉璃街八十四号	福建延平郡馆
位置不确定	粉房琉璃街	江苏会馆

（六）菜市口大街

路面	老地址	会馆
中段	官菜园上街六号	甘肃南馆
中段	官菜园上街八号	河南宛南会馆
中段	官菜园上街九号	河南光州会馆（潢光固息商五县馆）
中段	官菜园上街十二号	上海松江会馆（云间会馆）
中段	官菜园上街二十号	重庆夔府南馆
中段	官菜园上街二十八号	四川成都邑馆
中段	官菜园上街二十七号	福建福安会馆
中段	官菜园上街二十六号	江西浮梁会馆
中段	官菜园上街二十五号	江苏镇江郡馆
中段	官菜园上街二十四号	重庆川东会馆
儒福里 6 号	珠巢街十四、十五号	江苏扬州新馆

（七）黑窑厂街

路西	老地址	会馆
黑窑厂西里	黑窑厂二十三号	棚行会馆

（八）福州馆街

路北	老地址	会馆
17 号	崇兴寺二号	* 河南濮阳会馆
19 号	崇兴寺三号	* 云南理化会馆
路南	老地址	会馆
4 号	福州馆街五、六号	福建莆阳会馆
6 号	崇兴寺	浙江鄞县会馆

（九）福州馆前街

路西	老地址	会馆
3 号	福州馆前街一至四号	* 福建莆阳老馆（莆阳旧馆）

（十）陶然亭路

路北	老地址	会馆
53 号	晋太高庙丨号	山西财神庙会馆

（十一）果子巷

路北	老地址	会馆
73 号	驴驹胡同三号	江西奉新南馆
77 号	驴驹胡同六号	河北河间会馆（冯国璋公馆）
路南	老地址	会馆
44 号	果子巷	河南河陕汝会馆（河洛会馆）
72 号	驴驹胡同十八、十九号	江苏扬州会馆
74 号	驴驹胡同十七号	广西中馆

（十二）龙爪槐胡同

路南	老地址	会馆
16 号	陶然亭西	梨园老馆
路东	老地址	会馆
16 号旁门	龙爪槐八号	河北会馆（抱冰别墅）

（十三）米市胡同

路西	老地址	会馆
33 号	米市胡同十四号	甘肃会馆
43 号	米市胡同十八号	* 广东南海会馆（康有为故居）
61 号	米市胡同二十七号	云南会馆
63 号	米市胡同二十八号	湖南宁乡会馆
111 号	米市胡同四十九号	河南中州南馆
125 号	米市胡同五十六号	安徽休宁会馆

路东	老地址	会馆
34 号	米市胡同一〇〇号	广东南海会馆
50 号	米市胡同九十一号	江苏句容南馆
62 号	米市胡同八十、八十一号	江苏徐州会馆
64 号	米市胡同七十九号	安徽泾县会馆（包世臣旧居）
80 号	米市胡同七十二号	安徽六英霍会馆
94 号	米市胡同六十六号	重庆会馆
98 号	米市胡同六十四号	江苏江阴会馆
118 号	米市胡同五十九号	河南光州会馆（潢光固息商五县馆）
122 号	米市胡同五十七号	浙江会馆
位置不确定	米市胡同	安徽六安会馆

（十四）晋太胡同

路北	老地址	会馆
四平园小区 9 号	太高庙二号	湖北黄陂会馆（黄陂会馆庙）
路南	老地址	会馆
红土店南里 6 号	南横街小珠营	山西汾城会馆（晋太平会馆）

（十五）贾家胡同

路西	老地址	会馆
11 号	贾家胡同六号	江苏江震会馆
13 号	贾家胡同七号	河北高阳会馆（高郡会馆）
15 号	贾家胡同八号	广东高州新馆（高郡会馆）
31 号	贾家胡同十九号	福建莆阳新馆
41 号	贾家胡同二十三号	湖南永州新馆
43 号	贾家胡同二十四、二十五号	河北直隶会馆
43 号	贾家胡同二十四、二十五号	广西南馆
路东	老地址	会馆
12 号	贾家胡同六十三号	福建龙岩新馆
14 号	贾家胡同六十二号	江苏江震会馆（吴江会馆）

路东	老地址	会馆
26 号	贾家胡同五十六号	广西柳州会馆（龙城会馆）
28 号	贾家胡同五十五号	湖南上湖南会馆（衡州会馆）
42 号	贾家胡同四十八号	河南归德会馆
60 号	贾家胡同三十七号	湖北蕲水新馆

（十六）高家寨胡同

路西	老地址	会馆
9、11、13 号	高家寨五、六号	* 福建莆阳会馆

（十七）潘家胡同

路西	老地址	会馆
1 号	潘家河沿一号	河北会馆（直隶会馆）
5 号	潘家河沿三号	湖北襄阳新馆
7、11 号	潘家河沿四、六号	河南怀庆会馆（覃怀会馆）
9 号	潘家河沿五号	山西襄陵会馆
17 号	潘家河沿十号	陕西三原南馆
19 号	潘家河沿十一号	江苏淮安邑馆（淮山邑馆）
21 号	潘家河沿十二号	江西吉州十属新馆
31 号	潘家河沿十六号	浙江湖州会馆
33 号	潘家河沿十七号	* 江西饶州会馆
35 号	潘家河沿十八号	山东会馆（齐鲁会馆）
39 号	潘家河沿二十号	广东兴宁会馆
43 号	潘家河沿二十二号	广东高州老馆（高郡会馆、高州旧馆）
59 号	潘家河沿三十号	湖北黄陂新馆
65 号	潘家河沿三十三号	浙江浙绍会馆
93 号	潘家河沿四十八号	* 江西萍乡西馆
位置不确定	潘家河沿	陕西渭南老馆
路东	老地址	会馆
20 号	潘家河沿七十四号	江西会馆
28 号	潘家河沿七十号	浙江会馆

路西	老地址	会馆
30 号	潘家河沿六十九号	浙江余姚会馆
38 号	潘家河沿六十五号	安徽泾县会馆
50 号	潘家河沿六十号	浙江杭州会馆
58 号	潘家河沿五十八号	江西吉州会馆
60 号	潘家河沿五十二号	* 江西庐陵新馆
位置不确定	潘家河沿	江西南昌新馆
位置不确定	潘家河沿	江苏江南会馆（江安会馆）
位置不确定	潘家河沿	安徽怀宁会馆
位置不确定	潘家河沿	贵州毕节县馆

【中信城】

（十八）中兵马街

路西	老地址	会馆
1 号	兵马司中横街一号	河北会馆（直隶会馆）
3 号	兵马司中横街二号	浙江会馆
5 号	兵马司中横街四号	浙江慈溪试馆
路北	老地址	会馆
位置不确定	兵马司中街三号	江西永新新馆
15 号	兵马司中街九号	安徽望江会馆
位置不确定	兵马司中街十六号	江西南城会馆

（十九）后兵马街

路南	老地址	会馆
位置不确定	兵马司后街十七号	安徽泾县会馆

（二十）前兵马街

路北	老地址	会馆
7 号	兵马司前街四号	湖南湘阴会馆
南口	兵马司前街十三号	河南光州会馆（潢光固息商五县馆）
路南	老地址	会馆
东口	兵马司前街二十六号	甘肃皋兰会馆

（二十一）保安寺街

路北	老地址	会馆
1 号	保安寺街一号	江西丰城南馆（广丰会馆）
3 号	保安寺街二号	江西清江会馆
5 号	保安寺街三号	湖南湘潭会馆
7 号	保安寺街四号	陕西关中南馆（关中试馆）
23 号	保安寺街十一号	江西丰城新馆
29 号	保安寺街十四号	广东三水会馆
路南	老地址	会馆
中段	包头章胡同十二号	陕西关中会馆
26 号	保安寺街二十四号	江西奉新中馆

（二十二）北大吉巷

路南	老地址	会馆
20 号	大吉巷四十二号	江西抚州东馆

（二十三）南大吉巷

路南	老地址	会馆
4 号	羊肉胡同三十一号	江西奉新北馆
6 号	羊肉胡同三十号	湖南宝庆五邑馆
14 号	羊肉胡同二十五号	安徽旌德西馆
20 号	羊肉胡同二十二号	甘肃皋兰会馆（鲁膺泰故宅）

（二十四）北堂子胡同

路南	老地址	会馆
14 号	北堂子胡同十四号	江苏武进会馆

（二十五）太平街

路西	老地址	会馆
19 号	黑龙潭	绦行会馆

（二十六）虎坊路

路西	老地址	会馆
3 号	骡马市大街二五七号	* 湖广会馆

路西	老地址	会馆
7号	福州馆街一号	福建福清会馆
7号	福州馆街二号	福建福州老馆（叶向高故宅）
19号	虎坊桥三十五号	福建福清会馆

十一、牛街街道

（一）枣林前街

路北	老地址	会馆
牛街西里二区	甄家胡同	骆驼行会馆

（二）南横西街

路北	老地址	会馆
13号	南横西街二十七号	* 江西会馆
15号	南横西街二十八号	* 甘肃会馆（吴柳堂祠）
17号	南横西街二十九号	安徽六英霍会馆
19号	南横西街三十号	* 湖北襄阳会馆
21号	南横西街三十一号	湖南长沙会馆

（三）法源寺后街

路北	老地址	会馆
3至7号	法源寺后街二至五号	* 江西会馆（谢枋得祠）

（四）法源寺前街

路北	老地址	会馆
11号	白帽胡同二至四号	* 云南西馆（赵公祠）

（五）菜市口大街路面

西侧	老地址	会馆
北段	丞相胡同六号	江西会馆
北段	丞相胡同十三号	安徽休宁会馆
北段	丞相胡同十五号	安徽休宁西馆（徐乾学故宅）
北段	丞相胡同十七号	甘肃会馆
北段	丞相胡同二十号	重庆会馆

西侧	老地址	会馆
北段	丞相胡同	全楚会馆（张居正故宅）
北段	丞相胡同	广东顺德会馆
11 号	南横西街二十六号	* 广东粤东新馆（粤东邑馆）
东侧	老地址	会馆
北段	丞相胡同六十六号	河南中州新馆
北段	丞相胡同六十四号	福建福州会馆
北段	丞相胡同六十三号	广东徐闻会馆
北段	丞相胡同五十一号	江苏会馆
北段	丞相胡同五十号	山西太平试馆
北段	丞相胡同四十二号	湖南衡州会馆（杨度旧居）
北段	丞相胡同三十六号	湖南上湖南会馆
北段	丞相胡同三十三号	安徽休宁会馆
北段	丞相胡同三十一号	江苏扬州会馆
北段	丞相胡同三十号	* 广东潮州会馆（潮州老馆、潮州南馆）

（六）菜市口大街

路西	老地址	会馆
1 号	北半截胡同八号	江苏会馆
1 号	北半截胡同十三号	浙江湖州会馆（吴兴会馆）
1 号	北半截胡同三十七号	上海太仓会馆
北半截胡同 41 号	北半截胡同二十号	* 湖南浏阳会馆（谭嗣同故居）

（七）白广路二条

路北	老地址	会馆
1 号	老君地	山西会馆

（八）门楼巷

路西	老地址	会馆
5 号	门楼胡同三号	* 云南会馆

路东	老地址	会馆
6 号	门楼胡同十号	山东青州会馆
8 号	门楼胡同九号	陕西兴安会馆

（九）七井胡同

路北	老地址	会馆
3、5 号	九间房二、三号	* 湖南会馆（先贤祠堂）

（十）天景胡同

路北	老地址	会馆
7 号	大井胡同四号	* 广东顺德新馆 （顺邑新馆）
9 号	大井胡同五号	* 江苏会馆

（十一）西砖胡同

路西	老地址	会馆
13 号	西砖胡同四号	* 海南琼州分馆
15 号	西砖胡同五号	* 河北深县会馆
17 号	西砖胡同六号	浙江处州会馆
51 号	西砖胡同二十四号	福建仙游会馆 （仙溪会馆）
路东	老地址	会馆
74 号	西砖胡同三十六号	* 湖南会馆（湖南学堂）

（十二）永庆胡同

路东	老地址	会馆
10 号	七圣庙十一号	湖北蕲春会馆

（十三）南半截胡同

路西	老地址	会馆
3 号	南半截胡同二号	* 安徽歙县会馆
7 号	南半截胡同四号	* 浙江绍兴会馆 （鲁迅故居）
21 号	南半截胡同十号	* 安徽黟县会馆
41 号	南半截胡同十七号	* 江苏江宁郡馆 （上江两邑会馆）

路西	老地址	会馆
51 号	南半截胡同二十四号	* 湖北武昌分馆
路东	老地址	会馆
10 号	南半截胡同三十二、三十三号	* 浙江绍兴县馆
14 号	南半截胡同三十一号	* 河南彰德会馆
24 号	南半截胡同二十八号	* 广东粤东会馆（广东会馆）

（十四）莲花胡同

路北	老地址	会馆
11 号	莲花寺湾	天津蓟州会馆

（十五）烂缦胡同

路西	老地址	会馆
枫桦豪景小区南侧	烂缦胡同三十五号	湖南湘乡会馆
97 号	烂缦胡同三十六至三十八号	* 山东济南十六邑馆（嵇璜故宅）
101 号	烂缦胡同四十、四十一、四十二号	* 湖南会馆（毛泽东旧居）
127 号	烂缦胡同四十九号	* 广东东莞会馆（张次溪旧居）
131 号	烂缦胡同五十号	江苏常熟会馆（常昭会馆）
133 号	烂漫胡同五十一号	* 陕西宁羌会馆
路东	老地址	会馆
64 号	烂缦胡同七十九号	* 陕西汉中十二邑馆
66 号	烂缦胡同七十八号	* 河北同乡会馆
74 号	烂缦胡同七十四、七十五号	* 湖南会馆
94 号	烂缦胡同七十号	* 安徽黟县会馆
108 号	烂缦胡同六十四号	江苏江宁郡馆（西元宁会馆）

（十六）教子胡同

路西	老地址	会馆
牛街东里	教子胡同十三号	甘肃会馆
牛街东里	教子胡同十四号	湖北郧阳会馆

（十七）登莱胡同

路北	老地址	会馆
31 号	干面胡同十一、十三、十四、十五号	山东登莱胶义园公所（登莱胶同乡会馆）

（十八）醋章胡同

路北	老地址	会馆
25 号	醋章胡同十三号	* 广东粤东会馆（广东会馆）
29 号	醋章胡同十五号	河南会馆
路南	老地址	会馆
42 号	醋章胡同三十三号	河南陈州会馆

（十九）广安门内大街

路南	老地址	会馆
2 号	北半截胡同四号	四川总馆
2 号	北半截胡同六号	江苏会馆
2 号	北半截胡同七号	湖南老馆
2 号	北半截胡同四十九号	江西会馆
2 号	北半截胡同四十三号	四川潼川会馆（陈毅旧居）
2 号	广安门大街四七二号	东三省试馆（奉天会馆）
6 号	广安门大街四六八号	山西洪洞会馆
6 号	烂缦胡同二十六号	浙江绍兴县馆
6 号	烂缦胡同八十一至八十三号	江苏江阴会馆
6 号	烂缦胡同九十七号	山东寿张会馆
100 号	广安门大街四四九号	山西河东会馆（河东烟行会馆）
208 号	香儿胡同西段路北	江西永新南馆
308 号	广安门大街三五二号	山西西晋会馆

十二、白纸坊街道

（一）白纸坊西街

路北	老地址	会馆
19 号	白纸坊街二十九号	山西纸业会馆

（二）菜园街

路西	老地址	会馆
建功南里	南菜园	江苏京江会馆

（三）盆儿胡同

路西	老地址	会馆
55 号	盆儿胡同八号	浙江鄞县西馆

（四）枣林前街

路南	老地址	会馆
东段	枣林前街五十六号	上海太仓会馆 （娄海山庄）

（五）里仁街

路南	老地址	会馆
1、3 号大院内及马路对面清芷园、8 号院等部分	郭家井二号	浙江鄞县会馆 （四明会馆、宁波会馆）

十三、广安门外街道

广安门外大街

路北	老地址	会馆
189 号	广安门关厢八十号	陕西九天庙

朝阳区

呼家楼街道

朝阳路

路北	老地址	会馆
呼家楼南里 2 号	舍茶棚四号	* 山东海阳仪馆

丰台区

长辛店街道

长辛店大街

路东	老地址	会馆
128 号	长辛店大街中段	* 山西商馆（老爷庙）

石景山区

鲁谷社区

五环西路

路东	老地址	会馆
南段	衙门口村西	骆驼行会馆

门头沟区

一、东辛房街道

滑石道大街

路东	老地址	会馆
124 号	滑石道大街中段	山西商馆

二、龙泉镇

三家店中街

路南	老地址	会馆
8 号	三家店村	* 山西商馆

通州区

一、张家湾镇

老街

方向	老地址	会馆
不确定	张家湾村	山西会馆（关帝庙）

二、马驹桥镇

商业街

路西	老地址	会馆
南段	马三街	山西会馆

三、北苑街道

玉带河大街

路南	老地址	会馆
358号	玉带河大街	*山东山左会馆（三义庙）

四、新华街道

北大街

路西	老地址	会馆
北口里	北关小口	江苏漕运分馆
北口里	河沿胡同	江西商馆（万寿宫）
如意园	教子胡同七、八号	山西晋翼布行会馆（染坊公所）
如意园	鱼市胡同	江西漕运会馆（真武庙）
路东	老地址	会馆
中段	贡院胡同	江苏漕运会馆（漕运总局）

附表六：清末民国北京地方商会、同业公会及公益水会一览表

类别	名称	别名	建立年代	现地址	老地址	地亩	房间	负责人	现状
商会	京师商务总会	纪晓岚故居（阅微草堂）	清光绪三十二年（1906年）	珠市口西大街241号	虎坊桥路北四十五号				区级文保
		北京市工商业联合会	清宣统元年（1909年）	珠市口西大街30号	西珠市口路南五十四号		32		已拆
	古玩行商会		清光绪三十四年（1908年）	西草市东街	狗尾巴胡同南段路西				已拆
同业公会	托运业同业公会		清光绪十六年（1890年）	銮庆胡同11号	同左路北十五号				民居
	国药业同业公会		清光绪三十年（1904年）	北官园胡同17号	北官园路西二十号			杨国臣	已拆
	布行同业公会		清光绪三十年（1904年）	大江胡同	大蒋家胡同			高伦堂	已拆
	绸缎业同业公会		清光绪三十年（1904年）	珠市口东大街10号楼	三里河路南三十八号		68	金叔员	已拆
	理发业同业公会	整容行公益会	清光绪三十二年（1906年）	培英胡同17号旁门	小马神庙路南三十一号				民居
	估衣业同业公会		清光绪三十二年（1906年）	大市胡同11号	大市北上坡路北十七号			刘仁政	民居
	牛骨业同业公会		清光绪年间	崇文门西河沿东段	前门东河沿路南一0七号		13		已拆
	瓦木作公会	东岳庙	清代	朝阳门外大街141号	朝外大街路北二四二号				国家文保

类别	名称	别名	建立年代	现地址	老地址	地亩	房间	负责人	现状
同业公会	酱油醋业同业公会		清朝末年	东晓市街90号	东晓市路南一三八号			张锦臣	民居
	新旧木器业同业公会		清朝末年	南小市口街	南小市口胡同			胡佩身	已拆
	冰窖业同业公会	冰窖行会	民国元年（1912）年	冰窖口胡同	冰窖口			陈静轩	已拆
			民国元年（1912）年	前门大街南段路东	冰窖厂胡同路东十六号	4		刘静轩	已拆
	京师饭庄商会		民国二年（1913年）	铁树斜街32号	李铁拐斜街路南八十七号		14.5	王东甫	已拆
	旅店业同业公会		民国四年(1915年)	铁树斜街81号	李铁拐斜街路北三十四号				民居
	旅店业同业公会		民国中期	石头胡同号46	同左路东九十四号		25多	刘步训	旅店
	银行业同业公会		民国七年(1918年)	天安门广场西半部	西皮市路西三十七号			周作民	已拆
	平绥铁路工会	西直门车站工会	二十世纪20年代初	西直门立交桥处	西直门城门外				已拆
	车业同业公会		民国十二年(1923年)	人民大会堂西路	法宪胡同路西二十号			闫秉富	已拆
	五金业同业公会		民国十二年(1923年)	崇文门外大街114号楼	崇文门大街路东五十五号			李全恩	已拆
	猪店业同业公会		民国十四年（1925年）	东四西大街50号	猪市大街路南九十七号			李杰臣	已拆
	新药业同业公会		民国十六年(1927年)	华远街13号	达智营路西四号			杜雅泉	已拆
	猪羊肠业同业公会		民国十六年(1927年)	建华南路永安南里	东便门外砖厂八号			蔡耀亭	已拆
	浴堂业同业公会		民国十七年(1928年)	西皇城根南街9号院	大酱坊胡同路北二号			朱玉书	已拆
	西药业同业工会		民国十七年(1928年)	大栅栏街	大栅栏路北十一号			马心泉	已拆
	粪夫公会	关帝庙	民国十七年(1928年)	阜成门外南营房	同左十二号	0.32	3		已拆
	粪夫公会		民国时期	花椿里	闷葫芦罐				已拆

类别	名称	别名	建立年代	现地址	老地址	地亩	房间	负责人	现状
同业公会	工厂联合会		民国十七年（1928 年）	珠市口东大街 8 号楼	后池西街路东五号				已拆
	帽行同业公会		民国十七年（1928 年）	銮庆胡同 39 号	同左路北一号		16	朱蕴辉	民居
	老羊皮货业同业公会		民国十七年（1928 年）	精忠街南段	紫竹林			孙馨廷	已拆
	细毛皮货业同业工会		民国十七年（1928 年）	精忠街南段	紫竹林			王经周	已拆
	钱业同业公会	银钱号公会	民国十七年（1928 年）	北晓顺胡同 30 号	北孝顺胡同路东十三号			姚泽生	已拆
			民国二十七年（1938 年）	廊房头条 17 号	同左劝业场	3			市级文保
			民国三十年（1941 年）	前门西河沿街 186 号	西河沿路南二〇二号		30		民居
	陆陈业同业公会		民国十八年（1929 年）	蔡家楼二巷	穿堂门路南十一号			苗宰之	已拆
	米庄业同业公会		民国十八年（1929 年）	宣武门外大街新 30 号	宣武门大街路东一八七号			蔡寿山	已拆
	古玩业同业公会		民国十八年（1929 年）	五老胡同兴隆都市馨园	闫王庙前街			崔声显	已拆
	人力车夫工会		民国十九年（1930 年）	西单路口	同左				已拆
	席箔业同业公会		民国十九年（1930 年）	儒福里 6 号院	珠巢街路南十五号			沈清河	已拆
	煤铺业同业公会		民国十九年（1930 年）	宣武门外大街 138 号	宣武门大街路东一七〇号			张炳南	已拆
	牛羊业同业公会		民国十九年（1930 年）	蔡家胡同 15 号	同左路北八号				民居
	烟业同业公会		民国二十年（1931 年）	西花市大街西花市南里东区	手帕胡同路北二号			李竹岩	已拆

类别	名称	别名	建立年代	现地址	老地址	地亩	房间	负责人	现状
同业公会	煤油洋广货业同业公会	百货业同业公会	民国三十一年（1942年）	甘井胡同19号	同左路北九号			高茂堂	民居
	金银饰物业同业公会		民国三十一年（1942年）	前门西河沿街200号	西河沿路南一九七号	2.18	88.5	武隽儒	民居
	茶社业同业公会		民国三十一年（1942年）	大酱坊胡同7号	同左路北十一号			丁永才	民居
	麻袋业同业公会		民国三十一年（1942年）	云居胡同25号	云居寺路北十三号			李丰收	民居
	眼镜业同业公会		民国三十一年（1942年）	西打磨厂街3号楼	打磨厂路北十七号			张松亭	已拆
	猪鬃毛货业同业公会		民国三十五年（1946年）	板章胡同11号	同左路南甲十号			丁润昌	民居
	金箔会馆		民国时期	草厂头条17号	庆云大院路东			崔殿	民居
	豆粉业同业公会		民国时期	保安寺街	同左路南				已拆
	粮业同业公会		民国时期	前门西河沿街186号	西河沿路南二〇二号				民居
	杂粮经纪业同业公会		民国时期	掌扇胡同30号	同左路南十九号				已拆
	芝麻油业同业公会		民国时期	珠市口西大街83号	西柳树井路北十号			王茀卿	已拆
	菜业同业公会		民国时期	南半截胡同35号	同左路西十七号				民居
	马驴骡汤锅业同业公会		民国时期	北大吉巷	大吉巷路北				已拆
	鱼业同业公会	鱼业联合公益会	民国时期	煤市街北段	西河沿路北十五号			赵华廷	已拆
	糖房业同业公会		民国时期	西经路	同左路西				已拆

类别	名称	别名	建立年代	现地址	老地址	地亩	房间	负责人	现状
同业公会	成药业同业公会		民国时期	棕树斜街52号	王寡妇斜街路南五十七号				民居
	纸烟业同业公会		民国时期	樱桃斜街	同左			王者香	已拆
	啤酒业同业公会		民国时期	手帕口南街	南观音寺				已拆
	井水业同业公会		民国时期	前孙公园胡同98号	香儿胡同路东二号			王秉信	民居
	茶庄业同业公会		民国时期	前门西河沿街145号	西河沿路北九十二号			魏子丹	民居
	车辆旧业同业公会		民国时期	宣武门外大街	宣武门大街路西				已拆
	军装业同业公会		民国时期	云居胡同4号	云居寺路南二十八号			封心传	民居
	委托拍卖业同业公会		民国时期	前门西河沿街145号	西河沿路北九十二号				民居
	宝石玉石业同业公会	回族玉行同业公会	民国时期	廊房二条西段	同左路北二十六号			马少宸	已拆
	首饰业同业公会		民国时期	甘井胡同19号	同左路北九号			王爽峰	民居
	金店业同业公会		民国时期	廊坊三条5号	同左路北三号			王永年	已拆
	炉房业同业公会		民国时期	钱市胡同	钱市胡同			张秉和	区级文保
	绒绢纸花业同业公会		民国时期	东北园胡同	东北园				已拆
	锦匣业同业公会		民国时期	廊房二条	同左				已拆
	棉花业同业公会		民国时期	广安门内大街	广安门大街				已拆
	棉花业同业公会		民国时期	牛肉湾	同左			梁吉庆	已拆
	皮革业同业公会		民国时期	黑窑厂街22号	黑窑厂路东			高亚杰	已拆

类别	名称	别名	建立年代	现地址	老地址	地亩	房间	负责人	现状
同业公会	毛业同业公会		民国时期	骡马市大街新9号	棉花上头条				已拆
	纺织品染业同业公会		民国时期	粉房琉璃街	同左			张文斋	已拆
	铺垫业同业公会		民国时期	椿树园	椿树上二条路北				已拆
	柴炭业同业公会		民国时期	宣武门外大街138号	宣武门大街路东一七〇号			张炳南	已拆
	黑白炭业同业公会		民国时期	珠市口西大街东段	西珠市口公茂炭厂			陈永利	已拆
	账庄业同业公会		民国时期	鹞儿胡同30号	同左路南三十号			石苑臣	已拆
	照相业同业公会		民国时期	宣武门外大街	宣武门大街路西			赵燕臣	已拆
	照相材料业同业公会		民国时期	甘井胡同	同左				已拆
	钟表业同业公会		民国时期	西杨茅胡同	杨茅胡同			李子寿	已拆
	自行车业同业公会		民国时期	鹞儿胡同	同左				已拆
	电料业同业公会		民国时期	骡马市大街路北	梁家园南口路东			崔云麟	已拆
	广告业同业公会		民国时期	琉璃厂西街	琉璃厂西口路南				已拆
	新闻记者公会		民国时期	南新华街58号	同左路东六十九号				已拆
	报夫公会		民国时期	椿树园	椿树下三条				已拆
	铁工场业同业公会		民国时期	香厂路	同左				已拆
	木器作业同业公会		民国时期	前门西河沿街145号	西河沿路北九十二号				民居

类别	名称	别名	建立年代	现地址	老地址	地亩	房间	负责人	现状
同业公会	小器作业同业公会		民国时期	杨梅竹斜街	同左				已拆
	油漆业同业公会		民国时期	杨梅竹斜街	同左				已拆
	橡胶业同业公会		民国时期	华严路	同左				已拆
	运输货栈业同业公会		民国时期	掌扇胡同30号	同左路北十九号			王跃增	已拆
	运输货栈业同业公会		民国时期	永定门西滨河路东端	三元宫路西二十三号			王跃增	已拆
	曲艺业同业公会	北京市曲艺杂技工作者联合会	民国时期	大齐家胡同	同左				已拆
	青韭园行公会		民国时期	丰台区新村街道樊羊路路西15号院	樊家村				已拆
	骡马业同业公会		民国时期	德胜门外大街南段	同左路东五十九号			刘万武	已拆
	杂粮堆栈业同业公会		民国时期	西直门外大街9号	博物院路			-	已拆
	造胰业同业公会		民国时期	羊房胡同41号	同左路北二十一号			金　华	已拆
	羊肉业同业公会		民国时期	粉子胡同18号	同左路南东段			洪慎芝	宗教产
	煤栈业同业公会		民国时期	中京畿道京畿道小区	同左路北九号			赵小峰	已拆
	煤矿业同业公会		民国时期	永宁胡同	后王公厂			杨临斋	已拆
	律师公会		民国时期	织女桥东河沿	同左				已拆
	缝纫工会		民国时期	云梯胡同	梯子胡同				已拆
	井业同业公会		民国时期	中剪子巷11号	同左路西二十四号			王秉信	民居
	糕点业同业公会		民国时期	北桥湾街15号	北桥湾南段路西			孙庆馀	已拆

类别	名称	别名	建立年代	现地址	老地址	地亩	房间	负责人	现状
同业公会	白油业同业公会		民国时期	报房胡同40号	同左路南七十一号			刘礼廷	民居
	鸭业同业公会		民国时期	东花市大街东花市北里西区北片	中头条路北四十号			王寿廷	已拆
	猪类汤锅业同业公会		民国时期	多福巷东段	同左路北九号			盛守泰	已拆
	干鲜果品业同业公会		民国时期	前门大街路东	果子市路东一号			杨绍业	已拆
	兑换业同业公会		民国时期	安定门内大街	安定门大街			郭鸿儒	已拆
	景泰珐琅业同业公会		民国时期	五老胡同北段路东	北五老胡同路东五号			王心泉	已拆
	瓷器业同业公会	雷音寺	民国时期	北芦草园胡同23号	北芦草园路北二十五号			刘晏波	区级文保
	染业同业公会		民国时期	西半壁街17号	路南四十九号			迟书春	已拆
	成衣业同业公会		民国时期	金鱼池西街1号	西晓市大街路南一二九号				已拆
	西服业同业公会		民国时期	王府井大街南口里路东	敦厚里			李秉生	已拆
	毯业同业公会		民国时期	千福巷1号	千佛寺路北一号			程子荣	民居
	毛头纸业同业公会		民国时期	草厂九条36号	同左路东十八号			王致波	已拆
	描金业同业公会		民国时期	东晓市街	同左				已拆

类别	名称	别名	建立年代	现地址	老地址	地亩	房间	负责人	现状
同业公会	烟袋业同业公会		民国时期	西花市大街45号	花市上四条路北			杨文元	已拆
	铜铁锡品业同业公会		民国时期	五老胡同兴隆都市馨园	河泊厂路西六十九号			谢香岩	已拆
	木材业同业公会		民国时期	交道口东大街8号楼	同左中段路南			王静圃	已拆
	砖瓦灰业同业公会		民国时期	东华门大街68号	东安门大街西段路南			马廷芳	已拆
	汽车职业工会		民国时期	红星胡同	无量大人胡同				已拆
	电车工会		民国时期	天桥南大街路东	忠恕里				已拆
	剧场业同业公会		民国时期	培智胡同27号	小马神庙路北十号			李仲田	民居
	评剧业同业公会	北京市评剧工作者联合会	民国时期	培智胡同2号	小马神庙路南三十九号				民居
			1956年	石头胡同9号	同左路西三号				居委会
公益水会	公义水会	公义水局	清咸丰三年（1853年）	煤市街61号	同左路西				已拆
	兴善水会		清咸丰七年（1857年）	骡马市大街西段	同左路北				已拆
	安平水会	安平公所	清咸丰八年（1858年）	南新华街21号	琉璃厂	2.64	120		托儿所
	同仁水会		清咸丰十一年（1861年）	广安门内大街225号	广安门大街路北一〇九号				已拆
	治平水会		清同治元年（1862年）	樱桃斜街4号	观音寺街五十二号	1.43	43		尚存
	同心水会		清同治十年（1871年）	骡马市大街144号	同左路南一九二号				已拆
	坎济水会		清同治十二年（1873年）	朝阳门外大街西段路北	同左				已拆
	同善水会		清同治十三年（1874年）	大力胡同16号	大李纱帽胡同东口路南				已拆

类别	名称	别名	建立年代	现地址	老地址	地亩	房间	负责人	现状
公益水会	同善水会		清晚期	棕树斜街26号	王寡妇斜街路南七十一号				已拆
			清晚期	博兴胡同8号	同左东段路南				已拆
	成善水会		清同治十三年（1874年）	保安寺街9号（中信城北片）	同左路北五号				已拆
	资善水会		清光绪三年（1877年）	广安门内大街东段	广安门大街东口路南				已拆
	东安水会		清光绪十六年（1890年）	东四南大街路东	同左				已拆
	三善水会		清光绪二十二年（1896年）	取灯胡同24号	同左路南十八号		9		已拆 已拆
	永济北水会		清光绪二十八年（1902年）	安定门内大街	安定门大街				已拆
	永济南水会		清光绪二十八年（1902年）	西堂子胡同	同左				已拆
	永济水会		清光绪二十八年（1902年）	东四北大街路东	同左				已拆
	普义水会		清光绪三十四年（1908年）	阜城门外大街东段	同左路南一二四号				已拆
	西安水会		清朝末年	西四北大街160号	小旃檀寺路北八号				已拆
	西安分会		清朝末年	大六部口街	同左				已拆
	北海水会		清朝末年	地安门西大街	同左				已拆
	锦善水会		清朝末年	锦什坊街	同左				已拆
	西珠市口水会		民国时期	珠市口西大街东段	西珠市口				已拆
	东观音寺水会		民国时期	东冠英胡同	东观音寺				已拆

类别	名称	别名	建立年代	现地址	老地址	地亩	房间	负责人	现状
公益水会	宫门口水会		民国时期	阜成门内大街路北	宫门口岔口内				已拆
	西交民巷水会		民国时期	西交民巷	同左				已拆
	西单水会		民国时期	西单路口	同左				已拆
	米市水会		民国时期	米市胡同	同左				已拆
	南横街水会		民国时期	南横东街西段	南横街				已拆
	虎坊桥水会		民国时期	珠市口西大街西段	虎坊桥				已拆
	三条水会		民国时期	长巷三条	同左				已拆
	崇文门水会		民国时期	崇文门外大街	崇文门大街				已拆
	火神庙水会		民国时期	西花市大街 73 号	花市大街路北三十二号				区级文保
	木厂水会		民国时期	东兴隆街东段	木厂胡同				已拆
	缨子水会		民国时期	西花市大街路南西花市南里南区	缨子胡同				已拆
	上四条水会		民国时期	西花市大街路北国瑞城	上四条				已拆
	下二条水会		民国时期	东花市大街路北东花市北里中区北部	下二条				已拆
	永定门水会		民国时期	永定门内大街	永定门大街				已拆
	天坛水会		民国时期	天坛路路北	天坛北坛根				已拆
	左安门水会		民国时期	左安门内大街	左安门大街				已拆

参考及引用书目

资料志书

北京市档案馆:《北京会馆档案史料》,北京出版社 1997 年。
北京市档案馆:《北京寺庙历史资料》,中国档案出版社 1997 年。
李华:《明清以来北京工商业会馆碑刻选编》,文物出版社 1980 年。
北京市宣武区房地局档案馆藏:《宣武区域内会馆房地产档案(1966 年)》。
赵其昌主编:《明实录北京史料》,北京古籍出版社 1995 年。
王国华:《清末北京志资料》,北京燕山出版社 1994 年。
张次溪编纂:《清代梨园史料》,中国戏剧出版社 1988 年。
张复合编:《北京近代建筑调查表》。

张思俊主编:《中华人民共和国地图集》,地图出版社 1958 年。
杜秀荣主编:《中国地图集》,地图出版社 2004 年。
工部测绘:《加慕乾隆京城全图》,北京燕山出版社 1996 年。
侯仁之主编:《北京历史地图集》,北京出版社 1988 年。
侯仁之主编:《北京宣南历史地图集》,学苑出版社 2008 年。
王世仁主编:《宣南鸿雪图志》,中国建筑出版社 1997 年。
李绍纯主编:《北京行政区划地图集》,湖南地图出版社 2005 年。
《1950 北京市街道详图》(复制版),中国地图出版社 2005 年。
北京市文物局:《北京文物地图集(上、下册)》,科学出版社 2009 年。
北京市文物局:《北京名胜古迹辞典》,北京燕山出版社 1988 年。
徐友春:《民国人物大辞典》,河北人民出版社 2007 年。
臧励龢:《中国人名大辞典》,商务印书馆 1980 年。

臧励龢:《中国古今地名大辞典》,商务印书馆 1982 年。

张撝之:《中国历史人名大辞典》,上海古籍出版社 1998 年。

李嘉瑞编:《北平风俗类征》,上海艺文出版社据商务印书馆 1937 年版影印本。

顾平旦:《北京名胜楹联》,中国民间文艺出版社 1985 年。

许道龄:《北平庙宇通检》,北平史学研究所 1936 年。

徐俊德:《北京档案史料》(季刊),新华出版社。

北京市政协:《北京文史资料》(半月刊),北京出版社。

彭益泽:《中国近代手工业史料》,三联书店 1957 年。

清华大学历史系编:《戊戌变法文献资料系目》,上海书店出版社 1998 年。

《戊戌变法(四)》,上海人民出版社 1957 年。

《明清苏州工商业碑刻集》,江苏人民出版社 1981 年。

江苏省博物馆:《江苏省明清以来碑刻资料选集》,三联书店 1959 年。

上海博物馆:《上海碑刻资料选辑》,上海人民出版社 1980 年。

袁德宣等编纂,曾主陶校点:《湖南会馆史料九种》,岳麓书社 2012 年。

李金龙、孙兴业主编:《北京会馆资料集成》,学苑出版社 2007 年。

[清]于敏中等:《日下旧闻考》,北京古籍出版社 1983 年。

[清]张吉午等纂:《康熙顺天府志》,中华书局 2009 年。

[清]王养濂等纂:《康熙宛平县志》,北京燕山出版社 2007 年。

[清]周宗楣、缪荃孙编纂:《光绪顺天府志》,北京古籍出版社 1987 年。

京都市政公所编:《京都市政汇览》,京华书店 1917 年。

吴廷燮等纂:《北京市志稿》,北京燕山出版社 1998 年。

周均美:《中国会馆志》,方志出版社 2002 年。

[清]朱一新:《京师坊巷志稿》,北京古籍出版社 1982 年。

[明]张爵:《京师五城坊巷胡同集》,北京古籍出版社 1982 年。

叶恭绰:《北京岭南文物志》(1954 年),首都图书馆藏。

马芷庠:《老北京旅行指南(重排本)》,北京燕山出版社 1998 年。

陈宗蕃:《燕都丛考》,北京古籍出版社 1991 年。

《北京市东城区志》,北京出版社 2004 年。

《北京市西城区志》,北京出版社 2003 年。

《北京市崇文区志》,北京出版社 2004 年。

《北京市宣武区志》,北京出版社 2004 年。

《北京市朝阳区志》,北京出版社 2006 年。

《北京市丰台区志》,北京出版社 2001 年。

《北京市西城区地名志》，北京出版社 1992 年。
《北京市崇文区地名志》，北京出版社 1992 年。
《北京市宣武区地名志》，北京出版社 1993 年。
《宣武区普通教育志》，北京出版社 2001 年。
《广内街志》，北京市宣武区广安门内街道办事处 1996 年。
《大栅栏街道志》，北京市宣武区大栅栏街道办事处 1996 年。
李景铭：《闽中会馆志》，民国年间。
李景铭编：《安徽会馆志》，1933 年。
许其田编：《北平福建泉郡会馆志》，1937 年。
傅岳棻：《湖广馆志》，1947 年。
孙殿起：《琉璃厂小志》，北京古籍出版社 1982 年。
王灿炽：《北京湖广会馆志稿》，北京燕山出版社 1994 年。
王灿炽：《北京安徽会馆志稿》，北京燕山出版社 2001 年。
孙兴亚：《宣南寺庙志略》，宣武区档案馆 2001 年。
王殿清：《宣武之最》，宣武区档案馆 1999 年。
李德平：《北京宣武百科全书》，中国城市出版社 2002 年。
王孑：《陶然亭公园志》，中国林业出版社 1999 年。

历史文献

北京图书馆善本组辑：《析津志辑佚》，北京古籍出版社 1983 年。
蔡冠洛：《清代七百名人传》，中国书店 1984 年。
陈登原：《国史旧闻》，中华书局 1980 年。
崇彝：《道咸以来朝野杂记》，北京古籍出版社 1982 年。
［清］戴璐：《藤阴杂记》，北京古籍出版社 1982 年。
丁文江、赵丰田编：《梁启超年谱长编》，上海人民出版社 1983 年。
［清］方苞著，刘季高校点：《方苞集》，上海古籍出版社 1992 年。
［清］冯桂芬：《显志堂集》，光绪二年（1876）校邠庐刻本。
［清］富察敦崇：《燕京岁时纪胜》，北京出版社 1961 年。
［清］顾炎武：《顾亭林诗文集》，中华书局 1983 年第 2 版。
［清］顾炎武：《日知录》，黄汝成：《日知录集释》（外七种），上海古籍出版社 1985 年。

［清］桂庆等编：《清实录》影印本，中华书局 1985 年。
《钦定大清会典事例》影印本，中华书局 1991 年。
［清］何绍基：《东洲草堂诗钞》，同治六年（1867）刻本。
［清］洪昇：《长生殿》，人民文学出版社 1958 年。
［清］洪亮吉：《洪北江诗文集》，四部丛刊本。
［清］黄宗羲：《黄宗羲全集》，浙江古籍出版社 1986 年。
［清］纪昀等编著：《四库全书总目》，中华书局 1992 年。
［清］蒋良骐：《东华录》，中华书局 1980 年。
京师商务总会：《京师商会众号一览表》，1913 年。
京师总商会工商调查处：《京师总商会行名录》，1921 年。
［清］康有为：《康南海自编年谱》，楼宇烈整理，中华书局 1992 年。
［清］孔尚任：《桃花扇》，人民文学出版社 1959 年。
来新夏编著：《林则徐年谱新编》，南开大学出版社 1997 年。
雷瑨编：《清人说荟》，上海文艺出版社 1990 年，据扫叶山房 1928 年石印本影印。
［清］李虹若：《朝市丛载》，北京古籍出版社 1995 年。
［清］李桓：《国朝耆献类征》，周骏富辑：《清代传记丛刊》，台北明文书局 1985 年。
［清］李桓辑：《国朝耆献类征初编》，台北明文书局 1985 年。
［清］李元度：《国朝先正事略》，周骏富辑：《清代传记丛刊》，台北明文书局 1985 年。
［清］梁启超：《饮冰室合集》，中华书局 1989 年。
［清］梁章钜：《退庵诗存》，道光十二年（1832）刻本。
［清］梁章钜：《退庵随笔》，江苏广陵古籍刻印社 1997 年。
［清］梁章钜：《退庵自定年谱》，光绪元年（1875）刻本。
《刘光第集》编写组：《刘光第集》，《中国近代人物文集丛书》，中华书局 1986 年。
［明］刘若愚：《酌中志》，北京古籍出版社 1994 年。
［明］刘侗、于奕正：《帝京景物略》，北京古籍出版社 1980 年。
鲁迅：《鲁迅日记》上卷，人民文学出版社 1976 年。
［清］缪全孙：《徐星伯事辑》，《北京图书馆馆藏珍本年谱丛刊》第 137 册。
［清］钱大昕著，吕友仁标校：《潜研堂集》，上海古籍出版社 1989 年。
［清］钱仪吉纂：《碑传集》，中华书局 1993 年。
瞿宣颖编：《同光间燕都掌故辑略》，世界书局民国二十五年（1936）。

［清］全祖望：《鲒埼亭集》，商务印书馆编四部丛刊本。
［明］申时行等修：《明会典》，中华书局 1989 年。
［明］沈榜：《宛署杂记》，北京古籍出版社 1980 年。
［明］沈德符：《万历野获篇》，中华书局 1959 年。
［清］施闰章：《施愚山集》，黄山书社 1993 年。
［清］施闰章著，何庆善、杨应芹点校：《愚山集》，黄山书社 1993 年。
［明］史玄：《旧京遗事》，［清］夏仁虎：《旧京琐记》，［清］阙名：《燕京杂记》，北京古籍出版社 1986 年。
［清］苏惇元：《方望溪先生苞年谱》，王云五主编：《新编中国名人年谱集成》第十二辑，台湾商务印书馆 1981 年。
［清］孙承泽：《春明梦余录》，北京古籍出版社 1992 年。
［清］孙承泽：《天府广记》，北京古籍出版社 1983 年。
［清］孙星衍：《孙渊如诗文集》，商务印书馆四部丛刊本。
［清］谈迁：《北游录》，中华书局 1960 年。
汤志钧：《戊戌变法人物传稿》，中华书局 1961 年。
［清］黎庶昌：《曾文正公年谱》，王云五主编：《新编中国名人年谱集成》第一辑，台湾商务印书馆 1978 年。
［清］王庆云：《石渠余纪》，北京古籍出版社 1985 年。
［清］王士禛著，孙言诚点校：《王士禛年谱》，中华书局 1991 年。
［清］王士禛：《池北偶谈》，中华书局 1982 年。
［清］王士禛：《古夫于亭杂录》，《清代史料笔记丛刊》，中华书局 1988 年。
［清］王士禛：《香祖笔记》，《明清笔记丛书》，上海古籍出版社 1982 年。
王钟翰点校：《清史列传》，中华书局 1987 年。
［清］吴长元：《宸垣识略》，北京古籍出版社 1983 年。
［清］吴嵩梁：《香苏山馆诗集》，清木樨轩刻本影印本。续修四库全书编纂委员会编：《续修四库全书》，第 1489—1490 册，上海古籍出版社。
［清］吴振棫：《养吉斋丛录》，浙江古籍出版社 1985 年。
［清］萧奭：《永宪录》，《清代史料笔记丛刊》，中华书局 1959 年。
徐珂：《清稗类钞》，中华书局 1986 年。
［清］徐乾学：《憺园集》，四库全书存目丛书编纂委员会编：《四库全书存目丛书》集二四二，齐鲁书社 1995 年。
徐世昌：《大清畿辅先哲传》，周骏富辑：《清代传记丛刊》，台北明文书局 1985 年。

[清]杨恩寿:《坦园日记》,上海古籍出版社 1983 年。
[清]杨掌生:《京尘杂录》,上海同文书局清光绪丙戌(1886)。
[清]姚鼐:《惜抱轩诗集训纂》,黄山书社 2001 年。
[清]袁枚:《随园诗话》,人民文学出版社 1960 年。
[清]袁枚:《小仓山房尺牍》,湖南文艺出版社 1987 年。
[清]曾国藩:《曾国藩全集》,岳麓书社 1985 年。
[清]查慎行:《敬业堂诗集》,商务印书馆编四部丛刊本。
[清]查慎行:《人海记》,北京古籍出版社 1989 年。
张江裁:《燕京访古录》,《丛书集成》三编。
[清]张穆编:《清顾亭林先生年谱》,王云五主编:《新编中国名人年谱集成》第七辑,台湾商务印书馆 1980 年。
[清]张廷玉:《张廷玉年谱》,中华书局 1992 年。
[清]张廷玉等:《明史》,中华书局 1974 年。
章梫纂,褚家传等校注:《康熙政要》,中共中央党校出版社 1994 年。
[清]昭梿著,何英芳点校:《啸亭杂录》,中华书局 1980 年。
赵尔巽等:《清史稿》,中华书局 1977 年。
[清]赵吉士:《寄园寄所寄》,四库全书存目丛书编纂委员会编:《四库全书存目丛书》子一五五,齐鲁书社 1995 年。
[清]赵翼:《檐曝杂记》,中华书局 1982 年。
[清]震钧:《天咫偶闻》,北京古籍出版社 1982 年。
[清]朱寿朋编:《光绪朝东华录》,中华书局 1958 年。
[清]朱彝尊:《曝书亭集》,上海书店重印商务印书馆 1926 年《四部丛书》版。
[清]坐观老人:《清代野记》,巴蜀书社出版社 1988 年。

论著文章

白宝泉、白鹤群:《北京街巷胡同分类图志》,金城出版社 2006 年。
白继增:《北京宣南会馆拾遗》,中国档案出版社 2011 年。
白杰:《宣南文脉》,中国商业出版社 2005 年。
白杰:《北京城市性格及其微观化的街道性格》,《北京日报》理论版 2006 年 5 月 22 日。

白杰：《宣南文化与北京城市性格》，《北京学研究报告2008》，北京日报报业集团、同心出版社2009年。

白杰：《京城两翼话今昔》，《前线》2010年第10期。

白杰：《晚清社会变迁与辛亥革命风潮》，北京联合大学学报（人文社会科学版）2012年第2期。

北京大学历史系：《北京史》，北京出版社1999年。

北京市工商业联合会：《北京工商史话》，中国商业出版社1987年。

北京市社科院：《今日北京（历史卷）》，北京燕山出版社1990年。

北京市西城区政协文史资料委员会：《京城旧事》，中国文史出版社2002年。

北京市西城区政协文史资料委员会：《胡同春秋》，中国文史出版社2002年。

北京市西城区史学会、区政协文史学习委员会：《西城史迹》，团结出版社2011年。

北京市政协：《名人与故居》，陕西师大出版社2003年。

北京市政协：《名人与老房子》，北京出版社2003年。

曹子西主编：《北京通史》，中国书店1994年。

常梦渠：《北京工商史话》，中国商业出版社1989年。

常人春：《老北京的风俗》，北京燕京出版社1990年。

陈立旭：《都市文化与都市精神：中外城市文化比较》，东南大学出版社2002年。

陈平原：《北京记忆与记忆北京》，三联书店2008年。

陈垣：《陈垣史源学杂文》，人民出版社1980年。

陈正祥：《中国文化地理》，三联书店1983年。

戴逸：《18世纪的中国与世界》导言卷，辽海出版社1999年。

戴逸主编：《简明清史》（共两册），中国人民大学出版社2006年。

戴逸主编：《清代人物传稿》，中华书局出版社1984年。

邓云乡：《旧京散记》，江苏文艺出版社2006年。

段天顺：《清代宣南诗词选》，北京出版社2005年。

方汉奇：《中国近代报刊史》，陕西人民出版社1981年。

费孝通：《乡土中国》，世纪出版集团、上海人民出版社2006年。

费孝通：《中国绅士》，中国社会科学出版社2006年。

冯尔康：《清朝前期与末季区域人才的变化——以引见官员、鼎甲、翰林为例》，《历史研究》1997年第1期。

傅华主编：《北京西城文化史》，北京燕山出版社2007年。

高松凡:《明代北京城市演变及其分布》,《环境变迁研究》第五辑,辽宁古籍出版社1996年。

高松凡:《清代北京市场变迁与分布》,《环境变迁研究》第四辑,北京古籍出版社1993年。

高琦、李卫华主编,郗志群执行主编:《建国门地区史话》,北京出版社2013年。

戈公振:《中国报学史》,三联书店1955年。

龚书铎:《中国近代文化概论》,中华书局1997年。

关纪新:《老舍与满族文化》,辽宁民族出版社2008年。

关续文:《老北京遗韵》,香港银河出版社2002年。

韩光辉:《北京历史人口地理学》,北京大学出版社1996年。

何炳棣:《中国会馆史论》,台湾学生书局1966年。

何炳棣撰,王振忠译:《科举和社会流动的地域差异》,《历史地理》第十一辑。

贺树德:《明代北京城的营建及其特点》,《北京社会科学》1990年第2期。

侯仁之:《北京城的生命印记》,三联书店2009年。

侯仁之:《侯仁之文集》,北京大学出版社1998年。

侯仁之:《历史地理学的理论与实践》,上海人民出版社1979年。

侯仁之:《历史上的北京城》,中国青年出版社1962年。

胡楚生:《清代学术史研究》,台湾学生书局1988年。

胡春焕、白鹤群:《北京的会馆》,中国经济出版社1994年。

胡如雷:《中国封建社会形态研究》,三联书店1979年。

胡玉远:《燕都说故》,北京燕山出版社1996年。

(日)荒井良雄:《都市の空間と時間——生活活動の時間地理》,学古今院1996年。

黄丽镛:《宣南诗社管见》,《上海师范大学学报》1980年第1期。

(美)亨利·基辛格:《论中国》,中信出版社2012年。

纪良:《近代北京城市的变迁》,《北京社会科学》1990年第2期。

(日)加藤繁著,吴杰译:《清代的北京商人会馆》,《中国经济史考证》第三卷,商务印书馆1973年。

姜立勋主编:《北京的宗教》,天津古籍出版社1993年。

金子成主编:《北京西城往事》,作家出版社2005年。

金子成主编:《北京西城往事》,北京市西城区档案馆2007年。

金子成主编:《北京西城往事》,中国文史出版社2008年。

金子成主编:《北京西城往事》，中国文史出版社 2009 年。

李宝臣:《论明代都城文化特征》，唐晓峰、李零主编《九洲》第一册，中国环境科学出版社 1997 年。

李凤祥:《北京风物游览典故》，北京旅游出版社 1989 年。

李华:《明清以来北京的工商业行会》,《历史研究》1978 年第 4 期。

李济琛等编著:《戊戌百年祭》，华文出版社 1998 年。

李茂福主编:《北京西城往事》，北京市西城区档案馆 2012 年。

李茂福主编:《北京西城往事》，北京市西城区档案馆 2013 年。

李洵:《公元十六世纪的北京城市结构》,《社会科学战线》1988 年第 2 期。

李燮平:《明代北京都城营建丛考》，紫禁城出版社 2006 年。

林国平:《福建科举会馆的兴衰嬗变及其原因》,《福建论坛》(文史哲版) 1993 年第 1 期。

刘虹、石焕霞:《清代顺天乡试案研究》,《河北师范大学学报》2008 年第 2 期。

刘敬民:《宣南文化与跨世纪的宣武》，白杰主编:《人文宣武 现代青年》，中国青年出版社 2003 年。

刘洋主编:《北京西城历史文化概要》，北京燕山出版社 2010 年。

刘一达:《门脸儿》，中国工人出版社 2002 年。

陆昕选编:《张中行讲北京》，北京出版社 2005 年。

马建农:《北京书肆发展史考略》,《北京社会科学》1988 年第 2 期。

(美)芒福德(Lewis Mumfor)著，倪文彦、宋俊岭译:《城市发展史》，中国建筑工业出版社 1989 年。

潘荣胜:《明清进士录》，中华书局 2006 年。

彭晓丰、舒建华:《“S 会馆”与五四新文学的起源》，湖南教育出版社 1995 年。

彭泽民:《北京会馆还留下些什么》,《北京文史资料》(半年刊)第 68 辑，北京出版社 2004 年。

秦薇选编:《叶祖孚讲北京》，北京出版社 2005 年。

邱阳:《人文北京：千年古都的城市地图》，中国旅游出版社 2006 年。

瞿同祖:《清代地方政府》，范忠信等译，法律出版社 2003 年。

瞿同祖:《中国法律社会与中国社会》，中华书局 2006 年。

全汉生:《中国行会制度史》，百花文艺出版社 2007 年。

单霁翔主编:《梨园旧匾》，北京燕山出版社 1997 年。

商衍鎏:《清代科举考试述录》，三联书店 1958 年。

施坚雅著，王旭等译：《中国封建社会晚期城市研究——施坚雅模式》，吉林教育出版社 1991 年。

石泉：《甲午战争前后之晚清政治》，三联书店 1997 年。

史明正：《走向近代化的北京城》，北京大学出版社 1995 年。

首都图书馆编：《熟悉 • 陌生北京城》，学苑出版社 2013 年。

（日）寺田隆信：《关于北京歙县会馆》，《中国社会经济史研究》1991 年第 1 期。

宋德宣：《满族哲学思想研究》，辽宁大学出版社 1994 年。

宋元强：《清朝的状元》，吉林文史出版社 1992 年。

苏移：《京剧二百年概观》，北京燕山出版社 1995 年。

谭烈飞：《色调 • 高度——解读北京》，北京出版社 2006 年。

汤锦程：《北京的会馆》，中国轻工业出版社 1994 年。

汤用彬、陈声聪、彭一卣编著，钟少华点校：《旧都文物略》，华文出版社 2003 年。

汤志钧：《戊戌变法人物撰稿》，中华书局 1982 年第 2 版。

唐棣华：《北京名胜楹联辑注》，北京出版社 1988 年。

王彬主编：《金丝套》，中国文史出版社 2009 年。

王灿炽：《王灿炽史志论文集》，北京燕山出版社 1991 年。

王道成：《科举史话》，中华书局 1988 年。

王德昭：《清代的科举入仕与政府》，《明清史论集》。

王德昭：《清代科举制度研究》，中华书局 1984 年。

王均：《近代北京城内部空间结构的历史地理研究》，北京大学博士学位论文。

王俊义：《关于宣南诗社的几个问题》，中国人民大学清史研究所编：《清史研究集》第一辑，中国人民大学出版社 1980 年。

王玲：《北京与周围城市关系史》，北京燕山出版社 1988 年。

王日根：《乡土之链——明清会馆与社会变迁》，天津人民出版社 1996 年。

王汝丰：《清代宣南人物事略》，北京燕山出版社 2006 年。

王世仁、张复合、村松伸、井上直美主编：《中国近代建筑总览 • 北京篇》，中国建筑工业出版社 1993 年。

王世仁：《会馆烟云》，《北京规划建设》1999 年第 2 期。

王熹、杨帆：《会馆》，北京出版社 2006 年。

王晓秋、尚小明主编：《戊戌维新与清末新政——晚清改革史研究》，北京大学出版社 1998 年。

王永斌:《话说前门》，北京燕山出版社 1994 年。
王永斌:《杂谈老北京》，中国城市出版社 1996 年。
王粤主编:《北京的文化名片什刹海》，中华书局 2010 年。
王梓主编:《北京西城胡同》，方志出版社 2006 年。
翁立:《北京的胡同》，北京燕山出版社 1992 年。
吴晗、费孝通等著:《皇权与绅士》，天津出版社 1988 年。
吴建雍、赫晓琳:《宣南士乡》，北京出版社 2000 年。
吴建雍、王岗:《北京城市生活史》，开明出版社 1997 年。
(瑞典)奥斯伍尔德・喜仁龙著，许永全译:《北京的城墙和城门》，北京燕山出版社 1985 年。
谢国桢:《清末民初的学风》，人民出版社 1982 年。
肖斌主编:《中共北京市西城区历史大事记》，北京出版社 2008 年。
熊月之:《中国近代民主思想史》，上海人民出版社 1986 年。
徐城北:《京剧与中国文化》，人民出版社 1999 年。
宣祥鎏:《北京地名漫说》，北京出版社 1990 年。
闫承宗:《当代北京区县工业》，北京日报出版社 1990 年。
阎崇年:《燕步集》，北京燕山出版社 1989 年。
阎崇年:《燕史集》，北京燕山出版社 1998 年。
杨法运:《北京经济史话》，北京出版社 1984 年。
杨国桢:《宣南诗社与林则徐》,《厦门大学学报》1964 年第 2 期。
杨宽:《中国古代都城制度史研究》，上海古籍出版社 1993 年。
杨念群:《道德力量与宣南社会》，北京市宣武区精神文明建设委员会办公室编:《道德力量》，中国档案出版社 2008 年。
杨念群:《儒学地域化的近代形态——三大知识群体互动的比较研究》，三联书店 1997 年。
杨树藩:《清代中央政治制度》，台湾商务印书馆 1977 年。
叶祖孚:《燕都旧事》，中国书店 1999 年。
尹钧科:《北京历代建制沿革》，北京出版社 1994 年。
尹钧科选编:《侯仁之讲北京》，北京出版社 2005 年。
于杰、于光度:《金中都》，北京出版社 1989 年。
于润琦编著:《文人笔下的旧京风情》，中国文联出版社 2003 年。
余三乐:《严嵩与北京外城的修筑》,《北京社会科学》1996 年第 2 期。
余英时:《士与中国文化》，上海人民出版社 1987 年。
袁熹:《试论近代北京的城市结构变化》,《北京社会科学》1997 年第 3 期。

岳升阳、黄宗汉、魏泉:《宣南:清代京师士人聚居区研究》,北京燕山出版社2012年。

臧汝奇主编:《北京朝阳门人文历史750年》,人民出版社2010年。

张德泽编著:《清代国家机关考略》,中国人民大学出版社1981年。

张复合:《北京近代建筑史》,清华大学出版社2004年。

张宏生:《清代词学的建构》,江苏古籍出版社《文学遗产丛书》1988年。

张建明:《话说京商》,中华工商联合出版社2006年。

张清常:《北京街巷名称史话》(修订本),北京语言大学出版社2004年。

张仁忠:《北京史(插图本)》,北京大学出版社2009年。

张仲礼著,李荣昌译:《中国绅士——关于其在19世纪中国社会中作用的研究》,上海社会科学院出版社1991年。

章英华:《二十世纪初北京的内部结构:社会区位的分析》,《新史学》1990年创刊号。

赵兵主编:《西城回眸》,中共党史出版社2011年。

赵晋:《新旧交替之际的北京》,中央文献出版社1998年。

赵洛选编:《赵洛讲北京》,北京出版社2005年。

赵书:《北京胡同故事》,文物出版社2009年。

赵园:《明清之际士大夫研究》,北京大学出版社1999年。

郑天挺:《清代的幕府》,《明清史论集》。

郑文奇主编:《宣南文化便览》,文化艺术出版社2001年。

中国人民大学清史研究所编:《近代京华史迹》,中国人民大学出版社1985年。

中国人民大学清史研究所编:《清史编年》,中国人民大学出版社1988年。

周贵生:《北京老宅院门楼》,中国旅游出版社2006年。

周家传、程炳达:《北京戏曲通史·明清卷》,北京燕山出版社2001年。

周简段:《神州轶闻录》,华文出版社1992年。

周汝昌:《北斗京华》,中华书局2007年。

周贻白:《中国戏曲发展史纲要》,上海古籍出版社1979年。

朱成甲:《李大钊早期思想和近代中国》,河北人民出版社1989年。

朱契:《明清两代宫苑建置沿革图考》,商务印书馆1947年。

朱永杰:《清代驻防城时空结构研究》,人民出版社2010年。

朱祖希:《京城琐谈》,北京图书馆出版社1998年。

邹爱莲、胡宁:《金榜——休宁通往紫禁城之路》,北京出版集团公司、北京出版社2009年。

邹仲之编:《抚摸北京》,三联书店2012年。

后记

时间都去哪儿了

“时间都去哪儿了”是2014年伊始，最热门的一个词汇。这个来自贺岁电影《私人订制》同名主题曲的词汇，通过央视春晚，特别是习近平同志对此的感慨，走红大江南北。很多人都不由自主地停下匆忙的脚步，放下手里的工作，开始思考：我的时间去哪儿了？

我也在思考着。这几年的时间就印在手头的这本书上了吧。

在我儿时的记忆里，北京城有不少院落的门楣上有“某某会馆”的标识，有些还标有北京市或某某区文物保护单位，特别在我生活的宣南地区尤为集中。父亲时常会指给我看，给我讲有关会馆的故事。会馆、会馆建筑、会馆故事在我的脑海里留下了烙印。

而我与会馆的第一次亲密接触则是始于1995年。那一年，刚刚毕业参加工作的我，有幸参与了修复北京湖广会馆并使之重张的具体工作。此后，由于一直从事与文化相关的工作，即使工作内容不直接关联文化，文化要素也常常是被我最频繁调用的工作手段。从那时起，我与会馆的联系从未间断，父亲则是我随时随地的“辞典”。

把北京会馆作为学术研究课题，既是基于我做好本职工作、讲好北京故事的内在追求，也是源于我们父子俩的兴趣和基础，更要感谢张妙弟、张宝秀两位先生的引领和鼓励。2004年以来，我与北京联合大学北京学研究基地保持着密切的接触，这里成为我研究宣南文化、北京文化的重要平台以及我在工作实践中运用理论成果的重要支撑。两位张老师不仅始终关心着我的学术研究，更对我在街区治理上的实践探索给予了长期关注和经常性点拨，成为我的良师益友。我希望能从基础信息研究这一最原始处发端，来梳理北京会馆的研究设想，得到了他们的支持与首肯，张妙弟教授以北京学研究基地首席专家的身份全程指导了本研究。

2011年至今的三年多，我几乎全部的业余时间都与北京会馆紧密关联着。这一方面由于会馆是明永乐到新中国成立五百余年时间北京城市历史的重要见证；另一方面则是由于会馆建筑当下的消亡使许多重要历史信息随之泯灭或随时间推移不可复制。历史学、社会学带给我的学理思考，作为北京人的责任感，以及先验实践中城市文化与社会团结内在逻辑的启发，让我有了问题导向和研究的紧迫感。

父亲始终支持着我，把他现在“最富有的时间”贡献了出来，参与并统领了全部调查工作。特别是那些远途的田野调查，多是在我上班时由他独自完成。他以换乘公交加上徒步的方式，有时一天只能调查一处，有时一处要跑上四五趟。

《北京会馆基础信息研究》课题被北京学研究基地批准立项后，我开始吸纳一些青年才俊共同参与其中。课题组成员都是志趣相投、自搭时间。我和郭炜、朱永杰侧重文献研究，父亲和马威、马慧娟侧重田野调查。课题成果由父亲和我执笔，六个附表由马威和唐宁翔统计制作。成稿的核校工作由牛钟、唐宁翔、马威分头完成，他们不厌其烦地至少校对了六次。马威实际担当了课题组总协调员。

这本书里有许多人的时间痕迹。值此课题成果即将付梓之际，我要感谢北京学研究基地对本书出版面世的全额资助；感谢张妙弟教授对课题研究工作的全程指导，感谢张宝秀教授欣然为本书作序，感谢二位先生对初稿提出的真知灼见；感谢中国商业出版社前任社长刘子荣先生的关心帮助和中国商业出版社刘毕林副总编的精心策划组织以及蓝垂华编审认真仔细的审稿；感谢高建平先生在书稿编辑过程中提出的意见建议；还要感谢家人的理解和支持，没有她们的幕后奉献，绝不可能有此举，更不可能有此成！

元宵节之夜，我独自在办公室修订书稿。伴随着爆竹声，望着朝阳门外升腾的礼花，忽然有一种时空穿越的感觉。如果回到从前，此时此刻，我的先人们或许正带着孩子在福州会馆门前看烟花呢。时光荏苒，回到现实，我已年逾不惑，到了皱纹渐密、荣辱不惊的年龄。这座城市需要每一个人——无论你是老北京人还是新北京人——的珍惜，用我们的笔记录这座城市的点滴，珍爱这座城市的当下，传播这座城市的梦想，展现不同时间维度的美丽北京。

寒假里，儿子的学校布置了一项作业——标画出自己家族的谱系图。他开始问我“爷爷的爷爷名字怎么写”，又去问了父亲“请告诉我您爷爷的生卒年”。他开始知道他是这个家族到北京后的第十三代，他开始关心起他的祖先与这座城市的故事。一个家族的时间就在这代代传承中，沉淀了下来。

一座城市的时间又去哪儿了呢？我以为，是在这座城市生生不息的一个个家族中，以及他们生活的一个个社区中。它们造就了这座城市，造就了这里热情开朗、大气开放、积极向上、乐于助人的市民，也将城市的时间、历史通过种种方式沉积了下来。会馆是北京这座城市独具特色的历史，希望读者能通过这本书，体察到一种以前我们很少触碰过的“城市时间”。

今天是周日，也是农历二月初二，我的心中有一种宁静感。时间都去哪儿了？借用 2 月 24 日央视新闻联播时，播音员李修平的一句话，“只要不辜负时间，时间就不会亏待我们！”

白　杰

2014 年 3 月 2 日